出土文獻綜合研究專刊之十

簡帛量詞研究

張顯成　李建平　著

國家社科基金項目《簡帛量詞研究》（05BYY003）
西南大學基本科研業務費專項資金創新團隊項目（SWU1509395）

中華書局

圖書在版編目（CIP）數據

簡帛量詞研究/張顯成,李建平著. —北京:中華書局,2017.7
（出土文獻綜合研究專刊）
ISBN 978-7-101-12380-7

Ⅰ.簡⋯ Ⅱ.①張⋯②李⋯ Ⅲ.①簡（考古）-古文獻學
-數量詞-研究-中國②帛書-古文獻學-數量詞-研究-中國
Ⅳ.①G256.1②H141

中國版本圖書館 CIP 數據核字（2016）第 315204 號

書　　名	簡帛量詞研究
著　　者	張顯成　李建平
叢 書 名	出土文獻綜合研究專刊
責任編輯	徐真真
出版發行	中華書局

（北京市豐臺區太平橋西里 38 號　100073）
http://www.zhbc.com.cn
E-mail:zhbc@zhbc.com.cn

印　　刷	北京市白帆印務有限公司
版　　次	2017 年 7 月北京第 1 版
	2017 年 7 月北京第 1 次印刷
規　　格	開本/920×1250 毫米　1/32
	印張 19⅛　插頁 2　字數 420 千字
印　　數	1-2000 册
國際書號	ISBN 978-7-101-12380-7
定　　價	85.00 元

目　　録

第三章　簡帛借用單位和制度單位量詞研究 ……………… 224

第一節　借用單位量詞 ………………………………………… 224

第一組　竹器類 ……………………………………………… 225

第二組　木器類 ……………………………………………… 236

第三組　陶器類 ……………………………………………… 239

第四組　醫用類 ……………………………………………… 245

第五組　泛指類 ……………………………………………… 250

第六組　其他 ………………………………………………… 254

作 者 簡 介

　　張顯成，男，1953 年生，漢族，成都人。1989 年考入四川大學漢語史專業，先後師從經本植教授和趙振鐸教授攻讀並獲得碩士和博士學位。現爲西南大學二級教授、博士生導師、漢語言文獻研究所所長。主要從事文獻學和語言文字學研究，側重於簡帛和中醫文獻領域的有關研究；主編《簡帛語言文字研究》。完成和正在從事的各級科研和教改項目多項，其中國家社科基金重大項目一項，國家重大文化工程項目一項，國家社科基金一般項目三項。獲得國家級、省部級科研獎和教學獎十一項。在中華書局、巴蜀書社、天津古籍出版社、四川大學出版社、西南師範大學出版社等出版著作二十六部，其中獨著十部，主編九部；在海內外發表學術論文一百餘篇。

　　李建平，男，1980 年生，山東東營人。副教授，博士，碩導，山東師範大學高層次引進人才。主要從事漢語言文字學與出土文獻研究。先後在《中國語文》《古漢語研究》《語言研究》《敦煌研究》《考古與文物》《中原文物》《古籍整理研究學刊》《簡帛研究》等學術刊物發表論文四十餘篇，多次爲人大複印資料《語言文字學》《經濟史》及《高校文科學報學術文摘》全文轉載。先後主持國家社科基金項目一項，教育部人文社科基金項目、中國博士後科學基金項目、省社科基金項目及其他項目十餘項，參加國家社科重大項目兩項。

内　容　簡　介

　　由於傳世的先秦兩漢吳晉文獻基本上都是書籍，缺乏文書文獻，故很難真實反映當時的量詞及稱數法面貌，而簡帛中不光有大量文書，而且有極其豐富的必須使用稱數法的簿籍類文獻，故本書以簡帛爲量詞及稱數法研究的材料，自然可以科學地反映所在時代量詞及稱數法的客觀面貌，對漢語量詞史特別是先秦兩漢量詞史的構建具有重要意義。

　　從漢武帝末年魯恭王壞孔子宅出土簡牘到現在，簡牘帛書一直在陸續出土。特別是二十世紀以來，大量簡牘帛書的問世爲漢語史研究提供了嶄新的、極富真實性的語言材料。其中大量的賬簿、遣策類文獻材料中數量詞特別豐富，對漢語量詞史研究具有重要意義，尤其是對先秦兩漢吳晉漢語量詞斷代史的研究具有決定性意義。本書是首次對已公佈的所有近百批戰國秦漢魏晉簡帛文獻中的數量詞情況進行全面的窮盡性的系統整理研究。在研究中，我們努力將簡帛置於甲金、碑刻、吐魯番文書、敦煌文獻等出土文獻和傳世文獻的視野下，努力發掘簡帛所反映的量詞及稱數法的內在規律。全書共七章和三個附録。

　　第一章緒論。對已公佈的全部簡帛文獻，按出土地、出土時間，分楚簡帛、秦簡、兩漢簡帛和吳晉簡四大類，簡介其出土情況、成書時代及本書所據材料之版本；回顧百年來古漢語量詞研究的歷史；根據簡帛量詞的實際使用情況對量詞進行界定。

第二至四章爲簡帛量詞研究。對簡帛文獻中的量詞進行全面整理研究。首先是研究自然單位量詞，下分個體單位量詞和集體單位量詞，個體單位量詞分十九組進行研究，集體單位量詞分十二組進行研究。然後是研究借用單位量詞和制度單位量詞，借用單位量詞分六組進行研究，制度單位量詞分度量衡單位、面積單位、貨幣單位三類進行研究。接着是研究動量詞，分兩組進行研究。最後附“簡帛量詞呈現總表”，分“簡帛物量詞呈現總表”和“簡帛動量詞呈現總表”，通過這兩個表，可概覽簡帛量詞的全貌。對量詞在簡帛文獻中的使用情況，逐一進行研究，並貫徹“二重證據法”，結合傳世文獻中量詞的使用情況，儘量對每一個量詞的來源、發展作共時和歷時的綜合分析，努力抽繹出簡帛量詞發展的特點。並且，在分析每一個量詞時，儘量從詞法特徵、組合能力等語法功能方面進行探究，並注重使用甲骨文、金文量詞材料和後時的敦煌文獻、吐魯番文書等出土材料以及傳世文獻材料來論其源流。簡帛文獻所見量詞總計一百九十個：其中物量詞一百八十二個，物量詞中自然單位量詞九十七個（這是其語法化程度最高的量詞），借用單位量詞四十個，制度單位量詞四十五個；動量詞剛剛萌芽，僅有八個。另有待考量詞三十九個。簡帛量詞的數量及其使用頻率均遠遠超過了甲骨文、金文，乃至同時代的傳世文獻。

第五章簡帛量詞的特徵及其歷時發展研究。首先從量詞本身的語法特徵及數量結構的語法特徵兩個方面對簡帛量詞的特徵進行了考察，然後從歷時的角度，考察了簡帛量詞及其稱數法的發展。就簡帛量詞的語法特徵而言，從句法上看，簡帛量詞組合能力較強，可以同數詞、形容詞、疑問代詞等結合使用，但以同數詞結合爲主，其他組合方式用例還很罕見；其次，簡帛量詞在句子中，主要充當定語、狀語、主語、謂語等句法成分，作狀語、主語和謂語，是量詞發展不成熟時候的一種特殊用法。從詞法上看,簡帛量詞主要有以下幾點值得注意:一是由量詞構成的複合詞的產生,二是詞綴化構詞法的初步形成。數量結構同形容短語結合時,形容詞祇能放在數詞之後、量詞之前;數量結構可同表示估量的副詞組合。從簡帛數量結構的句法功能看,數詞無論是同物量詞還是同動量詞組成的數量結構,其句法功能在簡帛文獻中都獲得了長足發展,但與魏晉六朝以後漢語相比,顯然還未完全成熟。就量詞的歷時發展來説,同寫成於商周時代的甲骨文、金文相比,簡帛量詞獲得了長足的發展,但同後世尤其是同現代漢語量詞系統相比較,這一時期的量詞系統還沒有完全成熟,體現出的特點主要有:一是量詞系統趨於完善,二是量詞數量突飛猛進,三是量詞使用頻率的增加並逐漸成爲一種規範,後者主要表現在量詞使用的進一步分工明確、量詞語法化進一步發展兩個方面。簡帛量詞系統的局限性主要表現在:動量詞在簡帛文獻中還不多見,語法化程度還很低,與後世相比仍處於萌芽階段;物量詞系統在簡帛文獻中獲得了突飛猛進的發展,但從物量詞的語法化、從量詞的使用範圍,以及從量詞的語法特徵和詞法特徵來看,同後世相比仍然未臻完善。與同時代傳世文獻量詞相比來看,簡帛量詞系統具有以下特點:數量上簡帛文獻所見量詞多於同時代之傳世文獻,使用頻率上簡帛文獻量詞使用頻率遠遠高於同時代傳世文獻。本章最後分析指出:簡帛簿籍類文獻中量詞的用與不用大致可以分爲三種情況:一是全部不用量詞的,這種情況非常少見;二是全用量詞,這種情況更爲罕見;三是在同一簿籍中既有用量詞的、也有不用量詞的,兩漢簡帛最爲常見,這一情況反映出兩漢仍是量詞走向成熟的過渡時期。到吳晉簿籍類文獻中,量詞的使用就成爲必不可少的了。簡帛量詞發展存在地域差異性,這從量詞的數量和使用及稱數法上都可得到反映。

第六章簡帛數詞和稱數法研究。對與量詞關係密切的數詞在簡帛中的使用情況進行整理研究,並對數詞同量詞、名詞在句子中配合的各種情況進行考察。值得注意的是：其一，數詞中整數帶零數的情況下，連接成分"又(有)"在楚簡中仍多有保留，戰國中期以後纔逐漸少用，但秦簡則未見，説明以前從傳世文獻數詞研究得出的連接成分在春秋戰國之際便少用的觀點，當予修正；其二，漢語"數·量·名"結構早在楚簡就已經出現，而且其中的量詞多爲自然單位量詞，而秦簡用例罕見，漢承秦制，漢簡帛中也不多見，説明以前從傳世文獻得出的"數·量·名"結構在先秦時期其量詞祇限於借用量詞或度量衡量詞的結論，也當予修正；其三，量詞的使用在漢簡帛中已經非常普遍，通過對幾十批漢簡帛稱數法的分類統計發現，漢簡帛量詞的用與不用平分秋色，而在賬簿、遣策類文獻中量詞的使用在稱數法中無疑已經佔據絶對優勢，這也是以前傳世文獻量詞研究所未發現的。此外，早期漢語稱數法的發展具有明顯的地域特徵，這在簡帛中有清晰的反映，這也是以前傳世文獻量詞研究所未發現的。以上研究，都修正了以前從傳世文獻數詞和稱數法研究中得出的結論。

第七章簡帛量詞在構建量詞發展史上的價值研究。以上幾章實際上已論及簡帛量詞在漢語量詞發展史上的價值，本章另外着重從"增補量詞新成員"、"訂補量詞釋義"、"補缺量詞用例"、"提前量詞初始例"四個方面論述了簡帛量詞在構建漢語量詞發展史上的價值。簡帛文獻所見一百九十個量詞中，有近四成改寫了原來從傳世文獻研究中得出的結論。例如："真"、"立"、"資"等二十個量詞是我們原來未曾知曉的量詞新成員(含新用法)；"大斗"、"小斗"、"布"等十個量詞，是應當修正其傳統訓釋的；"篅"、"絜"、"斛"等五個量詞，以前僅僅見於傳統辭書記載，而在簡帛文獻中發現了用例；"艘"、"口"、"騎"、"所"、"裁"、"卷"等三十九個量詞，是目前所見最早用例，提前了其初始用例。

總之，本書研究簡帛量詞所取得的有價值的結論主要如下：

簡帛文獻所見量詞凡一百九十個，量詞的數量及其使用頻率均遠遠超過了同時代傳世文獻。早在兩漢時期量詞的使用，尤其是在簡帛賬簿等文獻中，已經逐步成爲一種規範。

一百九十個簡帛量詞中，有近四成（七十四個）改寫了原來從傳世文獻研究中得出的結論。

漢語"數・量・名"結構產生的時代，從簡帛文獻看早在戰國就產生了，楚簡用例較多，大大提前了以前從傳世文獻量詞研究中得出的結論。

早期漢語數量詞的發展具有明顯的地域特徵，這在簡帛文獻中有清楚的反映，這也是以前傳世文獻量詞研究所未發現的。

漢語及漢藏語系量詞起源的問題已有不少學者做過研究，但一直未取得公認的結論，我們在簡帛量詞材料的基礎上，結合甲金文等早期出土文獻量詞材料，以及傳世文獻和其他少數民族語言的量詞材料，跳出漢語圈子，站在世界語言的高度對漢語量詞起源進行了考察，得出漢語雙音化的發展是漢語量詞起源的根本原因這一結論。

以上均改寫了先秦兩漢魏晉量詞史，具有重要學術價值。

本書末有三個附錄。

附錄一：《從簡帛文獻及其他民族語言看漢語量詞系統的建立及其動因》。從雙音化趨勢與量詞發展歷程的一致性、雙音化與量詞的發達程度、泛指量詞的語法化三個方面論證雙音化趨勢是漢語量詞語法化的動因。

附錄二：《泛指性量詞"枚/個"的興替及其動因——以出土文獻爲新材料》。着重論述在漢語量詞史上具有典型意義的泛指性量詞"枚/個"的興替及其動因。

附錄三：《〈兩漢時代的量詞〉補正》。是對在漢語量詞史研究方面影響較大的黄盛璋先生《兩漢時代的量詞》的訂補。

第一章

緒　　論

　　從漢武帝末年魯恭王壞孔子宅出土簡牘到現在，簡牘帛書一直在陸續出土，尤其是進入二十世紀以後，大量簡牘帛書的問世大大地震蕩着學術界，不光國内學者，國外學者也紛紛對出土簡牘帛書進行研究，如日本、美國、法國、瑞典、韓國、英國等國也在積極開展簡牘帛書研究，並産生了一大批可喜的成果。作爲二十世紀文獻"四大發現"之一，已經形成了一門新興的獨立的學科——簡帛學。①

　　著名學者陳寅恪先生有一段名言："一時代之學術，必有其新材料與新問題。取此材料，研求問題，則爲時代學術之新潮流。治學之士得預於此潮流者，謂之預流（借用佛教初果之名）。其未預者，謂之未入流。此古今學術史之通義，非彼閉門造車之徒所能同喻者也。"②陳先生這裏是在談敦煌新材料的研究價值，但實際上對於一切新材料來説，都是合適的。並且，在諸多新材料中，簡帛目前已成爲"四大發現"中最"熱"的研究領域，簡帛學已展現出比其他新材料學科更具發展前景的强勁勢頭，所以，凡涉及到與先秦兩漢吴晉文獻

---

　　①　20 世紀文獻"四大發現"的其他三大發現，即甲骨文、敦煌寫卷、故宫明清内閣大庫書籍檔案，也同樣形成了專門的學科，即甲骨學、敦煌學、明清歷史檔案學。關於簡帛文獻的研究價值，可詳張顯成《簡帛文獻學通論》第五章、第六章，北京：中華書局，2004年版。

　　②　陳寅恪《敦煌劫餘録序》，收入《陳寅恪先生論文集》，臺北：九思出版社，1977 年增訂版，頁 1377。

材料打交道的任何學科的學者,如若不關注簡帛材料,不知"取此材料",則爲"未入流"者,爲未入"時代學術之新潮流"者。在"二十一世紀是簡帛學的世紀"的新時代,我們應當認清簡帛巨大的研究價值,高度重視簡帛文獻,密切關注簡帛文獻的研究動態,並積極投身於簡帛研究的行列。

國學大師王國維曾説:"吾輩生於今日,幸於紙上之材料外,更得地下之新材料。由此種材料,我輩固得據以補正紙上之材料,亦得證明古書之某部分全爲實録,即百家不雅馴之言,亦不無表示一面之事實。此二重證據法惟在今日始得爲之。"①在簡帛文獻大量問世的今天,我們應當在高度重視簡帛文獻的同時,善於將簡帛文獻與傳世文獻二者結合起來進行研究,善於運用"二重證據法",以進一步深入開展我們的科學研究,進一步弘揚中華民族的傳統文化。

同其他許多學科一樣,語言學方面的研究價值,特別是歷史語言學的研究價值,往往首先取決於其研究材料的價值,也就是説,選擇研究材料具有十分重要的意義。研究材料選定得不好,往往事倍功半,甚至是在做無用功(例如僞材料);反之,經過精心選擇反復論證而確定的材料,則會事半功倍。所以,首先應該選定能客觀地反映所研究時代的語言面貌的文獻材料,來作爲研究材料,祇有這樣的研究纔會具有科學性。然而,傳世文獻尤其是傳世先秦文獻經過兩千多年來長期流傳、反復傳抄,往往有不同程度的失真。正如太田辰夫先生所言:"中國的材料幾乎都是後時資料,它們特別成爲語言研究的障礙。"②但過去由於條件所限等種種原因,漢語史的研究中往往祇

---

① 王國維《古史新證》,北京:清華大學出版社,1994年版,頁2。
② 太田辰夫先生在他很有影響的著作《中國語歷史文法》中,把文獻分爲"同時資料"和"後時資料"兩種,他説:"所謂'同時資料',指的是某種資料的内容和它的外形(即文字)是同一時期產生的。甲骨、金石、木簡等,還有作者的手稿是這一類。……所謂'後時資料',基本上是指資料外形的產生比内容的產生晚的那些東西,即經過轉寫轉刊的資料。"北京:北京大學出版社,1987年版,頁381。

注重利用傳世文獻，很少涉及出土文獻。而簡帛文獻大都是"同時資料"或"準同時資料"，並且，簡帛中有不少是當時人記當時事的口語性文獻，而越是口語性强的文獻，就越具有語言研究價值，故具有極强的文獻真實性的簡帛文獻，爲漢語史的研究提供了極其寶貴的資料，具有傳世文獻無可比擬的重大的語言研究價值。

先秦兩漢是漢語量詞産生、發展的源頭，對於漢語量詞發展史的研究頗具重要意義。但是，由於傳世的先秦兩漢文獻有關量詞的材料太有限等原因，這段時期量詞的研究一直不太令人滿意。現在，大批簡帛文獻材料不斷出土並陸續公佈，爲先秦兩漢量詞的系統研究提供了前所未有的有利條件：一是出土數量大，據我們初步統計，二十世紀初以來出土的簡帛已達二十二萬枚（件）左右，約七百萬字，這一數字是十分驚人的，是原來完全想象不到的；二是簡帛中有大量的量詞材料，特別是其中不少當時人記當時事的材料（如"遣策"類文獻）中有大量在同期傳世文獻中見不到的量詞。所以，系統地研究簡帛文獻中的量詞，對先秦兩漢吳晉量詞斷代史的研究具有決定性的重要作用。因此，本書在量詞研究中，選擇地下出土的先秦兩漢簡帛文獻及吳晉簡牘材料作爲主要研究對象，以期使研究結果更具有真實性與科學性。

第一節　簡帛材料簡介

據初步統計，二十世紀初以來出土的簡帛文獻已達二十二萬枚（件）左右，約七百萬字，但由於各方面的原因，很多材料仍未公佈，如銀雀山漢墓竹簡、定縣漢簡、阜陽漢簡、敦煌懸泉漢簡、里耶秦簡等等，都還有不少材料未刊佈於世；又如湖南慈利楚簡、湖南虎溪山簡等等，都基本上未刊佈其材料。我們對截至 2013 年公佈的所有簡帛材料進行了窮盡性研究，兹將本書所涉及出土簡帛文獻材料按戰國楚簡帛、秦簡、兩漢簡帛、吳晉簡四類，每類下再大致按墓葬時代或出土時間先後予以簡介如下。①

一 戰國楚簡帛

所謂戰國楚簡帛，是指戰國時代楚地的簡牘帛書。因爲迄今所發現的楚地簡帛基本上都是戰國簡帛，故我們這裏徑言"戰國楚簡帛"，也簡稱"楚簡帛"。迄今爲止，已經公佈或部分公佈的楚地簡帛文獻總計約二十一批，包括帛書一批，簡牘二十批，下面分別予以簡要介紹。

(一)子彈庫戰國楚帛書

1942 年 9 月左右，出土於長沙市東南郊子彈庫處的一座戰國楚墓中，墓葬編號爲"73 長子 M1"，墓葬時代爲戰國中晚期之交，包括較完整的帛書 1 件和一些帛書殘片，屬數術文獻。完整帛書及 13 件殘片今藏於華盛頓賽克勒美術館，1 件殘片藏於湖南省博物館。

關於楚帛書内容的介紹及其研究成果較多，本書所用材料據：李零《長沙子彈庫戰國楚帛書研究》，中華書局，1985 年版。同時參考了饒宗頤、曾憲通《楚帛書》，(香港)中華書局，1985 年版；饒宗頤、曾憲通《楚地出土文獻三種研究》，中華書局，1993 年版；李學勤《試論長沙子彈庫楚帛書殘片》，載《文物》1992 年 11 期；李零《楚帛書的再

---

① 絶大多數簡帛材料中都涉及到稱數法或數量詞，但也有極少部分散見材料中未出現稱數法或數量詞，如《高臺晉牘》僅一枚，且斷爲三片，文字多磨滅，又如《鄂城晉墓木刺》，由於"名刺"的性質，也無稱數法出現；此類材料雖然不多，但爲了保證研究的全面性與科學性，我們均進行了考察研究，茲將這些材料均列於此。再，在簡介簡帛材料時，有時爲了便於瞭解有關情況，也可能把不是同一時間出土的簡帛放在一起介紹。如"居延漢簡"與"居延新簡"出土時間不同，但性質相同，故置於同一條來介紹。再如，"居延新簡"與"肩水金關漢簡"是同時出土的，因爲已將"居延新簡"與"居延漢簡"置於同一條來介紹了，故緊接着便介紹"肩水金關漢簡"。故言"大致"按墓葬時代或出土時間先後予以簡介。

認識》,載《中國文化》10 期,又收入《李零自選集》,廣西師範大學出版社,1998 年版,頁 227—262。

(二)五里牌楚墓竹簡

1951 年出土於湖南長沙五里牌 406 號墓,墓主不詳。竹簡殘存 37 段,整理拼接爲 18 簡,存 89 字,內容爲遣策。墓葬時代屬戰國後期,簡牘書寫時代與此一致。[①]

本書所用材料據:商承祚《戰國楚竹簡匯編》相關部分,齊魯書社,1995 年版。

(三)仰天湖楚墓竹簡

1953 年出土於湖南省長沙市南門外仰天湖 25 號戰國楚墓,墓主不詳。出土竹簡 43 枚,存 313 字,內容爲遣策。墓葬時代屬戰國後期,簡牘書寫時代與此一致。[②]

本書所用材料據:商承祚《戰國楚竹簡匯編》相關部分,齊魯書社,1995 年版。

(四)楊家灣楚墓竹簡

1954 年出土於長沙楊家灣 6 號墓,墓主爲女性。出土竹簡 72 枚,其中 22 簡無字,13 簡模糊不清,其餘 37 簡部分文字略清晰,2 字的有 4 簡,其餘皆 1 字,總 41 字,內容不詳。墓葬時代屬戰國末。[③]

本書所用材料據:商承祚《戰國楚竹簡匯編》相關部分,齊魯書社,1995 年版。

---

① 可詳:《長沙近郊古墓發掘記略》,載《科學通報》1952 年 7 期,亦可見《文物參考資料》1952 年 2 期。

② 可詳:《長沙仰天湖第 25 號木槨墓》,載《考古學報》1957 年 2 期。

③ 可詳:《長沙楊家灣 M006 號墓清理簡報》,載《文物參考資料》1954 年 12 期。

(五)信陽長臺關楚墓竹簡

1957 年出土於河南信陽長臺關 1 號楚墓,墓主爲楚國貴族。出土竹簡兩組,殘損特別厲害,無一整簡。一組爲儒家政治性文章,共 84 枚,存四百七十餘字;一組爲遣策,共 30 枚,存 1003 字。墓葬時間屬戰國中晚期,書寫時代與此基本一致。①

本書所用材料據:商承祚《戰國楚竹簡匯編》相關部分,齊魯書社,1995 年版。同時參考了河南省文物研究所《信陽楚墓》,文物出版社,1986 年版。

(六)江陵望山 1 號楚墓竹簡

1965 年出土於江陵望山 1 號楚墓,墓主名昭固,身份未詳。出土竹簡計 207 枚,簡文可識者約有千字,內容主要爲疾病、禱祝、占卜、記事之類的個人日常生活雜記。墓葬時間屬戰國中晚期。②

本書所用材料據:湖北省文物考古研究所、北京大學中文系《望山楚簡》,中華書局,1995 年版。同時參考了商承祚《戰國楚竹簡匯編》相關部分,齊魯書社,1995 年版。

(七)江陵望山 2 號楚墓竹簡

1966 年出土於湖北江陵望山 2 號楚墓,墓主爲楚國貴族。出土竹簡 67 枚,存九百多字,內容主要爲遣策。墓葬時代屬戰國中晚期,書寫時代與此一致。

本書所用材料據:湖北省文物考古研究所、北京大學中文系《望山楚簡》,中華書局,1995 年版。同時參考了商承祚《戰國楚竹簡匯

---

① 可詳:《我國考古史上空前的發現——信陽長台關發掘一座戰國大墓》,載《文物參考資料》1957 年 9 期。

② 可詳:《湖北江陵三座楚墓出土大批重要文物》,載《文物》1965 年 5 期。

編》相關部分,齊魯書社,1995 年版。

(八)曾侯乙墓竹簡

1978 年出土於湖北隨縣擂鼓墩 1 號墓,墓主爲曾國君王曾侯乙。出土竹簡 240 枚,整理拼接爲 215 號,存 6696 字(包括竹簽 2 枚,10 字),内容屬遣策。曾國政治上附屬楚國,文化上處於楚文化圈内,故可將其歸於楚簡。墓葬的時代在戰國早期,約公元前 433 年。該墓文字資料十分豐富,是自西晉發現汲冢竹書之後的又一次空前發現,所得文字資料除竹簡外,還有鐘、磬銘文六千餘字,爲上古漢語的研究提供了寶貴資料,因此我們一併納入考察範圍。[①]

本書所用材料據:裘錫圭、李家浩《曾侯乙墓·附錄一曾侯乙墓竹簡釋文與考釋》、《附錄二曾侯乙墓鐘、磬銘文釋文與考釋》,文物出版社,1989 年版。

(九)九店 56 號楚墓竹簡

1981 年 5 月至 1989 年底,湖北省文物考古研究所江陵工作站在江陵縣發掘東周墓 596 座,其中 56 號、621 號兩墓出有竹簡。江陵九店 56 號楚墓墓主身份爲庶人,出土竹簡 205 枚,有字簡 146 枚,總字數約二千七百個,可辨字 2332 個,内容爲日書、建除、相宅等。墓葬時間爲戰國晚期早段。[②]

本書所用材料據:湖北省文物考古研究所、北京大學中文系《九店楚簡》,中華書局,2000 年版。同時參考了科學出版社 1995 年版的《江陵九店東周墓》。

---

① 可詳:《湖北隨縣曾侯乙墓發掘簡報》,載《文物》1979 年 7 期。

② 可詳:中華書局 2000 年出版的《九店楚簡》一書所附的《五六號、六二一號楚墓發掘報告》。

(一〇)九店 621 號楚墓竹簡

出土於江陵九店 621 號楚墓,墓主身份爲士。出土竹簡 127 枚,全部殘損,有字殘簡 88 枚,其中 54 枚文字漫漶不清,34 枚較清晰,可辨字 92 個,内容談到烹飪等,據 34 號簡所記,可能名爲《季子女訓》。墓葬時代屬戰國中期晚段,書寫時代可能稍早。

本書所據材料同九店 56 號楚墓竹簡。

(一一)夕陽坡楚墓竹簡

1983 年出土於德山夕陽坡 2 號楚墓,墓主名士尹,爲士一級。出土竹簡 2 枚,上下簡文連接,存 54 字,是一篇完整的記載楚王給臣下賞賜歲禄的詔書。竹簡的斷代約屬於楚懷王時期的戰國中晚期。

本書所用材料據:楊啓乾《常德市德山夕陽坡二號楚墓竹簡初探》,載湖南省楚史研究會主編《楚史與楚文化》,求索雜誌社,1987 年版。

(一二)雨臺山戰國楚墓竹律

1986 年出土於江陵雨臺山 21 號楚墓,墓主不詳。出土竹律 4 枚,惜已殘損,存 40 字。墓葬時間爲戰國中期偏早,書寫時代與此基本一致。

本書所用材料據:李純一《雨臺山 21 號戰國楚墓竹律復原探索》,載《考古》1990 年 9 期。

(一三)秦家咀楚墓竹簡

1986 至 1987 年,在湖北省江陵秦家咀編號爲 1 號、13 號和 99 號的三座楚墓中出土一批竹簡。其中 1 號墓 7 枚,13 號墓 18 枚,内容均爲卜筮祭禱之辭；99 號墓 16 枚，内容主要亦爲卜筮祭禱之辭，另有少量遣策。[①]

1995 年，滕壬生《楚系簡帛文字編》刊佈了秦家咀三座楚墓出土部分竹簡釋文的摹本，晏昌貴對部分"卜筮祭禱"類簡文作了輯録，本書所用材料即晏昌貴《秦家嘴"卜筮祭禱"簡釋文輯校》，載《湖北大學學報》（社會科學版）2005 年 1 期。

（一四）包山楚墓竹簡

1987 年 1 月，出土於荆門包山 2 號墓，墓主名邵佗，官居楚左尹。出土竹簡 448 枚，有字簡 278 枚，存 12472 字；竹牘 1 枚，存 154字；内容爲文書、卜筮祭禱記録和遣策。墓葬時間爲公元前 316 年，書寫時代與此基本一致。

本書所用材料據：湖北省荆沙鐵路考古隊《包山楚簡》，文物出版社，1991 年版。同時參考了文物出版社同年出版的《包山楚墓》；陳偉《包山楚簡初探》，武漢大學出版社，1996 年版。

（一五）慈利楚簡

1987 年 6 月，出土於湖南省慈利縣城關石板村 36 號戰國楚墓，總計有簡 4557 枚，無一完整。其主要内容爲文書，記載有楚國和吳越等國的歷史事件，例如"黄池之盟"、"吳越争霸"等，與《國語》《戰國策》大體相合。整理者認爲其墓葬時代當在戰國中期前段，墓主人身份爲士一級。目前祇有部分簡牘公佈。

本書所用材料據：張春龍《慈利楚簡概述》，載艾蘭、邢文主編《新出簡帛研究》，文物出版社，2004 年版。

---

① 可詳：《江陵秦家咀楚墓發掘簡報》，《江漢考古》1988 年 2 期。

(一六)郭店楚墓竹簡

1993 年冬,出土於湖北省荆門市郭店 1 號楚墓,墓主身份不詳。出土竹簡八百餘枚,其中有字簡據整理後統計,共 730 枚,存一萬三千多字,内容爲儒家和道家的學術著作。墓葬時間屬戰國中期偏晚。

本書所用材料據:荆門市博物館《郭店楚墓竹簡》,文物出版社,1998 年版。

(一七)新蔡葛陵楚墓竹簡

1992 年 11 月,在河南省新蔡縣西北的葛陵村北發現"平夜君墓",1994 年 5 月正式發掘,"平夜君"墓因隸屬新蔡縣葛陵村而編號爲 XGM1001。出土竹簡總計一千三百餘枚,内容大致可以分爲兩類,一是卜筮祭禱記録,此類竹簡佔絕大多數;一類爲遣策,數量僅十餘枚。"新蔡葛陵楚墓的年代約相當於戰國中期前後,即楚聲王以後,楚悼王末年或稍後,絕對年代約爲公元前 340 年左右"。①

本書所用材料據:河南省文物考古研究所《新蔡葛陵楚墓》,大象出版社,2003 年版。

(一八)江陵磚瓦廠楚墓竹簡

1992 年,荆州博物館考古工作隊在荆州城西約一千五百米處的江陵磚瓦廠,清理編號爲 M370 的楚墓一座,内出殘斷竹簡 6 枚。其中 3 枚較長,3 枚較短;4 枚有字,2 枚無字。4 枚有字簡有能釋讀的文字 95 個。由於該墓已被破壞,竹簡殘斷,原來究竟有多少簡,不能得知。

---

① 河南省文物考古研究所《新蔡葛陵楚墓》,鄭州:大象出版社,2003 年版,頁 181。另按劉信芳考證,"依據該墓所出大量紀年簡,可以推定新蔡葛陵楚墓的絕對年代爲楚肅王四年(前 337 年),而不是楚悼王末年",載簡帛研究網,http://www.bamboosilk.org/admin3/html/liuxinfang01.htm。

本書所用材料據：滕壬生、黄錫全《江陵磚瓦廠 M370 楚墓竹簡》，載《簡帛研究 2001》（上），廣西師範大學出版社，2001 年版。

（一九）上海博物館藏戰國楚竹書（一至八函）

1994 年購於香港，完殘合計一千二百餘枚，字數達 35000，内容涉及哲學、文學、歷史、宗教、政論、文字學等各領域，多爲古佚書，共有文獻近一百種，而有傳世文獻可對照者不到十種，顯得尤爲珍貴。這批文獻的墓葬地點不明，估計與郭店楚簡有聯繫，其下葬時間當在戰國中晚期。目前已公佈了第一函至第八函。

本書所用材料據：馬承源主編《上海博物館藏戰國楚竹書（一）》，上海古籍出版社，2001年版。馬承源主編《上海博物館藏戰國楚竹書（二）》，上海古籍出版社，2002年版。馬承源主編《上海博物館藏戰國楚竹書（三）》，上海古籍出版社，2003年版。馬承源主編《上海博物館藏戰國楚竹書（四）》，上海古籍出版社，2004年版。馬承源主編《上海博物館藏戰國楚竹書（五）》，上海古籍出版社，2005年版。馬承源主編《上海博物館藏戰國楚竹書（六）》，上海古籍出版社，2007年版。馬承源主編《上海博物館藏戰國楚竹書（七）》，上海古籍出版社，2008年版。馬承源主編《上海博物館藏戰國楚竹書（八）》，上海古籍出版社，2011年版。

（二〇）香港中文大學文物館藏楚簡

香港中文大學文物館歷年收購入藏簡牘 259 枚（不包括殘片 8 枚及空白簡 11 枚），其中戰國簡有 10 枚，多是殘簡。“其内容尚無法繫聯，但很珍貴的是，他們大都是典籍類的楚簡。現已可考的是一枝《緇衣》簡和一枝《周易》簡。”[1]另外八枝簡還不能落實其文本所自。

---

[1]　陳松長《香港中文大學文物館藏簡牘的内容與價值淺説》，載《香港中文大學文物館藏簡牘》，香港：香港中文大學文物館，2001 年版，頁 5。

　　本書所用材料據:陳松長編著《香港中文大學文物館藏簡牘》(香港中文大學文物館藏品專刊之七),香港中文大學文物館,2001年版。

　　此外,陳偉先生等著《楚地出土戰國簡册(十四種)》(經濟科學出版社,2009 年版)作爲教育部哲學社會科學研究重大課題攻關項目(《楚簡綜合整理與研究》)成果之一,利用新型紅外成像系統(IRRS-100)重新拍攝了諸多楚簡原始資料,綜合利用了當時整理時的原始圖像資料,並借鑒了前人及時賢的諸多研究成果,對十四種楚簡釋文、釋義、綴合、編連等方面多有修訂,我們在研究中也多有參考。

(二)清華大學藏戰國竹簡

　　2008 年,清華簡由清華大學校友趙偉國從香港搶救並捐獻給清華大學,"在對清華簡仔細觀察之後,形成鑒定意見,確認簡的時代爲戰國中晚期",經過碳 14 測定和樹輪校正數據爲公元前 305 加減三十年,總計有 2388 簡(包括整支和斷簡),另有有字殘片一百餘枚。目前已經公佈三函。因爲簡的形制和字的特徵"與郭店簡、上博簡相近似",因此我們暫時將其歸入楚簡部分。

　　本書所用材料據:清華大學出土文獻研究與保護中心編、李學勤主編《清華大學藏戰國竹簡(壹)》,上海文藝出版有限公司、中西書局,2010 年版。《清華大學藏戰國竹簡(貳)》,上海文藝出版有限公司、中西書局,2011 年版。《清華大學藏戰國竹簡(叁)》,上海文藝出版有限公司、中西書局,2012 年版。《清華大學藏戰國竹簡(肆)》,中西書局,2013 年版。

二　秦簡

　　所謂秦簡,是指秦國的簡牘,包括秦統一中國以前和統一中國以後的簡牘,未見帛書材料。因秦國簡牘自有其特點,自成其體系,故我們按一般的習慣,不把秦統一以前的秦國簡牘歸入"戰國簡"。迄今爲止,已經公佈或部分公佈的秦國簡牘文獻總計有八種,下面分別予以簡要介紹。

(一)睡虎地秦墓竹簡

1975 年 12 月,在湖北省孝感地區雲夢縣睡虎地 11 號秦墓中發掘出了一大批竹簡,這就是著名的"睡虎地秦墓竹簡"(常簡稱爲"睡虎地秦簡")。這是我國第一次發現秦簡,對瞭解秦漢法律制度具有十分重大的意義。總計有簡 1155 枚(另有殘片 80 枚),其文字爲秦隸,内容有下列十種:《編年計》、《語書》、《秦律十八種》、《效律》、《秦律雜抄》、《法律答問》、《封診式》、《爲吏之道》、《日書甲種》和《日書乙種》。以上十種,祇有《語書》、《效律》、《封診式》、《日書乙種》四種簡原有書題,[①]其他幾種書題均屬整理小組擬定。睡虎地秦墓竹簡的寫成時代,其下限自然不會晚於秦。

以上材料可見:睡虎地秦墓竹簡整理小組《睡虎地秦墓竹簡》(綫裝本),文物出版社,1977 年版;睡虎地秦墓竹簡整理小組《睡虎地秦墓竹簡》(三十二開平裝本),文物出版社,1978 年版;睡虎地秦墓竹簡整理小組《睡虎地秦墓竹簡》(八開精裝本),文物出版社,1990 年版。綫裝本和平裝本均未收《日書》。平裝本用簡體字排印,無圖版。精裝本收了《日書》,爲全本,用繁體字排印,附圖版,在釋文上也優於前二者,因此本書所據材料即 1990 年精裝本。

(二)雲夢睡虎地秦墓木牘

1975 至 1976 年間出土於湖北省雲夢睡虎地 4 號秦墓,時代係

---

① 《語書》、《封診式》、《日書乙種》三書的書名"語書"、"封診式"、"日書"分別書於書末一簡的正面、背面、正面;《效律》原名爲"效",書於開篇第一簡背面。

秦代晚期。出土木牘凡 2 枚：1 枚保存完好，長 23.1 釐米、寬 3.4 釐米、厚 0.4 釐米；另 1 枚下段殘缺，殘長 17.3 釐米、寬 2.6 釐米、厚 0.3 釐米。牘文内容皆爲書信。

本書所用材料據：李均明、何雙全編《散見簡牘合輯·湖北雲夢睡虎地 4 號秦墓木牘》，文物出版社，1990 年版。

(三)青川秦更修田律木牘

1979 年，在四川省青川縣郝家坪 50 號戰國墓中發掘出了兩枚秦代的木牘。其中一枚文字已無法辨認，另一枚文字清楚可識，雙面書寫，近一百五十字，正面一百二十多字，内容爲律文，反面二十多字，内容屬禁忌内容的《日書》。正面文首爲："二年十一月己酉朔朔日王命丞相戊内史匽民臂更修爲田律：……"據此，或稱爲《更修田律》，或稱爲《爲田律》；亦知其"二年"爲秦武王二年，即公元前 309 年。

本書所用材料據：四川省博物館、青川縣文化館《青川縣出土秦更修田律木牘——四川省青川縣戰國墓發掘簡報》，載《文物》1982 年 1 期；另參李均明、何雙全編《散見簡牘合輯·四川青川縣郝家坪 50 號秦墓木牘》，文物出版社，1990 年版。

(四)天水放馬灘秦墓竹簡

1986 年 3 月至 9 月，在甘肅省天水市的放馬灘，共發掘了十三座秦墓和一座漢墓，其中編號爲 1 號的秦墓出土竹簡 460 枚，簡文内容包括兩個《日書》本子和《丹記》，這就是"天水放馬灘秦簡"（常簡稱爲"放馬灘秦簡"）。1 號秦墓下葬時間在秦始皇八年冬或九年初，即公元前 238 年冬或前 237 年初。整理者分別以甲種和乙種稱兩個《日書》本子，其中《日書甲種》73 枚簡，《日書乙種》382 枚簡。《丹記》

共 6 枚簡，内容屬志怪故事。①

　　本書所用材料據：甘肅省文物考古研究所《天水放馬灘秦簡》，中華書局，2009 年版。另參：何雙全《天水放馬灘秦簡綜述》，《文物》1989 年 2 期；李學勤《放馬灘秦簡中的志怪故事》，《文物》1990 年 4 期；甘肅省文物考古研究所、秦簡整理小組《天水放馬灘秦簡甲種〈日書〉釋文》，載甘肅省文物考古研究所編《秦漢簡牘論文集》，甘肅人民出版社，1989 年版；張顯成主編《簡帛逐字索引大系：秦簡逐字索引（附原文及校釋）》（修訂本）其中的“原文及校釋”部分，四川大學出版社，2014 年版。

（五）江陵岳山秦墓木牘

　　1986 年 9 月至 10 月，在湖北省江陵岳山發掘了大批秦墓、漢墓和宋墓，其中 36 號秦墓發現木牘 2 枚，一件長 23 釐米、寬 5.8 釐米、厚 0.55 釐米，另一件長 19 釐米、寬 5 釐米、厚 0.55 釐米，木牘的内容爲日書。墓葬時代不晚於秦末。

　　本書所用材料據：湖北省江陵縣文物局等《江陵岳山秦漢墓》，載《考古學報》2000 年 4 期。

（六）龍崗秦墓竹簡

　　1989 年，從湖北省雲夢縣城東南郊龍崗 6 號秦墓中出土了一批秦代竹簡和木牘，内容屬秦代律文，這是繼 1975 年雲夢睡虎地秦墓竹簡之後有關秦代律文的又一重要考古發現，一般簡稱爲“龍崗秦

---

　　① 《丹記》，正式發掘報告《天水放馬灘秦簡》稱《志怪故事》，《文物》1989 年 2 期《天水放馬灘秦簡綜述》稱《墓主記》。該文獻所記爲一名叫丹的人的志怪類故事，按照文獻命名原則，當命“丹記”爲善，故本書如是改稱。原整理報告《丹記》編號爲 6 的那枚簡應該屬《日書乙種》中《日辰星》的内容，今移正，故將原整理報告的該文獻共“7 枚簡”修正爲共“6 枚簡”。

簡"。龍崗秦簡在時代上晚於睡虎地秦簡。[①] 所出土的竹簡有 293 枚,另有 138 枚殘片,内容主要爲"禁苑"類律令。所出土的木牘爲 1 枚,分正反兩面書寫,計 38 字,其中正面兩行,右行 18 字,左行 17 字;反面 3 字。

以上材料可見:劉信芳、梁柱《雲夢龍崗秦簡》,科學出版社,1997 年版;中國文物研究所、湖北省文物考古研究所《龍崗秦簡》,中華書局,2001 年版;以上二書後者晚出轉精,較前者爲善,本書所用材料均據後者。[②]

(七)周家臺秦墓簡牘

1993 年 6 月,在湖北省荆州市沙市區關沮鄉周家臺 30 號秦墓中出土簡牘 390 枚,其中竹簡 389 枚,木牘 1 枚。簡文内容可分三組,甲組簡爲二十八宿占、五時段占、五行占和秦始皇三十六年、三十七年月朔日干支及月大小等;乙組簡爲秦始皇三十四年全年日干支;丙組簡爲醫方、祝由術、擇吉避凶占卜、農事等。木牘内容爲秦二世元年曆譜。整理報告對簡牘内容進行了歸併調整,分爲《曆譜》《日書》《病方及其它》三大類。

本書所用材料據:湖北省荆州市周梁玉橋遺址博物館《關沮秦漢墓簡牘》,中華書局,2001 年版。

(八)龍山里耶戰國——秦代古城 1 號井竹簡

2002 年出土於湖南省湘西土家族苗族自治州龍山縣里耶鎮,出土簡牘共三萬八千餘枚,另有 2005 年出土於北護城壕 11 號坑中的

---

① 可詳:湖北省文物考古研究所、孝感地區博物館、雲夢縣博物館《雲夢龍崗秦漢墓地第一次發掘簡報》,載《江漢考古》1990 年 3 期。

② 二書在簡文内容的劃分上也多不同,本書取中國文物研究所、湖北省文物考古研究所《龍崗秦簡》的觀點。

51 枚簡牘，主要爲秦時縣一級政府的部分檔案，内容包括政令、公文、司法文書、吏員簿、物資登記和轉運、里程書等，年代爲秦始皇二十五年（公元前 222 年）至秦二世二年（公元前 208 年）。目前公佈了第一卷，即里耶古井第五、六、八層簡牘的圖版和釋文。

本書所用材料據：湖南省文物考古研究所、湘西土家族苗族自治州文物處、龍山縣文物管理所《湖南龍山里耶戰國——秦代古城一號井發掘簡報》，載《文物》2003 年 1 期；同時參考了湖南省文物考古研究所《里耶發掘報告》，岳麓書社，2007 年版。湖南文物考古研究所編著《里耶秦簡（壹）》，文物出版社，2012 年版。陳偉主編《里耶秦簡校釋》（第一卷），武漢大學出版社，2012 年版。

（九）嶽麓書院藏秦簡

2007 年底，湖南大學嶽麓書院從香港搶救性地購藏了一批秦簡，次年 8 月又有私人收藏家將少量秦簡捐贈給了嶽麓書院，經考證這兩部分簡當屬於同一批出土，稱之爲“嶽麓書院藏秦簡”（簡稱“嶽麓秦簡”）。這批簡共計有二千一百多枚，主要内容分爲七大類，分別是《質日》《爲吏治官及黔首》《占夢書》《數》《奏讞書》《秦律雜抄》和《秦令雜抄》。目前已經公佈了第壹、貳、叁函。第壹函公佈了其中的《質日》《爲吏治官及黔首》和《占夢書》共二百九十餘枚簡的内容；第貳函是《數》，共 236 枚簡，另有殘片 18 枚。第叁函主要是秦王政時的司法文書《爲獄等狀四種》，總計 252 枚簡。

本書所用材料據：朱漢民、陳松長主編《嶽麓書院藏秦簡（壹）》，上海辭書出版社，2010 年版。《嶽麓書院藏秦簡（貳）》，上海辭書出版社，2011 年版。《嶽麓書院藏秦簡（叁）》，上海辭書出版社，2012 年版。

三　兩漢簡帛

所謂兩漢簡帛，是指西漢和東漢時代的簡牘帛書。兩漢簡帛内容最爲豐富多彩，不僅有大量文書，而且有大量書籍，也是迄今爲止已公佈的簡帛材料中最爲多者。本書所用材料包括了目前已公佈的全部漢代簡帛文獻，下面分別予以介紹。

（一）居延漢簡（含新簡）

這裏所説的"居延漢簡"，既指 1927 至 1930 年中瑞西北科學考察團所得之居延漢簡，也包括 1972 至 1982 年所出之居延漢簡，即"居延新簡"。

1927 年，北平中國學術協會與瑞典的斯文·赫定等組成西北科學考察團，開始了對西北地區的考察發掘。1930 年，中方隊員黄文弼在羅布淖爾的默得沙爾獲得西漢末至東漢初木牘 71 枚。[①] 又在額濟納河畔獲得竹簡數枚，繼後又在吐魯番城西邊得木牘數枚，在木札特河畔的拜城和色爾佛洞，獲得木牘 10 枚。這批簡牘包括漢文文書和西域文書。黄文弼於 1948 年出版《羅布淖爾考古記》，介紹了考察情况，並公佈了這批簡牘。1930 年 4 月 20 日至次年，瑞方隊員考古學家貝格曼（Folke Bergman），在額濟納河流域東經 100－101 度，北緯 41－42 度的古居延舊地，發掘出土了近 11000 枚漢簡，[②]這是 1949 前出土簡牘文獻最多的一次，大大震動了學術界。因爲這批漢簡的出土地點位於漢代張掖郡居延縣，所以命之爲"居延漢簡"。後於 1931 年 5 月將這批漢簡運到北京進行整理研究，因爲政治上的原因，特別是抗戰爆發的原因，這批漢簡曾先後由不少學者進行過整理，也轉輾數地。研究的學者先後有：劉半農、馬衡、向達、勞榦、賀昌群、余遜等人。轉輾的地點先後有：北平、上海、香港（香港大學圖書館）、美國（美國國會圖書館）。這批漢簡在 1965 年 11 月 23 日，由臺

---

① 據《居延漢簡甲編·編輯後記》，一説發現時間爲 1927 年（如林劍鳴《簡牘概述》，陝西人民出版社，1984 年版，頁 13）。

② 據説還有 5 件帛書，其中 2 件出土於 A8 破城子，另 3 件出土於 A33 地灣。

灣從美國國會圖書館接收回歸祖國，現今存放於臺灣"中研院"歷史語言研究所，並由該所作進一步整理研究。①

　　1972 至 1974 年，在漢肩水金關、甲渠候官（破城子）、甲渠塞第四燧三處遺址出土 19400 枚；1976 年，在今額濟納旗布肯托尼以北地區獲 173 枚；1982 年，在甲渠候官遺址又獲 22 枚。有關整理者開始稱以上各處發現的簡爲"居延新簡"，後又改稱肩水金關處者爲"肩水金關漢簡"，②本書以後者爲準，即稱肩水金關處以外者爲"居延新簡"。

　　"居延漢簡"和"敦煌漢簡"都是漢代在西北屯軍的有關屯戍檔案，發掘的數量頗豐，但可惜這些簡牘很多都是零篇殘簡。一個世紀以來，發表的有關研究成果很多。據研究，"居延漢簡"和"敦煌漢簡"的寫成年代，在西漢中後期至東漢中後期間，即公元前 1 世紀初至公元 2 世紀中葉。③

　　本書所用居延漢簡材料據：中國社會科學院考古研究所《居延漢簡甲乙編》，中華書局，1980 年版；另參勞榦《居延漢簡考釋——釋文之部》，商務印書館，1949 年版；勞榦《居延漢簡——圖版之部》，（臺灣）"中研院"歷史語言研究所專刊之九十九，1957 年初版，1977 年再版；勞榦《居延漢簡——考釋之部》，（臺灣）"中研院"歷史語言研究所專刊之九十九，1960 年初版，1986 年再版；中國科

---

　　①　可詳：邢義田《傅斯年、胡適與居延漢簡的運美及返臺》，（臺灣）《"中研院"歷史語言研究所集刊》第六六本第三分，1995 年版，頁 921－952；簡牘整理小組《居延漢簡補編·序》（"中研院"歷史語言研究所專刊之九十九），1998 年版。

　　②　見：甘肅簡牘保護研究中心、甘肅省文物考古研究所、甘肅省博物館、中國文化遺產研究院古文獻研究室、中国社会科学院簡帛研究中心《肩水金關漢簡（壹）·前言》，上海：中西書局，2011 年版；甘肅省文物考古研究所、甘肅省博物館、文化部古文獻研究室、中国社会科学院历史研究所《居延新简——甲渠候官与第四燧》，北京：文物出版社，1990 年版；甘肅省文物考古研究所、甘肅省博物館、文化部古文獻研究室、中國社會科學院考古研究所《居延新簡——甲渠候官》，北京：中華書局，1994 年版。

　　③　陳夢家《漢簡綴述·漢簡考述》，北京：中華書局，1980 年版，頁 9－10。

學院考古研究所《居延漢簡甲編》,科學出版社,1959 年版;謝桂華、李均明、朱國炤《居延漢簡釋文合校》,文物出版社,1987 年版;中國簡牘集成編輯委員會《中國簡牘集成·居延漢簡》,敦煌文藝出版社,2001 年版。

居延新簡材料據:甘肅省文物考古研究所、甘肅省博物館、文化部古文獻研究室、中國社會科學院歷史研究所《居延新簡——甲渠候官》,中華書局八開精裝本,1994 年版;另參甘肅省文物考古研究所編,薛英群、何雙全、李永良注《居延新簡釋粹》,蘭州大學出版社,1988 年版。

(二)居延漢簡補編

居延漢簡補編,主要來源於 1930 至 1931 年在額濟納河沿岸漢代邊塞中出土的那一萬餘枚簡牘。編者將藏於"中研院"歷史語言研究所中的居延漢簡作了徹底清理,重新刊佈圖版和釋文。所謂"補編"是補勞榦先生的《居延漢簡——圖版之部》和《居延漢簡——釋文之部》未收或刊佈不全的部分,包括:(1)勞書未發表者;(2)勞書有釋文,缺漏圖版者,以上共 1153 枚;(3)臺灣"中央圖書館"所藏居延漢簡 30 枚;(4)1930、1934 年黃文弼發現的羅布淖爾簡 58 枚;(5)1944 年夏鼐、閻文儒在敦煌小方盤城北郭小丘上所掘簡 76 枚;(6)1945 年 11 月夏鼐、閻文儒於武威南山剌麻灣所掘的木簡 7 枚。以上(4)(5)(6)爲"中研院"歷史語言研究所藏的居延以外地區出土的漢簡。爲示區別,《居補簡》在(3)類簡的編號前冠以"C"(如:C27),在(4)類簡編號前冠以"L"(如:L3),在(5)類簡編號前冠以"T"(如:T14N1),在(6)類簡編號前冠以"LMW"(如:LMW1)。

本書所用材料據:簡牘整理小組《居延漢簡補編》,"中研院"歷史語言研究所專刊之九十九,1998 年版。

（三）肩水金關漢簡

如上所言，肩水金關漢簡是 1972 至 1974 年在漢肩水金關發現的屯戍漢簡，性質與居延漢簡、居延新簡相同。這批漢簡共八百五十餘枚，人們多簡稱之爲"金關漢簡"。這批簡現在僅公佈了一部分，即《肩水金關漢簡（壹）》《肩水金關漢簡（貳）》。

本書所用材料據：甘肅簡牘保護研究中心、甘肅省文物考古研究所、甘肅省博物館、中國文化遺産研究院古文獻研究室、中国社会科学院簡帛研究中心《肩水金關漢簡（壹）》，中西書局，2011 年版；《肩水金關漢簡（貳）》，中西書局，2012 年版。

（四）敦煌漢簡

20 世紀初至 80 年代，在河西疏勒河流域漢代邊塞烽隧遺址中陸續出土的漢代簡牘材料，即敦煌漢簡，包括：斯坦因第二次中亞探險考察所得 708 枚、第三次中亞探險考察所得 189 枚，1920 年周炳南在敦煌小方盤城附近掘得的 17 枚，1944 年前西北科學考察團所得 49 枚，1977 年在玉門花海農場所得 91 枚，1979 年在敦煌小方盤城以西的馬圈灣所得 1217 枚，1981 年在敦煌酥油土所得 76 枚，1986 至 1988 年文物普查所得 137 枚。總計 2484 枚。寫成年代在西漢中後期至東漢中後期間，即公元前 1 世紀初至公元 2 世紀中葉。

本書所用材料據：甘肅省文物考古研究所《敦煌漢簡》，中華書局八開精裝本（附圖版），1991 年版。

（五）伍家嶺漢墓簡牘

1951 至 1952 年間，出土於湖南省長沙市北郊伍家嶺 201 號漢墓，共有西漢晚期封檢 9 枚，8 枚字迹模糊，其中一枚墨書"魚鮓一斛"。

本書所用材料據：李均明、何雙全編《散見簡牘合輯·附錄》，文物出版社，1990 年版。

（六）高郵邵家溝東漢遺址出土木牘

1957 年，江蘇省文物管理委員會、江蘇省博物院發掘了高郵城北、運河東岸的邵家溝漢代遺址，發現木牘 1 枚，封泥 1 塊。整理者推論，墓葬時代當爲東漢末期。

本書所用材料據：中國簡牘集成編輯委員會《中國簡牘集成（二編）》第十九卷《江蘇省卷》，敦煌文藝出版社，2005 年版。另，參考了江蘇省文物管理委員會《江蘇高郵邵家溝漢代遺址的清理》，載《考古》1960 年 10 期。

（七）武威漢簡

1959 年 7 月，在甘肅省武威縣磨咀子 6 號漢墓中出土了三個《儀禮》寫本，共九篇，一篇寫於竹簡，八篇寫於木簡，共 469 枚簡，凡 27332 字。簡本《儀禮》不同於鄭玄注《儀禮》本，與大戴本、小戴本的編次也不同。今文《儀禮》共分大戴、小戴和慶氏三家，簡本可能就是失傳了的慶氏本。整理者認爲："我們約略推定木簡甲、乙本是屬於西漢晚期的鈔本，約當成帝前後。其所依據之原本，約在昭、宣之世。丙本竹簡早於木簡，乙本或者稍早於甲本。"[1]該墓還發現了一些有關日忌和雜占的木簡共 11 枚。

另外，同年秋天，又在 18 號漢墓中發現了"王杖"木簡 10 枚，內容爲關於王杖授受之律令。與此同時，還在 22 號墓、23 號墓、15 號墓發現柩銘文字。另外，1957 年夏在 4 號墓中也發現了柩銘文字。

---

[1] 可詳：甘肅省博物館、中國科學院考古研究所《武威漢簡》"敘論"部分的"簡本儀禮的本子及其年代"，北京：文物出版社，1964 年版，頁 40—52。

人們稱以上這些在武威縣磨咀子發現的漢簡爲"武威漢簡",其主體當然是 6 號墓中的三個《儀禮》寫本。

本書所用材料據:甘肅省博物館、中國科學院考古研究所《武威漢簡》(考古學專刊乙種第十二號),文物出版社,1964 年版。

(八)連雲港焦山漢墓木牘

1962 年,江蘇省連雲港市海州網疃莊焦山漢墓出土木牘 1 枚,字迹多不清晰,見"□□衣一領"等,當爲隨葬器物等清單。

本書所用材料據:李均明、何雙全編《散見簡牘合輯·附錄》,文物出版社,1990 年版。

(九)鹽城三羊墩漢墓出土木牘

1963 年,江蘇省文物管理委員會、南京博物院發掘鹽城伍佑鎮三羊墩 1 號漢墓,出土木牘 1 枚,爲記錄隨葬器物名稱數量的遣策。木牘保存情況很差,半邊已殘。整理者推論,墓葬時代大約爲西漢晚期至東漢早期。

本書所用材料據:中國簡牘集成編輯委員會《中國簡牘集成(二編)》第十九卷《江蘇省卷》,敦煌文藝出版社,2005 年版。另,參考了江蘇省文物管理委員會、南京博物院《江蘇鹽城三羊墩漢墓清理報告》,載《考古》1964 年 8 期。

(一〇)甘谷漢簡

1971 年,出土於甘肅省天水市甘谷縣渭陽鄉十字道大隊劉家山的一座東漢墓。簡多殘損,整理、綴合後共計 23 枚。簡由松木製成,三道編繩,内容爲東漢桓帝劉志延熹元年(158 年)宗正府卿劉櫃關於宗室事上報皇帝的奏書和皇帝下發的詔書。

本書所用材料據:李均明、何雙全編《散見簡牘合輯·甘肅甘谷漢簡》,文物出版社,1990 年版。

(一)銀雀山漢墓竹簡

1972 年,在山東省臨沂銀雀山 1 號墓和 2 號墓出土了一大批漢簡,這就是有名的"銀雀山漢墓竹簡"。内容包括多種先秦著作,但主要是軍事文獻。其中有傳世本可資對照的書籍是:《孫子兵法》十三篇及四篇佚文和殘文一篇、《晏子》十六章、《六韜》十四篇、《尉繚子》五篇;没有傳本的佚書是:《孫臏兵法》十六篇,《守法守令等十三篇》十篇,①論政論兵類共五十篇,陰陽時令占候類十二篇,算書、相狗方、作醬法、定心固氣類十三篇,以及《元光元年曆譜》等。除上述各類外,還有不少殘簡。兩座漢墓的下葬年代爲漢武帝初年;這批竹簡是在文、景至武帝初期抄寫成的,而各典籍的成書年代都不會晚於戰國時期。

這批竹簡擬分三函出版,但至今祇由文物出版社出版了第壹函和第貳函,②本書所用材料即據:銀雀山漢簡整理小組《銀雀山漢墓竹簡〔壹〕》,1985 年八開精裝本;銀雀山漢簡整理小組《銀雀山漢墓竹簡〔貳〕》,2010 年八開精裝本。第壹函内容包括《孫子兵法》、《孫臏兵法》、《尉繚子》、《六韜》、《守法守令等十三篇》、《晏子》,第貳函内容包括《論政論兵之類》、《陰陽時令、占候之類》、《其他》。

另,擬编入第三函的《元光元年曆譜》,爲漢武帝元光元年(公元前 134 年)曆譜,屬顓頊曆。本書所用材料據:陳久金、陳美東《臨沂

---

① 此書名乃整理小組據一木牘上所書十三個篇題命名,實際上出土所見祇有十篇,祇存篇題者爲《上篇》、《下篇》、《委法》(即這三個篇名祇見於篇題木牘)。另外十篇也並非全是佚書,《兵令》、《守法》、《守令》和《王兵》四篇,分别與《尉繚子》、《墨子》、《管子》書中某些篇章的内容相合;全是佚書的祇有《要言》、《庫法》、《市法》、《李法》、《王法》、《田法》六篇。

② 擬出版的第三函爲"散簡"、"篇題木牘"和《元光元年曆譜》。可詳:銀雀山漢簡整理小組《銀雀山漢墓竹簡〔壹〕·編輯説明》,北京:文物出版社,1985 年版。

出土漢初古曆初探》,載《文物》1974 年 3 期。

(一二)湖北雲夢大墳頭 1 號漢墓木牘

1972 年,出土於湖北省雲夢縣附近的大墳頭 1 號漢墓。出土木牘 1 枚,雙面書字,内容爲隨葬器物的名稱和數量。時代係西漢早期。

本書所用材料據:李均明、何雙全編《散見簡牘合輯·湖北雲夢大墳頭 1 號漢墓木牘》,文物出版社,1990 年版。

(一三)武威漢代醫簡

1972 年 11 月,在甘肅省武威縣旱灘坡漢墓中出土了一批醫簡,這就是"武威漢代醫簡"。這批醫簡屬方劑書,估計是墓主人長期臨床實踐經驗的總結性記録。共載方劑三十多個,包括内科方、外科方、婦科方、五官科方、針灸科方,及其他科目的方劑,涉及臨床醫學、藥物學、針灸學以及一些其他醫學學科。整理小組命之爲"武威漢代醫簡"。這批佚醫書的墓葬年代爲東漢早期,其成書年代暫不可考,但由其墓葬時間來推斷,該書在東漢前就已成書是没有問題的。[①]

本書所用材料據:甘肅省博物館、武威縣文化館《武威漢代醫簡》,文物出版社,1975 年版。

(一四)連雲港市海州西漢霍賀墓出土木牘

1973 年 3 月,南京博物院和連雲港市博物館在江蘇省連雲港市海州區南門大隊網瞳莊的小礁山北麓清理一座漢墓,出土木牘 7 枚,僅一枚有文字,應是記録隨葬器物名稱數量的遣策。墓中出土銅印

---

① 可詳:《武威漢代醫簡》所附《武威漢代醫簡的發現與清理》和《武威漢代醫藥簡牘在醫學史上的重要意義》二文,北京:文物出版社,1975 年版。

一枚,陰刻篆書"霍賀之印"。發掘者考定,霍賀即該墓之男性墓主。整理者推論,墓葬時代爲西漢晚期。

本書所用材料據:中國簡牘集成編輯委員會《中國簡牘集成(二編)》第十九卷《江蘇省卷》,敦煌文藝出版社,2005 年版。另,參考了南京博物院、連雲港市博物館《海州西漢霍賀墓清理簡報》,載《考古》1974 年 3 期。①

(一五)定縣漢簡

1973 年 5 月至 12 月,在河北省定縣(古定州)八角廊村 40 號漢墓,即西漢中山懷王劉脩墓中,出土了大批竹簡,因中山懷王劉脩死於漢宣帝五鳳三年,即公元前 55 年,故這批竹簡的抄寫年代應當在此之前。因定縣又稱定州,故這批漢簡又稱"定州漢簡"。經整理,初步認定定縣漢簡有以下諸種文獻:《論語》、《文子》、《太公》、《儒家者言》、《□安王朝五鳳二年正月起居記》、②《日書》等。已公佈者爲《論語》、《文子》、《儒家者言》、《六韜》四種。

《論語》:爲殘簡,能釋讀的簡文共有 7576 字,篇幅不足今本《論語》的二分之一。本書所用材料據:河北省文物研究所定州漢墓竹簡整理小組《定州漢墓竹簡〈論語〉》,文物出版社,1997 年版。

《文子》:亦爲殘篇斷簡,有 277 枚簡,計 2790 字。本書所用材料據:河北省文物研究所定州漢墓竹簡整理小組《定州西漢中山懷王墓竹簡〈文子〉釋文》,載《文物》1995 年 12 期。

《儒家者言》:計有殘簡一百多枚,内容屬儒家,上述商湯和周文

---

① 該《簡報》祇有摹本,無圖版,亦無釋文。
② 《□安王朝五鳳二年正月起居記》,一作《六安王朝五鳳二年正月起居記》。分別見:定縣漢墓竹簡整理組《定縣 40 號漢墓出土竹簡簡介》,載《文物》1981 年 8 期;河北省文物研究所定州漢墓竹簡整理小組《定州漢墓竹簡〈論語〉·前言》,北京:文物出版社,1997 年版。

王的仁義,下記樂正子春的言行,其中以孔子及其弟子的言行爲最多。所記多爲對忠、孝、禮、信等道德的闡發。其内容絕大部分散見於先秦、西漢的著作中,特別是《説苑》和《孔子家語》中,但簡文比這些書保存了更多較爲古老的原始資料。雖然這部書的不少内容見於古代著作中,但是從匯集成册的角度來看,它仍屬一部佚書。這部書的成書年代爲戰國晚期。[①]　本書所用材料據:《文物》1981 年 8 期所載二文:定縣漢墓竹簡整理組《〈儒家者言〉釋文》;何直剛《〈儒家者言〉略説》。

《六韜》:亦爲殘篇斷簡,原簡發現篇題十三個。本書所用材料據:河北省文物研究所定州漢墓竹簡整理小組《定州西漢中山懷王墓竹簡〈六韜〉釋文及校注》,載《文物》2001 年 5 期。

(一六)江蘇連雲港市海州西漢侍其繇墓木牘

1973 年,出土於江蘇省連雲港市海州區南門大隊網疃莊附近的西漢墓,計有木牘 2 枚,内容爲遣策。該墓的年代係西漢中晚期,墓主姓名爲侍其繇。

本書所用材料據:李均明、何雙全編《散見簡牘合輯·江蘇連雲港市海州西漢侍其繇墓木牘》,文物出版社,1990 年版。

(一七)鳳凰山 8 號漢墓竹簡

1973 年,出土於湖北省江陵紀南城鳳凰山 8 號漢墓。出土竹簡總計 176 枚,簡文内容爲隨葬器物的清單,即遣策。墓葬時代係西漢文帝至武帝間。金立《江陵鳳凰山八號漢墓竹簡試釋》是較早刊佈這批簡釋文的,見《文物》1976 年 6 期。繼後,李均明、何雙全編《散見簡牘合輯·湖北江陵鳳凰山 8 號漢墓竹簡》刊載了該批簡的釋文,見

---

①　可詳:何直剛《〈儒家者言〉略説》,載《文物》1981 年 8 期。

文物出版社，1990 年版。這批簡的正式發掘報告見於湖北省文物考古研究所《江陵鳳凰山西漢墓簡牘》，中華書局，2012 年版。此書含鳳凰山 8 號漢墓簡牘的釋文和圖版，釋文後出轉精。

本書所用材料據：湖北省文物考古研究所《江陵鳳凰山西漢墓簡牘》，中華書局，2012 年版。

(一八)鳳凰山 9 號漢墓簡牘

1973 年，出土於湖北省江陵鳳凰山 9 號漢墓。墓葬時代係西漢文帝至景帝時期。其中木牘 3 枚，據文字内容，每牘均缺上端。竹簡 69 枚，字迹模糊，簡文内容當爲隨葬器物的清單。李均明、何雙全編《散見簡牘合輯・湖北江陵鳳凰山 9 號漢墓木牘、竹簡》刊載了該批簡的釋文，見文物出版社，1990 年版。這批簡的正式發掘報告是湖北省文物考古研究所《江陵鳳凰山西漢墓簡牘》，中華書局，2012 年版。此書含鳳凰山 9 號漢墓簡牘的釋文和圖版，釋文後出轉精。

本書所用材料據：湖北省文物考古研究所《江陵鳳凰山西漢墓簡牘》，中華書局，2012 年版。

(一九)鳳凰山 10 號漢墓簡牘

1973 年，出土於湖北省江陵鳳凰山 10 號漢墓，時代係漢文帝至漢景帝時期。總計出土竹簡一百七十多枚，木牘 6 枚。簡牘内容主要是鄉里行政機構的文書，涉及算賦、田租、貸種、芻稿等方面，還有隨葬器物的清單及承包契約等。部分簡牘已經無法辨認，尚可辨認者總計 124 枚。較早刊佈這批簡釋文的有：裘錫圭《湖北江陵鳳凰山十號漢墓出土簡牘考釋》，《文物》1974 年 7 期(該文也見於《古文字論集》頁 540，中華書局，1992 年版)。黃盛璋《江陵鳳凰山漢墓簡牘及其在歷史地理研究上的價值》(《文物》1974 年 6 期)中的釋文部分,文字與裘文略有不同。這批簡的正式發掘報告是湖北省文物考古研究所《江陵鳳凰山西漢墓簡牘》,中華書局,2012 年版。此書含鳳凰山 10 號漢墓簡牘的釋文和圖版,釋文後出轉精。

本書所用材料據:湖北省文物考古研究所《江陵鳳凰山西漢墓簡牘》,中華書局,2012 年版。

(二〇)馬王堆漢墓簡帛

1973 年底,出土於湖南省長沙馬王堆 3 號漢墓,根據整理者的編號,共計 15 件;並且還有部分簡牘,計 610 枚。根據出土的一枚有紀年的木牘,可以確定該墓的下葬時間爲漢文帝前元十二年,即公元前 168 年。[①] 帛書大都是失傳兩千多年的佚書,内容涉及古代思想、歷史、軍事、天文、地理、醫學等方面,共約十二萬多字,包括近五十種古籍。帛書整理小組按其性質分編爲六函,現已公佈三函,即第壹、叁、肆函,另有少數公佈材料散見於一些刊物。

《馬王堆漢墓帛書〔壹〕》,包括《老子甲本》、《老子乙本》、《老子甲本卷後古佚書》(即《五行》、《九主》、《明君》、《德聖》)、《老子乙本卷前古佚書》(即《經法》、《經》、[②]《稱》、《道原》)。本書所用材料據:國家文物局古文獻研究室《馬王堆漢墓帛書〔壹〕》,文物出版社,八開精裝本,1980 年版。

《馬王堆漢墓帛書〔叁〕》,此函含兩種文獻:《春秋事語》,所記皆春秋時事言論爲主,是《左傳》類史書的選抄節錄通俗簡編本,是一本教科書性質的作品,"當是漢初(約公元前 200 年左右)或更早一些時

---

① 可詳:國家文物局古文獻研究室《馬王堆漢墓帛書〔壹〕‧出版説明》,北京:文物出版社,1980 年版。

② 《經》,整理小組原命名爲《十大經》,後又改爲《十六經》,均不確,今依李學勤先生説改稱《經》。下同。並且,原整理小組以爲該書最後一篇無篇名,實際上爲《十大》。詳見李學勤先生《馬王堆帛書〈經法‧大分〉及其它》,《道家文化研究》第三輯,上海:上海古籍出版社,1993 年版。

候抄寫的”；①《戰國縱橫家書》，屬於縱橫家，是從三個不同的戰國遊説故事册子中輯録而成的，是《戰國策》的原始資料之一。② 本書所用材料據：馬王堆漢墓帛書整理小組《馬王堆漢墓帛書〔叁〕》，文物出版社，八開精裝本，1983 年版。

《馬王堆漢墓帛書〔肆〕》，此函的主體爲帛書，另有少量竹木簡，均爲佚醫書，卷帙有兩萬多字，内容十分豐富，包括中醫藥基礎理論、臨床醫學、藥物學、針灸學、房中、氣功、保健，以及其他一些醫學學科。含文獻十五種：《足臂十一脈灸經》、《陰陽十一脈灸經甲本》、《脈法》、《陰陽脈死候》、《五十二病方》，以上五種合爲一卷帛書；《却穀食氣》、《陰陽十一脈灸經乙本》、《導引圖》，以上三種合爲一卷帛書；《養生方》、《雜療方》、《胎産書》，以上三種各爲一卷帛書；《十問》、《合陰陽》，以上二種爲一卷竹簡；《雜禁方》（木簡）、《天下至道談》（竹簡），以上二種合捲成一卷，木簡在外，竹簡在内。以上第一卷帛書字體近篆，抄寫年代當在秦漢之際；第二卷帛書及四種竹、木簡字體爲篆隸間，抄寫年代當在漢初；後三卷帛書字體都程度不同地接近雲夢睡虎地秦簡，抄寫年代當在漢前。《陰陽灸經》出了兩個寫本，内容大致相同，故整理小組以甲本、乙本別稱之。總之，馬王堆醫書十五種都應該是漢以前的作品。本書所用材料據：馬王堆漢墓帛書整理小組《馬王堆漢墓帛書〔肆〕》，文物出版社，八開精裝本，1985 年版。湖南省博物館、湖南省文物考古研究所《長沙馬王堆二、三號漢墓·第一卷田野考古發掘報告》，文物出版社，2004 年版。

馬王堆漢墓簡帛其他材料：

---

① 可詳：馬王堆漢墓帛書整理小組《馬王堆漢墓帛書〔叁〕·出版説明》，北京：文物出版社，1983 年版；張政烺《〈春秋事語〉解題》，載《文物》1977 年 1 期。

② 可詳：馬王堆漢墓帛書整理小組《馬王堆漢墓帛書〔叁〕·出版説明》，北京：文物出版社，1983 年版；楊寬《馬王堆帛書〈戰國策〉的史料價值》，載《文物》1975 年 2 期；馬雍《帛書〈戰國縱橫家書〉各章的年代和歷史背景》，載《文物》1975 年 4 期。

　　一是有關《周易》的材料,分爲經和傳兩部分,包括兩件帛書,第一件帛書書寫經文六十四卦和傳文《二三子問》(分爲上、下兩篇),第二件帛書依次書寫傳文《繫辭》、《易之義》、《要》、《繆和》、《昭力》。本書所用材料爲《文物》1984 年 3 期所載三文:馬王堆漢墓帛書整理小組《馬王堆漢墓帛書〈六十四卦〉釋文》、張政烺《帛書〈六十四卦〉跋》、于豪亮《帛書〈周易〉》(遺作)。陳松長《帛書〈繫辭〉釋文》,載《道家文化研究》第三輯,上海古籍出版社,1993 年版;陳松長、廖名春《帛書〈二三子問〉、〈易之義〉、〈要〉釋文》,載《道家文化研究》第三輯,上海古籍出版社,1993 年版。

　　二是《刑德》。帛書。屬兵書類文獻,共分甲、乙、丙三篇。本書所用材料據:陳松長《馬王堆帛書〈刑德〉》,載《馬王堆漢墓文物》,湖南出版社,1992 年版。

　　三是《相馬經》。帛書。部分已殘,共約五千二百字。相馬法是鑒定馬優劣的實踐經驗的總結,史書上曾著録有十多種相馬著作,但流傳下來的祇有《齊民要術》所記載的《相馬法》,且人們一直都以爲這就是古代的《相馬經》(以下稱今本《相馬經》)。帛書《相馬經》和今本相比,在內容和文體上都有很大出入,其大部分內容爲今本所無。可以肯定,帛書本抄録自古代早已失傳的《相馬經》。帛書本書體類似於賦,文中提到南山、漢水、江水等地名,由此可知它可能是戰國楚人的作品。[①] 本書所用材料據:馬王堆漢墓帛書整理小組《馬王堆漢墓帛書〈相馬經〉釋文》,載《文物》1977 年 8 期。

　　四是《五星占》。帛書。這是世界上現存最早的天文學著作,屬術數類文獻。本書所用材料據:馬王堆漢墓帛書整理小組《〈五星占〉附表釋文》,載《文物》1974 年 11 期。

────────────

　　① 馬王堆漢墓帛書整理小組《馬王堆漢墓帛書〈相馬經〉釋文》,載《文物》1977 年 8 期;謝成俠《關於長沙馬王堆漢墓帛書〈相馬經〉的探討》,載《文物》1977 年 8 期。

　　五是古地圖。帛書。包括兩幅，一是《駐軍圖》，或稱《守備圖》，所繪區域大致在今湖南省江華縣的瀟水上游一帶，方圓約五百里，詳細標注城堡、障塞和營壘等軍事要塞的位置。二是《地形圖》，或稱《長沙國南部輿地圖》、《西漢初期長沙國深平防區圖》，詳繪水系、山脈，及城邑、鄉里。本書所用材料據：馬王堆漢墓帛書整理小組《馬王堆漢墓帛書古地圖》，文物出版社，1977 年版。

　　六是《彗星圖》。帛書。本書所用材料據：席澤宗《馬王堆漢墓帛書中的彗星圖》，載《文物》1978 年 2 期。

　　七是《式法》。帛書。屬《日書》類術數文獻，此書過去曾稱之爲《陰陽五行》或《篆書陰陽五行》。本書所用材料據：馬王堆漢墓帛書整理小組《馬王堆漢墓帛書〈式法〉釋文摘要》，載《文物》2000 年 7 期。

　　八是遣策。包括 6 件木牘和 402 枚竹簡。出土時已散亂，無編聯痕迹。簡少則 1 字（殘簡），多則 24 字。木牘少則 25 字，多則 92 字。竹簡和木牘均爲“遣策”的組成部分，除紀年木牘實爲軑侯家丞給陰曹地府就隨葬品放行的文書外，其餘五件木牘均是一組竹簡所記同類隨葬品的小結。本書所用材料據：湖南省博物館、湖南省文物考古研究所《長沙馬王堆二、三號漢墓·第一卷田野考古發掘報告》，文物出版社，2004 年版。

（二一）馬王堆 1 號漢墓竹簡

　　1972 年，在馬王堆 1 號漢墓出土了 361 枚簡牘，其中竹簡 312 枚，内容爲遣策；木楬 49 枚，上書所繫竹笥内物品的名稱和數量。唐蘭先生説：“從器物和封泥上有軑侯家或軑侯家丞的銘記，知道死者是軑侯的家屬。從葬儀的規模來看，必爲軑侯之妻。從漆奩裏面的印章來看，她的名字叫辛追。從隨葬器物中除一面銅鏡和一件少許鎏金銅飾的漆厄外，没有其他銅器，更没有金銀器，可以判斷這個墓應在漢文帝時。"①

本書所用材料據:湖南省博物館、中國科學院考古研究所《長沙馬王堆一號漢墓》,文物出版社,1973 年版。②

(二二)鳳凰山 168 號漢墓簡牘、衡杆

1975 年,出土於湖北省江陵縣鳳凰山 168 號漢墓。時代係西漢文帝時期。簡 66 枚,內容爲遣策。竹牘 1 枚,內容爲告地下官吏的冥間文書。衡杆由長條形竹片製成,正中有一小銅環,文字書於衡杆的正、側、背三面。李均明、何雙全編《散見簡牘合輯·湖北江陵鳳凰山 168 號漢墓竹牘、衡杆文字》刊載有這批簡的釋文,見文物出版社,1990 年版。這批簡的正式發掘報告是湖北省文物考古研究所《江陵鳳凰山西漢墓簡牘》,中華書局,2012 年版。

本書所用材料據:湖北省文物考古研究所《江陵鳳凰山西漢墓簡牘》,中華書局,2012 年版。

(二三)鳳凰山 167 號漢墓木簡、木楬

1975 年,出土於湖北省江陵縣鳳凰山 167 號漢墓,時代係漢文帝至景帝時期。出土木簡凡 74 枚,簡文內容爲隨葬器物清單。另有木楬數枚,出土時尚繫於被置於頭厢的隨葬絹袋上,其上署寫糧食名稱及數量。較早刊佈這批簡釋文的是吉林大學歷史系考古專業《鳳凰山一六七號漢墓遣策考釋》,見《文物》1976 年 10 期。繼後,李均明、何雙全編《散見簡牘合輯·湖北江陵鳳凰山 167 號漢墓木牘、木

---

① 唐蘭《長沙馬王堆漢軑侯妻辛追墓出土隨葬遣策考釋》,載《文史》第十輯,北京:中華書局,1980 年版,頁 1。

② 該書對 1 號漢墓所出簡牘介紹甚細,但所釋文字小有不確,故同時參考了唐蘭《長沙馬王堆漢軑侯妻辛追墓出土隨葬遣策考釋》,朱德熙、裘錫圭《馬王堆一號漢墓遣策考釋補正》,載《文史》第十輯,北京:中華書局,1980 年版。

牘》也刊載了該批簡的釋文,見文物出版社,1990 年版。這批簡的正式發掘報告是湖北省文物考古研究所《江陵鳳凰山西漢墓簡牘》,中華書局,2012 年版。此書含鳳凰山 167 號漢墓簡牘的釋文和圖版,釋文後出轉精;但是無木牘有關内容。

本書所用材料據:湖北省文物考古研究所《江陵鳳凰山西漢墓簡牘》,中華書局,2012 年版。

(二四)廣西貴縣羅泊灣 1 號漢墓木牘、木簡、封檢

1976 年,出土於廣西壯族自治區貴縣羅泊灣 1 號漢墓。出土木牘 5 枚,兩件完整,三件殘破,《從器志》兩面書字,是一份隨葬器物的清單;《東陽田器志》爲隨葬農具清單;另一枚木牘亦記載農具,兩面書字。出土木簡十餘枚,均殘斷,祇有數枚可以釋讀。出土封檢 2 枚,記器物名與食物名。時代係西漢早期。

本書所用材料據:李均明、何雙全編《散見簡牘合輯·廣西貴縣羅泊灣 1 號漢墓木牘、木簡、封檢》,文物出版社,1990 年版。

(二五)阜陽雙古堆漢墓簡牘

1977 年,出土於安徽阜陽雙古堆 1 號漢墓,墓主爲汝陰侯二代夏侯竈,封穴在西漢文帝十五年(公元前 165 年)。簡文内容主要包括:《蒼頡篇》、《詩經》、《周易》、《年表》、《大事記》、《萬物》、《作務員程》、《行氣》、《相狗經》、《刑德》、《日書》等,已公佈者有《蒼頡篇》、《詩經》、《萬物》三篇。

本書所用材料據:文物局古文獻研究室、安徽省阜陽地區博物館阜陽漢簡整理組《阜陽漢簡〈蒼頡篇〉》,載《文物》1983 年 2 期;胡平生、韓自强《阜陽漢簡〈詩經〉研究》,上海古籍出版社,1988 年版;文化部古文獻研究室、安徽阜陽地區博物館阜陽漢簡整理組《阜陽漢簡〈萬物〉》,《文物》1988 年 4 期。

(二六)連雲港花果山竹木簡牘

1978 年，出土於江蘇省連雲港市花果山下的雲台磚廠附近，共13 枚，除第 13 號簡爲竹質外，其他均爲木質，内容涉及有關刑事案件以及曆日干支等。時代係西漢晚期。

本書所用材料據：李均明、何雙全編《散見簡牘合輯·連雲港花果山竹木簡牘》，文物出版社，1990 年版。

(二七)江陵張家山漢簡

20 世紀 70 年代以來，在湖北江陵多次發現漢簡，一般多稱這裏發現的漢簡爲"江陵漢簡"。迄今爲止，以 1983 年底至 1984 年初，在江陵張家山第 247 號、249 號和 258 號三座西漢前期的墓葬裏發掘的簡册爲最豐，達一千多枚，内容包括法律、醫學、天文、遣策等。以上三座漢墓中，又以 247 號墓所出簡爲最多，計竹簡 1236 枚（不含殘片），均爲佚書。據該墓中所出曆譜可知，墓主去世當在西漢吕后二年（公元前 186 年）或其後不久。現該墓竹簡已公佈，内容包括：

《曆譜》。共存簡 18 枚，簡文所記是漢高祖五年（公元前 202 年）四月至吕后二年（公元前 186 年）後九月間各月朔日干支，是目前已知年代最早的西漢初年的實用曆譜。此曆譜與原來根據銀雀山漢墓出土的西漢元光元年曆譜推出的西漢初年曆譜不盡相同，故對於秦漢時期的曆法演變過程的研究具有十分重要的價值。

《二年律令》。共有簡 526 枚。是吕后二年施行的法律。簡文包含了漢律的主要部分，内容涉及西漢社會、政治、軍事、經濟、地理等方面，含二十七種律和一種令：賊律、盜律、具律、告律、捕律、亡律、收律、襍律、錢律、置吏律、均輸律、傳食律、田律、□市律、行書律、復律、賜律、户律、效律、傳律、置後律、爵律、興律、徭律、金布律、秩律、史律及津關令。

《奏讞書》。共有簡 228 枚。法律文書，爲春秋至漢初議罪案例的彙編，是供官吏工作參考或學吏者閱讀應用的文書。案例的編排順序，大體是越早的越排在後面，從明確紀年的案例來推算其曆朔，紀年最早者爲秦始皇即位之初，最晚者爲漢高祖十一年。共有案例二十二個，大部分案例屬漢初的，另有三條屬秦始皇時期的，兩條屬春秋時期的。故這些作品的成書年代自然就在各案例所述時代。

《脈書》。共有簡 66 枚。醫書，全書內容分作兩部分，一是各種疾病名稱共六十餘種，依據從頭到足次第排列；二是叙述人體經脈走向及所主病症，內容基本同於馬王堆帛書的《陰陽十一脈灸經》、《脈法》、《陰陽脈死候》，可相補足。"依《脈書》作爲整體觀察，更能看出它是《內經·靈樞·經脈》的一種祖本"，故其成書年代也應早於《內經》。①

《筭（算）數書》。共存簡 190 枚。這是迄今爲止見到的我國最早的算數書，早於《九章算術》。是一部數學問題集，共有六十九個章題。

《蓋廬》。共有簡 55 枚。兵書，爲年代較早的兵家著作。全書爲問答形式，共九章。

《引書》。共有簡 112 枚。醫書，是專門講導引、養生和治病的著作。

遣策。共有簡 41 枚，記載各種隨葬品。

本書所用材料據：張家山二四七號漢墓竹簡整理小組《張家山漢墓竹簡〔二四七號墓〕》，文物出版社，2001 年版；另參彭浩《張家山漢簡〈算數書〉注釋》，科學出版社，2001 年版。

---

① 可詳：張家山漢墓竹簡整理小組《江陵張家山漢簡概述》，載《文物》1985 年 1 期；連劭名《江陵張家山竹簡〈脈書〉初探》，載《文物》1989 年 7 期。

(二八)邗江漢墓簡牘

1980 年,出土於江蘇邗江縣胡場 5 號漢墓,共出土木牘 13 枚,尚存字迹者 6 枚,能識讀者 4 枚,内容有神靈名、日記、廣陵宫司空告土主文書及遣策等;木楬 6 枚,下署食品名稱;封檢 7 枚,封泥上印有"王"字陽文,下端署各類糧食布帛名稱。其墓葬時代係西漢宣帝時期。

本書所用材料據:李均明、何雙全編《散見簡牘合輯·江蘇邗江胡場 5 號漢墓木牘、木楬、封檢》,文物出版社,1990 年版。

(二九)漢長安城未央宫木簡

1980 年 4 月至 6 月,出土於漢長安城未央宫 A 區遺址,位於前殿遺址西南部。木簡曾被火燒,大多已殘,總計 115 枚,木質爲杉屬。内容涉及醫藥、人名、記事等方面,整理者推論,A 區遺址時代上限當爲西漢初年,下限不會晚於西漢晚期(包括王莽時代)。

本書所用材料據:中國社會科學院考古研究所編著《漢長安城未央宫》(考古學專刊丁種第五十號),中國大百科全書出版社,1996 年版。

(三〇)揚州平山養殖場漢墓木楬

1983 年,出土於江蘇省揚州市平山養殖場 3 號漢墓,計木楬 3 枚,内容爲遣策,其墓葬時代爲西漢中晚期。

本書所用材料據:李均明、何雙全編《散見簡牘合輯·江蘇揚州平山養殖場漢墓木楬》,文物出版社,1990 年版。

(三一)揚州胥浦 101 號漢墓竹簡、木牘、封檢

1984 年出土於江蘇省揚州市儀徵縣胥浦 101 號漢墓,出土竹簡

總計 17 枚,其中 16 枚編爲一册,内容爲墓主臨終前夕所立遺囑,另 1 枚記賜錢事;木牘 2 枚,其中一枚雙面書寫,記錢物賬,另一枚記衣 物賬;封檢 1 枚,記賜錢數。墓葬時代係西漢末期。

　　本書所用材料據:李均明、何雙全編《散見簡牘合輯·江蘇揚州 胥浦 101 號漢墓竹簡、木牘、封檢》,文物出版社,1990 年版。

(三二)連雲港錦屏山陶灣漢墓出土木牘

　　1985 年 4 月,連雲港市博物館在海州區錦屏山陶灣村黄石崖發 掘的 1 號漢墓中,出土簡牘數枚。墓主爲男性,出土銅印印文爲"西 郭寶",名謁上也寫有姓名,可知墓主爲西郭寶,西郭爲複姓。出土木 牘中 2 枚爲衣物疏,①2 枚爲名謁,竹簡 2 枚。

　　本書所用材料據:中國簡牘集成編輯委員會《中國簡牘集成(二 編)》第十九卷《江蘇省卷》,敦煌文藝出版社,2005 年版。

(三三)古人堤遺址漢簡

　　1987 年,出土於湖南張家界古人堤遺址,總計出土簡牘 90 片, 有牘、楬、封檢,但殘破嚴重,大多爲不規整的木片。簡牘文字中有東 漢永元、永初年號,據此及簡文書法,大致可以判斷其爲東漢時期之 遺物。簡牘内容大致可以分爲漢律、醫方、官府文書、書信及禮物謁、 曆日表、九九乘法表六類。

　　本書所用材料據:湖南省文物考古研究所、中國文物研究所《湖 南張家界古人堤簡牘釋文與簡注》,載《中國歷史文物》2003 年 2 期。

(三四)敦煌清水溝漢代烽燧遺址出土漢簡

　　1990 年 4 月,出土於敦煌市馬迷兔西北清水溝漢代烽燧遺址。

---

　　①　或説是一枚的正、背兩面。石雪萬《西郭寶墓出土木謁及其釋義再探》,載《簡帛研 究》第二輯,北京:法律出版社,1996 年版;又,劉洪石《謁、刺考述》,載《文物》1996 年 8 期。

這次共出土曆譜一册 27 枚,散簡 14 枚,無字素簡 21 枚。性質有簡、牘、符、册等,大多質材爲當地胡楊、紅柳,個别爲竹簡。内容有曆譜、符、爰書、品約、簿籍等。多數文字清楚,個别簡由於殘斷漫漶,文義不清,類别難以判斷。其成書年代等上限爲西漢昭帝元鳳四年(公元前 77 年),據曆譜簡等朔閏干支推算,下限爲宣帝地節三年(公元前 67 年)。

本書所用材料據:敦煌市博物館《敦煌清水溝漢代烽燧遺址出土文物調查及漢簡考釋》,載李學勤、謝桂華主編《簡帛研究》第二輯,廣西教育出版社,1998 年版。

(三五)高臺漢墓木牘

從 1990 年冬起,在湖北省江陵縣楚故都紀南城東墻外的高臺 18 號漢墓中,發現木牘 4 枚。出土時疊置,還可見絲綢捆縛的痕迹。據發掘簡報稱:"牘甲應爲江陵丞給死者前往安都簽發的'路簽';牘乙乃屬死者給地君的'報到書';牘丙爲'告地書';牘丁爲'遣策'(賵方)。"[1]此墓爲江陵地區一座比較特殊的西漢早期墓葬,木牘的文字内容對分析漢初的算賦政策、人口遷徙等問題具有較大意義。

本書所用材料據:湖北省荆州地區博物館《江陵高臺 18 號墓發掘簡報》,載《文物》1993 年 8 期。

(三六)敦煌懸泉漢代簡牘

1990 年 10 月至 1992 年 12 月,在甘肅省敦煌懸泉置遺址出土漢代簡牘達 35000 枚,其中有字者 23000 枚。還有漢代帛書 10 件,漢代紙文書 9 件,晉代紙文書 1 件。另有墻壁題記殘塊 203 塊。這是在敦煌地區又一次重大發現,不僅數量比過去總和還多得多,而且

---

[1]　湖北省荆州地區博物館《江陵高臺 18 號墓發掘簡報》,載《文物》1993 年 8 期。

內容也比過去豐富得多。一般簡稱這批文獻爲"懸泉漢簡"。這批文獻正在整理中,有部分釋文公佈於世。①

本書所用材料據:胡平生、張德芳《敦煌懸泉漢簡釋粹》,上海古籍出版社,2001 年版。另參考了中國文物研究所、甘肅省文物考古研究所《敦煌懸泉月令詔條》,中華書局,2001 年版。

(三七)蕭家草場漢墓竹簡

1992 年 11 月,出土於湖北省荆州市沙市區關沮鄉蕭家草場 26 號漢墓,共計漢簡 35 枚,內容爲遣策;另有一些漆器烙印文字和刻畫文字。

本書所用材料據:湖北省荆州市周梁玉橋遺址博物館《關沮秦漢墓簡牘・蕭家草場二六號漢墓竹簡(遣策)》,中華書局,2001 年版。

(三八)尹灣漢墓簡牘

1993 年 2 月至 4 月,出土於江蘇省連雲港市東海縣温泉鎮尹灣村的 6 號漢墓和 2 號漢墓。共有文獻達十九種,其中 6 號墓十八種,2 號墓一種(即《衣物疏》)。

6 號墓簡牘記有"永始"和"元延"年號,故知其爲西漢晚期成帝時物。尹灣漢簡中最多的是簿籍,多達十種,故大部分都是當時人記當時事的文獻。這十九種文獻中《集簿》、《東海郡吏員簿》、《東海郡下轄長吏名籍》、《東海郡下轄長吏不在署、未到官者名籍》、《東海郡屬吏設置簿》、《武庫永始四年兵車器集簿》、《贈錢名籍》寫成時間均當在西漢晚期;《神龜占、六甲占雨》、《博局占》寫成年代至少在西漢晚期之前;《元延元年曆譜》寫成時間自然就在元延元年;《元延三年

---

① 詳參《文物》2005 年 5 期所載以下三文:《甘肅敦煌懸泉置遺址發掘簡報》、《敦煌懸泉漢簡内容概述》、《敦煌懸泉漢簡釋文選》。

五月曆譜》寫成時間自然就在元延三年;《君兄衣物疏》、《君兄繒方緹中物疏、君兄節司小物疏》二種的寫成時間自然在墓葬時,即西漢晚期;《名謁》寫成時間也在西漢晚期;《元延二年日記》寫成時間自然在元延二年;《刑德行時》寫成年代至少在西漢晚期之前;《行道吉凶》寫成年代至少在西漢晚期之前;《神烏傅(賦)》寫成年代至少在西漢晚期之前;《衣物疏》寫成時間自然也在西漢晚期。

本書所用材料據:連雲港市博物館、中國社會科學院簡帛研究中心、東海縣博物館、中國文物研究所《尹灣漢墓簡牘》,中華書局,1997年版。張顯成《〈尹灣漢墓簡牘〉校理》,天津古籍出版社,2011年版。

(三九)額濟納漢簡

1999至2002年間,出土於内蒙古自治區額濟納旗漢代烽燧遺址,共五百餘枚。這是繼1930至1931年間發現的第一批居延簡及1972至1982年間發現的第二批居延簡之後的第三次重大發現。根據出土簡牘紀年可知,西漢中期至東漢早期簡居多。内容與以往出土的居延簡類同,以行政文書居多,涉及漢代的政治、軍事、經濟諸領域,也有如王莽登基詔書、分封單于詔書、行政條例等新史料,而有關名籍、債券契約等的内容也多異於舊簡,具有很高的研究價值。

本書所用材料據:魏堅主編《額濟納漢簡》,廣西師範大學出版社,2005年版。

(四〇)隨州孔家坡漢墓簡牘

2000年3月,出土於湖北省隨州市孔家坡8號漢墓,總計有簡牘785枚,内容爲日書類數術文獻,及曆譜、告地策等。據出土紀年材料,確定孔家坡8號漢墓的年代可定爲漢景帝後元二年即公元前142年。

本書所用材料據:湖北省文物考古研究所、隨州市考古隊編《隨州孔家坡漢墓簡牘》,文物出版社,2006 年版。

(四一)長沙東牌樓東漢簡牘

2004 年 4 月下旬至 6 月上旬,湖南省長沙市東牌樓建築工地第 7 號古井(J7)發掘出土簡牘,總計 426 枚,其中有字簡 206 枚,無字簡 220 枚,均爲木製簡牘,材質大多爲杉木。所見形制,可以分爲封緘、封匣、封檢、木牘、木簡、名刺、簽牌及異形簡等多種,主要屬於郵亭文書。個別簡牘有明確紀年,如東漢靈帝光和六年(公元 183 年)及中平三年(公元 186 年),因此該批簡牘的寫定時代在東漢末期的桓帝至靈帝末期。

本書所用材料據:長沙市文物考古研究所、中國文物研究所編《長沙東牌樓東漢簡牘》,文物出版社,2006 年版。

(四二)香港中文大學文物館藏漢簡

香港中文大學文物館所藏簡牘總計 240 枚,其中戰國簡 10 枚(編號 1—10)、東晉"松人"解除木牘 1 枚(編號 240),其他均爲漢簡(編號 11—239)。漢簡包括以下五類文獻:

日書。存簡 109 枚。屬西漢簡。爲選擇時日,占斷吉凶的實用手册。内容與睡虎地秦簡《日書》、孔家坡漢簡《日書》多可對應。據簡中"孝惠三年"(公元前 192 年)的明確紀年可知,這批簡應爲公元前 192 年以後所抄寫。

遣策。存簡 11 枚。爲隨葬物的清單。

奴婢廩食粟出入簿簡牘。存簡 69 枚。詳細記載了"壽"、"根"、"貝"等人家奴婢廩食粟出入的情況和家奴每月食粟的多少。據簡中"元鳳二年"(公元前 79 年)的明確紀年可知,這是一批西漢中期的簡。

"河堤"簡。存簡 26 枚。記載了一些河堤的具體大小和規模。

這是歷史上第一次看到的嶄新材料。

"序寧"簡。存簡 14 枚。這是記載漢代兒女爲父母居家服喪的文獻，這是一批内容罕見的木簡。此簡中亦有明確紀年，即東漢章帝建初四年（公元 79 年）。

本書所用材料據：陳松長編《香港中文大學文物館藏簡牘》，香港中文大學文物館，2001 年版。

（四三）鳳凰山 169 號漢墓竹簡

1975 年至 1976 年出土，凡簡 55 枚，内容爲遣策。俞偉超《古史分期問題的考古學觀察（一）》（《文物》1981 年 5 期）、陳振裕《從鳳凰山簡牘看文景時期的農業生產》（《農業考古》1982 年 1 期）據荆州博物館所藏原簡，公佈了部分釋文。李均明、何雙全編《散見簡牘合輯》（文物出版社，1990 年版）輯録了釋文。這批簡的正式發掘報告是湖北省文物考古研究所《江陵鳳凰山西漢墓簡牘》，中華書局，2012 年版。此書含鳳凰山 169 號漢墓簡牘的釋文和圖版，釋文後出轉精。

本書所用材料據：湖北省文物考古研究所《江陵鳳凰山西漢墓簡牘》，中華書局，2012 年版。

（四四）北京大學藏西漢竹書

2009 年初，北京大學接受捐贈，獲得了一批從海外回歸的西漢簡牘，全部竹簡共編號 3346 枚，其中完整簡 1600 枚，殘斷簡多數也可綴合。"由書體特徵並結合對全部竹書内容的分析，我們推測這批竹簡的抄寫時代應主要在漢武帝後期，下限不晚於宣帝。"目前已經公佈了第二函《老子》部分，現存完整竹簡 176 枚，殘斷竹簡 105 枚，拼合後有簡 211 枚，殘簡 10 枚，另有 2 枚完整竹簡遺失。

本書所用材料據：北京大學出土文獻研究所編《北京大學藏西漢竹書〔貳〕》，上海世紀出版股份有限公司、上海古籍出版社，2012

年版。

四　吳晉簡

　　所謂吳晉簡，是指吳晉時期的簡牘文獻材料，其主體爲長沙走馬樓三國吳簡，其他多爲散見材料，簡介如下。

（一）長沙走馬樓三國吳紀年簡

　　1996 年 7 月至 11 月，在湖南省長沙市中心五一廣場東側走馬樓街一口編號爲 22 號的三國吳井中，發掘出簡牘達十多萬枚，總字數超過三百萬字。這就是著名的"長沙走馬樓三國吳紀年簡牘"，也稱"走馬樓簡"或"三國吳簡"。按質材與形制，這批簡牘可分爲竹簡、大木簡、木牘、封檢和簽牌等，其中以竹簡爲多。簡牘所見年號大多爲三國孫吳年號，包括孫權的黄武、黄龍、嘉禾等，也有少量東漢晚期的建安年號。

　　走馬樓簡的内容十分豐富，從現已釋讀的部分來看，主要是長沙郡與臨湘侯國（縣）的地方文書檔案，大致可分爲：嘉禾吏民田家莂，司法文書，黄簿民籍，名刺，簽牌，納税、各種賦税與出入倉庫（關邸閣）的簿籍等等。内容豐富，涵蓋了基層人民的社會生活、經濟關係、土地制度、賦税制度等史料，内中有不少原來從未知曉的有關三國吳的歷史資料，故十分珍貴。由於内容的特殊性，其中數量詞應用普遍，爲漢語數量詞史的研究提供了極其寶貴的資料。

　　本書所用材料據：長沙市文物考古研究所、中國文物研究所、北京大學歷史學系走馬樓簡牘整理組《長沙走馬樓三國吳紀年簡牘——嘉禾吏民田家莂》，文物出版社，1999 年版；《長沙走馬樓三國吳簡·竹簡〔壹〕》，文物出版社，2003 年版；《長沙走馬樓三國吳簡·竹簡〔貳〕》，文物出版社，2007 年版；《長沙走馬樓三國吳簡·竹簡〔叁〕》，文物出版社，2008 年版；《長沙走馬樓三國吳簡·竹簡〔肆〕》，文物出版社，2011 年版；《長沙走馬樓三國吳簡•竹簡〔柒〕》，文物出版社，2013 年版。

(二)其他吳晉簡

除三國走馬樓吳簡以外，吳晉簡牘多爲散見材料。李均明、何雙全二先生的《散見簡牘合輯》(文物出版社，1990 年版)搜集這些散見簡牘最爲善，大部分吳晉簡牘都收於其中。茲就其中的五批散見吳晉簡牘情況簡介如下：

《江西南昌東吳高榮墓木刺、木牘》。1979 年出土於江西省南昌市陽明路東吳高榮墓，計木刺 21 枚，以及内容屬遣策的木牘 2 枚。

《湖北鄂城水泥廠 1 號吳墓木刺》。20 世紀 80 年代初期出土於湖北省鄂城縣水泥廠 1 號吳墓，計木刺 6 枚，時代係東吳早期，内容爲問起居。

《江西南昌東湖區永外正街 1 號晉墓木刺、木牘》。1974 年出土於江西省南昌市東湖區永外正街 1 號晉墓，計木刺 5 枚、木牘 1 枚，内容爲遣策。

《甘肅武威旱灘坡 19 號晉墓木牘》。1985 年出土於甘肅省武威市松樹鄉上畦大隊旱灘坡 19 號晉墓，計木牘 5 枚，内容爲墓主人身份、職位記事和隨葬衣物疏。據"升平十三年"(公元 369 年)紀年木牘，該墓屬東晉前涼張天賜時期。

《甘肅高臺常封晉墓木牘》。1986 年出土於甘肅省張掖地區高臺縣羅城鄉常封村晉墓，計木牘 1 枚，文字多磨滅。根據木牘書體和同出器物考證，當爲晉時之物。

另，《南昌火車站晉墓出土木牘》。1997 年，江西省文物考古研究所、南昌市博物院在南昌新火車站工地發掘的三號晉墓中，出土名刺 2 枚，木牘 1 枚。據印章及名刺、木牘，考定墓主爲東晉江州南昌縣令雷陔夫婦。按紀年木牘，墓葬時代爲東晉穆帝永和八年，即公元

352 年。本書所用材料據：中國簡牘集成編輯委員會《中國簡牘集成·江西省卷》（二編第十七卷），敦煌文藝出版社，2005 年版。另，參考了江西省文物考古研究所、南昌市博物館《南昌火車站東晉墓葬群發掘簡報》，載《文物》2001 年 2 期。

《晉代"松人"解除木牘》。香港中文大學文物館藏簡牘中有晉代木牘 1 枚（編號 240）。本書所用材料據：陳松長編《香港中文大學文物館藏簡牘》，香港中文大學文物館，2001 年版。

以上近百批簡帛材料基本囊括了現已刊佈的簡帛材料。本書所引簡帛，釋文主要參考了整理者的成果，也參考了時賢的有關研究成果，但我們對釋文多進行了圖版核對，故時有我們自己的釋讀意見，爲行文簡潔，一般不作專門説明。①

另，本書所引簡帛，原件上的符號，一般略去，但個別與引文意義有聯繫者也多有保留。原件上的合文號一般分寫，重文號徑出原字。

爲便於排印，本書所引簡帛文獻，個別的生僻字改作通行字，個別生僻的通假字也徑出本字。爲便於核實材料，盡可能注明行第號。由於各簡帛材料整理者所用符號多有不同，爲便於閱讀，本書所引簡帛文獻材料，統一採用了以下符號：

（），表示前一字是通假字、異體字、古字、俗字等，括號内寫出相應的本字、通行字、今字、正字等。

□，表示無法釋出和辨識的殘缺字，一"□"表示一字。

⋯，表示殘缺字字數無法確定者。

【】，表示補出脱文，包括補出原簡帛殘斷部分的字，所補之字置於此號内。

字，表示補出的原簡帛殘損不全的字，即此類字用此外加框號

---

① 對簡帛釋讀常有見仁見智者，故我們的釋讀意見有些也可能祇是一家之言。

表示。如，$\boxed{甲}$，表示"甲"原字殘損不全，據上下文或其他文獻補出。

〈　〉，表示改正訛誤字，改正之字置於此號内。

▨，表示原簡帛殘斷處。

（?），表示前一字爲釋讀不確定之字。①

另，部分簡牘由於殘斷或散亂或下一枚簡遺失，從而導致文意未完無法卒讀，引例中此類引文末均不加標點。

附：本書所引簡帛及其簡稱表

爲行文簡潔，本書所引簡帛文獻材料多用簡稱。爲便於瞭解簡帛情況，簡稱盡量包含出土地和墓葬時代兩個方面信息，如："五里牌楚簡"，出土地爲五里牌，時代爲戰國時期的楚地；"尹灣漢簡"（"尹灣漢墓簡牘"的簡稱），出土地爲尹灣，時代爲漢代。部分簡帛文獻由於其簡稱已爲學術界所習用，則仍沿用，如"子彈庫戰國楚帛書"徑作"楚帛書"。②

一　戰國楚簡帛

（1）子彈庫戰國楚帛書——楚帛書③

（2）五里牌楚墓竹簡——五里牌楚簡

---

① 簡帛學界釋文使用的符號多不統一，如：

▨，有的釋文以之表示簡殘斷處，有的釋文以之表示殘缺字字數無法確定者：同一符號表示意義不同。

【　】，有的釋文，既以之表示補出的原簡脱文，又以之表示補出的原簡殘損不全字：同一符號同時表示兩種意義。

表示殘缺字字數無法確定者，有的釋文用"……"，有的釋文用"▨"：同一意義用不同符號表示。有鑒於此，本書所引簡帛釋文統一使用以上符號，即對原整理者釋文符號多有改易，以求釋文符號表意更準確和統一。同時我們也呼籲，簡帛學界應盡量統一釋文符號，以方便人們閲讀。

② 爲便於瞭解簡帛全貌，本簡稱表中習用名即本來就很簡潔者，亦彙列於此。

③ "——"後爲簡稱，下同。

（3）仰天湖楚墓竹簡——仰天湖楚簡

（4）楊家灣楚墓竹簡——楊家灣楚簡

（5）信陽長臺關楚墓竹簡——信陽楚簡

（6）江陵望山 1 號楚墓竹簡疾病雜事札記——望山楚簡‧札記

（7）江陵望山 2 號楚墓竹簡遣策——望山楚簡‧遣策

（8）曾侯乙墓竹簡——曾侯乙墓簡

（9）九店 56 號楚墓竹簡——九店 56 號墓楚簡

（10）九店 621 號楚墓竹簡——九店 621 號墓楚簡

（11）夕陽坡楚墓竹簡——夕陽坡楚簡

（12）雨臺山戰國楚墓竹簡——雨臺山楚律

（13）秦家咀楚墓竹簡——秦家咀楚簡

（14）包山楚墓竹簡——包山楚簡

（15）慈利楚墓竹簡——慈利楚簡

（16）郭店楚墓竹簡——郭店楚簡

（17）新蔡葛陵楚墓竹簡——新蔡楚簡

（18）江陵磚瓦廠楚墓竹簡——江陵楚簡

（19）上海博物館藏戰國楚竹書（一至八函）——上博簡

（20）香港中文大學文物館藏簡牘（楚簡部分）——港大楚簡

（21）清華大學藏戰國竹簡——清華簡

二　秦簡

（22）睡虎地秦墓竹簡——睡虎地秦簡

（23）雲夢睡虎地秦墓木牘——睡虎地秦牘

（24）青川秦更修田律木牘——青川木牘

（25）江陵岳山秦墓木牘——岳山秦牘

（26）天水放馬灘秦墓竹簡——放馬灘秦簡

（27）龍崗秦墓竹簡——龍崗秦簡

（28）周家臺秦墓簡牘——周家臺秦簡

（29）龍山里耶戰國—秦代古城 1 號井竹簡——里耶秦簡

（30）嶽麓書院藏秦簡——嶽麓秦簡

三 兩漢簡帛

（31）居延漢簡

（32）居延新簡

（33）居延漢簡補編——居補簡

（34）肩水金關漢簡——金關漢簡

（35）敦煌漢簡

（36）伍家嶺漢墓簡牘——伍家嶺漢簡

（37）高郵邵家溝東漢遺址出土木牘——高郵漢牘

（38）武威漢代簡牘——武威漢簡

（39）連雲港焦山漢墓木牘——焦山漢牘

（40）鹽城三羊墩漢墓出土木牘——三羊墩漢牘

（41）甘肅甘谷漢簡——甘谷漢簡

（42）銀雀山漢墓竹簡——銀雀山漢簡

（43）雲夢大墳頭 1 號漢墓木牘——大墳頭漢牘

（44）武威漢代醫簡——武威醫簡

（45）連雲港市海州西漢霍賀墓出土木牘——海州霍賀墓漢簡

（46）定縣漢簡

（47）連雲港市海州西漢侍其繇墓木牘——海州侍其繇墓漢牘

（48）鳳凰山 8 號漢墓竹簡——鳳凰山 8 號墓漢簡

（49）鳳凰山 9 號漢墓簡牘——鳳凰山 9 號墓漢簡

（50）鳳凰山 10 號漢墓簡牘——鳳凰山 10 號墓漢簡

（51）馬王堆漢墓帛書——馬王堆帛書

馬王堆 3 號漢墓竹簡・遣策——馬王堆 3 號墓漢簡・遣策

（52）馬王堆 1 號漢墓竹簡——馬王堆 1 號墓漢簡

（53）鳳凰山 168 號漢墓竹牘、衡杆——鳳凰山 168 號墓漢牘/衡杆

（54）鳳凰山 167 號漢墓木簡、木楬——鳳凰山 167 號墓漢簡

（55）廣西貴縣羅泊灣 1 號漢墓木牘、木簡、封檢——羅泊灣漢簡

（56）阜陽雙古堆漢墓簡牘——阜陽漢簡

（57）連雲港花果山竹木簡牘——花果山漢簡

（58）張家山漢墓竹簡——張家山漢簡

（59）邗江漢墓簡牘——邗江漢簡

（60）漢長安城未央宮木簡——未央宮漢簡

（61）揚州平山養殖場漢墓木楬——平山漢楬

（62）江蘇揚州胥浦 101 號漢墓竹簡、木牘、封檢——胥浦漢簡

（63）連雲港錦屏山陶灣漢墓出土木牘——陶灣漢牘

（64）張家界古人堤遺址簡牘——古人堤漢簡

（65）敦煌清水溝漢代烽燧遺址出土漢簡——清水溝漢簡

（66）高臺漢墓木牘——高臺漢牘

（67）敦煌懸泉漢代簡牘——懸泉漢簡

（68）蕭家草場漢墓竹簡——蕭家草場漢簡

（69）尹灣漢墓簡牘——尹灣漢簡

（70）額濟納漢簡

（71）隨州孔家坡漢墓簡牘——孔家坡漢簡

（72）長沙東牌樓東漢簡牘——東牌樓漢簡

（73）香港中文大學文物館藏簡牘（漢簡部分）——港大漢簡

（74）鳳凰山 169 號漢墓竹簡——鳳凰山 169 號墓漢簡

（75）北京大學藏西漢竹書——北大漢簡

四　吳晉簡

（76）長沙走馬樓三國吳紀年簡——走馬樓吳簡

（77）散見吳晉簡：

江西南昌東吳高榮墓木刺、木牘——南昌吳簡

湖北鄂城水泥廠 1 號吳墓木刺——鄂城吳刺

江西南昌東湖區永外正街 1 號晉墓木刺、木牘——南昌晉簡

甘肅武威旱灘坡 19 號晉墓木牘——旱灘坡晉牘

甘肅高臺常封晉墓木牘——高臺晉牘

南昌火車站晉墓出土木牘——南昌火車站晉牘

香港中文大學文物館藏晉代"松人"解除木牘——港大晉牘

第二節　量詞概説

　　漢語中量詞的存在，形成漢語（及漢藏語系其他語言）跟其他語種相比而顯示出的一大特點，同時也是一大優點，因爲這些量詞可以幫助人們把語意表達得更加準確、鮮明、形象。簡帛文獻中有大量的量詞材料，特別是其中有不少當時人記當時事的量詞材料，有大量在同期傳世文獻中見不到的量詞。簡帛材料主要集中於先秦兩漢時期，而先秦時期是漢語量詞的萌芽時代，兩漢時代則是漢語量詞從產生到成熟的最重要發展時期，因此系統地研究簡帛文獻中的量詞，不僅對先秦兩漢魏晉六朝量詞斷代史的研究具有決定性的重要作用，而且對於探討漢語量詞產生及其語法化的原因具有決定作用。

　　任何研究，首先要明確研究的對象、瞭解前人及時賢的研究概況，並選擇合適的研究材料，對於歷史語言學的研究更是如此。因此我們首先對漢語量詞的界定、近百年來古漢語量詞研究的情況作一概括説明。①

一　量詞的界定

　　量詞是漢藏語系諸語言的特點之一，但在漢語的十一大詞類中

---

① 　可參：李建平《百年來古漢語量詞研究述評》，載《天水師範學院學報》2005 年 3 期。

却是最後劃類、定名的詞類。這是由於漢語語法學是在西方語法研究的框架下形成和發展的，而西方語法的詞類系統中没有量詞這一詞類，因此作爲漢藏語系重要特點之一的量詞長期没有受到語言學者足够的重視。另一方面，量詞是一個特殊的詞類，其中有相當數量的量詞是從名詞、動詞、形容詞等其他詞類語法化而來的。如何傑所言："名詞、動詞、形容詞的研究直接影響和制約着量詞的研究。而且人們的認識角度又不同，標準不一，因而很難把量詞從複雜、繁複的語言現象中劃分出來，很難一次到位地給予量詞以準確定名、定位。"①因此，自語法學初創以來，語言學家們爲量詞提出了諸多不同的名稱，直至上世紀五十年代"量詞"纔得以最後定名，上世紀七十年代以後纔被學界普遍接受，對量詞的研究也纔逐漸全面深入地展開。

（一）量詞正名簡述

《論語·子路》："子曰：'必也，正名乎。'"與其他詞類相比，定名的艱難成了量詞研究的一個突出特點。據何傑統計，自十九世紀末至二十世紀七十年代，語法學家們共提出了十六種名稱。② 下面我們參照何書，僅對一些主要論著中的觀點作一簡介，借此瞭解其定名簡史。

《馬氏文通》（1898—1899）是第一部系統研究古漢語語法的著作，並没有給量詞命名，也没有定義，衹是稱之爲"記數之別稱"。但從"物之別稱，所以記數也"可以推斷，馬氏是將其當作名詞一類的。③

後來陳承澤《國文法草創》（1922）中稱之爲"表數之單位"，認爲"亦物之屬也"。④ 顯然，陳氏所謂的量詞仍是附屬於"名字"（即名詞）的。

---

① 何傑《現代漢語量詞研究》，北京：民族出版社，2000 年版，頁 9。
② 何傑《現代漢語量詞研究》，北京：民族出版社，2000 年版，頁 154。
③ 馬建忠《馬氏文通》，北京：商務印書館，1983 年版，頁 122—123。
④ 陳承澤《國文法草創》，北京：商務印書館，1982 年版，頁 27。

　　金兆梓《國文法之研究》(1922)講"指點詞"時提到了"量詞"這一名稱，但他所謂的"量詞"實際上指的卻是數詞或形容詞。①

　　楊樹達《高等國文法》(1930)中所提及的"數量形容詞"實際上指的是數詞，提到真正的量詞祇有"師"、"旅"兩個，卻歸入了集體名詞。②

　　直到黎錦熙《新著國語文法》(1924)纔明確給"量詞"定義："量詞就是表數量的名詞，添加在數詞之下，用來作所計數的事物之單位。"③正如趙振鐸先生所言："黎錦熙也看到了量詞在漢語裏有特殊的地位，但是他受納氏語法的束縛，沒有敢把量詞獨立出來，而是把它放在名詞下面叙述。"④

　　吕叔湘《中國文法要略》(1942—1944)分爲"單位詞"和"動量"以區別名量和動量，是一大進步；但"單位詞"(即物量詞)卻歸入"指稱詞(稱代詞)"之中。⑤

　　王力《中國現代語法》(1943)中稱之爲"單位名詞"，顯然仍作爲"名詞之一種"。⑥

　　高名凱《漢語語法論》(1948)第一次把量詞獨立列爲一個詞類，分爲"數位詞"(即物量詞)和"次數詞"(即動量詞)兩大類。⑦ 但高氏深受法國語言學家房德里耶斯、馬伯樂的影響，没有跳出印歐語法的束縛，把量詞歸入範疇虚詞。但是，"虚詞能表示成分和成分(詞和詞)之間的語法關係，或者表示一種語氣、情感，而量詞並未有這種造

①　金兆梓《國文法之研究》，北京：商務印書館，1983 年版。
②　楊樹達《高等國文法》，北京：商務印書館，1992 年版，頁 38、139。
③　黎錦熙《新著國語文法》，北京：商務印書館，1992 年版，頁 84。
④　趙振鐸《中國語言學史》，石家莊：河北教育出版社，2000 年版，頁 538。
⑤　吕叔湘《中國文法要略》，北京：商務印書館，1982 年版，頁 129—151。
⑥　王力《中國現代語法》，北京：商務印書館，1985 年版，頁 11—12。
⑦　高名凱《漢語語法論》，北京：商務印書館，1986 年版，頁 160—185。

句功能,所以把它當作虛詞不合適。"①

直到丁聲樹等《現代漢語語法講話》(1952),按性質和用法把詞分爲名詞、代詞、數詞、量詞、動詞、形容詞、副詞、連詞、語助詞和象聲詞等十類,量詞才正式成爲漢語詞類中的一目。② 1956 年發表的《"暫擬漢語教學語法系統"簡述》,正式給量詞明確定名,並把量詞作爲現代漢語詞十一類之一。③ 從此,量詞在漢語詞類體系中成爲獨立的一類,量詞的名稱也開始固定下來。

1961 年朱德熙先生在北京大學授課時,不但把量詞正式列入漢語詞類之中,而且明確給量詞以定義:"量詞是能够放在數詞後頭的粘着詞。"④

但是,"量詞"這個名稱爲學者普遍接受仍然經過了很長一段時間的爭論,討論一直持續到七十年代,以前主張量詞歸入名詞類的語言學家紛紛放棄了這一觀點,認爲漢語中的量詞應獨立成類,量詞的名稱與地位在語法界最終取得了共識。現在絕大多數語法學家主張量詞獨立成爲一大類,如楊伯峻、何樂士《古漢語語法及發展》、⑤孫錫信《漢語歷史語法要略》、⑥向熹《簡明漢語史》⑦等。

(二)量詞的界定與分類

漢語詞類劃分的標準問題,一直也是一個爭議頗多的問題。傳統語法按意義標準劃分詞類,結構主義的語法理論引進以後,佔主導地位的漢語語法體系在劃分詞類時採用語法功能(即詞的分佈)標

---

① 吳非《一九四九年以前量詞研究綜述》,載《新疆師範大學學報》,1995 年 4 期。
② 丁聲樹等《現代漢語語法講話》,北京:商務印書館,1961 年版,頁 4—8。
③ 《"暫擬漢語教學語法系統"簡述》,載張志公主編《語法和語法教學》,北京:人民教育出版社,1957 年,頁 20。
④ 朱德熙《語法講義》,北京:商務印書館,1982 年版,頁 48。
⑤ 楊伯峻、何樂士《古漢語語法及發展》,北京:語文出版社,1992 年版。
⑥ 孫錫信《漢語歷史語法要略》,上海:復旦大學出版社,1992 年版。
⑦ 向熹《簡明漢語史》,北京:高等教育出版社,1993 年版。

準,有的乾脆排斥意義標準,有的還把意義作爲參考標準。但是,沈家煊、①李臨定②分別證明,分佈標準的選擇實際上還是以意義爲根據的。由於先秦兩漢時代是漢語量詞的源頭,很多量詞同名詞或其他詞類的界限還不清晰,因此我們在詞類劃分時祇能借助於從意義出發選擇的語法功能標準(分佈標準)。

　　一百餘年來,國內外諸多知名語言學家對漢語量詞,尤其是現代漢語量詞,進行了比較深入而細緻的研究,但各家對量詞的劃分標準也見仁見智,未有定論。朱德熙先生認爲:"量詞是能够放在數詞後頭的粘着詞。"③以此爲標準來判定現代漢語中的量詞是無可非議的,但並不適用於古代漢語,尤其是上古漢語,因爲古代漢語中數詞可以同名詞直接結合,"數+名"結構和"數+量"結構都很常見,如此則無法區分量詞和名詞。郭錫良先生則認爲,漢語祇有在"數+量+名"的語法結構形成後,纔有真正意義上的量詞。④ 但外部形式並不是詞類劃分的唯一標準,我們還要注意其詞彙意義。另一方面,漢語的量詞大多是由名詞、動詞或形容詞虚化而來,漢語量詞在先秦時代仍處於萌芽滋長的階段,往往遺存有相當多本身的詞彙意義,還並不一定是量詞系統的典型成員。但是這些"非典型"的量詞對於探討漢語量詞萌芽產生的時代、量詞語法化的歷程及其語法化的動因都是至關重要的。

　　因此我們在確定量詞時,首先看它在簡文中是否與數詞結合,即處於"數+量"結構中,用作計量;其次,看它是否作爲計數或劃分的單位。前一標準可以將數量表示法同其他結構區分開來;後一個標

---

①　沈家煊《"有界"和"無界"》,載《中國語文》,1995 年 5 期。
②　李臨定《以語義爲基礎的分析方法》,載《語法研究和探索》(六),北京:語文出版社,1992 年版,頁 4—15。
③　朱德熙《語法講義》,北京:商務印書館,1982 年版,頁 48。
④　郭錫良《從單位名詞到量詞》,載《漢語史論集》,北京:商務印書館,1997 年版,頁 31—35。

準可以將數詞與名詞、動詞或形容詞直接結合的情況排除掉。當然，"數＋量"結構有時也會出現變式，當"數詞"爲"一"時可以省略爲"量詞單用"的樣式。

自古希臘哲學家亞里士多德（Aristotle）以來，傳統客觀主義範疇觀認爲範疇由成員共有的一組充分必要特徵來界定，不同範疇之間是離散的，存在清晰的界限。這一範疇觀對二十世紀的語言學研究，特別是音位學、句法學和語義學的形式主義的研究產生了深刻的影響。但是這一範疇模式在運用到具體語言現象的分析時，表現出不可克服的缺陷，對於哲學家維特根斯坦（Wittgenstein）提出的家族相似關係、勒達爾和傑肯道夫（Lerdahl & Jackendoff）提出的優勢規則現象均無法解釋。因此，泰勒（Taylor）提出了"類典型論"（prototype theory），認爲語言的範疇不是離散的，而是一個非常複雜的連續統。① 我們基於這樣的觀點來對待漢語的詞類範疇，"詞類和詞類之間不是離散的而是連續的"，"詞類的典型理論認爲一類詞的内部具有不對稱性，有些成員是這類詞的典型成員，有些則是非典型成員"。② 量詞範疇同樣是一個類典型的範疇：一方面，量詞同名詞、動詞、形容詞之間不存在清晰的界限，而是連續的，也就是説，量詞和其他詞類之間往往有中間過渡形式，尤其在先秦漢語量詞系統尚未完全成熟的時代，例如有些非典型量詞的詞性一直摇擺於量詞和名詞之間，具有相當的不可分析性；另一方面，量詞内部具有不平衡性，有些成員是典型成員，有些則是非典型成員，例如所謂的準量詞一直没有發展成爲典型的量詞成員。

凡量詞，按照它所計量的事物的特徵，可以分爲物量詞和動量詞

---

① John R. Taylor, *Linguistic Categorization: Prototypes in Linguistic Theory*（語言的範疇化：語言學理論中的類典型），外語教學與研究出版社、牛津大學出版社，2001年版。

② 沈家煊《不對稱和標記論》，南昌：江西教育出版社，1999年版，頁250—251。

兩大類。物量詞表示事物的數量,動量詞表示動作行爲發生的次數。① 先秦至吳晉時期簡帛文獻中物量詞系統發展迅速,豐富多彩,而典型的動量詞仍較爲少見。

物量詞,是漢語量詞類系中的第一大類,尤其是量詞語言所特有的個體單位量詞,是量詞研究中最重要的一類。物量詞系統在先秦簡帛時代初步萌芽,奠定了其格局;到兩漢時代,物量詞系統特別得到了發展,數量上逐漸豐富起來,分工也逐漸細密,並在稱數方式中逐漸變得必不可少;魏晉南北朝時期,物量詞系統進一步發展,分工細密,規範明確,進一步成熟起來。根據先秦兩漢魏晉六朝時期簡帛文獻中所出現的物量詞的具體情況,大致可以分爲自然單位量詞、借用單位量詞、制度單位量詞三大類。自然單位量詞表示事物的自然單位,所稱量的事物有些可以一個一個地數,有些可以一組一組地數,因此可以分個體單位量詞和集體單位量詞兩大類。制度單位量詞又可分爲度量衡單位量詞、面積單位量詞和貨幣單位量詞三類。

在量詞系統中,與動量詞相比,物量詞系統更是數量繁多、豐富多彩;而在物量詞内部的三個大類,即自然單位量詞、借用單位量詞和制度單位量詞中,借用單位量詞和制度單位量詞是世界諸多語言在稱量中所共有的,而祇有自然單位量詞是漢語及漢藏語系其他語言所特有的,也是漢藏語系的量詞系統中最重要的組成部分。

自然單位量詞的形成和成熟,標誌着漢語量詞系統的真正建立和完善。因此,對於漢語量詞研究的重點應當放在自然單位量詞的

---

① 量詞次範疇的分類同量詞詞類的劃分一樣,也是複雜多變而難以定論的。何傑《現代漢語量詞研究》第 11—54 頁對語法學初創以來量詞的再分類及量詞次範疇的分類情況作了詳盡論述,可以參考(民族出版社,2000 年版)。各家觀點見仁見智,由於簡帛文獻主體成書的先秦兩漢時代是漢語量詞系統從萌芽到逐漸成熟的時代,尤其是萌芽時期的量詞往往滯留有其源詞的很多詞彙或語法特點,並不一定是典型的量詞,但却是我們必須研究的一個重要部分,因此本書根據簡帛文獻中的實際情況進行分類。

研究上，探討漢語量詞系統的產生、發展、成熟，探討漢語量詞系統產生的動因，最重要的就是探討自然單位量詞的發展歷程及其動因。

下面，將簡帛文獻中量詞的分類情況以表格的形式列出：

大　類	小　類	次小類
物量詞	自然單位量詞	個體單位量詞
		集體單位量詞
	借用單位量詞	
	制度單位量詞	度量衡單位量詞
		面積單位量詞
		貨幣單位量詞
動量詞	專用動量詞	
	借用動量詞	

二　古漢語量詞研究的現狀和展望

"在上半世紀，古漢語語法研究的主流是泛時的'文言語法'，而下半世紀古漢語語法研究轉向以漢語語法史爲主，這個轉變是古漢語語法研究的一個重大飛躍。"[①]二十世紀五十年代以前的量詞研究是以泛時研究爲主的，主要集中在對量詞本身的認識，而真正的古代漢語的量詞研究則是從五十年代開始的。因爲漢語量詞的應用至少已有三千年以上的歷史，在這三千多年中，古漢語的量詞系統是不斷發展變化的，不能將它看作一個静止的平面，而是要貫徹歷史主義的原則，從歷史上追溯它的發生及逐步發展的過程。

半個多世紀以來，漢語量詞研究獲得了長足發展，先後發表了許多高質量的論文，但令人遺憾的是古漢語量詞研究的論文還不多。

---

① 嚴修《二十世紀的古漢語研究》，太原：書海出版社，2001 年版，頁 3。

據何傑統計,從 1980 到 1999 年二十年間共有二百四十多篇關於量詞研究的論文在國家主要刊物上發表,但研究古漢語量詞(包括詩詞中的量詞)的論文僅僅有三十一篇。① 按孫力平《古漢語語法研究論文索引》(1900—2000)所録,一百年來古漢語量詞研究的論文僅四十一篇,②相對於其他專題的研究顯然還是非常薄弱。以下我們基於中國知網期刊論文和博碩論文數據庫檢索得來的數據進行有關簡述。

縱觀半個世紀以來的古漢語量詞研究的成果,根據其研究材料的性質,可以分爲傳世文獻量詞研究和出土文獻量詞研究兩部分。下面分別予以簡單介紹。③

(一)傳世文獻量詞研究

歷來的古漢語研究多集中於傳世文獻的研究,量詞研究也不例外。五十餘年來,傳世文獻的量詞研究取得了很大成績。根據其研究的性質與内容,大致可以分爲以下三類:

1. 斷代研究

斷代研究立足於某一個時代,首先對一個時代的量詞情況作詳盡的描寫,在此基礎上以上推下衍的方式描述量詞的發展演變過程。1959 年至 1962 年間,劉世儒在《中國語文》上發表了關於魏晉南北朝量詞研究的系列文章,④並在此基礎上寫成了《魏晉南北朝量詞研

---

① 何傑《現代漢語量詞研究》,北京:民族出版社,2000 年版,頁 159。
② 孫力平《古漢語語法研究論文索引》,北京:商務印書館,2003 年版,頁 18—20。
③ 以下將古漢語量詞研究的成果分爲"傳世文獻量詞研究"和"出土文獻量詞研究"兩部分,但是,由於有的量詞研究的論著所使用的材料,既有傳世文獻材料,也有出土文獻材料,故這些成果到底歸於哪一類中,只有酌情歸之了。
④ 劉世儒《漢語動量詞的起源》,載《中國語文》,1959 年 6 期;《論魏晉南北朝的量詞》,載《中國語文》,1959 年 11 期;《魏晉南北朝個體量詞研究》,載《中國語文》,1961 年 10、11 期合刊;《魏晉南北朝稱量詞研究》,載《中國語文》,1962 年 3 期;《魏晉南北朝動量詞研究》,載《中國語文》,1961 年 8 期。

究》一書。① 該書是斷代量詞研究的典範之作,後來學者也往往自覺地以此爲參照系。如嚴修所説:"雖是斷代研究,但常窮源竟委,推究始末,廣泛聯繫前後各個時代。材料豐富,邏輯嚴謹,論證有力,是一部學術價值很高的專著。"② 如蔣冀騁先生所言:"研究漢語量詞的,誰也無法繞過劉先生的著作而能另闢蹊徑。劉先生有此一書,可以不朽。謂之大家,當亦無愧。"③ 當然,作爲當代漢語量詞斷代研究的開山之作,篳路藍縷,劉書自然也還存在一些不足之處,在語料調查的全面性等方面也還有進一步研究的餘地,如僅北魏賈思勰《齊民要術》一書中就有"洪"、"葉"、"團"、"節"、"撮"、"步"、"壠"、"臼"、"釜"、"載"、"虎口"、"番"等名量詞,"頓"、"步"等動量詞,劉書均没有涉及。④

其他斷代研究的專著還有葉桂郴《明代漢語量詞研究》,該書以明末清初江蘇常熟毛晉選編的大型戲劇作品集《六十種曲》爲主要語料來源,因爲"戲劇作爲最貼近普通觀衆的藝術形式之一,它的語言無疑是當時最活潑的語言"。⑤ 對明代口語系統中的量詞進行了綜合考察研究。

斷代研究的論文主要有黄盛璋《兩漢時代的量詞》⑥、黄載君《從甲文、金文量詞的應用考察漢語量詞的起源與發展》、⑦李若暉《殷代量詞初探》⑧等,碩士學位論文有游黎《唐代量詞研究》、⑨彭文芳《元

① 劉世儒《魏晉南北朝量詞研究》,北京:中華書局,1965 年版。
② 嚴修《二十世紀的古漢語研究》,太原:書海出版社,2001 年版,頁 34。
③ 葉桂郴《明代漢語量詞研究·蔣冀騁〈序〉》,長沙:岳麓書社,2008 年版,頁 1。
④ 汪維輝《〈齊民要術〉詞彙語法研究》,上海:上海教育出版社,2007 年版,頁 124。
⑤ 葉桂郴《明代漢語量詞研究》,長沙:岳麓書社,2008 年版,頁 96。
⑥ 黄盛璋《兩漢時代的量詞》,載《中國語文》,1961 年 8 期。
⑦ 黄載君《從甲文、金文量詞的應用考察漢語量詞的起源與發展》,載《中國語文》,1964 年 6 期。
⑧ 李若暉《殷代量詞初探》,載《古漢語研究》,2002 年 2 期。
⑨ 游黎《唐代量詞研究》,成都:四川大學碩士學位論文,2002 年。

代量詞研究》①等等。

　　黃載君文對甲文與金文的量詞應用加以考察，並在此基礎上對量詞的起源及其發展進行了一些探討。該文認爲甲文量詞極少，用量詞僅限於少數名詞和某些特殊情況；金文量詞有四十多個，分工也更進了一步，而且度量衡單位、貨幣單位和容量單位一般都要用量詞，但回應量詞（echo－classifier）仍有遺存，直接用數詞表數量佔絕對優勢。因此，甲文、金文處於量詞的萌芽階段。作者認爲個體量詞的産生後於表度量衡、貨幣單位、容量單位的量詞，可能起於表貨幣單位；在金文中，量詞前置於名詞的用法已經萌芽，但量詞的虛化過程費時較久。

　　黃盛璋文主要對漢語特有的"性狀量詞"（即自然單位量詞）進行考察，分析了兩漢量詞發展大勢、用例及其語法特點，考察了量詞出現時的六種稱數方式及其語法特點；對量詞本身和用與不用量詞進行考察，認爲漢代的量詞仍不成熟，是可用可不用的，但漢簡中還是用的時候較多。該文在歷時比較中總結了兩漢量詞的特點，認爲與先秦相比，數量上大大增加了，用法上數量結構逐漸前移，詞性逐漸虛化，量詞本身的分工也進一步發展，但與後世相比，量詞的用與不用還不規範，本身也還不完備。因此，作者認爲兩漢時期是量詞的"茁長階段"。

　　2. 專書研究

　　專書研究的論文大多先對專書中的各類量詞進行窮盡性的調查分析，運用計量語言學的方法，在定量分析的基礎上進行定性分析，對材料的分析更加細致、深入。如何樂士所言："專書語法研究的興起和發展是語言學史中具有里程碑意義的大事。它把語法研究由主

----

①　彭文芳《元代量詞研究》，桂林：廣西師範大學碩士學位論文，2001 年。

觀取例的方法轉移到充分重視第一手資料的科學軌道上來。"①專書
量詞研究的主要成果有:何樂士《〈左傳〉的數量詞》、②李佐豐《〈左
傳〉量詞的分類》、③楊曉敏《〈左傳〉中的量詞》、④黃高憲《〈詩經〉數詞
量詞的用法及特點》、⑤官長馳《〈老乞大諺解〉所見元代量詞》、⑥劉興
均《〈周禮〉物量詞初探》、⑦馬芳《〈淮南子〉中的量詞》、⑧方琴《〈史記〉
量詞用法探析》、⑨李小平《〈齊民要術〉中的量詞及其特點》、⑩王定
康、明茂修《〈洛陽伽藍記〉中的量詞》、⑪李薛妃《〈大唐三藏取經詩
話〉量詞系統考察》、⑫〔韓〕李宗澈《〈史記〉量詞研究》,⑬等等。

　　何樂士多年來致力於《左傳》的專書語法研究,《〈左傳〉的數量
詞》是專書量詞研究的典範之作之一。何文汲取前人《左傳》量詞研
究的經驗,在對《左傳》一書的數詞和量詞逐例分析、歸類的基礎上,
進行了全面、窮盡、科學地靜態描寫;統計了每個量詞的出現頻率,客
觀、真實地反映了《左傳》一書數量詞的使用情況,並由此推論漢語量
詞的來源;對於有爭議的例子,如"發"在文中的性質是動量詞還是物
量詞等,則採取了闕疑的嚴謹態度。

---

　　① 何樂士《專書語法研究的幾點體會》,載《古漢語語法研究論文集》,北京:商務印
書館,2000 年版,頁 360—384。

　　② 何樂士《〈左傳〉的數量詞》,載《古漢語語法研究論文集》,北京:商務印書館.2000
年,頁 318—351。

　　③ 李佐豐《〈左傳〉量詞的分類》,載《內蒙古大學學報》,1984 年 3 期。

　　④ 楊曉敏《〈左傳〉中的量詞》,載《中國語言學報》3 期,北京:商務印書館,1988 年版。

　　⑤ 黃高憲《〈詩經〉數詞量詞的用法及特點》,載《福建論壇》,1982 年 1 期。

　　⑥ 官長馳《〈老乞大諺解〉所見元代量詞》,載《內江師專學報》,1988 年 1 期。

　　⑦ 劉興均《〈周禮〉物量詞初探》,載《漢語史研究集刊》第三輯,成都:巴蜀書社,2000
年版,頁 429—441。

　　⑧ 馬芳《〈淮南子〉中的量詞》,載《臨沂師範學院學報》,2002 年 2 期。

　　⑨ 方琴《〈史記〉量詞用法探析》,載《嘉應學院學報》,2005 年 4 期。

　　⑩ 李小平《〈齊民要術〉中的量詞及其特點》,載《廣西社會科學》,2006 年 9 期。

　　⑪ 王定康、明茂修《〈洛陽伽藍記〉中的量詞》,載《語文學刊》,2006 年 7 期。

　　⑫ 李薛妃《〈大唐三藏取經詩話〉量詞系統考察》,載《安徽文學》,2009 年 5 期。

　　⑬ 〔韓〕李宗澈《〈史記〉量詞研究》,上海:華東師範大學博士學位論文,2004 年通過。

3. 專題研究

根據研究方向的不同，專題量詞研究的論文可以分爲兩大類：

一是對量詞内部各小類的專題研究。根據稱量對象的不同，量詞又可分爲物量詞和動量詞兩個大類。

對物量詞的研究，主要集中在對爲“華文所獨”的自然單位量詞的研究上，如：趙中方《唐五代個體量詞的發展》、①白冰《宋元時期個體量詞的變化和發展》、②金桂桃《〈清平山堂話本〉中的個體量詞》、③趙中方《唐五代宋元集體量詞的發展》、④高佳《〈元曲選〉個體量詞研究》、⑤夏宇《〈華陽國志〉中的個體量詞》、⑥等等。

對動量詞的研究則相對薄弱，這類成果主要有：張美蘭《論〈五燈會元〉中的同形動量詞》、⑦王紹新《從幾個例詞看唐代動量詞的發展》、⑧李建平《唐五代動量詞初探》、⑨金桂桃《宋元明清動量詞研究》、⑩等等。王紹新文貫徹“定量分析、由數求質”的原則，對《全唐詩》中出現的動量詞做了窮盡性統計，並把動量詞放在一個動態的立場中進行分析，注意動量詞和其他成分的關係。首先根據語義特徵對與動量詞相配合的動詞進行了細致地分類，在此基礎上對動量詞本身的性質進行分析，從而使得結論更令人信服；對於用法相近的動量詞，如“回”和“度”，也從它們各自的語義關係、句法功能、語體等方面進行了比較，指出這兩個通用動量詞共存的原因在於唐代詩歌空

① 趙中方《唐五代個體量詞的發展》，載《揚州師範學院學報》，1991 年 4 期。
② 白冰《宋元時期個體量詞的變化和發展》，載《山西高校社科》，2001 年 7 期。
③ 金桂桃《〈清平山堂話本〉中的個體量詞》，載《嘉應大學學報》，2002 年 2 期。
④ 趙中方《唐五代宋元集體量詞的發展》，載《南京大學學報》，1992 年 4 期。
⑤ 高佳《〈元曲選〉個體量詞研究》，載《求索》，2006 年 6 期。
⑥ 夏宇《〈華陽國志〉中的個體量詞》，載《楚雄師範學院學報》，2008 年 5 期。
⑦ 張美蘭《論〈五燈會元〉中的同形動量詞》，載《南京師範大學學報》，1996 年 1 期。
⑧ 王紹新《從幾個例詞看唐代動量詞的發展》，載《古漢語研究》，1997 年 2 期。
⑨ 李建平《唐五代動量詞初探》，載《泰山學院學報》，2003 年 4 期。
⑩ 金桂桃《宋元明清動量詞研究》，武漢：武漢大學出版社，2008 年版。

前繁榮,一個通用動量詞不敷所需。動量詞是漢語量詞系統的兩大部類之一,它的産生晚於物量詞,數量上沒有物量詞那樣豐富,組合上也沒有物量詞那麼複雜。因而歷來的量詞研究總是以物量詞爲主,對動量詞往往祗是輕輕一筆帶過。但是,如邵敬敏所説:"其實,動量詞自成一個系統,内部形成幾個不同的層面,並顯示出各自不同的個性,它與動詞的選擇組合涉及各種因素,很值得深入地進行研究。"①

二是對量詞起源的研究。這類論文又可以分爲以下兩方面。

一方面是爲量詞這一詞類範疇追根溯源,如:劉世儒《漢語動量詞的起源》、②吴伯方《關於漢語動量詞的起源》、③張幟《古漢語量詞源流概説》、④李先銀《漢語個體量詞的産生及其原因探討》、⑤李宇明《拷貝型量詞及其在漢藏語系量詞發展中的地位》;⑥也有從"數·量·名"結構歷時演變的角度來探討量詞語法化的歷程的,如郭攀《古漢語"數(量)·名"二語序形式二論》、⑦張延俊《也論漢語"數·量·名"形式的産生》、⑧李訥和石毓智《句子中心動詞及其賓語之後謂詞性成分的變遷與量詞語法化的動因》、⑨吴福祥等《漢語"數+量+名"格式的來源》、⑩麻愛民《試論"數量名"結構的來源》、⑪〔新加

① 邵敬敏《動量詞的語義分析及其與動詞的選擇關係》,《中國語文》,1996 年 2 期。

② 劉世儒《漢語動量詞的起源》,載《中國語文》,1959 年 6 期。

③ 吴伯方《關於漢語動量詞的起源》,載《語文輔導》,1990 年 1 期。

④ 張幟《古漢語量詞源流概説》,載《錦州師範學院學報》,1991 年 4 期。

⑤ 李先銀《漢語個體量詞的産生及其原因探討》,載《保定師專學報》,2002 年 1 期。

⑥ 李宇明《拷貝型量詞及其在漢藏語系量詞發展中的地位》,載《中國語文》,2000 年 1 期。

⑦ 郭攀《古漢語"數(量)·名"二語序形式二論》,載《古漢語研究》,2001 年 3 期。

⑧ 張延俊《也論漢語"數·量·名"形式的産生》,載《古漢語研究》,2002 年 2 期。

⑨ 李訥、石毓智《句子中心動詞及其賓語之後謂詞性成分的變遷與量詞語法化的動因》,載《語言研究》,1998 年 1 期。

⑩ 吴福祥等《漢語"數+量+名"格式的來源》,載《中國語文》,2006 年 5 期。

⑪ 麻愛民《試論"數量名"結構的來源》,載《東北師範大學學報》,2011 年第 3 期。

坡〕吴雅云《漢語個體量詞"數＋量＋名"結構的歷時形成過程》,①主要提出了"移位"説、"取代"説、"類推"説等多種觀點;上文所述的斷代量詞研究中,尤其是對上古漢語量詞的斷代研究中往往也論及這一問題,如李若暉《殷代量詞初探》②一文即從民族文化心理等方面來追溯量詞發展的歷史。

另一方面對個別量詞發展源流的探討,主要集中在對共性量詞的産生與興替的研究上。共性量詞(又稱爲"通用量詞"、"泛指量詞")的産生與興替是量詞發展史中的重要問題。游汝傑《漢語量詞"個"語源辨析》、③王紹新《量詞"個"在唐代前後的發展》④對現代漢語中最常見的通用量詞"個"的語源及發展情況進行深入探討;張萬起《量詞"枚"的産生及其歷史演變》⑤則採用歷時和共時相結合的方法,分析描寫了魏晉南北朝共性量詞"枚"的産生、泛用和發展、萎縮及其在現代漢語中的情況。

陳紱《從"枚"與"個"看漢語泛指性量詞的演變》⑥對這兩個在中古泛指性都很强的量詞的演變軌跡進行了比較。就所能稱量的範疇而言,"枚"經歷了一個從窄到寬,又從寬到窄的變化過程,而"個"却是從窄到寬之後變得越來越寬。因爲"個"在成爲量詞後,不但沒有用它的本義所指稱的事物的特點來"要求"其所能稱量的事物,而且這種"沒有要求的陪伴"得到了發展,致使它的使用範圍並沒有像"枚"那樣變得狹小,而是越來越大了。這大概是由於現實生活和語言中都需要一個不計特徵的、指稱範圍非常寬泛的量詞,而使用這一

---

①　〔新加坡〕吴雅云《漢語個體量詞"數＋量＋名"結構的歷時形成過程》,《漢語學報》,2014 年第 3 期。

②　李若暉《殷代量詞初探》,載《古漢語研究》,2000 年 2 期。

③　游汝傑《漢語量詞"個"語源辨析》,載《語文研究》,1985 年 4 期。

④　王紹新《量詞"個"在唐代前後的發展》,載《語言教學與研究》,1989 年 2 期。

⑤　張萬起《量詞"枚"的産生及其歷史演變》,載《中國語文》,1998 年 3 期。

⑥　陳紱《從"枚"與"個"看漢語泛指性量詞的演變》,載《語文研究》,2002 年 1 期。

語言的群體恰恰選擇了"個"的原因。

李建平、張顯成《漢語泛指量詞"枚/個"的興替及其動因——以出土文獻爲新材料》,參考前人及時賢研究成果,綜合利用傳世文獻與出土文獻材料,對漢語史上泛指量詞"枚"和"個"的産生、發展、興替及其動因作了進一步探討。①

其他論文還有孟繁杰《量詞"條"的産生及其歷史演變》,②魏兆惠、華學誠《量詞"通"的歷史發展》,③葉桂郴《量詞"頭"的歷史考察及其他稱量動物的量詞》④等等。

(二)出土文獻量詞研究

出土文獻,特別是其中當時人記當時事的文獻,是典型的"同時資料",與"後時資料"(傳世文獻)相比,在研究價值上有先天的優越性。在衹有傳世文獻作爲研究材料的時候,"例不十,法不立,例外不十,法不破",衹是抓住孤零零的一兩例是不能輕易得出結論的。相反,如果是出土文獻材料則不然,特別是其中當時人記當時事的文獻,即使例證不豐,衹要言語記錄清楚明白,我們也可以心底踏實地得出某一結論,理由很簡單,因爲這是由出土文獻的真實性(authenticity)決定的。

但是,出土文獻研究更多集中於考古學、歷史學、哲學、文獻學等學科的研究,語言學界則集中於古文字學的研究,基於出土文獻的語法學研究却長期没有受到應有的重視。利用出土文獻進行量詞研究的論文還比較少見,隨着大量新出土文獻的問世,近幾年來逐漸略有

---

① 詳參附録:李建平、張顯成《漢語泛指量詞"枚/個"的興替及其動因——以出土文獻爲新材料》,《古汉语研究》,2009 年 4 期。人大複印報刊資料《語言文字學》,2010 年 5 期全文轉載。

② 孟繁杰《量詞"條"的産生及其歷史演變》,《寧夏大學學報》,2009 年 1 期。

③ 魏兆惠、華學誠《量詞"通"的歷史發展》,《漢學報》,2008 年 1 期。

④ 葉桂郴《量詞"頭"的歷史考察及其他稱量動物的量詞》,《古漢語研究》2004 年 3 期。

改觀。出土文獻量詞研究的論文主要有：曾仲珊《〈睡虎地秦墓竹簡〉中的數詞和量詞》，①吉仕梅《〈睡虎地秦墓竹簡〉量詞考察》，②徐莉莉《馬王堆漢墓帛書（肆）所見稱數法考察》，③徐正考《漢代銅器銘文中的數量詞》，④王貴元《楚簡遣策中的物量稱數法和量詞》、⑤《漢代簡牘遣策的物量表示法和量詞》、⑥《馬王堆一號漢墓竹簡的"牒"》，⑦魏德勝《〈敦煌漢簡〉中的量詞》，⑧肖從禮《從漢簡看兩漢時期量詞的發展》，⑨張桂光《商周金文量詞特點略説》，⑩張俊之和張顯成《帛書〈五十二病方〉數量詞研究》，⑪張顯成和武曉麗《漢簡三種量詞研究初探》，⑫《張家山漢簡中的量詞》，⑬武曉麗《〈張家山漢簡・二年律令〉中的量詞》，⑭張顯成《馬王堆三號漢墓遣策中的量詞》、⑮《上博簡

———————

①　曾仲珊《〈睡虎地秦墓竹簡〉中的數詞和量詞》，載《求索》，1981 年 2 期。

②　吉仕梅《〈睡虎地秦墓竹簡〉量詞考察》，載《樂山師專學報》，1996 年 3 期。

③　徐莉莉《馬王堆漢墓帛書（肆）所見稱數法考察》，載《古漢語研究》，1997 年 1 期。

④　徐正考《漢代銅器銘文中的數量詞》，載《烟臺師範學院學報》，1999 年 1 期。

⑤　王貴元《楚簡遣策中的物量稱數法和量詞》，載《古漢語研究》，2002 年 3 期。

⑥　王貴元《漢代簡牘遣策的物量表示法和量詞》，載張顯成主編《簡帛語言文字研究》，成都：巴蜀書社，2002 年版，頁 144—161。

⑦　王貴元《馬王堆一號漢墓竹簡的"牒"》，載《語文研究》，2008 年 2 期。

⑧　魏德勝《〈敦煌漢簡〉中的量詞》，載《古漢語研究》，2000 年 2 期。

⑨　肖從禮《從漢簡看兩漢時期量詞的發展》，載《敦煌研究》，2008 年 4 期。

⑩　張桂光《商周金文量詞特點略説》，載《中山大學學報》，2009 年 5 期。

⑪　張俊之、張顯成《帛書〈五十二病方〉數量詞研究》，載張顯成主編《簡帛語言文字研究》，成都：巴蜀書社，2002 年版，頁 191—224。

⑫　張顯成、武曉麗《漢簡三種量詞研究初探》，載《簡帛研究二〇〇六》，桂林：廣西教育出版社，2007 年版。

⑬　張顯成、武曉麗《張家山漢簡中的量詞》，中國社會科學院國際學術論壇：簡帛學論壇，2006 年，北京。

⑭　武曉麗《〈張家山漢簡・二年律令〉中的量詞》，載《江西廣播電視大學學報》，2005 年 3 期。

⑮　張顯成《馬王堆三號漢墓遣策中的量詞》，載張顯成主編《簡帛語言文字研究》第二輯，成都：巴蜀書社，2006 年版，頁 128—141。

（四）中的固定稱數結構》，①李建平、張顯成《泛指量詞"枚/個"的興替及其動因》、②《先秦兩漢魏晉簡帛量詞析論》、③《論簡帛量詞的研究價值》、④《從簡帛文獻看漢語量詞系統建立的時代》、⑤李建平《從先秦簡牘看〈漢語大詞典〉量詞釋義的闕失》、⑥《從先秦簡牘看〈漢語大字典〉量詞釋義的闕失》、⑦《漢代"希"之制度補正》、⑧《〈兩漢時代的量詞〉訂誤》、⑨《從楚秦簡帛文獻看先秦漢語數量詞發展的地域特徵》、⑩《秦漢簡帛文獻中的度量衡單位"參"》、⑪《先秦兩漢魏晉簡帛文獻中的新興量詞》、⑫《動量詞"行"產生的時代及其來源——兼論"大小行"的語源》，⑬李豐娟、張顯成《吳簡量詞研究》⑭等等。

------

① 張顯成《上博簡（四）中的固定稱數結構》，載張顯成主編《簡帛語言文字研究》第三輯，成都：巴蜀書社，2008 年版。

② 李建平、張顯成《泛指量詞"枚/個"的興替及其動因》，載《古漢語研究》，2009 年 4 期。人大複印報刊資料《語言文字學》2010 年 5 期全文轉載。

③ 李建平、張顯成《先秦兩漢魏晉簡帛量詞析論》，載《中華文化論壇》，2009 年 4 期。

④ 李建平、張顯成《論簡帛量詞的研究價值》，載《簡帛研究二〇〇八》，桂林：廣西師範大學出版社，2010 年版。

⑤ 李建平、張顯成《從簡帛文獻看漢語量詞系統建立的時代》，載《古籍整理研究學刊》，2011 年 1 期。人大複印報刊資料《語言文字學》2011 年 7 期全文轉載。

⑥ 李建平《從先秦簡牘看〈漢語大詞典〉量詞釋義的闕失》，載《廣西社會科學》，2005 年 10 期。

⑦ 李建平《從先秦簡牘看〈漢語大字典〉量詞釋義的闕失》，載《德州學院學報》，2005 年 3 期。

⑧ 李建平《漢代"希"之制度補正》，載《農業考古》，2010 年 1 期。

⑨ 李建平《〈兩漢時代的量詞〉訂誤》，載張顯成主編《簡帛語言文字研究》（第四輯），成都：巴蜀書社，2010 年版。

⑩ 李建平《從楚秦簡帛文獻看先秦漢語數量詞發展的地域特徵》，載《廣西社會科學》，2010 年 2 期。

⑪ 李建平《秦漢簡帛文獻中的度量衡單位"參"》，載《敦煌研究》，2010 年 2 期。

⑫ 李建平《先秦兩漢魏晉簡帛文獻中的新興量詞》，載《寧夏大學學報》，2010 年 6 期。

⑬ 李建平《動量詞"行"產生的時代及其來源——兼論"大小行"的語源》，載《中國語文》，2011 年 2 期。

⑭ 李豐娟、張顯成《吳簡量詞研究》，載《古漢語研究》，2011 年 1 期。

　　此外,管燮初《西周金文語法研究》①對金文中的量詞進行靜態描寫,統計了每個量詞在金文中的出現頻率。張玉金《甲骨文語法學》②不僅對甲骨文中的量詞做了靜態描寫,而且探討了甲骨文中量詞與數詞的結合情況、數量短語與名詞的組合情況及其内部結構關係、數量短語和名詞結合後在句子中的語法功能等問題。

　　隨着敦煌學的發展,敦煌文獻的語言文字研究特別引起了語法學者的重視,如李日輝《〈敦煌變文集〉量詞重疊的語法分析》,③李思明《〈敦煌變文集〉中的量詞》,④廖名春《吐魯番出土文書新興量詞考》,⑤周春梅《〈敦煌變文集〉的稱數法》,⑥王文藝《關於敦煌變文量詞語法功能的幾個問題》,⑦王新華《敦煌變文中量詞使用的幾個特例》,⑧敏春芳、馬有《敦煌吐魯番出土文書中衣物量詞例釋》,⑨敏春芳《敦煌社邑文書量詞"事"、"笙"辨考》,⑩《敦煌吐魯番出土文書飲食量詞訓釋》,⑪范崇峰《談敦煌卷子中的量詞"掘"》,⑫《敦煌醫方量詞兩則》,⑬等等。這些論文也往往採用"定量分析、由數求質"的方法,結論比較令人信服。如魏德勝對《敦煌漢簡》中的三十八個量詞

---

①　管燮初《西周金文語法研究》,北京:商務印書館,1981 年版,頁 178—181。

②　張玉金《甲骨文語法學》,上海:學林出版社,2001 年版,頁 14—22。

③　李日輝《〈敦煌變文集〉量詞重疊的語法分析》,載《延邊大學學報》,1982 年 4 期。

④　李思明《〈敦煌變文集〉中的量詞》,載《安慶師專學報》,1983 年 1 期。

⑤　廖名春《吐魯番出土文書新興量詞考》,載《敦煌研究》,1990 年 2 期。

⑥　周春梅《〈敦煌變文集〉的稱數法》,載《新疆大學學報》,1991 年 1 期。

⑦　王文藝《關於敦煌變文量詞語法功能的幾個問題》,載《貴州民族學院學報》,1997 年 4 期。

⑧　王新華《敦煌變文中量詞使用的幾個特例》,載《中國語文》,1994 年 4 期。

⑨　敏春芳、馬有《敦煌吐魯番出土文書中衣物量詞例釋》,載《蘭州大學學報》,2005 年 4 期。

⑩　敏春芳《敦煌社邑文書量詞"事"、"笙"辨考》,載《敦煌學輯刊》,2005 年 2 期。

⑪　敏春芳《敦煌吐魯番出土文書飲食量詞訓釋》,載《藝術百家》,2010 年 4 期。

⑫　范崇峰《談敦煌卷子中的量詞"掘"》,載《中國語文》,2007 年 2 期。

⑬　范崇峰《敦煌醫方量詞兩則》,載《中國語文》,2009 年 5 期。

——列舉分析,指出漢簡中量詞與名詞間已經有很强的選擇性,二者的關係基本固定。

隨着出土文獻研究的深入,國學大師王國維所提出的"二重證據法"也隨時光的脚步而愈發顯示出它的價值。語法學者在斷代研究中也往往採用"二重證據法",也就是同時使用出土文獻和傳世文獻材料。楊曉敏《先秦量詞及其形成與演變》①和〔法〕貝羅貝《上古、中古漢語量詞的歷史發展》②都綜合使用了甲骨文、金文和傳世文獻。前者對先秦出現的一百五十多個量詞作了描寫,並探求各類量詞的來源及其在後世的演變,從而推斷在先秦時期,從漢語量詞的整體歷史來看,固然説是處於發展的階段;而據其實際情況觀察,應該更確切地説是處於發生滋長時期。後者則嚴格區分量詞(classifier,即個體量詞)和單位詞(measure word,包括度量衡量詞、集體量詞、容量量詞、部分量詞),根據不同時期的歷史文獻——從上古以前到中古後期的文獻——給出了漢語七種稱數樣式實際出現次數的資料,認爲單位詞出現於前上古漢語裏,在上古後期變得普遍;而量詞出現在漢代,并在中古早期開始普遍使用,大部分量詞的語法化則晚至中古後期才完成;同時承認"個化"現象的存在。這一觀點無疑與語言學界多數學者的意見相左,衹有郭錫良《從單位名詞到量詞》一文也認爲在先秦時期單位詞還没有從名詞中分化出來,衹是名詞中的一個小類。③

(三)研究展望

半個世紀以來的古漢語量詞研究,在對斷代、專書中的量詞這一

---

① 楊曉敏《先秦量詞及其形成與演變》,中國語言學會第四屆年會論文。
② 〔法〕貝羅貝《上古、中古漢語量詞的歷史發展》,載《語言學論叢》(第二十一輯),北京:商務印書館,1998年版,頁99—122。
③ 郭錫良《從單位名詞到量詞》,可見《漢語史論集》,北京:商務印書館,1997年版,頁38。

語言現象的描寫方面取得很大成績，對語言事實進行了大面積的調查研究，對例證的搜集、排比、分類、統計也日趨成熟，這些工作爲建立完整的漢語量詞發展史奠定了堅實的基礎。

但是不足也正在於大多數古漢語量詞研究的文章都停留在對語言表層結構形式的描述上，沒有深入到語言的内部，對語言現象的解釋做得更少。"不管是研究語言中的哪一種現象，研究者都有以描寫爲目標或以解釋爲目標的自由，但是解釋語言現象應該是語言研究的'最終目的'。""我們也不能等到把所有的語言現象完全描寫清楚了再去作解釋，因爲語言現象的描寫是無止境的。"①

從建立完整的量詞發展史的角度來看，古漢語量詞的研究所取得的成就仍然祇是初步的，要使古漢語量詞研究取得更大的進展，還需要繼續作長期的更多的努力。綜上所述，在今後的研究中還應當加強以下幾個方面的工作：

（一）應繼續加強古漢語量詞研究的基礎工作。所謂古漢語量詞研究的基礎工作就是對語言材料的整理、搜集、分析與研究，從材料中得出結論。古漢語語言材料極其豐富，過去几十年中我們所接觸並研究的祇是一小部分，正如劉世儒所言："漢語量詞，歷史悠久，材料浩繁，全面地進行研究，這顯然不是一人一時所能辦到的事。因此，我們應該盡先來作斷代史的研究。我以爲，祇有把量詞的各個歷史橫斷面貌都研究好了，漢語的整套的系統的量詞史纔有可能建立起來，否則沒有材料，'遊談無根'，要建立科學的漢語量詞發展史那是永遠不會辦到的。"②

因此，此後的研究中研究範圍應當進一步擴大。研究範圍的擴大包括兩個方面：一方面，要有新成果，離不開新材料。隨着近幾十

---

① 沈家煊《不對稱與標記論》，南昌：江西教育出版社，1999 年版，頁 6。
② 劉世儒《魏晉南北朝量詞研究》，北京：中華書局，1965 年版，頁 3。

年來文化考古事業的迅速發展，大量出土新材料陸續面世，這些新公佈的出土文獻材料應該受到充分重視。新材料還包括以前已經見到但沒有受到重視的文獻，如我們以前的研究多集中在先秦、魏晉南北朝以及敦煌文獻，而近代漢語量詞的研究則相對薄弱。另一方面，對於漢語量詞内部的各個小類，物量詞的研究較爲充分，動量詞研究還比较薄弱。

（二）研究方法角度需要進一步更新。近幾年來，從事現代漢語研究的學者逐漸從多角度、採取新的方法進行量詞研究，對古漢語量詞研究具有啓發意義。從事古漢語量詞研究的學者也逐漸開始借鑒新的理論，但這類論文還較少見。就目前來看，研究方法主要有以下幾個方面：

1. 語義研究。如邵敬敏《量詞的語義分析及其與名詞的雙向選擇》、①馬慶株《數詞、量詞的語義成分和數量結構的語法功能》②從語義角度對現代漢語中的量詞進行分析，而從語義角度研究古漢語量詞的主要有陳玉冬《隋唐五代量詞的語義特徵》③等。陳玉冬文把量詞看作一個"語義單位"（Semantic Units），由低到高分爲詞類單位（All—inclusive）、選擇性單位（Selectional Units）、詞彙單位（Lexical Units）三個層次。從不同的層面對量詞的語義特徵進行分析，彌補了單純語法分析的不足。

2. 認知研究。石毓智《表物體形狀的量詞的認知基礎》④對漢語形狀量詞系統背後的認知基礎進行了考察，但其考察範圍僅限於當代漢語普通話的用例。

---

① 邵敬敏《量詞的語義分析及其與名詞的雙向選擇》，載《中國語文》，1993 年 3 期。
② 馬慶株《數詞、量詞的語義成分和數量結構的語法功能》，載《中國語文》，1990 年 3 期。
③ 陳玉冬《隋唐五代量詞的語義特徵》，載《古漢語研究》，1998 年 2 期。
④ 石毓智《表物體形狀的量詞的認知基礎》，載《語法的認知語義基礎》，南昌：江西教育出版社，2000 年版，頁 119—132。

3. 對量詞語法化及其動因的研究。主要有李訥和石毓智《句子中心動詞及其賓語之後謂詞性成分的變遷與量詞語法化的動因》、①金福芬和陳國華《漢語量詞的語法化》②二文。前者則對量詞語法化動因進行探討，提出"名＋數＋量"到"數＋量＋名"的轉變首先發生在賓語的位置上，而句子中心動詞及其賓語之後的謂詞性成分的句法位置的削弱及其消失，是數量短語與名詞賓語換位的原因。隨着量詞的語法化，"數＋量＋名"格式可以出現在主語及其他句法位置上。而其深層原因在於"動補結構發展成熟"和"動詞的體標記系統的建立"，並提出了三種可能的解釋。語法演變不是孤立的，有些問題放到比較廣闊的背景上加以考察，纔能看得更清楚。拙文《從簡帛文獻及其它民族語言看漢語量詞系統的建立及其動因》，③利用出土新材料和其他民族語言材料，以比較新的視角來審視漢語量詞產生和整個量詞系統建立的動因，認爲漢藏語系普遍的雙音化趨勢和基數詞單音節的矛盾是量詞系統建立的動因，漢語量詞系統發展成熟的歷程和雙音化的趨勢保持了很強的一致性，雙音化推動了量詞系統的建立與發展成熟，從拷貝型量詞和泛指量詞的興替來看，湊足音節而組成雙音節的標準音步是量詞的基本功能。

此外，李宗江《語法化的逆過程——漢語量詞的實義化》探討了有些量詞在演變中又重新獲得了實在的意義和作句法成分的功能，討論了漢語量詞實義化的條件，並進一步探討了語法化過程中的"單向性"問題。④

4. 描寫與解釋的結合。古漢語的量詞研究，描寫做得多，解釋做

---

① 李訥、石毓智《句子中心動詞及其賓語之後謂詞性成分的變遷與量詞語法化的動因》，載《語言研究》，1998 年 1 期。
② 金福芬、陳國華《漢語量詞的語法化》，載《清華大學學報》，2002 年增 1 期。
③ 此文詳見本書附錄一。
④ 李宗江《語法化的逆過程——漢語量詞的實義化》，載《古漢語研究》，2004 年 4 期。

得比較少。解釋包括對量詞起源和語法化動因的探討,對這一問題已經作了一些工作(見上文),但往往見仁見智,未有定論。近來有些論文,致力於理論探索,但往往材料欠扎實。在以後的研究中,我們應當借助新的材料,在扎實的材料描寫基礎上,做進一步的深入研究。

三　簡帛量詞的概貌

簡帛中,各類量詞已齊全,如上文所述,根據我們所掌握的漢語量詞發展史的情況,結合簡帛量詞的實際狀況,按照量詞所計量的事物特徵,我們將簡帛量詞分爲物量詞和動量詞兩大類。簡帛中物量詞系統發展迅速,豐富多彩,而動量詞仍較少見。

物量詞,是漢語量詞類系中的第一大類,也是簡帛量詞的第一大類,尤其是個體單位量詞,是我們研究中最重要的一類。物量詞可以分爲自然單位量詞、借用單位量詞、制度單位量詞三大類。自然單位量詞表示事物的自然單位,分爲個體單位量詞和集體單位量詞兩大類。制度單位量詞分爲度量衡單位量詞、面積單位量詞和貨幣單位量詞三類。

下面,我們仍然採用表格的形式來展現簡帛量詞各類的基本情況:

量詞總數	大　類	小　類	次小類	舉　例
190 個	物量詞 182 個	自然單位量詞 97 個	個體單位量詞 60 個	枚;个;領;編;張;隻
			集體單位量詞 37 個	雙;把;束;齊;三指撮
		借用單位量詞 40 個		筥;筐;杯;櫝;瓶;甌;刀圭;方寸匕;器;鼎

190 個	物量詞 182 個	制度單位量詞 45 個	度量衡單位 量詞 31 個	分；丈；斛； 升；鈞；斤
			面積單位 量詞 10 個	頃；畝；町；步
			貨幣單位 量詞 4 個	錢；布；金
	動量詞 8 個	借用動量詞	2 個	步；課
		專用動量詞	6 個	通；下

　　如上表所列，簡帛文獻所見量詞總計一百九十個，其中物量詞一百八十二個，物量詞中自然單位量詞九十七個（這是其語法化程度最高的量詞），借用單位量詞四十個，度量衡單位量詞四十五個；動量詞剛剛萌芽，僅有八個。簡帛量詞的數量及其使用頻率均遠遠超過了甲骨文、金文，乃至同時代的傳世文獻。

　　簡帛量詞語法特徵的基本情況。句法上，簡帛量詞組合能力較強，可以同數詞、形容詞、疑問代詞等結合使用，但以同數詞結合爲主，其他組合方式用例還很罕見；在句子中主要充當定語、狀語、主語、謂語等句法成分，其中作狀語、主語和謂語是量詞發展不成熟時候的一種特殊用法。詞法上，由量詞構成的複合詞已產生，詞綴化構詞法已初步形成。數量結構同形容詞組合時，形容詞祇能放在數詞之後、量詞之前；數量結構可同表示估量的副詞組合。從簡帛數量結構的句法功能看，數詞無論是同物量詞還是同動量詞組成的數量結構，其句法功能在簡帛文獻中都獲得了長足發展，但與魏晉六朝以後漢語相比，顯然還未完全成熟。

　　就量詞的歷時發展來說，簡帛量詞與寫成於商周時代的甲骨文、金文相比，已明顯獲得了長足的發展，但同後世尤其是同現代漢語量詞系統相比較，這一時期的量詞系統還沒有完全成熟，主要表現在：動量詞還不多見，語法化程度還很低，與後世相比仍處於萌芽階段；

物量詞系統雖然獲得了突飛猛進的發展，但從語法化程度、使用範圍，以及語法特徵和詞法特徵來看，同後世相比仍然未臻完善。與同時代傳世文獻量詞相比來看，簡帛量詞系統具有以下特點：數量上，簡帛文獻所見量詞多於同時代傳世文獻；使用頻率上，簡帛文獻量詞使用頻率遠遠高於同時代傳世文獻。

簡帛簿籍類文獻中量詞的用與不用大致可以分爲三種情況，一是全部不用量詞，二是全用量詞，三是在同一簿籍中既有用量詞的、也有不用量詞的。第一種情況非常少見，主要表現在楚簡中；兩漢簡帛最爲常見。第二種情況也少見，特別是在先秦兩漢簡帛中罕見，但是發展到吳晉，簡牘簿籍類文獻中量詞的使用就必不可少了。第三種情況在兩漢簡帛最爲常見。這三種情況在不同時段簡帛中的表現情況，正可説明量詞的發展情況。

對比不同地域簡帛量詞的情況可知，簡帛時代量詞的發展存在地域差異性。

簡帛數詞及稱數法方面的基本情況。數詞中整數帶零數的情況下，連接成分“又（有）”在楚簡中仍多有保留，戰國中期以後纔逐漸少用，但秦簡則未見。在量詞語法化過程中具有重要意義的“數＋量＋名”結構早在楚簡就已經出現，且較爲多見。量詞的使用在漢簡帛中已經非常普遍。稱數法的發展體現出明顯的地域特徵。

簡帛文獻中的量詞現象有不少可修正原來從傳世文獻研究中得出的結論，改寫先秦兩漢吳晉量詞史，具有重要學術價值。

第二章

簡帛自然單位量詞研究

　　自然單位量詞在漢語量詞系統中處於核心地位，自然單位量詞系統的形成和成熟，標誌着漢語量詞系統的真正建立和完善。因此，對於漢語量詞研究的重點應當放在自然單位量詞的研究上，探討漢語量詞系統産生、發展、成熟的歷程，探討漢語量詞系統産生的動因，最重要的就是探討自然單位量詞的發展歷程及其動因。

第一節　　個體單位量詞

　　個體單位量詞是表示單數個體的量詞，是相對於集合量而言的。簡帛文獻中個體單位量詞數量較多，使用頻率亦較高。一般而言，個體單位量詞內部不必再分小類，但由於這類量詞數量較多，爲了便於行文與比較分析，我們採用"以義繫聯"的原則，並參照其語法功能及其語法化程度等特點將其分爲幾組，共同討論分析。①

---

① 　本書對個體單位量詞內部的分組，並非嚴格意義上的內部分類，僅僅是爲了便於比較分析、行文方便，因此所採用的分類標準有時並不一定在同一個平面上，而是綜合考察了簡帛時代其語法功能、意義、語法化程度等多重因素。以下各類量詞分組同此。

第一組　枚、个

　　量詞"枚"和"个"在不同的歷史階段都曾獲得了極爲廣泛的適應性,成爲所謂的"泛指量詞"(或稱之爲"共性量詞"),幾乎無所不能適應。在先秦兩漢吳晉簡帛文獻中,量詞"枚"的適應性尤其廣泛,而"個"用作量詞在簡帛時代則剛剛産生,用例較少,但在此後的發展中卻有着遠大的發展前途,並在唐代以後逐漸替代了"枚"成爲漢語中唯一的泛指量詞,尤其在現代漢語中,甚至出現了所謂的"個化"現象,[①]幾乎無所不能適應。

1. 枚(坆)[②]

　　《説文・木部》:"枚,幹也。"《詩經・周南・汝墳》:"遵彼汝墳,伐其條枚。"毛傳:"枝曰條,幹曰枚。"王力先生認爲,"枚字的本義是樹幹,引申爲單位詞,樹一棵爲一枚。……而現存的古書中,没有樹一棵爲一枚的例子;'枚'字已經發展爲意義非常廣泛的單位詞。"[③]綜合考察出土文獻和傳世文獻,"枚"用作稱量"樹"的個體單位量詞用例的確很罕見,張萬起舉出《漢書》、《後漢書》中的幾例,[④]我們在《未央宮漢簡》中又發現二例:

---

　　①　薛健《量詞"個化"問題管見》,載《漢語學習》2006 年 5 期。又如,貝羅貝《上古、中古漢語量詞的歷史發展》一文中提出:"今天,它們(筆者按,指量詞)可能漸漸失去性質化/分類的功能,因爲有一個將各個量詞統合爲一的過程,那就是'個'漸成爲唯一的量詞,至少在北方漢語裏,這個過程正在進行。"載北京大學中文系編《語言學論叢》第二十一輯,北京:商務印書館,1998 年版,頁 116。當然,從歷史發展的觀點來看,我們並不贊同所謂的"個化"論的觀點,詳參附録二《泛指性量詞"枚/個"的興替及其動因》。

　　②　無論某一量詞的書寫形式有兩種甚至多種,但在當時的口語中讀音是相同的。不過,文字是記録語言的,要研究量詞,特別是出土文獻中的量詞,勢必要研究記録量詞的書寫形式,因此本書在分析量詞的同時,必要時也對其書寫形式進行分析。

　　③　王力《漢語語法史》,北京:商務印書館,1989 年版,頁 27。

　　④　張萬起《量詞"枚"的産生及其歷史演變》,載《中國語文》1998 年 3 期,頁 210。

(1)《未央宮漢簡》35："業柏樹一枚。"

(2)又,50："□□有柏樹二枚□"

《居延漢簡》1 例：

(3)240.4："□樹一枚。強□園少半□"

但是這一時代"枚"作爲一個泛指量詞使用已基本成熟,因此認爲作爲泛指量詞的"枚"來源於稱量"樹"的單位,無論從出土文獻還是傳世文獻材料中還是得不到參證。

從"枚"用作量詞的産生時代看,先秦漢語中量詞"枚"非常罕見。傳世先秦文獻中,僅見於《墨子》中《備城門》以下各篇,凡 8 見,但王力先生認爲這些篇目"非墨子所作,當係後人所僞託"。[1] 秦地和楚地的簡帛文獻中,楚簡僅一見,原簡字作"坆"：[2]

(4)《仰天湖楚簡·遣策》15："一坆韋之趚。"

《改併四聲篇海·土部》引《餘文》："坆,古文梅字。"饒宗頤先生認爲："坆通枚。……一坆殆指一枚。"[3]但由於後面文字無法辨識,還存在一些疑問,姑列於此,以備考察。

《里耶秦簡》中的用例無疑是目前所見最早的、確定無疑的量詞用例,例如：

(5)《里耶秦簡》8－548："取車衡軑大八寸、衺七尺者二枚。"

(6)《里耶秦簡》8－1996："□五尺者廿枚。"

(7)《里耶秦簡》8－134："□尺者廿枚□"

但是由於簡牘殘損,祇有一例能够明確其稱量對象爲"車衡軑"。傳世西漢文獻中,量詞"枚"的使用頻率仍然不高,我們考察了《史記》、《春秋繁露》、《法言》、《淮南子》、《説苑》、《新書》、《新序》、《新語》、《鹽

---

① 王力《漢語語法史》,北京:商務印書館,1989 年版,頁 27。

② 郭若愚《戰國楚簡文字編》,上海:上海書畫出版社,1994 年版,頁 40。

③ 饒宗頤《戰國文字箋證》,載《金匱論古綜合刊》,第 1 期,香港:亞洲石印局,1955 年版。

鐵論》、《韓詩外傳》十部文獻,其中量詞"枚"僅六例,例如:①

  (8)《韓詩外傳》卷十:"若寡人之小國也,尚有徑寸之珠,照車前後十二乘者十枚,奈何以萬乘之國無寶乎?"②

  (9)《史記·貨殖列傳》:"木器礦者千枚。"

  (10)《史記·扁鵲倉公列傳》:"即飲以消石一齊,出血,血如豆比五六枚。"

  (11)《史記·龜策列傳》:"神龜出於江水中,廬江郡常歲時生龜長尺二寸者二十枚輸太卜官。"

  (12)《太平御覽》卷五百引《新序》:"昌邑王治側鑄冠十枚,以冠賜師友儒者。"

  (13)又,卷七百十引《新序》:"昌邑王征爲天子,到營陽,置積竹刺杖二枚。"

王力先生認爲"在起初的時候,'枚'字似乎祇指無生之物。……後代一般仍指無生之物"。③ 但從以上四個用例看,兩例稱量一般事物"珠"、"木器",一例稱量的是較爲特殊的事物"血",一例稱量的則是"有生"之物"神龜"。可見"枚"在用作量詞之初,其用法已經迅速泛化,不僅可以指"無生"之物,而且可以指"有生"之物,而指"有生"之物的用例兩漢簡帛文獻就更常見了。

  在相同時代的出土兩漢簡帛文獻中,"枚"用作量詞却已經很常見。例如寫成於西漢文帝至景帝時期的《鳳凰山167號墓漢簡》,量詞"枚"已經很常見,凡三十七例,如:

---

  ① 對於量詞使用頻率的統計,《史記》、《春秋繁露》、《淮南子》、《説苑》、《新書》、《新序》、《鹽鐵論》、《論衡》、《東觀漢紀》、《韓詩外傳》均據劉殿爵、陳方正主編的《香港中文大學中國文化研究所先秦兩漢古籍逐字索引叢刊》,同時參考了四部叢刊(電子版);《法言》、《新語》、《漢書》等據四部叢刊(電子版)。

  ② 《史記》中有一處引《韓詩外傳》此例,因兩例相同,故我們統計時僅視之爲一例。

  ③ 王力《漢語語法史》,北京:商務印書館,1989年版,頁27。

（14）18：“柯（椢）二枚。”

（15）又，19：“醬梧卅枚。”

（16）又，20：“盂四枚。”

（17）又，21：“炙卑（椑）四枚。”

（18）又，24：“小脯檢（盒）一枚。”

（19）又，26：“三斗壺二枚。”

（20）又，28：“墨梧廿枚。”

（21）又，29：“小杞（柀）一枚。”

（22）又，32：“大柙（楬）一枚。”

（23）又，39：“一石缶二枚。”

（24）又，40：“漿罌二枚。”

（25）又，41：“甕一枚。”

（26）又，42：“困一枚。”

（27）又，43：“益二枚。”

（28）又，44：“酒罌二枚。”

（29）又，45：“釜一枚。”

（30）又，46：“甗一枚。”

而早在寫成於西漢文帝至武帝間的《鳳凰山 8 號墓漢簡》中也已經可以看到量詞“枚”稱量有生之物的用例：

（31）《鳳凰山 8 號墓漢簡》158：“魚五枚。”

（32）《鳳凰山 167 號墓漢簡》66：“固魚一枚。”

成書時代稍後的簡帛文獻中則更常見，其適用範圍也更廣泛。寫成於西漢中後期至東漢中後期間的《居延漢簡》（含新簡）總計使用頻率達到一百七十九例，《敦煌漢簡》中有十五例，《金關漢簡〔壹〕》中有十五例，《武威醫簡》中有十一例，他如《馬王堆漢簡》、《尹灣漢簡》、《張家山漢簡》、《額濟納漢簡》等簡帛文獻中均很常見，可以自由應用於無生、有生之物，無生之物包括各種器皿、席子、皮革、木製品、錢

幣、兵器、衣物、封簽、繩索等等,例如:

（33）《港大漢簡》224:"□□大四韋,長丈八尺,二枚。杠材大四韋,長二丈二尺,三枚。前後柱大四韋,長丈五尺,六枚。棟前後楣大三韋五寸,長二丈六尺,六枚。㮡材大韋五寸,長丈七尺,卅二枚。□材大四韋,長五尺,九枚。□材得二尺,長四尺,廣五寸,九枚。凡六十七枚。"

（34）《馬王堆3號墓漢簡·遣策》253:"䰍（漆）畫華圩（盂）廿枚。"

（35）又,255:"䰍（漆）畫大般（盤）,徑三尺一寸,一枚。"

（36）《東牌樓漢簡·行㫚等器物賬》111:"□□百枚,□□十枚。□□廿枚,□□一薄。行【㫚】五十枚。"

（37）《武威醫簡》80甲:"棗卅枚,半夏十枚。"

（38）又,88甲:"付子卅枚。"

（39）《蕭家草場漢簡》17:"沐器一枚。"

（40）又,31:"器巾小大六枚。"

（41）《額濟納漢簡》99ES17SH1:12:"☑用柃柱五百一十枚。"

（42）《居延漢簡》194:"尉史李崇:十月禄大黄布十三枚。十二月辛未自取。"

（43）《居延新簡》EPF22:11-12:"羊韋一枚,爲橐,直（值）三千;大笥一合,直（值）千;一石去盧一,直（值）六百;犆索二枚,直（值）千。"

（44）《居補簡》L55:"二福（幅）巾三枚。"

（45）《金關漢簡》73EJT1:148:"矢廿四枚。"

（46）又,73EJT4:47A:"炊帚三百枚。"

（47）又,73EJT7:19:"出錢卌四,買車鉤一具、鍵卅枚。"

（48）又,73EJT10:104:"劍一枚。"

有生之物既包括樹木等植物，也包括狗、雞、魚等動物，例如：

    （49）《敦煌漢簡》1168：“不移轉牛凡三百廿九枚，見二百枚不付。”

    （50）又，1432：“☒☒遺宜持魚一枚，☒”

    （51）《居延漢簡》274.26A：“出魚卅枚，直百☒”

    （52）又，5.12：“入狗一枚。”

    （53）又，89.13B：“狗三枚，大小。”

    （54）《居延新簡》EPT2：31：“☒雞一枚。”

    （55）《金關漢簡》73EJT24：96：“☒部，輸小畜雞十枚，雞子廿☒☒”

因此，我們贊同劉世儒先生的觀點，“枚”由名詞“樹榦”義引申爲計數的工具。[①]（僞古文）《尚書·大禹謨》：“枚卜功臣，惟吉之從。”唐孔穎達疏：“今人數物云一枚兩枚，則枚是籌之名也。”再由此義引申爲量詞。由於“枚”作爲算籌之用，是計數的輔助工具而不區分具體事物，所以具備了發展爲泛指量詞的語義基礎。

兩漢時期，量詞發展仍不成熟，很多事物還沒有專用量詞來表示，但隨着漢語雙音化的發展，雙音節音步逐漸在人們心目中奠定了標準音步的地位，量詞的使用逐漸變得必不可少起來，這就要求有量詞同數詞配合來湊足音步，使音節結構更加和諧。要在量詞發展還很滯後的情況下，迅速解決這一矛盾可以有兩種方式：一是仍然採用拷貝的方式，對每一個名詞進行拷貝，但如李宇明所論拷貝型量詞有很大的局限性，一方面一個名詞使用一種量詞，很不經濟；另一方面，大量的同形同音現象不僅模糊了名、量兩類詞的界限，也不合一般的語言聽感。[②] 另一種解決的方式就是採用泛指量詞來湊足音步，而

---

    ① 劉世儒《魏晉南北朝量詞研究》，北京：中華書局，1965 年版，頁 76。

    ② 李宇明《拷貝型量詞及其在漢藏語系量詞發展中的地位》，載《中國語文》，2000 年 1 期。

"枚"由於其特殊的語義基礎,迅速填補了這一空白,從而解決了雙音化趨勢與個體量詞缺乏之間的矛盾。①

漢代以後,作爲泛指量詞的"枚"在魏晉六朝使用更爲廣泛,傳世文獻中的情況,劉世儒先生進行了詳盡論述,兹不贅述。② 出土魏晉六朝簡帛文獻中,量詞"枚"的使用也很典型,例如《南昌吳簡》的"遣策"木牘:

(56)1043 正一欄:"故練褖一枚;故絹褖一枚;故絹褖一枚;故練褖一枚;故練褖一枚;故練複裙一枚;故絹複襦一枚;故練兩襠一枚;故練單襦一枚。"

(57)又,正二欄:"故絹單襦一枚;故半襝複縛一枚;故半襝複縛一枚;故練複縛一枚;故練複縛一枚;故練小縛一枚;故練複褖二枚;故練複綺一枚;故複裳二枚;故複襦一枚;故早丘單一枚;故襝丘單一枚。"

(58)又,正三欄:"故絹綬六兩枚;故神屬一枚;故早緯一枚;故絹綬縛兩枚;故帛越褲一枚;故緒布褲二枚;故麻疎單衣一枚;故麻疎褲一枚;故麻布單綺一枚;故麻布丘單一枚;故緒布丘單一枚。"

(59)又,正四欄:"故緒布單綺一枚;故襝綊一枚;故練綊一枚;故青布綊囊一枚;故青緣一枚;故帛布二緭二枚;故帛布手巾三枚;故帛布□四兩;故帛繻不□一量;故絮巾二枚;故厨巾五枚。"

(60)又,正五欄:"故粉囊兩枚;竟一枚;聶一枚;橐二枚;香囊一枚;繡發囊二枚;青發囊兩枚;故青緅頭八枚;故縛頭五枚;故帛繫□頭兩枚。"

---

① 關於漢語量詞的發展與漢語詞彙雙音化的關係,本書下文第七章《從簡帛文獻及其他民族語言看漢語量詞系統的建立及其動因》將專論。

② 劉世儒《魏晉南北朝量詞研究》,北京:中華書局,1965 年版,頁 76—85。

（61）又，背一欄："指函一枚；襘二枚；大刀一枚；熏繒四束；金銀二囊；翁一枚；書刀一枚；研一枚；筆三枚。"

（62）又，背二欄："書□一枚；□□一枚；□□刷一枚；帥一枚；□具一枚；官紙百枚；漆□一枚；漆碗一枚；枕一枚；□衣一枚；□中糸一枚。"

（63）又，背三欄："金叉一枚；金□子一枚；官中笙一枚；金稱三枚；絹二□一枚。大凡百一十枚皆高榮許。"

該簡所計量的事物幾乎全部用泛指量詞"枚"來稱量，"枚"在當時的適用之廣泛由此也可見一斑，祇是不能稱量人類而已。走馬樓吳簡也很常見，例如：

（64）竹簡〔肆〕5575："右出松子十一斛七斗六升，羊皮卌枚，麻一千斤。"

（65）竹簡〔柒〕1625："水牛皮二枚。"

魏晉六朝以後量詞"枚"進一步泛化，似乎可以稱量人類，如《述異記》卷下："雨中有小兒八九枚墮於廳前。"但劉世儒先生指出："這是飛人。這樣用'枚'，也就是把'小兒'當作一種物來看待的。""一般的'人'它總還不能適用，可見在這裏它其實還是有限制的。"[1]總之，從漢語量詞發展史上來看，泛指量詞"枚"雖然可以幾乎稱量所有事物，但始終不能用作"人"的量詞。

2. 个(介、箇)

《集韻·箇韻》："箇，或作个，通作個。"魏晉以後，"个"、"個"、"箇"是同一詞的不同寫法，但其語源本不相同。王力先生在《漢語語法史》中並未分別處理，[2]洪誠先生則認爲不同字形當分別處理，我們通過對簡帛文獻中用字的具體考察，贊同洪誠先生的觀點，當分別

---

① 劉世儒《魏晉南北朝量詞研究》，北京：中華書局，1965年版，頁82。
② 王力《漢語語法史》，北京：商務印書館，1989年版，頁28。

探討爲好。①

"个",王引之《經義述聞·通說》云:"'介'字隸書作'亇',省丿則爲'个'矣。介,音古拜反,又音古賀反,猶大之音唐佐反,奈之音奴簡反,皆轉音也。後人於古拜反者則作'介',於古賀反者則作'个',而不知'个'即'介'字隸書之省,非兩字也。"又云:"矢一枚曰一介。《大射儀》:'搢三挾一个',鄭注曰:'个猶枚也。'其爲'介'字無疑。《荀子·議兵》:'負服矢五十个',亦'介'字也。"從簡帛文獻用例看,王引之說確實精確不可易。

"介"在上古早期可以處在量詞的語法位置上,除上述王氏所言例外,再如《尚書·秦誓》:"如有一介臣。"陸德明《釋文》:"介,字又作个,音工佐反。"《左傳·襄公八年》:"君有楚命,亦不使一介行李告於寡君,而即安於楚。"陸德明《釋文》:"介,古賀反。"杜預注:"一介,獨使也。"以上的"介"均處在量詞的語法位置上。

"介"爲什麼會作量詞呢?介,又是"芥"的本字,朱駿聲《說文通訓定聲·泰部》:"介,今俗以'芥'爲之。"《左傳·昭公二十五年》:"季氏介其雞。"杜預注:"搗芥子播其羽也。"陸德明《釋文》:"介,又作芥。"介(芥),可喻指微小、微小的事物。玄應《一切經音義》卷十五引劉瓛曰:"介,微也。"《易·繫辭上》:"憂悔吝者存乎介。"韓康伯注:"介,纖介也。"《孟子·萬章上》:"非其義也,非其道也,一介不以與人,一介不以取諸人。"趙岐注:"一介草不以與人,亦不以取於人也。"焦循正義:"趙氏讀介爲芥,故以草釋之也。""介"的量詞義即稱量單個較小的物體,正是從這一意義引申發展而來的。

再從"介"的古文字形體上來看,《說文·八部》作𠕅,《介鐘磬》作

---

① 本條論述參考了洪誠《略論量詞"个"的語源及其在唐以前的發展情況》,原載《南京大學學報》,1963年2期;亦見《洪誠文集》,南京:江蘇古籍出版社,2000年版,頁139—149。

，《詛楚文》作【字】，《楚帛書》作【字】，《馬王堆帛書·老子甲本》91 作【字】、
《老子乙本》188 作【字】，《戰國縱橫家書》142 作【字】、167 作【字】，《武威漢
簡·儀禮·有司》62 作【字】、《泰射》72 作【字】、《泰射》60 作【字】，殘
碑《石經儀禮》作【字】。《武威漢簡·儀禮》中寫作"介"的量詞，在所對
應的今本《儀禮》中均寫作"個"，凡十六例，例如：①

（1）《甲本有司》62 背："乃挩乾魚、臘胆，枏【舍】三介。"

（2）《甲本泰射》44—45："司射入於次，箭三挾一介。"

（3）又，46："述適堂西，改取一介，挾之。"

（4）又，59："上射揖，進，坐衡弓，卻手自弓下取一介，兼諸
【符】，興；順羽，【且】左瓛，【每】周，反面揖，下射進，坐橫弓，復
手自弓上取一介，兼諸符，興；順羽，且左瓛，每週，反面揖。"

（5）又，60："適楅南，皆左瓛，北面箭三挾一介。"

（6）又，61—62："司射猶挾一介，去符，與司馬交於階前，適
作階下，北面請澤獲於公；公許。"

（7）又，64—65："澤獲者坐取中之八箟，改實八箟，興，執
而玘。乃射。若中，則澤【獲敏】一介，澤一箟，上射於右，下射
於左。"

（8）又，72："諸公卿取弓矢於次中，但決述，執弓，晉三挾一
介，出；西面揖，揖如三偶，升射；卒射，降如三偶；適次，澤弓，捝
決拾，襲，反位。"

（9）又，89："司射適西堂，但決【述】，述取弓，挾一介；適西
階，襲符以反位。"

（10）又，92："偶揖，進坐，兼取乘矢，興；順羽，且左瓛，【每】
周，反面揖。大夫進坐，亦兼取乘矢，如其偶；北面，箭三挾一介，
揖，【退】。"

---

① 以下各例今本，可見《十三經注疏》，中華書局影印阮元刻本，1980 年版。

(11)又,93:"司射猶挾一介以作射,如初。"

(12)又,98:"司射猶但決述,左執弓,右執一介,兼諸弦,面鏃;適次,命【柫】取矢,如初。"

以上無論是從古文字字形上看還是從文獻用例上看,都説明王引之"'个'即'介'字隸書之省,非兩字"之説是完全正確的。①

量詞"介"是什麽時候寫作"个"的,現在還没有確切的説法,不過,據我們的掌握的材料來看,《吐魯番出土文書》中已正式寫作了"个",凡二十七見,除去少數因殘損文意不明而不能確定意義外,均爲量詞,且也未見"介"。如(以下將文例中的"個"的原字形隨附於文例後):

(13)《阿斯塔那二三號墓文書·高昌延和四年某甲隨葬衣物疏》:"叚(段)綾絹一千叚(段),雜色系綿一千斤,今(金)銀錢一萬个,箭(剪)刀尺一具。"

(14)又,《三〇七號墓文書·高昌竺佛圖等傳供食帳》:"蘇利結个婦,中四人,下二人,盡十五日,合用麵七斛二斗,床米一四斗四升。"

(15)又,《153號墓文書·高昌某人舉錢殘券》:"經五个月還。"

出處	高昌延和四年某甲隨葬衣物疏	高昌竺佛圖等傳供食帳	高昌某人舉錢殘券
字形	个	介	个

簡,《説文·竹部》:"簡,竹枚也,从竹,固聲。"本義是"竹簳",由

此引申表示稱量"竹子"的量詞,並迅速泛化可以稱量其他事物。先秦時代,其用例並不多見,但其使用却已經不限於"竹子",例如《禮記·少儀》:"其禮,大牢則以牛左肩臂臑折九箇,少牢則以羊左肩七箇,犆豕則以豕左肩五箇。"但先秦簡帛中未見用例,漢代及其以後簡帛文獻可能由於文獻内容等原因,用例均不多,《張家山漢簡》中有二例:

　　(13)《算數書》71:"八寸竹一箇,爲尺五寸簡三百六十六。"
　　(14)又,129:"一日伐竹六十箇。"
以上二例仍用來稱量"竹"。

　　量"竹"用"箇",量其他事物用"个",二者的界限在簡帛文獻中比較清晰,但由於用例尚少,還有待進一步研究。而"個"在目前公佈的簡帛文獻中仍未見用例。①

第二組　乘₁、駟₁、兩₁、艘

　　"乘"和"兩(輛)"都是稱量"車"的個體單位量詞,從簡帛文獻中的用例來看,先秦時代"乘"佔絶對優勢,"兩(輛)"僅僅零星可見;漢代"兩(輛)"獲得了初步發展,用例稍多,但"乘"仍牢牢佔據着主導地位。魏晉以後,"兩(輛)"逐漸替代了"乘",到現代漢語中則祇用"輛"而不用"乘"。"兩(輛)"同"乘"這一詞彙更替的原因可能是因爲"乘"本有"一車四馬"之義,雖然在發展中逐漸泛化,其稱量主體成爲"車"而不論"馬"的數量,但其名詞語義仍較强地滯留在其量詞用法之中,而這一語義限制了其進一步虚化,最終被虚化程度更高的"兩(輛)"所取代。艘,是用來稱量"船"的專用個體單位量詞。車、船同屬交通

---

　　①　關於上述兩個泛指量詞"枚"和"個"的興替及其發展,請詳參附録二《泛指性量詞"枚/個"的興替及其動因》。

工具範疇,因此匯列於此,作爲一組。

3. 乘₁(輬、紛)

"乘",表示車的個體單位量詞,相當於現代漢語中的個體單位量詞"輛"。"乘"字,甲骨文作 (乙 745),《説文》:"乘,覆也。"李孝定《甲骨文字集釋》:"乘之本義爲升爲登,引申之爲加其上。許訓覆也,與加其上同意,字象人登木之形。"《釋名·釋姿容》亦云:"乘,升也,登亦如之也。"後來由本義"登木"引申爲登車、駕車,再由這一動作引申爲所乘的對象——車、馬,轉爲名詞,上古一輛車多駕四匹馬,故一般以一車四馬爲"乘",並成爲稱量車輛的個體單位量詞。[①] 在長期的使用過程中,這一用法逐漸泛化,對駕車的馬的數量要求不再嚴格,後來則甚至可以不再包括駕車的馬,祇是稱量"車"。

從傳世文獻看,"乘"作爲量詞出現很早,如《左傳·成公十八年》:"晉樂書、中行偃使程滑弑屬公,葬之於翼東門之外,以車一乘。"從出土簡帛文獻看,楚簡常見,凡五十三例;秦簡僅一例,如:

(1)《望山楚簡·遣策》13:"女乘一輬(乘)。"

(2)又,15:"畋車一輬(乘)。"

(3)《五里牌楚簡》15:"□車一紛(乘)。"

(4)《包山楚簡》牘 1:"一紛(乘)正車。"

(5)《上博簡·容成氏》51—52:"武王乃出革車五百輬(乘),帶甲三千,以少(小)會者(諸)侯之市(師)於牧之埜(野)。"

(6)《新蔡楚簡》甲三 79:"□白,一乘絑迲(路),驪犧馬,一□"

(7)又,甲三 237—1:"羃禱一乘大迲(路),黄鞂,一紛玉夏□□"

---

① 可參:王雲路《王念孫"乘"字説淺論》,載《杭州大學學報》,1988 年 1 期,亦收入《詞彙訓詁論稿》,北京:北京語言文化大學出版社,2002 年版。

(8)《睡虎地秦簡·秦律雜抄》25:"射虎車二乘爲曹。"

值得注意的是,楚簡中"乘"字多作:

　　肇　　望山 15

隸定爲"轈",無一例徑作"乘"者,與傳世文獻恰恰相反。楚簡中,"轈"是車乘之乘的專字,《集韻·蒸韻》:"車一乘也。"祇有包山楚簡牘 1 及牘 1 反中各有一例作:

　　　　牞

整理者隸定爲"牞",以爲當爲"轈"字的省體,從文意來看釋作"乘"則文從字順,從其在簡文中的語法位置來看亦可從。①

傳統訓釋中,往往把先秦兩漢傳世文獻中的"乘"皆定義爲"一車四馬",如《莊子·列禦寇》:"王悅之,益車百乘。"成玄英注:"乘,駟馬也。"後世辭書也多如此訓釋,如《大字典》:"一車四馬的總稱。"許偉建《上古漢語詞典》:"四匹馬拉的車。"②王力先生《王力古漢語字典》③也如此訓釋。但是,在先秦兩漢文獻中,量詞"乘"是否一直僅指"一車四馬"呢?傳世文獻中,"乘"用作量詞的時候,對其中馬的數量並沒有記載,因此"一車四馬"的解釋便一直沿用下來。楚簡"遣策"的出土,爲這一問題的解決提供了條件。所謂遣策,簡言之是從墓葬中出土的記錄隨葬品的清單,包括隨葬品品名、數量、材質、饋贈人員等。因此在"遣策"類文獻中,量詞"乘"出現時,其後對於駕車的馬的數量往往有明確記錄。

從戰國楚簡"遣策"類文獻的記載來看,"乘"作量詞當有二義:一

---

① 李家浩先生《包山楚簡的旌旐及其他》一文認爲:"'一牞正車'之'牞'與'一乘正車'之'乘'所處的語法位置相同,其義也應當相同。如果'牞'不是'乘'的異體,而是一個從'分'得聲的字,那麼它可能是我們目前還不知道的某個字的異體。當然,也有可能是一個已經失傳了的楚國方言字。"載《著名中年語言學家自選集·李家浩卷》,合肥:安徽教育出版社 2002 年版,頁 265—266。

② 許偉建《上古漢語詞典》,長春:吉林文史出版社,1998 年版。

③ 王力《王力古漢語字典》,北京:中華書局,2002 年版。

是指車一輛,不包括駕車的馬,如《望山楚簡・遣策》13:"女乘一乘。"《包山楚簡・遣策》275:"一乘羊車。"以上簡文中車的附加物和裝載物都有詳細的記錄,其中皆無馬。二是指車及駕車的馬,但駕車的馬的數量是不確定的,《曾侯乙墓簡》所記載的車乘後往往標明了馬的數量,可能是"兩匹",如簡188:"一乘路車,麗兩騮。"可能是"三匹",如簡187:"一乘路車,三匹騮。"也可能是"四匹",如簡190:"三乘路車,其一乘駟,其二乘皆麗。"而簡187至簡192的小結簡195中的"路車九乘"則包括了以上三種。此外,曾侯乙墓簡中還記載有六馬並駕之車,據文例來看,自然也可以如此稱量,但因簡文殘缺,未見用例。由此可見,早在戰國早期,量詞"乘"的使用已經泛化,不僅指"一車四馬",可以泛指所有的"車"了。從兩漢簡帛"遣策"來看,"乘"作爲車的單位量詞時,一般僅僅指車而不包括駕車的馬或牛,如1975年出土的《鳳凰山167號墓竹簡》1:"軺車一乘。"又,2:"騮牡馬二匹,齒六歲。"墓中出土軺車一輛,上套二馬,簡2所記之馬顯然是駕軺車之馬。[①] 因此,在古籍訓釋中,應當具體問題具體分析,儘量避免以偏概全。

"乘"作爲量詞,秦漢以後仍很常見,兩漢簡帛中亦隨處可見,例如:

(9)《尹灣漢簡》M6D6反第2欄:"乘輿兵車廿四乘。"

(10)《張家山漢簡・遣策》18:"軺車一乘,馬一☐"

(11)《馬王堆3號墓漢簡・遣策》60:"安車一乘,駕六馬。"

(12)《居延漢簡》36.6:"軺車一乘,馬二匹。"

(13)又,212.67:"傳馬十二匹,傳車二乘。"

(14)《孔家坡漢簡・告地書》:"二年正月壬子朔甲辰,都鄉

---

① 王貴元《漢代簡牘遣策的物量表示法和量詞》,載張顯成主編《簡帛語言文字研究》第一輯,成都:巴蜀書社,2002年版,頁144。

燕佐戎敢言之：庫嗇夫辟與奴宜馬、取、宜之、益衆，婢益夫、末衆，車一乘，馬三匹。"

（15）《鳳凰山 8 號墓漢簡》36："輧車一乘，蓋一，繡坐巾一。"

值得注意的是，先秦時代的簡帛文獻中"乘"雖然已經突破了"一車四馬"的兵車的限制，但仍祇能稱量"馬車"，而西漢早期的簡帛文獻中已經出現了稱量"牛車"的用例，如：

（16）《鳳凰山 8 號墓漢簡》85："牛車一乘，載□□三束。"

但這一用法仍不常見，這一時代"牛車"一般用"兩（輛）"來稱量；當然，這也可能是一種例外，即記錄者在量詞使用時的誤用或者臨時借用。

4. 駟₁

《説文·馬部》："駟，一乘也。"段玉裁注："四馬爲一乘。"其本義是"駕一車的四匹馬"，引申爲集體單位量詞表示"四馬"。但由於上古車輛一般往往是"四馬"所駕，因此也可以用作"車"的個體單位量詞，相當於古代漢語中的量詞"乘"或現代漢語中的量詞"輛"。無論傳世文獻還是出土文獻，這種用法均不常見，例如：

（1）《銀雀山漢簡·孫子兵法》9 正："凡用兵之法，馳車千駟，【革車千】乘，帶甲【十萬，千】里而饋糧。"

"駟"和"乘"同爲稱量"車"的個體單位量詞，"乘"的使用頻率遠遠高於"駟"，而且很快取代了"駟"。

5. 兩₁（輛）

"兩"用作量詞，西周金文已經出現用例，如《小盂鼎》："孚車十兩。"《尚書·牧誓序》："武王戎車三百兩。"孔穎達疏："數車之法，一車謂之一兩。"

朱芳圃《殷周文字釋叢》："《廣雅·釋詁》：'兩，二也。'此本義也。"徐灝《説文解字注箋》："凡雙行者皆曰兩，故車兩輪，帛兩端，履兩枚皆以兩稱。"如徐氏所言，"兩"用作車的量詞正是由"二"義發展而來。① 由於文字的孳乳,後世遂加"車"作"輛"。

劉世儒先生認爲:"但'車'稱'兩'在上古畢竟還不多見;到了漢代纔逐漸有所發展。……這種用法一直延續到南北朝也還是如此。"②從簡帛文獻看,先秦簡帛中車多用量詞"乘"稱量,楚簡凡五十三例;秦簡僅一例;而用"兩"者很罕見,楚簡二例;秦簡三例;字均作"兩",例如:

　　(1)《上博簡·孔子詩論》13:"驅橾出以百兩(輛),不亦有㝵虖(乎)?"

《詩經·國風·召南·鵲巢》云:"之子于歸,百兩御之。"毛傳云:"百兩,百乘也。諸侯之子嫁於諸侯,送御皆百乘。""出以百兩",是門當户對之意。

　　(2)又,14:"兩(輛)矣,丌(其)四章則俞(愉)矣。"

按整理者説,乃《詩經》"百兩矣"的殘文。

　　(3)《睡虎地秦簡·秦律十八種·金布律》72:"十人,車牛一兩(輛),見牛者一人。"

　　(4)又,73:"十五人,車牛一兩(輛),見牛者一人。"

　　(5)又,《司空》130:"一脂、功閒大車一兩(輛),③用膠一兩、脂二錘。"

按,《論語·爲政》:"大車無輗,小車無軏,其何以行之哉?"何晏集解引包咸曰:"大車,牛車……小車,駟馬車。"

從先秦簡帛文獻看,量詞"兩"既可以稱量馬車,也可以稱量牛車,如例(3)、例(4)、例(5);其適用範圍要比量詞"乘"更廣泛。

---

① 關於"兩"作爲量詞的來源,劉世儒先生在《魏晉南北朝量詞研究》中分個體量詞、集體量詞、制度量詞分别作了詳細介紹,兹不贅述;以下關於量詞"兩"的分化字"輛"產生時代問題的論述亦參考了劉氏的觀點,北京:中華書局,1965年版,頁182—183。

② 劉世儒《魏晉南北朝量詞研究》,北京:中華書局,1965年版,頁182。

③ 該字整理者隸定爲"輛",從圖版看,當隸定爲"兩",今據圖版改。

漢簡中，量詞"兩"得到了一定發展，雖然適用頻率仍遠遠不如"乘"，但也已經比較常見，例如：

（6）《居延漢簡》11.4："☑里賈陵，年卅，長七尺三寸，黑色。牛車一兩。"

（7）又，16.2："入粟大石二十五石。車一兩，輸甲溝候官。"

（8）《居延新簡》EPT53.188："新卒假牛車十五兩，皆毋☑"

（9）又，EPT22.341："牛大小八頭，大車一兩，皆與大卿、令爲子息之。又子倥前大卿奴及牛廿餘。"

（10）《居補簡》C30："校甲渠正月盡三月四時，出折傷牛車二兩。"

（11）又，37.53："癃得宜都里朱□【年】□，車牛一兩。"

（12）又，121.21："車一兩。"

（13）《額濟納漢簡》2000ES9SF3：10："車一兩。牛一頭，黃字，齒九歲。"

（14）《馬王堆三號墓漢簡·遣策》73："甾（輜）車一兩，牛車十兩。"

（15）《尹灣漢簡》M6D6 反 1 欄："沖車卅七兩。"

（16）《敦煌漢簡》526："大煎都候長王習、私從者，持牛車一兩。三月戊申，出東門。"

（17）又，527："☑妻子持牛車一兩。"

（18）又，1227："十二月庚戌，使敦煌倉長就車六兩。"

從書寫形式上來看，量詞"兩"是從什麼時代開始寫作"輛"的？這還是個有待考證的問題。漢簡中有一例，即《居延漢簡》136.26："☑□□賈不四百，車輛折軸一。"該簡字迹不太清晰，或釋作"史變賈石四百車輛折帆一"，故從釋讀的角度上看就有問題。劉世儒先生也認爲"恐有問題"，首先，《居延漢簡》（含新簡）量"車"都祇用"兩"，不用"輛"，凡五十三例，無一例外，《史記》《漢書》也是如此；其次，《說文》有"緉"無"輛",可見當時"輛"還没有分化出來,因爲二者都是"兩"的分化字,如果都已經分化,怎麼能祇收"緉"不收"輛"? 最後,在南北朝初期以至中期也祇用"兩"而不用"輛",如果已經分化,怎能發展下來又忽然中斷? 因此,我們認爲以上《居延漢簡》中的這個字別有解釋,未必就是"兩"的分化量詞。就一般的史料來看,"兩"分化作'輛'大約是在六朝時期,如《水經注》卷十六:"及碑始立,其觀視及筆寫者車乘日千餘輛,填塞街陌矣。"①

　　漢簡中"兩"和"乘"並存,説明這二者處於過渡階段。但後世專用的"輛"字還没有産生。吉仕梅提出:"筆者在考察了衆多漢代簡帛後發現,它們有一定分工,若是馬車,量詞一般用'乘';若爲牛車,量詞一般用'兩'。軺車、方相(箱)車、傳車等用馬駕,故用'乘';如轉車、運粟車等用牛拉,故用'兩'。"②綜合先秦兩漢時期簡帛用例看,量詞"乘"一般用來稱量"馬車",若稱量"牛車"則一般用量詞"兩",這可能同"兩"來源於"二"義,其遺存的本義對量詞義的限制較爲寬泛有關。特别是在同一枚簡或相鄰簡文中體現的特别明顯,例如:

　　　　(19)《鳳凰山 168 號墓漢簡·竹牘》:"軺車二乘,牛車一兩。"

　　　　(20)《金關漢簡》73EJT21:144:"取:其十三兩牛車;十五乘軺車□"

　　　　(21)又,73EJT23:55:"鯫得安世里翟蓋,年廿七:牛車一乘,用牛二頭,六月辛卯入。"

　　　　(22)又,73EJT23:56:"温共利里濂戎,年卅,字子嚴,六月

---

　　①　有學者提出:"現在傳世文獻最早出現'輛'的是《漢書》:'車數百輛'(《趙韓張兩王傳》),'車萬餘輛'(《匡張孔馬傳》),'會車數百輛'(《儒林傳》),'車數百輛'(《酷吏傳》),共四例。"杜鵑《量詞"兩"考辨》,載《北方論叢》2005 年 3 期。但我們覆核原文,皆書作"兩"。

　　②　吉仕梅《秦漢簡帛語言研究》,成都:巴蜀書社,2004 年版,頁 242。

甲午如乘方相車一兩,馬騮□□齒十六歲"

　　(23)又,73EJT23:297"□□□里公乘侯尊年廿,字君稚,六月甲午入車一兩,用牛一,齒十二歲。"

特別是《金關漢簡》73EJT21:144 中的兩個用例、73EJT23 之 55 簡與 56 簡,對比非常明晰。傳世兩漢文獻中,這種分工也是很明顯的,例如:

　　(24)《史記・貨殖列傳》:"其輜車百乘,牛車千兩。"

　　(25)《漢書・貨殖傳》:"輜車百乘,牛車千兩。"

　　(26)《漢書・酷吏傳》:"初,大司農取民牛車三萬兩爲僦。"①

但是,這一分工並不是絕對的,我們在漢簡中也可以看到例外的用例,量詞"乘"可以用來稱量"牛車",例如:

　　(27)《鳳凰山 8 號墓漢簡》85:"牛車一乘,載□□三束。"

量詞"兩"也可以用來稱量"馬車",例如:

　　(28)《金關漢簡》73EJT23:897A:"馬車一兩,用馬一匹,齒十二歲,牛車一兩,用牛二頭。"

　　但是以上類似的用例僅見於漢簡,而且用例非常罕見,可見秦漢時期量詞"乘"和"兩"有一定分工是無可置疑的,但這一分工還是有例外的,到漢代以後這種分工就逐漸消失了。

　　稱量"車"的三個量詞"乘"、"駟"、"兩(輛)"中,量詞"駟"使用較爲罕見,僅見於《孫子兵法》(簡本與傳世本同),也沒有得到繼承,這是因爲"駟"的主要功能是用來稱量"馬",而非稱量"車",後者祇是借用而已;而量詞"乘"和"輛"則一直並行使用,上古時代前者毫無疑問地佔據了絕對優勢地位,而在此後的發展中,卻是後者逐漸取代了前者,現代漢語中"車"的個體單位量詞祇用"輛"。"兩(輛)"同"乘"這

_____

① 以上三例採自吉仕梅《秦漢簡帛語言研究》,成都:巴蜀書社,2004 年版,頁 243。

一詞彙更替的原因可能是因爲"乘"本有"一車四馬"之義，雖然在發展中逐漸泛化，其稱量主體成爲"車"而不論"馬"的數量，但其名詞語義仍較强地滯留在其量詞用法之中，而這一語義限制了其進一步虛化。而"兩"來源於其數詞義"二"，本身語義限制較小，從產生一開始就既可以稱量"馬車"，也適用於"牛車"之類。因此，量詞"乘"最終被虛化程度更高的"兩（輛）"所取代是語言發展的必然。

但是從出土文獻看，直到唐末五代時期，"乘"的使用仍很頻繁，例如《吐魯番出土文書》中的用例：

> （29）《阿斯塔那 22 號墓文書·某家失火燒損財物疏》："車一乘。"

洪藝芳《敦煌吐魯番出土文書中之量詞研究》所考察敦煌、吐魯番出土文書甚至衹用量詞"乘"，而無"兩"，甚至牛車也多用量詞"乘"或"具"，而不是"兩"，並提出"敦煌吐魯番文書中'車牛'配置成套者，以'具'稱量者有六例，以'乘'稱量者有八例。前者以群體量詞來稱，與量詞發展規律相符合；後者車和牛以同一量詞來稱量，就量詞各司其職的角度而言，是不符合發展規律的。"[①]至於二者更替的具體時代，則還有待於進一步研究。

6. 艘（梭、梗）

"艘"用作稱量"船"的個體單位量詞傳世先秦文獻未見，目前所見最早用例是《里耶秦簡》，字作"梭"：

> （1）《里耶秦簡》6－4："□年四月□□朔己卯，遷陵守丞敦狐告船官□：令史觸律令沅陵，其假船二梭（艘），勿留。"

> （2）又，8－1510："五石一鈞七斤，度用船六丈以上者四梭（艘）。謁令司空遣吏、船徒取。敢言之。"

---

① 洪藝芳《敦煌吐魯番出土文書中之量詞研究》，臺北：文津出版社，2000 年版，頁312。

《字彙·木部》：“艘，同艘。”到漢簡中仍然很罕見，《鳳凰山 8 號墓漢簡》和《鳳凰山 168 號墓漢簡》中各有一例：①

（3）《鳳凰山 8 號墓漢簡》78：“船一艘（艘）。”

（4）《鳳凰山 168 號墓漢簡·竹簡》10：“凡車二乘，馬十匹，人□（卅）一，船一艘（艘）。”

“艘”作量詞傳世漢代文獻亦可見，《漢書·溝洫志》：“謁者二人發河南以東漕船五百艘（艘）。”顏師古注：“一船爲一艘。”又如漢王粲《從軍詩五首》之四：“連舫逾萬艘，帶甲千萬八。”等等。

《走馬樓吳簡》中則書作“梗”，因吳簡中“叟”多寫作“更”，因而“梗”即爲“艘”字無疑，僅一見：

（5）《走馬樓吳簡·竹簡〔壹〕》2512：“船十一梗（艘），所用前已列言。”

由於漢簡和吳簡中的用例均用於“遣策”類文獻材料中，並無足夠的上下文來推斷所稱量的“船”究竟爲何類船隻，是大船還是小船。魏晉南北朝以後，這個量詞一直沿用，劉世儒先生説：“在南北朝，對於‘船’來説，還是不拘大小都可適用的。到了現代漢語就不然。一般説，‘艘’祇能適用於大船，（如‘一艘火輪船’、‘一艘巡洋艦’等），至於小船，大都已改用‘隻’，不稱‘艘’了（如‘一隻小船’、‘一隻小汽艇’等）。”但現代漢語中小船用“艘”稱量其實亦無不可，“隻”用的更爲廣泛而已。無論如何，“這祇是範圍大小的變動，至於對象則還是‘船’。”②

第三組　口、頭、匹₁、騎

“口”最早用作“人”的個體單位量詞，後來用法逐漸泛化，可以稱

---

① 當然，量詞“艘”在簡帛文獻中用例很少應當是與簡帛文獻的性質相關的，在簡帛文獻中“船”這一名詞出現的頻率本身就很低，其對應的量詞自然也就罕見。

② 劉世儒《魏晉南北朝量詞研究》，北京：中華書局，1965 年版，頁 187。

量其他有口的動物或器物,此後詞義進一步虛化,沒有口的器物如
"刀"等,也可以適用了;"頭"用作量詞時,一般不用於人,往往用於牲
畜、魚類或昆蟲,猶匹、隻、尾等;"匹"則主要是量"馬"的,有時候也可
以量其他動物,和"頭"的適用範圍有交叉,但在後來的發展過程中逐
漸分化,明確了二者的界限;"騎"作爲量詞表示"一人一馬",但此後
也可以僅稱量"馬";這四個量詞適用範圍均有交錯,匯爲一組。

7. 口

《說文·口部》:"口,人所以言食也。象形。"後來引申作表示家
庭成員的個體單位量詞,先秦已經可以看到,但在這一時期作爲量詞
並不是太典型,往往還帶有很多名詞的意味。如《孟子·梁惠王上》:
"百畝之田,勿奪其時,八口之家,可以無飢矣。"該例劉世儒、[1]王力[2]
二先生都認爲仍是一般名詞,不是量詞。二先生均認爲漢代的用例
則另當別論,所舉用例如:

(1)《漢書·武帝紀》:"募民徙朔方十萬口。"

(2)《漢書·萬石君傳》:"關東流民二百萬口。"

從其例文來看,按照劉世儒、王力二先生的觀點,祇有"口"處於"名+
數+量"或者"數+量+名"結構中,"數詞+口"結構共同修飾或限定
名詞的時候,"口"才由名詞語法化爲量詞。其實,此類用例早在秦簡
中已經可以看到,如:

(3)《放馬灘秦簡·日書甲》22:"甲亡,盜在西方,一於中,食
者五口,疵在上得,男子矣。"

(4)又,26:"戊亡,盜在南方,食者五口,一於間,男子矣。亡
作不得,亡莫而得。"

(5)《睡虎地秦簡·日書乙》253:"甲亡,盜在西方,一字間

---

① 劉世儒《魏晉南北朝量詞研究》,北京:中華書局,1965 年版,頁 88。
② 王力《漢語語法史》,北京:商務印書館,1989 年版,頁 30。

之,食五口,其疵其上得□□□□□其女若母爲巫,其門西北出,盜三人。"

(6)又,256:"丁亡,盜女子也,室在東方,疵在尾□□□,其食者五口。"

量詞"口"起初祇能適用於"人類",其量詞的性質也還很不典型,搖擺於名詞與量詞之間。劉世儒先生認爲:"以下量'動物'或一般物類,詞義逐漸轉虛,説它是量詞纔可以居之不疑。……因爲一般動物也跟人一樣,也都是有'口'的,所以它們也就都可以用'口'量了。但南北朝習慣,'口'量動物却祇以量'羊'的居多,其它並不多見。……'人'或'動物'用'口'量,是因爲它有口;由此引申,就可以泛用於很多有'口兒'的器物了。……更進一步,就是没有口兒可説的一些器物也可以用'口'量了。'口'作爲量詞發展到這裏,就完全一般化了。"①

兩漢簡帛文獻中"口"作量詞出現頻率不高,稱量其他動物的用例更未見,稱量"人"的仍在沿用,例如:

(7)《敦煌漢簡》116:"較没妻子皆爲敦德還出妻,計八九十口,宜遣吏將護續食。"

但稱量其他有口器物的用法却已經出現了,《居延漢簡》出現十四例,均稱量同一事物"釜",例如:

(8)128.1:"承三月餘官弩二張,箭八十八枚,釜一口,礒二合。"

(9)又:"承五月餘官弩二張,箭八十八枚,釜一口,礒二合。"

(10)又:"凡弩二張,箭八十八枚,釜一口,礒二合,毋入出。"

(11)又:"故釜一口,鍉有鋼口呼長五寸。"

但是更爲虛化、用來稱量没有口兒的器物的用法却在成書於東

---

① 劉世儒《魏晉南北朝量詞研究》,北京:中華書局,1965年版,頁88—90。

漢桓帝至靈帝末期的《東牌樓漢簡》中出現了：

(12)6："☒□盜取性文書，筒二枚，錢二千，大刀一口。"

這種虛化的用法雖然僅此一例，但由於出土文獻的"真實性"，却是無可質疑的。

此後，量詞"口"稱量其他事物的用例漸多，例如：

(13)《旱灘坡晉牘》248："故黄柏器一口。"

(14)又，249："故柏器一口。"

南北朝以後，其適用範圍就大大拓寬了，可以稱量有口的動物"羊"，而且廣泛應用於没有口兒的器物，如《宋書·庾登之傳》："市令盛馥進數百口材，助營宅。"《南齊書·沈文季傳》："錢塘富人……獻鋌數十口。"①

8. 頭

《説文·頁部》："頭，首也。""頭"本義是人體的最上部分或動物的最前部分，引申爲量詞，是用部分代整體的方法，但一般不用於人，往往用於牲畜、魚類或昆蟲，猶匹、隻、尾等，如《史記·貨殖列傳》："唯橋姚已致馬千匹，牛倍之，羊萬頭。"又，《漢書·西域傳下·烏孫國》："馬牛羊驢槖駝七十餘萬頭。"王彤偉認爲："上古時期，表示'腦袋'之義時主要用'首'而不是'頭'，'頭'始見於戰國時期的《左傳》。""直到西漢太史公之《史記》中才出現'頭'的量詞用法。""東漢班固的《漢書》中，'頭'的量詞用例漸多，共十一例。""量詞'頭'的出現時代較晚，在先秦兩漢時期的使用頻率也較低。"②

其實，量詞"頭"漢簡中已常見，僅《居延漢簡》(含新簡)就有五十二例之多，例如：

(1)《居延新簡》EPF22.4—6："即出牛一頭，黄，特，齒八歲，

① 此二例採自劉世儒《魏晉南北朝量詞研究》，北京：中華書局，1965年版，頁90。

② 王彤偉《量詞"頭"的源流淺探》，載《語言科學》，2005年3期。

平賈直六十石。與交穀十五石，爲七十五石。育出牛一頭，黑，特，齒五歲，平賈直六十石，與交穀卅石，凡爲穀百石。皆予粟君，以當載魚就（僦）直。時粟君皆恩爲就（僦），載魚五千頭到觻得，賈（價）直（值）牛一頭，穀廿七石，約爲粟君賣魚沽出行錢卅萬。"

（2）又，EPT20.15："博詣官封符，持魚廿頭遣黨。"

（3）又，EPT65.33："並負掾魚卅頭，直穀三斗。"

（4）《居延漢簡》41.11A："☐十頭，犢廿，凡六百五十頭。"

（5）又，220.9："☐餘五千頭。宮得魚千頭在吳夫子舍。☐☐復之海上，不能備☐"

（6）《額濟納漢簡》2000ES9SF3：10："車一兩，牛一頭，黃字，齒九歲。"

（7）又，2000ES9SF3：4B："（胡虜）入肩水塞，略得焦鳳牛十餘頭，羌女子一人。"

（8）《居補簡》121.21："牛二頭。"

（9）《敦煌漢簡》849："叩頭謝膳卿買鷹一頭。"

（10）又，962："羊二千餘頭，馬數十匹。"

（11）又，294："馬一匹，八☐，橐佗一頭。"（橐佗，即駱駝。）

（12）《金關漢簡》73EJT23：888："取魚六十頭，子儀取十頭，凡七☐"

（13）又，73EJT23：888："☐☐子孝前見未久，不去中舍，取魚六十頭，子儀取十頭，凡七☐"

值得注意的是，有些簡帛文獻（如《居延漢簡》）中牛、羊多用"頭"，橐佗（即駱駝）也多用"頭"，而馬則一般用量詞"匹"，界限比較明確。此外，漢簡中魚皆用"頭"，說明"頭"用法已經開始泛化。漢簡中的"頭"還可以稱量動物以外的其他事物，如：

（14）《懸泉漢簡》Ⅰ0110①：53："伏兔兩頭，柅兩頭。"

伏兔,車上的部件,以勾連車箱底板和車軸,因形似蹲伏之兔,故名。梐,塞在車輪下的制動木塊,《集韻·旨韻》:"梐,制車輪木。"

伏兔形似蹲伏之"兔",故可以用"頭"來稱量,但稱量"梐"則説明"頭"的用法更泛化。到了南北朝時期,"頭"幾乎可用來計量所有的禽、畜,甚至奴隸、盜賊等,如《高僧傳·興福篇》:"借健人百頭。"但稱量非生物的用例依然罕見。在走馬樓三國吴簡中,量詞"頭"仍很常見,其稱量的對象主要是"牛",例如:

(15)《竹簡〔肆〕》1412:"嘉禾二年五月十日,黄犉犢牛一頭,齒二歲,八月日,左角長二寸一分,本蔡可牛,可物故,差民謝□養。"

(16)1427:"黄牯牛一頭,齒三歲,九月日,左角長八寸,變烏色。"

(17)4693:"四萬五千准入牛一頭於庫。"

(18)1435:"臨湘謹列官領(?)牛頭數齒色養者數簿。"

9. 匹₁

"匹"用作量詞出現很早,《尚書·文侯之命》:"用賚爾秬鬯一卣,彤弓一,彤矢百,盧弓一,盧矢百,馬四匹。"雖然主要是量"馬"的,但它的適用範圍其實也很寬泛,除了馬以外的其他動物往往也可以用來稱量,如《左傳·襄公二年》:"萊人使正輿子賂夙沙衛以索馬牛皆百匹。"劉世儒先生認爲雖然是"一量對多名"的格式,但也不宜説爲例外,因爲在這樣的時代,"匹"量"牛"不一定就是不合規範的。但也以獸類爲限,一般不會用來稱量禽類。[1]

從出土簡帛文獻看,先秦簡帛文獻中,楚簡凡九例,均見於曾侯乙墓簡;秦簡四例,都是量"馬"的:

(1)《曾侯乙墓簡》129－130:"晶(參)騧(匹)漆甲,黄紡之

---

① 劉世儒《魏晉南北朝量詞研究》,北京:中華書局,1965年版,頁184。

縢;鵉=(匹馬)索(素)甲,紫市之縢。"

（2）又,131:"三鵉(匹)畫甲,玄市之縢;鵉=(匹馬)"

（3）又,141:"☑□所造卅鵉(匹)之甲。大凡八十馬甲又六馬之甲。"

（4）又,210:"七大夫所幣大宰鵉=(匹馬),大尹兩馬,宫厩尹一馬,少師兩馬。"

（5）又,179:"都牧之晶(叁)匹駒駷,戎路。"

（6）又,187:"王帛一乘路車,三匹駷。"

（7）又,189:"王帛一乘路車,麗□□匹駷。"

（8）《睡虎地秦簡・秦律雜抄》27—28:"課馹騠,卒歲六匹以下到一匹,貲一盾。"

（9）又,《法律答問》158:"甲小未盈六尺,有馬一匹自牧之,今馬爲人敗,食人稼一石,問當論不當? 不當論及賞(償)稼。"

（10）又,《封診式》21:"及馬一匹。"

兩漢時期簡帛文獻中"匹"仍是以量"馬"爲主的,例如:

（11）《居延漢簡》290.12:"出茭食馬三匹,給尉卿募卒吏四月十六日食。吏一人、馬一匹,卒一人、馬一匹。"

（12）又,303.2:"出麥廿七石五斗二升,以食斥候驛馬二匹,五月盡八月。"

（13）《金關漢簡》73EJT5:80:"馬一匹。"

（14）《港大漢簡・奴婢稟食粟出入簿》198:"□牝三百六十七。征什五匹,八分去二,匹七分。去駒二百五十二除劣馬卅十匹,定息二百一十五。"

（15）《居補簡》N120A:"馬一匹,驃牡,齒六歲,高五尺八寸。"

（16）《馬王堆 3 號墓漢簡・遣策》69:"胡騎二匹,匹一人。"

(17) 又,73:"馬五十匹,附馬二匹,騎九十八匹。"

(18)《張家山漢簡·算數書》52:"傳馬日二〈三〉匹共芻稾二石,令芻三而稾二。今馬一匹前到,問予芻稾各幾何?"

(19) 又,《二年律令》513:"相國、御史請郎騎家在關外,騎馬節(即)死,得買馬關中人一匹以補。"

(20) 又,425:"□□馬日匹二斗粟、一斗叔(?)。傳馬、使馬、都厩馬日匹叔(?)一斗半斗。"

馬日匹,即日匹馬,亦即每日每匹馬。

(21) 又,《奏讞書》58:"蜀守讞(讞):大夫犬乘私馬一匹,毋傳。"

(22)《孔家坡漢簡·告地書》:"二年正月壬子朔甲辰,都鄉燕佐戍敢言之:庫嗇夫辟與奴宜馬、取、宜之、益衆,婢益夫、末衆,車一乘,馬三匹。"

量詞"匹"稱量其他動物的比較少見,主要是牛、駱駝、驢等大型動物,例如:

(23)《鳳凰山 8 號墓漢簡》86:"牛一匹,名黑。"

(24)《居延漢簡》285.11:"出莢三石,四月庚辰,候長霸以食橐他六匹,行塞至,稟宿,匹二鈞。"

(25)《敦煌漢簡》1923:"長從者陳君房持□橐佗一匹。"

(26) 又,849:"驛騎驢一匹。"

(27) 又,981:"官屬數十人,持校尉印綬三十,驢五百匹。"

上引例中,牛、橐他(橐佗、駱駝)、驢等動物既可以用"匹"稱量,也可以用"頭"來稱量,說明在漢代二者還沒有徹底分化;但用"匹"的用例明顯少於用"頭"的用例,這也反映出當時這一分化早就開始了。當然,也可能本來"匹"、"頭"兩個量詞的稱量對象是明確的,祇是由於當時沒有明確的要求與規範,因此使用者在偶然情況下使用了相對應用頻率較高的個體單位量詞"匹"而已。

10. 騎

《説文·馬部》："騎,跨馬也。"本義是動詞"騎馬"義,是個動詞,引申爲量詞一般表示"一人一馬",漢簡常見,例如:

(1)《居延漢簡》57.29："本始元年九月庚子,虜可九十騎,入甲渠止北隧,略得卒一人,盗取官三石弩一、稾矢十二,牛一,衣物去。城司馬宜昌將騎百八十二人,從都尉追。"

該簡第一個"騎"爲量詞,後一個爲名詞。

(2)又,271.9："本始二年閏月乙亥,虜可十六騎入卅井,辟非⊿"

(3)又,534.30A："建□□可八十餘騎,從塞外馳來,皆與建等戰,建戰死⊿"

(4)《居延新簡》EPT104A："⊿□行,夜舉苣火二通。即晝見虜三四百騎以下,⊿"

(5)又,EPT88："虜二騎從後來,共圍遮略,得丹及所騎。"

(6)又,EPT7.11："第五隧南,一輩七騎。⊿"

(7)又,EPT 16.14："匈奴人即入塞,千騎以上,舉薘,燔二積薪;其攻亭、鄣、塢壁、田舍,舉薘,燔二積薪,和如品。"

(8)又,EPT 58.17："乃丙午日出一干時,虜可廿餘騎萃出塊沙中,略得迹卒趙蓋衆。"

(9)又,EPT22.371："敢言之。乃今月二日乙丑,胡虜廿餘騎犯塞,入攻燔⊿"

此類用法傳世漢代文獻亦可見,例如漢班固《東都賦》："千乘雷起,萬騎紛紜。"

"騎"用作量詞多指"一人一馬",在此基礎上,又可僅指"馬",但仍帶有"人所騎之馬"的味道,與量詞"匹"在語義上還是略有分別的,例如:

(10)《居延漢簡》EPT48.55A："蚤食時,到第五隧北里所,見馬迹入河,馬可二十餘騎。"

從語法結構看,"騎"在這裏稱量"馬"是無可置疑的;但仔細體會文意,"馬可二十餘騎"似乎也可以理解爲共有二十餘騎人馬。因此推測漢代可能是這一用法的萌芽期。用"騎"計量"馬"的用法在後代仍有保留,如《醒世恒言·徐老僕義憤成家》:"挣下一頭牛兒,一騎馬兒。"但亦不多見,現代漢語中則一般不用。

第四組　所、處、區、町₁

"所"、"處"、"區"、"町"四個個體單位量詞都可以稱量"處所",而"所"和"區"都可以稱量"建築物";在此後的發展進程中,"區"用例漸少,而"町"則僅是曇花一現;發展到現代漢語中,稱量"處所"一般祇能用"處",而稱量"建築物"則往往用"所"。

11. 所

《説文·斤部》:"所,伐木聲也。"段玉裁注:"伐木聲乃此字本義。用爲處所者,假借爲處字也。""用爲分別之詞者,又從處所之義引申之……皆於本義無涉,是真假借矣。""所"的"處所"義很早就産生了,例如《吕氏春秋·達鬱》:"厥之諫我也,必於無人之所。"由此引申表示地點、位置的個體單位量詞,也就相當於現代漢語中的量詞"處",在《睡虎地秦簡》中已經出現,如:

(1)《睡虎地秦簡·封診式》35—36:"其右角痏二所,衺五寸,深到骨,類劍迹。"

《説文·疒部》:"痏,疻痏也。"徐灝注箋:"蓋毆人但皮膚腫起者謂之疻,傷至青黑色則謂之痏也。"又可指瘢痕,《文選·張衡〈西京賦〉》:"所好生毛羽,所惡成創痏。"李善注引薛綜曰:"創痏,謂瘢痕也。"該簡中"痏"當爲"瘢痕"義。

(2)又,56—57:"某頭左角刃痏一所,北(背)二所。"

（3）又，57—58：“其襦北（背）直痏者，以刃夬（決）二所，應痏。”

（4）又，60：“其腹有久故瘢二所。”

（5）又，77—78：“内中及穴中外壤上有膝、手迹，膝、手各六所。外壤秦綦履迹四所，袤尺二寸。”

簡文中的“一所”即“一處”。《睡虎地秦簡》中的用例是目前我們見到的最早的用例。傳世典籍中用例較少，但漢簡中用例較多，往往同秦簡一樣指的是“傷”或“瘢痕”的數量，例如：

（6）《張家山漢簡·奏讞書》109—110：“診講北（背），治（笞）絀（胸）大如指者十三所。”

講，人名。胊，傷痕。《説文·肉部》：“胊，瘢也。”段玉裁注：“瘢，痍也。痍，傷也。”胊大如指者十三所，意即：大如手指的傷痕十三處。

（7）又，119：“其殿（臀）瘢大如指四所，其兩股瘢大如指。”

（8）《敦煌漢簡》1712：“秉一刃傷茂三所。大君從，欲前助茂，秉刃傷大君頭一所。”

（9）又，1730：“戍卒，河東郡汾陰宜都里杜充，所假姑臧赤盾一，桯兩端小傷各一所。”

（10）又，209—210：“大君使從者茂等往絆秉來，秉不肯，□□□□□□□使繩扼秉，秉以刃傷茂三所。大君從欲前助茂，秉刃傷大君頭一所。男庶人吉助茂縛秉，元夫與吉共播摎殺秉，並使從兄梁殺秉子小男毋甬，斫殺秉妻。”

（11）《居延漢簡》13.6：“坐乃四月中不審日，行道到屋蘭界中，與戍卒函何陽爭言，鬬以劍擊傷右手指二所。地節三年八月己酉，械繫。”

（12）《居延新簡》EPT6.8：“傷兩𣬈、右淵各一所□☒”

（13）又，EPT43.106：“☒一所，刺腹一所，尊擊□□□右脅一所。”

稱量其他事物的相對比較少見,例如:

(14)《銀雀山漢簡‧守法守令等十三篇》811－812:"恒木及櫟面爲四積,小石面爲二所,毁鐵及毁金器面爲一積,皆於城下,城守之備也。積石及毁瓦、靈(瓴)辟(甓)、疾(蒺)莉(藜)於城下,百步而一積,城守之造也。"

(15)《居延漢簡》36.12:"□□八十五斤。積薪四所。"

(16)又,54.23B:"肩水成亭二所,下廣二丈八尺☑"

(17)又,128.1:"礎一合,上蓋缺二所,各大如疎。"

"所"用作量詞還可以用來稱量"建築物",這種用法在漢代也已經出現了,例如:

(18)《定州漢簡‧六韜》0972:"□七十三所,大宫"①

(19)《張家山漢簡‧二年律令》518:"☑相國上南郡守書言,雲夢附寶園一所在胊忍界中。"

胊忍,地名,時屬巴郡。雲夢附寶園一所在胊忍界中,意指:雲夢附寶園有一處在胊忍界内。

(20)《居延漢簡》18.18:"驛一所,馬二匹,鞍、勒各一,☑"

《六韜》舊題爲姜太公所撰,目前學界一般認爲是後人僞託,而定縣八角廊村 40 號漢墓,即西漢中山懷王劉脩墓的墓葬時代爲公元前 55 年,可見西漢時期該書已經廣泛流傳,學界一般認爲其成書時代當爲戰國時期,則量詞"所"量"建築物"的用法當早在戰國時期已經產生。②

無論"所"稱量的是"地點、位置",還是"建築物"或其他事物,其

---

① 此句唐本(敦煌唐人寫本,見國家圖書館所藏膠卷)作:"離宫七十三所,大宫百里,宫中有九市。"群本無此句。

② 《走馬樓吴簡‧竹簡〔肆〕》中有幾個用例:
4182:"☑十一所攸十二所劉陽廿三所吴昌五十二所行輩得擔樹□☑"
4192:"☑十二所劉陽廿三所吴昌五十二所行輩得□☑"
由於簡文殘缺,其稱量對象不詳,姑列於此,以備考察。

語義基礎是相同的,均源自其"處所"義,如劉世儒所言:"'所'所量的中心詞所指的總是'處所';若不是'處所',也必然是指'處所'説的。"①同"處所"義完全脱離關係的用法,在這一時代還没有出現。②

12. 處

處,本義是處所。《廣韻・御韻》:"處,處所也。"由此引申爲表示處所的個體單位量詞,漢代已見,如《漢書・循吏傳》:"起水門捉閘凡數十處。"但在兩漢簡帛文獻用例並不多見,例如:

(1)《胥浦漢簡》1087—1088:"五年四月十日嫗以稻田一處、桑田二處分予弱君。波田一處分予仙君。"

(2)又,1091—1092:"嫗即受田,以田分予公文,稻田二處、桑田二處,田界易如故,公文不得移賣田予他人。"

(3)《居延漢簡》303.7:"右第二長官二處,田六十五畝,租廿六石。"

(4)《懸泉漢簡》Ⅱ0112②:112A:"陽朔元年七月丙午朔己酉,效谷守丞何敢言之:府調甲卒五百卅一人,爲縣兩置伐茭給當食者,遣丞將護無接任小吏畢,已移薄(簿)。謹案甲卒伐茭三處。"

兩漢簡帛文獻中"處"作爲量詞多量"田畝",稱量其他對象的用例較爲罕見,而魏晉以後就很常見了,尤其在吳簡中使用頻率很高,例如:

(5)《走馬樓吳簡・嘉禾吏民田家莂》4.32:"佃田五處,合五十五畝。"

(6)又,4.108:"佃田一處,合六畝。"

(7)又,4.212:"佃田二處,合八畝。"

(8)又,4.213:"佃田廿處,合一頃一十五畝。"

---

① 劉世儒《魏晉南北朝量詞研究》,北京:中華書局,1965年版,頁154。

② 《金關漢簡》73EJT21:182:"連椎四……牛頭石卅,破釜一所。"但是細審圖版,"所"字的下半和左側都有所殘損,而且此類用法僅此一例,姑列于此,以備考察。

《走馬樓吳簡·嘉禾吏民田家莂》中該詞非常多見,他如:4.187、4.357、4.370、4.388、4.391、4.424、4.601 等。

劉世儒認爲:"'處'作爲量詞,來源和'所'同。但它可没有'所'用得那樣頻繁。這可能同它剛從名詞中分化出來有關係。……但從漢代到南北朝,它並没有得到特別發展,所以總不及'所'那樣活躍。"[1]但從走馬樓三國吳簡來看,其使用頻率極高,遠遠超過了量詞"所"的使用頻率。

量詞"處"稱量的對象一般是天然的單位,而很少用來稱量人工的建築物,這種用法一直沿用到現代漢語中。

13. 區

《玉篇·匚部》:"區,域也。"引申表示建築物的單位量詞,漢代已見,如《漢書·揚雄傳上》:"有田一廛,有宅一區,世世以農桑爲業。"漢代簡帛文獻亦常見,例如:

(1)《居延新簡》EPF22.759:"☑六年九月中□□□中宅一區,與□"

(2)又,EPT53.40:"宅一區,毋門,離決長十步。"

(3)《居延漢簡》24.1B:"宅一區,直三千。"

(4)又,37.35:"小奴二人,直三萬,用馬五匹,直二萬,宅一區。"

漢簡中多用來稱量"宅",南北朝以後可擴展至稱量"空地"等物,但用例較爲少見,魏晉六朝簡帛文獻未見,後世仍以稱量"宅"爲主。

14. 町₁

《説文·田部》:"町,田踐處曰町。"朱駿聲《通訓定聲》:"此字當依《倉頡篇》訓'田區也'。"其本義是田界、田間小路,引申爲土地面積單位,《廣韻·迥韻》:"町,田畝。"如《左傳·襄公二十五年》:"町原

---

① 劉世儒《魏晉南北朝量詞研究》,北京:中華書局,1965 年版,頁 155。

防，牧隰皋，井衍沃。"杜預注："堤防間地，不得方正如井田，別爲小頃町。"孔穎達疏："原防之地，九夫爲町，三町而當一井也。"《齊民要術·種穀》引漢《氾勝之書》"區種法"："以畝爲率：令一畝之地，長十八丈，廣四丈八尺；當橫分十八丈作十五町；町間分爲十四道，以通人行，道廣一尺五寸；町皆廣一丈五寸，長四丈八尺。"

《走馬樓吳簡》中，"町"很常見，但却並不是一個土地面積單位，而是一個個體單位量詞，用於量"田地"，相當於現代漢語中的量詞"處"或"塊"，例如：

　　　　(1)《走馬樓吳簡·嘉禾吏民田家莂》4.38："佃畝二町，凡廿五畝。"

　　　　(2)又，4.44："佃畝二町，凡卅八畝。"

　　　　(3)又，4.46："佃畝三町，凡卅五畝。"

　　　　(4)又，4.71："佃畝三町，凡廿五畝。"

他如："佃畝二町"（4.48、4.60、4.63、4.64、4.52 等）；"佃畝三町"（4.49、4.51、4.56、4.76、4.92 等）；"佃畝四町"（4.65、4.69、4.70、4.104、4.107 等）；"佃畝六町"（4.36、4.39、4.41、4.53、4.54 等）等等。從上面諸多的用例中可看出，町數相同但其畝數却並不等，甚至相差甚遠。故可知"町"在簡文中不是面積單位量詞，而是相當於自然單位量詞"塊"或"處"，"佃畝二町"就是說"租種田地兩塊"。

"町"用作土地面積單位量詞在傳世先秦兩漢文獻中常見，出土先秦兩漢簡帛文獻亦較多見（如《龍崗秦簡》等等，參下文），但用作個體單位量詞則很罕見，魏晉六朝以後似乎也沒有得到繼承，劉世儒先生《魏晉南北朝量詞研究》中也沒有提到這個量詞。

第五組　領、衣、裁、要、立、首

本組六個量詞所適用的對象都與"衣物"類物品有關，故匯爲一組,共同分析。"領"的使用頻率很高,適用範圍也很廣,既可以稱量"衣物",也可以計量"綺"、"被"、"席"等物;"衣"、"裁"用例都不多,而且很快就被其他量詞替代了;"要"後作"腰",稱量的是繫在腰上的下衣,"立"在簡帛文獻中用例雖不多,但其適用範圍也是比較寬泛的,既可以稱量下衣,也可以稱量"幘"、"袩"等衣物。"首"僅一例,稱量的對象"被子",這種用法雖不多見,但後世却也一直沿用下來。

15. 領(令)

《説文·頁部》:"領,項也。"本義是"脖子",《詩·衛風·碩人》:"領如蝤蠐,齒如瓠犀。"毛傳:"領,頸也。"劉世儒先生認爲:"'領'的本義是衣服領子。"[1]誤,"衣服領子"其實仍是"領"的引申義。由本義"脖子"引申而指"衣服領子",《釋名·釋衣服》:"領,頸也,以壅頸也;亦言總領衣服爲端首也。"如《荀子·勸學》:"若挈裘領,詘五指而頓之,順者不可勝數也。"

由"衣領"義虚化爲量詞,用來表示衣領和有衣領的衣物的個體單位,相當於現代漢語中的量詞"件"。但其量詞義一經産生,就在"類化"的作用下使用範圍迅速擴大,泛用作計量"綺"、"被"、"席"等物的量詞,簡帛文獻中甚至還用於"甲"、"單衣"、"縣絮壯(裝)"等,這應當是思維類推的結果。[2]

漢簡非常常見,僅《尹灣漢簡》即有五十六例,《居延漢簡》七十六

---

① 劉世儒《魏晉南北朝量詞研究》,北京:中華書局,1965 年版,頁 106。

② 王秀玲認爲:"'領'在先秦即可稱量没有領子的鎧甲了,其從名詞'衣領'發展爲量詞,然而並没有成爲有'衣領'之衣的專有量詞。"其説可從,王文又提出:"《墨子》、《荀子》、《韓非子》、《管子》這四部書中,'領'共出現 12 次。除《墨子·節喪下》中'鼎鼓壺濫,文繡素練,大鞅萬領'的'鞅'字有争議外,其餘 10 例'領'是用來量有領子的葬衣的。"其實古人"視死如生",《墨子》等四書中的"領"所稱量的對象並非特别的"喪衣",從出土實物來看也是如此。王文認爲:"唐代,出現了一種比較特殊的用法,也即量'弓'的用法,但用例罕見,僅有 1 例,後世亦未見他例。"這一例是唐代貫休《上盧使君二首》:"一領彤弓下赤墀,惟將清净做藩籬。"其實,這裏的"領"是動詞,而不是量詞。參王秀玲《談量詞"領"的起源與發展——兼論"領"和"件"的歷時替換》,載《廣州大學學報》2009 年 3 期。

例,《居延新簡》七十八例,其他簡牘文獻亦常見,例如:

(1)《居延漢簡》179.2A:"皂布複袍一領。"

(2)又,19.36:"袍一領。單衣一領。"

(3)又,69.1:"貰買皂練複袍一領,賈錢二千五百。"

(4)《居延新簡》EPT5.12:"官袍一領,甲。官裘一領,甲。☐官襲一領,甲。官綺一兩,在亭。"

(5)又,EPT16.11:"☐李卂官袍一領,直錢千二百。"

(6)又,EPT51.66:"布複綺一領。黄布襌衣一領,毋。"

(7)《額濟納漢簡》2000ES7SH1:13:"☐襦一領,裘一領。"

(8)《居補簡》509.3:"袍一領,枲履一兩。"

(9)《羅泊灣漢簡》1:"衣袍五十領。"

(10)《尹灣漢簡》M6D12 正:"君兄衣物疏:皁複衣一領;纑丸複襦一領;白鮮支單綺一;繡被二領;閒中單一領;閒青複襦一領;練單繻三領;縹被一領;青鮮支中單一領;閒青薄襦一領;鮮支單襦二領;單被二領;纑綺複衣一領,衣;皁丸大綺一衣,衣;皁複襜褕一領;皁單五領;皁丸複衣一領;練皁大綺一;皁丸襜褕一領,衣;白毋尊單衣一領;纑丸合衣一領;皁布大綺二;皁丸諸於一領;白布單衣一領;霜丸複衣一領;練小綺二,衣;纑丸諸於一領;青綺複襦一領,衣。"①

(11)《敦煌漢簡》1614:"李文龍袍一領,直二百八十七;裘一

---

① 王貴元先生《漢代簡牘遣策的物量表示法和量詞》一文認爲:"領有時也稱領衣。"載張顯成主編《簡帛語言文字研究》(第一輯),成都:巴蜀書社,2002 年版,頁 155。我們認爲"領衣"並不是一個詞,"衣"均當是物品的狀態,即"穿著",衣物被當事人穿在身上。該簡七欄作:"練小綺二 ＝ 衣 一。""二"後的"＝"是勾校符,表示對"練小綺二"做了確認,則"衣"自然不能屬上讀,而是表示"穿著"。又,《海州侍其縣墓漢牘》1044:"☐縠複襦一領,白丸緣,衣。""練襌襦一領,白丸緣,衣。""領"和"衣"之間可以有其他修飾成分隔開。又,《居延新簡》56·69:"修武縣寺廷里王平卂皂複襲一領,封;錢百;封。韋綺一,封;布複襲一領,衣;布襜褕一領,衣;襪一兩,封。"卂"爲勾校符,量詞"領""兩"後面的"封""衣"均爲動詞表示目前狀態:封,封緘;衣,穿著。均説明"領衣"並非一個詞,下均同。

領,直四百五十。"

(12)又,1144:"單襦複襦各二領,單衣中衣各二領。"

(13)《金關漢簡》73EJT21:84:"官韋皮裘一領。"

(14)又,73EJT23:975:"練襲一領,白布單衣一領。"

以上是量"衣物"的用例,以下用例中則"綺"、"被"、"席"等物均可稱量,例如:

(15)《海州侍其繇墓漢牘》1044:"紅野王綺複襦褕紅丸緣一領,衣。□野王綺複衣完□緣一領,衣。□縠禪衣一領,衣。□縠複襦一領,白丸緣,衣。練禪襦一領,白丸緣,衣。□綺複衣涷黃丸緣一領。涷黃冰複襦褕一領。白野王綺複衣一領。□皂丸複襦褕一領。紗縠複衣一領。雪丸吉衣出□絳繹上禪衣各一領。"

(16)《陶灣漢牘》1.1—1.2:"紅繡複被,一領。縹綺複被,一領。錦複被,一領。緻(?)綺複衣,一領。流黃丸禪衣,一領。黃丸複襜褕,一領。白冰複衣,一領。冰丸複衣,一領。流黃丸複衣,一領。皂複衣,一領。皂複襜褕,一領。縹丸合衣,一領。相縠合衣,一領。流黃冰合衣,一領。白縷禪衣,一領。綢禪衣,一領。縝紕禪衣,一領。"

(17)《胥浦漢簡》1096:"高都里朱君衣綺被一領、禪衣二領、禪裳一領、素絹一領、綠袷一領、綾袍一領、紅袍二領、複裳二領、禪襦二領、青袍二領、綠被一領、□襦一領、紅襦一領、小繢三領、綿袍三領、袴被一領、緒絞一、綺一兩。凡衣禪複廿五領。"

從字形上來看,《金關漢簡》中有一例書作"令",應當是量詞"領"的省寫形式,其他文獻未見:

(18)《金關漢簡》73EJT23:969:"受降卒富里宋鉗,賞官練襲一令(領),直千。"[1]

───────────

① 通過核對圖版,簡文中"令"字清晰無誤,特此説明。

　　魏晉南北朝時期，量詞"領"的使用範圍繼續擴大，但此後隨着其所量各種物品專有量詞如"件"、"條"等量詞的產生，其適用範圍也逐漸縮小，到現代漢語中就祇能適用於"席子"類物品了。

16. 衣

　　"衣"的本義是名詞"衣服"，由此引申爲表示"衣物"的個體單位量詞，但無論傳世文獻還是出土文獻，均不常見，例如：

　　　　（1）《尹灣漢簡》M6D12 正："皁丸大綺一衣，衣。"
前一個"衣"是量詞，後一個"衣"則爲動詞，"穿着"。[1]

　　但是"衣"作爲名詞的意味一直很濃厚，可能正是因爲這種濃厚的名詞性影響了它的進一步虛化，因此"衣"作爲"衣物"的量詞僅僅是曇花一現，轉瞬即逝了。

17. 裁（𢧵）

　　《説文·衣部》："裁，制衣也。"本義是"裁剪"，用作表示布帛片斷的單位量詞正是由此而來的，每件稱一"裁"，相當於現代漢語的量詞"件"。簡文中寫作"𢧵"。如：

　　　　（1）《張家山漢簡·算數書》36："狐皮卅五𢧵（裁）、狸皮廿五𢧵（裁）、犬皮十二𢧵（裁）偕出關，關並租廿五錢，問各出幾何?"
該簡大意爲：攜帶狐皮三十五件、狸皮二十五件、狗皮十二件出關，共需付税二十五錢，問各種皮應出多少税?

　　但是這個量詞此後似乎並沒有得到繼承，後世傳世文獻中很罕見。

---

　　① 從該例看，第一個"衣"用作量詞是無可置疑的，但由於遣策、賬簿類文獻中"衣"常常放在後面表示"穿着"的狀態，其性質往往很難判明，如《居延新簡》EPT56·86："山陽親陽里魏偃，第廿三隧：爵複襦一，衣；劍一枚，閣；布襲一，衣；皁複襠褕丁，閣；韋與一，閣；布裙一，衣；白練綺一，閣；縑裙一，衣；布襌衣一，閣；布襌一，衣。該簡"閣"、"衣"二詞處在同樣的語法位置上，其性質當相同，都是描繪前面事物狀態的，均非量詞。在沒有其他上下文的情況下，則往往無法區分其爲量詞還是動詞，但從兩漢簡帛看，服飾類物品的專用量詞爲"領"或"要"，故我們認爲這些情況中的"衣"當視爲動詞爲好。

18. 要(腰)

"要"是"腰"的古字,《説文·臼部》:"要,身中也,像人要自臼之形。"由此引申爲量詞,用於繫或圍在腰上的衣物,主要有裙、褲、帶等下裳。先秦兩漢簡帛文獻未見,最早見於晉代簡牘,例如:

(1)《南昌晉簡》:"故白練長裙二要。故白練複兩當一要。故白練袷兩當一要。故白練複幨一要。故白練袷幨一要。故白練複袴一要。"

(2)《南昌火車站晉牘》1B:"故□中衣,一要。故□中服,一要。故□里□,一□。故練衫,一領。故白□衫□,一領。故沙□當,一要。故黃綾□□當,一要。故羅文□□□,一要。故絳(?)緼,一要。"

劉世儒先生認爲:"這是後起的量詞,南北朝前期還不見。"所舉最早用例爲北齊《王江妃棺板墨書》:"故單裙一要,故京綢袴一要。"字均作"要"。① 顏秀萍認爲:"在衣物疏中祇做'裙'的單位詞,六世紀中葉後出現。"②其實由上可知,這個量詞早在晉代已經出現了,而且其使用範圍並不限於"裙"。

但"要"所稱量的裙、褲、帶等物,在當時就可以用"立"、"領",或者泛指量詞"枚"來稱量,因此在此後的發展中並沒有得到繼承,並逐漸被後起的"條"等其他量詞替代了,但這一替代的過程是很漫長的,直到《吐魯番出土文書》中仍廣泛使用,祇是字形作後起字"腰",使用頻率很高,例如:

(3)《阿斯塔那 113 號墓文書·高昌義和四年缺名隨葬衣物疏》:"紋綾裙一腰。布裙一腰。"

按,"義和四年"即公元 617 年。

---

① 劉世儒《魏晉南北朝量詞研究》,北京:中華書局,1965 年版,頁 129。
② 顏秀萍《吐魯番出土隨葬衣物疏的物量詞例釋》,載《中國語文》,2001 年 2 期。

而且其使用範圍也拓寬了，甚至可以稱量上衣，例如：

（4）阿 29－1－48：“帛綢綾半臂一腰。”

（5）阿 29－1－49：“生絁長袖一腰。”①

但是宋陸遊《老學庵筆記》卷六：“古謂帶一爲一腰……近世乃謂帶爲一條。”可見宋代這個量詞早已不用。

19. 立

《説文·立部》：“立，住也。”其本義是動詞“站立”。用作量詞簡帛文獻並不多見，僅見於《旱灘坡晉牘》中：

（1）正二欄：“故白練福裙一立。”

（2）正三欄：“故練褌一立。故練袴一立。”

（3）背一欄：“故白襦袗一立。故褐幘一立。”

（4）背二欄：“故長□一立。”

“立”用作量詞，用例尚少，其來源可能是動詞“站立”義。由於下衣如裙、袴等爲所立之處，故可以由動詞“站立”義引申爲量詞量裙、袴等物，此後詞義虛化，適用範圍擴展至其他衣物，如袗、幘等。

劉世儒先生《魏晉南北朝量詞研究》没有提到這個量詞，可能魏晉南北朝傳世文獻很少見。但是後來的《吐魯番出土文書》中還是較爲常見的，例如：

（5）《阿斯塔那 305 號墓文書·缺名隨葬衣物疏一》：“紫碧裙一立。”

（6）《哈拉和卓 96 號墓文書·龍興某年宋泮妻翟氏隨葬衣物疏》：“故紫襦一立。”

（7）《哈拉和卓 91 號墓文書·北涼缺名隨葬衣物疏》：“小袴（褲）一立。”

---

① 此二例採自洪藝芳《敦煌吐魯番出土文書中之量詞研究》，臺北：文津出版社，2000 年版，頁 283。

但"立"作爲量詞這一用法,在後來的發展中並没有得到繼承,逐漸被其他量詞所替代。

顏秀萍認爲:"'立'、'腰'等量詞的使用既没有脱離漢語量詞發展變化的規律,又受到了地域的影響(或可視爲方言詞?)。"[1]從簡帛文獻來看,量詞"立"僅見於出土於西北地方的《旱灘坡晉牘》,而量詞"要(腰)"則《南昌晉簡》、《南昌火車站晉牘》均可見,故不當視爲西北地方的方言詞。

20. 首

"首",甲骨文作,象人頭有髮形,本義是"頭"。用作量詞,可能來源於其"端頭"義,簡帛文獻中稱量的是"被",後來適用範圍略有擴大,相當於現代漢語中的量詞"幅"。簡帛文獻中很少見:

(1)《南昌晉牘》正二欄:"故白練被一首。"

此後傳世文獻亦可見,如《陳書·宣帝紀》:"陳桃根又表上織成羅又錦被各二百首。"又,《西遊記》第四七回:"門外豎一首幢幡。"又,《儒林外史》第四二回:"在南京做了二十首大紅緞子繡龍的旗,一首大黄緞子的坐纛。"

劉世儒先生説,南北朝以後可以稱量"碑"、"圭"等,甚至可以稱量抽象名詞"術",由此進一步虚化並逐步緊縮。"首"後來專用於"作品",並沿用到現代漢語中。[2]

第六組　編、篇、章、卷、牒、終

"編"、"篇"、"章"、"卷"、"牒"、"終"這六個量詞所稱量的對象都是"書籍"或"書籍之一部"。"編"、"篇"、"章"、"卷"、"牒"五個的語源

---

[1]　顏秀萍《吐魯番出土隨葬衣物疏的物量詞例釋》,載《中國語文》,2001年2期。

[2]　劉世儒《魏晉南北朝量詞研究》,北京:中華書局,1965年版,頁173。

往往與簡牘制度密切相關,因此我們將其放在一起作爲一組共同考察。魏晉以後隨着紙張的廣泛應用,雖然簡牘制度逐漸少爲人知,但這六個量詞除了"牒"、"終"兩個以外,"編"、"篇"、"章"、"卷"四個量詞却一直沿用下來,活躍在現代漢語中。

21. 編

《説文·系部》:"編,次簡也。"其本義爲"編次簡牘",是個動詞,引申成爲稱量所編書籍的個體單位量詞,先秦簡帛文獻未見,漢簡中多有用例,僅《居延漢簡》(含新簡)就有一百十七例之多,例如:

> (1)《馬王堆3號墓漢簡·遣策》1:"(文帝前元)十二年,二月乙巳朔戊辰,家丞奮,移主賵(藏)郎中,移賵(藏)物一編,書到光(壙)迮(坄)具奏主賵(藏)君。"

這裏的"賵(藏)物",指賵(藏)物之册。"編"也有"書籍"義,但這裏是決不能講爲"書籍"義的,因爲"編"之"書籍"義産生得很晚,至少到了初唐前後纔産生。

> (2)《馬王堆帛書·十問》74—76:"文執(摯)見齊威王,威王問道焉,曰:'寡人聞子大夫之博於道也,寡人已宗廟之祠,不叚(暇)其聽,欲聞道之要者,二、三言而止。'文執(摯)合(答)曰:'臣爲道三百編,而臥最爲首。'"

前三個"道"指(養生)方術,末一個"道"指(養生)方術之書。三百,言其多也。

> (3)《居延漢簡》159.14:"五鳳三年十月甲辰朔甲辰,居延都尉德、丞延壽敢言之。甲渠候漢强書言:候長賢日迹積三百廿一日,以令賜賢勞百六十日半日。謹移賜勞名籍一編,敢言之。"

> (4)又,159.21:"五鳳三年四月丁未朔辛未,候長賢敢言之。謹移省卒名籍一編,敢言之。"

> (5)又,267.15A:"五鳳五年二月丁酉朔乙丑,甲渠候長福

敢言之。謹移日迹簿一編，敢言之。"

（6）《居延新簡》EPF22.453："謹移十月盡十二月穀出入簿一編，敢言之。"

（7）又，EPT5.1："謹移所自占書功勞墨將名籍一編，敢言之。"

（8）又，EPT51.264："建始二年十二月甲寅朔，甲寅臨木候長憲敢言之，謹移郵書課一編，敢言之。"

（9）又，EPT42.11A："疾卒爰書一編，敢言之。"

（10）《居補簡》306.20："月乙卯朔乙亥，肩水候丞更得敢言之，都尉府謹速移卒一編，敢言之。"

（11）又，C15："建平二年七月丙戌朔甲寅，錢□名籍一編，敢言之。"

（12）《清水溝漢簡》3："青敢言之，謹移病卒爰書一編，敢言之。"

（13）《額濟納漢簡》2000ES9SF3：2上："始建國三年二月癸亥朔壬戌，第十隧長育敢言之，謹移卒不任望候名籍一編，敢言之。"

（14）《敦煌漢簡》793："元始三年四月丙午，闐胡隧長鳳敢言之：謹移兵守御戍卒名籍一編。"

（15）又，998："五鳳三年三月丁丑朔癸卯，士吏帶敢言之。候官隧和吏妻、子、私從者三月稟名藉一編，敢言之。"

（16）又，1295A："元康三年九月辛卯朔癸巳，縣泉置嗇夫弘敢言之：謹移鐵器簿一編。敢言之。"

在漢代，"編"用於計量簿籍爰書、劾狀等各類文書，傳世文獻亦常見，如《史記·留侯世家》："出一編書。"隨着東漢及其以後紙張的廣泛應用，量詞"編"用於稱量"書籍"逐漸失去了其語義基礎，劉世儒先生説，至南北朝時期書籍已不用"編"計量，而多用"本"、"册"代之，魏晉以後簡牘文獻亦未見，其論甚確。①

22. 篇（扁）

　　表示文章單位的量詞，字或作"扁"。《説文・竹部》："篇，書也。"段玉裁注："書，箸也，箸於簡牘者也，亦謂之篇。古曰篇，漢人亦曰卷。"朱駿聲《通訓定聲》："篇，謂書於簡册可編者也。"可見"篇"的本義即指"簡册"，後來成爲計算文章的單位量詞，往往多用來稱量文章的一個部分。這個量詞出現很早，出土先秦簡帛文獻雖未見，但銀雀山漢簡《孫子兵法》中已有用例：

　　　　（1）《銀雀山漢簡・孫子兵法》215："而用之，□□□得矣。若□十三扁（篇）所"

　　　　（2）又，216："☑【十】三扁（篇）所明道言功也，誠將聞□"

雖然出土於漢代墓葬，但《孫子兵法》一書成書於秦以前當是無可置疑的。阜陽漢簡《詩經》中也有用例：

　　　　（3）S144："十②二篇八"

"篇"一般用來稱量文章，但從簡文推斷上例所量當爲詩歌。其他漢簡中也可以看到：

　　　　（4）《張家山漢簡・二年律令》475："試史學童以十五篇，能風（諷）書五千字以上，乃得爲史。"

十五篇，特指《史籀篇》，《漢書・藝文志・六藝略・小學》："《史籀》十五篇。"故言。

　　　　（5）《孫家寨漢簡》430："孫子曰：夫十三篇☑"

漢代以後，這種用法沿用下來，一直到現代漢語仍在使用。

23. 章

　　《説文・音部》："章，樂竟爲一章。"段玉裁注："歌所止曰章。"王

---

① 　劉世儒《魏晉南北朝量詞研究》，北京：中華書局，1965 年版，頁 170。

② 　該字左上角殘缺。

筠《句讀》:"《風》《雅》每篇分數章,無論入樂不入樂皆然。"由此,引申
表示篇籍之一部。從傳世文獻看,其量詞用法很早就形成了,如《左
傳·文公十三年》:"子家賦《載馳》之四章,文子賦《采薇》之四章。"出
土簡帛文獻也可以看到秦以前的用例:

　　(1)《上博簡·孔子詩論》14:"其四章則愉矣。"

　　(2)《里耶秦簡》8－2226＋8－2227 背:"☑□,繭絲。凡七
章,皆毋出今旦。急急急。"

漢簡中就更常見了:

　　(3)《定州漢簡·論語》612:"凡二章。【凡三百廿二字】"

　　(4)又,613:"凡卅七章。"

　　(5)又,615:"凡【卅六】章。凡九百九十字。"

　　(6)又,616:"凡卅章。凡七百九十字。"

　　(7)又,617:"凡【卅】四章。"

　　(8)又,618:"凡卅七章。【□□百八十一字】。"

　　(9)又,619:"凡十三章。"

　　(10)又,620:"【凡十】三章。"

　　(11)又,621:"凡廿八章。【凡八百五十一字】。"

　　(12)《張家山漢簡·二年律令》479:"以祝十四章試祝學童,
能誦千言以上者,乃得爲祝五更。"

祝,祝禱。《公羊傳·襄公二十九年》:"諸爲君者皆輕死爲勇,飲食必
祝曰:'天苟有吳國,尚速有悔於予身。'"何休注:"祝,因祭祝也。"十
四章,當爲當時通行的祝書,其篇幅爲十四章。

　　(13)又,《奏讞書》188:"致之不孝、敷(敖)悍之律二章。"

致,施行,執行。《尚書·蔡仲之命》:"乃致辟管叔於商。"孔傳:"致,
法謂誅殺。"《睡虎地秦墓竹簡·語書》7－8:"今且令人案行之,舉劾
不從令者,致以律,論及令、丞。"致之不孝、敖悍之律二章,意指:執行
"不孝"與"敖悍"兩章有關律條規定。

漢代以後這個量詞還可以用來稱量樹木，如《史記·貨殖列傳》：“木千章。”《新唐書·隱逸傳·秦系》：“南安有九日山，大松百餘章，俗傳東晉時所植。”這種用法在簡帛文獻中沒有看到用例。

24. 卷（弓）

《說文·卪部》：“卷，厀曲也。从卪，𢍺聲。”本義是膝曲，即大小腿相連關節的後部，引申爲動詞“彎曲”，輾轉引申爲動詞“卷”義。用作量詞有兩個系統，一是因爲上古的簡帛文獻都是可以卷起來的，由此引申用作表示書籍一部的個體單位量詞，《說文·竹部》“篇”字段玉裁注：“漢人亦曰卷。卷者，縑帛可卷也。”朱駿聲《通訓定聲》：“其書於帛可卷者，謂之卷。”漢代已見，如《法言·學行》：“一卷之書，必立之師。”漢簡亦可見，如：

（1）《尹灣漢簡》M6D13 正四欄：“記一卷。”

（2）又，正五欄：“《六甲陰陽書》一卷。”

（3）又，正七欄：“《列女傳》一卷。”

（4）《居延新簡》EPT52.47：“☒□曰昌言變事自書所言一卷已覆，而休言未滿半日。”

《尹灣漢簡》中的典籍文獻均爲簡牘文獻，無帛書，因此段玉裁、朱駿聲所謂“縑帛”不確，當爲“簡牘文獻”可卷者。南北朝以後，紙張得到了廣泛應用的時代，即使不是卷起的書，也仍可以用“卷”稱量，直到現代漢語中仍在沿用。

另一方面，“卷”由動詞“卷”義可以引申用作其他可卷起來的物品的單位量詞，如“布”等，例如：

（5）《羅泊灣漢簡》1：“布十七卷。”

這兩個系統後世均一直沿用下來，直到現代漢語中仍廣泛使用。

此外，“卷”俗可書作“弓”、“弔”、“𢎵”、“𢎐”等。明楊慎《譚苑醍醐》卷四云：“道書以卷爲弓，與軸同，陶九成《說郛》用之。”清章學誠《文史通義·內篇·篇卷》：“道書稱弓，即卷之別名也。元人《說郭》用之。"字又作"弖"。明陶宗儀《輟耕録》卷二《弖字》條："弖即卷字。《真誥》中謂一卷謂一弖。"至於其來源，宋黄伯思《東觀餘論》卷上《論弖字》條云："小宋《太一宫》詩：'瑞木千尋竦，仙圖幾吊開。'注云：《真誥》謂一卷謂一吊。殊不知《真誥》所謂弖即卷字，蓋從省文。《真誥》音亦爾，非吊字也。"清錢大昕《十駕齋養新録》卷四"冊"條則云："《説文》：冊，讀爲書卷之卷。道書以一卷爲弖，蓋即草書冊字。凡草書横目多作一，文有兩目，故以'二'代之，非從弓從二也。楊用修以爲糾字之訛，此臆説不足信。"張涌泉據敦煌文獻對黄氏説作了進一步申論，認爲"卷"字《説文》從卪类聲；"卪"字篆書作"弓"，隸定或作"弖"（《字彙·弓部》："弖，即卪字。"）故"卷"字或書作"弮"。由於"弮"或"弓"形體省變，"卷"俗又書作"弖"；"弖"形體小變，"卷"俗又書作"弖"或"弖"。又云："《真誥》乃梁陶弘景所作的一部道教著作，可知'弖'或'弖'字的應用六朝時已然，不過它們的應用不限於道書。"①以上所論"卷"之俗字形體大同小異，簡帛文獻亦有一例：

(6)《旱灘坡晉牘》："故雜黄卷書二弖。"

據該墓出土之"升平十三年"（公元 369 年）紀年木牘，該墓墓葬時代屬東晉前涼張天賜時期，當爲目前所見最早用例。② 該簡性質爲"遣策"，張涌泉説"不限於道書"，其論甚確。

25. 牒

《説文·片部》："牒，札也。"又《竹部》："簡，牒也。"本義是指古代書寫用的木片或竹片，引申作竹簡的個體單位量詞，秦簡已見，僅一例：

(1)《里耶秦簡》J1⑧134 正面第 3 行："今寫校券一牒，上

---

① 張涌泉《敦煌俗字研究》，長沙：岳麓書社，1995 年版，頁 328—332。
② 《旱灘坡晉牘》公佈於李均明、何雙全二先生編《散見簡牘合輯》（文物出版社 1990年版），惜無圖版，無法覆核。

謁，言之，卒史衰義所問狼船存所其亡之，爲責（債）券移遷陵弗
□□屬。”

（2）又，8－41：“☑事志一牒。”

（3）8－1514：“今牒書當令者三牒，署第上。敢言之。”

簡文中用作公文的個體單位量詞，“一牒”即“一簡”。但秦簡並不常
見，漢代以後就很常見了，例如：

（4）《鳳凰山 9 號墓漢簡·木牘》2 正：“【後九月】戊申朔壬
戌，安陸守丞縮敢言之：六年發郡中長牧二牒，敢【言之。】”

（5）《敦煌漢簡》209：“賣社下賤平所市一牒以上，及發養所
作治飲食，若塗墢社，皆不莊事，事罰平一石穀，賞以社。”

（6）《居延漢簡》20.12A：“詔所名捕及鑄僞錢、盜賊、亡未得
者牛延壽、高建等廿四牒。”

（7）《居延新簡》EPT52.110：“☑□自言責賒長孫宗等衣物
錢凡八牒，直錢五千一百。”

（8）又，EPT52.174：“移校簿十牒，言府，會☑”

（9）《金關漢簡》73EJT10：311：“牒書除爲司御三人，人
一牒。”

（10）《馬王堆 1 號墓漢簡·遣策》88：“右方脛勺、阮、取甾六
牒，卑胒四，笥二。”

（11）又，102：“右方魷（肮）、脂十牒，資九，坑（瓨）五。”

（12）又，153：“右方穜（種）五牒，布囊十四。”

（13）又，157：“右方苴（菹）五牒，資五。”

（14）又，219：“右方䰍（漆）畫木器八牒。”

（15）又，312：“右方土金、錢、馬、牛、羊、鳥廿牒。”

但這些用例中，“牒”顯然還有很強的名詞意味。值得注意的
是，借用量詞“牒”和數詞組成的數量結構似乎還可以前置於名詞，
例如：

（16）《馬王堆一號墓漢簡·遣策》283：“右方四牒竹器。”①

魏晉以後隨着紙張的廣泛應用，簡帛材料逐漸不再使用，相應地個體單位量詞“牒”也逐漸淡出了視野。但是，隨着後來進一步虛化，却發展爲稱量“文章”的單位量詞，相當於現代漢語中的“篇”，也纔成爲真正意義上的量詞，如漢王充《論衡·别通》：“通人胸中懷有百家之言，不通者空腹無一牒之誦。”晉道安《〈摩訶缽羅若波羅蜜經鈔〉序》：“獻《梵天品》一部，四百二牒。”此類更爲虛化的用例在簡帛文獻中還没有看到。②

26. 終

古樂章以奏詩一篇，樂一成稱爲一終，用作量詞是無疑的，但是由於文獻叙述的模糊，量詞“終”稱量的對象往往存在一些争議。按《禮記·鄉飲酒義》：“工入，升歌三終。”孔穎達疏：“謂升堂歌《鹿鳴》、《四牡》、《皇皇者華》，每一篇而一終也。”按孔穎達説，則“一終”就是“一篇”。但漢蔡邕《女訓》：“凡鼓小曲，五終則止；大曲，三終則止。”則應當是“樂一成”爲一終。

量詞“終”在傳世文獻中較爲多見，如《儀禮·大射儀》：“乃歌《鹿鳴》三終……乃管《新宫》三終。”《禮記·鄉飲酒義》云：“工入，升歌三終，主人獻之；笙入三終，主人獻之；間歌三終，合樂三終，工告樂備，遂出。”《逸周書·世俘》：“癸丑，薦殷俘王士百人。鑰人造王矢琰、秉黄鉞、執戈，王入，奏庸，《大享》一終，王拜手稽首。王定，奏庸，《大

---

① 當然，該例也可以採取其他標點方式：“右方四牒，竹器。”如此，則“牒”爲名詞“簡”。這也説明“牒”作爲量詞，並不典型。

② 王貴元先生認爲“牒”“其實應是部分物品的量詞，其相配物品有肩載肉、肉醬、糧種、榨菜、木器、瓦器、竹器、泥塑”，詳參《馬王堆 1 號漢墓竹簡的“牒”》，載《語文研究》，2008 年 2 期。謝家橋 1 號漢墓出土木牘三枚，牘 1：“以衣器、葬具及從者子婦、偏下妻、奴婢、馬牛、物、人一牒，牒百九十七枚。”王貴元先生認爲這裏的“牒”可理解爲“編”，“指記錄隨葬物、人的遣策”。詳參《謝家橋一號漢墓〈告地策〉字詞考釋》，載《古漢語研究》，2010 年 4 期。

享》三終。甲寅，謁戎殷於牧野，王佩赤白旂，鏞人奏《武》，王入，進《萬》，獻《明明》三終。乙卯，鏞人奏《崇禹生開》三終，王定。"

簡帛文獻中多見於清華簡，字多作"夂"，例如：

> （1）《清華簡・耆夜》："王夜爵酬畢公，作歌一夂（終）曰《藥（樂）藥（樂）旨酉（酒）》……王夜爵酬周公，作歌一夂（終）曰《輶乘》……周公或夜爵酬王，作祝誦一夂（終）曰《明明上帝》……周公秉爵未飲，蟋蟀趯降於尚（堂），【周】公作歌一夂（終）曰《蟋蟀》……。"

> （2）《清華簡・芮良夫毖》："内（芮）良夫乃复（作）毖（毖）再夂（終）……虔（吾）甬（用）复（作）訨（毖）再夂（終），以寓命達聖（聽）。"

清華簡中的"終"，一般學者都認爲屬於量詞，但對其稱量對象的認識還有較多爭議，或認爲是稱量的詩歌整體，相當於"首"，如李學勤先生："古時詩均入樂，演奏一次爲一終，'作歌一終'便是作詩一首的意思。"[1]黃懷信先生也認爲："一終，猶一曲、一首。"[2]也有學者認爲稱量的對象是樂曲的一部分，相當於"章"，江林昌先生提出："樂舞一次爲'一終'或'一成'，其於詩則爲一章。'作歌一終'即是樂舞一成，也是作詩一章。"[3]也有學者認爲"終"是動量詞，而不是名量詞，相當於"次"，劉光勝先生認爲"獻《明明》三終"是指演奏《明明》三次，[4]姚小鷗、楊曉麗認爲"歌《鹿鳴》三終"，是"指《小雅》中的《鹿鳴》一章演奏三遍完成。"[5]

綜合出土文獻和傳世文獻中"數詞＋終"所稱量的對象來看，我

① 李學勤《清華簡〈耆夜〉》，載《光明日報》，2009 年 8 月 3 日。
② 黃懷信《清華簡〈耆夜〉句解》，載《文物》，2012 年 1 期。
③ 江林昌《清華簡與先秦詩樂舞傳統》，載《文藝研究》，2013 年 8 期。
④ 劉光勝《清華簡〈耆夜〉考論》，載《中州學刊》，2011 年 1 期。
⑤ 姚小鷗、楊曉麗《〈周公之琴舞・孝享〉篇研究》，載《中州學刊》，2013 年 7 期。

們贊同方建軍先生的觀點:"'終'是音樂作品的一個獨立單位,'一終'可以是一首獨立的音樂作品,也可以是一部音樂作品之中的一個組成部分,在音樂上都是一個完整的單樂段結構。"①但作爲量詞,"終"稱量的對象爲一個獨立的整體,因此我們暫時將其歸入個體單位量詞。

第七組　等、級、石₁

雖然"等"、"級"二者語源不同,但用作量詞都可以稱量對象的"級別",而且都一直沿用到現代漢語中仍廣泛適用。"石"本是衡制單位量詞,後用作稱量官秩級別的個體單位量詞,亦有"級別"之義,故同列於此。

27. 等

"等"的本義是整齊竹簡,《説文・竹部》:"等,齊簡也。"王筠《句讀》:"整齊其簡牘也。"後來在此基礎上引申表示級別,段玉裁注:"凡物齊之,則高下歷歷可見;故曰等級。"先秦常見,如《左傳・昭公七年》:"天有十日,人有十等,下所以事上,上所以供神也。"再引申成爲稱量事物等次的單位量詞。但在先秦時期,"等"作爲量詞並非很典型,還有很多名詞的意味,楚簡未見,秦簡凡二例:

(1)《睡虎地秦簡・效律》60:"誤自重殹(也),減罪一等。"

(2)《龍崗秦簡》148—149:"其所受贓,亦與盜同法;遺者罪減焉一等,其□▨"

以上兩個例子均用來表示"罪"的等級。

兩漢簡帛稍爲多見,《居延新簡》中有六例,如:

---

① 方建軍《清華簡"作歌一終"等語解義》,載《中國音樂學》,2014 年 2 期。復旦大學出土文獻與古文字研究中心網站 2014 年 6 月 16 日。

（3）《居延新簡》EPF22.224：“其斬匈奴將率者，將百人以上，一人購錢十萬，吏增秩二等，不欲爲☐”

（4）又，EPT52.163：“駕（加）罪一等，其爲☐”

（5）又，EPT52.280A：“☐其減罪一等。當安世以重罪完爲城旦，制曰：以贖論。”

其他簡帛文獻用例，如：

（6）《張家山漢簡·二年律令》：“其受賕者，駕（加）其罪二等。所予臧（贓）罪重，以重者論之，亦駕（加）二等。”

（7）又，114：“氣（乞）鞫不審，駕（加）罪一等；其欲復氣（乞）鞫，當刑者，刑乃聽之。”

（8）又，166：“諸亡自出，減之；毋名者，皆減其罪一等。”

劉世儒先生認爲“等”作量詞有兩個系統，一是表示人的“等類”，二是表示“等級”。[①] 簡文中祇是出現“等級”義，可用於表示官爵級次，也可用於表示罪罰的等級。直至現代漢語，“等”用作表示“等級”的量詞用法依然没有發生變化。

28. 級

《説文·系部》：“級，絲次第也。”段玉裁注：“本謂絲之次第，故其字從糸。引申凡次第之稱。”《廣雅·釋言》：“級，等也。”《廣韻·緝部》：“級，等級。”傳世先秦文獻亦常見，如《左傳·僖公九年》：“以伯舅耋老，加勞，賜一級，無下拜。”先秦簡帛文獻中亦用作表示爵位的單位量詞，僅《睡虎地秦簡》一例：

（1）《睡虎地秦簡·秦律十八種·軍爵律》155—156：“欲歸爵二級以免親父母爲隸臣妾者一人，及隸臣斬首爲公士，謁歸公士而免故妻隸妾一人者，許之，免以爲庶人。”

這種用法在漢簡中得到了繼承，如：

---

① 　劉世儒《魏晉南北朝量詞研究》，北京：中華書局，1965 年版，頁 150。

（2）《居延漢簡》217.3："永光二年二月甲辰赦令：賜男子爵一級；□乙丑□□賜爵三級。"

（3）又，250.23："言吏；不謁言吏，奪爵一級，捕。"

（4）《居延新簡》EPS4T2.70A："☑頗有軍功爵者後減，又爵二級，非身☑"

（5）又，EPF22.448A："兒政、隧長王匡，爵各一級。"

（6）又，ESC72："☑五大夫下功二人，爵皆柒（七）級。"

後來其他事物的"等級"也可以用"級"來稱量，如《魏書·釋老志》："是歲始作五級佛圖。"這種更泛化的用法在秦漢簡牘中没有出現。

秦制，戰爭中斬敵首一，賜爵一級，稱爲首級，因此後世以"級"爲所斬之首的單位量詞。《後漢書·光武帝紀上》："光武奔之，斬首數十級。"李賢注："秦法，斬首一，賜爵一級，故因謂斬首爲級。"例如：

（7）《里耶秦簡》8—1888："□□南里士五（伍）異斬首一級。"按，南里，里名。異，人名。

由於漢承秦制，漢簡中此類用法非常普遍，如：

（8）《敦煌漢簡》81："且一月斬下三千九百一十五級，功效已著，頒賞不足，宜勉勵一身謹請。"

（9）《居延新簡》EPT22.221："等三人，捕羌虜斬首各二級，當免爲庶人，有書。"

（10）又，EPT22.226："能與衆兵俱追，先登陷陣，斬首一級，購錢五萬如比。"

（11）《孫家寨漢簡》257："各二級，爵毋過左庶長；斬首捕虜，拜爵各一級；車□□□□□斬捕首虜二級，拜爵各一級；斬捕五級，拜爵"

（12）又，258："各二級，斬捕八級，拜爵各三級；不滿數，賜錢級千；斬首捕虜毋過人三級，拜爵皆毋過五大夫，必頗有主以驗不從法狀。"

　　(13)又，259："二級當一級；以爲五大夫者，三級當一級，首虜不滿數者，藉須復戰，軍罷不滿數，賜錢級"

　　(14)又，266："可擊之，能斬捕君長有邑人者，及比二千石以上，賜爵各四級；其毋邑人及吏皆千石以下至六百石，賜"

　　(15)又，273："犯令者一人，拜爵一級；其官吏卒長，五百將當百，以下及同。"

　　(16)《額濟納漢簡》2000ES9S：8："三日捕斬胡虜，凡截頭百五級。"

劉世儒先生將稱量"首級"和"爵位"的"級"分爲兩種用法，[①]但從漢簡，如《孫家寨漢簡》中這兩種用法大量混雜使用的例證來看，其語義基礎是一致的，不必分爲兩類分别處理。

　　"級"在漢代也可用來計量活俘虜的數量，如：《史記·衛將軍驃騎列傳》："捕伏聽者三千七十一級。""獲首虜二千三百級。"這一用法簡帛文獻未見，後世也沒有得到繼承。

　　29. 石₁

《小爾雅·廣衡》："鈞四謂之石。"清黃生《字詁》："《説文》百二十斤爲秳，後人省作石。"石，本是衡制單位量詞，秦代官秩以石計，即以穀物俸禄的重量計，官俸與官階相聯，故可以用爲表示官位品級的量詞，如百石、千石等，例如：

　　(1)《睡虎地秦簡·法律答問》191："可(何)謂'宦者顯大夫？'宦及智(知)於王，及六百石吏以上，皆爲'顯大夫'。"

最初官秩中的"六百石"、"千石"當是實指的，但很快就虛化了，多少石祇是表示官秩的級别，並非俸禄實數。西漢以錢爲俸，故稱秩若干石，月俸若干錢。東漢半穀半錢爲俸，而以穀數爲標準，所以稱

---

①　劉世儒《魏晉南北朝量詞研究》，北京：中華書局，1965年版，頁140。

秩若干石,月俸若干斛。如《漢書·百官公卿表上》顏師古題解:"漢制:三公號稱萬石,其俸月各三百五十斛穀。其稱中二千石者月各百八十斛,二千石者百二十斛,比二千石者百斛,千石者九十斛。"①

"石"用作官秩的單位量詞,兩漢簡帛文獻常見,如:

(2)《額濟納漢簡》99ES17SH1:20:"掾吏百石以上過隧長輒宿。"

(3)又,99ES17SH1:16:"☒者以先請相中二千石以先。"

(4)又,2000ES9SF4:23A:"☒自言功勞者與計偕吏千石以下及比者自"

(5)《居延新簡》EPT10.2A:"囚律:告劾毋輕重,皆關屬所二千石官。"

(6)又,EPT51.15:"制曰:下丞相御史。臣謹案:令曰,發卒戍、田,縣、侯國財令吏將,二千石官令長吏並將至戍、田所。罷卒還,諸將罷卒不與起居,免、削爵☒"

(7)《居延漢簡》5.10:"官先夏至一日以除隧取火,授中二千石、二千石官在長安、雲陽者,其民皆受。"

(8)又,132.5:"右百石吏四人。"

(9)《孫家寨漢簡》380、358:"能斬捕君長有邑人者,及比二千石以上,賜爵各四級;其毋邑人,及吏皆千石以下至六百石,賜"

這種用法傳世兩漢文獻亦常見,此不贅述。

第八組　條、格、給

"條"、"格"、"給"所稱量的對象往往都是長條形的,因此匯列爲

---

① 　陳夢家《漢簡綴述·漢簡所見奉例》,北京:中華書局,1980年版,頁135-148。

一組。“條”用作量詞最早見於楚簡帛，到兩漢簡帛中雖然用例不多，但用法已經虛化了，並一直沿用到現代漢語中；而“格”和“給”作長條形物的量詞僅僅是曇花一現，楚簡帛以外未見用例，這兩個量詞的使用或有一定的地域色彩，其用法此後也均爲“條”所替代。

30. 條

“條”的本義是“樹枝”，《説文・木部》：“條，小枝也。”引申有“長”義，《書・禹貢》：“厥草惟繇，厥木惟條。”孔傳：“條，長也。”孔穎達疏：“繇是茂之貌，條是長之體，言草茂而木長也。”《詩經・王風・中谷有蓷》：“有人仳離，條其嘯矣。”朱熹《集傳》：“條，條然，嘯貌。”由此引申指稱長條形的東西。

“條”用作量詞，最早的用例見於《包山楚簡》，簡文用作“旌旗”的單位量詞。簡文中作“條”（一例）或“攸”（三例），“攸”當爲“條”之省，凡四例，例如：

    （1）《包山楚簡》269：“絑旌一百攸四十攸。”

    （2）又，牘1：“絑旌百條四十攸。”

核對圖版，簡269字形作“羽”，而牘1正面則分別書作“絲”和“夕”，原整理者未予隸定，何琳儀先生據《璽匯》2641“蒤”書作“蓧”，以及脩魚令戟等，將簡269之“羽”，隸定爲“仅”，爲“攸”之異文；將牘1正面“絲”和“夕”分別隸定爲“條”和“攸”，認爲三字均讀爲“條”，並根據《左傳》正義、《爾雅》、《周禮》證明文獻中“攸”、“條”、“條”三字可以通用。[1] 李家浩認爲簡269之“羽”字形從“羽”，當隸定爲“翍”，其他與何琳儀説一致；陳偉通過紅外影像重新釋讀簡文，前者採用了李家浩的觀點，其他也採用了何琳儀説。[2] 李家浩將269號簡、牘1分別句讀作“絑（朱）旌，一百翍四十翍翠之首”、“絑（朱）旌，一百翍四十攸翠

---

① 何琳儀《包山楚簡選釋》，載《江漢考古》，1993年4期。

② 陳偉主編《楚地出土戰國簡册［十四種］》，北京：經濟科學出版社，2009年版。

之首",認爲該字不是稱量旌旗的量詞,指出:"簡牘文字'翳'、'條'等大概是翠羽的個體量詞,相當於《爾雅》'一羽謂之箴'的'箴'","意思是説朱旌的旗杆之首飾有一百四十根翠鳥羽毛"。①經過多位學者的努力,對簡文的理解已經基本確切。②

這種用法在漢代得到了繼承,兩漢簡帛中並未看到"條"稱量條形物體的用例。但是,傳世文獻中可以看到用例,例如:

> (3)《禮記・雜記上》"喪冠條屬"鄭注:"條屬者,通屈一條繩若布爲武,垂下爲纓。"③

更爲虛化的用法,條文稱"條",在漢代也已經出現了,如:

> (4)《漢書・刑法志》:"大辟四百九條。"

> (5)《漢書・王莽傳》:"又曾法五十條。"

在《居延漢簡》中也可以看到用例,《居延漢簡》二例,《居延新簡》二例,如:

> (6)《居延新簡》ESC.4A:"右一條賜爵關内侯。"

> (7)又,EPT2.29:"常會八月條☐"

此簡文意不全,"常"上當還有文字,但"條"屬量詞是無疑的。

上例的"條"是指寫在木簡上的條文,這裏的"條"與名詞的"條"意義相關聯,名詞義還比較實,但簡文中也有用"條"計量不是條狀的一般物品,如:

> (8)《居延漢簡》14.23:"鞮瞀十二條,毋組。十一空,毋韋絞。毋纖,毋四緤。"

"鞮瞀"即"鞮鍪",古代戰士的頭盔。

---

① 李家浩《包山楚簡中的旌旆及其它》,《著名中年語言學家自選集・李家浩卷》,合肥:安徽教育出版社 2002 年版,頁 261。

② 詳參李建平《漢語個體量詞研究出土文獻語料二題》,載《中國語文》,2012 年 1 期。另外參考了麻愛民《漢語個體量詞研究中的語料使用問題》,載《中國語文》,2010 年 2 期。

③ 參劉世儒《魏晉南北朝量詞研究》,北京:中華書局,1965 年版,頁 16。

“鞻瞀”不是條狀物，而簡文中的用例以“條”論，這種現象在漢以後都是很少見的，這也説明“條”的意義已經非常虛化了，使用範圍也擴大了，説明量詞“條”已經發展成熟，由此我們可以把量詞“條”的成熟年代提前到漢代，而不是如劉世儒先生認爲的南北朝，更不是王力先生認爲的唐代。

31. 格（졹）

“格”，也是表示長條型物體的個體單位量詞，簡文中作“졹”，僅1 例：

> （1）《包山楚簡》269：“十졹（格）車戟，戢羽。”

整理者注：“졹，讀如格。……一格車戟即一件長柄車戟，出土實物中有長柄戟。”

《説文·木部》：“格，木長貌。”徐鍇《繫傳》：“亦謂樹高長枝爲格。”王筠《句讀》：“蓋謂枝條長也。”由此引申虛化作表示長條型物體的個體量詞也是合情合理的。但這一用法在後世並没有得到繼承，秦簡、兩漢簡帛等均未見用例。

32. 給

表示紡織品的單位量詞，僅見於秦簡，凡三例：

> （1）《睡虎地秦簡·秦律雜抄》17—18：“省殿，貲工師一甲，丞及曹長一盾，徒絡組廿給。省三歲比殿，貲工師二甲，丞、曹長一甲，徒絡組五十給。”
>
> （2）又，20—21：“漆園殿，貲嗇夫一甲，令、丞及佐各一盾，徒絡組各廿給。”

此前文字材料中都未見“給”作量詞的用法，整理者注：“給，疑讀爲緝。”《釋名·釋衣服》：“緝，即今人謂之綎也。”絡組五十給，即五十組條帶。如此，“給”則爲名詞，因爲“緝”也没有作量詞的用例。但這樣前後行文也嫌重複。從這兩例來看，“給”正處於量詞的位置上。王鍈先生認爲，這裏的“給”應當是“根”或“條”的意思。從字形看，“給”從“糸”，與用作絲織品的個體單位量詞正合。[1]因此我們同意王鍈先生的觀點,簡文中的"給"當讀爲如字,應是表示紡織品單位的一個量詞。[2]

吉仕梅認爲:"'給'用以表繩索類物,由此引申以表繩索的單位。由於'給'在典籍中出現較晚,其本義不爲人所知,而其作爲量詞的引申義在後世則廢棄不用了。"[3]

第九組　猴、發

"猴"、"發"都可以用作"箭矢"的個體單位量詞,故列爲一組。但"猴"用作量詞很罕見,後世也没有得到繼承;量詞"發"雖然簡帛文獻中亦不多見,但却是具有遠大發展前途的,後來稱量"箭矢"均用這個量詞,並沿用下來,現代漢語中"子彈"等也可以用"發"來稱量。

33. 猴（猴、鍭、矦）

猴,《説文·羽部》:"猴,羽本也。一曰羽初生貌。从羽,矦聲。"段玉裁注:"謂入於皮肉者也。按《詩》、《周禮》鍭矢,《士喪禮》作猴矢。蓋此矢金鏃,矦物而中,如羽本之入肉,故假借通用也。"《方言》卷十三:"猴,本也。"郭璞注:"今以鳥羽本爲猴。"字或作"猴",按《字彙補·羽部》:"猴,同猴。"《儀禮·既夕禮》:"猴矢一乘。"

字亦書作"鍭",《集韻·矦韻》:"鍭,《爾雅》:'金鏃翦羽謂之鍭。'或從羽。"清徐灝《説文解字注箋·羽部》:"箭以羽爲用,故矢亦名。又因金鏃而改從金旁作鍭也。"因此,可以用作箭羽的個體單位量詞,《九章算術·粟米》:"今有出錢六百二十,買羽二千一百猴。"三國魏

---

① 王鍈《雲夢秦墓竹簡所見某些語法現象》,載《語言研究》,1982 年 2 期;又收入王鍈《近代漢語詞彙語法散論》,北京:商務印書館,2004 年版,頁 124。

② 當然也仍有學者懷疑該簡中的"給"是個體單位量詞的,如麻愛民《漢語個體量詞研究中的語料使用問題》,載《中國語文》,2010 年 2 期。

③ 吉仕梅《秦漢簡帛語言研究》,成都:巴蜀書社,2004 年版,頁 137。

劉徽注：“镞，羽本也。數羽稱其本，猶數草木稱其根株。”

簡帛文獻最早見於《里耶秦簡》，例如：

(1)8－1457＋8－1458—8－1457 背＋8－1458 背：“卅五年正月庚寅朔甲寅，遷陵少内壬付内官☐ 翰羽二當一者百五十八镞，三當一者三百八十六镞，五當一者四百七十九镞，六當一者三百卅六镞，八當一者☐十五當一者☐”

(2)8－1260：“☐廿八镞。卅五年四月己未☐☐☐百七十三镞。凡☐镞四百☐☐”

按《後漢書·南蠻傳·巴郡南郡蠻》：“其民户出幏布八丈二尺，雞羽三十镞。”王念孫《讀書雜誌餘編上·後漢書》：“此言雞羽三十镞，則非謂镞矢也。镞讀爲镞。……作镞者，借字耳。”

镞（镞），其本義是名詞“羽毛之根”，因此可以用作稱量“羽毛”的個體單位量詞。而箭矢的製作中必須用到羽毛，二者於是具有了密不可分的關係，因此引申作稱量“羽矢（箭）”的個體單位量詞，可見於漢簡，簡文中寫作“喉”或“矦”，通“镞（镞）”，例如：

(3)《張家山漢簡·算數書》57：“羽矢：羽二喉（镞）五錢，今有五十七分矦（镞）卅〈卌〉七，問得【錢】幾何？”

該簡篇題明確，爲“羽矢”，討論的中心當爲“矢”，以下“羽二喉（镞）五錢”中的“羽”當爲“羽矢”之省。彭浩先生認爲：“（镞）此爲羽矢計量單位。”[1]則該簡大意爲：羽箭二支五錢，現在有羽箭五十七分之三十七支，問值多少錢？但這種量詞用法無論傳世文獻還是出土文獻，均不常見。

34. 發

《説文·弓部》：“發，射發也。”本義是動詞“發射”之義，由此引申爲用於箭矢的單位量詞。最初是個集體單位量詞，傳世上古文獻可見，如《漢書·匈奴傳》：“賜以……弓一張，矢四發。”顔師古注：“服虔

---

① 彭浩《張家山漢簡〈算術書〉注釋》，北京：科學出版社，2001年版。

曰:'發,十二矢也。'韋昭曰:'射禮三而止,每射四矢,故以十二爲一發也。'"《後漢書·南匈奴傳》引班彪文:"今齎……矢四發,遺遺單于。"李賢注:"發四矢曰發。"服虔以"十二矢"爲一發,而李賢則以"四矢"爲一發,疑莫能定。

簡帛文獻所見之"發"多用作動量詞,用作物量的情況先秦簡帛未見,而兩漢簡帛可見,如:

(1)《羅泊灣漢簡》1:"繳四栝,栝十發。"

(2)《居延漢簡》75.2:"埻省一發,葪聶☑"

(3)又,83.3A:"累虜候長,弓箭四發。"

"發"用作物量詞,既可以用作集體單位,即"十二矢";又可以用作個體單位,即"一矢";祇有在特定語境中我們纔可以推斷其具體所指,往往容易造成人們的疑惑,也不符合語言表達明晰性的要求。因此,劉世儒先生説,南北朝以後這種模糊的稱量方式不再使用,[1]"發"逐漸成爲一個個體單位量詞,"一發"即"一枚"。從漢簡看,"發"表"一枚"的用法可能在漢代就出現了,如例(1)中"栝十發"當指"每栝裝十隻箭",顯然並非"一百二十隻箭"。

但是,值得注意的是《金關漢簡》中的用例:

(4)73EJT9:94A:"河内温貞陽里爵大夫單强,年廿六,馬劍一,弓一,矢一發,字長孟☑"

上文中"矢一發"從文意來看似乎並非指"矢一枚",但僅此一例,姑列於此,以備考察。

第十組　斷、節、成、辟

"斷"、"節"、"成"、"辟"四個量詞所稱量的往往都是對象的一部

---

[1]　劉世儒《魏晉南北朝量詞研究》,北京:中華書局,1965 年版,頁 203—204。

分,因此匯爲一組。"斷"稱量的是事物分成的若干部分中的一部分, "節"語義與"斷"相近;"成"、"辟"則相當於現代漢語中的量詞"重"或"層"。

35. 斷(劇)

表示某些事物分成的若干部分的單位量詞,相當於現代漢語中的量詞"段"。僅一例:

(1)《包山楚簡》152:"辰骨貯之又(有)五劇(斷)。"

整理者注:"劇,劇與《説文》斷字古文劇相似,讀作段。"

《説文·斤部》:"斷,截也。"由"截"義引申來表示截斷後的各個部分的量詞義,也是合情合理的。量詞"斷"傳世上古文獻亦可見,如《墨子·備梯》:"伐裾之法,小大盡本斷之,以十尺爲斷。"因此此處不必讀作"段",徑釋作本字爲好。但是,此後在漢簡中没有出現此類用法之用例。

36. 節

《説文·竹部》:"節,竹約也。"本指竹節,草禾莖上生葉的部分或樹木枝幹交接處也叫"節",用作量詞,指兩節之間的一段。先秦文獻中已經有萌芽:

(1)《嶽麓秦簡》150/0851:"竹【十】節,上節一斗,下節二斗,衰以幾可(何)?"

確切無疑的用例最早見於簡帛方劑類文獻,往往指藥材的長短而言,相當於"段"、"截",均見於《馬王堆帛書》中的醫書:

(2)《五十二病方》365:"取桐本一節所。"

按,字書作𥫱。《集成》認爲:"'一節所'之釋可疑,待考。"[1]

(3)《養生方》114:"竹緩節者一節。"

---

[1]　裴錫圭主編《長沙馬王堆漢墓帛書集成》(伍),北京:中華書局,2014 年版,頁 282。

更爲虛化的用法這時也出現了：

  （4）《去穀食氣》1：“去穀者食石韋，朔日食質，日駕（加）一節，句五而【止；句】六始銑（匡），日□【一】節，至晦而復質，與月進退。”

石韋，一種草本植物。該簡大意爲：欲却穀者可以食石韋……每日增加一節，至十五日而止；從第十六日，每日減去一節……“日加一節”，即每日增加一個等級，魏晉以後用例漸多。

37. 成

  表示臺的層數的個體量詞，相當於現代漢語的量詞“重”或“層”。先秦兩漢魏晉六朝簡帛文獻中均不常見，僅四見，三例爲《老子》相同文句的不同版本，另一例見於《上博簡》的遠古神話傳説《容成氏》：

  （1）《郭店楚簡·老子甲篇》26—27：“九成之臺甲□□□□□□足下。”

整理者注：甲，疑爲“作”之誤。簡文缺字依帛書甲本可補作“於嬴土百仁（仞）之高臺（始）於”。

  （2）《馬王堆帛書·老子甲》57：“九成之臺，作於嬴（絫）土。百仁（仞）之高，台（始）於足下。”

  （3）又，《老子乙》200下—201上：“九成之臺，作於籬（絫）土。”

  （4）《上博簡·容成氏》44：“是乎作爲九成之臺。”

《廣雅·釋詁四》：“成，重也。”傳世先秦文獻亦常見，如《周禮·秋官·司儀》：“將合諸侯，則令爲壇三成。”鄭玄注引鄭司農云：“三成，三重也。”《吕氏春秋·音初》：“爲之九成之臺。”高誘注：“成，猶重。”

  《老子》“九成之臺”，今本多據王弼本作“九層之臺”。[①] 但用於

---

  ① 朱謙之《老子校釋》，北京：中華書局，1984年版，頁259。

重迭積累的東西時，先秦時代一般用“成”或“重”來表示，而“層”此時一般没有量詞義，《大字典》“層”字條量詞義下始見書爲唐王之涣詩，劉世儒①、牛太清②二先生則認爲“層”的量詞義産生於魏晉南北朝時期。敦煌所出庚本《老子》亦作“成”，由此可見今本作“層”者當爲後人妄改。

38. 辟

展示層數的單位量詞，相當於現代漢語中的量詞“重”、“層”，僅見於上博簡，例如：

(1)《天子建州·甲本》8－9：“天子四辟【延】(筵)笘(席)，邦君三辟，大夫二辟，士一辟。”

(2)《天子建州·乙本》簡8：“天子四辟【延】(筵)笘(席)，邦君三辟，大夫二辟，士一辟。”

甲乙兩本，此段文句完全相同。整理者注，延，讀爲“筵”，“筵”從延得聲，故可通。《説文·竹部》：“筵，竹席也。從竹，延聲。《周禮》曰：‘度堂以筵，筵一丈。’”笘，從竹，石聲，楚文字“席”字，亦見於仰天湖、信陽及望山出土的楚簡。《説文·巾部》：“席，籍也。《禮》：‘天子、諸侯席，有黼繡純飾。’”筵和席雖然都是指竹席而言，但細分則有别。“筵”也專指墊底的竹席。《周禮·春官·序官》“司几筵下士二人”鄭玄注：“筵亦席也。鋪陳曰筵，藉之曰席。然其言之筵席通矣。”賈公彦疏：“設席之法，先設者皆言筵，後加者爲席。”是緊靠地面的一層稱“筵”，加在筵上面的稱“席”。辟，義爲“迭”、“重”。《文選·張協〈七命〉》：“乃煉乃鑠，萬辟千灌。”李善注：“辟謂迭之，灌謂鑄之。”字亦同“襞”，訓謂折迭，《漢書·揚雄傳·反離騷》：“芳酷烈而莫聞兮，固不如襞而幽之離房。”顔師古注：“襞，迭衣也。”“四辟”，猶言“四迭”、“四

---

① 劉世儒《魏晉南北朝量詞研究》，北京：中華書局，1965年版，頁139。

② 牛太清《量詞“重/層”歷時更替小考》，載《古漢語研究》，2001年2期，頁38。

重”。古人席地而坐,鋪設不止一層,以多寡分尊卑。

《天子建州·甲本》該簡大意爲:天子用四重竹席,邦君(諸侯)用三重竹席,大夫用二重竹席,士用一重竹席。《禮記》對此也有記載,《禮器》:“天子之席五重,諸侯之席三重,大夫再重。”除天子之席爲“五重”外,其他與簡文同。

第十一組　顆、丸、梃

“顆”、“丸”往往都用來稱量粒狀或圓形的物體,多見於簡帛醫學文獻;“梃”的適用範圍限於杆狀物,但同“顆”、“丸”一樣多見於醫學文獻,故匯爲一組。

39. 顆(果)

《説文·頁部》:“顆,小頭也。”段玉裁注:“顆,引申爲凡小物一枚之偁。珠子曰顆,米粒曰顆是也。”段注對量詞“顆”的來源分析甚確。

“顆”作爲量詞,最早見於簡帛方劑文獻,字均作“果”。“果”、“顆”,古今字。漢簡中,其用法也已經較爲泛化,多用於粒狀或圓形的小物體,相當於現代漢語的量詞“粒”或“枚”,例如:

(1)《馬王堆帛書·五十二病方》48:“嬰兒病間(癇)方:取雷尾〈戻(矢)〉三果(顆),冶,以豬煎膏和之。”
雷矢,見《急就篇》,據《名醫別録》系雷丸別名。雷丸,是竹林下所生的一種菌蕈,内服有治癲癇的作用,乾燥的菌核爲球形或不規則的圓塊狀,大小不等,直徑約一至二釐米。

(2)又,280:“雎(疽)未【□□□□□】豙(喙)十四果(顆)。”
按,“□豙(喙)”當爲“烏喙”,今常稱之爲“草烏頭”(侯寧極《藥譜》),亦即“奚毒”、“即子”(《神農本草經》),“雞毒”(《淮南子》),“烏頭”、“千秋”、“果負”、“毒公”、“耿子”(《吳普本草》),“土附子”(《日華子本草》),“草烏”(《聖濟總録》),“金鴉”(《本草綱目》)等。《本草綱目·

草部・附子》(卷十七)"集解":"時珍曰:烏頭有兩種:出彰明者即附子之母,今人謂之川烏頭是也。春末生子,故曰春采爲烏頭。冬則生子已成,故曰冬采爲附子。"①塊根呈不規則圓錐形,稍彎曲,形如烏鴉頭,故得名。

(3)又,347:"(治痂方:)取慶(蜣)良(螂)一斗,去其甲足,以烏豪(喙)五果(顆),礜大如李,並以截□斗煮之,汽(汔),以傅之。"

(4)又,353:"冶烏豪(喙)四果(顆)。"

(5)又,《養生方》149:"烏豪(喙)十果(顆)。"

(6)又,155:"取美烏豪(喙)八果(顆)。"

(7)又,164:"取【烏】豪(喙)三果(顆)。"

(8)又,172:"非廉、方葵、石韋、桔梗、茈(紫)葳各一小束,烏豪(喙)三果(顆)。"

(9)又,《雜療方》62:"每朝啜蒜(蒜)二三果(顆)及服食之。"

(10)《武威醫簡》17:"治百病膏藥方:蜀椒一升,付(附)子廿果(顆),皆父(呹)【且(咀)】。"(付,通附。)

(11)又,57/89甲:"治千金膏藥方:蜀椒四升,弓窮一升,白芷一升,付(附)子卅果(顆),凡四物,皆冶。"

也用於餅狀物——薑,相當於"塊",例如:

(12)《馬王堆帛書・五十二病方》248-250:"取弱(溺)五斗,以煮青蒿大把二,鮒(鯽)魚如手者七,冶桂六寸。乾蘁(薑)二果(顆),十沸,抒置甕中,貍(埋)席下,爲竅,以熏痔。藥寒而休,日三熏。"

(13)又,《養生方》126:"(除中益氣方:)取白符(符)、紅符、

① 詳參張顯成《簡帛藥名研究》,重慶:西南師範大學出版社,1997年版,頁138-139。

伏靁(苓)各二兩,薑十果(顆),桂三尺,皆各冶之,以美醯二斗
和之。"

劉世儒先生認爲:"有説這種用法①遠在西漢初期就已經出現了
的,太早;又有説是直到了宋代纔産生的,太晚。"②馬王堆漢墓下葬
時間爲文帝前元十二年(公元前 168 年),《五十二病方》《養生方》二
書的成書時代亦當在秦漢之前,《武威醫簡》的成書也當早於東漢,因
此量詞"顆"當在秦漢以前就已經出現是無可置疑的。

40. 丸(垸、完)

在簡帛文獻中書作"垸"、"完","垸"、"完"、"丸"三字在《廣韻·
桓韻》中均爲胡官切,中古屬匣母桓韻平聲,上古音均爲匣母、元部。
《説文·丸部》:"丸,圜,傾側而轉者。从反仄。"段玉裁注:"圜則不能
平立,故從反仄以象之。仄而反復,是爲丸也。"其本義爲小而圓的物
體,引申作量詞,多見於簡帛方劑類文獻,用於量丸藥,使用較廣泛,
例如:

(1)《馬王堆帛書·五十二病方》2:"(將丸藥)毀一垸(丸)音
(杯)酒中,飲之。"

(2)又,8—9:"百草末八亦冶而【□□□□□□毀】一垸(丸)
温酒一音(杯)中而飲之。"

(3)又,《養生方》37—38:"(取藥)完(丸)如鼠矢,陰乾,□入
八完(丸)叔(菽)醬中,以食。"

(4)又,152—153:"(冶藥)捖(丸)之,勿□手,令大如酸棗,
□吞一垸(丸)。日益一垸(丸),至十日;日後日捐一垸(丸),至
十日,日【□□□□□□】益損□,□之多日,令人壽不老。"

(5)《居延漢簡》265.2A:"(所作之藥)大如捂(梧)實,先舖

---

① 筆者按,這裏説的是量詞"顆"稱量"圓形"之物的用法。
② 劉世儒《魏晉南北朝量詞研究》,北京:中華書局,1965 年版,頁 116—117。

食,吞五丸。"

（6）《敦煌漢簡》2030:"□爲十二丸,宿毋食馬,以一丸吞之。"

（7）《武威醫簡》1－5:"治久欬上氣喉中如百蟲（蟲）鳴狀卅歲以上方:苩胡、桔梗、蜀椒各二分,桂、烏喙、薑各一分,凡六物,冶,合和,丸以白密大如嬰桃,晝夜吟（唅）三丸,消咽其汁,甚良。"

（8）又,17－18:"治百病膏藥方:蜀椒一升,付（附）子卅果（顆）,皆父（呚）【且（咀）】。豬肪三斤煎之,五沸,浚去宰（滓）。有病者取大如羊矢,溫酒飲之,日三、四。與〈其〉宰（滓）搗之,丸大如赤豆,心寒氣脅下恚,吞五丸,日三吞。"

（9）又,76:"（製藥）丸之大如吾（梧）實,先餔食吞二丸,日再。"

（10）又,83甲－乙:"（以上諸藥）凡六物,皆冶,合和,丸以白密（蜜）,丸大如吾（梧）實。旦吞七丸,餔吞九丸,莫（暮）吞十一丸。"

從形式上看,以上用例中的"丸"直接同數詞連用,既可能是量詞,也可能是名詞。《大字典》、《大詞典》均認爲是量詞,但在這個時代,這個量詞顯然還很不典型。後來的晉簡中可以看到"丸"處在"名＋數＋量"結構中的用法:

（11）《南昌晉牘》:"故墨一丸。"

這裏"丸"作爲量詞是無可置疑的了。在馬王堆醫書中,還不見作"丸"的寫法,作爲量詞的"丸",寫作"完"、"捖";作爲動詞的"丸",寫作"完"、"捖";可見"完"爲本字,"捖"、"捖"爲分化字。"完"用作量詞"丸",傳世文獻中似不見用例;而"捖"用作"丸",傳世文獻中卻不乏用例,作動詞的如《淮南子·時則》:"規之爲度也,轉而不復,員而不捖。"作名詞的如《列子·黃帝》:"累捖二而不墜。"而在《武威醫簡》等後世醫簡中,字形則統一了,一律寫作"丸",作量詞的已見上例;作名詞的如"大如彈丸"(武威醫簡 82 甲),作動詞的如"丸以白密(蜜)"(《武威醫簡》83 甲)、"丸之大如吾(梧)實"(《武威醫簡》76)等。

從簡帛方劑可以看到,丸的大小是因藥而異的,其大者,可如"彈丸"、"梧實"、"櫻桃"、"酸棗"、"羊矢"、"大牛戒"、"指端"等;其小者,可如"黍"、"鼠矢"、"赤豆"等;但總體而言是小而圓的。

41. 梃(廷)

簡帛方劑中或寫作"廷"。《說文·木部》:"梃,一枚也。"王筠《句讀》:"梃,下文'材,木梃也',《竹部》:'竿,竹梃也',但指其幹,不兼枝葉而言,今猶有此語。"其本義是植物的"幹",引申用作杆狀物的單位量詞,相當於現代漢語的"根"或"支",例如::

    (1)《馬王堆帛書·五十二病方》17:"獨□長支(枝)者二廷(梃),黃芩二梃,甘草【□】廷(梃)。"

    (2)又,168:"以其汁煮膠一廷(梃)半。"

    (3)又,《養生方》85:"桂尺者五廷(梃)。"

"梃"用作量詞一直限於"杆狀物",魏晉六朝亦很常見,多用來稱量"蠟燭"、"甘蔗"之類,其用法與其本義相差不遠。

第十二組　人、夫

"人"、"夫"稱量的對象一般都是"人",因此作爲一組論述。"人"是最古老的量詞之一,但受語義限制一直沒有發展爲常用的典型量詞;"夫"作爲"人"的個體單位量詞在後來的發展中也沒有得到繼承。

42. 人

"人",甲骨文作ᐟ(後上一七·七),象人側面站立形,本來是個名詞,引申用作"人"的個體單位量詞。甲骨文中已見,如"俘人十又六人"(合 137 反),一般稱之爲"拷貝型量詞"或"回應量詞(echo-classifier)"，也有學者認爲祇是數詞前面名詞的重複，而非量詞。但在甲骨文中，"人"已經虛化，稱量的名詞可以是其他表示"人"的名詞，例如"羌三十人"（合26907）、"羌十人又五"（合26913）等。先秦簡帛文獻中，"人"可以用作量詞則是毫無疑問的，例如：

（1）《曾侯乙墓簡》212："傳一人。"

（2）《上博簡·容成氏》12："堯又（有）子九人，不以其子爲後，見舜之賢也，而欲以爲後。"

（3）又，17："舜又（有）子七人，不以其子爲後，見禹之賢也，而欲以爲後。"

（4）《睡虎地秦簡·秦律十八種·倉律》62："隸臣欲以人丁粼者二人贖，許之。其老當免老、小高五尺以下及隸妾欲以丁粼者一人贖，許之。"

（5）《睡虎地秦簡·封診式》55："署中某所有賊死、結髮，不智（知）可（何）男子一人，來告。"

他如：《曾侯乙墓簡》212（2）；《包山楚簡》137（2）；《上博簡》：《從政甲篇》3、4，《容成氏》12、17、23、51，《中弓》3，《君子爲禮儀》10（2）；《睡虎地秦簡》：《秦律十八種·倉律》62（2），《秦律十八種·金布律》72（3）、72（2）、73（5）、74（2）、94（2），《秦律十八種·工人程》109（5）、110（2），《秦律十八種·司空》136、137、146（2），《秦律十八種·軍爵律》155、156，《秦律雜抄》19、34，《法律答問》1（2）、53、136（2）、137（3）、208，《封診式》55、91，《日書甲》30背壹、84背壹、86正壹、89正壹、89背壹（2）、49背三、94背壹，《日書乙》253、258；《里耶秦簡》J1168正面（2）等等。

漢代及其以後簡帛文獻中，這個量詞仍很常見，如：

（1）《額濟納漢簡》99ES17SH1：26："☑宋等五人，皆證恭朴強杜上自傷。"

（2）《港大漢簡·日書》37："至□□者，恒使之北（？）伯，各爲更事□,各户一人。"

（3）《馬王堆3號墓漢簡·遣策》2："家丞一人。"

（4）又,7："偶人二人,其一人操還蓋,一人操矛。"

（5）《張家山漢簡·二年律令》148："能産捕群盜一人若斬二人,操（拜）爵一級。"

（6）又,《算數書》54："有婦三人,長者一日織五十尺,中者二日織五十尺,少者三日織五十尺。"

（7）《尹灣漢簡》M6D1正："都尉一人,丞一人,卒吏一人,屬三人,書佐五人。"

（8）又,M6D2正："都尉吏員十二人,都尉一人秩真二千石,都尉丞一人秩六百石,吏卒二人,屬三人,書佐四人,用筭佐一人。"

（9）《蕭家草場漢簡》3："御者一人。"

（10）《東牌樓漢簡》130："出錢,雇東津卒五人四月直□"

（11）《孔家坡漢簡》930－931："食口七人,上家之數也。食口六人,中家之數也。食口五人,下【家之數也】。"

"人"作爲最古老的量詞之一,與數詞一起組成的數量結構往往衹能後附於名詞,先秦出土文獻無論甲骨文、金文還是楚秦簡帛中的情況均是如此,兩漢簡帛也多如此,因此一般情況下古今文獻中"人"的量詞性始終不强。但中古漢語裏,"人"是可以用作真正的物量詞的,范崇高舉了五例,如"四人宰相"（《舊唐書·宦官·王守澄》）、"三人力士"（《太平廣記》卷一一三"陳安居"引《法苑珠林》）,並提出"隨着中古、近代漢語研究的深入,漢語史上像"人"作真正物量詞這種曇花一現的語言現象,必將被一一揭示出來"。①王紹新又舉出一例,《太平廣記》卷三一〇引《河東記》："此後三年,

---

① 范崇高《名量詞"人"示例》,載《中國語文》,2003年3期,頁281。

興元當有八百人無主健兒,若早圖謀,必可將領。"提出:"至遲到中古近代之交,'人'的量詞性已相當成熟。但不可否認的是,從漢代始很多名量詞紛紛前移,到魏晉南北朝基本形成'數＋量＋名'語序的優勢並延續至今,惟獨'人'的前置呈曇花一現之勢,最終没有站住脚跟。"①

但是這種用法也僅僅是曇花一現而已,隨着稱量"人"的專用量詞"個"、"位"等量詞的迅速發展成熟,"人"作爲量詞的使用頻率也逐漸變低。

43. 夫

《説文・夫部》:"夫,丈夫也。"徐灝注箋:"男子已冠之稱也。"用作稱量"人"的單位量詞當由此引申虚化而來,例如:

> (1)《曾侯乙墓簡》212:"備所□□六夫,□奚六夫,□三(四)夫,□三(四)夫,羔甫三(四)夫。"
>
> (2)《包山楚簡》4:"凡君子二夫。"

他如:《曾侯乙墓簡》211(18)、213(5);《包山楚簡》3(2)、4、7、8(2)、10、142 等。

同"人"一樣,"夫"作爲量詞也不典型,仍然帶有很强的名詞意味,同名詞的界限並不清晰,從語法功能上看它祇能與數詞一起後附於名詞。這些特點決定了"夫"作爲量詞也祇能是曇花一現而已,隨着稱量"人"的專用量詞"個"、"位"等量詞的迅速發展成熟,它和"人"一樣逐漸被替代。

第十三組　封、通、合₁、張

"封"、"通"、"合"、"張"這四個量詞,其稱量對象本來都不相同,

---

① 王紹新《試論"人"的量詞屬性》,載《中國語文》,2005 年 1 期,頁 39。

但用作量詞都來源於其動詞義,爲便於討論,姑且列爲一組。

44. 封

"封",表示封緘物的單位量詞,常用於書信。其量詞義當來源於其動詞"封緘"義,《字彙·寸部》:"封,緘也。"《白虎通義·封禪》:"或曰石泥金繩封以印璽。"簡帛文獻所見書信亦多記其具體所用之印璽,如《居延漢簡》127.25:"南書三封。十七。其一封,居延都尉章,詣張掖□□□;一封,居延丞印,詣廣地候官;一封,居延塞尉印,詣屋蘭。"這裏的"南書三封"顯然均有印璽封之,由"封檢"引申作表示所封檢物品的單位量詞也是合情合理的。"封"用作量詞實際上已早見於先秦簡帛,如:

(1)《睡虎地秦簡·封診式》48:"令吏徒將傳及恒書一封詣令史。"

(2)《里耶秦簡》5—22:"獄東曹書一封,丞印,詣無陽。"

(3)《里耶秦簡》8—453:"尉曹書三封,令印。"

"封"用作量詞,先秦簡帛文獻中多見於秦簡,楚簡未見,由於出土文獻的真實性,無可置疑這是目前所見的最早用例。

在兩漢簡帛文獻中,量詞"封"既可以量文書封檢上所加封泥印信之數,也可以用來稱量文書的件數,當然兩種用法都來源於其動詞"封檢"義,而且都很常見。下面分別舉例:

首先,量詞"封"用以量文書封檢上所加封泥印信之數,如:

(4)《居延漢簡》33.2:"甲渠言吏遷缺令居延備補,言府。一事集封。"

(5)《居延新簡》EPT51.72:"☑免言府。一事一封,四月壬申令史嚴奏封。"

(6)又,EPT51.261:"☑服謂臨木候長政。一事集封,八月癸☑"

(7)又,EPT51.25:"殄北候令史登不服負臨木候長憲錢,謂臨木候長憲。一事集封。四月己卯。尉史强奏封。"

　　(8)又，EPT51.79："大守府書，塞吏，武官吏皆爲短衣，去足一尺。告尉謂第四守候長忠等，如府書，方察不變更者。一事二封。七月庚辰掾曾、佐嚴封。"

"封"引申作計量封泥印信的量詞，印封一處爲一封，印封二處爲二封，"集封"則指封泥印信之數超過二處者，如《漢書·平帝紀》："有期會累封兩端，端各兩封，凡四封也。乘置馳傳五封也，兩端各二，中央一也。"①又如：

　　(9)《東牌樓漢簡》2："右檢一封。"②

　　(10)又，3 正："右檢一封。"

　　其次，用以稱量文書本身的件數，這也是現代漢語中量詞"封"的主要用法，例如：

　　(11)《居延漢簡》33.11："其二封，詣張掖大守府；一封，詣弘農大守府；六月戊辰日出八分時，臨木卒。"

　　(12)又，44.16："其一封居延都尉章，詣酒泉北部都尉府。一封居延令印。十二月。"

　　(13)《居延新簡》EPT49.29："☑□分，萬年驛卒徐訟，行封橐一封，詣大將軍，合檄一封，付武疆驛卒。無印。"

　　(14)又，EPT5.145："書三封。其一封，詔；一封，詣□☑"

　　(15)又，EPT7.31："☑北行詔書一封。"

　　(16)又，EPT27.16："少吏張宏叩頭，書一封奏，厚厚。"

　　(17)《居補簡》72.1："私書一封□多(？)。"

　　(18)《敦煌漢簡》514A："出東書一封，大煎都。"

　　(19)又，513："出詔書一封。"

---

① 汪桂海《漢代官文書制度》，桂林：廣西教育出版社，2000 年版，頁 146。
② 封匣。此爲正面，存文四行。背面無字，原檢已佚。

（20）《金關漢簡》73EJT21：29："正月壬辰南書六封，其四橛，二書，莫當以來。"

例（13）中最後説明"無印"，也可見文中的量詞"封"稱量的不是"封緘"之數，而是文書本身的數量。又如，例（14）"其一封，詔"大意是"其中一封爲詔書"，顯然量詞"封"稱量的也是文書本身的數量。但在很多情況下，由於文書本身是一件，上面的封緘也是一處，則量詞"封"的語義指向就很不明晰了，例如：

（21）《居延漢簡》19.22："書一封，張掖太守章。騎士自言☐"

（22）又，30.4："南書一封，殄北候印。"

此二例都是"書一封"，分別説明有"張掖太守章"、"殄北候印"，則個體量詞"封"稱量的對象是"書"，還是封緘的"章"或"印"，僅僅根據語義難以確認。又如：

（23）《居延漢簡》136.43："居延尉丞。其一封，居延倉長。一封，王憲印。十二月丁酉，令史弘發。"

（24）又，188.21："郵書二封，張掖、居延都尉。十一月壬子夜食，當曲卒同受收降☐"

這兩枚簡中所説的書信似乎是"一封"，而有兩處"封緘"的印章，但也有可能是兩封書信，各有一處"封緘"之印。

魏晉以後，量詞稱量"封緘"的功能逐漸消亡，稱量書信成爲其唯一的功能，並一直沿用下來，直到現代漢語一直廣泛應用。

45. 通

"通"用作量詞，先秦簡帛文獻未見，兩漢簡帛中既可以用作動量詞，也可以用作物量詞。《説文·辵部》："通，達也。"用作書信的單位量詞可能由此引申而來，例如：

（1）《居延漢簡》3.25："札五通，凡九通，以篋封，遣郭卒杜霸持詣☐。"（札，指書信。）

傳世兩漢文獻亦可見，如《漢書・劉歆傳》：“……皆古文舊書，多者二十餘通，藏於秘府。”劉世儒先生認爲：“‘通’作爲量詞是從‘通括’‘通徹’義轉來的。（如宋釋道挺《阿毗曇婆沙論序》：‘請令傳譯理味，……至丁卯歲七月上旬都訖，通一百卷。’‘書一通’的‘通’正就是由這樣的用法引申出來的。）”[①]《孟子・告子上》：“奕秋，通國之善奕者也。”可見“通”之“通括”義產生甚早。但從用例看，“通”作物量詞最早是稱量書信文書的，而書信文書是送達對方的，與“通括”義聯繫較少，故我們認爲“通”的物量詞義可能來源於其本義“到達”義。

劉世儒先生認爲“在漢代‘通’也可以説‘完’”，“對照來看，就可知‘通’的作爲量詞確是由‘通括’義轉來的。‘通’指通體一貫，‘完’指完整無缺。兩者在詞義上本來就是可以互通的”[②]。所舉例證如《居延漢簡》：“具木蓬一完”、“八月甲子買赤白繒蓬一完”、“出槀矢銅鍭二百完”、“具弩一完”、“蘭冠一完”、“革甲廿完”等，並認爲：“‘完’指完整，祇要重在完整，適用範圍可以是多方面的；看中心詞義類的多樣性可知。但這樣用同‘具’字的部分用法實是重複，所以到了南北朝就祇用‘具’，不用‘完’了。”[③]但我們認爲，《居延漢簡》“名＋數＋完”結構中的“完”並非量詞，而是形容詞“完整”、“完在”義，“完”前當斷句。

46. 合[1]

合，有“合閉、合攏”義，《説文・亼部》：“合，合口也。”朱芳圃《殷周文字釋叢》：“字象器蓋相合之形。”由此引申可指有蓋的盛物器，所以可用爲量詞；表示有蓋的盛物器，後作“盒”。如劉世儒先生所説：“兩物相合合成一副，就叫一合。”[④]

① 劉世儒《魏晉南北朝量詞研究》，北京：中華書局，1965 年版，頁 162－163。

② 劉世儒《魏晉南北朝量詞研究》，北京：中華書局，1965 年版，頁 163。

③ 劉世儒《魏晉南北朝量詞研究》，北京：中華書局，1965 年版，頁 72。

④ 劉世儒《魏晉南北朝量詞研究》，北京：中華書局，1965 年版，頁 214。

"合"用作量詞,劉世儒先生初始例據《漢書‧貨殖傳》,其實先秦時期就已經出現了,睡虎地秦簡中用作錢模的單位量詞,僅一例:

> (1)《睡虎地秦簡‧封診式》19:"及新錢百一十錢,容(鎔)二合。""鎔",《漢書‧食貨志》注引應劭云:"作錢模也。""鎔二合"意即"錢範兩套。"

傳世典籍均未見"合"作錢模單位量詞的用法。模子因爲有兩扇,取其相合之意,用作錢模的單位量詞也是合情合理的。雖然僅此一例,但由於出土文獻的真實性,可以確定量詞"合"在秦代就已經產生了。曾仲珊認爲:"《秦簡》中的集體量詞有'兩'、'合'等……'鎔'是錢模,分兩扇,所以用'合'爲單位。"[①]將"合"歸入集體單位量詞一類。而吉仕梅則認爲:"其實,集體量詞中其組成的個體是一致的,而'鎔'雖有兩扇,但並不一定相同,而且它衹有合在一起才能鑄造出完整的貨幣,所以我們把它看作個體量詞。"[②]我們認爲歸入個體單位量詞更符合其語義特徵。《里耶秦簡》中也可見,如:

> (2)8-900:"筥九合。卅五年八月丁巳朔庚申,田官壬囗"
> (3)8-1074:"竹筥二合。"

筥,爲圓形的盛物竹器。《詩‧召南‧采蘋》:"于以盛之,維筐及筥。"毛傳:"方曰筐,圓曰筥。"

西漢初年以後,這種用法便迅速發展起來,漢簡中很常見,如:

> (4)《張家山漢簡‧遺策》13:"盛一合。"

盛,祭祀時放在容器中的黍稷等祭品。《周禮‧地官‧閭師》:"不耕者,祭無盛。"鄭玄注:"盛,黍稷也。"《公羊傳‧文公十三年》:"魯祭周公,何以爲盛?"何休注:"盛,粢盛也;在器曰盛。"簡文所指或釋爲"受物之器"。《左傳‧哀公十三年》:"旨酒一盛兮,余與褐之父睨之。"杜

---

① 曾仲珊《〈睡虎地秦墓竹簡〉中的數詞和量詞》,載《求索》1981 年 2 期。
② 吉仕梅《秦漢簡帛語言研究》,成都:巴蜀書社,2004 年版,頁 136。

預注："一盛,一器也。"《禮記·喪大禮》："食粥於盛,不盥。"鄭玄注："盛,謂今時杯杅也。"

(5)又,14:"簽(奩)一合。"

簽,爲"奩"字之省,後世俗作"奩"。《説文·竹部》："奩,鏡奩也。从竹,斂聲。"《字彙·竹部》："簽,藏鏡之柙也。隸作匲,俗作奩。"指盒匣一類的盛物器具。劉向《説苑·尊賢》:"臣笑臣鄰之祠田也,以一奩飯、一壺酒、三鮒魚,祝曰:'蟹堁者宜禾,洿邪者百車,傳之後世,洋洋有餘。'"《馬王堆1號墓漢簡·遣策》寫作"檢(奩)",如373:"☐泪食檢一合。"又,212:"**㯱扗**食檢一合。""檢"之所指與此簡文同。①

(6)《馬王堆3號墓漢簡·遣策》236:"右方凡用笥六十七合。其十三合受中,五十四合臨湘家給。"

(7)又,266:"**㯱**(漆)畫盛十合。"

(8)又,268:"冠大小各一,布冠笥,五采(彩)畫一合。"

(9)《高臺漢牘》丁:"檢一合、卮一合。"

(10)《港大漢簡·遣策》124:"檢(奩)一合,盛食。"

(11)《尹灣漢簡》M6D6正1欄:"乘與黃韋篋百九十七合。"

(12)《居延新簡》EPT5.15:"笥一合,小樽一合。"

(13)《蕭家草場漢簡》30:"竹笥一合。"

(14)《大墳頭漢簡》3:"□檢一合。"

(15)《鳳凰山8號墓漢簡》89:"大盛二合。"

(16)又,90:"小盛二合。"

(17)又,99:"小卵檢(奩)一合。"

(18)又,100:"黑中脯檢(奩)一合。"

(19)又,101:"大畫脯檢(奩)一合。"

---

① "泪""扗"二字釋讀學界有不同觀點,但對本書所討論的"名·數·量"理解影響不大,兹不贅述。

(20)又,102:"小食檢(盦)一合。"

(21)又,103:"大食檢(盦)一合。"

(22)《鳳凰山 9 號漢墓》31:"大脯檢(盦)一合。"

(23)又,32:"小脯檢(盦)一合。"

漢代的用法仍然是以稱量"兩兩合爲一副"的器物爲主的,到了魏晉南北朝有了進一步發展,可"折合"之物均可以用"合",例如《初學記》卷二五《東宮舊事》:"皇太子納妃,梳頭屏風二合四牒。"由此向外引申,成爲一種器物名稱,後作加"皿"作"盒"。"盒"字《說文》未見,簡帛文獻亦無用例。[①]

47. 張

《說文·弓部》:"張,施弓弦也。"其本義是"把弓張開",由此引申用作"弓"的自然單位量詞。漢簡可見:

(1)《居延漢簡》128.1:"承五月餘官弩二張,箭八十八枚,釜一口,礎二合。今餘官弩二張,箭八十八枚,釜一口,礎二合,赤弩一張,力四石,木關。"

"張"由動詞"張開"義還可以引申爲稱量其他事物的量詞,而且先秦已見,例如《左傳·昭公十三年》:"子產以幄幕九張行。"這是目前所見"張"用作量詞的最早用例,因此劉世儒先生提出:"看來是先用於'幕'然後才發展的'弓'的。但若就'張'的詞義看,這樣發展似不可能。但'張'量'弓'更早的例子現在既然還看不到,這裏就衹好存疑了。"[②]孟凡傑、李如龍認爲:"這主要是由以下兩方面原因造成的。第一,'張'從動詞虛化爲量詞時的語義來源影響了量詞'張'稱量對象的範圍。""第二,'張'由動詞虛化爲量詞時選擇的特徵屬性是

---

① 吉仕梅提出:"動詞'合'產生了名詞義'盒子'後,大約在宋代便有'盒'字,而'合'的這一量詞義也漸漸爲'盒'所取代。到了現代漢語中,'合'字已不作表盒子單位的量詞了。"見《秦漢簡帛語言研究》,成都:巴蜀書社,2004 年版,頁 136。

② 劉世儒《魏晉南北朝量詞研究》,北京:中華書局,1965 年版,頁 133。

‘張開’義。"①

魏晉以後，更虛化的用法也出現了，例如：

（2）《旱灘坡晉牘》："故帋三百張。"

《廣韻·紙韻》："帋，同紙。"由於"紙"可以鋪張開，所以也可以用"張"來稱量了，傳世魏晉文獻常見。

第十四組　物、事

"物"、"事"作爲量詞都還有很強的名詞性，而且在以後的發展也因此並沒有得到進一步虛化，故匯爲一組。

48. 物

"物"的本義是"雜色牛"，王國維《釋物》："卜辭云：‘丁酉卜，即貞，後祖乙古十牛。四月。’又云：‘貞，後祖乙古物。四月。’……前云‘古十牛’，後云‘古物’，則‘物’亦牛名。""古者謂雜帛爲物，蓋由‘物’本雜色牛之名，後推之以名雜帛。"由此輾轉引申爲客觀存在的物體，《說文·牛部》："物，萬物也。"由此引申爲客觀存在事物的個體單位量詞，簡帛文獻中首先多見於馬王堆帛書中的醫學文獻中，例如：

（1）《馬王堆帛書·五十二病方》25—26："一，令金傷毋（無）痛，取薺孰（熟）乾實，熬令焦黑，冶一；林（朮）根去皮，冶二，凡二物並和，取三指最（撮）到節一，醇酒盈一衷（中）桮（杯），入藥中，撓，飲。"

（2）又，237："【脈】者（痔）：取野獸肉食者五物之毛等，燔冶，合撓，□。誨（每）旦【先】食，取三【指】大【撮】三，以溫酒一杯和，飲之。"

（3）又，266："治之：以柳蕈一捼，艾二，凡二物。"

---

① 　孟凡傑、李如龍《量詞"張"的産生及其歷史演變》，載《中國語文》，2010 年 5 期。

按,赤堀、山田認爲本句應當讀爲"柳蕈一、挼艾二",云:(挼艾)當是用手搓揉的艾草。①

(4)又,271:"睢(疽)病:冶白薟(蘞)、黄蓍(耆)、芍樂(藥)、桂、畺(薑)、椒、朱(茱)臾(萸),凡七物。"

(5)又,275:"【一】,睢(疽),以白薟、黄耆、芍藥、甘草四物【□】者(煮),桂、畺(薑)、蜀焦(椒)、樹(茱)臾(萸)四物而當一物。"

郭秀梅等指出:"馬王堆醫書中一共出現中藥量詞'物'15例,而無一次是'味',基本模式爲'凡 X 物'。""通過對出土資料以及晉唐醫書的考證和研究,並證之以語音變遷,得出了隋代以前的中藥量詞常用'物',而非'味'。'味'作爲中藥量詞,大致始於唐代,很可能自孫思邈之後,'味'作爲中藥量詞逐漸取代了'物'。"②其他簡帛文獻中亦較爲多見,例如:

(6)《居延新簡》EPT52.187:"☑白練複大襲一領。☑縹複襦一領。白布單襦一領。白布單綺一兩。白素帶二枚。凡六物,自校具。"

(7)又,EPT59.2:"即日嚴持絳單衣、甲帶、旁橐、刺馬刀,凡四物,其昏時到部。"

(8)又,EPT 59.343:"☑□掌酒者,秫稻必齋,麹糵必時,湛饎必絜,水泉香,陶器必良,火齊必得。兼六物,大酉。"

(9)《居延漢簡》418.2:"出物故:戍卒魏郡内黄東郭里詹奴。三石具弩一,完。槀矢銅鏃五十,完。幠一,蘭莞各一,負索一,完。凡小大五十五物。"

---

① 赤堀昭、山田慶兒《五十二病方》,山田慶兒主編《新發現中國科學史資料の研究 譯注篇》,京都大學人文科學研究所,1985 年版。

② 郭秀梅、崔爲、岡田研吉、加藤久幸《中藥量詞從"物"到"味"的演變》,載《醫古文 知識》,2000 年 2 期。

（10）又，89.20："傷寒四物：烏喙十分，朮十分，細辛六分，桂
四分；以溫湯飲一刀刲，日三，夜再，行解，不出汗。"

（11）《鳳凰山 10 號墓漢簡》1 正："案一；布橐食一；縑橐米
二；布帷一長丈四二福（幅）；瓦器凡十三物。"

（12）《馬王堆 3 號墓漢簡・遣策》104："右方羹凡卅物，物
一鼎。"

此類用例傳世漢代文獻亦可見，如《漢書・孔光傳》："賜餐十七
物。"但從上面所列傳世文獻和出土文獻中例子看，"物"在漢代用作量
詞仍不典型，其名詞義仍然很強，因此劉世儒先生認爲："'物'作爲量
詞也是似是而非的。在南北朝以前，它簡直就是名詞，不必往量詞隊
伍裏頭拉。"①到後代，用"物"的地方多用"枚"、"個"等量詞來代替。

49. 事

《説文・史部》："事，職也。"其本義是官職、職務，輾轉引申爲"事
件"義，由此引申爲量詞，例如：

（1）《居延漢簡》136.39："☑候長候史日迹簿言府。二事集
封。十月癸已，令史弘封。"

（2）《居延新簡》EPT40.205："右善劍四事，右幣劍六事。"

（3）又，EPT50.151："☑言府，一事集封。"

（4）《東牌樓漢簡》82："凡口五事；筭三事，貲五十☑"

"事"用作量詞，其名詞義也很明顯，並不是一個典型的量詞，魏
晉以後仍沿用，如：

（5）《走馬樓吳簡・竹簡〔壹〕》2944："☑凡口四事，算二事，
中訾，五十。"

（6）又，4907："凡口三事，算二事，訾五十。"

（7）又，4908："凡口四事，算三事，中訾，五十。"

---

① 劉世儒《魏晉南北朝量詞研究》，北京：中華書局，1965 年版，頁 157。

此後的發展過程中正如劉世儒先生所言:"'事'這個詞在發展中也曾經走向量詞的邊緣,但也始終沒有發展成正規的量詞。"①

第十五組　本、木、株

"本"、"木"、"株"用作量詞適用對象均爲草木類,前兩者很罕見,在後世也沒有得到繼承,後來均爲"株"所取代,列爲一組,以便討論。

50. 本

《説文·木部》:"本,木下曰本。"本義指木的根,也指草的根和草木的莖、幹,作量詞用於量草木,傳世先秦文獻已見,如《荀子·富國》:"然後瓜、桃、棗、李一本,數以盆鼓,然後葷菜百疏以澤量。"王先謙《集解》:"一本,一株也。"②簡帛文獻較少見,如:

> (1)《武威醫簡》70－71:"即鼻不利,藥用利(藜)廬(蘆)一本。"

傳世漢代文獻亦可見,如《論衡·驗符篇》:"三年,零陵生芝草五本。"這種用法現代漢語已經不見,"本"多用來量"書籍",這一用法是南北朝以後的事情了。③

51. 木

表示樹木的個體單位量詞,僅一例:

> (1)《睡虎地秦簡·封診式》8—9:"甲室、人:一宇二内,各有户,内室皆瓦蓋,木大具,門桑十木。"

整理者注:"木,應爲朱字之誤,《禮記·檀公上》有'公叔木',注:'木,當爲朱。'與此同例。桑十木,即桑樹十株。"但也有學者認爲此處"木"不宜視爲"朱"字之誤,他書雖有誤以"木"爲"朱"之例,但不宜濫比。"朱"

---

① 劉世儒《魏晉南北朝量詞研究》,北京:中華書局,1965年版,頁 158。

② 王先謙《荀子集解》,諸子集成本,頁 119。

③ 劉世儒《魏晉南北朝量詞研究》,北京:中華書局,1965年版,頁 97。

雖爲"株"的初文,但"朱"作量詞則罕見,而"株"的量詞義較早見於東漢作品。因此此處也可能是借名詞"木"的"樹木"義爲量詞,雖不見於先秦典籍,但與其他名詞借作量詞的規律是一致的,如"樹"普遍用於表"樹木"的名詞義後,就産生了用"樹"表樹木單位的量詞。① 又如:

(2)《里耶秦簡》8—455:"貳春鄉枝(枳)枸志。枝(枳)枸三木☒下廣一畝,格廣半畝,高丈二尺。去鄉七里。卅四年不實。"按整理者注:"枝枸,亦見於 8—1527,當讀作'枳枸'。8—855 即作'枳枸'。枳枸,即枳椇。"雖然後面簡文殘缺,但"木"作爲稱量"枳枸"的個體單位量詞還是比較明確的。

52. 株

稱量草木等的個體單位量詞。《説文・木部》:"株,木根也。"本義是露出地面的樹根、樹幹或樹樁,因此引申首先引申爲稱量樹木的量詞,如《三國志・蜀書・諸葛亮傳》:"成都有桑八百株,薄田十五頃,子弟衣食,自有餘饒。"簡帛文獻中最早見於吳簡:

(1)《走馬樓吳簡・竹簡〔肆〕》4186:"☒株劉陽三百廿株吳昌八百六十七株羅三百廿株☐☒"

(2)又,4187:"☐☐樹知一株益陽☐☐☐☐☐移☒"

(3)又,4188:"☒行樹知一株所寫第一☐☐千☐☐☐☐☒"

由於"株"出現的簡文多數殘斷,導致整體文意無法通讀,但從其稱量的對象來看無疑是"樹",從簡文中的語法位置來看也正處在量詞的語法位置上,其用法與後世量詞"株"的用法是一致的。

第十六組　紐

"紐"作爲量詞,一般多用以稱量"印",適用對象比較特殊,故單

---

①　吉仕梅《〈睡虎地秦墓竹簡〉量詞考察》,載《樂山師專學報》,1996 年 3 期,頁 55。

獨作爲一組。

53. 紐

"紐"當通"鈕",《説文·金部》:"鈕,印鼻也。"由此引申爲稱量
"印"的個體單位量詞,見於晉代簡牘文獻,例如:

> (1)《旱灘坡晉牘》246 正四欄:"故駙馬都尉青銀印一紐。
> 故奮節將軍長史金印一紐。"

劉世儒先生認爲:"(紐)所量是'印璽','鈕'對它也是專職量詞,
其它概不適用。"①但在晉簡中還有稱量"帳"的情況,僅一例:

> (2)《南昌晉牘》1021 正二欄:"故白絹帳一紐。"

"紐"本指器物上用以提攜懸繫的襻紐,而簡文中的"白絹帳"可能亦
有用以提攜懸繫的襻紐,故可以用"紐"稱量。

第十七組　歲

"歲"是用來稱量人的年齡的單位量詞,作爲現代漢語中仍在常
用的一個專職量詞,單獨列爲一組。

54. 歲

"歲"本義是歲星,即木星。《説文·止部》:"歲,木星也。越曆二
十八宿,宣徧陰陽,十二月一次。"《爾雅·釋天》:"載,歲也。夏曰歲,
商曰祀,周曰年,唐虞曰載。"邢昺疏:"取歲星行一次。"如《尚書·堯
典》:"期三百有六旬有六日,以閏月定四時,成歲。"由此借作表示年
齡的單位也是順理成章的,上古常見,如《詩·周頌·閟宮》:"萬有千
歲,眉壽無有害。"

先秦簡帛文獻中既可以用來表示人的年齡,也可以用來表示動
物的年齡,例如:

---

①　劉世儒《魏晉南北朝量詞研究》,北京:中華書局,1965 年版,頁 179。

（1）《睡虎地秦簡·封診式》24：“即令令史某齒牛，牛六歲矣。”

（2）又，52—53：“以三歲時病疕，眉突，不可知其何病，無它坐。”

（3）又，92：“外大母同里丁坐有寧毒言，以卅餘歲時遷。”

兩漢簡帛亦常見：

（4）《額濟納漢簡》2000ES9SF3：10：“齒九歲詣城倉。”

（5）《敦煌漢簡》690：“牛一，黑黔，齒十歲。”

（6）《居延漢簡》18.13：“第十候長楊褒，馬一匹，騧牡，齒五歲，☐”

（7）又，20.6：“劾狀辭曰：公乘日勒益壽里，年卅歲，姓孫氏，乃元康三年七月戊午，以功次遷爲”

（8）又，29.1：“妻大女，昭武萬歲里孫第卿，年廿一。子小女，王女，年三歲。弟小女，耳，年九歲。”

（9）《居延新簡》EPT5.5：“充辭曰：上造河東安邑龐氏里，年二十來歲，姓梁氏。”

（10）又，EPT51.12：“中營左騎士，利上里馬奉親，馬一匹，駹牡，左剽，齒四歲，高五尺八寸。”

（11）《居補簡》306.19：“文年廿三歲，長七尺五寸，鬂得成漢里。”

（12）《港大漢簡·日書》78：“産一日，八十日不死，女子八十九歲辛亥死。”

（13）又，《金關漢簡》L1：“都護軍候張【鳳】所假官駹牡馬一匹，齒八歲，高一尺八寸。”

吳晉以後用例更多：

（14）《走馬樓吳簡·竹簡〔壹〕》5：“慮（?）女弟金年二歲。”

（15）又，3028：“子小女兒年七歲。”

（16）又，3290："道弟小女思年八歲。"

這一用法也延續到現代漢語，仍在使用，兹不贅述。

第十八組　算

"算（筭）"用作量詞，多爲賦稅或獎懲單位，稱量對象較爲特殊，故單獨列爲一組。

55. 算（筭）

簡文中寫作"筭"，"筭"與"算"相通。筭，古代計數的籌碼。《説文·竹部》："筭，長六寸，計歷數者。从竹从弄，言常弄乃不誤也。"段玉裁注："《漢志》云：'筭法用竹，徑一分，長六寸，二百七十一枚而成六觚，爲一握。'此謂筭籌，與算數字各用。計之所謂算也，古書多不别。"漢代用作表示徵稅計錢多少的單位量詞。顧炎武《錢法論》："《漢律》：人出算百二十錢，是口賦之入以錢……商賈緡錢四千而一算，三老、北邊騎士軺車一算，商賈軺車二算，船五丈以上一算，是關市之入以錢。"《史記·平準書》："於是公卿言……異時算軺車賈人緡錢皆有差，請算如故。諸賈人末作貰貸賣買，居邑稽諸物，及商以取利者，雖無市籍，各以其物自占，率緡錢二千而一算。諸作有租及鑄，率緡錢四千一算。非吏比者三老，北邊騎士，軺車以一算；商賈人軺車二算；船五丈以上一算。"又，《漢書·高帝記》："（四年）八月，初爲算賦。"顏師古注："如淳曰《漢儀注》：民年十五以上至五十六出賦錢，人百二十爲一算，爲治庫兵車馬。"《九章算術·均輸》："今有均賦粟，甲縣四萬二千算，粟一斛二十，自輸其縣；乙縣三萬四千二百七十二算，粟一斛十八，傭價一日十錢，到輸所七十里……"可見歷代算賦之"一算"是因人、因物而異的。

兩漢簡帛中"算"很常見，但似乎並非賦稅單位量詞，而是用作獎罰單位，也有學者認爲僅是一種評價單位，與獎罰並無必然的聯繫。

但從"算"在句中的語法位置來看,用作量詞是無可置疑的,例如:

(1)《張家山漢簡·算數書》72—73:"程曰:醫治病者得六十筭(算)□負廿筭(算)□□程□弗☒得六十而負幾何? 曰:負十七筭(算)二百六十九分筭(算)十一。"

(2)《居延新簡》EPT50.2:"第卅四隊范尚。六石具弩一…□□□毋□,負一算。丿糸弦一,絶靡,負五算。心腹止泄藥非物,負一算。丿槀矢銅鍭六,干哗呼,二差折,負八算。亩矢銅鍭二,差補不事用,二干哗呼,二羽幣,負十六算。丿蘭一,負索幣,負一算。丿靳干一,哗呼,負一算。丿"

(3)又,EPT52.783:"☒九月都試騎士馳射,最率人得五算半算。"

(4)又,EPT 59.6:"卒四人:堠户厭破,不事用。負二算。堠塢不塗墍,負十六算。縣索三行一里卌六步,幣絶不易。負七算。次吞隧長長舒。一人省。木長接二,柄長。負二算。反苟一幣,負二算。積薪挈皆不墍,負八算。一人車父在官,已見。直上蓬干柱櫃木一,解隨,負三算。天田埒八十步,不塗不負一。縣索緩一里,負三算。凡負卅四算。"

(5)又,EPT5.8:"☒負五算。率所負半算,奇一算半算。"

(6)《居延漢簡》52.17、82.15:"甲渠候鄣:大黃力十石弩一,右淵强一分,負一算。八石具弩一,右弭生,負一算。六石具弩一,空上蜚,負一算。六石具弩一,衣不足,負一算。塢上望火頭三,不見所望,負三算。塢上望火頭二,不見所望,負二算。□扣弦一,脱,負二算。凡負十一算。"

至吳晉則更常見,如《走馬樓吳簡》多見,字多作"筭",例如:

(7)《走馬樓吳簡·竹簡〔壹〕》3509:"將妻大女湘年卅四,筭一。"

(8)又,2940:"凡口四,事三;筭二,事;中訾,五十。"

(9) 又,2942:"祖小妻大女客年廿七,筭一。"

(10) 又,2969:"斗妻大女□年卅二,筭一。"

(11) 又,2971:"宗妻大女妾年卅二,筭一。八十一複。"

(12)《走馬樓吳簡·竹簡〔貳〕》1536:"象女弟汝年十六,筭一。"

(13) 又,1595:"晃妻大女壬年廿九,筭一。"

(14) 又,1677:"達兄公乘力年廿四,筭一。"

(15) 又,1687:"梁妻大女至卌四,筭一。"

(16) 又,1732:"謙妻大女壹年廿六,筭一。"

從文意看,吳簡中的"筭"同兩漢簡帛中的"算"性質不同,應當是一種賦稅單位,即《漢書》顏師古注引如淳引《漢儀注》:"民年十五以上至五十六出賦錢,人百二十爲一算。"顧炎武《錢法論》引《漢律》:"人出算百二十錢。"但吳制一算是否爲"百二十錢",有待進一步研究。

第十九組　隻、件、種、塊、函

本組"隻"、"件"、"種"、"塊"、"函"五個量詞相互之間較少有共同點,與其他量詞也聯繫較少,爲行文方便,列爲一組分別討論。

56. 隻

《説文·隹部》:"隻,鳥一枚也。从又持隹,持一隹曰隻,二隹曰雙。"由此引申用作表示動物的單位量詞。[1] 先秦簡帛文獻未見,兩漢簡帛可見,首先可以計量禽類,例如:

(1)《居延新簡》EPT43.206:"□孫並取雞一隻□"

———————

[1] 從甲骨文來看,"隻"本義是"獲得"之義,《説文》所言"鳥一枚"其實是其引申義,但其量詞義却是從其引申義"鳥一枚"語法化而來。在此後的詞義發展中,其引申義"鳥一枚"也一直是其詞義系統的核心。

　　（2）又，EPT51.223：“出百八十，買雞五隻。”①

　　“隻”也可用作計量動物身體一部分的量詞，如：

　　（3）《居延漢簡》217.29：“牛胗一隻，毋，直六十。”

《説文·丂部》“函，舌也……胗，俗函。”牛胗，即牛舌頭。

　　“隻”在漢代亦可以稱量其他器物，例如：

　　（4）《鳳凰山169號墓漢簡》26：“木壺一隻，盛醪。”

　　但是值得注意的是，“雙”有時可以省作“隻”，雖然字形相同，但根據隨葬器物或者上下文往往可以推斷（參下文“雙”條），例如：

　　（5）《鳳凰山167號墓漢簡》35：“緒（紵）卑（椑）匭（榹）一隻（雙）。”

　　（6）又，36：“食卑（椑）匭（榹）一隻（雙）。”

該墓中出土紵胎漆盤兩件、盛食品的漆盤兩件，可見這裏的“隻”是“雙”的省寫形式。又如：

　　（7）《居延漢簡》237.27：“買箸五十隻（雙）。”

“箸”一般是成雙使用的，因此這裏的“隻”也應當是“雙”的省寫形式。

　　先秦傳世文獻亦可見，如《穆天子傳》：“於是載玉萬隻。”陳逢衡注：“萬隻之隻即古省雙字。”但這種情況如果没有出土實物可供參證的情況下，我們就無法判斷這裏的量詞究竟是個體單位量詞“隻”，還是集體單位量詞“雙”。劉世儒先生認爲：“‘隻’作爲量詞，用法有種種，但基本上可以把它範圍在兩個系統内，一個是‘鳥’的系統。……由此就可延及‘罜’，但這種用法在南北朝還不多見，……此外就是另一個系統了。這一個系統是由‘一枚’（單隻義）發展出來的。‘鳥’一枚稱一‘隻’，‘鳥’二枚稱一‘雙’，由此引申，凡成雙的東西，如果單説

---

　　①　敦煌懸泉置出土漢簡中“雞一對”均稱“一隻（雙）”，而“一隻”則稱“一枚”，故此二例中的“隻”也有可能是“雙”之省寫，但没有確切證據的情況下，姑且採用學界一般的處理方式而列於此。

其中的一個，就也可以用‘隻’量了。……但由此發展，就不再以‘雙數中的一隻’爲條件，凡一切堅而長的東西也都可以用‘隻’量了。”①按，《鳳凰山 169 號墓漢簡》成書於西漢文帝至景帝間，其中“壺”並非“堅而長”的東西，亦非“雙數中的一隻”，可見“隻”稱量其他物品的功能在西漢早期就已經產生了，並不一定是從“雙數中的一隻”發展而來。

57. 件

《説文·人部》：“件，分也。从人，从牛。牛，大物，故可分。”（或説《説文》本無“件”字，爲後人所加。）其本義爲“分”、“分別”，由此引申爲表示事物數量的量詞。《正字通·人部》：“件，俗號物數曰若干。”

《里耶秦簡》8－2112：“☒各一件☐☒”但是由於簡文殘缺，文義不明，姑列與此。到《居延漢簡》中已經可以看到確切的用例：

  （1）《居延新簡》EPT40.6A：“荻七百束，又從卒利親貸平二件。”

  （2）又，EPT40.6B：“用羊韋八十三件。”

  （3）又，EPT65.118：“羊韋五件，直六百。”

《居延新簡》中的用例是到目前爲止我們所見到的較早用例。先秦兩漢簡帛文獻雖然並不多見，但“件”用作量詞卻是具有旺盛生命力的，魏晉南北朝以後一直沿用，直到現代漢語中仍廣泛使用。

58. 種

《玉篇·禾部》：“種，種類也。”“種”作爲量詞正是由其“種類”義引申而來，先秦簡帛文獻未見用例，漢簡中亦不多見，例如：

  （1）《張家山漢簡·二年律令》526：“律令二十☐種。”這是張家山漢簡《二年律令》最末一枚簡的文字，是對《二年律令》的

---

① 劉世儒《魏晉南北朝量詞研究》，北京：中華書局，1965 年版，頁 113－115。

律和令的小結，"二十□種"蓋爲"二十八種"，因該文獻共含二十七種律和一種令。

　　傳世漢代文獻中其用例較多，如《漢書·藝文志》："序六藝爲九種。"又《貨殖傳》："它果采千種。"六朝以後，其用法逐漸泛化，但簡帛文獻用例不多，例如：

　　　　(2)《南昌晉牘》1021："右卅七種。"

　　　　(3)《旱灘坡晉牘》248："升平十三年七月十二日，涼故駙馬都尉、建義奮節將軍、長史武威姬瑜隨身物疏令卅五種。"

　　　　(4)《走馬樓吳簡·竹簡〔壹〕》1625："言戰具十種事，言入水牛皮二枚事；七月七日倉曹史□□白。"

這種用法一直延續到現代漢語仍廣泛使用。

59. 塊(腁)

　　量詞"塊"的産生時代和語源學界多有探討，但仍未有明確的意見。《説文·土部》："凷，墣也。塊，凷或从鬼。"塊的本義是"土塊"，如《國語·晉語四》："(重耳)過五鹿，乞食於野人，野人舉塊以與之。"韋昭注："塊，墣也。"劉世儒認爲"塊"用作量詞來源於"土塊"，稱量的對象就是土壤，並引用《顔氏家訓·書證》："北土通呼物一凷改爲一顆，蒜顆是俗間常語耳。"提出："既説'通呼'，這就可見它在當時北方通行之廣。"①但是如孟繁傑、李焱説："劉世儒所舉的魏晉南北朝時期的用例僅有一例，這並不符合'通行之廣'的闡述。"王力也認爲"還找不到較早的例子"，也採納了劉世儒引《顔氏家訓》的用例。王彤偉也認爲漢末三國時期出現的例子祇能是"類似量詞的用例"，並認爲："從這一記載(筆者按：指《顔氏家訓·書證》)看，當時'塊'在北方話裏是個泛指量詞。"②

---

① 劉世儒《魏晉南北朝量詞研究》，北京：中華書局，1965 年版，頁 119。
② 王彤偉《量詞"塊"的源流和演變》，《陝西理工學院學報》，2014 年 5 期。

從出土文獻看,在漢簡中有兩個用例,一作"塊":

(1)《敦煌漢簡》2418:"治渠各一通,出塊糞三百桼。"

有學者認爲這裏的"塊"用於稱量事物的數量,則應當歸入個體單位量詞。但若"塊"爲量詞,則是"量詞＋名詞＋數詞"結構,在漢語量詞發展史上並未出現過此類稱數結構,因此我們認爲這裏的"塊"應當是由名詞"土塊"引申而來的形容詞義,表示"成疙瘩或成團的東西",如北魏賈思勰《齊民要術·作酢法》:"又以手就甕裏,搦破小塊。""塊糞三百桼"指"成團的穢土三百七十"。

在漢簡中,或書作"腂":

(2)《金關漢簡》73EJT23:769A:"王子文治劍二百五十,脯一腂,直卅□,錢六十。"

按,《集韻·賄韻》:"腂,腫大也。"顯然金關簡文中並非此意。從稱數結構來看,正是此時常見的"名詞＋數詞＋量詞"結構,因此我們推測"腂"應當是"塊"的分別字,因爲稱量的對象是"脯",因此該字從"月(肉)"作"腂"。《金關漢簡》中的用例,應當是"塊"用作量詞目前所見最早的用例。

60. 函

《説文·弓部》:"函,舌也。"誤。"函",甲骨文作"𤽠",王國維説,像"盛矢之器",隸定爲"函"。因此其本義當指"矢箙",詞義引申後,纔用來泛指一切能容物之器物。"函"用作量詞後,詞義範圍縮小了,在後世典籍中衹用來計量書函,如《資治通鑒》卷八九:"吾威名已著,何事遣兵! 但一函紙自定耳。"又《資治通鑒》卷一四三:"近遣天虎往荆州,人皆有書。今段乘驛甚急,止有兩函與行事兄弟。"

但在漢簡中的用法同傳世文獻多有不同,居延漢簡中"函"用作"表火"、"蓬火"的單位量詞,例如:

(1)《居延漢簡》212.9:"出亡人赤表火一函。"
(2)又,258.16:"蓬火四函,咔呼。"

由於用例不多，且傳世文獻未見，其具體語義仍有待進一步研究，姑列於此。

第二節　集體單位量詞

集體單位量詞是表示多數個體的量詞，與個體量詞相對。簡帛文獻材料，尤其是其中的方劑類文獻中集體單位量詞非常豐富，而且使用頻率也往往很高，爲我們研究先秦兩漢魏晉六朝時期集體單位量詞的發展演變提供了豐富的"同時資料"。根據簡帛文獻中集體單位量詞的使用情況，我們仍以義繫聯進行分組，分述如下。

第一組　乘$_2$、駟$_2$

"乘"和"駟"都既可以用作個體單位量詞稱量"車"，也可以用作集體單位量詞，稱量"馬"。作爲集體單位量詞二者有很多相通之處：首先，二者稱量的對象一般都是"馬"，後來纔可以稱量其他事物；其次，其語義基礎都來源於上古"一車四馬"的標準配置，其具體數量都是"四"，因此作爲一組。

1. 乘$_2$

《字彙・丿部》："乘，四數曰乘。""乘"用作集體單位量詞，表示"馬四匹"，在先秦時代是很常見的用法。因爲"乘"多用作兵車的單位量詞，而上古兵車以"一車四馬"爲標準配備（詳參前文"乘$_1$"條），由此引申表示"馬四匹"，用作集體單位量詞自然也順理成章，如《詩經・小雅・鴛鴦》："乘馬在廄，摧之秣之。"陸德明《釋文》："乘馬，四馬也。"又，《論語・公冶長》："陳文子有馬十乘。"劉寶楠《正義》："一乘是四匹馬。"

出土先秦簡帛文獻中則僅見於曾侯乙墓簡，凡二十四例，秦簡未見用例，如：

(1)《曾侯乙墓簡》7:"乘馬之鞁䜌䚘。"

(2)又，81:"☑□鐈䚘，乘馬䚔白翠（羽）。"

(3)又，115:"鞏（鞄）鞁，勾環䚘，乘馬之䜌，鐈䚘。"

(4)又，122:"乘馬之彤甲。"

(5)又，124:"乘馬畫甲。"

(6)又，148:"凡新官之馬六乘。"

"乘馬"在簡文中往往合文作"䮦"，如《曾侯乙墓簡》簡61、124（2）、125、126（2）、127、130、137（2）、138（2）、139、210，字或作"䮩"，如簡127、135、148、159、207、208。值得注意的是，"乘"作爲一個量詞並不等於數詞"四"，因爲它可以同數詞相搭配組成"數詞＋乘"結構來修飾限定名詞，如"馬六乘"指的是二十四匹馬。由於數詞是"一"時常常省略，因此傳統訓釋往往將"乘"徑訓爲"四"，也有學者將數詞同量詞"乘"並列，都是不够恰當的。

作爲集體單位量詞的"乘"漢簡中仍比較常見，例如《武威漢簡》中的用例：

(7)《甲本泰射》45:"射三矦，將乘矢，始射竿，有射參，泰矦再發。"

(8)又，50:"乃射，上射既發，挾矢；而後下射射，拾發以將乘矢。"

(9)又，60:"兼挾乘矢，皆内還，南面揖。適楅南，皆左還，北面簪三挾一个。"

(10)又，61:"後者取誌（誘）射之矢，兼乘矢而取之，以授右司於次中。"

但是，作爲集體單位量詞的"乘"在漢代以後用例漸少。其原因可能在於作爲個體單位量詞稱量"車"是"乘"的根本用法，但漢代以後這一用法已經泛化，不僅僅限於"一車四馬"，而是確定其稱量主體爲"車",至於"馬"的數量則無關緊要了,甚至可以稱量"牛車"。隨着這一泛化,作爲集體單位量詞"乘"便失去了其"四馬"這一根本的語義基礎,因此兩漢以後作爲集體單位量詞"乘"便逐漸被淘汰了。

2. 駟₂

《説文·馬部》:"駟,一乘也。"段玉裁注:"四馬爲一乘。"其本義是"駕一車的四匹馬",引申爲集體單位量詞表示"四馬"。傳世先秦兩漢文獻常見,《論語·季氏》:"齊景公有馬千駟。"邢昺注:"馬四匹爲駟。千駟,四千匹也。"簡帛文獻所見,正是《論語》此例:

(1)《定州漢簡·論語》493:"季氏:齊景[公有馬千駟,死之日],民無□□[稱焉]。"①

又,《漢書·元帝紀》:"賜宗室有屬籍者馬一匹至二駟。"顏師古注:"二駟,八匹。"傳世文獻常見,但出土簡帛文獻用例較少。

總體來看,量詞"乘"、"駟"都是與先秦時期的戰車制度密切相關的,隨着"一車四馬"這種標準配備的戰車逐漸退出歷史舞臺,這兩個量詞也失去了其存在的社會基礎,因此秦漢以後很快就被"兩(輛)"所取代。

第二組　兩₂、雙、偶、會、純、陽

"兩"、"雙"、"偶"、"會"、"纯"、"陽"這六個量詞,其稱量的對象一般都是"雙數",因此匯爲一組,比較分析之。"偶"、"會"、"纯"、"陽"作爲量詞僅僅出現於某一階段,且用例很少;"兩(量)"、"雙"作爲量詞,使用頻率高,而且時間跨度也很長,但在長期的發展過程中,後者逐漸取代了前者的地位,成爲表雙數的唯一量詞。

---

①　《定州漢簡》於 1973 年出土後,1974 年送於國家文物局進行保護和整理。1976年,由於唐山大地震,轉移封存的盛簡木箱被不知情者搬倒,竹簡又一次散亂,並有一定損毀。因唐山大地震損毀的,加[　]表示。

3. 兩$_2$（緉、量、良）

《字彙・入部》："兩，耦也。"《詩經・齊風・南山》："葛屨五兩。"孔穎達疏："屨必兩隻相配，故一兩爲一物。"孔疏所言甚是，量詞"兩"正是由其數詞義引申虚化而來，相當於現代漢語中的量詞"對"。在出土先秦簡帛文獻中，量詞"兩"僅適用於"屨"或"履"，楚簡凡六例，均見於《信陽楚簡》：

（1）《遣策》2："一兩緣繹屨；一兩絲紝屨；一兩郪緹屨；一兩諨屨；一兩緂屨。"①

（2）又，12："一兩紟屨，紫夆之納，紛純紛會。"

秦簡見於《睡虎地秦簡》和《里耶秦簡》，例如：

（3）《睡虎地秦簡・封診式》59："男子西有鬃秦綦履一兩。"

（4）《里耶秦簡》8－1237："厄（軛）四兩。篋□三兩。今更爲薄（簿）一。"

漢代以後，這一用法就很常見了，例如：

（5）《馬王堆3號墓漢簡・遣策》280："䰍（漆）履一兩。"

（6）又，392："接（靸）麤一兩。"麤，即粗。整理者注："接麤當指麻枲類草鞋。"

（7）《張家山漢簡・遣策》14："䰍（漆）履一兩。"

（8）《尹灣漢簡》M6D12正："繒履一兩。"

（9）《胥浦漢簡》1095："履一兩。"

（10）《鳳凰山8號墓漢簡》33："䰍（漆）履二兩。"

（11）《鳳凰山168號墓漢簡》55："絲履一兩，在棺中。"

（12）又，56："素履二兩，在棺中。"

（13）《居延漢簡》19.36："枲履一兩。"

---

① "屨"字釋文據朱德熙、裘錫圭先生《戰國文字研究六種》，載《考古學報》，1972年1期；商承祚《戰國楚竹簡彙編・信陽長台關一號楚墓竹簡第一組文章考釋》則隸定爲"緌"，濟南：齊魯書社，1995年版，頁21。

（14）《馬王堆 1 號墓漢簡·遣策》259－263：“素履一兩；絲履一兩；青絲履一兩，扁楮（諸）掾（緣）；接（緻）纚一兩；右方履二兩，纚一兩。”

而且漢代其適用範圍也逐漸拓寬了，其他成對的事物如“綺”、“襪”等也可以此稱量了，例如：

（15）《額濟納漢簡》2000ES7SF2：3：“☐民武即從嚴立買白布綺一兩，直三☐”

（16）《胥浦漢簡》1096：“緒絞一、綺一兩。凡衣襌緮廿五領。”

（17）《鳳凰山 8 號墓漢簡》31：“新素韎（襪）一兩。”

（18）《居延漢簡》19.40：“犬絑一兩；私絑一兩。”

（19）又，82.11：“第卅八卒累忠綺一兩，直七百，其五百閣，其二百☐”

（20）《居延新簡》EPT5.12：“官綺一兩，在亭。”

（21）又，EPT50.213：“☐複裛裘一領。阜布複綺一兩。☐袜二兩。”

（22）又，EPT51.387：“☐☐☐☐里蔡☐，練袍一領、布綺一兩、布繻一領、韋綺一兩，衣☐☐☐☐褐絑一。”

（23）又，EPT52.136A：“☐韋單綺一兩，官裘一領，☐一，白練複衣一領。”

（24）《居補簡》N114：“坐亡布複綺一兩。”

（25）又，509.3：“袍一領；枲履一兩；☐一領；綺一兩。”

（26）《金關漢簡》73EJT21：52B：“青韋臽一兩，直百卅。”

在漢代，量詞“兩”甚至已經開始虛化，不再限於稱量天然成對的事物，例如：

（27）《尹灣漢簡》M6D6 正 1 欄：“乘輿鐵罷七十四兩一奇。”

鐵罷,即鐵制裙鎧。①

  (28)《居延漢簡》326.20:"候官□賣緧複襦一兩。"

  按,量詞"兩"用於鞋襪,是個集合量詞;但用於"綺"則應當歸入個體單位量詞了,"綺一兩"相當於現代漢語中的"褲子一條";由於其語義明確,並不至於造成歧義,因此我們放在一起一併論述。

  稱量"車"的個體單位量詞"兩(輛)"和稱量成對事物的集體單位量詞"兩"也可以出現在同一枚簡中,如:

  (29)《金關漢簡》73EJT23:975:"萬年里任廣漢大奴據:年廿五,墨色。車牛一兩。練襲一領,白布單衣一領,布絑一兩。革履一兩。右伍長。"

  上古計量鞋襪的量詞"兩"祇有"兩"這一個詞形,如《詩經·齊風·南山》以及上文所引出土簡帛文獻中的用例。劉世儒先生認爲:"大約自漢代就開始寫作'緉',到了南北朝初期纔又寫作'量'的。"在注文中又推測:"漢代一般通行的還是'兩',大約到了東漢的中晚期纔分化作'緉'的。"②"緉"在漢代就已經分化出來,是毫無疑問的。《説文·系部》:"緉,履兩枚也。"而此後"兩"的本義也逐漸不明確了,如三國魏曹植《冬至獻履襪頌表》:"拜表奉賀,並獻文履七緉,襪百副。"但這一字形在漢簡中却没有看到,因此劉氏認爲"漢代一般通行的還是'兩'",確爲不刊之論。

  但"量"這一詞形的出現無論從傳世文獻還是出土文獻看,當稍早於南北朝。三國魏曹操《與太尉楊彪書》:"並遺足下貴室錯彩羅縠裘一領,織成靴一量。"吳簡亦可見用例,如:

  (30)《南昌吳簡》第四欄:"故帛布□四兩;故帛纑不□一量。"

---

  ① 張顯成《簡帛研究二題》,載《語言文史論集》,重慶:西南師範大學出版社,2000 年版,頁 301。

  ② 劉世儒《魏晉南北朝量詞研究》,北京:中華書局,1965 年版,頁 200。

雖然由於簡文殘缺，不能確定所稱量之物，但從語法位置上看，二者都用作量詞是確定無疑的。但從三國至晉代的簡牘文獻看，這時似乎仍處在從"兩"、"量"混用的階段，但"量"似乎更爲常見。例如：

（31）《旱灘坡晉牘》背三欄："故碧襦一兩；故黄練紩二兩。"

（32）又，第二欄："故練襪一量。"

（33）又，第三欄："故青絲履一量。"

（34）《南昌晉牘》第二欄："故白布紩一量、故絲履一量。"

直到唐五代時期，兩個字形"量"、"兩"，仍然並行不悖，如《吐魯番出土文書》：

（35）《阿斯塔那 305 號墓文書·缺名隨葬衣物疏一》："帛絓襪一量。……黄手絲二兩。"

（36）《阿斯塔那 1 號墓文書·西涼建初十四年韓渠妻隨葬衣物疏》："故連襪一量。"

（37）《哈拉和卓 91 號墓文書·北涼缺名隨葬衣物疏》："鞾一兩。"

字似亦可書作"良"，例如：

（38）《五里牌楚簡》1："□履三良，鞔屨。"

劉國勝提出"良"與"兩"音近可通，"三良"猶言"三雙"。①

4. 雙（隻）

《説文·雔部》："雙，隹兩枚也。从雔，又持之。"《方言》卷六："飛鳥曰雙。"《禮記·少儀》："其禽加於一雙，則執一雙以將命。"孔穎達疏："二隻曰雙。"這裏的"雙"，劉世儒先生認爲是一種"綜合稱量法"，"一雙"就是"鳥二枚"。② 由此引申爲表示雙數的集體單位量詞。秦簡未見，楚簡中有一例，作"隻"：

---

① 劉國勝《楚喪葬簡牘集釋》，武漢大學博士學位論文，2003 年，頁 119。
② 劉世儒《魏晉南北朝量詞研究》，北京：中華書局，1965 年版，頁 198。

（1）《五里牌楚簡・遣策》16：“盾藏一，又□肝三隻。”
商承祚注：“隻，同‘雙’義，乃言盾藏上的附件。”因簡義未明，無法確定文中量詞“雙”所稱量的事物。且由於沒有出土實物可以參證，因此這裏的“隻”是否一定是“雙”的省寫形式還有待進一步研究。

從簡帛文獻中的用例來看，漢代初年“雙”作爲量詞已經很常見，不僅完全突破了量“鳥”類的界限，而且也完全突破了“天然成雙”的界限，臨時配成對的事物都可以用來稱量，可見作爲集體單位量詞的“雙”在西漢早期已經完全成熟了，而不是劉世儒先生所説的南北朝，例如成書於西漢早期的《高臺漢牘》中的用例：

（2）《高臺漢牘》丁：“壺一雙；緊杯二雙；盛一雙；閛一雙；鉈一雙；桿匜（梱）二雙；畫杯三雙。”

其中的“壺”、“杯”、“盛”、“閛”、“鉈”、“梱”等物，均非天然成雙的事物，又如成書於文帝前元十二年（即公元前 168 年）的馬王堆 3 號墓漢簡和成書於文帝至武帝之間的鳳凰山 8 號墓漢簡中的用例：

（3）《馬王堆 3 號墓漢簡・遣策》322：“疏（梳）比（篦）一雙。”

（4）又，338：“白革帶，髹（漆）革帶，各二雙。”

（5）又，340：“劍帶二雙。”

（6）《鳳凰山 8 號墓漢簡》92：“三斗壺一雙。”

（7）又，91：“一斗壺一雙。”

（8）又，96：“大卑（桿）匜（梱）三雙。”

（9）又，97：“小卑（桿）匜（梱）五雙。”

（10）又，983：“竿（盂）三雙。”

（11）又，106：“革一雙。”

（12）又，712：“柯（閛）二雙。”

到東漢時期，量詞“雙”的使用更爲頻繁，例如：

（13）《蕭家草場漢簡》5：“盛一雙。”

（14）又，6：“柯一雙。”

（15）又，16：“食於（盂）一雙。”

（16）又，18：“金鼎一雙。”

（17）又，25：“大瓦罌一雙。”

（18）又，26：“小瓦甕一雙。”

（19）《東牌樓漢簡》36 背：“禮二百，雞一雙，想達從。……今費送一千，到後念務毋怪也。後月十間，必遣送余。”

此外，簡帛中的量詞“雙”經常省寫作“隻”，據出土實物或上下文我們往往可以推斷具體爲“雙”還是“隻”，敦煌懸泉置出土的漢簡中最爲多見，尤其是簡Ⅰ0112③：113－131 的《元康四年雞出入簿》，例如：

（20）Ⅰ0112③：129：“最凡雞卅四隻（雙）。正月盡十二月丁卯所受縣雞廿八隻（雙）一枚，正月盡十二月丁卯置自買雞十五隻（雙）一枚，直錢千二百一十五，唯廷給。”

上例中的雞一隻則稱“一枚”，一對則稱“一隻（雙）”，語義清晰。《過長羅侯費用簿》亦有，如：

（21）Ⅰ0112③：68：“出雞十隻（雙）一枚，以過長羅侯軍長史二人、軍侯丞八人、司馬丞二人，凡十二人。其九人再食，三人一食。”

簡文云“九人再食，三人一食”，則總計“二十一食”，“雞十隻（雙）一枚”即“雞二十一隻”，數目正合。

至若無實物參證或具體語境者，則往往無從判斷（詳參上文“隻”條）。劉世儒先生説，魏晉南北朝以後量詞“雙”的使用仍然廣泛，但是在此後的發展中，其適用範圍逐漸縮小，除了天然成雙成對的事物以外，一般都改稱“對”，不再用“雙”了。[1] 但是，量詞“雙”稱量成對事物這一基本用法，却一直沿用到現代漢語中。

---

① 劉世儒《魏晉南北朝量詞研究》，北京：中華書局，1965 年版，頁 200。

5. 偶(塱)

《説文·人部》：“偶，桐人也。”《字彙·人部》：“偶，又俑也，像也。木像曰木偶，土像曰土偶。”“偶”本義是泥塑或木雕的人像，輾轉引申有“匹配”義，《字彙·人部》：“偶，伉儷也。”由此虚化爲表示成對物品的量詞，相當於現代漢語中的量詞“對”。最早見於楚簡，凡四例：

(1)《仰天湖楚簡》5：“罷醬一塱(偶)。已。”

(2)又，12：“羽醬一塱(偶)。已。”

(3)又，13：“綎布之屨二塱(偶)。”

(4)《五里牌楚簡》14：“也(匜)一禺(偶)，又□一。”

簡文中多作“塱”(三例)，商承祚注：“塱，即堣，《説文》以爲地名的堣夷，在此用爲雙數的偶……一塱，一對也。”[1]亦可作“禺”，商承祚注：“也一禺，即匜一偶。”[2]

《武威漢簡》之《儀禮·泰射禮》中，量詞“偶”多次出現，字皆書作“**偶**”，例如：

(5)《武威漢簡·甲本泰射》44：“述比三偶。偶犯於次北〈比〉西，西，北上。司射命上射，曰：‘其御於子。’命下射，曰：‘子與某子射。’卒，述命三偶取弓矢於次。”

(6)又，51—52：“三偶卒射，亦如之。司射去符，倚於階西，適作階下，北面告於公，曰：‘三偶卒射。’”

(7)又，56：“大夫從降，適次，立於三偶之南，西面，北上。”

“偶”作爲集體單位量詞上古本來就很少見，此後也没有繼承下來，很快就被與之語法意義和功能相同的“雙”逐漸取代。

6. 會(㑹)

《説文·會部》：“會，合也。”由此引申有“會合”之義，再引申爲集

---

① 商承祚《戰國楚竹簡彙編》，濟南：齊魯書社，1995 年版，頁 63。

② 商承祚《戰國楚竹簡彙編》，濟南：齊魯書社，1995 年版，頁 131。

體單位量詞,相當於現代漢語中的量詞"對"。最早見於楚簡,用作"杯"的集體單位量詞,僅二見:

　　　　(1)《望山楚簡·遣策》5:"雕杯廿合。"

　　　　(2)《五里牌楚簡》10:"叙杯十會。"

　　五里牌楚簡例商承祚注:"會,集也,合也。"①會,有"集合"義,因此可以引申作表示成雙成對物品的量詞,相當於後世的量詞"對"。

　　望山楚簡之"合"字整理者隸定"合",注一〇一云:"'合'從'曰''合'聲。'答'之古文作'合',應即由'合'訛變。信陽一〇九號簡'……爲之女(如)可(何)? 合曰……','合曰'即'答曰'。字在此當讀爲'合'。'合'字古訓'配',訓'對'。二十合即二十對。此墓出土漆耳杯三十六件(頭一一號、一四六號等),當即簡文所謂'雕杯'。耳杯數量較簡文所記少四件,疑是盜掘所致,此墓盜洞出漆耳杯一件可證。"②

　　我們認爲,望山楚簡之"合"字當爲"會"的省俗寫法,亦當隸定爲"會",釋爲量詞"對"。原因有二:其一,從二字所處的語法位置看,同處在"名＋數＋量"結構中量詞的位置上,而且稱量之物均爲"杯",因此也應爲同一個量詞。其二,從圖版看③,二字字形較爲接近,祇是望山楚簡用例筆劃略有省減而已:

望山楚簡"合":合

五里牌楚簡"會":會

合:

合 甲骨文　　　合 金文　　　合 秦簡　　　合 小篆

　　①　商承祚《戰國楚竹簡彙編》,濟南:齊魯書社,1995年版,頁130。

　　②　湖北省文物考古研究所、北京大學中文系編《望山楚簡》,北京:中華書局,1995年版,頁125。

　　③　此二字原圖版均不甚清晰,爲方便排版,此處字形採用的是商承祚《戰國楚竹簡彙編》中的摹本。

會：

🔣 金文　　🔣秦簡　　🔣小篆　　🔣孔宙碑

又，"合"字甲骨文中書作🔣（菁七・一），金文書作🔣（召伯簋二），秦簡書作🔣（《睡虎地秦簡・封診式》72），小篆作🔣（《説文・亼部》）；"會"字，金文作🔣（會亥鼎），秦簡作🔣（《睡虎地秦簡・法律答問》153），小篆作🔣（《説文・會部》），孔宙碑作🔣；從字形上看"合"字從甲骨文至小篆一直比較穩定，望山楚簡之"曾"字形與"會"之小篆、隸書等更爲接近。另外，"會"的量詞用法在後世似乎並沒有得到繼承，而"合"用作物量詞傳世文獻亦不常見，秦簡中有一例，漢代簡牘稍多見，但漢簡中的"合"是個體單位量詞，多用來稱量有蓋的器物，來源於其"合攏、合閉"義，同這裏表示"對"的集體單位量詞沒有歷史繼承關係。

值得注意的是，《居延漢簡》116.41："居延地蓬一會。"肖從禮認爲是個體單位量詞，"用於稱量守禦器地蓬的數量"。[1] 漢簡此類用法僅此一見，由於該簡上下文語言環境缺失，無從判斷這裏所言"地蓬"的數量，因此據詞義的歷史發展來看，"一會"可能指的是"一對"，而不一定是"一件"。

總之，由於同量詞"雙"語義、功能均重合，所以在以後的發展過程中同"偶"一樣很快被"雙"取代了。

7. 純

"純"，用作集體單位量詞，是古代射禮中用以計算射具的單位，《儀禮・鄉射禮》："二筭爲純。"鄭玄注："純，猶全也。耦（偶）陰陽。"孔穎達疏："陰陽對合，故二筭爲耦陰陽也。"《禮記・投壺》："二筭爲純。"孔穎達疏："純，全也。二筭合爲一全。"

由於稱量對象比較特殊，因此"純"作爲量詞在簡帛文獻中比較

---

① 肖從禮《從漢簡看兩漢時期量詞的發展》，載《敦煌研究》2008 年 4 期。

少見,僅見於《武威漢簡·儀禮》:

(1)《甲本泰射》75－76:"二筭爲純,一純以取,實於左手。十純則摵而委之,敏委異之。有餘純則橫諸下。一筭爲奇,奇則有摵諸純下。"

(2)又,76:"一純以委,十則異之,其餘如右獲。"

(3)又,77:"若右勝,則曰:'右賢減左。'若左勝,則曰:'左賢於右'。以純數告;若有奇者亦曰奇。"

同樣由於適應對象的特殊性,隨着射禮制度的退出歷史舞臺,"純"作爲量詞也衹是曇花一現,此後便被"雙"所取代。

8. 陽

卷子本《玉篇》:"陽,《方言》:'陽,雙也。'"漢簡中可以用作表示雙數的集體單位量詞,凡一見:

(1)《馬王堆帛書·五十二病方》90:"以菫一陽筑(築)封之,即燔鹿角,以弱(溺)飲之。"

今本《方言》卷二作:"揚,雙也。""陽"、"揚"字形相近,卷子本、簡本中該義均作"陽",或當以此爲正。

《馬王堆帛書·五十二病方》中以下兩方中的"陽"也很可能是量詞:

(2)188:"女子瘁,煮隱夫木,飲之。居一日,鞏〈齏〉陽□,羹之。"

瘁,即癃病,亦即淋病。齏,粉碎。"陽"前面省略了"一","陽"後的缺文"□"當是藥名。末兩句意爲:將□藥一雙粉碎,做成羹湯飲用。

(3)192:"膏弱(溺):是胃(謂)内復。以水與弱(溺)煮陳葵穜(種)而飲之,有(又)齏陽□而羹之。"

膏溺,淋病的一種,即膏淋,溺(尿)似膏而白,少腹膀胱裏急。此方同上引方,"陽"前實省略了"一",量詞"陽"後的藥名也殘缺了。此方意爲:膏溺,又名内復病。用水和人溺共煮陳葵種飲用,並粉碎□藥一雙而做成羹湯飲用。

這個量詞此後簡帛文獻中未見用例,或者很快即爲量詞"雙"所取代。

第三組　稱、真

"稱"稱量的是配合齊全的一套衣服,而"真"則稱量的則往往是一套鎧甲,現代漢語中均可用"套"來稱量,這兩個量詞都没有得到繼承,故匯爲一組,共同討論。

9. 稱

"稱",用作量詞指配合齊全的一套衣服,出現很早,《禮記·喪服大記》:"袍必有表不襌,衣必有裳,謂之一稱。"《左傳·閔公二年》:"歸公乘馬,祭服五稱。"杜預注:"衣單複具曰稱。"先秦簡牘中也可以看到,僅楚簡一例:

(1)《包山楚簡》244:"贛之衣服各三稱。"

後世亦沿用,如《魏書·程駿傳》:"賜東園秘器、朝服一稱、帛三百匹。"《新唐書·孫伏伽傳》:"近太常假民裙襦五百稱,以衣妓工,待玄武門遊戲。"宋人宋祁《宋景文公筆記·治戒》:"右置米麵二盒,朝服一稱,私服一稱。"但漢代以後隨着"領"等稱量衣服的專用量詞的廣泛使用,其出現頻率明顯降低了,兩漢魏晉南北朝簡帛文獻均未見用例。

10. 真

稱量鎧甲的集體單位量詞,相當於現代漢語中的量詞"套",傳世文獻未見用例,簡帛文獻亦僅見於《曾侯乙墓簡》和《包山楚簡》兩種楚地文獻,而且用例較多,他如秦簡、兩漢簡帛、吳晉簡中均未見用例,因此我們推測其使用範圍可能僅僅限於戰國時期的楚地。兩批簡牘中"真"用作量詞凡十九見,如:

（1）《曾侯乙墓簡》61：“二真吴甲，紫縢。”

（2）又，122：“大旆：二真楚甲，素，紃（紫）絞（布）之縢；睪，幬䫵貼。一真楚甲，紃（紫）絞（布）之縢；睪，幬䫵貼，䩥貼。乘馬之彤甲，睪，彊（韅）䩞貼，屯玄組之縢。乘輦：晶（參）真吴甲。”

（3）又，123：“一真吴甲，紃（紫）組之縢；緱椎犀墬睪。”

（4）又，124—125：“一真楚甲，素，紃（紫）組之縢；夻睪（睪），幬䫵貼。一真吴甲，素，紃（紫）縞之縢；緱唯夻睪（睪），素，幬䫵貼，三㡎（囊）。驪＝（乘馬）畫甲，黄紡之縢；睪，䩥䩞（䩞）貼。驪＝（乘馬）黄金睍（貴）。大屏（殿）：三真楚甲紫布之縢，睪，幬䫵貼。一革綢，三㡎。驪＝（乘馬）彤甲，黄紡之縢；睪，䩥䩞（䩞）貼。黄賨馭左旆：二真吴甲，紃（紫）繪之縢；睪，幬䫵貼。一吴甲，紃（紫）市之縢；緱唯睪，幬䫵貼，㡎（囊）貼。”

（5）又，127：“裘定馭左殿：三真楚甲，紃（紫）市之縢；睪，幬䫵貼，䩥貼。驪＝（乘馬）彤甲，黄紡之縢；睪，䩥䩞貼。哀裹馭左襠旆：三真吴甲，吴組之縢；睪，幬䫵貼，䩥貼。”

（6）又，140：“☒□所造十真又五真。大凡六十又四真。”

（7）《包山楚簡》270：“馭右二真象皋。”（“象皋”即用牛皮做的甲。）

他如：《曾侯乙墓簡》136、138（2），《包山楚簡》牘1。

先秦文獻中“真”有“身”義，如《莊子·山木》：“見利而忘其真。”陸德明《釋文》：“司馬云：‘真，身也。’”《淮南子·本經》：“神明藏於無形，精神反於至真。”高誘注：“真，身也。”楚簡中用作表示鎧甲的量詞，當即由此義引申虚化而來，但其應用的地域範圍一直没有擴大，並且同“稱”一樣在後來的發展中没有繼承下來。

第四組 秉、把、捼

“秉”、“把”、“捼”本義均爲動詞，其動詞義均與手的動作有關。

三個量詞先秦簡帛均已出現，"秉"、"捼"僅曇花一現，"把"則一直沿用到現代漢語中而仍廣泛使用。

11. 秉

《説文・又部》："秉，禾束也。"由此可引申爲"把"義，《詩經・小雅・大田》："彼有遺秉，此有滯穗。"毛傳："秉，把也。"秉表箭數單位，可能就來源於此，僅見於《曾侯乙墓簡》中，凡二十一例，如：

(1)《曾侯乙墓簡》3："矢，箙五秉。"

(2)又，5："用矢，箙五秉。"

(3)又，7："用矢，箙五秉。"

(4)又，15："矢，箙五秉。"

(5)又，16—17："矢，箙五秉。"

(6)又，33："矢，箙五秉。"

(7)又，43："矢二秉又六。"

(8)又，46："矢五秉。"

(9)又，72："五秉矢。"

(10)又，95："矢五秉，無弓。"

他如：《曾侯乙墓簡》9、17、20、30、37、40、48、56、68、84、86、94、97。

西周召鼎銘文中也有"矢五秉"之語，但傳世文獻中，"秉"作量詞一般用爲容量單位，《集韻・梗韻》："秉，或曰粟十六斛爲秉。"也可用作表示"禾莖"的集體單位量詞，如《左傳・昭公二十七年》："或取一秉稈焉。"未見表示箭數單位的用例。從曾侯乙墓簡之簡文來看，簡60、簡70二簡言及"九矢"，是一"秉"的數量不能低於十，因此疑矢一"秉"即箭十支，"矢，箙五秉"就是説一個箭箙裏裝有五十支箭，《荀子・議兵》"負服矢五十个"，與此數目正合。

12. 把

《説文・手部》："把，握也。"本義是個動詞，由此引申爲相關量詞。因此，用作量詞以一手所握爲度，例如：

　　(1)《馬王堆帛書·五十二病方》17:"傷者,以續𦀓(斷)根一把。"

　　(2)又,43:"傷脛(痙)者,擇薤一把。"

　　(3)又,248-249:"取弱(溺)五斗,以煮青蒿大把二。"

　　(4)又,《養生方》71-73:"取車踐(前),産衮(蒸)之①,大把二,氣□【□□□□□□□□□】車戔(前)□【□□】者,以布橐若盛。爲欲用之,即食□之。"

　　(5)又,121:"取草葵長四寸一把,苿(尤)一把。"

這裏的量詞"把"的量似乎並没有特别規定,當即"一握";"大把"則是"滿握"。但在後來的中醫文獻中量詞"把"的量也有規定,據《外臺秘要》載:"云一把者,重二兩爲正。"則"一把"大約等於現代的 6 克。

　　這一量詞兩漢簡帛雖不常見,但作爲一個集體單位量詞却有很强的生命力,並一直沿用到現代漢語中。

13. 捼

　　"捼"(ruó),指兩手相捧着的數量。《説文·手部》:"捼,推也。从手,委聲。一曰兩手相切摩也。"兩手相切摩則會兩手相對,則自然會引申出兩手相捧及其量詞義,表示"兩手相捧的數量"。此量詞諸辭書均未見載,也未見時賢論及。僅見於《馬王堆漢墓帛書·五十二病方》,凡二見:

　　　　(1)《馬王堆帛書·五十二病方》266:"(治肛門癢:)治之以柳蕈一捼、艾二,凡二物。"

柳蕈,寄生於柳樹上的菌蕈。艾,指艾葉。上引文意爲:治之以柳蕈一捧、艾二捧。

　　　　(2)又,殘 1:"治以蜀焦(椒)一委(捼)。"

---

　　① 産,生也,形容詞。産蒸,生蒸,新鮮時即蒸。詳張顯成《"産"有"生、鮮、活"義——淺談詞義的感染》,《文史知識》,1995 年 2 期。

蜀椒,蜀地的花椒,蜀椒與秦椒(秦地的花椒)爲入藥之上品。上引文意爲:治之以蜀椒一捘。

以上二例"捘"之量詞義"捧"甚明。

第五組　束、絜、柔

"束"、"絜"、"柔(折)"這三個量詞均用於稱量成"束"的事物,在簡帛文獻中"束"最爲常見,其他兩個用例都很少,而且在後來的發展中均爲"束"所替代。

14. 束

《説文·束部》:"束,縛也。"其量詞義正是由其動詞義引申而來,用於捆在一起的東西。傳世先秦文獻已常見,如《詩經·小雅·白駒》:"皎皎白駒,在彼空谷。生芻一束,其人如玉。"先秦簡帛文獻亦可見,例如:

(1)《睡虎地秦簡·秦律十八種·田律》8:"芻自黄穌及麤束以上皆受之。"

(2)又,《厩苑律》13:"卒歲,以正月大課之,最,賜田嗇夫壺西〈酒〉束脯,爲早〈皂〉者除一更,賜牛長日三旬。"

(3)《嶽麓秦簡》19/0835:"枲【輿】田六步,大枲高六尺,七步一束,租一兩十七朱(銖)七分朱(銖)一。"

(4)又,20/890:"枲輿田五十步,大枲高八尺,六步一束,租一斤六兩五朱(銖)三分朱(銖)一。"

(5)又,33/0805:"之八十七而一束,租七斤四兩三束〈朱〉(銖)九分朱(銖)五,救(求)此致述(術)曰:'直(置)一束寸數,精令想乘也,以一束步數乘之以爲實。'"

兩漢簡帛文獻中則更爲常見了,例如:

(6)《高臺漢牘》丁:"脯一束。"

（7）《港大漢簡·河堤簡》225 正：“三月令其室人儋（擔）菅二百餘束，廟中蓋之，毋令人見也。”

（8）《額濟納漢簡》2000ES7SF1:3：“出茭百七十束，直錢百七十。”

《説文·艸部》：“茭，生芻。”即乾飼料。

（9）《張家山漢簡·算數書》91－92：“取桑程十步三韋（圍）束一，今乾之廿八寸，問幾何步一束？ 术（術）曰：乾自乘爲法，生自乘有（又）以生一束步數乘之爲實，實如法得十一步有（又）九十八分步卌（四十）七而一束。”

（10）又，《遣策》33：“脯一束。”

（11）《馬王堆帛書·五十二病方》154：“以龍須（鬚）一束并者（煮）□☑。”

（12）又，176：“取景天長尺、大圍束一，分以爲三。”

（13）又，《養生方》172：“菲廉、方（防）葵、石韋、桔梗、茈威（葳）各一小束。”

（14）《武威醫簡》80 甲：“茈（紫）【菀】七束。”

（15）又，88 甲：“菒（槁）草二束。”

（16）《居延漢簡》175.18：“☑麹十石。□□□卌二束。出廿五，毋菁十束。出十八，韮六束，出百□□□□十枚。”

（17）又，161.11：“廿三日戊申，卒三人。伐蒲廿四束，大二韋。率人伐八束。與此三百五十一束。”

（18）又，32.15：“☑丙辰，出茭卌束，食傳馬八匹。出茭八束，食牛。”

（19）《居延新簡》EPT40.154：“定作廿七人，伐茭千二百一十五束，率人伐卌☑”

（20）又，EPT40.6A：“七月十日，使晏伐茭七百束。”

（21）又，EPT51.91：“第十七部茭萬束。十所。出茭三千束,候長取,直九百,入六百。出菱二千束,候史判取,直六百,已入三百。餘見五千束,令千束爲一積。留積之,令可案行,屬直所數行視。”

（22）又,EPT 51.325A:“卒宗取韭十六束,其三束爲中舍,二束掾舍,十一束卒史。”

（23）《蕭家草場漢簡》34:“桑薪三束。”

（24）《鳳凰山 8 號墓漢簡》142:“縑繒二束。”

（25）又,143:“完(紈)素一束。”

（26）又,145:“雜錦繒一束。”

（27）《金關漢簡》73EJT23:299:“十月四日買雎卅束,直卅;買蔥一,直十五。”①

（28）又,73EJT21:4:“出菱千束付垣翁君☐”

宗守雲認爲:“從語言發展的歷史看,‘束’是最早出現的集合量詞之一,早在先秦時代‘束’就有了量詞的用法,而且是作爲集合量詞使用的。‘束’作爲量詞,從上古直到兩漢,基本上都是定數集合的用法,表示‘十個、十二個、五十個、一百個’。到了南北朝,‘束’已經不再沿用定數集合的用法。”②從簡帛文獻來看,顯然並非如此,絕大多數情況我們無法確定“束”的具體所指之量,其實它表示的量是模糊的,並非所謂的“定數集合”。“束”作爲集體單位量詞也一直沿用到現代漢語中。

15. 絟

《説文·系部》:“絟,麻一耑也。”段玉裁注:“一耑猶一束也。耑,頭也。束之必齊其首,故曰耑。”“絟”,本義是“一束麻”,由此引申爲集體單位量詞,相當於現代漢語中的“束”,多用來稱量“麻”,例如:

---

① 這裏的“買蔥一,直十五”,我們推測可能是承前省略了量詞“束”,因爲從價格上來看顯然不是“蔥一根”而值十五錢,而“雎卅束”值三十錢。

② 宗守雲《論量詞‘束’和‘捆’的語義性質》,載《百色學院學報》,2009 年 1 期。

（1）《居延漢簡》203.5：“出臬一絜，八月二日付掾繩席。”

（2）《鳳凰山 10 號墓漢簡》122：“九月十五日付□□笥二合，合五十四，直百八；臬四絜，絜七，直廿八。凡百卅六。”

該詞漢簡用例很少，《鳳凰山 10 號墓漢簡》另有一例：

（3）124：“十月七〈十〉日日付□□五絜，絜四。凡廿。”由於簡文殘缺，疑莫能定。

值得注意的是，在《鳳凰山 10 號墓漢簡》中，稱量“臬”也可以不用量詞，直接用“名＋數”結構來直接稱量，例如：

（4）118：“九月四日付五翁伯臬一，唐卅。笥三合，合五十四，直百六十四。”

（5）又，113：“六月十六日付司馬伯臬一，唐卅二。”

（6）又，120：“九月九日付五翁伯笥二合，合五十，直百；臬一，唐卅。凡百卅。”

顯然，與“名＋數＋量”結構相比，僅“名＋數”結構的表義清晰性還很不夠，採用“名＋數＋量”結構的更爲明晰的表達方式是語言發展的必然趨勢。

16. 槃（抙）

《説文·束部》：“槃，小束也。从束，开聲。”用作集體單位量詞，一槃即指一小捆，相當於現代漢語中的量詞“束”。馬王堆醫書中文字形式寫作“抙”，“槃”與“抙”均开聲，凡四例：

（1）《馬王堆帛書·五十二病方》182：“取蠡（蠃）牛二七，鏊（萐）一抙（槃），并以酒煮而飲之。”

（2）又，301：“人攜之甚【□□□】三抙（槃），細切，淳酒一斗。”

（3）又，《養生方》85－86：“【一曰：□□】蛇牀秦半參、藍（林）本二斗半、潘石三指最（撮）一，桂尺者五廷（挺）【□□□□】之菩半尺者一扴(梨），以三【月】茜(糟）灖(戴）洎，孰(熟）煮。”

(4) 又，149：“萆薢、牛膝各五扴(梨），□莢、桔梗、厚朴二
尺。”

萆薢、牛膝，並爲草本植物。

隨着量詞“束”的迅速發展與廣泛應用，這個量詞在此後也没有
得到繼承。

第六組　具、堵₁

“具”和“堵”最初稱量的都是成套的器具，相當於現代漢語中量
詞“套”，因此匯爲一組，共同分析。“堵”作爲集體單位量詞很罕見，
而“具”則在兩漢魏晉南北朝適用範圍廣泛，幾乎所有成套物品均可
稱量，使用頻率也很高。

17. 具

《説文·卄部》：“具，共置也。”段玉裁注：“共、供古今字，當从人
部作‘供’。”因此“具”的本義是“準備”、“備辦”，引申有“完備”、“齊
全”義，用作量詞時，一般用來表示齊備成套的器具，凡配備具足、成
套可用的東西，都可用“具”計量。

“具”用作成套物品的量詞，西漢早期簡帛文獻中已很常見，
如：[①]

(1)《馬王堆 3 號墓漢簡·遣策》34：“角弩一具。”

(2) 又，297：“瓦雍(甕)、甗一具。”

甗，爲一種炊器，上部是透底的甑，下部是鬲，中置一有孔的箅，上下
部多分開，故以“具”稱。

---

① 按，《里耶秦簡》8－1844：“☑蓋一具，度縣用足，餘二。”這裏的“具”從文意來看應
當是用作量詞的，但由於前面簡文殘缺，未能確實斷定，姑列於此，以備考察。

（3）《大墳頭漢簡》4：“具器一具；□一具；博一具；豫疎一具。”

（4）《羅泊灣漢簡》4：“桶卅八具，一□；鉏一百廿具；銃十五具；□□□□具。”

（5）《張家山漢簡·遣策》17：“回璧四具。”

從以上用例可以看到，早在西漢前期“具”適應的對象已經比較廣泛了，有“弩”、“博”、“瓺”、“桶”、“鉏”、“銃”等，但仍以成套器具爲主，如《馬王堆 3 號墓漢簡·遣策》315：“博一具。”“博”或作“簙”，《説文·竹部》：“簙，局戲也。六箸十二棋也，从竹博聲。”博顯然爲成套物品。又，316：“博局一。”317：“象其（棋）十二。”博局即棋盤，同象棋一樣非成套物品，則不用量詞。

西漢中葉以後，量詞“具”適應範圍就更爲廣泛了，例如：

（6）《額濟納漢簡》99ES16SF2：5A：“居攝二年三月乙未，第十部吏□買弩一具。”

（7）又，99ES16SF2：5B：“居攝二年三月乙未，第十六隧長韋卿從第十部吏買弩一具，賈□一百□□。”

（8）《居延新簡》EPT59.7：“責故臨之隧長薛忘三石布囊一，曼索一具，皆蘭忘得，不可得。忘得見爲復作。”

（9）又，EPT51.251：“輪一具，梜柔福七，輈撟福一，折，佐爰完。杕軸完。”

（10）又，EPT51.730：“轡一具，毋取，閣。”

（11）《居延漢簡》334.30：“☑車牛一兩。弓一具。矢八十二枚。”

（12）又，258.13：“出錢廿，買賢二具，給御史。”

（13）《尹灣漢簡》M6D6 正 3 欄：“乘輿車披具萬一千三百卅二具。”

（14）又，反 2 欄：“連弩牀一具。”

(15)又，M6D13 正：“板旁槀一具。”

(16)又，M6D613 反：“交刀一具。”

(17)又，M2D1 反：“青綺手衣一具。五子檢一具。”

(18)《蕭家草場漢簡》11：“一斗㯠一具。”

(19)又，12：“大卑虒一具。”

(20)又，13：“小卑虒一具。”

(21)又，19：“金□一具。”

(22)又，27：“瓦□一具。”

(23)又，28：“甄一具。”

(24)《金關漢簡》73EJT24:64：“七尺杞牀一具 □ ”

從以上諸多簡帛文獻中的用例看，有的異物相配，有的同物相配，從而配成一副。但這一用法很快就泛化了，有的東西並無配置義可言，但取其“完整無缺”義，也可用“具”來計量，如“弓”、“刀”等，這種情況下“具”其實就不再是集體單位量詞了，而是個體單位量詞，相當於現代漢語中的“個”。但是，正因爲“具”既可以表示集體單位，又可以表示個體單位，所以很多稱量往往會産生歧義，如例(17)：“青綺手衣一具。”這些用例中的“一具”到底是“一件”，還是“一套”，僅僅從簡文無法判斷。

總而言之，量詞“具”在西漢中期以後，可計量的事物種類非常廣泛，作爲量詞已經完全成熟起來了。[1]

18. 堵₁(楮)

“堵”用作集體單位量詞，謂成套懸掛的樂器，古以十六枚而在一邊謂之堵。《周禮·春官·小胥》：“凡縣鐘磬，半爲堵，全爲肆。”鄭玄

---

[1] 吉仕梅認爲：“(具)表示完整對象的單位，相當於‘件’。”將其歸入個體單位量詞，見《秦漢簡帛語言研究》，成都：巴蜀書社，2004 年版，頁 138。但從簡帛文獻很多用例來看，往往並不能相當於個體單位量詞“件”，而是相當於集體單位量詞“套”，因此我們認爲應當歸入集體單位量詞爲好。

注："鐘磬者，編縣之，二八十六枚而在一虡，謂之堵。鐘一堵，磬一堵，謂之肆。""在一虡"，即在一邊。鄭注的意思是：編懸起來的鐘或磬，十六枚爲一套置於一邊謂一堵，鐘、磬各一堵謂之肆。兩漢簡帛文獻書作"楮"：

(1)《馬王堆 3 號墓漢簡・遣策》13："鐘、鏺（鈸）各一楮（堵）。"

從簡文來看，"堵"顯然並非如鄭玄注所説，衹能稱量"鐘"、"磬"。整理者認爲："鏺，讀爲'鈸'。《集韻・入聲九》中'鈸'字注作'鈸，鈴屬'。"鏺，《廣韻》滂母、末韻；鈸，《廣韻》並母、末韻；二字音近。整理者之説似可成立。鈸，古辭書最早見於《玉篇・金部》："鈸，鈴也。"今所見傳世文獻最早見載於晉法顯《佛國記》。退一步説，即使簡文"鏺"不一定當讀爲"鈸"，"堵"並非僅指"鐘"、"磬"也是無疑的。

第七組　積、貼

"積"、"貼"二詞作爲集體單位量詞，稱量的都是模糊的量，前者相當於現代漢語中的量詞"堆"，後者則相當於現代漢語中的量詞"串"，在現代漢語中這兩個詞都爲其他量詞所替代，不再使用了。

19. 積

《説文・禾部》："積，聚也。"段玉裁注："禾與粟皆得稱積。"由此可見，其量詞義是由動詞"積聚"義引申演變而來的。

"積"用作量詞，《睡虎地秦簡》已見，多用來表示穀物的集體單位，相當於現代漢語中的量詞"堆"，例如：

(1)《秦律十八種・倉律》21："入禾倉，萬石一積而比黎之爲户。"

(2)又，26："櫟陽二萬石一積，咸陽十萬一積，其出入禾、增積如律令。"

（3）又，28："芻稾各萬石一積，咸陽二萬一積，其出入、增積及效如禾。"

（4）又，《效》168："入禾，萬【石一積而】比黎之爲戶。"

亦見於《銀雀山漢簡·守法守令等十三篇》，銀雀山漢墓的下葬時代爲文、景至武帝初期，各著作的成書年代當不晚於戰國，例如：

（5）811－812："恒木及㮰面爲四積，小石面爲二所，毀鐵及毀金器面爲一積，皆於城下，城守之備也。積石及毀瓦、靈（瓴）甓（甓）、疾（蒺）莉（藜）於城下，百步而一積，城守之造也。"

兩漢簡帛中就更爲常見了：

（6）《居延漢簡》317.11A："宗前受茭五十二積，今白五十三積，多一積，誤毋狀，當坐罪當死，叩☐"

（7）又，317.11B："宗前受茭五十三積，今茭五十二積，死罪。"

（8）又，427.2B："☐見珍胡舉二苣火，燔一積薪☐"

（9）又，59.3："出第廿五積茭六百五十三石。"

（10）《居延新簡》EPT65.354："☐其二積千六百八十一石，一積茭八百九石。鴻嘉二☐"

（11）又，EPT44.30B："☐燔一積薪，數令並舉一苣火，燔一積付卅隧長王猛並候不"

（12）又，EPT51.91："餘見五千束，令千束爲一積，留積之，令可案行屬直所數行視。"

（13）又，EPT50.114："右陷陳亭部一積茭千石☐"

（14）《額濟納漢簡》2000ES7S：20："☐表一，燔一積薪；夜入，燔一積薪，乘垤上☐"

（15）《金關漢簡》73EJT21：27："當隧燔一積薪，從北方來。"

魏晉以後，量詞"積"仍在沿用，如《幽明錄》："至食時，父母……發篋笥中，見百餘，裹胡粉，大小一積。"又，《南史·吉士瞻傳》："始士瞻夢得一積鹿皮,而從數之,有十一領。"但此後到現代漢語的發展中,逐漸爲"堆"所取代。①

20. 詀

"詀",相當於現代漢語的量詞"串"。詀,可能讀爲"卙",義爲"集"。②《馬王堆 1 號墓漢簡・遣策》138:"梅十詀。"墓中出土一迭用竹籤串起來的梅子。其他如:

　　(1)《馬王堆 1 號墓漢簡・遣策》47:"鰿䰽鯩一詀。"

鰿䰽鯩,當爲一種乾魚。

　　(2)又,48:"鯉䰽鯩一詀。"

　　(3)又,49:"白魚五詀。"

　　(4)又,50:"右方索魚七詀。"(索魚,即乾魚。)

　　(5)又,140:"筍十詀。"

　　(6)《馬王堆 3 號墓漢簡・遣策》105:"鰿䰽鯩一詀。"

　　(7)又,107:"筍廿詀。"

　　(8)又,108:"白魚廿詀。"

但是,這個量詞僅見於馬王堆出土漢簡中,其他文獻未見,後世也未得以繼承。

第八組　齊、分₁

"齊",爲"劑"的古字;"分",爲"份"的古字;二者較早的用例都見於醫學文獻中,表示藥物的數量,後來適用範圍均有所擴大,並且二

---

① 吉仕梅提出:"唐代産生量詞'堆',漸漸取消了量詞'積'。現代漢語一般不再用'積'而用'堆'。"見《秦漢簡帛語言研究》,成都:巴蜀書社,2004 年版,頁 138。

② 整理者認爲:"詀,當爲器名。"或誤。此取唐蘭先生觀點,説詳唐蘭《長沙馬王堆漢軑侯妻辛追墓出土隨葬遣策考釋》,載《文史》第十輯,北京:中華書局,1980 年版,頁 26。

者都具有很强的生命力,一直沿用到現代漢語仍廣泛使用。

21. 齊

"齊"爲"劑"的古字,本指將多種藥材按一定比例配製而成的藥物。《周禮·天官·瘍醫》:"掌腫瘍、潰瘍、金瘍、折瘍之祝藥劀殺之齊。"由此引申爲表示藥物計量單位的量詞,有兩種用法,一是表示同一藥物的數量,相當於"份",如:

> (1)《馬王堆帛書·五十二病方》413－414:"(治乾瘙方:)取犁(藜)盧(蘆)二齊,烏豙(喙)一齊,礜一齊,屈居□齊,芫華(花)一齊,并和,以車故脂如(絜)之,以【□】裹。善洗,乾,節(即)炙裹樂(藥),以靡(磨)其騷(瘙)。日以靡(磨),脂盡,益脂,騷(瘙)即已。"

上引帛書中的"齊"即相當於"份",指上述諸種藥物分別是"二份"、"一份"、"一份"、"□份"、"一份",但是這種用法很快就被"分(份)"所取代了。在時代稍後的《居延漢簡》、《敦煌漢簡》中,量詞"齊"指的一般是配伍的藥物,是今"一副藥"、"兩副藥"的"副"的意義,如:

> (2)《居延漢簡》4.4B:"第卅一隧卒尚武四月八日病頭痛寒炅,飲藥五齊,未愈。"

> (3)又,52.12:"□當遂里公乘王同,即日病頭悘寒炅,小子與同隧□□飲藥廿齊,不偷(愈),它如爰書,敢言之。"

> (4)又,257.6A:"第八隧卒宋□病傷汗,飲藥十齊,癸未醫行□"

> (5)又,265.43:"第十隧卒高同病傷汗,飲藥五齊□"

> (6)《額濟納漢簡》2000ES9SF4:14:"謹飲藥五齊,不愈(愈),唯治所請醫診治。"

《居延漢簡》中"齊"也可以寫作"齋",二者字形相近,如:

> (7)《居延新簡》EPT52.228:"□酉卒夏同予藥二齋,少俞。"

> (8)又,EPT51.423:"□飲藥五齋,積三日。"

傳世漢代文獻亦可見,如《史記·扁鵲倉公列傳》:"躁者有餘病,即飲以消石一齊。"作爲表示配伍藥物計量單位的量詞,"齊(劑)"一直沿用到現代漢語仍廣泛使用。

22. 分₁

《説文·八部》:"分,別也。从八,从刀,刀以分別物也。""分"本義是動詞"分開"、"分割"義,用作集體單位量詞一般指整體分開後的一部分或幾部分,後來寫作"份"。"分"用作量詞大概在先秦就産生了,馬王堆醫書中早已有此量詞,多指將某劑藥分爲若干等分之後其中的一個或幾個"等分",例如:

(1)《馬王堆帛書·五十二病方》48—49:"嬰兒病間(癇)方:取雷尾〈戾(矢)〉三果(顆),冶,以豬煎膏和之。小嬰兒以水【半】斗,大者以一斗,三分藥,取一分置水中,撓,以浴之。浴之道頭上始,下盡身,四支(肢)毋濡。三日一浴,三日已。"

第一個"分"讀陰平 fēn,爲動詞;第二個讀去聲 fèn,爲量詞。"三分藥,取一分置水中"意爲:將上述已混和的藥物分成三等分,取其中一個等分置於水中。

(2)又,173—175:"瘴,弱(溺)不利,胕盈者方:取棗穜(種)粗屑二升,葵穜(種)一升,合撓,三分之,以水一斗半【煮一】分,孰(熟),去滓,有(又)煮一分,如此以盡三分。浚取其汁,以蜜和,令甚(纔)甘,寒温適,【□】飲之。"

第一個"分"今音讀陰平 fēn,爲動詞;其餘三個今音讀去聲 fèn,爲量詞。

(3)又,《養生方》90:"取弟(蚍)蟡(蠃)一斗,二分之,以截漬一分而暴(曝)之冬(終)日。"

蚍蠃,指螺。此幾句意爲:取螺一斗,分之爲二等分,將一分浸泡於截酒中,然後曬乾之。

《五十二病方》中有這樣兩個方子:

(4)318:"般(瘢)者,以水銀二,男子惡四,丹一,并和。"

(5)又,378:"頤癰者,冶半夏一,牛煎脂二,醯六。"

以上兩例中,單用數詞表量,既無銖兩,也無升合,我們自然無從知道取藥者是用秤稱還是用容器量。但是,兩例分別表示三種藥物的配合比例是2∶4∶1和1∶2∶6,這是毫無疑問的。而標明藥物的配合比例,在醫方中具有非常重要的實用價值。兩相比較,顯然量詞"分"的使用大大增強了表義的明晰性。此後的醫學文獻也以使用爲常,例如:

(6)《居延漢簡》89.20:"傷寒四物:烏喙十分,細辛六分,朮十分,桂四分。"

(7)又,136.25:"□□蜀椒四分,桔梗二分,薑二分。"

(8)《居補簡》L39B:"人參二分。"

(9)《武威醫簡》6-7:"治傷寒遂〈逐〉風方:付(附)子三分,蜀椒三分,澤烏(瀉)五分,烏喙三分,細辛五分,朮五分,凡五物,皆冶,合,方寸匕酒飲,日三飲。"

(10)又,11-12:"□□瘀方:乾當歸二分,弓(芎)窮(藭)二分,牡丹二分,漏廬二分,桂二分,蜀椒一分,坺一分,凡【八物】,皆冶,合,以淳酒和飲一方寸匕,日三飲。倚惠者臥藥内當出血,久瘀。"

(11)又,13:"治金創止惠令創中溫方:曾青一分,長石二分,凡二物皆冶,合和,溫酒飲一分,日三,創立不惠。"

(12)又,43:"治魯氏青行解解腹方:麻黃卅分,大黃十五分,厚樸、石膏、苦參各六分,烏喙、付(附)子各二分。"

(13)《額濟納漢簡》2000ES14SF1∶5:"▨一分,石膏二分,□□二分,□參一分,弓一分,厚朴一分,杏亥(核)中人(仁)一分,并合。"

(14)《古人堤漢簡》1 正:"烏頭三分,朱(茱)臾(萸)五分,細辛三分,防己三分,桂三分。治赤穀方:尤三分,白沙參三分,黃芩三分,茯令(苓)三分,麻黃三分,乾薑三分,付(附)子三分,桔梗三分,人參三分,貸堵三分。”

上述醫書中的量詞“分”都是“等分”義。今語中量詞“分”有以下幾個意義:一、指整體中的一部分或幾部分;二、指搭配成組的東西;三、指抽象的東西;四、指檔、報刊等。今從帛書可知,量詞“分”最早的意義是“等分”(整體中的一個或數個等分),今語中的上述幾個意義都是從簡帛時代的“等分”義發展而來。其發展演變過程應當是:

第九組　撮₁、三指撮、三指大撮、三指小撮、三指撮到節、三指一撮、三指三撮

在簡帛方劑文獻中,有一類用來量粉末狀藥物的專用術語,都與用手指所“撮”取藥物的量有關,共有“撮”、“三指撮”、“三指大撮”、“三指小撮”、“三指撮到節(三指撮至節)”、“三指一撮”、“三指三撮”等六個。“撮”用作集體單位量詞自然是無可置疑的,但其他“三指撮”等五個則很難歸爲“詞”,從語法角度看稱爲“短語”是比較恰當的,但它們作爲計量單位的性質是勿庸置疑的,考慮到它們是醫藥行業專門用語,具有固定結構的性質,故匯爲一組討論。在後面探討數量表示法的時候,爲了行文的方便,我們不妨把它們當作廣義的量詞看待。

23. 撮₁(最)

指用手指所撮取的藥物的量,字亦作“最”,例如:

(1)《馬王堆帛書·養生方》34:“平陵呂樂道,嬴(羸)中蟲陰乾,冶,欲廿用七最(撮),欲十用三最(撮),酒一栢(杯)。"

量詞"撮"來源於動詞,例如:

(2)《馬王堆帛書·雜療方》61:"【令】蝨毋射:即到水,撮米投之。"

雖然其中的"撮米"可以理解爲"用手撮米",也可以理解爲"一撮米",即是説,"撮"既可以理解爲動詞,也可以理解爲量詞。但是,"撮"出現在動詞的語法位置上(如果是"以撮米投之"或"投撮米",就要另當別論),所以仍然認爲它是動詞。

24. 三指撮

一種古代用藥的估量方法,表示用三個手指的前端所撮取的藥物的量,也作"參指撮"。先秦簡帛醫學文獻已見:

(1)《周家臺秦簡·病方及其它》312:"取車前草實,以三指撮,入酒若粥中,飲之,下氣。"

兩漢簡帛文獻就更爲常見了,例如:

(2)《馬王堆帛書·五十二病方》7:"(取藥)即冶,入三指冣(最一撮)半杯溫酒□"

(3)又,23—24:"長石、薪(辛)夷、甘草各與【瀕】鼠等,皆合撓,取三指冣(最一撮)一,入溫酒一音(杯)中而飲之。"

(4)又,57—58:"取竈末灰三指冣(最一撮)【□□】水中,以飲病者。"

(5)又,殘 3:"(將藥)冶之,誨(每)食,入三【指撮】☒"

(6)又,《養生方》19:"誨(每)飲,三指最(撮)入酒中。"

(7)又,33:"誨(每)食,以酒飲三指最(撮)。"

(8)又,76:"即冶,參指最(撮),以□半栢(杯)飲之。"

(9)又,85:"潘(礬)石三指最(撮)。"

(10)又,102:"冶,以三指最(撮)一—☒"

（11）又，107：“冶，三指最（撮）後飯。”

（12）又，112：“并之參指最（撮）以爲後飯，令人强。”

（13）又，122－123：“以三指最（撮）一爲後飯百日，支六七歲，□食之可也，次（恣）所用。”

（14）又，124－125：“取細辛、乾桓（薑）、菌桂、烏豙（喙），凡四物，各冶之。細辛四，乾桓（薑）、菌【桂】、烏豙（喙）各二，並之，三指最（撮）以爲後飯，益氣，有（又）令人免（面）澤。”

（15）又，150－151：“食以二〈三〉指最（撮）爲後飯。服之六末强，益壽。”

馬王堆出土各種醫書的成書時代均不晚於漢代，可見這個計量方式在漢代以前就廣泛使用了。兩漢成書的簡帛醫籍亦多見，例如：

（16）《武威醫簡》14－15：“冶龍骨三指【撮】，和以鼓〈豉〉汁飲之。”

（17）又，54：“冶龍骨三指撮，以鼓〈豉〉汁飲之。”

（18）又，66－67：“頭惠風，塗之，以三指摩（撮）□□□吞之，身生惡氣塗之。此膏藥大良，勿得傳。”

《武威醫簡》成書的準確年代暫不可考，但由其墓葬時間來推斷，該書在東漢前就已成書是没有問題的。傳世文獻亦可見，如《金匱要略》卷上“風引湯”條：“上十二味，杵，粗篩，以韋囊盛之，取三指撮，井花水三升，煮三沸，温服一升。”

25. 三指大撮

所稱量藥物之量比“三指撮”稍多，例如：

（1）《馬王堆帛書·五十二病方》72：“屑勺（芍）藥，以□半栌（杯），以三指大捽（撮），飲之。”

（2）又，237：“先食取三【指】大【撮】三，以温酒一杯和，飲之。”

（3）又，272：“（取藥）并以三指大取（最—撮）一入音（杯）酒中,日五、六飲之。"

(4)又,《雜療方》3:"取白松脂、杜虞(衡)、□石脂等冶,并合三指大最(撮),再直(置)☒"

(5)又,13—14:"因取禹熏、□□各三指大最(撮)一,與肝并入醯中,再□□□□□以善絮一□□□□□盡醯,善臧(藏)筩中,勿令歇(泄)。"

26. 三指小撮

所稱量藥物之量比"三指撮"要少,與本組其他相比最爲少見,如:

(1)《馬王堆帛書·雜療方》39:"節(即)其汙者不【能】,三指小最(撮)亦可。"

27. 三指撮到節(三指撮至節)

"到節"指所撮取的藥物到手指的第一節,其量自然多於"三指撮",例如:

(1)《馬王堆帛書·五十二病方》25—26:"(取藥)凡二物并和,取三指冣(最—撮)到節一,醇酒盈一戔(中)桮(杯),入藥中,撓飲。"

(2)又,162—163:"牡【厲(蠣)】冶一,毒堇冶三,凡【二】物并【和】,取三指冣(最—撮)到節一,醯寒溫適,入中,撓飲。"

亦可作"三指撮至節",《玉篇·至部》:"至,到也。"二者表量相同,例如:

(3)《馬王堆帛書·五十二病方》203:"炙蠶卵,令簒簒黃,冶之,三指冣(最—撮)至節,人〈入〉半音(杯)酒中飲之,三、四日。"

28. 三指一撮

與"三指撮"表量相當,例如:

(1)《馬王堆帛書·五十二病方》42:"即有頸(痙)者,冶,以三指一取(最一撮)，和以溫酒一音(杯)，飲之。”

29. 三指三撮

其量爲“三”個“三指撮”，例如：

(1)《馬王堆帛書·五十二病方》439：“令病者每旦以三指三取(最一撮)藥入一栝(杯)酒若鬻(粥)中而飲之。”

按，小徐本《説文·手部》：“撮，四圭也。一曰二指撮也。”大徐本《説文·手部》：“撮，四圭也。一曰兩指撮也。”段玉裁注：“小徐本作‘二指’，‘二’疑‘三’之誤。大徐本又改爲‘兩’耳。”現從秦漢簡帛醫方來看，以“三指撮”爲核心的術語出現數十次，而“二指撮”祇出現一次，即上引《馬王堆帛書·養生方》150－151：“食以二指最(撮)爲後飯。”綜觀傳世醫籍，均作“三指撮”，並且“三指撮”與“二指撮”的出現次數相差甚遠。

如此大的懸差祇能説明這裏的“二指撮”其實就是“三指撮”。由此也可以肯定，在書寫過程中，確有把“三”寫作“二”這樣的筆誤。《漢書·律曆志上》“量多少者不失圭撮”下顔師古注引應劭説：“四圭曰撮，三指撮之也。”從傳世文獻來看，祇見有“三指撮”，如《素問·病能論》：“以澤瀉、術各十分，麋銜五分，合以三指撮爲後飯。”桂馥《説文義證》：“兩指當爲三指。兩指爲拈，三指爲撮。”桂未谷説爲不刊之論。

第十組　户、家、室

“家”、“户”、“室”這三個量詞稱量的對象都是“人”，都是一種大概的數量，並無一定之制。其來源亦均很明確，都一直沿用到現代漢語中仍廣泛使用。

30. 户

從甲骨文來看，“户”字象一扇門的形狀，本義是名詞“單扇的

門"。引申用作人家、住户的集體單位量詞,傳世先秦文獻已見,如《易·訟》:"人三百户,無眚。"先秦簡帛文獻亦可見,例如:

(1)《上博簡·周易》4:"其邑人三四户。"

(2)《里耶秦簡》T1⑧157 背:"正月戊寅朔丁酉,遷陵丞昌郤之,啟陵廿七户已經有一典,今有(又)除成爲典何?"

(3)《里耶秦簡》J1⑯9 正:"都鄉守嘉言渚里□□劾等十七户徙都鄉,皆不移年籍。"

漢代以後簡帛文獻一直沿用,例如:

(4)《居延新簡》EPT9.1:"☑邑千户,賜泉二百萬。"

(5)《居延漢簡》306.22:"☑千户一人復身,毋有所與身不當事☑"

(6)《敦煌漢簡》1361A:"二百户、五百騎以上,賜爵少上造,黄金五十斤,食邑百户。"

(7)《孫家寨漢簡》147、302:"長以上食邑二百户,斬"

以上爲兩漢簡帛用例。

(8)《走馬樓吳簡·竹簡〔壹〕》959:"八户罰估不注役。"

(9)又,5319:"☑其八十四户,下品之下。"

(10)又,4491:"右七户,户月收傜錢五百合三千五百。"

(11)《走馬樓吳簡·竹簡〔貳〕》529:"其一百一十九户,下品。"

(12)又,3307:"其二户,縣吏下品☑"

以上爲吳晉簡帛用例。

直到現代漢語這個量詞仍很常見,兹不贅述。

31. 家

《説文·宀部》:"家,居也。"本義是人的"住所",是個名詞,引申爲量詞表示家庭的單位,先秦簡帛文獻已見,例如:

(1)《郭店楚簡·語叢四》25—26:"一家事乃有貨。"

兩漢簡帛亦可見,例如:

(2)《居延新簡》EPF22.651:"甲渠候官,建武柒年柒月,貧隧長及一家二人爲寒吏。"

(3)又,EPF 65.378:"☐一歲食,遣吏迎受。今遣適吏家屬五家☐"

(4)《居延漢簡》29.8:"☐近倉,穀里三銖五分。五家相證任,伍中☐"

吳晉簡帛亦常見,例如:

(5)《走馬樓吳簡·竹簡〔壹〕》1505:"☐右一家合三人☐"

(6)又,7641:"一家合五人。"

(7)又,7647:"一家合七人。☐"

(8)又,1398:"右二家合□☐"

並且一直沿用到現代漢語中。

32. 室

《説文·宀部》:"室,實也。从宀,从至。至,所止也。"徐鍇《繫傳》:"室,實也。从宀,至聲。室、屋皆从至,所止也。"其本義是人所居住的"房間",由此引申有"家庭"義,用作集體單位量詞,相當於"家",《管子·乘馬》:"上地方八十里,萬室之國一,千室之都四。"先秦簡帛文獻亦見:

(1)《上博簡·君子爲禮》11:"夫子治十室之邑亦樂,治萬室之邑亦樂。"

(2)又,《三德》12:"百乘之家,十室之僑(?)"

又,《定州漢簡》雖然其墓葬時代爲漢代,但其中典籍的成書却均不晚於戰國,例如:

(3)《定州漢簡·論語》83:"公冶長:求也,千室之邑"

(4)又,107:"公冶長:…曰:十室之邑,必有忠信。"

現代漢語中,這個量詞仍在使用,此不贅述。

第十一組　术、緵、升₁、緎

"术"、"緵"、"升₁"、"緎"四個量詞所適用的對象均與布有關,而且多有一定之規,自然也可以歸入制度單位量詞,由於此類量詞不多,使用頻率更低,往往僅僅見於某種簡帛文獻中,與之相關進制的單位多不見於傳世文獻,姑列於此,便於討論。

33. 术

术,《説文‧禾部》:"秫,稷之黏者。或省禾。"但用作量詞,似乎與其本義無關。兩漢簡帛中可以用作絲縷數量的單位量詞,僅二見:

> (1)《居延漢簡》262.28A:"綃糸二斤,直四百卅四。絳縷五百术,白縷五百术。寶此丈五尺,直三百九十。付子一斗,直百廿五。弋韋遝一兩,直八百五十。"

"术",裴錫圭先生説,在這裏是當絲縷數量的一種單位講的。《西京雜記》卷五記載鄒長倩資助勉勵公孫弘的事,鄒贈物中有"素絲一襚",鄒與公孫弘書中有"五絲爲䌰,倍䌰爲升,倍升爲紀,倍䌰爲紀,倍紀爲緵,倍緵爲襚"之語,"术"聲與"遂"聲古代音近相通。因此,簡文中的"术"應該讀爲"倍緵爲襚"的"襚",絲一百六十縷爲一术。[①]

34. 緵

緵,是古代區別布的粗細所用的單位,布八十縷爲緵。《説文‧禾部》:"緵,布之八十縷爲緵。"段玉裁注:"布八十縷爲緵者。《史記‧孝景本紀》:'令徒隸衣七緵布。'《索隱》《正義》皆云:'蓋七升布用五百六十縷。'《漢書‧王莽傳》:'一月之禄,十緵布二匹。'孟康云:

---

①　裴錫圭《漢簡零拾》,載《文史》12 輯,北京:中華書局,1980 年版;亦收入《裴錫圭學術文化隨筆》,北京:中國青年出版社,1999 年版,頁 112。

'緵,八十縷也。'……《聘禮》今文作'稯'。許從今文,故《糸部》無'緵'。布縷與禾把皆數也,故同名。"①兩漢簡帛常見,字均作"稯",與《說文》合,例如:

(1)《居延新簡》EPT56.10:"賫賣七稯布三匹,直千五十。"

(2)《居延漢簡》90.56:"出廣漢八稯布十九匹八寸大半寸,直四千三百廿,給吏秩百一人,元鳳三年正月盡六月,積六月☐"

(3)又,282.5:"賫賣九稯曲布三匹,匹三百卅,凡直千。"

(4)又,287.13:"賫賣八稯曲布一匹,直二百九十。"

(5)《金關漢簡》73EJT10:72:"今餘廣漢八稯布卌九匹,直萬一千一百廿七錢九分。"

漢代以後,這個量詞使用漸少。

35. 升₁

"升",也是古代區別布的粗細所用的單位,其作用類似於今天計算紗綫的"支",布八十縷爲升。《儀禮·喪服》:"冠六升,外畢。"鄭玄注:"布八十縷爲升。"《武威漢簡·儀禮》較爲常見,例如:

(1)《甲本服傳》3-4:"繩緵,條屬,冠六升,外綼;段而勿灰。衰三升。"

(2)又,7-8:"傳曰:總六升,長六寸,簪枅長尺,吉枅尺二寸。"

(3)又,40:"大功布,九升。小功布,十一升。"

(4)又,53:"十五升陶其半,有事其縷,無事其布,曰總。"

(5)又,59:"錫者,十五升陶其半,無事其縷,有事其布,曰錫也。"

(6)《乙本服傳》2:"冠六升,外綼;段而勿灰。衰三升。"

(7)又,4:"傳曰:總六升,長六寸,晉枅長尺,吉枅尺二寸。"

---

① 今本《史記·孝景本紀》(中華書局標點本)作"緵"。

（8）又，33：“總者，十五升陶其半，有事其縷，無事其布，曰總。”

（9）又，37：“錫者，十五升陶其半，無事其縷，有事其布，曰錫也。”

（10）又，24：“大功布，九升。小功布，十一升。”

（11）《丙本喪服》33－34：“負，廣出於適寸。適，博四寸，出於衰。衰，長六寸，博四寸。衣帶下，尺。�衽，二尺有五寸。袂，屬幅。衣，二尺二寸。祛，尺二寸。衰三升，三升有半。其冠六升。以其冠爲綏，綏冠七升。齊衰四升，其冠七升。以其冠爲綏，綏冠八升。總衰四升有半，其冠八升。大功八升，若九升。小功十升，若十一升。”

漢代以後，這個量詞大概就不再使用了，故《朱子語類》卷八五云：“古者，布帛精粗皆有升數，所以説布帛精粗不中度不鬻市。”

36. 緎

《詩經·召南·羔羊》：“羔羊之革，素絲五緎。”簡帛文獻所見，正是此句：

（1）《阜陽漢簡·詩經》S010：“□素絲五緎”①

王引之《經義述聞》：“緎者，二十絲。”漢鄒長倩《遺公孫弘書》：“五絲爲䌰，倍䌰爲升，倍升爲緎，倍緎爲紀，倍紀爲綜，倍綜爲襚。”故“緎”，是古代區别絲織品的粗細所用的單位，二十絲爲緎。

或説“緎”爲縫合羊皮之“縫”，毛傳：“緎，縫也。”傳世本《召南·羔羊》：

羔羊之皮，素絲五紽。退食自公，委蛇委蛇。

羔羊之革，素絲五緎。委蛇委蛇，自公退食。

---

① “緎”字左半殘損。

羔羊之縫,素絲五總。委蛇委蛇,退食自公。①

“紽”、“緎”、“總”三個詞處在同樣的語法位置上,其性質應當是相同或相近的。“紽”、“緎”二詞,其他文獻未見此類用法,而“總”上古其他文獻亦可見,如《晏子春秋·雜下十八》:“夫十總之布,一豆之食,足於中免矣。”“總”在這裏顯然是“布”的稱量單位。故“紽”、“緎”二詞亦當爲量詞無疑。

第十二組 輩

量詞“輩”在簡帛文獻中用例較少,一般見於居延漢簡和金關漢簡中,一般來說是一個集體單位量詞,相當於“批”,但個別用例仍存在一些爭議,也可能是個體單位量詞;不過,作爲量詞是無可置疑的,因此我們將其獨立作爲一類,以便討論。

37. 輩

《説文·車部》:“輩,若軍發車百兩爲一輩。”“輩”的本義是“車百兩”,其後逐漸泛化,《六書故·工事三》:“輩,車以列分爲輩。”即“分行列的車”均可稱爲“輩”,是個集體單位量詞,但這種用法簡帛文獻材料未見。

“輩”又有“同類”、“同等”義,《玉篇·車部》:“輩,類也。”《廣韻·隊韻》:“輩,等輩。”由此引申爲指人或事物的集體單位量詞,相當於現代漢語中的“批”,多見於漢簡中。較多用於稱量“事物”,特別是“書信”,居延漢簡和金關漢簡中均很常見,例如:

　　(1)《金關漢簡》73EJT23:391:“☐南書八輩,十六封☐”
　　(2)又,73EJT23:781:“☐☐十月,南書五輩。”

---

① 《十三經注疏·毛詩正義》(附校勘記),中華書局影印阮元刻本,1980年版,頁289。

（3）又，73EJT21:314:"☐六輩廿兩，帛三匹二丈六尺七寸，
直七百☐"

（4）《居延漢簡》505.2:"南書一輩一封，張掖肩侯。"

（5）又，506.6:"南書一輩一封。潘和尉印。"

稱量"人"的用例較爲少見，主要見於居延漢簡，例如：

（6）《居延新簡》EPT7.11:"第五隧南，一輩七騎。☐"

按《六韜·均兵》:"三十騎爲一屯，六十騎爲一輩。"則"輩"是定數集
合的集體單位量詞，但是從居延漢簡中的用例來看，一"輩"祇有"七
騎"，顯然在漢簡中是一種模糊的稱量，相當於"批"。

但值得注意的是居延漢簡中的一個用例，似乎並非集體單位
量詞：

（7）《居延新簡》EPF16.44:"見塞外虜十餘輩，從西方來入
第十一隧天田屯。止虜四五。"

由於缺少足够完整的上下文語境，該簡文中的"輩"理解爲集體單位
量詞"批"或者個體單位量詞"個"都有可能，但是顯然後者更爲合理
一些；即"虜十餘輩"指的是"十餘個敵人"。但這種用法很罕見，《大
詞典》、《大字典》所引最早用例都是《新唐書》，如《新唐書·薛元賞
傳》:"元賞到府三日，收惡少，杖死三十餘輩，陳諸市。"由於這種用法
用例罕見，且無法明確，因此姑列於此，不再單獨論述。

在量詞發展史上，"輩"作爲量詞既可以是集體單位量詞，也可以
是個體單位量詞，還可以是動量詞，這種模糊的稱量方法顯然可能會
造成歧義。但在後來發展過程中，三種用法却長期並行使用；特別是
用作集體單位量詞和個體單位量詞，使用頻率都很高。

附:待考自然單位量詞

有些詞語按照我們對於量詞的判定標準，出現在量詞的語法位

置上,但却由於所見用例很少,①所稱量對象無法判斷,以及簡文殘斷等各方面的原因,迄今爲止我們仍無法確切斷定是否是量詞,姑列於下,有待新材料的出現與公佈以備進一步的深入研究。② 以下每條先列簡帛文例,然後列學界意見(若無則缺如),最後以按語形式説明我們的初步意見。

1. 蒚

《敦煌漢簡》58:"☐月四日,木皮十蒚,直六千七百,未入☐"

肖從禮認爲:"用於稱量個體事物的數量。漢簡中'蒚'用作量詞僅見一例…… 漢簡中屬竹字頭的字多寫作草字頭,'蒚'或爲'簡'字。"③

按,"蒚"如果是個體單位量詞,稱量對象是"木皮",《敦煌漢簡》中也僅此一例,不知何物。而"簡"亦未見稱量"木皮"類事物的個體單位量詞的用法,疑通"籃",且"直六千七百"自然不會是七枚木皮,則似乎當歸入容器單位量詞。

2. 部

《敦煌漢簡》簡 58:"之張掖,甯發盧水五百人。公卿與同心士六十人,俱未有發,曰:'此近謂第一部千八十人者也。議遣君威來出。'"

王貴元先生認爲其中的"部"是量詞,"義同上文'輩'",即"批"義。④

按,這裏的"部"似乎也可以看做是名詞,例如《敦煌漢簡》139:"齎五十日糧還詣部,盡力炬虜,不昭遺死力。"又,簡 1683:"宜禾部

① 包括傳世文獻材料中的使用情況。

② 當然,本書對於量詞的判定,採用了較爲嚴格的判定方式,尤其對於孤例,除非在文義完全確定的情況下,一般不納入量詞的範疇,亦皆列於此類。

③ 肖從禮《從漢簡看兩漢時期量詞的發展》,載《敦煌研究》,2008 年 4 期。

④ 王貴元《漢代簡牘遺策的物量表示法和量詞》,載張顯成主編《簡帛語言文字研究》第一輯,成都:巴蜀書社,2002 年版。

靁第：廣漢第一，美稷第二，昆侖第三，魚澤第四，宜禾第五。"姑列於此，以備考查。

3. 就(罪)

《包山楚簡》269："筦审(中)乾，絑(朱)縞七罪(就)。車戟(戟)，戠羽一罪(就)；亓(其)帀(旆)，尤(旌)五罪(就)。戗三罪(就)，一桱，冒筦之百(首)。"

又，簡273："二戟(戟)，戠二罪(就)；二帀(旆)，皆尤(旌)九罪(就)。二戗，皆戠二罪(就)。"

又，牘1正："筦毌(中)幹，絑(朱)縞七罪(就)。車戟(戟)，戠習(羽)一罪(就)；亓(其)帀(旆)，尤(旌)五罪(就)。戗三罪(就)，一桱，縷(緣)筦頁。"

按，李家浩先生指出："從文義看，'罪'的意思與重、匝相當。……簡牘文字'罪'與《周禮》'樊纓十有再就'、'樊纓九就'之'就'，不僅所處的語法位置相同，而且古音也相近。……疑簡牘文字'罪'應當讀爲'就'。'朱縞七就'是説'中幹'上纏繞朱縞七匝。"[1]李明曉認爲："其説可從。《周禮·天官·典絲》有：'凡祭祀共黼畫組就之物。'鄭玄注：'采色一成曰就。'《周禮·秋官·大行人》'樊纓九就'下鄭玄注云：'每一處五采備爲一就。'二采備、三采備、四采備亦可稱'就'，由此看出'就'表量的不確定性。"[2]

雖然"就(罪)"在楚簡中用例並非漢簡，但是由於楚簡簡文的文意往往並不能完全確定，因此我們姑列於此，以備考察。

4. 友

《信阳楚簡》13："一友齊絿之裕，帛裏，組繸。"

---

① 李家浩《包山楚簡的旌旆及其他》，載《著名中年語言學家自選集·李家浩卷》，合肥：安徽教育出版社，2002年版，頁263。

② 李明曉《戰國楚簡語法研究》，武漢：武漢大學出版社，2010年版。頁285。

又,19:"一友嬴虎,錦韜,有蓋。"

又,24:"二友□,屯有蓋。"

李明曉《戰國楚簡語法研究》認爲該簡中的"友"是集體單位量詞,相當於現代漢語中的量詞"雙"。①

按,上古文獻中僅此三例,由於簡文上下文意均未明,因此我們認爲此三簡中"友"也可能祇是後面名詞的一個修飾語。姑列於此,以備進一步考察。

5. 和

《包山楚簡》269:"一咊(和)嬴甲,首胄,綠組之縢。"

李家浩先生認爲古書中"和"、"合"二字往往互訓,故"一和"猶言"一對"。②

按,由於簡文文意不太明確,我們認爲這裏的"咊(和)"也可能是"甲"的修飾語,因爲古今漢語"甲"很少用集體量詞"對"來稱量;因此"咊(和)"用來稱量鎧甲似乎缺少理據。

6. 桓

《居延新簡》EJT23.27:"出亡赤三桓。"

又,EJT23.991:"入亡人表二桓。"

肖從禮認爲"桓"是個體單位量詞,"用於稱量守禦器表的數量"。③ 初師賓先生認爲這裏的"桓"是量詞:"此二例之'亡赤'、'亡人表',即亡人赤表。此表量詞稱'桓'。"④

按,《居延漢簡》及其他漢簡均未見,文意不甚明確,姑列於此。

7. 煙

---

① 李明曉《戰國楚簡語法研究》,武漢:武漢大學出版社,2010 年版,頁 292。

② 李家浩《包山楚簡的旌旆及其他》,載《著名中年語言學家自選集·李家浩卷》,合肥:安徽教育出版社,2002 年版。

③ 肖從禮《從漢簡看兩漢時期量詞的發展》,載《敦煌研究》,2008 年 4 期。

④ 初師賓《漢邊塞守禦器備考略》,載甘肅省文物工作隊、甘肅省博物館編《漢簡研究文集》,蘭州:甘肅人民出版社,1984 年版,頁 168。

《居延漢簡》14.11:"晝舉蓬一煙。"

肖從禮認爲是個體單位量詞,"用於稱量守禦器表的數量"。[1]黃盛璋先生等亦持此説。

按,"煙"在古今文獻中均未見量詞用例,從簡帛文獻用例來看我們認爲這裏的"煙"不是量詞,而應該是名詞。[2]

8. 繆

《居延新簡》EPT57.44:"☐其三繆,付厩嗇夫章,治馬羈絆。一繆,治書繩。"

按,《説文・系部》:"繆,枲之十絜也。"段玉裁注:"枲即麻也,十絜猶十束也。"簡帛文獻僅此一簡可見,姑列於此。

9. 蜀

《仰天湖楚簡》21:"一純筵席,一蜀席。"

李家浩先生認爲:"值得注意的是,簡文以'一純'與'一蜀'對言。在古代'蜀'或'獨',或用作個體量詞。《方言》卷十二説:蜀,一也。南楚謂之蜀。郭璞注:蜀,獨也。看來以'蜀'或'獨'爲個體量詞還是南楚的方言。……我們認爲'一純'之'純'是個體量詞,'一蜀'之'蜀'應該讀爲'蜀'或'獨',是個體量詞。"李明曉認爲"此説可從"。[3]

按,該簡中的"純"在簡帛文獻常用作量詞(詳參上文"純"條),但"蜀"却不一定是與之相對而言的,目前學界仍有爭議,劉國勝將其讀爲"褥",或以爲讀爲"蜀",指的是産地爲"蜀地"。我們考察全部簡帛文獻,未見其他用例,故衹能是個有爭議的孤證,姑列於此。

10. 璧

《新蔡楚簡》零:57:"☐玉一璧☐"

有學者認爲其中的"璧"是個體單位量詞。

---

①　肖從禮《從漢簡看兩漢時期量詞的發展》,載《敦煌研究》2008 年 4 期。

②　詳參附録三《〈兩漢時代的量詞〉補正》。

③　李明曉《戰國楚簡語法研究》,武漢:武漢大學出版社,2010 年版,頁 286。

按，該簡上下文殘段，難以句讀，因此如果認爲"璧"是個體單位，則"玉一璧"是"名＋數＋量"構式。當然，也有可能讀作："玉，一璧。"則"一璧"爲"數＋名"結構。還有可能讀作："玉一，璧。"則"玉一"爲"名＋數"結構。從詞義的歷史發展來看，無疑後兩者更接近語言事實。

11. 墙座（槳坐）

《信陽楚簡》2－018："樂人之器：一槳坐（墙座）棧鐘，小大十又三。……一槳坐（墙座）□□，小大十又九。"

李家浩先生認爲："位於'前鐘'和'前磬'之前的'槳坐'，從文義來看，似是量詞。……'槳'從'將'聲，'將'和'墙'皆從'爿'之象形初文'爿'得聲，所以'將'、'墙'二字可以通用。……疑簡文'槳'應當讀爲'樂不墙合'之'墙'。'一墙坐'之'墙'與'肆堵'之'堵'的意思是相通的。'坐'大概讀爲'座'。'一墙座棧鐘'猶言'一墙列棧鐘'。"李明曉將其歸入個體單位量詞，並指出"棧鐘，則是古代一種樂器，小鐘"。[①]

按，這個量詞僅見於楚簡該簡，而且訓釋似亦未安，故列於此。

12. 元

《新蔡楚簡》乙四：48："□之，敢用一元□羘，先之□"

又，乙四：70："□小臣成拜手稽首，敢用一元□"

第二例陳偉先生認爲："'一元'後疑殘'大武'。《禮記·曲禮下》：凡祭宗廟之禮，牛曰'一元大武'，豕曰'剛鬣'，豚曰'盾肥'，羊曰'柔毛'。……鄭玄注：'元，頭也。武，迹也。'孔疏：'牛若肥則脚大，脚大則迹痕大，故云一元大武也。'"[②]

按，"元"所見二簡均有殘缺，無法通讀，姑列於此。

---

① 李明曉《戰國楚簡語法研究》，武漢：武漢大學出版社，2010 年版，頁 286。
② 陳偉《新蔡楚簡零釋》，載《華學》第六輯，北京：紫禁城出版社，2003 年版，頁 97。

13. 回

《上博簡·君人者何必安哉》:"范戊曰:'君王有白玉三回而不戔,命爲君王戔之,敢告於視日。"

整理者濮茅左先生認爲是量詞,義同"塊"。

按,該字的釋義仍有爭議,董珊認爲"回"當讀爲"璺",是裂縫之義。① 陳偉先生則讀"回"爲"瑋",認爲是"稱美、珍視"之義,也可能讀"韙"。②

14. 布

《上博簡·景公瘧》:"一丈夫執尋之幣、三布之玉。"

張崇禮認爲,"布"在這裏用作量詞,《廣雅·釋詁》:"布,列也。""尋之幣、三布之玉"是極言"一丈夫"祭品的簡陋。③

按,"布"用作量詞,猶列、堆。《左傳·昭公二十六年》:"高齕以錦示子猶,子猶欲之。齕曰:'魯人買之,百兩一布。以道之不通,先入幣財。'"杜預注:"言魯人買此甚多,布陳之,以百兩爲數。"若《上博簡》例中的"布"用作量詞,則"三布之玉"意思是"三列之玉",並不能說明"祭品的簡陋",文意扞格不同。我們懷疑這裏的"布"仍是貨幣單位量詞,有兩種可能的推測。

一是通"鎛"。古代一種鏟形的金屬鑄幣。通稱"布幣"。《管子·國蓄》:"以珠、玉爲上幣,以黃金爲中幣,以刀、布爲下幣。"《荀子·榮辱》:"餘刀布,有囷窌,然而衣不敢有絲帛。"楊倞注:"刀、布皆錢也。"《史記·平準書》:"虞夏之幣,金爲三品,或黃,或白,或赤;或錢,或布,或刀,或龜貝。"《漢書·食貨志下》:"鑄作錢布皆用銅,殽以

---

① 董珊《讀〈上博七〉雜記(一)》,復旦大學出土文獻與古文字研究中心網站 2008 年 12 月 31 日。(http://www.guwenzi.com/Srcshow.asp? Scr_ID=585)

② 陳偉《〈君人者何必安哉〉再讀》,簡帛網 2009 年 2 月 5 日。(http://www.bsm.org.cn/show_article.php? id=988)

③ 張崇禮《〈景公瘧〉第十簡解詁》,簡帛研究網 2007 年 7 月 26 日。(http://jianbo.sdu.edu.cn/admin3/2007/zhangchongli004.htm)

連錫。"

　　二是由實物交易演變而來的貨幣單位"布"。按秦制,一布當十一錢,長八尺,幅寬二尺五寸。《詩經·衛風·氓》:"抱布貿絲。"毛傳:"布,幣也。"《睡虎地秦簡·秦律十八種·金布律》67:"錢十一當一布。其出入錢以當金、布,以律。"

　　則"三布之玉"當指價值祇有"三布"的玉製品,"尋之幣、三布之玉"是極言"一丈夫"祭品的簡陋。

　　15. 比

　　《居延漢簡》7.8:"兩行卌,札一比,繩十丈。"

　　姚振武先生提出:"這個'比'爲集體量詞。'札'爲供書寫的木片,《釋名·釋書契》:'札,櫛也。編之如櫛齒相比也。'可見'札一比'猶言'編之如櫛齒相比'的一聯札,或者説一卷札。"[1]

　　按,該字原整理者隸定爲"比",而後來謝桂華、李均明、朱國照《居延漢簡釋文合校》中隸定爲"百",即:"兩行卌,札一百,繩十丈。"[2]我們覆核原圖版,但從圖版來看該字模糊不清,無法辨別,姑列於此。

　　16. 唐

　　《鳳凰山 10 號墓漢簡》118:"九月四日,付五翁伯枲一唐,卅;筥三合,合五十四。直百六十四。"

　　又,116:"七月十六日,付司馬伯枲一唐卅二。"

　　裘錫圭先生認爲:"枲一唐之價爲卅或卅二,可知唐比絜大得多。"[3]姚振武先生認爲"唐"作爲量詞屬"捆、束之類,很少見"。[4]

　　按,"唐"在這裏似乎可以看作量詞,但傳世上古文獻未見,其他

　　① 姚振武《上古漢語名量詞地域分佈初探》,載《簡帛文獻語言研究》,北京:社會科學文獻出版社,2009 年版,頁 23。

　　② 謝桂華、李均明、朱國照《居延漢簡釋文合校》,北京:文物出版社,1987 年版。

　　③ 裘錫圭《湖北江陵鳳凰山十號漢墓出土簡牘考釋》,載《文物》,1974 年 7 期。

　　④ 姚振武《上古漢語名量詞地域分佈初探》,載《簡帛文獻語言研究》,北京:社會科學文獻出版社,2009 年版,頁 24。

簡帛文獻也未見,僅見於《鳳凰山 10 號墓漢簡》中,且文意不太明晰,姑列於此。

17. 支

《上博簡·競公虐》10:“之臣,出喬(矯)於鄙。自古(姑)、蚤(尤)昌(以)西,翏(聊)、攝昌(以)東,丌(其)人婁(數)多已,是皆貧苦約疠,夫婦皆祖(詛)一支,夫執媺之幣三布之玉,唯是□”

按,文中的“支”與數詞連用,也有可能是量詞,但僅此一例,姑列於此,以備考察。

18. 紗(卒)

《清華簡·周公之琴舞》:“周公复(作)多士敬(儆)㤰(毖),甕(琴)罪(舞)九紗(卒)。”又:“城(成)【一】王复(作)敬(儆)㤰(毖),甕(琴)罪(舞)九紗(卒)。”

按,紗,《玉篇·糸部》:“繩也。”整理者認爲:“簡文中讀爲‘卒’或‘遂’。《爾雅·釋詁》:‘卒,終也。’‘九紗’義同‘九終’、‘九奏’等,指行禮奏樂九曲。《逸周書·俘》:‘鏞人九終’,朱右曾《逸周書集訓校釋》:‘九終,九成也。’”

19. 朐

《里耶秦簡》8－1002＋8－1091:“卅五年六月戊午朔己巳,庫建、佐般出賣祠窨□□□一朐于隸臣徐,所取錢一。”

又,8－1055＋8－1579:“卅五年六月戊午朔己巳,庫建、佐般出賣祠窨余徹脯一朐於□□□,所取錢一。”

朐,整理者原釋文從“舟”,陳偉等據圖版隸定爲“朐”。陳偉等認爲:“量詞,用於條狀的乾肉等。《呂氏春秋·報更》:‘趙宣孟將上之絳,見骫桑之下有餓人臥不能起者……宣孟與脯一朐。’”[1]

按,《說文·肉部》:“朐,脯挺也。”段玉裁注:“挺,即脡也。何注

---

① 陳偉主編《里耶秦簡牘校釋》(第一卷),武漢:武漢大學出版社,2012 年版。

《公羊》曰：‘屈曰朐，申曰脡。’朐脡，就一脡析言之，非謂脡有曲直二種也。”又如《說苑·復恩》：“（趙）宣孟與之壺飱，脯二朐，再拜頓首受之。”朐，指屈曲的乾肉，其名詞義仍然較爲明顯。

20. 副

　　《金關漢簡》73EJT21：252：“☒□六副，劍一，循一 ☒ ”

　　從簡文來看，這裏的“副”也可能是量詞，但是由於簡文殘缺，無法判斷，姑列於此，以備考察。

21. 品

　　《走馬樓吳簡》40143：“右布合一千七百五十匹，計二品，爲賈錢合五百卅萬七千。”

　　按，《廣韻·寢韻》：“品，類也。”《增韻·寢韻》：“品，物件也。”吳簡中更多與方位詞連用，例如《走馬樓吳簡》40120：“其五百八十四中品，匹直錢三千三百，合一百九十一萬四千。”又，40172：“其一千一百七十四下品，匹直二千九百。”

　　這裏的“二品”可能是個體單位量詞，表示事物的類別，相當於現代漢語中的量詞“類”；也可能仍然是名詞，表示“物品”；由於用例少見，姑列於此，以備考查。

　　此外，還有學者討論到的“倍”、“介”、“程”等所謂“自然單位量詞”，按照我們的判斷標準，確實不應歸入量詞範疇討論，故此不再一一贅述。

第三章

簡帛借用單位和制度單位量詞研究

　　上一章研究了自然單位量詞，本章研究借用單位量詞和制度單位量詞兩類。自然單位量詞是量詞型語言所特有的，而借用單位量詞和制度單位量詞則是多數語言所共有的，是人們生活、交際所必須的，但是也是量詞系統的重要組成部分，特別是在漢語量詞發展史及其語法化過程中起到了重要的推動作用。

第一節　借用單位量詞

　　所謂"借用單位量詞"，一般是指借用某種容器或者載體作爲計量單位來表示一種大略的數量。雖然"借用量詞"祇是在特殊的具體語境中獲得量詞的語義和語法功能，從本質上看一般來説還具有名詞或其他詞類的屬性，但是在這一具體語境中無可置疑地具備了量詞的語法功能。

　　但是，楊亦鳴先生通過對 Broca 失語症和混合性失語症有關量詞適用情況的考察，認爲："現代漢語量詞系統及其下位分類名量詞和動量詞具有一定的神經生理機制和心理現實性……在名量詞和動量詞內部分出的專用量詞和借用量詞兩類，既没有相應的神經生理機制和心理現實性，也不能實現描寫充分性和解釋充分性對當代語言理論的要求。"①由此可見,借用單位量詞同專有量詞一樣,是漢語量詞系統不可分割的重要組成部分,也自然應該納入量詞研究的範疇中來,才有利於我們對漢語量詞系統的全面地系統地認識。

簡帛文獻,尤其是遣策等簿籍類文獻和方術類文獻中,借用的單位量詞數量繁多,而且適用對象也豐富多彩,茲按其語義特徵和適用對象分組逐一整理分析如下。

第一組　竹器類

本組量詞從字形上看均屬"竹"部,大多本爲竹製盛物器,借用爲單位量詞。作爲竹製容器單位量詞,其適用範圍大多很廣泛,故匯爲一組,共同討論。②

1. 笥(司)

"笥",古時一種用竹或葦編制而成的盛物用的方形箱子。《禮記·曲禮上》:"凡以弓劍苞苴簞笥問人者,操以受命,如使之容。"鄭玄注:"簞笥,盛飯食者,圓曰簞,方曰笥。""笥"在簡帛文獻中用例很多,所盛物品的種類也極爲廣泛,並非如鄭玄所言僅僅限於"盛飯食者"。

"笥"用作借用量詞,先秦簡帛文獻中就已出現了。楚簡中字均作"司"。"司",同"笥",例如:

(1)《信陽楚簡·遣策》2:"一司(笥)翱珥,一司(笥)齒珥。"（珥,珠玉製成的耳飾。）

---

① 楊亦鳴《漢語量詞及其分類的神經機制與相關理論問題探討》,載《語言的神經機制與語言理論研究》,上海:學林出版社,2003 年版,頁 59－72;亦見《中國語言學報》第 11 期,北京:商務印書館,2003 年版。

② 當然,有些從"竹"的器物後來並不一定用竹製成,如"籃"、"籠"後世往往可以用柳條等編製,到現代甚至可以是塑料製品,但在古今漢語中作爲借用量詞則是相同的。以下各組同此。

秦簡中也可見,例如:

(2)《里耶秦簡》8－95:"□一。輪二。張一司(笥)。"

按整理者注,"張"通"帳",帳篷;"司"同"笥"。意思是:帳篷一笥。"張"也可能讀爲"韔",即弓袋,《詩·秦風·小戎》:"虎韔鏤膺,交韔二弓。"毛傳:"韔,弓室也。"從上下文來看,該簡所列爲輪、兜鍪、駕車馬的革帶等器物,"張"讀爲"韔"應當更符合具體語境。

到兩漢簡帛文獻中,"笥"借用作量詞的用例就更常見了,而且其使用範圍亦非常廣泛,字亦多書做"笥",例如:

(3)《馬王堆1號墓漢簡·遣策》120:"居女(粔籹)一笥。"粔籹,古代的一種食品。以蜜和米麵,搓成細條,組之成束,扭作環形,用油煎熟,猶今之饊子。又稱寒具、膏環。

(4)又,134:"梨一笥。"

(5)又,135:"柚一笥。"

(6)《馬王堆3號墓漢簡·遣策》160:"翟(鷩)雞一笥。"

(7)又,162:"肉鮨(膚)一笥。"

(8)又,163:"煎魚一笥。"

(9)又,164:"稻、黍一笥。"

(10)又,167:"栗一笥。"

(11)又,173:"熬兔一笥。"

(12)又,176:"孰(熟)叔(菽)一笥。"

(13)又,179:"卵一笥,九百枚。"

(14)又,191:"棘一笥,有縑囊。"

(15)又,192:"芰卷一笥,有縑囊。"

按,《說文·艸部》:"芰,蔆也。"芰卷,今作菱角。

(16)《張家山漢簡·遣策》29:"肉一笥。"

(17)《平山漢楬》1077:"觚芛一笥。"

(18)《鳳凰山9號墓漢簡》48:"肉一笥。"

（19）又,49:"脯一笥。"

盛衣物的亦可見,例如:

（20）《羅泊灣漢簡》1458 正 1 欄:"繒六十三匹三丈,緒三,衣一笥,笥繒。"

（21）《馬王堆 3 號漢墓·笥牌》37:"祝衣兩笥。"①

按,《説文·衣部》:"祝,贈終者衣被曰祝。"

盛其他物品也很常見,例如:

（22）《馬王堆 1 號墓漢簡·遣策》292:"木文犀角、象齒一笥。"

（23）又,293:"木白壁(璧)、生(青)壁(璧)一笥。"

（24）又,295:"土金二千斤,二笥。"

（25）又,296:"菜(彩)金如大叔(菽)者千斤,一笥。"

（26）《張家山漢簡·遣策》34:"書一笥。"

（27）《羅泊灣漢簡·從器志》1458 正 3 欄:"博具一笥,繒緣。"

（28）又,正 4 欄:"攤石引索一笥,笥繒緣。"

（29）又,正 5 欄:"越服矢一笥,繒緣。"

（30）又,背 1 欄:"張帷一笥;……中土食物五笥。"

《説文·竹部》:"笥,飯及衣之器也。"劉世儒先生亦云:"'笥'常用於盛物品或衣服,'筐'的用途寬泛些。"②從以上所舉簡帛文獻用例看,"笥"的用途絶不僅僅限於盛"飯"及"衣"。

從西漢早期寫成的馬王堆 1 號漢墓中出土的"笥牌",可以看出其用途的廣泛,出土笥牌有:衣笥(1)、③繒笥(2)、繒聶幣笥(4)、麻布聶幣笥(5)、牛膰笥(6)、鹿膰笥(7)、牛脯笥(8)、鹿脯笥(9)、孫

---

① 笥牌,屬於楬類。

② 劉世儒《魏晉南北朝量詞研究》,北京:中華書局,1965 年版,頁 240。

③ 括號内數字爲整理者爲"笥牌"所做的編號,下同。

脯笥(10)、牛炙笥(11)、豕炙笥(12)、鹿炙笥(13)、牛肩笥(15)、牛載(䐹)笥(16)、羊肩載(䐹)笥(17)、熬兔笥(18)、熬鮊笥(19)、熬鯿笥(20)、熬勮笥(21)、熬鴈笥(22)、熬雉笥(23)、熬炙姑笥(24)、熬陰鶉笥(25)、熬雞笥(26)、熬爵笥(27)、卵笥(28)、羊昔(腊)笥(29)、肮脯笥(30)、棘穎笥(31)、唐枎于穎笥(34)、白穎笥(35)、黃穎笥(36)、居女笥(37)、糖笥(38)、僕娄笥(39)、䕪棘笥(40)、梨笥(41)、惠笥(43)、䕪蕡笥(44)、黃卷笥(45)、金二千一笥(46)、珠璣笥(47)、文犀角象齒笥(48)等等。馬王堆 3 號漢墓中亦有笥牌 52 枚,除第 8 枚"乙笥"未記錄何物外,[①]其他 51 枚均爲所盛物品名稱,種類亦極爲繁多,兹不贅列。

張顯成據長沙子彈庫戰國木槨墓,馬王堆 2、3 號漢墓,湖北江陵鳳凰山 168 號漢墓及鳳凰山西漢墓中的出土文獻材料及實物,提出:"笥作爲一種盛器,其用途很廣,不光用以盛衣和盛飯食,還用以盛泥金版、絲織品、肉食品、畜禽、糧食、水果、藥品、香料、文具、量具、錢幣、裝飾品……簡直有些無所不裝了。"[②]

2. 筐(匡)

本爲方形盛物竹器,簡文多書作"匡",即"筐"的古字。《説文·匸部》:"匡,飯器。……筐,匡或从竹。"傳世先秦文獻常見,《詩經·召南·采蘋》:"于以盛之,維筐及筥。"毛傳:"方曰筐,圓曰筥。"簡帛文獻中用作借用量詞,見於楚簡,僅一例:

    (1)《望山楚簡·遣策》8:"一匡(筐)綇□。"
商承祚注:"匡,即筐,盛物竹器。"[③]從文例來看,"匡(筐)"處在"數＋量＋名"結構中量詞的語法位置上,用作量詞是確定無疑的,可惜後面的文字難以辨識,無法確定其所稱量的究竟爲何物。

---

① 整理者認爲當屬象徵性"笥牌"。
② 張顯成《"笥"器所指新解》,載《文史雜誌》,1994 年 1 期。
③ 商承祚《戰國楚竹簡彙編》,濟南:齊魯書社,1995 年版,頁 104。

3. 籃(畁)

"籃",本爲盛物竹器,故借用作稱量所盛之物的單位量詞。楚簡多作"畁",簡文中用作各種食物的容器量詞,例如:

> (1)《包山楚簡》255－256:"醬肉酢一畁(籃),莤酢一畁(籃),魚□一畁(籃),酏(醱)一畁(籃)。"

整理者認爲:"與弇字古文形近。弇,借作籃。《説文》:籃,大籚也。"①段玉裁注:"今俗謂熏籠曰烘籃是也。"

西漢早期的《羅泊灣漢簡》中亦有一例,但稱量對象完全不同,例如:

> (2)《羅泊灣漢簡·從器志》1458正4欄:"炭四籃。"

《包山楚簡》中的"籃",是一種盛食物的容器,可能就是《説文》段玉裁注所説的"熏籠",即"烘籃"。而《羅泊灣漢簡》中的"籃",則可能就是我們今天所説的"籃子",即一種有橫梁的提物器具,用竹、柳等編織而成,《廣雅·釋器》:"籃,筐也。"

4. 筓(簀)

本爲一種竹器。見於《包山楚簡》,字皆作"簀",整理者注:"讀如筓。"②用作飯食的容器單位,例如:

> (1)《包山楚簡》256:"四簀(筓)飯。"

> (2)又,258:"桃脯一簀(筓),僻鵬一簀(筓),炙雞一簀(筓),一簀(筓)鵬。"

朱駿聲於《説文·鳥部》"鵬"下云:"野鳧其大者曰鶻鵬。"

《玉篇·竹部》:"筓,竹器也。"《廣雅·阮韻》:"筓,竹器,所以盛棗脩。"《儀禮·士昏禮》:"婦執筓棗栗,自門入。"鄭玄注:"筓,竹器而衣者,其形差如今之筥。"後世辭書亦多據此訓釋,如《大字典·竹

---

① 湖北省荊沙鐵路考古隊《包山楚簡》,北京:文物出版社,1991年版,頁60。
② 湖北省荊沙鐵路考古隊《包山楚簡》,北京:文物出版社,1991年版,頁60。

部》:"古代盛乾果之類的竹器。"但從簡文來看,其用途當更寬泛,還可用以盛飯食之類。

胡雅麗據包山 2 號楚墓東室與北室出土的八件隨附簽牌的"方形竹編容器"和兩件簽牌指認的物品容器,綜合考證認爲該器即此種"方形竹編容器",兩件簽牌所自名所在容器曰"筟"且器物内所盛裝物品不僅與《遣策》所記物品名稱吻合,還在《遣策》記録中被盛裝於"筟"器之中,其説可信。①

5. 筟(篏、篏)

一種竹籠。簡帛文獻中用作盛食物的量詞,僅見於楚簡,例如:

(1)《包山楚簡》255:"飤室之飤:脩一篏,脯一篏。"

(2)又,256:"臷魚一篏。"

整理者注 506 云:"篏,籟字,借作筟。……此指盛肉乾的竹器。"又注507:"篏,對照上文可知應是籟字異體。"②《説文·竹部》:"筟,杯笒也。從竹,夆聲。或曰盛箸籠。"後世辭書多據此訓釋。如《大字典·竹部》:"①古代盛杯類器皿的竹籠;②筷籠。"從楚簡來看,其用途自然不限於此,還可以用來盛食物之類。

胡雅麗據包山 2 號楚墓出土的大長方形竹編容器,排除了可以確定名稱的竹編容器之後,據《遣策》所記録的"篏"器的數量、功能及傳世文獻中的記載情況,推斷即西室所出土的内盛木冠的大長方形竹編容器,③其説可信。

6. 筴

一種竹器,經與出土實物對照,可知屬於竹笥的一種。凡十八

---

① 胡雅麗《"筴"、"筟"、"篏"名物辨》,載武漢大學簡帛研究中心編《簡帛》(第四輯),上海:上海古籍出版社,2009 年版。

② 湖北省荆沙鐵路考古隊《包山楚簡》,北京:文物出版社,1991 年版,頁 59。

③ 胡雅麗《"筴"、"筟"、"篏"名物辨》,載武漢大學簡帛研究中心編《簡帛》(第四輯),上海:上海古籍出版社,2009 年版。

例,均見於包山楚簡。如:

（1）《包山楚簡》257—258:"飤（食）室所以食箕:豕（豵）肎
（脯）二箕,脩二箕,燅（蒸）豬一箕,炅（庶）豬一箕,窨（蜜）飴二箕,
白飴二箕,鬻（熬）鷄一箕,炅（庶）鷄一箕,鬻（熬）魚二箕,糵（薁一
栗）二箕,梟二箕,董苴二箕,薎（芯）二箕,蓏二箕,菓二箕,薑二
箕,薎（芯）一箕,藕秎（利）二箕,櫤（檮—桃）肎（脯）一籆（筡）,僻
脩一籆（筡）,炅（庶）鷄一籆（筡）,一籆（筡）脩。"

《龍龕手鑒・竹部》:"箕,簀的俗字。"簀,《集韻・潛韻》:"簀,竹
器,《禮》'食於簀'徐邈讀。"今《禮記・喪大記》作"食於箐者盥",鄭玄
注云:"箐或作簀。"陸德明《釋文》:"簀,息尹反。徐音撰。"箐,《玉篇
・竹部》:"箐,器名。"《集韻・緩韻》:"箐,邉屬,通作匴。"但是,《包山
楚簡》257—258 簡整理者注（注碼 519）:"經與出土實物對照應是盛
放食物的竹筒。"[1]按,"筒"古時一種用竹或葦編制而成的盛物用的
方形箱子;[2]"邉",古時祭祀和宴會用以盛乾食品的竹器。《説文・
竹部》:"邉,竹豆也。"段玉裁注:"豆,古食肉器也。木豆謂之梪,竹豆
謂之邉。"故可知,箕非"邉"屬,當爲"筒"類竹器。

胡雅麗據包山 2 號楚墓東室出土的十七件隨附簽牌的"小長方
形竹編容器"以及十三件簽牌所指認的物品容器,考證認爲該器即此
種"小長方形竹編容器",其説甚是。[3]

7. 筓（落）

本爲古代盛食物或杯、盤等類器物的竹籠。《説文・竹部》:"筓,
栖筓也。"桂馥《義證》:"筓,又作落。"揚雄《方言》:"栖落,陳、楚、宋、
衛之間謂之栖落,又謂之豆筥,自關東西謂之栖落。"郭璞注:"盛栖器

---

① 湖北省荆沙鐵路考古隊《包山楚簡》,北京:文物出版社,1991 年版,頁 60。

② 詳參"筒"字條。

③ 胡雅麗《"箕"、"筡"、"歆"名物辨》,載武漢大學簡帛研究中心編《簡帛》（第四輯）,
上海:上海古籍出版社,2009 年版。

籠也。"也稱"簀"。《急就篇》第三章"笐、篅、篋、筥、簞、箅、篝"唐顔師古注:"篝,一名笿,盛栖器也。"又,《説文·竹部》:"篝,笿也。可熏衣。"《方言》卷五:"篝,陳、楚、宋、衛之間謂之墻居。"郭璞注:"今薰籠也。"由名詞"竹籠"義借用爲量詞。

漢簡用例較多,成書於西漢早期的《鳳凰山8號墓漢簡》、《鳳凰山9號墓漢簡》中均可見,字皆作"笿",但其用途却非《説文》所言盛"栖盤"類器物,而是多用來盛食品,例如:

(1)《鳳凰山8號墓漢簡》168:"熏籏(簀)一笿。"

(2)《鳳凰山9號墓漢簡》44:"魚一笿。"

(3)又,46:"笥一笿。"

(4)又,47:"卵一笿。"

字亦書作"箈",《張家山漢簡·遣策》中用例甚多,例如:

(5)21:"白魚一箈(笿)。"

(6)又,22:"蒜一箈(笿)。"

(7)又,23:"薑一箈(笿)。"

(8)又,24:"藿一箈(笿)。"

(9)又,25:"李一箈(笿)。"

(10)又,26:"卵一箈(笿)。"

(11)又,27:"瓜一箈(笿)。"

(12)又,28:"鞠(麴)一箈(笿)。"

以上《張家山漢簡·遣策》各例中,量詞"箈(笿)"也多用於稱量各類"食物"。

綜合考察傳世文獻與出土文獻中的使用情況和古注訓釋,我們推測"笿(箈)"可能有狹義與廣義之別:狹義僅指盛杯、盤等物品的竹籠,即《説文》所言之"栖笿";廣義則可以泛指各類中小型竹籠,所盛物品也很廣泛。

8. 箽(萬)

"箽",是一種筒狀盛物器,借用作單位量詞。簡文中寫作"萬",簡帛文獻用字從"竹"之字與從"艸"之字往往不分,"萬"當爲"箽"之異體。《説文·竹部》:"箽,斷竹也。"唐玄應《一切經音義》卷二引《三蒼》:"箽,竹管也。"其本義當是"竹桶",故可以用作表示筒狀盛物器的量詞,多見於《張家山漢簡·遣策》,例如:

(1)16:"鹽一萬(箽)。吴(虞)人男女七人。"

(2)又,17:"鹽介(芥)一萬(箽)。回璧四具。"

(3)又,18:"弢一萬(箽)。軺車一乘,馬一☐"

(4)又,19:"醬一萬(箽)。介(芥)一桲。"

但後世文獻用例無論從"竹"之"萬",還是從"艸"之"箽"均很少見,當爲被從"木"的"桶"字所替代了。[①]

9. 簋(杭)

古代用來盛物的方形器皿,一般爲圓腹,侈口,圈足。商代的簋多無蓋、無耳或有二耳。西周和春秋的簋常帶蓋,有二耳,四耳。《詩經·秦風·權輿》:"於我乎,每食四簋。"陸德明《釋文》:"内方外圓曰簋,以盛黍稷;外方内圓曰簠,用貯稻粱,皆容一斗二升。"簡帛文獻中之《詩經》亦可見,例如:

(1)《阜陽漢簡·詩經》S142:"於粲灑騷,每食八杭。既有肥牡,以速者咎;寧是不來,微我有咎。"

《説文·竹部》:"杭,古文簋。"按,今本《詩經·伐木》"杭"作"簋",《阜陽漢簡·詩經》此例正可證明《説文》之古文。

10. 簞(單)

古代用來盛飯食的盛器,多以竹或葦編成,圓形,有蓋,如《公羊傳·昭公二十五年》:"高子執簞食與四脡脯。"漢簡亦可見,如:

---

① 當然,也有可能是傳世文獻中的字被傳抄校改所致。

（1）《定州漢簡·論語》120：“雍也：子曰：賢哉，回也！一單（簞）食，一”①

整理者注：“單，今本作‘簞’。單借爲簞。”②

11. 笓

同“笆”，《集韻·脂韻》：“笆，取蝦具。或作笓。”本是捕蝦的竹器，後來泛指筐篋之類的竹器。《集韻·齊韻》：“笆，可以約物。或作笓。”因此，可以借用爲容器量詞，例如：

（1）《大墳頭漢簡》1：“李一笓。”

簡帛文獻用例尚少，後世這類用法亦較爲罕見。

12. 篋

小箱子，藏物之具。大曰箱，小曰篋。《說文·匚部》：“匧，藏也。篋，匧或从竹。”邵瑛《群經正字》：“今經典從或體。”故可以借用爲量詞，如《左傳·昭公十三年》：“衛人使屠伯饋叔向羹與一篋錦。”又，《史記·樗里子甘茂列傳》：“樂羊返而論功，文侯示之謗書一篋。”簡帛文獻亦可見，例如：

（1）《鳳凰山 8 號墓漢簡》46：“大奴美謁，脯一篋。”

簡帛文獻用例雖少，但此後却一直沿用下來。

13. 籠（寵）

“籠”，竹製的盛物之器。簡文作“寵”，通“籠”。例如：

（1）《東牌樓漢簡·槳等器物賬》110：“蔣（槳）十五枚，蘆席一束，苢一寵（籠）。”

從簡文看，這個量詞稱量的對象是“苢”，《說文·艸部》：“苢，芣苢，一名馬舄。其實如李，令人宜子。”

---

① 按今本全文作：“一簞食，一瓢飲，在陋巷，人不堪其憂，回也不改其樂。賢哉回也！”《十三經注疏·論語注疏》，中華書局影印阮元刻本，1980 年版，頁 2478。

② 河北省文物研究所、定州漢墓竹簡整理小組《定州漢墓竹簡·論語》，北京：文物出版社，1997 年版，頁 30。

14. 篿①（簜、桯）

篿，《説文・竹部》："篿，大竹筩也。"《玉篇・竹部》："篿，竹器也。可以盛酒。"《集韻・蕩韻》："篿，盛酒竹器。"由此可以借用爲盛物的容器量詞，多見於鳳凰山漢墓出土簡帛文獻中。

從其用途來看，主要用以盛酒、醬之類，如：

（1）《鳳凰山 8 號墓漢簡》161："鯿醬一簜（篿）。"

（2）又，162："肉醬一簜（篿）。"

（3）又，163："甘酒一簜（篿）。"

亦可以盛"芥"等其他物品，例如：

（4）《鳳凰山 8 號墓漢簡》159："芥一篿。"

（5）又，160："□一篿。"

又，字亦書作"桯"，例如：

（6）《金關漢簡》73EJT21:24："鼻寒跕足數臥起據犀之炊鼻，以四毒各一桯。"

按《説文・木部》："桱，桱桯也，東方謂之蕩。"段玉裁认为"桱"为重複字，應當刪去作："桱，桯也。"二字同義，指的是"牀前几"。居延漢簡中有"桱桯"，瀋元先生認是"酒器"。② 裘錫圭先生則做了進一步探討，指出："'鋞'跟'桱桯'這兩個名稱在語言上無疑是有内在的聯繫的。由竹桱桯演化而成的銅器稱爲鋞，由竹桱桯演化而成的陶器稱爲經，二者顯然是平行的現象。"③蕭旭認爲："酒器一名桱，一名

---

① 按，"篿"字金立《江陵鳳凰山八號漢墓竹簡試釋》隸定爲"傷"，載《文物》1976 年 6 期；彭浩《鳳凰山漢墓遣策補釋》認爲當隸定作"篿"，載《考古與文物》1982 年 5 期。復核圖版，當以彭浩先生隸定爲確。

② 沈元《"急就篇"研究》，載《歷史研究》，1962 年 3 期。

③ 裘錫圭《鋞與桱桯》，載《文物》，1987 年 9 期。

蕩,二者取義不同。"①《正字通・竹部》:"簜,同蕩。"《書・禹貢》"篠蕩既敷",陸德明《釋文》:"蕩,或作簜。"

15. 畚

本爲由竹篾或草繩編織的器具,《廣韻・混韻》:"畚,草器。"《周禮・夏官・挈壺氏》:"挈轡以令舍,挈畚以令糧。"鄭玄注引鄭司農曰:"畚,所以盛糧之器。"《左傳・宣公二年》:"殺之,寘諸畚,使婦人載以過朝。"杜預注:"畚,以草索爲之,筥屬。"秦簡中有一例,借用作容器量詞:

> (1)《睡虎地秦簡・秦律十八種・金布律》64:"官府受錢者,千錢一畚,以丞、令印印。"

"畚"作爲容器單位量詞,後世亦常見,如唐韓愈《嘲鼾睡》詩:"何能埋其源,惟有土一畚。"又,宋王讜《唐語林・方正》:"(政事堂會食之牀)不遷者五十年……其下鏟去聚壤十四畚。"現代漢語仍廣泛使用。

第二組　木器類

本組量詞其書寫形式均從"木",大多本爲木製物品,借用爲單位量詞。作爲木製容器單位量詞,其適用範圍大多很廣泛,匯爲一組,共同討論。

16. 櫝

櫝,本義指匣、櫃一類的收藏用具。《説文・木部》:"櫝,匱也。"如《論語・季氏》:"虎兕出於柙,龜玉毀於櫝中,是誰之過與?"何晏《集解》引馬融曰:"櫝,匱也。"由此借爲容器量詞,例如:

---

(1)《羅泊灣漢簡·從器志》1458 正 3 欄:"研筆刀二櫝;一笥,繒緣。"

櫝,簡帛文獻中多用作名詞,出土實物也多見,而且可以用量詞"具"來稱量,如《鳳凰山 10 號墓漢簡》803:"櫝一具。"

17. 桮(杯、棓)

桮,本爲一種容器,多用以盛酒或羹之類。《説文·木部》:"桮,䍋也。"《集韻·灰韻》:"桮,蓋今飲器。或作杯。"周家臺秦簡中用作米或水的容器量詞,字皆作"杯",例如:

(1)《周家臺秦簡·病方及其它》338:"操杯米之池。"

(2)又,342:"前置杯水女子前,即操杯米,禹步三步,祝曰。"

(3)又,344:"即以左手撟杯水飲女子,而投杯地,杯□□"

(4)又,368—369:"以滫清一杯。"

"杯"用作量詞,傳世先秦文獻亦可見,如《孟子·告子上》:"今之爲仁者,猶以一杯水救一車薪之火也,不熄,則謂之水不勝火。"兩漢簡帛文獻則更爲常見,且字多書作"桮"(同《説文》)或"棓",例如:

(5)《馬王堆帛書·五十二病方》25—27:"凡二物并和,取三指最(撮)到節一,醇酒盈一衷(中)棓(杯),入藥中,撓飲。不耆(嗜)酒,半棓(杯)。已飲,有頃不痛。復痛,飲藥如數。不痛,毋飲藥。"

(6)《馬王堆帛書·五十二病方》236:"夕毋食,旦取丰(蜂)卵一潰,美醯一棓(杯)以飲之。"

(7)又,439—440:"令病者每旦以三指三最(撮)藥入一棓(杯)酒若鬻(粥)中而飲之,日壹飲,盡藥,已。"

(8)又,《養生方》32:"取黄蜂駘廿,置一桮(杯)醴中,□到日中飲之,一十。"

(9)又,33:"取黄蜂百,以美醬一桮(杯)漬,一日一夜而出,以汁漬疽（饘）糗九分升二。誨（每）食，以酒飲三指最（撮）。"

（10）又，《雜療方》43："取淳酒半栝（杯），溫之勿熱。"

（11）又，《胎産書》31－32："及取嬰兒所已浴者水半栝（杯）飲母，母亦毋（無）餘病。"

（12）《武威醫簡》80乙："（取藥）温飲一小栝（杯），日三飲。"

（13）《張家山漢簡・引書》2："春日，蚤（起）之後，棄水，澡漱，洒齒，呴，被髮，遊堂下，逆露之清，受天之精，猷（飲）水一棓（杯），所以益僬（壽）也。"

（14）又，4："步足堂下，有閒而猷（飲）水一棓（杯）。"

兩漢簡帛中亦作"杯"，例如：

（15）《馬王堆帛書・五十二病方》237："【脈】者（痔）：取野獸肉食者五物之毛等，燔冶，合撓，□。誨（每）旦，先食取三【指】大【撮】三，以温酒一杯和，飲之。"

（16）《居延新簡》EPT53.141："☑□□酒一杯飲，大如雞子，已饮。傅衣□□"

（17）《居延漢簡》264.40："此酒。縣索下飲酒兩杯。從迹盡界，還謂忠曰：爲候長取酒。"

《馬王堆帛書・五十二病方》中，"栝"、"杯"兩種字形均可見，但以"栝"爲主。後世"栝（杯）"作爲借用單位量詞很常見，多用爲盛"酒"或"水"等液體之器。

18. 椑

本指一種圓形盛物器，《急就篇》第十二章："槫榼椑榹匕箸籫。"顏師古注："椑，圓榼也。"故可引申爲表示圓形盛物器的量詞，如：

（1）《張家山漢簡・遣策》19："介（芥）一椑。"

"椑"作爲借用單位量詞簡帛文獻罕見。

19. 栢

"栢"字，字書未見。見於《羅泊灣漢牘》，僅一例：

(1)《羅泊灣漢牘》1458 正 4 欄:"繳四梠,梠十發。"

從上例文意看,"梠"當指盛繳的盒子。

第三組　陶器類

本組量詞字形均從"瓦"或"缶",大多本爲陶製物品,借用爲單位量詞。作爲陶製容器單位量詞,其適用範圍亦很廣泛,匯爲一組,共同討論。

20. 瓶(垩、坪)

"瓶",本爲一種陶質容器。《方言》卷五:"缶謂之瓿甊,其小者謂之瓶。"在古代,瓶當是一種比缶小的容器,可以用以汲水,也可以盛酒食,與後世所謂的"瓶"概念有所不同。

從簡帛文獻看,最早見於楚簡,字多作"垩",簡文中用作"醬"的量詞,例如:

(1)《信陽楚簡·遣策》17:"一垩(瓶)食醬,一垩(瓶)某醬。"某,即後世"梅"字。《説文·木部》:"某,酸果也。从木从甘,闕。楳,古文某从口。"徐灝注箋:"'某'即今酸果'梅'字。因假借爲'誰某',而爲借義所專,遂假'梅'爲之。古文'楳'或省作'呆',皆从木,象形。"

商承祚注:"垩、坪,未見於字書,實即後世瓶字。《説文·缶部》:'鉼,甕也。从缶,并聲。瓶,鉼或从瓦。'此从土拜聲,與从缶、从瓦意同,皆爲陶質容器。瓶,可用於汲水,爲炊器,此簡言爲盛器。"[①]其説可從。

21. 硂(垍)

一種陶質容器,傳世文獻未見。見於楚簡,簡文中用作食物"醢"

---

① 商承祚《戰國楚竹簡彙編》,濟南:齊魯書社,1995 年版,頁 32。

或"菹"的容器量詞。凡五例：

> (1)《包山楚簡》255："躲醢一䃽，□一䃽，蔥菹二䃽，藕菹一
>
> 䃽，茜苤之菹一䃽。"

醢，《說文・酉部》："醢，肉醬也。"菹，《說文・艸部》："菹，酢菜也。"段玉裁注："酢，今之醋字。"即醃菜。整理者認爲："從石從缶，讀如缶，此指陶罐。"①

字亦作"坫"，僅一例：

> (2)《包山楚簡》255："蜜某（梅）一坫。"

古從"石"從"土"往往可通，故疑本字即上文"䃽"字的異體字，亦指陶罐。從簡文來看，其文句相連，似乎也可證。二者用例均罕見，姑且合爲一條論述。

22. 資

本指帶釉硬陶罐，後作"瓷"，當爲現代瓷器之"瓷"字的前身。②借用爲盛物的容器量詞，多見於馬王堆 1 號墓漢簡與馬王堆 3 號墓漢簡。"瓷"字的出現，以前所知最早用例是在西晉初年的傳世文獻材料。"資"的出現，對於我國陶瓷歷史的研究，具有重大意義，兹多舉幾例如下：

> (1)《馬王堆 1 號墓漢簡・遣策》90："魚魷一資（瓷）。"

整理者注：魷，當讀爲䘏。《說文・血部》："䘏，血醢也。"《釋名・釋飲食》："醢多汁者曰䘏。䘏瀋也，宋魯人皆謂汁曰瀋。"

> (2)又，91："肉魷（肬）一資（瓷）。"
>
> (3)又，92："魚脂（鮨）一資（瓷）。"
>
> (4)又，93："肉醬一資（瓷）。"

---

① 湖北省荆沙鐵路考古隊《包山楚簡》，北京：文物出版社，1991 年版，頁 59。

② 以下論述取唐蘭先生觀點，説詳唐蘭《長沙馬王堆漢軑侯妻辛追墓出土隨葬遣策考釋》，《文史》第十輯，北京：中華書局，1980 年版，頁 23。

（5）又，94："爵（雀）醬一資（瓷）。"

（6）又，95："䰐（離）然一資（瓷）。"

（7）又，97："孝楊（錫）一資（瓷）。"（孝，讀爲膠。）

（8）又，103："醖（醓）一資（瓷）。"

（9）又，104："鹽（鹽）一資（瓷）。"

（10）又，105："澄一資（瓷）。"

（11）又，106："醬一資（瓷）。"

（12）又，107："右方醖、醬四資（瓷）。"

（13）又，108："白酒二資（瓷）。"

（14）又，109："温酒二資（瓷）。"

（15）又，110："助酒二資（瓷）。"

（16）又，111："米酒二資（瓷）。"

（17）《馬王堆 3 號墓漢簡·遣策》122："魚酤（脂）一資（瓷）。"

（18）又，124："瓜醬一資（瓷）。"

（19）又，125："瓜苴（菹）一資（瓷）。"

（20）又，126："筍苴（菹）一資（瓷）。"

從以上馬王堆 1 號墓漢簡與馬王堆 3 號墓漢簡中的用例來看，"資（瓷）"所盛多爲酒、醬、菹等食物。盛酒的則可以稱爲"酒資（瓷）"，如《馬王堆 1 號墓漢簡·遣策》112："右方酒資（瓷）九。"

《馬王堆 1 號墓漢簡·遣策》159："瓦資（瓷）一。"可見資是瓦器。157："元梅（梅）二資（瓷），其一楊梅（梅）。"出土印紋有釉硬陶罐内正有梅；又，154："筍苴一資（瓷）。"出土印紋有釉硬陶罐内正有筍。出土陶器竹簽中有"鹽一資（瓷）"和"□□一資（瓷）"兩條，説明資就是那種帶黃褐釉的硬陶罐。《説文》未收"瓷"字，今見此"遣策"，纔知道西漢初年已經用"資"字來指帶釉硬陶。從西漢初年到西晉初四百多年，纔出現"瓷"字。

23. 坍

本指陶壺類容器,借用爲盛食物的量詞。《馬王堆1號墓漢簡·遣策》98:"馬醬一坍。"整理者注:"坍,疑從土從舟省聲……坍從丹聲,與儋爲雙聲。《史記·貨殖列傳》:'漿千儋',《索隱》引孟康曰:'儋,石罋也。'《漢書·蒯通傳》顏注引應劭曰:'齊人名小罌爲儋。'或釋坻,疑即瓨(或釋瓱)字繁體。《史記·貨殖列傳》:'醯醬千瓨'(《漢書》同),《集解》引徐廣曰:'長頸罋。'《説文·瓦部》:'瓨,似罋長頸,受升。'簡文稱坍者凡四簡(簡98—101),似皆盛醯醬食品。對照出土物,當指陶壺類言。"[1]馬王堆1號墓漢簡與馬王堆3號墓漢簡均常見,例如:

(1)《馬王堆1號墓漢簡·遣策》99:"魴一坍。"

(2)又,100:"鰡一坍。"

(3)又,101:"豉(豉)一坍。"

(4)又,110:"然一坍。"

然,讀爲"臡",《爾雅·釋器》:"肉謂之醢,有骨者謂之臡。"一説讀爲"樲",小酸棗。

(5)《馬王堆3號墓漢簡·遣策》111:"肉魷一坍。"

(6)又,112:"魚魷一坍。"

(7)又,113:"鰡一坍。"

《説文·魚部》:"鰡,魚名。狀似蝦無足,長寸。"

(8)又,114:"魴一坍。"

《説文·魚部》:"魴,赤尾魚。"

---

① 坍,似還可設想讀爲"罐"。罐,牙音見母、元部。"坍"從"丹"聲,舌頭音端母、元部。二字韻同,聲有些差異。兹説僅聊備參考。不過,無論怎麽説,坍是一種壺罐類盛物器是無疑的。

（9）又，115：“杖（豉）一垟。”

（10）又，117：“鹽一垟。”

（11）又，118：“醬一垟。”

“垟”的作用大概與“資（瓷）”相當，《馬王堆 3 號墓漢簡·遣策》所記用“垟”者，《馬王堆 1 號墓漢簡·遣策》往往可作“資（瓷）”，現略舉幾例對比如下：

（12）《馬王堆 1 號墓漢簡·遣策》95：“蘺然一資（瓷）。”
　　《馬王堆 3 號墓漢簡·遣策》110：“然一垟。”

（13）《馬王堆 1 號墓漢簡·遣策》91：“肉魷一資（瓷）。”
　　《馬王堆 3 號墓漢簡·遣策》111）：“肉魷一垟。”

（14）《馬王堆 1 號墓漢簡·遣策》90：“魚魷一資（瓷）。”
　　《馬王堆 3 號墓漢簡·遣策》112：“魚魷一垟。”

再者，《馬王堆 3 號墓漢簡·遣策》236：“右方凡兩笥六十七合。其……垟資廿一，其七受中，十四臨湘家給。”這裏“垟資（瓷）”並舉，似也可説明。二者可能祇是形制有別而已，又《馬王堆 1 號漢墓·遣策》102：“右方魷（肫）、脂（鮨）十牒，資（瓷）九，垟五。”

24. 捨

本指土製容器，蓋讀爲“舍”。“舍”的本義爲“館舍”，《説文·亼部》：“舍，市居爲舍。”故可引申出“裝盛”義，《遣策》中當指陶器類土製盛物器皿，用作容器量詞。多見於《馬王堆 3 號墓漢簡·遣策》，例如：

（1）127：“賴（藕）苴（菹）一捨。”

（2）又，128：“元（杬）栶（梅）一捨。”

（3）又，129：“山兕（蔥）苴（菹）一捨。”

兕，《説文》及其他字書均未見，《東郭韻譜》中有兕（堯）、松（菘）、聰（蔥）等字，故“山兕”似指“山菘”或“山蔥”而言。

　　（4）又，130：“無夷一垎。”無夷，即蘆藚。

　　（5）又，131：“婺俞一垎。”

婺俞，《説文・西部》：“醤，醤醨，楡醤也。”《齊民要術》也説：楡夾色變白將落可作婺俞。

　　（6）又，132：“要（腰）襁一垎。”

“垎”字《説文》及其他字書均未載，後世亦不見使用。

25. 甌

《説文・瓦部》：“甌，小盆也。”桂馥《義證》：“小盆也者，《字林》同。《三蒼》：‘甌，瓦盂也。’”《方言》卷五：“甌，陳、魏、宋、楚之間謂之㼰，自關而西謂之甌，其大者謂之甌。”《急就篇》第十三章：“甑、甃、㼸、甌、瓨、甖、盧。”顏師古注：“甌，瓦杅也，其形大口而庫。”可見，所謂“甌”當是盆、盂一類的瓦器，由此借用爲量詞，例如：

　　（1）《馬王堆帛書・五十二病方》18：“㕣者二甌，即并煎□孰（熟）。”

從文中的語法位置看，“甌”用作量詞是無疑的，惜前文殘缺而不知所量爲何物，簡帛文獻中亦不多見。

26. 甕（甕）

同“瓮”，《廣韻・送韻》：“甕”，同“瓮”。本爲一種盛東西的、腹部較大的陶器，多用作液體的計量單位。傳世先秦文獻已見，如《周禮・天官・膳夫》：“醤用百有二十甕。”簡帛文獻亦可見，例如：

　　（1）《馬王堆帛書・五十二病方》77：“穿地□尺，而煮水一甕（甕）。”

但簡帛文獻亦不多見。

27. 罌（缾）

盛酒或水的瓦器，小口大腹，較缶爲大。亦有木製者。《説文・缶部》：“罌，缶也。”段玉裁注：“罌，缶器之大者。”《墨子・備城門》：

"用瓦木罌,容十升以上者,五十步而十,盛水且用之。"孫詒讓《閒詁》:"《史記·韓信傳》以木罌缻渡軍,是罌或瓦或木,皆可以盛水者也。"由此借用爲盛液體的量詞:

（1）《羅泊灣漢簡·從器志》1458 背 2 欄:"厨酒十三罌。"

漢簡中又有"䤥"字,字書未見,僅《羅泊灣漢簡·從器志》1 例:

（2）1458 背 1 欄:"鮐三䤥□"

細審文意,"䤥"借用爲量詞是無疑的。"䤥"疑爲"罌"字之省,"罌"省作"㗊",構件"缶"、"貝"又移位作"䤥"。且"罌""䤥"二字同見於《羅泊灣漢簡》,似當爲一詞。疑莫能定,姑且列於此,以備考察。

第四組　醫用類

本組量詞均本爲醫家用以量藥物的用具,適用範圍很特殊,彙爲一組,共同討論。由於這些用具後世大多没有繼承下來,亦無實物出土,所以具體所指,尤其是所量事物的具體數量,仍有待進一步考證。

28. 刀圭（刀刲）

刀圭,本是用以量藥的量具之名,借用作單位量詞,爲一方寸匕的十分之一,用於量散劑。《本草綱目·序例》引南朝梁陶弘景《名醫別録·合藥分劑法則》:"凡散云刀圭者,十分方寸匕之一,準如梧桐子大也……一撮者,四刀圭也。"多見於簡帛醫學典籍,例如:

（1）《武威醫簡》44－45:"治心腹大積上下行如虫〈蟲〉狀大惡方:班〈斑〉貓十枚,地脂〈膽〉一枚,桂一寸,凡三物,皆并冶,合和,仗〈使〉病者宿毋食,旦飲藥一刀圭,以肌美〈满〉閉塞十日壹飲藥,如有徵,當出。"

（2）又,70:"不出,更飲調中藥,藥用亭磨〈曆（蘼）〉二分,甘逐〈遂〉二分,大黄一分,冶,合和,以米汁飲,日三、四飲,徵出乃止。"

"圭"字或書作"刲",例如:

(3)《居延漢簡》89.20:"傷寒四物:烏喙十分,細辛六分,尤十分,桂四分。以溫湯飲一刀刲(圭),日三夜再,行解。不出汗。"

(4)《金關漢簡》73EJT21:24:"朏鼻溫飽不滿□□跓足數臥起,自□抻陛犀之灌淳酒二□、薑、桂、烏□半升,烏喙、□毒各一刀刲(圭),並和以灌之。"

至若刀圭的形制,無實物可考。唐人王燾撰《外臺秘要方》有云:"若逢大疫之年,以月旦青布裹一刀圭,中庭燒之。"斯言雖屬不經,但由此可得知作爲量器的"刀圭"確實存世。逮至後世,王士禎《池北偶談》却說"刀圭"字常用之,而未有確義。《碧里雜存》云:"在京師買得古錯刀三枚,形似今之剃刀。其上一圈如圭璧之形,中一孔,即貫索之處。蓋服食家舉刀取藥,僅滿其上之圭,故謂之圭,言其少耳。"《碧里雜存》乃董穀所撰。穀,明正德時舉人,可見其時作爲實物的"刀圭"已不復見了。在《性理群書句解》一書中宋人熊剛大注朱熹的《感興》詩時說:"刀圭,小刀頭尖處。"漢劉熙《釋名》:"婦人上服曰袿。其下垂者,上廣下狹,如刀圭也。"清黄宗炎《周易象辭》"歸妹卦·上六爻"云:"刲,刺也。從刀、從圭。圭與刀,其首皆剡銳,所以刀圭並稱。"均此意也。《外臺秘要方》言及"刀圭"的量,與後世李時珍《本草綱目》同:"凡散藥:有云'刀圭'者,十分方寸匕之一,準如梧桐子大也。'方寸匕'者,作匕正方一寸,抄散取不落爲度……一撮者,四刀圭也;十撮爲一勺,十勺爲一合。以藥升分之者,謂藥有虛實,輕重不得用斤兩,即以升平之。"①

至若明周祈《名義考》"刀圭"條云:"《本草》云:'刀圭,十分方寸匕之一,藥準如梧桐子大。'《釋名》:'婦人上服曰袿,其下垂者上廣下

---

① 本條蒙鎮江陳克剛先生指教,謹致謝忱。

狹,如刀圭。'夫'刀圭',《本草》以狀藥之大小;《釋名》以見燕尾之廣狹。未有明言其義者,蓋刀銳處如圭首,故曰'刀圭',猶刀尖也。匕,匙也,方一寸得十分一分,如梧桐子大。衣下垂者,割正幅使一頭狹如燕尾。然梧桐子燕尾其大小、廣狹纔刀尖若耳,故或言梧桐子、或言燕尾、或言刀圭也。"總之,刀圭一物,無實物可考,祇能從前人之言探求其大小、形狀。

29. 刀

刀,當爲"刀圭"之省,如:

(1)《武威醫簡》13:"曾青一分,長石二分,凡二物,皆冶,合和,溫酒飲一刀,日三,創立不惡。"

整理者注:"'一刀',應是'一刀圭',簡文脱'圭'字。"①明周祈《名義考》"刀圭"條:"蓋刀銳處如圭首,故曰'刀圭',猶刀尖也。"故此例中"刀"當爲"刀圭"之省,不必言脱文。

30. 匕

本爲古代一種取食的器具,長柄淺斗,形狀象湯勺。《説文·匕部》:"亦所以用比取飯。一名柶。"傳世先秦文獻多見,如《管子·弟子職》:"左執虛豆,右執挾匕。"簡帛醫籍中借用作量詞,多用於量藥物,如:

(1)《周家臺秦簡·病方及其它》314:"取新乳狗子,盡煮之。即沐,取一匕以鼓沐,長髮。"

(2)《武威醫簡》59-60:"先取雞子中黃者置梧〈梧(杯)〉中,撓之三百,取藥成(盛)以五分匕一置雞子中,復撓之二百,薄以塗其雍(癰)者。"

例(2)中的"五分匕一"爲分數表示法,指五分之一匕,"分母+分

---

① 甘肅省博物館、武威縣文化館《武威漢代醫簡》,北京:文物出版社,1975年版,頁3。

＋量詞＋分子"是當時已經普遍使用的分數表示法形式。①

但是，"匕"的形制也仍有爭議。上引《説文》"匕"字段玉裁注：

> 比當作匕……匕即今之飯匙也。《少牢・饋食禮》注所謂飯
> 橾也。《少牢・饋食禮》："廩人概甑獻匕與敦。"注曰："匕所以匕
> 黍稷者也。"此亦當即飯匙。《禮經》匕有二,匕飯、匕黍稷之匕蓋
> 小,經不多見。其所以別出牲體之匕,十七篇中屢見。喪用桑爲
> 之,祭用棘爲之。又有名疏、名挑之別。蓋大於飯匙,其形制略
> 如飯匙,故亦名匕。鄭所云有淺斗,狀如飯橾者也。以之別出牲
> 體謂之匕載,猶取黍稷謂之匕黍稷也。

可見,"匕"有兩種,其形制均如飯匙,當由於用途不同,一大一
小。"刀"和"匕"在傳世文獻中也並非罕見,祇是一般作爲名詞,並且
常連用,如《禮記・檀弓下》："賣也,宰夫也,非刀匕是共,又敢與知
防,是以飲之也。""刀"、"匕"這些日常生活用具借用來作爲取藥的量
具,在古代應該是很自然的事情。

31. 方寸匕

本是用以量藥的量具名,借用作量詞,指用正方一寸之匕所取藥
物的量,用於量散劑。《本草綱目・序例》引南朝梁陶弘景《名醫別
錄・合藥分劑法則》："方寸匕者,作匕正方一寸,抄散,取不落爲度。"
正因爲是"抄散",所以凡是用"方寸匕"量的藥物,前面都有"冶"、
"合"或"合和"的説明。② 多見於《武威醫簡》,如:

(1)《武威醫簡》6－8："治傷寒遂〈逐〉風方:付子三分,蜀椒

---

① 當然,這裏的"五分匕一"也有其他可能的理解:"五分匕"是一個器量合一的量
詞,其中"分"是長度單位量詞,指正方五分(即半寸)的匕所取藥物的量,所取藥量爲方寸
匕的八分之一。但這祇是一種猜測和假設,因爲到目前爲止没有在其他的傳世文獻或出
土文獻中見到類似的例子,更没有見到類似的實物。

② 冶,意思是把藥物粉碎搗爛。此義爲諸辭書所無,説詳張顯成《先秦兩漢醫學用
語研究》,成都:巴蜀書社,2000 年版,頁 167－168。

三分,澤舄五分,烏喙三分,細辛五分,茉五分,凡五物,皆冶,合,方寸匕酒飲,日三飲。(取藥)皆冶,合,方寸匕酒飲,日三飲。"

(2)又,8－9:"治舄(舄)①聲□□□言方:朮、方(防)風、細辛、薑、桂、付(附)子、蜀椒、桔梗,凡八物各二兩,并冶,合和,以方寸匕先餔飯米麻(糜)飲藥耳。"

(3)又,10:"凡六物,皆冶,合,以方寸匕酒飲,日六、七,病立愈(愈),石即出。"

(4)又,11－12:"□□瘀方:乾當歸二分,弓窮二分,牡丹二分,漏盧二分,桂二分,蜀椒一分,䖝一分,凡【八物】,皆冶,合,以淳酒和飲一方寸匕,日三飲。倚悥者臥藥內當出血,久瘀。"

(5)又,14:"皆冶,合和,以方匕酒飲,不過再飲,血立出。"

(6)又,36:"五分,□□□□□凡七物,皆冶,合和,丸,【以】酒飲一方寸匕,日三飲,不過三飲。此藥禁。"

(7)又,42－43:"治魯氏青行解解腹方:麻黄卅分,大黄十五分,厚朴、石膏、苦參各六分,烏喙、付(附)子各二分,凡七物,皆【并冶,合和,以】方寸匕一飲之,良甚,皆愈(愈)。"

(8)又,50－51:"治金創內漏血不出方藥:用大黄丹二分,曾青二分,消石二分,䖟(蝱)虫(蟲)三分,頭二分,凡五物,皆冶,合和,以方寸匕一酒飲,不過再飲,血立出,不(否),即從大便出。"

(9)又,52－53:"治金創止㾓(痛)方:石膏一分,薑二分,甘草一分,桂一分,凡四物,皆冶,合和,以方寸寸〈匕〉,酢漿飲之,日再、夜一。良甚。勿傳也。"

(10)又,81:"治痹手足雍(癰)種(腫)方:秦瘳(膠)五分,付(附)子一分,凡二物,冶,合和,半方寸匕一先餔飯酒飲,日三,以

---

① 舄,當爲舄的增筆俗寫(原釋"厂"上有一點,細審圖版,當無)。舄,即鴈,亦即雁(説見《廣雅·釋鳥》,亦可見《漢語大字典·鳥部》,卷七,頁4613)。

愈(愈)度。"

(11)又,84乙:"治之方:栝(栝)樓根十分,天雄五分,牛膝四分,續斷四分,□□五分,昌蒲二分,凡六物,皆并冶,合和,以方寸匕一为(爲)後飯,愈(愈),久病者卅日平復,百日毋疾苦。建威耿將軍方。良。禁,千金不傳也。"

(12)又,85甲:"凡八【物】,冶,【合和】,以溫酒飲方寸匕一,日三飲之。"

其他簡帛文獻亦可見,例如:

(13)《居延漢簡》497.20:"并合和以方寸匕。"

(14)《居延新簡》EPT56.228:"以方寸匕取藥一,置杯酒中飲之,出矢鏃。"

傳世兩漢文獻亦可見,如張仲景《傷寒論·太陽病上》:"上五味爲散,更於臼中杵之,白飲和方寸匕服之。"由於"匕"、"方寸匕"均僅見於醫學典籍,而並無實物出土,那麼"匕"似乎也有可能是"方寸匕"之省。

第五組　泛指類

本組兩個量詞"器"、"盛"可以用來代指其他多種量器,具有一定的泛指性,因此其具體容量當據所代指的量器而定。

32. 器

器,本指器皿,《说文·皿部》:"器,皿也。"段玉裁注:"器乃凡器统称。"故可借用为盛物的单位量詞,漢簡中非常常見。雖然是個借用量詞,但適用範圍廣,出現頻率高,幾乎成了一個專用的量詞。作爲借用單位量詞的"器"在西漢早期就大量出現了,例如成書於西漢文帝時的《馬王堆1號墓漢簡·遣策》、《馬王堆3號墓漢簡·遣策》

中就有很多用例,例如:①

  (1)《馬王堆 1 號墓漢簡·遣策》40:"牛乘炙一器。"

  (2)又,41:"犬其劦(脅)炙一器。"

  (3)又,42:"犬肝炙一器。"

  (4)又,56:"牛膚(膾)一器。"

《説文·肉部》:"膾,細切肉也。"

  (5)又,57:"羊膚(膾)一器。"

  (6)又,58:"鹿膚(膾)一器。"

  (7)又,59:"魚膚(膾)一器。"

  (8)又,61:"牛肩一器,笥一。"

  (9)又,63:"犬肩一器,與載(胾)同笥。"

  (10)又,64:"犬載(胾)一器。"

  (11)又,65:"象(豕)肩一器,與載(胾)同笥。"

  (12)又,67:"羊肩、載(胾)各一器,同笥。"

  (13)又,85:"脛勺一器。"

---

 ① 《尚書·洛誥》:"予以秬鬯二卣曰明禋,拜手稽首休享。"孔安國傳:"周公攝政七年,致太平,以黑黍酒二器明鬯致敬,告文武以美享。"劉世儒《魏晉南北朝量詞研究》認爲:"因爲'器'借用爲量詞在南北朝是極爲通行的……孔安國的傳,是晉梅賾僞託的,所以'秬鬯二卣'就也注作'黑黍酒二器'。在這裏梅氏的作僞就不自覺地露出時代的馬脚來了。""但單靠這點,當然還不能解決是否'作僞'的問題,因爲'器'在漢代也是可以借用爲量詞的,雖然還遠没有南北朝那樣習見。例如《漢書·南粵傳》:'謹北面因使者獻……桂蠹一器。'《孟子·告子》趙岐注:'人之餓者得此一器可以生,不得則死',因爲東漢中晚期的語言,從漢語史的觀點看,已經同西漢的語言很有不同了。"(北京:中華書局,1965 年版,頁 236)筆者按,孔安國約漢景帝元年至昭帝末年間人。武帝末,魯共王壞孔子宅,得壁中書,安國作傳。"器"借用爲量詞,在西漢早期成書的簡帛文獻中即已常見,出土於長沙馬王堆 3 號漢墓和 1 號漢墓的《遣策》,其成書時代毫無疑問與墓葬時代相同。馬王堆 3 號漢墓據其中的紀年木牘,可以確定其下葬的絶對年代爲漢文帝前元十二年,即公元前 168 年;1 號漢墓下葬時間無疑也是文帝時。故"器"作量詞在孔氏爲壁中書作傳前已通行,劉氏未見出土兩漢簡帛文獻,其論斷當予修正。兹多舉數例,予以説明。

脛,疑指牲肢下段;勺,讀若炮,《説文·火部》:"炮,毛炙肉也。"

  (14)又,87:"取畜一器。"
        ·

取即煭字,即今炒字。"畜"字不識,或疑爲爵(雀)字;或以爲爲"俞"字之訛。

  (15)又,88:"牛脣(脤)、脂、虎(蹳)、濡(臑)一器。"
                ·

  (16)又,163:"戻無一器。"
       ·

  (17)又,164:"合無一器。"
       ·

無,即臕字。《説文·肉部》:"臕,無骨臘也。揚雄説,鳥臘也。"

  (18)又,203:"𣾰(漆)畫盛六合、盛黄白粢、稻食、麥食各二器。"
  ·

  (19)《馬王堆3號墓漢簡·遣策》207:"牛脅炙一器。"
               ·

  (20)又,217:"牛濯(鸞)脾、含(脴)、心、肺各一器。"
                ·

  (21)又,235:"炮芋一器。"
       ·

  (22)《金關漢簡》73EJT21:131B:"雞子六蠯一器,使人持雞豚之稽落告守候長益捕魚七八十☒"
                    ·

此詞《馬王堆3號墓漢簡·遣策》很多,他如簡 206、207、208、209、210、211、212、213、214、215、216、218、219、220、221、222、223、224、225、226、227、228、229、230、231、232、233、234 等等。東漢簡牘亦可見,例如:

  (23)又,79 正:"□酒一器,□"
        ·

  (24)又,79 背:"□酒一器,□"
        ·

  (25)又,82 正:"□酒一器,□"
        ·

魏晉六朝時期,量詞"器"的使用仍然較爲廣泛,但是"器"作爲量詞代指其他容器單位量詞,在特定語言環境中才能判斷其所指;在没有具體語言環境的情況下,往往無法判斷其所量事物的具體數量,所以這一稱量方法是極爲模糊的,有其固有的缺陷。可能也正因爲這一缺陷,魏晉以後這個量詞的使用頻率就大大降低了。

33. 盛

《説文・皿部》："盛，黍稷在器中以祀者也。"段玉裁注："盛者，實於器中之名也，故亦呼器爲盛。"本義是放在祭器裏的穀物，後來轉指盛物的器皿，由此借用爲單位量詞，傳世先秦文獻已見，如《左傳・哀公十三年》："旨酒一盛兮，余與褐之父睨之。"簡帛文獻亦可見，如：

> （1）《張家山漢簡・二年律令》298－301："（賜）二千石吏食糲（糲）、粲、穤（糯）各一盛，醢、醬各二升，介（芥）一升；千石吏至六百石，食二盛，醢、醬各一升；五百石以下，食一盛，醬半升。食一盛，用米九升。"

糲，較精的粟米。粲，精稻米。糯，黏稻米。這是《賜律》中關於賞賜各級官吏食糲、粲、糯、醢、醬、芥的規定。

> （2）《馬王堆 1 號墓漢簡・遣策》130："稻食六器，其二檢（匳），四盛。"

量詞"器"、"盛"同樣都是代指其他容器單位的量詞，但是其適用範圍往往有一定的重合之處，有時也可以連用，如：

> （3）《馬王堆 1 號墓漢簡・遣策》128："黃粲食四器、盛。"

> （4）又，129："白粲食四器、盛。"

> （5）又，131："麥食二器、盛。"

有學者認爲，"器盛"是一個量詞，"表示祭祀用穀物的數量"。[①] 但漢語史上，尤其是古代漢語中真正的雙音節量詞不多見，使用頻率更低，而不同的量詞合用則較爲常見，因此聯繫例（2）中的使用情況，我們認爲：渾言之，量詞"器"可以包括"盛"；而析言之，量詞"器"和"盛"則分指不同類型的器物。

[①]　王貴元《漢代簡牘遣策的物量表示法和量詞》，載《簡帛語言文字研究》第一輯，成都：巴蜀書社，2002 年版，頁 160。

《張家山漢簡·二年律令·賜律》規定:"食一盛,用米九升。""米九升"爲一盛,如果這祇是特定情況下的規定,則"盛"爲借用量詞;如果這在當時是一個普遍使用的情況,那麼"盛"毫無疑問應當是一個度量衡單位量詞了。由於"米九升"爲一盛的制度在其他文獻中未見,姑列於此,不作度量衡單位處理。

同"器"一樣,"盛"作爲量詞代指其他容器單位量詞,在没有具體語言環境的情況下無法判斷其所代指的容器爲何,其稱量具有很強的模糊性,兩漢以後其使用頻率就大大降低了。

第六組　其他

簡帛文獻所見借用單位量詞,除以上五大類外,還有幾個量詞,其用途、質地與上文所列均相別甚遠,姑列於下,作爲一組。

34. 鼎

《説文·鼎部》:"鼎,三足兩耳,和五味之寶器也。"本指一種有足的炊器,也用於盛食物,多用青銅或陶土製成,圓鼎兩耳三足,方鼎兩耳四足;後世也往往用木質漆器之鼎。故可用爲盛食物的量詞,傳世先秦文獻多見,如《管子·輕重乙》:"其有親戚者,必遺之酒四石,肉四鼎。"兩漢簡帛文獻亦常見,如:

(1)《馬王堆1號墓漢簡·遣策》1:"牛首夸羹一鼎。"
整理者注:夸即酚,亦即酐字。夸、于古音相通,可以互相假借,而且是同字。……酐(于)羹當即大羹。大羹爲諸羹之本,無論祭祀或待賓均用之。

(2)又,2:"羊夸羹一鼎。"

(3)又,3:"鹿焦(雋)一鼎。"

(4)又,4:"豚(豕)夸(醯)羹一鼎。"

(5)又,5:"菁〈豚〉夸(醯)羹一鼎。"

(6)又,6:"狗酵(醢)羹一鼎。"

(7)又,7:"勮(梟)酵(醢)羹一鼎。"

(8)又,8:"雉酵(醢)羹一鼎。"

(9)又,9:"雞酵(醢)羹一鼎。"

(10)又,10:"右方酵(醢)羹九鼎。"

(11)又,11:"牛白羹一鼎。"

(12)又,12:"鹿、鮑魚、筍白羹一鼎。"

(13)又,13:"鹿肉、芋白羹一鼎。"

(14)又,14:"小叔(菽)、鹿劦(脇)白羹一鼎。"

(15)又,15:"雞白羹一鼎瓠菜。"

(16)又,16:"鰿(鯽)白羹一鼎。"

(17)又,17:"鮮鰔(鱖)、禺(藕)、鮑白羹一鼎。"

(18)又,18:"右方白羹七鼎。"

(19)又,19:"狗巾羹一鼎。"

(20)又,20:"瘫(雁)巾羹一鼎。"

(21)又,21:"鰿(鯽)、禺(藕)、肉巾羹一鼎。"

(22)又,22:"右方巾羹三鼎。"

(23)又,23:"牛逢(蓬)羹一鼎。"

(24)又,24:"牛封(葑)羹一鼎。"

(25)又,25:"豕(豕)逢羹一鼎。"

(26)又,26:"右方逢(蓬)羹三鼎。"

(27)又,27:"牛苦羹一鼎。"

(28)又,28:"狗苦羹一鼎。"

(29)又,29:"右方苦羹二鼎。"

(30)《馬王堆 3 號墓漢簡·遣策》74:"鹿肉、芋白羹一鼎。"

(31)又,76:"小叔(菽)、鹿脅白羹一鼎。"

(32)又,77:"牛白羹一鼎。"

　　（33）又，78：“雞白羹一鼎。”
　　（34）又，98：“牛逢（蓬）羹一鼎。”
　　（35）又，100：“兔羹一鼎。”

　　此詞很多，他如《馬王堆 3 號墓漢簡·遣策》簡 75、79、80、81、82、83、84、85、86、87、88、89、90、91、92、93、94、95、96、97、99、101、102、103、104 等等。

　　“鼎”的使用一般認爲盛行於商、周時期，如《大字典·鼎部》：“盛行於商、周。用於煮、盛物品，或置於宗廟作銘功記績的禮器。統治者亦用作烹人的刑具。東周和漢代常用陶鼎作爲陪葬的明器。”但從兩漢遣策中的使用情況來看，至少在馬王堆漢墓下葬的西漢早期，“鼎”雖然用作明器，但作爲盛物（尤其是食物）的用具應當是很常見的。

　　此外，馬王堆漢墓出土的“鼎”不僅僅有陶製的、銅製的，還有漆器的鼎，例如馬王堆 3 號漢墓出土漆鼎六件，爲“旋木胎，胎厚。蓋球面形，三環形鈕。蓋與鼎身作子母口相合。口微斂，鼓腹，圜底。兩平直長方形耳，矮獸蹄形足。器表黑漆，器内紅漆”。[1]簡 237 云：“髹畫木鼎六，皆有蓋。”當即指此。

35. 壺

　　本爲一種容器，深腹，斂口，多爲圓形，也有方形、橢圓等形制。新石器時代已有陶壺；商周時代的銅壺往往有蓋。古代用以盛酒漿或糧食，後世也用以盛其他液體。《說文·壺部》：“壺，昆吾圜器也。”《玉篇·壺部》：“壺，盛食器也。”先秦簡帛文獻已見，多見於秦簡，用作液體的容器量詞，例如：

　　　　（1）《睡虎地秦簡·秦律十八種·厩苑律》13：“卒歲，以正月

---

　　①　湖南省博物館、湖南省文物考古研究所編著《長沙馬王堆二三號漢墓》第一卷《田野考古發掘報告》，北京：文物出版社，2004 年版，頁 118。

大課之，最，賜田嗇夫壺酉（酒）束脯，爲早〈皂〉者除一更，賜牛長
日三旬。"

　　（2）《周家臺秦簡·病方及其它》348："某以壺露、牛胙，爲先
農除舍。"

作爲容器的壺，漢墓多有出土，但兩漢簡帛文獻中借用爲容器量
詞的却很罕見。這個量詞也一直沿用到現代漢語仍廣泛使用。

36. 盂（于）

盂，盛飯食或液體的器皿。《説文·皿部》："盂，飯器也。"段玉裁
《説文解字注》作："飲器也。"並注："飲，大徐及《篇》、《韻》、《急就篇》
注作'飯'，誤。"盂，上古常見，既可以用作"飯器"，亦可以用作"飲
器"，故《説文》各本或作"飯器"，或作"飲器"，莫衷一是。由此借用爲
量詞，傳世兩漢文獻已見，如《史記·滑稽列傳》："見道旁有禳田者，
操一豚蹄，酒一盂。"兩漢簡帛文獻亦可見，字作"于"：

　　（1）《居延新簡》EPT51.223："受甲渠君錢千。出二百五十，
買羊一；出百八十，買雞五隻；出七十二，買駱（酪）四于（盂）。出
百六十，糴米七斗。出百卅，沽酒一石三斗。凡出八百六錢，今
餘錢二百。"

此例中的"駱"是"酪"的假借字；"于"是"盂"假借字；"駱四于"即爲
"酪四盂"。此簡大意爲招待賓客、上級，用羊一、雞五、酪四盂、米七
斗、酒一石三斗，費錢八百。[1]

　　這個量詞後世仍一直沿用，如唐韓愈《送石處士序》："（先生）冬
一裘，夏一葛，食朝夕飯一盂，蔬一盤。"

37. 囊

《説文·橐部》："囊，橐也。"《詩經·大雅·公劉》："迺裹餱糧，于

---

　　① 中國簡牘集成編輯委員會《中國簡牘集成》第七卷，蘭州：敦煌文藝出版社，2001
年版，頁133。

橐于囊。"毛傳:"小曰橐,大曰囊。"《漢書·王吉傳》:"及遷徙去處,所載不過囊衣。"顔師古注:"有底曰囊,無底曰橐。"可見,"囊"本指袋狀盛食器,用作盛物容器量詞,兩漢簡帛文獻常見,例如:

> (1)《馬王堆1號墓漢簡·筍牌》32:"白稟(糗)一囊、一筍。"

> (2)又,33:"密(蜜)稟(糗)一囊、一筍。"

> (3)《馬王堆3號墓漢簡·遣策》204:"五穜(種)五囊,囊盛三石。"

> (4)又,205:"蕡(蕡)十四囊。"

> (5)《張家山漢簡·遣策》8:"黄卷一囊。版圖一。"

黄卷,當指書籍類文獻。

> (6)《羅泊灣漢簡·從器志》正3欄:"欚三囊,細布囊各一。"

> (7)又,正4欄:"治繳具一囊。"

> (8)又,正5欄:"柂三囊,二繒,一布緣。"

> (9)又,背1欄:"張帷柱及丁一囊;……倉種及米厨物五十八囊。"

"囊"作爲盛物的器具,一直沿用至今,而作爲一個借用單位量詞,也自然沿用下來,如《隋書·禮儀志四》:"文武羣官朝服,上禮酒十二鍾,米十二囊,牛十二頭。"明郎瑛《七修類稿·國事八·散粥施藥》:"朝廷每歲一月,日散粥米二百石,丸藥六千囊。"郭沫若《歸去來·在轟炸中來去》:"一口皮箱,一囊被卷,被趙處長命人搬進了首都飯店。"

38. 橐

橐,本爲盛物的袋子,借用爲量詞。簡帛文獻不多見,如:

> (1)《居延新簡》EPT51·414:"賣絮三橐,直百五十。"

> (2)《尹灣漢簡》M2D1反6欄:"五采系一橐。"

> (3)又,反9欄:"五采絹一橐。"

"橐"的形制,或説爲"囊之小者",或説爲"無底之囊",莫衷一是。① 該簡用以盛"絮",似非"囊之小者"。但"橐"此後日漸少用,作量詞自然也罕見。

39. 車

車,本爲交通工具,亦可以載物,故借用爲表示一車所載之物的量詞,傳世先秦文獻常見,如《孟子·萬章下》:"仁之勝不仁也,猶水之勝火。今之爲仁者,猶以一杯水救一車薪之火也。"又,《儀禮·聘禮》:"門外米禾皆二十車,薪芻倍禾。"簡帛文獻亦可見,如:

(1)《張家山漢簡·遣策》1:"□薪三車。"

這個量詞一直沿用到現代漢語中,雖然"車"的形制自古至今發生了很大的變化,但作爲量詞在語法功能上則是一致的,兹不贅述。

40. 乘₃

乘,一般用作個體單位量詞計量車(參"乘₁"),或者用作集體單位量詞(參"乘₂"),因此引申而有"車"義,也可以借用爲容載量詞,相當於"車",例如:

(1)《金關漢簡》73EJT10:219A:"出钱百,槀二乘;出钱卅,茭一乘。"

"槀二乘"的意思就是"槀二車";"茭一乘"的意思就是"茭一車"。

附:待考借用單位量詞

1. 蟊

---

① 《説文·木部》:"橐,囊也。"段玉裁注考證甚詳,兹録於下:

按許云:"橐,囊也。""囊,橐也。"渾言之也。《大雅》毛傳曰:"小曰橐,大曰囊。"高誘注《戰國策》曰:"無底曰囊,有底曰橐。"皆析言之也。囊者,言實其中如瓜瓢也。橐者,言虚其中以待如木樗也。玄應書引《蒼頡篇》云:"橐,囊之無底者。"則與高注互異。許多用毛傳,疑云:"橐,小囊也。""囊,橐也。"則同異皆見。全書之例如此。此蓋有奪字,又《詩經》釋文引《説文》:"無底曰囊,有底曰橐。"與今本絕異。

虇,古今字書均未見,僅見於《金關漢簡》:

　　《金關漢簡》73EJT21:131B:"雞子六虇一器,使人持雞豚之

稽落告守候長益捕魚七八十□"

"虇",從文中來看應當是"雞子"的容器量詞,我們推測應當是"榼"更換了形符的分別字。按《説文·木部》:"榼,酒器也。"《左傳·成公十六年》:"使行人執榼承飲。"后可泛指盒類容器,如《北史·獻文六王傳》:"馬腦榼,容三升,玉縫之。"這裏的"虇"的形制不詳,姑列於此,以備考察。

第二節　制度單位量詞

　　所謂制度單位量詞,是相對於自然單位量詞而言的,是指由人工制定的、有具體數量標準和固定進制的一類量詞。其運用功能是計量,而且是精確的計量,有科技性,表示確切語義。一般説來,漢藏語系及其他多數語言中制度單位量詞都是廣泛存在的。根據簡帛文獻制度單位量詞適用對象及其語義特點,大致可以分爲度量衡量詞、面積單位量詞、貨幣單位量詞三大類。兹逐類分析如下。

第一類　度量衡單位量詞

　　度量衡量詞是一種包含有進位制的人工制度單位量詞,大多有嚴格的法定規約。度量衡量詞自古就有,但是歷代沿革,各有不同。這類量詞的語源和其他很多量詞往往是相同的。如劉世儒先生所説:"爲了綜觀歷史,弄清源流,對於這類量詞也就不無考察的必要。"[①]

---

① 劉世儒《魏晉南北朝量詞研究》,北京:中華書局,1965 年版,頁 225。

度量衡量詞包括度制單位量詞、量制單位量詞、衡制單位量詞三大類，茲分述如下。

一　度制單位量詞

簡帛文獻所見度制單位量詞包括“分$_2$”、“寸”、“尺”、“丈”、“尋”、“仞”、“匹”、“幅”、“步”、“里”、“圍”等十一個。其中“寸”、“尺”、“丈”、“分”適用範圍最廣，是泛用的長度單位量詞，而且四者之間，有嚴格科學的標準進位制：均以十爲進制，十分爲一寸，十寸爲一尺，十尺爲一丈；“尋”、“仞”的具體制度均還有爭議，且多用於虛指；“匹”、“幅”是布帛長寬的專用量詞；“步”、“里”以量路途爲主；“圍”則是量圓周的專用單位。

1. 分$_2$

長度單位量詞，爲一寸的十分之一。《説文·寸部》：“寸，十分也。”古代計量長度單位的標準不同，“寸”的具體數值相應地也有一定差異。“分”用作度制單位量詞見於《孫子算經》：“蠶吐絲爲忽，十忽爲一絲，十絲爲一毫，十毫爲一釐，十釐爲一分，十分爲一寸。”“忽”、“絲”、“毫”、“釐”簡帛文獻未見，“分”是簡帛文獻所見最小的實用度制單位量詞。

先秦簡帛文獻，無論楚簡帛還是秦簡，度制單位量詞“分”均未見用例，西漢以後簡帛文獻可見。1976 年廣西貴縣羅泊灣 1 號漢墓出土的木尺測算，西漢 1 尺當爲 23 釐米，則 1 分當爲 0.23 釐米，參考其他出土西漢實物，如河北滿城陵山 2 號漢墓出土的錯金鐵尺、甘肅金塔漢代肩水金關遺址出土木尺等，長度均爲 23.2 釐米，故西漢 1 尺當爲 23 釐米或稍多，1 分則爲 0.23 釐米或稍多。[1] 據王莽嘉量測

①　另，山東曲阜九龍山 3 號漢墓出土的銅尺爲 23.5 釐米，甘肅金塔漢代肩水金關遺址出土竹尺則爲 23.6 釐米，其制略有差異。

算,新莽時期 1 尺合今 23.1 釐米,則 1 分約合今之 0.231 釐米;東漢時期,據各地出土東漢時期銅尺、骨尺等實物測量,1 尺當在 23.1 釐米至 23.9 釐米之間;1 分約合今 0.231 釐米至 0.239 釐米之間。①例如:

(1)《居延新簡》EPT68.188:"頭四所,其一所,創衺三寸;三所,創衺二寸半,皆廣三分,深至骨。"

(2)《武威醫簡》19—21:"蕊愈(愈)出箴:寒氣在胃莞(脘)腹蕊【腸】□□□□留【箴】病者呼四、五十乃出箴;次剌(刺)膝下五寸分閒榮深三分,留箴如炊一升米頃,出箴,名曰三里;次剌(刺)頸從上下十一椎侠(俠)椎兩剌(刺)榮深四分,留箴百廿息乃出箴,名曰肺腧。剌(刺)後三日病愈(愈)平復。"

(3)《敦煌漢簡》2412A:"所制,上得吏文□古□二寸三分,支三分,復修爲□□□□□文經,或得修奉一寸二分,已直□到□三日,請□□"

(4)《未央宮漢簡》2:"☑徑二寸四分,厚一寸八分,空中徑二□"

(5)又,20:"南鄉堂上芝王一枚,上盖徑四寸五分。"

(6)又,49:"三寸五分,中者。"

漢末三國時期,出土實物實測 1 尺爲 23.5 釐米至 24.2 釐米之間,則一分當爲 0.235 釐米至 0.242 釐米之間。《走馬樓吳簡》亦可見,如:

(7)《嘉禾吏民田家莂》4.70:"凡爲布一匹一丈二尺五寸四分。"

(8)又,4.88:"凡爲布一匹二丈一尺一寸二分。"

---

① 本書所引歷代度制的具體數值,參考了《漢語大詞典》(三卷本)的附錄《中國歷代度制演變測算簡表》,上海:漢語大詞典出版社,1997 年版,頁 7761—7762。

（9）又，4.269：“凡爲布一匹三丈二尺一寸四分。”

2. 寸

古代長度單位量詞，十分爲一寸。《説文・寸部》：“寸，十分也。”計量標準不同，“寸”的具體數值相應地也有一定差異。傳世先秦文獻亦常見，如《公羊傳・僖公三十一年》：“膚寸而合。”何休注：“側手爲膚，按指爲寸。”

銀雀山漢墓的墓葬時代爲西漢文、景至武帝初期，但其中出土的兵書文獻毫無疑問早在戰國時期就已經成書了。其中度量衡單位量詞出現亦較多，如：

（1）《銀雀山漢簡・守法守令十三篇》772：“槧廣毋下二尺八寸，長毋得下三尺四寸。”

（2）又，839：“其緤（系）尺，梃長七尺，大十二寸。”

安徽壽縣楚墓出土銅尺爲 22.5 釐米，則戰國時期 1 寸當爲 2.25 釐米。

度制單位量詞“寸”，先秦簡帛文獻中秦簡常見，而楚簡未見，秦制 1 寸約合今 2.31 釐米。秦簡中凡二十九例，其中《睡虎地秦簡》二十八例，《龍崗秦簡》一例，如：

（3）《睡虎地秦簡・秦律十八種・倉律》51—52：“隸臣、城旦高不盈六尺五寸，隸妾、舂高不盈六尺二寸，皆爲小；高五尺二寸，皆作之。”

（4）又，《法律答問》6：“甲盜牛，盜牛時高六尺，毄（繫）一歲，復丈，高六尺七寸，問甲可（何）論？當完城旦。”

（5）又，《秦律雜抄》9：“蓦馬五尺八寸以上，不勝任，奔縶不如令，縣司馬貲二甲，令、丞各一甲。”

（6）又，27：“傷乘輿馬，決革一寸，貲一盾；二寸，貲二盾；過二寸，貲一甲。”

（7）《龍崗秦簡》14：“六寸符皆傳□□□□□□□□□☑”

他如《睡虎地秦簡》:《秦律十八種・厩苑律》14;《金布律》66;《法律答問》88;《封診式》10、25、57、60、65、66、76、77、78、79;《日書甲》67背壹等等。"寸"用作長度單位漢代簡帛文獻也常見,但具體所指有所改變,西漢1尺當爲23釐米或稍多,1寸則爲2.3釐米或稍多(詳參上文"分"條)。簡帛文獻用例如:

(8)《馬王堆3號墓漢簡・遣策》256:"**桼**(漆)畫平般(盤),徑二尺五寸,三枚。"

(9)又,265:"布付簹一,長尺一寸。"

(10)又,271:"布曾(繒)檢(奩)一,錐畫,廣尺二寸。"

(11)《張家山漢簡・奏讞書》163:"飯中有蔡長半寸。"(蔡,草也。)

(12)又,《算數書》61-63:"繒幅廣廿二寸,袤十寸,賈廿三錢。今欲買從利廣三寸、袤六十寸,問積寸及賈錢各幾何? 曰:八寸十一分寸二,賈十八錢十一分錢九。術(術)曰:以廿二寸爲法,以廣從相乘爲實,實如法得一寸。亦以一尺寸數爲法,以所得寸數乘一尺賈錢數爲實,實如法得一錢。"

末三句意爲:將一尺折合成十寸作爲除數,用求出的長度折合成寸來與(標準寬度繒幅)一尺的價錢相乘的積作爲被除數,相除所得即爲錢數。

(13)又,《二年律令》197:"錢徑十分寸八以上,雖缺鑠,文章頗可智(知)。"

(14)《孔家坡漢簡》105-106:"五勝:東方木,金勝木。□,鐵,長三寸,操,東。南方火,水勝火。……操炭,長三寸,以西,纏以布。"

(15)《馬王堆帛書・五十二病方》68:"【夕】下:以黃柃(芩),黃柃(芩)長三寸,合盧大如□□□豆卅,去皮而并治。"

(16)又,《養生方》170:"【治】:取蠃四斗,以㳡(酢)瀸(截)漬二日,去贏,以其汁漬□肉動(撞)者,若犬脯【□□】,復漬汁,【□□】食脯一寸勝一人,十寸勝十人。"

（17）又,《胎產書》29:"字者且垂字,先取市土濡請(清)者,□之方三四尺,高三四寸。"

新莽時期,1 寸合今 2.31 釐米;東漢時期,1 寸則約合今 2.37 釐米左右。例如:

（18）《港大漢簡·河堤簡》224 背:"材得二尺,長四尺,廣五寸,九枚,凡六十七枚。"

成書於西漢至東漢時期的《居延漢簡》、《額濟納漢簡》等簡帛文獻中,"寸"均很常見,例如:

（19）《居延新簡》EPT52.277:"出錢二百,買木一,長八尺五寸,大四韋,以治罷卒籍,令史護買。"

（20）又,EPT51.324:"□□一所,廣二寸,袤六寸。左臂二所,皆廣二寸,長六寸。又手中創二所,皆廣半寸,長三寸。右臂二所,其一□"

（21）《居延漢簡》187.22:"已得五月廿日奉一匹三丈三尺三寸,直七百☑"

（22）《居補簡》N120A:"馬一匹,驃牡,齒六歲,高五尺八寸。"

（23）《額濟納漢簡》2000ES14SF2:5:"☑帛匹八尺四寸。"

（24）《未央宮漢簡》20:"南鄉堂上芝王一枚,上蓋徑四寸五分。"

（25）又,2:"☑徑二寸四分,厚一寸八分,空中徑二□"

（26）又,5:"尺,上五寸,南北□復合爲一心,上六寸"

漢末三國時期,按出土實物實測 1 尺爲 23.5 釐米至 24.2 釐米之間,則 1 寸當爲 2.35 釐米至 2.42 釐米之間。走馬樓三國吳簡中此類量詞甚多,略舉數例如下:

（27）《走馬樓吳簡·竹簡〔壹〕》3484：“☑其三匹一尺五寸☑付庫吏殷連領☑”

（28）又，4405：“☑□□□市得布一百匹五尺五寸，布匹直三千六百錢，爲米百廿斛，悉畢，謹列市得布匹。”

（29）又，《嘉禾吏民田家莂》4.88：“凡爲布一匹二丈一尺一寸二分。”

3. 尺

古代長度單位，《說文·尺部》：“尺，十寸也。人手却十分動脈爲寸口，十寸爲尺。”《玉篇·尺部》亦曰：“尺，尺寸也。十寸爲尺。”同“寸”一樣，成書不晚於戰國時期的《銀雀山漢簡·守法守令十三篇》已有很多用例：

（1）775：“【鐵銛長十】六尺大半尺者人一，十四尺半者人一，戟長十二尺半者人一，弩人一，槳人一，必□□□☑”

（2）796—797：“☑毋得□十七尺，後可以守及便嶄（斲）。外葉（堞）高七尺，内葉（堞）高四尺，外葉（堞）埤垸☑”

（3）805：“闉高五十五尺，内圍也。卅三尺，中圍也。廿七尺，外圍也。☑”

（4）884—885：“市化（貨）□貴者，受（授）肆毋過☑毋過七尺。下化（貨）賤者受（授）肆毋過十尺。此肆邪市列之數也。”

秦簡中尺與寸的進制也是“十”，秦尺約合今 23.1 釐米。量詞“尺”秦簡常見，如：

（5）《睡虎地秦簡·法律答問》6：“甲盜牛，盜牛時高六尺，毄（繫）一歲，復丈，高六尺七寸，問甲可（何）論？當完城旦。”

（6）又，166：“女子甲爲人妻，去亡，得及自出，小未盈六尺，當論不當？已官，當論；未官，不當論。”

（7）《青川木牘》：“封高四尺，大稱其高。”

（8）《龍崗秦簡》140：“租笄索不平一尺以上，貲一甲；不盈一尺到☐"

（9）《雲夢秦牘》2 正："錢衣。願母幸遺錢五六百，布謹善者毋下二丈五尺☐"

（10）《里耶秦簡》8－529："贛弩用白布丈七尺。灑桼（漆）用白布六尺。"

按 1976 年廣西貴縣羅泊灣 1 號漢墓出土的木尺測算，西漢 1 尺當爲 23 釐米（詳參上文"寸"字條）。簡帛文獻常見，例如：

（11）《馬王堆 3 號墓漢簡·遣策》255："髤（漆）畫大般（盤），徑三尺一寸，一枚。"

（12）又，261："髤（漆）畫檢（奩），徑尺，高盛成（盛）五寸，二合。"

（13）又，274："木五菜（彩）畫并（屏）風，長五尺，高五尺，一"

（14）《馬王堆 1 號墓漢簡·遣策》188："髤（漆）畫食般（盤），侄（徑）一尺二寸，廿枚。"

（15）又，251："郭（槨）中鄉（薌）印㲃（縠）帷一，續掾（緣）素捽，袤二丈二尺，廣五尺，青綺〈綺〉帟，素裏，掾（緣）。"

（16）《張家山漢簡·二年律令》418－419："諸内作縣官及徒隸，大男，冬禀布袍表裏七丈、絡絮四斤、綺（袴）二丈、絮二斤；大女及使小男，冬袍五丈六尺、絮三斤，綺（袴）丈八尺、絮二斤；未使小男及使小女，冬袍二丈八尺、絮一斤半斤；未使小女，冬袍二丈、絮一斤。"

（17）又，《算數書》40："鄰里有女惡自喜也，織，日自再，五日織五尺。"

（18）又，《奏讞書》204："券齒百一十尺，尺百八十錢，錢千九百八十。"

（19）又，《引書》41："取木善削之，令其大把，長四尺，係其兩端，以新纍縣（懸）之，令其高地四尺。"

　　此詞西漢簡帛文獻較多,他如:《居補簡》14.15、142.15、203.65、245.7、306.19、N120A、L1;《額濟納漢簡》99ES17SH1:2、2000ES14SF2:5;《馬王堆3號墓漢簡·遣策》256、265、257、258、259、272、275、305、306、389、390;《張家山漢簡·二年律令》182、256、258、262、282、285、363、418;《張家山漢簡·奏讞書》172、198;《張家山漢簡·算數書》1、2、4、5、41、42、54、55、56、63、70、71、141、143、144、146、151;《張家山漢簡·引書》72 等等。據王莽嘉量測算,新莽時期 1 尺合今 23.1 釐米;據各地出土東漢時期銅尺、骨尺等實物測量,東漢時期 1 尺當在 23.1 釐米至 23.9 釐米之間;東漢簡帛文獻用例也較多,例如:

　　(20)《港大漢簡·河堤簡》224 背:"材得二尺,長四尺,廣五寸,九枚,凡六十七枚。"

　　漢末三國時期,按出土實物實測 1 尺爲 23.5 釐米至 24.2 釐米之間,走馬樓三國吳簡中此類量詞甚多:

　　(21)《走馬樓吳簡·竹簡〔壹〕》158:"☑□廣二尺深一尺四□"

　　(22)又,311:"布三丈九尺,嘉☑"

　　(23)又,1291:"入西布六匹三丈七尺,嘉禾元年九月三日,楊丘☑"

　　(24)又,1298:"入廣成鄉布二匹二丈七尺,嘉禾元年十月十一☑"

　　(25)又,6198:"☑鄉二年布三丈八尺,嘉禾二年十一月廿□日☑"

　　(26)《走馬樓吳簡·竹簡〔貳〕》3847:"凡合卌一匹一丈六尺。"

　　(27)又,4706:"☑烝惕(?)二年布□匹二丈九尺。"

　　(28)《走馬樓吳簡·嘉禾吏民田家莂》4.70:"凡爲布一匹一

丈二尺五寸四分。"

4. 丈

古代長度單位量詞。《説文·十部》："丈，十尺也。"段玉裁注："周制：八寸爲尺，十尺爲丈。"傳世先秦文獻常見，如《左傳·哀公元年》："里而栽，廣丈，高倍。"又，《國語·周語下》："其察色也，不過墨丈尋常之間。"同"寸"、"尺"一樣，成書不晚於戰國時期的《銀雀山漢簡》已有用例，例如：

(1)《守法守令十三篇》783："☑千丈之城，必郭逆之，主人之利也。"

出土先秦簡帛文獻中，楚簡帛未見，秦簡中凡四例：《睡虎地秦簡》二例，《里耶秦簡》一例，《雲夢秦牘》一例。秦丈約合今231釐米。秦簡例文如：

(2)《睡虎地秦簡·封診式》68："索衺丈。"

(3)又，79："垣北去小堂北唇丈，垣東去内五步。"

(4)《里耶秦簡》J1⑧134正1欄："衺三丈三尺。"

(5)《雲夢秦牘》2正："錢衣。願母幸遺錢五六百，布謹善者毋下二丈五尺☑"

按1976年廣西貴縣羅泊灣1號漢墓出土的木尺測算，西漢1尺當爲23釐米(詳參上文"寸"、"尺"字條)，則1丈當爲今230釐米。簡帛文獻常見，例如：

(6)《馬王堆3號墓漢簡·遣策》306："滑辟(蔑)席，廣四尺，長丈，生繒椽(緣)。"

(7)又，389："樹中繡帷一，褚(緒一紵)繢椽(緣)，**素捈**，衺二丈二尺，廣五尺。"

(8)又，390"非衣一，長丈二尺。"

(9)《張家山漢簡·二年律令》246："百畝爲頃，十頃一千(阡)道，道廣二丈。"

(10) 又,282:"賜衣者六丈四尺、緣五尺、絮三斤,襦二丈二尺、緣丈、絮二斤,綺(袴)二丈一尺、絮一斤半,衾五丈二尺、緣二丈六尺、絮十一斤。"

(11) 又,《算數書》144:"芻童及方闕下廣丈五尺,袤三丈,上廣二丈,袤四丈,高丈五尺,積九千二百五十尺。"

芻童,上下底面均爲長方形的草堆。方闕,與"芻童"形體相似,也爲長方臺體。

(12) 又,《引書》67:"引心痛,係纍長五尋,𣪠(繫)其衷(中),令其高丈。"(纍,大繩索。)

(13)《額濟納漢簡》2000ES7S:14B:"第七隧承索十丈,一完。"

(14)《居補簡》56.42:"□二匹一丈。"

(15)《古人堤漢簡》32 正:"□□□人卅束□;凡九十□□喬高四丈長三丈□"

(16)《羅泊灣漢簡》正 1 欄:"繒六十三匹三丈,緒三,衣一笥,笥繒。"

(17)《孔家坡漢簡》209 叁一211 叁:"土忌:正月丁,九月庚,十月辛。不可鑿地,月刺直(值)法日。鑿地方丈,丈夫死之;員(圓),女子死之。"

(18)《胥浦漢牘》1095 正:"公文取子方錢五千於廣陵;又胅十二枚直錢萬四於江都;又取千六百於江都;又取布六丈、褐一匹、履一兩,凡值錢千一百卅;又取錢千於江都。"

此詞甚多,他如《張家山漢簡·二年律令》簡 285、418、419、431;《張家山漢簡·算數書》簡 141、143、144、147、148、149、152;《額濟納漢簡》簡 99ES17SH1:12、2000ES7S:14A、2000ES9SF3:8、2002ES12SH1:2 等等。據王莽嘉量測算,新莽時期 1 尺合今 23.1 釐米,則 1 丈當合今 231 釐米;據各地出土東漢時期銅尺、骨尺等實物測量,東漢時期 1 尺當在 23.1 釐米至 23.9 釐米之間,則 1 丈當合今 231 釐米至 239 釐米之間。東漢簡帛文獻用例也較多,例如:

(19)《港大漢簡·河堤簡》224 正:"杠材大四韋,長二丈二尺,三枚。"

漢末三國時期,按出土實物實測 1 尺爲 23.5 釐米至 24.2 釐米之間,則 1 丈當爲 235 釐米至 242 釐米之間,走馬樓三國吳簡中此類量詞甚多:

(20)《走馬樓吳簡·竹簡〔壹〕》6218:"入中鄉中唐丘男子胡□三年,布六匹三丈☑"

(21)又,6242:"布三丈,嘉禾二年八月☑"

(22)又,6256:"☑右南鄉入嘉禾二年,布廿五匹三丈七尺。"

(23)又,6358:"☑布三丈九尺,嘉禾二年八月十五日☑"

(24)《走馬樓吳簡·竹簡〔貳〕》5321:"右荊廿五枚,布合五十四三丈二尺。"

(25)又,5349:"右荊廿一枚,布合卅六匹二丈二尺。"

(26)《走馬樓吳簡·嘉禾吏民田家莂》4.269:"凡爲布一匹三丈二尺一寸四分。"

5. 尋

古代長度單位,一般認爲八尺爲尋,或曰七尺,或曰六尺。《説文·寸部》:"度人之兩臂爲尋,八尺也。"朱駿聲《通訓定聲》:"程氏瑤田云:'度廣曰尋,度深曰仞。皆伸兩臂爲度,度廣則身平臂直,而適得八尺;度深則身側臂曲,而僅得七尺'。其説精覈。尋、仞皆以兩臂度之,故仞亦或言八尺,尋亦或言七尺也。"《廣韻·侵韻》:"六尺曰尋。"《詩經·魯頌·閟宫》:"是斷是度,是尋是尺。"毛傳:"八尺曰尋。"鄭玄箋:"八尺曰尋。或云七尺、六尺。"傳世先秦兩漢文獻亦常見,如《史記·張儀列傳》:"秦馬之良,戎兵之衆,探前趹後蹄間三尋騰者,不可勝數。"司馬貞《索隱》:"七尺曰尋。"

楚簡已見，如：

（1）《上博簡·景公瘧》：“一丈夫執尋之幣，三布之玉。”

秦簡中也可以看到，例如：

（2）《里耶秦簡》5—7：“☒□布四尋，鈌☒”

按整理者注，“尋”字後有斷讀符號，則該結構爲“名＋數＋量”結構無疑。

兩漢簡帛文獻亦可見：

（3）《張家山漢簡·引書》67：“引心痛，係纍長五尋，骹（繋）其衷（中），令其高丈。”

但是總體來看，無論在先秦簡帛還是在兩漢簡帛文獻中，度量衡單位“尋”都是較爲罕見的，特別是和其他單位共同使用的情況更爲少見，這也使得我們今天很難弄清楚它和其他單位之間的具體進制。

6. 仞

古代度制單位量詞。一般認爲八尺爲一仞，《説文·人部》：“仞，伸臂一尋，八尺。”《山海經·西山經》：“又西六十里，曰太華之山……其高五千仞。”郭璞注：“仞，八尺也。”一説，七尺爲一仞。《廣韻·震韻》：“仞，七尺曰仞。”《論語·子張》：“夫子之墻數仞，不得其門而入者，不見宗廟之美，百官之富，得其門者或寡矣。”何晏《集解》引包氏曰：“七尺曰仞也。”《儀禮·鄉射禮》：“杠長三仞。”鄭玄注：“七尺曰仞。”《尚書·旅獒》：“爲山九仞，功虧一簣。”孔傳：“八尺曰仞。”鄭玄注：“七尺曰仞。”一説五尺六寸爲仞，《漢書·食貨志上》：“神農之教曰：有石城十仞，湯池百步，帶甲百萬而亡粟，弗能守也。”顏師古注：“應劭曰：‘仞，五尺六寸也。’師古曰：‘此説非也。八尺曰仞，取人申臂之一尋也。’”唐以後多從顏師古説，即“八尺爲仞”。又，《小爾雅·廣度》：“四尺謂之仞。”清陶方琦《説文“仞”字八尺考》云：“許君所用周尺也，故主八尺之説。鄭君所用漢尺也，故主七尺之説。《漢書·食貨志》應劭注謂五尺六寸曰仞，似漢末之尺。”

簡帛文獻中量詞"仞"亦較爲多見,但多用於虛指,故無從斷定其具體制度,如:

(1)《定州漢簡·論語》590:"子張:子之墻數仞,不得其門而入,不見宗廟之美。"

字形或作"邧",如:

(2)《銀雀山漢簡·孫子兵法》35—36:"勝兵如以溢(鎰)稱朱(銖),敗兵如以朱(銖)稱溢(鎰)。稱勝者戰民也,如決積水於千邧(仞)☑"

(3)又,45—46:"勝兵如以溢(鎰)稱朱(銖),敗兵如以朱(銖)稱溢(溢)。稱【勝】者戰民也,如決積【水於千】邧(仞)之壖,刑(形)也。"

"邧"、"仞"均從"刃"得聲,故可通假。字亦可書作"仁",如:

(4)《銀雀山漢簡·守法守令十三篇》768—769:"萬乘之國,郭方七里,城方九【里,城高】九仁(仞),池☑百步,國城郭☑【郭】方十五里,城方五里,城高七仁(仞),池廣八十步,大縣☑"

(5)又,968:"前唯(雖)有千仁(仞)之溪。"

"仞"作爲度制單位量詞簡帛文獻少見,實指之例更爲罕見。現代漢語中這個量詞仍在使用,亦僅用於虛指。

7. 匹₂

表示布帛長度單位的量詞。《説文·匚部》:"匹,四丈也。"王筠《句讀》:"古之布帛,自兩頭卷之,一匹兩卷,故古謂之兩,漢謂之匹也。"《急就篇》第二章:"資貨市贏匹幅全。"顏師古注:"四丈曰匹。"《漢書·食貨志下》:"布帛廣二尺二寸爲幅,長四丈爲匹。""匹"用作量詞,兩漢簡帛常見,例如:

(1)《額濟納漢簡》2000ES9SF4:22:"第九隧卒史義角布一匹,賈錢五百。"

(2)又,2000ES14SF2:5:"☑帛匹八尺四寸。羊偉一枚。☑

絮十斤四兩。☑布匹八尺"

(3)《居補簡》56.42:"□二匹一丈。"

"二匹"前當是表示布類的名詞。

(4)《骨浦漢簡》1095 正:"又取布六丈、褐一匹、履一兩,凡值錢千一百卌。"

(5)又,1095 背:"又取縑二匹,直錢千一百。"

(6)《羅泊灣漢簡・從器志》1458 正 1 欄:"繒六十三匹三丈,緒三,衣一笥,笥繒。"

(7)《敦煌漢簡》838A:"當欲隧卒賓德成,賣布一匹,直錢三百五十。臨要隧長當責,盡四月奉。察適隧卒王未央,賣絑一匹,三百七十。當責察適隧長,盡四月奉。惡敢卒狐,賣練一匹,賈錢四百九十。又布錢百卅四,凡直六百廿四。當責造史誅子病,□盡四月。"

(8)《金關漢簡》73EJT9:55:"出帛七匹三丈一尺七寸,直千八百☑"

他如《居延漢簡》、《居延新簡》均很常見,如:

(9)《居延漢簡》90.56:"出廣漢八稯布十九匹八寸大半寸,直四千三百廿,給吏秩百一人,元鳳三年正月盡六月,積六月"

(10)又,89.12:"候史靳望,正月奉帛二匹直九百,其一匹顧茭,定受一匹。"

(11)又,139.23:"十二月奉帛二匹,直九百。"

(12)《居延新簡》EPT40.6B:"用絳一匹,用布十八匹。"

(13)又,EPT57.107:"紺縑一匹,枲卅斤,占。"

(14)又,EPT43.41:"城北候長周育,秼月禄帛一匹,留官。餘帛一丈五尺五寸。□□一丈三尺。"

魏晉以後,"匹"用作長度單位仍很常見,《走馬樓吳簡》中用例很多,如:

（15）《走馬樓吳簡·竹簡〔壹〕》5710："合七十九匹二丈八【尺】。"

（16）又，6256："右南鄉入嘉禾二年布廿五匹三丈七尺。"

（17）又，8257："右西鄉入布廿二匹三丈三尺。"

（18）又，8262："入模乡二年布一匹三丈九尺。"

（19）《走馬樓吳簡·竹簡〔貳〕》5557："右小武陵乡入嘉禾二年布荊卅八枚，合一百七匹三丈九尺。"

（20）《嘉禾吏民田家荊》4.70："凡爲布一匹一丈二尺五寸四分。"

（21）又，4.88："凡爲布一匹二丈一尺一寸二分。"

（22）又，4.269："凡爲布一匹三丈二尺一寸四分。"

長沙馬王堆 3 號漢墓出土的笥牌中的一例值得注意：

（23）《馬王堆 3 號墓漢簡·笥牌》30："聶敝（幣）千匹。"

（24）又，33："聶敝（幣）千匹。"

按，《遣策》簡 385："聶敝（幣）二笥。"整理者注："敝與幣通。聶，即牒，意即碎片。馬王堆 1 號、3 號漢墓遣策均有土金、土錢、聶幣的記載，可以推定它們分別指金、銅、布帛三種質地的貨幣，或可充作貨幣使用的物品。聶幣當爲以布帛碎片作爲冥幣。"①則"聶幣千匹"可以有兩種理解方式：一是用布帛碎片象徵冥幣千匹，則"匹"爲度量衡單位，衹是虛指而已；二是表實指，即該笥裏面裝有布帛碎片千塊，則"匹"爲個體單位量詞，相當於現代漢語的量詞"塊"。僅此二例，姑列於此，備考。

按，《廣韻·質韻》："匹，俗作疋。"《字彙補·疋部》："疋，匹、疋二字自漢已通用矣。"《金關漢簡》73EJT24：351："☑□□一疋取□□

_____

① 　湖南省博物館、湖南省文物考古研究所《長沙馬王堆二、三號漢墓》，北京：文物出版社，2004 年版，頁 72。

☑"但由於上下文殘缺較甚,無法判斷是否爲量詞"匹"之俗字,姑列於此,以備考查。

8. 幅

古代度制單位量詞,用於量布帛的寬度。古制一幅爲二尺二寸,《漢書・食貨志下》:"布帛廣二尺二寸爲幅,長四丈爲匹。"傳世先秦兩漢文獻多見記載,如《禮記・王制》:"布帛精麤不中數,幅廣狹不中量,不粥於市。"《韓非子・外儲説右上》:"使其妻織組而幅狹於度,吳子使更之。"

先秦簡帛文獻未見用例,但西漢早期簡已可見,如:

(1)《鳳凰山 10 號墓漢簡》1 正:"布帷一,長丈四,二福(幅)。""福"當同"幅","二福(幅)"意爲"(布帷)寬四尺四寸"。

其他簡帛文獻用例罕見。

9. 步₁

古代長度單位,一般用於丈量里程。古時一舉足叫跬(半步),兩足各跨一次叫步。《小爾雅・廣度》:"跬,一舉足也。倍跬謂之步。"後來用作長度單位,其制歷代不一。《莊子・庚桑楚》:"步仞之丘陵,巨獸無所隱其軀,而蘖狐爲之祥。"陸德明《釋文》:"六尺爲步,七尺曰仞。"《禮記・王制》:"古者以周尺八尺爲步,今以周尺六尺四寸爲步。"《史記・秦始皇本紀》:"數以六爲紀……六尺爲步。"漢代一里爲三百步,而又約合一百八十丈,據此推算,漢簡中一步長度應爲六尺,應該用的是秦制。

這個量詞簡帛文獻很常見,從先秦簡帛文獻看,楚地簡帛未見,秦簡用例很多,如:

(1)《睡虎地秦簡・法律答問》101:"有賊殺傷人沖術,偕旁人不援,百步中比墼(野),當貲二甲。"

(2)又,《封診式》60—61:"男子死(屍)所到某亭百步,到某里士五(伍)丙田舍二百步。"

（3）《青川木牘》："田廣一步、袤八，則爲畛，畝二畛，一陌道。百畝爲頃，一阡道，道廣三步。"

他如《睡虎地秦簡·封診式》59、60、61、79；《法律答問》101；《日書甲》30 背壹、111 背等等。《銀雀山漢簡》下葬時代爲漢代文帝、景帝至武帝初期，其中各典籍的成書年代都不會晚於戰國時期，其中量詞"步"亦很常見，例如：

（4）《孫子兵法》155－160："范、中行是（氏）制田，以八十步爲婗（畹），以百六十步爲畛，而伍稅之。其□田陝（狹），置士多，伍稅之，公家富。公家富，置士多，主喬（驕）臣奢，冀功數戰，故曰先【亾（亡）】。☑公家富，置士多，主喬（驕）臣奢冀功數戰，故爲范、中行是（氏）次。韓、巍（魏）制田，以百步爲婗（畹），以二百步爲畛，而伍稅【之】。其□田陝（狹），其置士多，伍稅之，公家富。公家富，置士多，主喬（驕）臣奢，冀功數戰，故爲智是（氏）次。趙是（氏）制田，以百廿步爲婗（畹），以二百卅步爲畛，公无稅焉。公家貧，其置士少，主僉臣收，以御富民，故曰固國。晉國歸焉。"

（5）又，《守法守令十三篇》768－769："萬乘之國，郭方七里，城方九【里、城高】九仁（仞），池□百步，國城郭☑【郭】方十五里，城方五里，城高七仁（仞），池廣八十步，大縣☑"

（6）又，778："☑【上】遂廣五百步，中遂三百步。"

（7）又，793－795："城上五十步而一樓，樓間爲□□☑□二百步而一出樓，三百步而一進行樓。進行樓所以遠視城下及城外也。爲高耤車可以投五十步之内者，二百步而一，小回耤車五十步而一。"

（8）又，799－800："爲爵穴葉（堞）足之下，可【以□□】客者，十步而一。爲專牖於葉（堞）之中，可以密射外者，廿步而一。爲蜚（飛）橦（衝）及繳張，可以破蔽魯（櫓）百步之内者，遂十五。"

（9）又，808－809："廿步一礨竈。百步一井，離城毋過廿步。廿步一屏（庰），離城毋過十五步。下之屏（庰）者必衛枚，二人俱斬。"

（10）又，812："積石及毀瓦、靈（瓴）辟（甓）、疾（蒺）莉（藜）於城下，百步而一積，城守之造也。"

兩漢成書的簡帛文獻亦非常多見，例如：

（11）《張家山漢簡·算數書》159："田從卅（三十）步，爲啓廣幾何而爲田一畝？曰：啓八步。术（術）曰：以卌（四十）步爲法，以二百卌（四十）步爲實。啓從亦如此。"

《算數書》下葬年代是西漢初年，應該用的是秦制。

（12）又，《二年律令》246："田廣一步，袤二百卌步，爲畛，畝二畛，一佰（陌）道。"

（13）又，《蓋盧》13："軍恐疏遂，軍恐進舍，有前十里，毋後十步。"

（14）《額濟納漢簡》2000ES9SF4∶47："南去其隧一里百五十步。"

（15）《港大漢簡·河堤簡》207："北鄉河堤，凡七十二里七十步，積廿萬七千卅步。"

（16）又，210："若鄉河堤，凡廿十里百六十步，積六萬四千五百卌五步。"

（17）《孫家寨漢簡》362："居七步，隧間右步□"

（18）又，370："當前行去校尉六十步而止，右部"

此詞漢簡甚多，他如：《居補簡》236.18、564.29；《港大漢簡·河堤簡》201、205、206、207、210、211、212、213；《張家山漢簡·算數書》160、161、162、182、183、184、185、165、167、168、169、170、173、175、176、177、178、180、181 等等。作爲一個常用量詞，長度單位量詞"步"一直沿用下來，但魏晉時期簡帛文獻中多用作面積單位量詞，這是以前傳世文獻所罕見的,相當於現代漢語中的"平方步"(詳參下文"步₂"條)。

10. 里

表示路途的長度單位量詞。其制歷代不一,《穀梁傳·宣公十五年》:"古者三百步爲里。"後世以三百六十步爲里。《正字通·里部》亦云:"又路程以三百六十步爲一里。"清顧炎武《日知錄》卷三二:"《穀梁傳》:'古者三百步爲里。'今以三百六十步爲里。"

度制單位量詞"里"先秦簡帛文獻亦很常見,如:

(1)《郭店楚簡·窮達以時》10—11:"窮四海,至千里,遇告古(故)也。"

(2)《上博簡·容成氏》6—7:"於是乎方百里之中,率天下之人就,奉而立之,以爲天子。於是乎圓千里,【於是於】持板正立(位),四向阞,禾(和)懷以來天下之民。"

以上爲楚地簡帛用例。

(3)《睡虎地秦簡·語書》13—14:"其畫最多者,當居曹奏令、丞,令、丞以爲不直,志千里使有籍書之,以爲惡吏。"

(4)《里耶秦簡》J1⑯52:"鄢到銷百八十四里,銷到江陵二百卌里,江陵到孱陵百一十里,孱陵到索二百九十五里,索到臨沅六十里,臨沅到遷陵九百一十里,□□千四百卌里。"

(5)《龍崗秦簡》31:"諸弋射甬道、禁苑外卅里戲(繫),去甬道、禁苑□"

以上爲秦簡用例。

漢代一里爲三百步,約合一百八十丈,如:

(6)《額濟納漢簡》2000ES9SF4:47:"北去第九隧一里百五十步。"

(7)《張家山漢簡·二年律令》217:"吏官去家二千里以上者,二歲壹歸,予告八十日。"

(8)又,《奏讞書》127:"朔病六十二日,行道六十日,乘恒馬及船行五千一百卅六里,衛(率)之,日行八十里。"

(9)又,《算數書》187-190:"里田术(術)曰:里乘里,里也,廣、從各一里,即直(置)一因而三之,有三五之,即爲田三頃十(七十)五畝。其廣從不等者,先以里相乘,已乃因而三之,有三五之,乃成。今有廣二百廿里,從三百五十里,爲田廿八萬八千七百五十頃。直(置)提封以此爲之。一曰:里而乘里,里也,壹三而三五之,即頃畝數也。有曰:里乘里,里也,【因而三之】,以里之下即予廿五因而三之,亦其頃畝數也。曰:廣一里、從一里爲田三頃十(七十)五畝。"

里田,簡文中是算題名稱,其意指邊長以里爲單位的矩形田地。三五之,意爲乘三次五,即乘以一百二十五。提封,里田地的稱謂。

(10)《尹灣漢簡》M6D1正:"界東西五百五十里,南北四百八十八里,如前。"

(11)《孔家坡漢簡》146壹-147壹:"千里外毋以丙丁到室,五百里外毋以壬戌、癸亥到室。十里外□□□□、丁亥、壬戌、癸亥行及归。"

以上爲西漢簡帛文獻用例。

(12)《港大漢簡·河堤簡》221:"宜成河堤,凡三百廿里廿六步,積七十一萬九千六百一十八【步】。"

以上爲東漢簡帛文獻用例。

"里"作爲一個常見量詞,後世一直沿用。

11. 圍(回、韋)

古代計量圓周的約略單位,其具體長度不詳。一般来说,多用於虛指,可以指兩隻胳膊合圍起來的長度,也可以指兩隻手的拇指和食指合圍的長度。亦可用於實指,直徑一尺謂之圍。《莊子·人間世》:"匠石之齊,至乎曲轅,見櫟社樹,其大蔽牛,絜之百圍。"陸德明《釋文》："百圍，李云徑尺爲圍，蓋十丈也。"

先秦簡帛文獻中睡虎地秦簡中有一例，書作"圖"：

（1）《睡虎地秦簡·封診式》67："櫨大一圍，袤三尺，西去堪二尺，堪上可道終索。"

"櫨"，整理者注："疑讀爲橡。"即放在檁子上架屋面板和瓦的條木。《左傳·桓公十四年》"大宮之椽"楊伯峻注："今謂之椽子，木條用以支持房頂而托灰與瓦者。"據此，該簡中的"圍"當指兩隻手的拇指和食指合圍的長度。

楚簡有一例，書作"回"，同"圍"，例如：

（2）《上博簡·凡物流形》9："十回（圍）之木，其始生如蘗。"

睡虎地秦簡和上博簡中的"圍"，指的都是一種約略的度量，並非嚴格意義上的制度單位量詞，但在此後的發展中，"圍"逐漸有了一定的具體制度，最早從嶽麓秦簡《數·租稅類算題》中就有用例：

（3）《嶽麓秦簡》51/0912 正："五步乘之爲賈（實），直（置）二圍七寸，耤令相乘也，以爲法，如法一步。"

整理者認爲："圍，徑尺爲圍。"結合兩漢時期《張家山漢簡·算數書》、《額濟納漢簡》、《港大漢簡·河堤簡》、《居延漢簡》及《居延新簡》等簡帛文獻中的用例來看，簡文中對於所量之物，多有嚴格的具體尺寸，因此簡文中的"圍"亦不當爲"兩手拇指和食指合圍"或"兩臂合圍"這樣的約略數量，而是有一定制度的。從《張家山漢簡·算數書》（例5）的問題與算法來推算，一圍當爲直徑一尺。《莊子·人間世》"三圍四圍"李注："徑尺爲圍。"

兩漢時期，這個量詞就更常見了。值得注意的是，無論西漢還是東漢的簡帛文獻，漢簡中字形多作"韋"，《字彙補·韋部》："韋，與圍同。"傳世漢代文獻，亦可作"韋"，如《漢書·成帝紀》："是日大風，拔甘泉畤中大木十韋以上。"顏師古注："韋，與圍同。"西漢簡帛文獻用例如：

(4)《額濟納漢簡》2002ES12SH1:2:"☑▯▯二,長二丈,大二韋(圍),臥內屋梁與炊內屋相□☑。"

(5)《張家山漢簡·算數書》91—92:"取枲程十步三韋(圍)束一,今乾之廿八寸,問幾何步一束? (術)曰:乾自乘爲法,生自乘有(又)以生一束步數乘之爲實,實如法得十一步有(又)九十八分步卅(四十)七而一束。"

本簡大意:麻田十平方步所收穫之麻的標準應爲直徑長三尺的一束,現在乾燥後的麻直徑長是二尺八寸,問(若得到乾燥後的麻徑長爲三尺的一束)需種麻田幾平方步? 算法:乾燥的麻(直徑長度)自乘作爲除數,濕麻(直徑長度)自乘,再乘以濕麻一束的步數作爲被除數,相除所得十一又九十八分之四十七平方步即是乾麻一束的步數。(本題的"步"爲面積單位量詞,相當於"平方步",説詳下文面積單位量詞"步"。)①

東漢簡帛用例如:

(6)《港大漢簡·河堤簡》224:"□□大四韋,長丈八尺,二枚。杠材大四韋,長二丈二尺,三枚。前後柱大四韋,長丈五尺,六枚。棟前後楣大三韋五寸,長二丈六尺,六枚。榱材大韋五寸,長丈七尺,卅二枚。□材大四韋,長五尺,九枚。"

楣,《爾雅·釋宮》:"楣謂之梁。"郭璞注"門户上横樑。"榱,《爾雅·釋宮》:"桷謂之榱。"郭璞注:"屋籣。"《説文·木部》:"椽,榱也。"

圖一:簡文"韋"字:	
字形之一:	字形之二:

圖二:"韋"字小篆:

---

① 參彭浩《張家山漢簡算數書注釋》,北京:科學出版社,2001年版,頁81—82。

　　上引例(4)簡文的"韋"字,原字形有兩種(詳上圖一)。整理者推測,此字"可能是'尋'字的異體字"。我們認爲,當釋"韋"。其理由如次:

　　"韋"字《説文》小篆字形爲韋(詳上圖二)。從字形上看,簡文字形與《説文》小篆相近,衹不過簡文寫得較隨意,且簡文是篆隸間文字。再者,簡文字形與其他簡帛所見相近,如:《睡虎地秦簡·日書甲》40 正"韋(圍)城",《馬王堆漢墓帛書·五十二病方》165 的"裹以韋臧(藏)",《養生方》19 的"善裹以韋",《銀雀山漢墓竹簡·守法守令等十三篇》840 的"兵檠韋鞮(鞻)之事",《敦煌漢簡》1686 的"尚韋二兩"、164 的"束大一韋",《尹灣漢簡·武庫永始四年兵車器集簿》6 正二欄的"乘輿黄韋篋",《張家山漢簡·算數書》91 的"取臬程十步三韋束一",等等。故字形上看,釋"韋"爲是。

　　其二,從簡文意義上看,也當釋"韋"。由簡文内容可知,簡文記録的是爲建房而準備的各種長短粗細的木材的數量,此字描述的是木材的粗細程度,即木材的周長。文獻表明,描繪樹木周長多用長度單位量詞"韋"(或作"圍"),不用"尋",除上舉《莊子·人間世》外,再如:《漢書·成帝紀》:"是日大風,拔甘泉畤中大木十韋以上。"顏師古注:"韋與圍同。"《山海經·海内西經》卷十一:"上有木禾,長五尋,大五圍。"《洛陽伽藍記·城北》卷五:"《道榮傳》云:'鐵柱八十八尺,八十圍,金盤十五重,去地六十三丈二尺。'"等等。而表直綫距離用"尋"不用"韋(圍)",《詩經·魯頌·閟宫》:"是斷是度,是尋是尺。"鄭玄箋:"八尺曰尋。或云七尺、六尺。"《史記·張儀列傳》:"秦馬之良,戎兵之衆,探前趹後蹄間三尋騰者,不可勝數。"司馬貞《索隱》:"七尺曰尋。"《廣韻·平侵》:"六尺曰尋。"清朱駿聲《説文通訓定聲·臨部》:"程氏瑶田云:度廣曰尋,度深曰仞,皆伸兩臂爲度,度廣則身平臂直,而適得八尺;度深則身臂曲,而僅得七尺。其説精覈。尋、仞皆以兩臂度之,故仞亦或言八尺,尋亦或言七尺也。"

所以,上舉簡文中的該字是表計算圓周長度的量詞單位"韋"。它如《居延漢簡》(含新簡)凡五例,字形均作"韋",如:

(7)《居延新簡》EPT51.310:"慈其索一,大二韋半,長四丈。"

(8)又,EPT52.277:"出錢二百,買木一,長八尺五寸,大四韋,以治罷卒籍。令史護買。"

(9)《居延漢簡》161.11:"廿三日戊申卒,三人。伐蒲廿四束,大二韋。率人伐八束。與此三百五十一束。"

二　量制單位量詞

簡帛文獻所見量制單位量詞主要有石$_2$(大石、小石)、斛、斗(大斗、小斗)、參、升、合、龠、勺、撮、秉、甬(桶)等十一個,相互之間均有嚴格的進制關係。十撮爲一勺,五勺爲一龠,二龠爲一合,十合爲一升,十升爲一斗,十斗爲一石,斛與石容量相同。參、秉、桶使用頻率較少,參爲小石的三分之一,十六斛爲一秉,六斗爲一桶。

1. 石$_2$(大石、小石)[①]

古代容量單位量詞,十斗爲一石。《正字通·石部》:"石,量名。《漢志》:'十斗曰石。'"石,本爲衡制單位量詞,四鈞爲石(詳參下文"石$_3$"條),但往往用來代量制單位"斛"。陳夢家云:"《史記·滑稽列傳》述淳于髡之語曰'臣飲一斗亦醉,一石亦醉',審其下文,一石即十斗,是以重量之石代容量之斛,由來已久。漢簡記廩食,亦往往以石代斛。"[②]除《史記》所述淳于髡語外,傳世先秦文獻亦可見,如《管子·揆度》:"其人力同而宮室美者,良萌也,力作者也,脯二束,酒一石,以賜之。"先秦簡帛文獻中楚地簡帛未見,而秦簡則很常見,如:

---

① 以下所論量制單位"石""斗""升""參",請參張顯成、高魏《量詞"步、石、斗、升、參"意義辨正——以出土文獻爲新材料》,《成都師範學院學報》,2014年7期。

② 陳夢家《漢簡綴述·關於大小石、斛》,北京:中華書局,1980年版,頁149。

(1)《睡虎地秦簡·秦律十八種·倉律》49—50：“隸臣妾其從事公，隸臣月禾二石，隸妾一石半；其不從事，勿稟。小城旦、隸臣作者，月禾一石半石；未能作者，月禾一石。小妾、舂作者，月禾一石二斗半斗；未能作者，月禾一石。嬰兒之毋（無）母者各半石；雖有母而與其母冗居公者，亦稟之，禾月半石。隸臣田者，以二月月稟二石半石，到九月盡而止其半石。舂，月一石半石。”

(2)又，《傳食律》181：“不更以下到謀人，粺米一斗，醬半升，采（菜）羹，芻稾各半石。”

(3)《龍崗秦簡》188：“盈廿石到十五石，論（?）□□；不盈十石到一石，□”

(4)又，191：“一盾；不盈十石到一石，誶（?）；不盈九斗到十□”

(5)又，193：“不盈廿石到十石，誶；不盈十石及過十□”

秦制1斗爲2000毫升，則1石爲20000毫升。[①] 成書不晚於戰國的《銀雀山漢簡》亦可見：

(6)《守法守令十三篇》902—903：“歲十月，卒歲之食具，无餘食人七石九斗者，親死不得含。”

漢代有所謂“大石”、“小石”之分。據兩漢簡帛所記推算兩者容量比爲1：0.6，即1小石＝0.6大石；《説文·禾部》：“秏，百二十斤也，稻一秏爲粟二十升，禾黍一秏爲粟十六升大半升。”《説文·米部》又云：“糲，粟重一秏爲十六斗大半斗，舂爲米一斛曰糲。”重一石（秏百廿斤）、容十六斗大半斗之粟（原糧），舂後得容十斗之米，而十斗米的重量並不是百廿斤粟的十分之六，因米實重而穀皮輕。一石是人可擔起的一擔之重量（百廿斤），故石亦稱擔。一石重的粟，去了皮以

---

① 本書所引歷代量制的具體數值，參考了《漢語大詞典》的附録《中國歷代量制演變測算簡表》，上海：漢語大詞典出版社，1997年版，頁7766—7771。

後所得的米實,稍輕於百廿斤粟的重量,仍由一人擔起,所以有小石之名。此小石之米實,不是大石粟的重量的十分之六,而是大石粟容量的十分之六,故大小石之稱起於粟米石比率,而大小石不代表重量,祇代表一種容量的"大單位";大石容十斗,小石容六斗。大小石既是一種容量單位,雖其產生由於粟米的比率,但不能説大小石分指米與粟。① 兩漢簡帛中非常多見,如:

(7)《居延漢簡》148.15:"凡出穀小石十五石,爲大石九石。"

(8)又,148.41:"入糜小石十二石,爲大石七石二斗。"

(9)又,273.9:"入糜小石十二石,爲大石七石二斗。"

(10)又,275.21:"入糜大石八石七斗,爲小石十四石五斗。"

(11)《居延新簡》EPT7.10:"入粟大石廿五石,車一兩。"

(12)又,EPT 49.53A:"居延平明里王放、就人昌里漕陽,車一兩、粟大石廿五石。"

(13)《額濟納額漢簡》99ES16SF2:1:"今糶粟小石六石,直三百六十。"

(14)又,99ES16SF2:3:"入糶粟小石廿六石,直千五。"

(15)《港大漢簡·奴婢廩食粟出入簿》133:"平稟大石三石,爲小石五石,二月、三月食。"

小石是相對大石而言的。若用"小石"量物,根據所見簡文,一般表述爲"小石+數詞+石",即第二個"石"爲"小石"之"石"的複指;若簡文中有"小石"而用"大石"量物,爲區別於小石,則用"大石+數詞+石"的用法。1 大石=10 大斗,1 小石=10 小斗(下文"斗"條將有述)。

若簡文"大石"、"小石"之意而單用"石",則如陳夢家先生説:"至於大小石,在漢簡中除分別指明爲大小石的以外,其泛稱'石'的可以

---

① 陳夢家《漢簡綴述·關於大小石、斛》,北京:中華書局,1980 年版,頁 149。

指大石,也可以指小石。"①陳直先生云:"居延簡凡未注明大小石者,以余考之,則皆爲小石。吏卒每人每月口糧發三石三斗三升少,恰合大石爲二石。據劉復氏推測,漢代一石,等於現今二斗,則每月總數爲四斗,此西漢屯戍吏士食糧定量之可考者。吏卒家屬之口糧,一歲者每月爲一石大。然六歲,七歲,十歲,有食二石一斗六升,幾與成人數量相同者。十八歲有食一石六斗六升大者,反與十歲以下之人相同者。又有同在一簡,年歲相同,而食量不同者,或工作有煩簡之故。家屬之食糧,未注明大石、小石者以理度之,亦皆爲小石。小石二石一斗六升,折合大石爲一石四斗。因吏卒食小石三石三斗三升少,折合爲大石二石,若家屬每月食大石二石一斗六升,不能反高於吏卒也。兩漢獎勵從軍邊郡之家屬,故亦發給月廩,内郡官吏之家屬,當無此例也。"②從兩漢簡帛用例看,單用"石"者,多指小石,例如:

　　(16)《居延漢簡》26.21:"鄣:令史□□粟三石三斗三升少,十二月□□自取。尉史□伊粟三石三斗三升少,十二月□□自取。令史皇楚粟三石三斗三升少,庚子自取。尉史郭當粟三石三斗三升少,戊。十二月戊申自取。令史郭充粟三石三斗三升少,十二月丙午自取。右奉食吞遠。鄣卒□□之粟三石三斗三升少,十月壬申自取。鄣卒趙忘生粟三石三斗三升少,十月癸酉自取。鄣卒馬定粟三石三斗三升少,十月癸酉自取。鄣卒弋南粟三石三斗三升少,十月癸酉自取。鄣卒孟延壽粟三石三斗三升少,十月癸酉自取。鄣卒孔勝之粟三石三斗三升少,十月癸酉自取。鄣卒徐充粟三石三斗三升少,十月癸酉自取。鄣卒王奴粟三石三斗三升少,十月癸酉自取。鄣卒李壽王粟三石三斗三

---

①　陳夢家《漢簡綴述・關於大小石、斛》,北京:中華書局,1980 年版,頁 151。
②　陳直《居延漢簡研究・居延漢簡綜論》"四、俸錢與口糧"條,天津:天津古籍出版社,1986 年版,頁 23—24。

升少,十月癸酉自取。鄣卒樂勝之粟三石三斗三升少,十一月戊
子自取。施刑桃勝之粟三石,十一月庚子自取。"

由該簡可知,除最後一人因"施刑"而爲"三石"外,邊郡吏卒成人之廩
食每月均爲"粟三石三斗三升少",這裏的"石"即"小石",小石三石三
升少約合大石二石,他如:

(17)《居延漢簡》27.10:"☐ 鹽三升,十二月食三石三斗三
升少。十一月庚申自取。"

(18)又,27.11:"止害隧卒孫同,二月食三石三斗三升少。
正月乙酉自取。"

(19)又,44.26:"取:卒陳賀榜程三石三斗三升少,審登取。
卒蘇登榜程三石三斗三升少,審登取。"

(20)《居延新簡》EPT4.15:"第七隧卒馮嚴,四月食三石三
斗三升少。"

(21)又,EPT 5.2:"第三隧卒王譚,十月食三石三斗三升
少。九月己卯自取。"

(22)又,EPT 5.3:"收虜隧卒薛猛,十月食三石三斗三升。
九月庚辰自取。"

(23)又,EPT 51.60:"第七隧長王慶粟三石三斗三升少,陳
尊取。卒楊武粟三石三斗三升少,陳尊取。卒陳尊粟三石三斗
三升少,自取。"

(24)又,EPT 51.61:"第五隧長董非子,粟三石三斗三升
少,自取。卒張奴粟三石二斗二升,吏非子取。卒莊忠粟三石二
斗二升,吏非子取。"

(25)《額濟納漢簡》2000ES7SF1:65:"☐食三石三斗三升少
☐。"

(26)又,2000ES7SF1:10:"令史王宗十一月食三石三斗三
升少。"

（27）《清水溝漢簡》5：“司馬令史趙疾去，十月十一月食六石。”

以上各簡，均爲吏卒廩食之數，“石”當爲“小石”無疑，又如：

（28）《居延漢簡》27.3：“☑妻大女，止☐，年廿一，用穀二石一斗六升大。弟使男，陵，年十二，用穀二石一斗六升大。凡用穀四石三斗三升少。”

（29）又，27.4：“制虜隧卒周賢：妻大女，止氏，年廿六，用穀二石一斗六升大。子使女，捐之，年八，用穀一石六斗六升大。子使男，並，年七，用穀二石一斗六升大。凡用穀六石。”

（30）《居延新簡》EPT44.39：“☑妻大女方，年卅五。六月旦居署盡晦，用粟二石九升少，六月乙卯妻取。”

以上各簡，爲邊郡家屬廩食之數，以理推測，“石”亦當爲“小石”無疑。但單用之“石”，亦有指“大石”者，例如：

（31）《居延漢簡》177.10：“出粟二石，廩夷胡隧長朱處六月食。”

（32）又，177.11：“右吏八人，用粟十六石。”（按簡文，則人二石。）

（33）又，177.13：“出粟二石，廩候長楊禹六月食。”

上述各簡吏卒之廩食均爲“粟二石”，“石”自然當爲“大石”，約合“小石三石三斗三升”。

“石”單用時，簡帛文獻中亦有很多用例很難判斷其量的具體所指，例如：

（34）《張家山漢簡·算數書》43：“禾三步一斗，麥四步一斗，荅五步一斗，今并之租一石，問租幾何？”

該簡大意：種禾是三平方步交租一斗，麥是四平方步一斗，荅五平方步一斗。現設（每種作物面積相同，）一共交租一石（十斗），問（每種作物）交租多少？

(35)又,76—77:"今有鹽一石四斗五升少半升,賈取錢百五十欲石衞(率)之,爲錢幾何?曰:百三錢四百卅□分錢九十五〈二〉。术(術)曰:三鹽之數以爲法,亦三一石之升數,以錢乘之爲實。"

(36)《居延漢簡》198.13:"所得酒飲之。拓、奴對曰:從厩徒周昌取酒一石,昌私沽酒一石。拓、奴。"

(37)又,6.18:"出粟一石九斗三升少,付殄北候官,以食駟望卒趙☑"

(38)《居延新簡》EPT51.223:"出二百五十,買羊一。出百八十,買雞五隻。出七十二,買駱四于(盂)。出百六十八,米七斗。出百卅,沽酒一石三斗。凡出八百六錢,今餘錢二百。"

(39)又,EPF22.457A:"肉五十斤,直七石五斗。酒二石三斗,直四石六斗。凡直十二石一斗。"

(40)《居補簡》177.8:"用穀十三石五斗二升少。"

(41)又,177.16:"□吏吏卒十四人,用穀廿七石六斗。其十六石粟,十一石六斗麥。"

(42)《羅泊灣漢簡》1462:"客稬米一石。"

(43)《武威醫簡》48—49:"用白羊矢乾之十餘石,置其阬(坑)中。"

綜合考察兩漢簡帛文獻中的衆多用例,我們認爲"石"單用來稱量糧食時一般均指"小石",而指"大石"的情況當屬例外。

"石"在秦漢既可以用爲衡制量詞,也可以用作量制單位,"十斗爲一斛","十斗"也可稱"一石",以致漢代出現"斛"和"石"混用的現象,並且"石"在取得量制單位用法之後,使用範圍逐漸擴大,而衡制單位用法反而漸漸衰退。劉世儒説:"在南北朝,通行的衹是量制用法(十斗爲一斛,一斛也就是一石),衡制用法已漸被淘汰。"①但是,考察《走馬樓吴簡·竹簡〔壹〕》、《走馬樓吴簡·竹簡〔貳〕》、《嘉禾吏民田家莂》中均祇用"斛",不用"石"。

2. 斛(斛)

多用於量糧食的容量單位量詞。一斛爲十斗,南宋末年改爲五斗。《説文·斗部》:"斛,十斗也。"《仪禮·聘禮》:"十斗曰斛。"如《莊子·胠篋》:"爲之斗斛以量之,則並與斗斛而竊之。"《正字通·斗部》則云:"斛,今制:五斗曰斛,十斗曰石。"

一斛爲十斗,一石亦爲十斗。從簡帛文獻中的使用情況看,先秦簡帛文獻中,楚系簡帛這兩個量詞均未見,秦簡中祇用"石",不用"斛"。兩漢簡帛中則二者並行使用,如:

(1)《額濟納漢簡》2000ES7SF1:66:"□二□一斛四斗□□□。"

(2)《居延漢簡》95.12:"第十部吏一人,載穀三十斛敢官。"

(3)又,231.64:"第二隧長史临,十一月食三斛。"

(4)又,498.3:"出糜百卅四斛。"

(5)《居延新簡》EPT27.11:"入穀五千五百二斛。"

(6)又,EPT40.76A:"宜農辟取肉名。尚子春十斤,直二斛。蕭子少十斤,直二斛。鄭昭十斤,直二斛。凡肉百二十斤,直二十三斛。鄭子任十斤,直二斛。胡羿十斤,直二斛。清黍,凡付夫人粟二十黍斛。孟子房十斤,直二斛。田子柳十斤,直二斛。清黍,十二斛黍斗,其三。陳伯十斤,直二斛。翟大伯十斤,直二斛。清☑許子毆十斤,直二斛。楊子任二十斤,直三☑"

(7)又,EPT40.76B:"□□任頭,直五斛。榦幼光取寬,直二斛。黍。凡腸☑;楊子仲取脾,直三斛。陳子房取邊將迹,直

─────────────

① 劉世儒《魏晉南北朝量詞研究》,北京:中華書局,1965 年版,頁 230。

二斛,清黍☑;李子産取腸,直三斛五斗黍。唐子春取項,直一斛,清黍。陳偉君取脯,直三斛。孫任君取應脅於朏,直二斛,清黍。陳伯取肝,直二斛⋯□大凡直粟三十九斛。"

（8）《敦煌漢簡》246:"酒,三斛。黍米,二斛。醬,二斗。白稗米,二斛。醯,三斗。牛肉,百斤。敦德尹,遣史氾遷,奉到。"

（9）又,291:"凡出穬麥十一斛二斗,士吏姜曾,夕從玉門所稟。"

（10）又,311:"入粟、糜黍十八斛,其二十七斛,粟。五十一斛,糜。正月癸亥,橡田衰受龍勒三官橡周生期。"

（11）《居補簡》231.63:"第二队長史臨十一月食三斛。"

（12）《古人堤漢簡》53 正:"□□米八斛。"

字亦可作"鮲",1951－1952 年間湖南省長沙市北郊伍家嶺 201 號漢墓出土西漢晚期封檢九枚,其中八枚字迹模糊,其中一枚墨書"魚鮓一鮲"四字。"鮲"當爲斛之俗字,《龍龕手鑑・魚部》:"鮲,俗,正作斛。"但僅此一見。

同"石"一樣,從兩漢簡帛看"斛",亦有"大斛"、"小斛"之分,但僅見"大斛"用例,未見"小斛"用例,例如:

（13）《居延漢簡》77.24:"☑爲大斛二斗六升☑"

（14）又,306.2:"☑凡大斛二百五十六斛。"

"大斛"用例亦僅此兩例,由於簡文殘缺,未知所稱量爲何物。簡帛文獻未見"小斛"一詞,但上文所言單用量粟、麥等之"斛",疑多指"小斛",如:

（15）《居延漢簡》231.64:"第二隧長史臨,十一月食三斛。"

（16）又 479.9:" ☑當曲隧長□□,四月食三斛。"

（17）《居延新簡》EPT10.1:"吞北隧卒田惲,正月食三斛。正月庚戌,自取。"

（18）EPT 27.5:"□□□周黨,九月食三斛。九月丁未自取。"

如前文"石"條所説,邊郡成年吏卒月廩食爲"小石三石三斗三升",則此處之"三斛"亦當爲小斛。[①] 在走馬樓吳簡中,"斛"取代了"石"的地位,祇用"斛",不用"石",如:

(19)《走馬樓吳簡·竹簡〔壹〕》1669:"米一百五十斛。"

(20)又,1650:"入畢兩千四百五十八斛□斗九升六合。"

(21)又,8457:"入廣成鄉嘉禾二年税米三斛五斗五升。"

(22)《走馬樓吳簡·竹簡〔貳〕》36:"其二千五百九十二斛一斗一升六合五勺□儌米。"

(23)又,92:"☑萬八千四百六十二斛二斗四升二合。"

(24)又,1421:"其九斛九斗八升七合。"

(25)《走馬樓吳簡·嘉禾吏民田家莂》4.204:"准入米一斛四斗二升五合。"

(26)又,4.213:"凡爲米卅八斛九斗四升六合。"

趙翼《陔餘叢考》云:"北齊因童謠有百升飛上天之語,遂殺斛律光,是齊時猶以百升爲斛。"

3. 斗(大斗、小斗)

古代容量單位量詞,秦漢一斛等於十斗,一石也等於十斗,十升爲一斗。《説文·斗部》:"斗,十升也。"歷代計量標準不同,其具體數

---

① 《居延新簡》EPT65.8A:"城北候長竇何,十一月食一斛五斗。十月丙寅掾譚取。"EPT65.8B:"城北候長竇何,十一月食一斛五斗。十月丙寅掾譚取。"EPT65.9:"第二十三隧長董放,十一月食一斛五斗舒。十月乙亥,守尉史王陽取。"EPT65.10:"推木候長王宏,十一月食一斛五斗。十月丙寅掾譚取。"EPT65.11:"第十夆候長趙彭,十一月食一斛五斗。十月丙寅妻取。"EPT65.12:"甲溝第三十二隧長張護,十一月食□斛□斗。十月甲子,嫂難取。"EPT65.13:"第二十隧長陳尚,十一月食一斛五斗。三十。十月乙丑母取。"EPT 65.14:"甲溝當曲隊長趙翕,十一月食一斛五斗。今□☑"EPT65.15:"士吏馮匡,十一月食一斛五斗。十月☑"EPT 65.16:"甲溝第二十八隧卒王歆,食一斛五斗。枲十。十月□□嫂之取。"以上各簡所記之廩食,多非自取,我們推測當非吏卒之廩食,當爲家屬之廩食,其量自然少於吏卒之大斛二斛或小斛三斛。

值相應地也有一定差異。傳世先秦文獻已見，如《莊子·胠篋》："棓斗折衡，而民不争。"又，《墨子·雜守》："五食，終歲十四石四斗。"

先秦簡帛文獻中，楚地簡帛未見，而秦簡常見，如：

(1)《睡虎地秦簡·秦律十八種·倉律》43："爲粟廿斗，舂爲米十斗；十斗粲，毁(毇)米六斗大半斗。麥十斗，爲䵂三斗。叔(菽)、荅、麻十五斗爲一石。稟毁(毇)粺者，以十斗爲石。"

(2)又，49—50："小妾、舂作者，月禾一石二斗半斗。"

(3)又，《金布律》74—75："𥡴生者，食其母日粟一斗，旬五日而止之，别奉以叚(假)之。"

(4)《周家臺秦簡·曆譜》97："食人米四斗，魚米四斗。"

(5)《龍崗秦簡》191："不盈九斗到十▨"

秦制，1升約合今200毫升，則1斗約爲今2000毫升。成書不晚於戰國的《銀雀山漢簡》亦可見，例如：

(6)《守法守令等十三篇》807－808："▨皆人一。積大瓦及石於城上，靈(瓴)辟(甓)之重皆五斗以上，毋下人五十。小石及毁瓦、碕、疾(蒺)莉(藜)，毋下人百。五步一器水必受百斗，置兩木栘其中。"

(7)又，902－903："歲十月，卒歲之食具，无餘食人七石九斗者，親死不得含。"

(8)又，937："▨歲收：中田小畝畝廿斗，中歲也。上田畝廿七斗，下田畝十三斗，大(太)上與大(太)下相復(覆)以爲衛(率)。"

(9)又，941－943："卒歲田入少入五十斗者，□之。卒歲少入百斗者，罰爲公人一歲。卒歲少入二百斗者，罰爲公人二歲。出之之歲【□□□□】□者，以爲公人終身。卒歲少入三百斗者，黥刑以爲公人。叔(菽)萁(萁)民得用之，稾民得用其什一，芻人一斗，皆䢓(藏)於民。"

　　據《港大漢簡·奴婢廩食粟出入簿》和西北出土簡可知,在漢代也有"大斗"、"小斗"之分,例如:

　　　　(10)《居延漢簡》308.11:"☐【小】斗五斗二升,爲大斗☐"

　　　　(11)又,534.7:"☐大斗五斗二升。"

　　　　(12)又,273.25:"府食以八月出穀,到征和四年二月十五日度盡,餘有小斗二斗。"

　　　　(13)又,273.4:"餘穀小斗二斗二升。"

　　從秦孝公時的商鞅量(升),經秦始皇時代的量器,直到西漢量器,都是統一以今天的 2000 毫升的容量爲 1 斗,但故宮藏"萬年縣官銅斗河平二年考工馮教造"的斗,其容量爲 1200 毫升,[①]即小石的 1 斗,大石的 6 升。而 1959 年武威漢墓所出方木斗和銅撮,就其體積推算出木斗容量爲 2507 毫升(銅撮容量爲 2.64 毫升)。[②] 此木斗,就大石來說是一斗二升半,就小石來說近乎二斗,即萬年官斗的倍數,我們傾向於後者(推算可能有出入)。這說明,西漢時既有十升爲一斗、十斗爲一斛的量器,也有六升爲一斗的量器,前者用以計算大石,後者用以計算小石。大石的 1 斗爲 100 合(合爲 20 毫升),小石的 1 斗爲 60 合(合爲 20 毫升),所以大小石的"斗"的内容不同,而其基數是相同的。[③]

　　"大斗"配合"大石"使用,"小斗"配合"小石"使用。簡文中若有"大石"或"小石"出現,則"大石"或"小石"後若有下一容量單位便衹寫作"斗",不再寫作"大斗"或"小斗",如下文所舉《港大漢簡》"大石四石五斗,为小石七石五斗",根據簡文推測,原來傳世文獻中所見的漢代的"斗"應該多爲"小斗"。需要說明的是,簡文中"大斗"和"小

　　①　高自强《漢代大小斛(石)問題》,載《考古》,1962 年 2 期。
　　②　甘肅省博物館《甘肅武威磨咀子漢墓發掘》,載《考古》,1960 年 9 期。
　　③　陳夢家《漢簡綴述·關於大小石、斛》"十斗斛與六升斗"條,北京:中華書局,1980年版,頁 150。

斗"與傳世文獻所載是不同的。"大斗"非傳世文獻中原來所謂的"容量大於標準量的斗"或者"三斗為大斗","小斗"也非傳世文獻中原來所謂的"容量小於标量的斗"。如:《史記·田敬仲完世家》:"以大斗出貸,以小斗收。"《漢書·貨殖傳》:"苔布皮革千石,櫱千大斗。"顏師古注:"大斗者,異於量米粟之斗也。今俗猶有大量。"《舊唐書·食貨志上》:"三升爲大升,三斗爲大斗。"關於簡文的"大斗"、"小斗"的具體容量和比例關係,結合簡文"大石"、"小石"一併考察,則可知:大石:小石=1:0.6,即 1 小石等於 0.6 大石。大斗:小斗=1:0.6,即 1 小斗等於 0.6 大斗。1 大石:1 大斗=10:1,即 1 大石=10 大斗。1 小石:1 小斗=10:1,即 1 小石=10 小斗。簡文中"斗(大斗、小斗)"的用例甚多,此僅以《港大漢簡·奴婢稟食粟出入簿》爲例簡介如下:

(14)131 正:"君告根稟得家大奴一人,大婢一人,小婢一人,凡三人,用粟大石四石五斗,爲小石七石五斗,九月食。根稟昌邑家大奴一人,大婢一人,使婢一人,小奴一人,七月食,用粟大石五石五斗五升,爲小石九石二斗一象半象。根稟未央家大奴一人,大婢一人,使奴二人,七月食,用粟大石六石五斗,爲小石十石八斗一象。根稟昌邑家大奴一人,大婢一人,使婢一人,小奴一人,八月食,用粟大石五石五斗五升,爲小石九石二斗一象半象。根稟未央家大奴一人,大婢一人,使奴二人,八月食,用粟大石六石五斗,爲小石十石八斗二象。"

(15)131 背:"以次苑粟少二百七十九石四斗五升大半升,其百一十五石積魏須谿,七十五石在段君所,五十九石四斗五升大半升在苦水子孟所,卅石在號長兄所。"

(16)又,132 正:"利家大奴一人,大婢一人,小婢一人,稟大石四石五斗,爲小石七石五斗,十月食。凡出粟大石卅十石七斗五升。出家大奴一人,大婢一人,使婢一人,稟大石五石,爲小石八石三斗一象,十月食。解事家大奴一人,使奴一人,稟大石三石五斗,爲小石五石八斗一象,十月食。服家大奴一人,兒婢一人,稟大石二石,爲小石三石三斗一象,十月食。京中粟出未計。未央家大奴一人,大婢一人,使奴二人,稟大石六石五斗,爲小石十石八斗一象,十月食。昌邑家大奴一人,大婢一人,使奴一人,使婢一人,稟大石五石七斗五升,爲小石九石五斗二象半象,十月食。廣家大奴一人,大婢一人,稟大石三石五斗,爲小石五石八斗一象,十月食。"

(17)132 背:"固家大奴一人,大婢一人,使奴二人,稟大石六石五斗,爲小石十石八斗一象,十月食。當家大奴一人,大婢一人,二奴一人,稟大石四石,爲小石六石六斗二象,十月食。未央家大奴一人,大婢一人,使奴二人,稟大石六石五斗,爲小石十石八斗一象,十一月食。爲小石百石六斗。廣家大奴一人,大婢一人,稟大石三石五斗,爲小石五石八斗一象,十一月食。二參。利家大奴一人,大婢一人,小婢一人,稟大石四石五斗,爲小石七石五斗,十一月食。昌邑家大奴一人,大婢一人,使婢一人,小奴一人,稟大石五石七斗五升,爲小石九石五斗二參半參,十一月食。出家大奴一人,大婢一人,使奴一人,稟大石五石,爲小石八石三斗一參,十一月食。服家大婢一人,小婢一人,稟大石二石五斗,爲小石四石一斗二參,十一月食。"

以上二簡均有:大石四石五斗(4.5 大石)=小石七石五斗(7.5 小石)。則其大石、大斗與小石、小斗的比例爲:4.5 大石：7.5 小石=1：0.6。用此比例去驗算所有的簡文,除個別抄寫有誤外,均是相合的。例如驗算上文所舉《居延漢簡》中的以下例子:

(18)《居延漢簡》148.41:"入糜小石十二石,爲大石七石二斗。"

驗算:7.2 大石(7 石 2 斗)÷0.6=12 小石。相符。

(19)又,275.21:"入糜大石八石七斗,爲小石十四石五斗。"

驗算:8.7大石÷0.6＝14.5小石(14石5斗)。相符。

　　僅《港大漢簡·奴婢稟食粟出入簿》中有關"大石"、"小石"、"大斗"、"小斗"的簡文就頗多,現以牘135的其中幾例再來驗算一下:

　　(20)簡文:"根稟利家大奴一人,大婢一人,小婢一人,四月、五月食,用粟大石九石,爲小石十五石。"

驗算:9大石÷0.6＝15小石。相符。

　　(21)簡文:"服稟予哉粟大石一石五斗,爲小石二石五斗。"

驗算:1.5大石÷0.6＝2.5小石(2石5斗)。相符。

　　(22)簡文:"貝稟服家大婢一人,小婢一人,五月盡,七月用粟大石七石五斗,爲小石十二石五斗。"

驗算:7.5大石÷0.6＝12.5小石(12石5斗)。相符。

　　"(大)斗"、"(小)斗"簡文中出現次數甚多,他如:《居補簡》8.11、18.17、23.3、26.27、77.74A;《港大漢簡》131、147、148、149、150、151、153、154、155(以上各牘均多見);《額濟納漢簡》2000ES7SF1:38,2000ES7SF1:65,2000ES7SF1:27等等。"石"、"斗"是配合使用的,因此如果簡文中單用"石",則如前文所述當指"小石";如單用"斗",則一般均指"小斗",如:

　　(23)《馬王堆3號墓漢簡·遣策》254:"縢(漆)畫木圩(盂)一,容五斗。"

　　(24)又,201:"葵穜(種)五斗,布囊一。"

　　(25)又,202:"賴穜(種)五斗,布囊一。"

　　(26)《尹灣漢簡》M6D6反4欄:"薰毒八斗。"

"薰毒"即"薰陸",是一種藥物,也可作香料。[①]

―――――――――

　　① 詳參張顯成《釋尹灣漢簡的"薰毒"——兼論"薰陸"一藥的輸入》,《文史》,2001年第4輯。

(27)《馬王堆帛書·五十二病方》94:"一,亨(烹)三宿雄雞二,泊水三斗,孰(熟)而出,及汁更泊,以金盃逆鬸下。"

(28)又,115—116:"白【虎(瘕)】方:取灌青,其一名灌曾,取如□【□】鹽廿分斗一,竈黃土十分升一,皆冶,并【□□】□□先食飲之。不已,有(又)復之,而□灌青,再飲而已。令。"

(29)又,244—245:"以小角角之,如孰(熟)二斗米頃,而張角,絜以小繩,剖以刀。"

(30)《清水溝漢簡》12:"出糜:一石四斗三升,以食侯史吳偃,五月壬戌盡甲戌十三日。"

(31)又,6:"沐青子、穿□五斗,寄王文所。"

(32)《孔家坡漢簡》456:"以秋禾孰(熟)時,取禾種數物各一斗粟,盛新瓦罋(甕)中,臧(藏)燥地,到正月秌取其息最。"

魏晉時期的用例,在長沙出土的吳簡中很多,略舉幾例如下:

(33)《走馬樓吳簡·嘉禾吏民田家莂》4.9:"爲米三斛一斗九升二合。"

(34)《走馬樓吳簡·竹簡〔壹〕》7253:"□卅五斛一斗。"

(35)《走馬樓吳簡·竹簡〔貳〕》36:"其二千五百九十二斛一斗一升六合五勺□僦米。"

(36)又,3502:"其二百六十一斛四斗三升五合☑"

4. 參

表示容量單位的量詞,多見於《睡虎地秦簡》以及《馬王堆帛書》、《港大漢簡·奴婢廩食粟出入簿》等。根據《奴婢廩食粟出入簿》簡文中大小石比率的關係可以算出,所謂"參",是將大石換算成小石後的餘數單位。大致"一參"相當於大石的二升,也就相當於小石的三升三還有餘數(3 又 1/3 小升,1/3 小斗,1/30 小石),故爲方便計數,採用了這個特殊的容量單位來省略許多尾數的麻煩。再者,參有"三"意,上古亦往往可以用作分數,指"三分之一",如《左傳·隱公元年》:

"先王之制,大都不過參國之一,中五之一,小九之一。"故推測是有意選用此字來表示三分之一。

秦國"參"已經成爲固定的量制單位,從目前所見用例來看專指"三分之一斗",如:

> (1)《里耶秦簡》8-771:"凡一石一斗。吕柏取五斗一參。耗二參。"

> (2)《睡虎地秦簡·秦律十八種·倉律》55—56:"城旦之垣及它事而勞與垣等者,旦半夕參;其守署及爲它事者,參食之。其病者,稱議食之,令吏主。城旦舂、舂司寇、白粲操土攻(功),參食之;不操土攻(功),以律食之。"

> (3)又,《司空》133:"居官府公食者,男子參,女子駟(四)。"

而且當時同"半石"、"半斗"一樣,都有具體的量具,如:

> (4)《睡虎地秦簡·效律》6—7:"半石不正,八兩以上……半斗不正,少半升以上;參不正,六分升一以上;升不正,廿分升一以上;黄金衡贏(累)不正,半朱(銖)以上;貲各一盾。"

漢承秦制,這個制度單位量詞在《港大漢簡》中仍然很常見,字亦多訛作"彖",如:

> (5)《港大漢簡·奴婢廩食粟出入簿》151:"在稟大石五石,爲小石八石三斗一參,已,大奴一人,大婢一人,使奴一人,凡三人。"

據簡文驗算:5 大石÷0.6=8.3 石+1/3 小斗。1 參爲 1/3 小斗。相符。

> (6)又,173 正:"服稟大石二石五斗,爲小石四石一斗二參。大婢一人,小婢一人,凡二人。"

據簡文驗算:2.5 大石÷0.6=4.1 小石+2/3 小斗。1 參爲 1/3 小斗,故二參爲 2/3 小斗。相符。

> (7)又,131 正:"根稟昌邑家大奴一人,大婢一人,使婢一

人,七月食,用粟大石五石五斗五升,爲小石九石二斗一桑〈叅〉半桑〈叅〉。"

據簡文驗算:5.55 大石÷0.6＝9.2 小石＋1/2 小斗。1 叅爲 1/3 小斗,半叅爲 1/6 小斗,1/3 小斗＋1/6 小斗＝1/2 小斗。相符。

(8)又,136 正:"根稟緹家大奴一人,大婢一人,小婢一人,凡三月,三月食,用粟大石四石五斗,爲小石七石五斗。根稟組家大奴一人,大婢一人,凡二人,三月食,用粟大石三石五斗,爲小石五石八斗一桑〈叅〉。根稟緹家大奴一人,大婢一人,小婢一人,凡三月,三月食,用粟大石四石五斗,爲小石七石五斗。根稟吕緣家大奴一人,大婢一人,使婢一人,使奴一人,凡四人,十一月食,用粟大石六石二斗五升,爲小石十石四斗半桑〈叅〉。【根】稟媚家大婢一人,使奴一人,使婢一人,小奴一人,凡四人,十一月食,用粟大石五石二斗五升,爲小石二斗二桑〈叅〉半桑〈叅〉。根稟昌邑家大奴一人,大婢一人,使奴一人,使婢一人,小奴一人,凡四人,三月食,用粟大石五石七斗五升,爲小石九石二斗二桑〈叅〉半桑〈叅〉。根稟丁家大奴一人,大婢一人,凡二人,十一月食,用粟大石三石五斗,爲小石五石八斗一桑〈叅〉。根稟未央家大奴一人,大婢一人,使奴二人,凡四人,三月食,用粟大石六石五斗,爲小石十石八斗一桑〈叅〉。凡小石五十八石七斗。"

(9)背面:"□□□家正月、二月、三月食,用粟大石十石五斗,爲小石十七石五斗。□□□家四月食,用粟大石三石五斗,爲小石五石八斗一桑〈叅〉。□□□家月食,用粟大石三石五斗,爲小石五石八斗一桑〈叅〉。□□□□□月食,用粟大石六石五斗,爲小石十石八斗一桑〈叅〉。根稟□□家□月食,用粟大石四石二斗五升,爲小石七石二一□半桑〈叅〉。□□稟予哉粟大石七石,爲小石十一石六斗二桑〈叅〉,五月、六月食。"

《港大漢簡》用例甚多,他如簡 137、138、139、140、151、153、154、

155等等均多見。另外,《馬王堆帛書》中亦很常見,如:

　　(10)《五十二病方》168:"一,以水一斗煮葵穜(種)一斗,浚取其汁,以其汁煮膠一廷(梃)半,爲汁一參,而☐。"

　　(11)又,181:"一,以水一斗煮膠一參、米一升,孰(熟)而啜之,夕毋食。"

　　(12)又,332:"治之,煮水二【斗】,☐一參,茉(朮)一參,☐【☐】參,凡三物。"

　　(13)《養生方》65:"用瘨(顛)棘根刊之,長寸者二參,善洰(洗)之。"

　　(14)又,88:"【取】萩莢二,冶之,以水一參沃之,善挑,即漬巾中,卒其時而抒(抽)之,【☐☐☐】乾,輒復漬。"

　　(15)《雜療方》12—13:"冶陵樝(藁)一升,漬美醯一參中,五宿,去陵樝(藁)。"

《急就篇》第十二章:"蠡斗參升半卮觛。"顏師古注:"參升以其受多少爲名。半者受五升之半,謂二升五合也。此二者皆甇壺之類也。"王應麟補注:"參升者,觶也。"故魏啓鵬、胡翔驊二先生認爲"參"是"一觶(酒器)的容量,爲三升",[1]誤。[2] 這裏的"參"也應當是"三分之一斗",即三又三分之一升:一方面"參"早在秦時已有量具,漢代應用也很廣泛,不必借"觶"來用;另一方面,醫書中的藥物要求準確計量,因此"參"多與"斗"、"升"配合使用,可知三者均爲量具。

　　值得注意的是,在《港大漢簡·奴婢稟食粟出入簿》中也有一個例外:"根已稟小石卅八石三斗一參,少二百一十一石六斗;京中少大石五石八升,少半升,爲小石八石四斗七升半參。"第一個"參"與"斗"

---

　　①　魏啓鵬、胡翔驊《馬王堆漢墓醫書校釋》,成都:成都出版社,1992年版,頁187。

　　②　作爲度量衡單位量詞的"參",既可以用作重量單位量詞,又可以用作容量單位量詞,因此往往容易混淆。詳參李建平《秦漢簡帛文獻中的度量衡單位"參"》,載《敦煌研究》,2011年1期。

配合使用,顯然是"三分之一斗";後一個"參"與"升"配合使用,則當爲"三分之一升"。大石五石八升少半升,即 5.083 大石,正合8.47165 小石。可見,到漢代時,"參"作爲量制單位所指可能取決於和它配合使用的上位量制單位。然而,量制單位量詞要求表意明確,而"參"若既可以表示"三分之一斗",也可以表示"三分之一升",其實並不便於實際使用。因此我們推測港大漢簡中的用例可能祇是例外而已,或許是筆誤。

漢代以後,"參"用作重量單位仍然可見,但用作容量單位則没有得到繼承,如走馬樓吴簡有簡十多萬枚,主要是長沙郡與臨湘侯國的地方文書檔案,其中自然有大量納税、賦税與出入倉庫的簿籍,容量單位"參"未見,"斗"以下的容量單位量詞由"升"、"合"、"勺"、"撮"等來配合使用。

5. 升

古代容器單位量詞,《説文·斗部》:"斗,十升也。"《廣雅·釋器》:"合十曰升。"故一升爲十合,十分之一斗,秦漢 1 升爲 200 毫升。传世先秦文献常見,如《莊子·外物》:"君豈有斗升之水而活我哉?"

先秦簡帛文獻中,楚系簡帛未見,秦簡常見,如:

(1)《睡虎地秦簡·秦律十八種·傳食律》179—180:"御史卒人使者,食粺米半斗,醬駠(四)分升一,采(菜)羹,給之韭葱。"

(2)又,181:"不更以下到謀人,粺米一斗,醬半升,采(菜)羹,芻槀各半石。"

(3)又,182:"上造以下到官佐、史毋(無)爵者,及卜、史、司御、寺、府,糲米一斗,有采(菜)羹,鹽廿二分升二。"

(4)《周家臺秦簡·病方及其它》315:"取東〈東〉灰一升,漬之。"

(5)又,321—322:"以酉□四分升一飲之。"

(6)《里耶秦簡》8—925+8—2195:"粟米一石六斗二升半升

……日三升泰半半升。"

（7）又，8－366："☐升泰半十一升列☐。"

两汉簡帛文献亦很常见，例如：

（8）《港大漢簡·奴婢廩食粟出入簿》172："昌邑禀大石八石七斗五升，爲小石十四石五斗二參半參，已。大奴一人，大婢一人，使奴一人，使婢一人，小奴一人，凡五人。"

（9）《額濟納漢簡》99ES17SH1：30："☐粟七石三斗三升少。"

（10）《居補簡》177.8："用穀十三石五斗二升少。"

（11）《馬王堆3號墓漢簡·遣策》246："髹（漆）布小卮二，容二升，有蓋。"

（12）《張家山漢簡·二年律令》233："（傳食律：）車大夫醬四分升一，鹽及從者人各廿二分升一。"

（13）又，《算數書》115："以米求粟因而五之，三成一，今有米七分升六，當爲粟幾何？曰：爲粟一升七分升三。"

（14）《尹灣漢簡》M6D1反："以春令成户七千卅九口二萬七千九百廿六，用穀七千九百五十一石八（？）斗☐半升，率口二斗八升有奇。……一歲諸穀入五十萬六千六百卅七石二斗二升少☐升，出卌一萬二千五百八十一石四斗☐☐升。"

（15）《清水溝漢簡》12："出糜，一石四斗三升，以食侯史吳偃五月壬戌盡甲戌十三日。"

（16）《銀雀山漢簡·守法守令十三篇》945："☐粟九升，上爲之出日大半升，以爲卅日之休☐"

（17）《居延新簡》EPT5.36："用穀三十三石三斗三升少。"

（18）又，EPT52.533："廿已償糒四斗五升，令得之，毋予當道合錢。謁言吏，敢言之。"

（19）《居延漢簡》192.38："入麦廿一石九斗八升。史將簿。"

(20)《武威醫簡》80甲："治久欬逆上氣湯方：茈（紫）【菀】七束，門冬一升，款東一升，蠹吾一升，石膏半升，【白】□【一束】，桂一尺，密（蜜）半升，棗卅枚，半夏十枚，凡十物，皆父（咬）且（咀）。"

(21)《馬王堆帛書・五十二病方》161："治之，黑叔（菽）三升，以美醯三【斗】煮，疾炊，潰（沸），止火，潰（沸）下，復炊。"

(22)又，《養生方》6："節（即）已，近內而飲此漿一升。"

吳晉簡帛文獻亦常見，略舉數例如下：

(23)《走馬樓吳簡・竹簡〔壹〕》1533："□入九百十三斛一斗八升。"

(24)又，1667："畢一十二斛三斗七升。"

(25)《走馬樓吳簡・竹簡〔貳〕》3502："其二百六十一斛四斗三升五合。"

(26)《走馬樓吳簡・嘉禾吏民田家莂》4.213："凡爲米卅八斛九斗四升六合。"

漢代的量制當有"大升"與"小升"。漢代的石有大小石之分，斗亦有大小斗之分，則升亦當有大小之分，如陳直先生説"至於居延吏卒之食糧，一般每月皆爲三石三斗三升少，等於三人合十石"，則其中之"升"當爲小升，十小升爲十小斗，則每小升當爲120毫升。

(27)《敦煌漢簡》283："麥，小石五十六石二斗五升。"

(28)《金關漢簡》73EJT10：117："餘穀小石六百卅八石四升。"

(29)《居延漢簡》88.10："大石一石七斗四升，以食吏一人。"

(30)《居延漢簡》495.11："出麥大石三石四斗八升，閏月己丑，食驛馬二匹，盡丁酉□。"

雖然目前暫未見到"大升"和"小升"，但是從上文可知，在"大石"和"小石"已經明確具體所指的情況下，其後下一級單位"大斗"和"小斗"簡稱爲"斗"。以此類推,其後再下一級單位"升"也應該是相應"大升"和"小升"的簡稱。因此,上述例(27)—(30)中,"大石"之後的"升"當爲"大升","小石"之後的"升"當爲"小升"。此外,通過推算也可證明"升"有大小之別,例如:

（31）《居延新簡》56.30:"戍、田卒七十人,用食百五十九石六斗九升,[①]爲小石二百六十六石一斗五升。"

從作爲換算結果的"小石"來看,第一個"石"顯然爲"大石",此處當爲簡寫。經推算,如果把前後兩個"升"的所指等同起來,其換算結果不相符。而如果前後兩個"升"按 5∶3 的比率進行換算（1 小升＝0.6 大升＝0.06 大斗）,前後的計算結果就恰好相符了。換算如下:

（大石）百五十九石六斗九升＝$159 \times 10 + 6 + 0.9 = 1596.9$ 大斗

小石二百六十六石一斗五升＝$266 \times 6 + 1 \times 0.6 + 5 \times 0.06 = 1596.9$ 大斗

再從語言系統來看,詞義具有極強的系統性,"石、斗、升"屬同一詞義聚合（是以 10 爲進制的容量單位,1 石＝10 斗,1 斗＝10 升）,當"石"和"斗"都區分"大、小"之義時,"升"也當區分"大、小"。因此,"升"至少在漢代也有"大升"和"小升"之別,且大、小的換算比率也是 5∶3。

由此可見,雖然在傳世文獻中沒有關於容量單位大小之制的記載,但是,從出土的新材料來看,容量單位"石、斗、升"的大小之別大量出現在《港大漢簡》、《敦煌漢簡》、《居延漢簡》、《居延新簡》、《金關漢簡》等漢代簡文中,並且資料推算也證實了這幾個容量單位量詞的具體關係,即:1 大石＝10 大斗,1 小石＝10 小斗;1 大斗＝10 大升,1 小斗＝10 小升。其同級大小單位之間的比率均爲 5∶3。因此,從現

---

① 原簡"九升"後衍"少"字,今删。

有簡帛文獻可知,容量單位量詞"石、斗、升"至少曾在漢代普遍存在大小之別。

6. 合₂

容量單位量詞,爲一升的十分之一。《孫子算經》卷上:"十抄爲一勺,十勺爲一合,十合爲一升。"漢劉向《説苑·辨物》:"千二百黍爲一龠,十龠爲一合,十合爲一升。"按秦漢 1 升約合今 200 毫升,則 1 合當合今 20 毫升。

先秦簡帛文獻未見,最早見於《馬王堆帛書》,如:

(1)《五十二病方》350:"冶烏豢(喙)、黎(藜)盧、蜀叔(菽)、庶、蜀椒、桂各一合,并和。"

按,《集成》认为"合"当做动词解,指把研末的烏豢(喙)、黎(藜)盧、蜀叔(菽)、庶、蜀椒、桂合起来,但后面有"并和",显然"合"当从上断句,为量词。

(2)又,415—416:"(取藥)置温所三日,而入豬膏【□□】者一合其中,因炊【三】沸,以傅疥而炙之。"

(3)又,454—455:"治:以丹□【□□□□□□□□】爲一合,撓之。"

馬王堆漢墓的下葬時間爲文帝前元十二年(公元前 168 年),則《五十二病方》的成書時代當不晚於戰國時期。因此,量詞"合"當早在戰國時期就産生了。其他漢簡亦可見,但用例不多,如:

(4)《居延新簡》EPT49.31:"時粟五十斛三斗二升五合。"

吳晉時期,這個量詞就很常見了,如:

(5)《走馬樓吳簡·竹簡〔壹〕》1650:"入畢兩千四百五十八斛□斗九升六合。"

(6)又,36:"其二千五百九十二斛一斗一升六合五勺□儌米。"

(7)又,3502:"其二百六十一斛四斗三升五合。□"

(8)又,1421:"其九斛九斗八升七合。"

(9)《走馬樓吳簡·嘉禾吏民田家莂》4.9:"爲米三斛一斗九升二合。"

(10)又,4.213:"凡爲米卅八斛九斗四升六合。"

7. 龠

量制單位量詞,爲合的二分之一。《廣雅·釋器》:"龠二曰合,合十曰升。"漢劉向《説苑·辨物》:"千二百黍爲一龠,十龠爲一合。"向宗魯校證:"'十'字誤。《漢志》'合龠爲合。'《廣雅·釋器》:'二龠爲合。'則合龠者,合二龠也。《漢志》'合龠',亦或誤爲'十龠'。"則一龠當爲一升的二十分之一,按秦漢1升約合今200毫升,則1合當合今20毫升,1龠當合今10毫升。

簡帛文獻中,最早見於秦簡:

(1)《里耶秦簡》8-1900:"用和桼(漆)六斗八升六籥(龠),□□□□□水桼(漆)九斗九升□凡十六斗七升六籥(龠)□"

按整理者注:"和漆,漆的一種。籥,讀作'龠'。斗、升、龠,皆爲容量單位。"又如:

(2)《嶽麓秦簡》67/1505:"升籥(龠)不正。"

兩漢簡帛文獻中,見於《居延漢簡》及《居延新簡》、《金關漢簡》等,例如:

(3)《居延新簡》EPT50.29:"永始三年,計餘鹽五千四百一石四斗三龠。"

(4)又,EPT59.177A:"最候以下吏百八人未得,積三百五斛六斗六龠。"

(5)《居延漢簡》146.56:"升二龠。"

(6)又,268.12:"出鹽二升九龠。"

(7)《金關漢簡》73EJT4:79:"□□升九龠。"

量制單位量詞"龠"的實際使用用例,無論傳世文獻還是簡帛文獻均很少見,魏晉以後簡帛文獻則未見。故人們亦多討論其制度,均無實際使用之例證,甚至以爲"龠之名衹有其制,並不見於實用",則非是。[①]

8. 勺

容量單位量詞,爲一合的十分之一,一龠的五分之一。《孫子算經》卷上:"量之所起,起於粟。六粟爲一圭,十圭爲一撮,十撮爲一抄,十抄爲一勺,十勺爲一合。"又,李時珍《〈本草綱目〉序例》引南朝梁陶弘景《名醫別録・合藥分劑法則》:"十撮爲一勺,十勺爲一合,十合爲一升。"按秦漢 1 升約合今 200 毫升,則 1 合當合今 20 毫升,1 勺約合今之 2 毫升。多見於走馬樓吳簡,例如:

(1)《走馬樓吳簡・竹簡〔壹〕》2303:"三斗九升九合七勺被督軍糧。"

(2)又,2354:"七斗九升九合九勺被督之軍糧都尉嘉禾元年六月十四日戊申書給鎮南將。"

(3)又,3114:"未畢一千二百八十六斛六斗二升八合三勺。"

(4)又,6690:"黄龍二年文入粢租吳平斛米□百九十四斛四升八合三勺料校不見前已列☑"

(5)《走馬樓吳簡・竹簡〔貳〕》4807:"☑領餘逋粢租米一千四百九十四斛四斗四升八合三勺。"

(6)又,5035:"☑三百九十八斛四升八合三勺□都。"

(7)又,8412:"□余吳平斛米五千三百五十斛三升二合九勺☑"

(8)又,8214:"入八月雜錢米七百八十三斛四斗八升七合六勺☑"

(9)《走馬樓吳簡・嘉禾吏民田家莂》4.488:"凡爲錢三百九

①　吳承洛《中國度量衡史》,北京:商務印書館,1937 年版,1993 年影印,頁 103。

十六錢,准入米三斗二升七合五勺。"

《走馬樓吳簡》中,容量單位量詞"勺"很常見,是目前所見較早的實際使用例。

9. 撮₂

容量單位量詞。"撮"本指"三指撮",是一種大約的計量方式(參第一章第二節"撮"條),後來成爲一種固定的量制單位。多見於走馬樓吳簡,如:

(1)《走馬樓吳簡·竹簡〔壹〕》1164:"三合五勺二撮□□□。"

(2)又,3451:"□吳平斛,三萬二千八百卅五斛五斗一升□合一勺二撮☑"

(3)又,7211:"集凡承餘及新入雜吳平斛米,三萬三千八斛一斗五升二合八勺二撮。"

(4)又,7218:"☑斛六斗三升九合五勺二撮雜摘米。"

(5)《竹簡〔肆〕》1227:"集凡領連空米五萬六千六百廿六斛四斗七升三合二勺五撮三圭。"

(6)又,1293:"領黃龍二年粢租米九百八十五斛七斗四升四合二勺三撮三圭。"

(7)又,1303:"右連年懸空米九千七百七十五斛二升三合二勺五撮三圭此致。"

按,一說四圭爲撮。《說文·手部》:"撮,四圭也。一曰兩指撮也。"段玉裁注:"小徐本作'二指','二'疑'三'之誤。大徐本又改爲'兩'耳。"《漢書·律曆志上》:"量多少者不失圭撮。"顏師古注引應劭曰:"四圭曰撮,三指撮之也。"1956 年河南陝縣出土新莽始建國銅撮,自銘"容四圭",容今 2.07 毫升;1984 年陝西旬陽出土的新莽銅圭即容 0.5 毫升,與《說文》正合。中國國家博物館藏東漢銅龠、故宮博物院藏東漢銅龠均爲 10 毫升;故一撮爲四圭,約合當時一龠的五分之一。

一説十圭爲撮,即六十粟。《孫子算經》卷上:"量之所起,起於粟。六粟爲一圭,十圭爲一撮,十撮爲一抄,十抄爲一勺。"

一説一百二十黍爲撮。清俞正燮《癸巳類稿·藥量稱考》:"《藏經·方藥》云:'四刀匕爲撮,十撮爲勺,兩勺爲合。則撮,百二十黍;勺,千二百黍;合,二千四百黍。'"

從《走馬樓吴簡》用例看,"撮"爲"勺"的下一級量制單位,1"勺"約合今2毫升,而新莽銅撮亦爲2毫升,故吴簡所用非漢制。今本《孫子算經》所云"十撮爲一抄,十抄爲一勺",則一撮爲百分之一勺,合今0.02毫升,如此小的量制恐難以實際使用;所以我們認爲吴簡之"撮"當取"十撮爲勺"之制度,1"撮"當合今之0.2毫升。

10. 秉

量制單位量詞,一秉爲十六斛。《集韻·梗韻》:"秉,或曰粟十六斛爲秉。"《儀禮·聘禮》:"十斗曰斛,十六斗曰籔,十籔曰秉。"見於簡本《論語》:

(1)《定州漢簡·論語》112:"雍也:冉子与之粟五秉。"今本文句與此一致,何晏《集解》:"馬曰:十六斛曰秉,五秉合爲八十斛。"[1]

"秉",是簡帛文獻所見實際使用的最大容量單位,一秉爲十六斛,合一百六十斗。可能正因爲這個量制單位太大,在實際使用中并不方便,所以用例很少見。

11. 桶(甬)

量制單位量詞,爲一種方形斛,《廣雅·釋器》:"方斛謂之桶。"秦簡中字形作"甬","甬"、"桶",古今字:

(1)《睡虎地秦簡·效律》3—4:"甬(桶)不正,二升以上,貲

---

[1]　《十三經注疏·論語注疏》,中華書局影印阮元刻本,1980年版,頁2478。

一甲;不盈二升到一升,貲一盾。"

整理者認爲,每桶爲十斗,即一百升,未言其所據。《説文·木部》: "桶,木方,受六升。"段玉裁注:"疑當作方斛,受六斗。"段玉裁注,每桶當爲六十升。從簡文文意來看,若一"桶"容量爲"六升",則其作爲量器製作之時的誤差不可能有"二升"之多,故段玉裁説爲不刊之論,該簡文大意爲:"桶(六十升)不準確,誤差在二升以上,罰一甲;誤差在一升到二升之間的,罰一盾。"即:誤差在 3.33% 以上的,罰一甲;誤差在 1.67% 到 3.33% 之間的,罰一盾。又如:

(2)《嶽麓秦簡》65/1584:"丈量斗甬(桶)。"

(3)《嶽麓秦簡》110/0918＋0882＋C100102:"【桼】甬(桶)少稻石三斗少半斗桼甬(桶)六之五而得一□有(又)□□□□得一,以稻甬(桶)求"

"桶"用作量制單位量詞,傳世先秦文獻中已可見,如《逸周書·月令》:"日夜分,則同度量,鈞衡石,角斗桶,正權概。"但多爲泛指,無論出土文獻還是傳世文獻,均未見實際使用的用例。

12. 㡇(卷、券)

量制單位量詞。《説文·巾部》:"㡇,囊也。今鹽官三斛爲一㡇。"《集韻·僊韻》:"囊有底曰㡇。"可見"㡇"本爲有底的囊,是一種容器,後借用爲量制單位,一般情況下"三斛"爲一㡇,《居延漢簡》有一例:

(1)57.20:"士吏尹忠,糜一㡇三斗三升,自取。又二月食糜一㡇三斗三升,卒陳襄取。"

按《説文》所言"三斛爲一㡇",則"一㡇三斗三升"爲"三斛三斗三升"。《居延漢簡》所記邊郡吏卒廩食月小石之"三石三斗三升",則此"一㡇"當爲"小石三石"或"小斛三斛",合今之 36000 毫升。

《居延新簡》中亦有一例:

(2)EPT56.120:"入粟三石㡇百九。又糜三石㡇九十二,奇一石。五月乙丑☐”

“三石卺”當爲容三小石之“卺”，故後又有“奇一石”之語。“‘粟三石卺百九’，意謂一百零九個三石卺所盛的粟，共合粟三百二十七石。糜三石卺九十二，奇一石，共合糜二百七十七石。”①

卺，亦有書作“卷”者，如：

（3）《居延漢簡》57.19：“卒陳偃，粟一卷三斗三升。”

從字形看，卺、卷二字形近；從語音看，二者上古音均屬見母、元部，聲韵均同；從文意看，此處之“卷”釋爲“卺”，“粟一卺三斗三升”與前文所言之廩食制度亦相合，文從字順。

《居延漢簡》（含新簡）中還有幾例，由於簡文殘缺或省略之故，未明所量何物：

（4）《居延漢簡》84.27：“☐九十九石，卅三卷，建平二年十月癸未，甲渠令史宗，受城倉令史譚。”（九十九石，即合卅三卷。）

（5）又，198.8：“☐里鄭則，廩糜一卺☐”

（6）又，232.18：“☐二卷，以給北部候長。”

（7）又，232.33：“☐北部候長。出二卷，以給南部候長。”

（8）又，236.35：“第四，出四卷，以給☐”

（9）又，433.3，433.32：“受降卒張鳴，出廿卷付倉石，出六卷以給肩水卒。”

（10）又，433.8：“☐卷，以給候史，出二卷，給北部候長。出二卷，以給☐”

但居延簡多爲邊郡賬簿類文書，記録吏卒廩食發放支付等情況，所以這裏的“卺”或“卷”作容量單位量詞當無疑問。

亦或有書作“券”者。券、卷、卺三者形近；從語音上看，卺，《廣

---

①　裴錫圭《關於“卺”的新資料》，載《裴錫圭學術文化隨筆》，北京：中國青年出版社，1999年版，頁151—152。

韻》居倦切；券，《廣韻》去願切；二者古均屬元部，聲母一爲見母、一爲溪母，發音部位相同，僅爲送氣與否之别，例如：

> (11)《居延新簡》EPT53.144：“五石券卌二券。□□☑三石券十四券。□□☑”

從文意看，理解爲“桊”亦文意通暢。它如：

> (12)《居延漢簡》48.12B：“☑粟一券寄粟；☑□□□二券寄粟。”

> (13)又，214.111A：“☑□六券二石☑”

> (14)236.21：“出四券☑”

> (15)395.5：“☑券，又一券，一券，又一券，又一☑”

以上各例簡文殘缺，姑列於此。

> (16)《敦煌漢簡》1718：“敦煌疆利里張廣成，車二兩，粟十二券(?)奇二石，稺一斗，穊卌石二斗三升少，以廩卒，凡卌一石六斗六升大。”

裘錫圭云：“‘粟十二’下一字上部從‘关’很清楚，下部可能是‘巾’，有可能是‘巳’。即使是‘卷’字，也應該讀爲‘桊’。”[1]

又，《敦煌漢簡》中還有一例：[2]

> (17)1227：“入粟小石二百五十石，多券八十三枚者，一石。十二月庚戌，使敦煌倉長就車六兩。”

何雙全改釋作：“入粟小石二百五十石，爲券八十三枚奇一石。十二月庚戌，受敦煌倉長都車六兩。”[3]“入粟小石二百五十石，爲券八十三枚奇一石”意爲收入粟小石二百五十石，裝爲八十三桊，還多出一

---

① 裘錫圭《漢簡零拾》“一九、券”條，載《裘錫圭學術文化隨筆》，北京：中國青年出版社，1999年版，頁110—112。

② 裘錫圭《關於“桊”的新資料》，載《裘錫圭學術文化隨筆》，北京：中國青年出版社，1999年版，頁152—153。

③ 何雙全《敦煌新出簡牘輯録》，載《簡帛研究》第一輯，北京：法律出版社，1993年版，頁222。從圖版看，何改“多券”爲“爲券”，改“者”爲“奇”，改“使”爲“受”，都是正確的。

石。每卷三石，八十三卷共二百四十九卷，加上多出的一石，正是二百五十石。裴錫圭先生認爲："由此可知，用券裝糧時，不管是以大石還是小石記，一卷都裝三石。爲了收付糧食時計算的方便，採取這樣的措施是很自然的。"[1]該簡明確記爲"小石"，考察其他可考之簡文所記，亦多以"小石"計。[2]

　　此外，值得注意的是《居延新簡》EPT53.144："五石券卌二券。□□☑三石券十四券。□□☑"其中提到了容"五石"的"券"，可能當時也存在這種超出定量的較大的"券"，但是非常罕見，我們推測這可能基於這類"券"較難與"石"的其他容量單位配合使用的原因。

三　衡制單位量詞

　　簡帛文獻所見衡制單位量詞主要有石、鈞、斤、鎰、兩、銖、分、錘等八個，相互之間關係較爲明確。一石爲四鈞，一鈞爲三十斤，一斤爲十六兩，一兩爲二十四銖，八銖爲一錘，十二分爲一銖，唯鎰或説二十兩，或説二十四兩。石，由衡制單位又可以用作計量弓弩強度（即弓弩力量）的單位量詞，其語源相近，附列於此，一併討論。兹分述如下。

1. 石₃

　　衡制單位量詞，一百二十斤爲一石。《小爾雅·廣衡》："鈞四謂之石。"清黃生《字詁·石》："《説文》百二十斤爲秅，後人省作石。"《漢書·律曆志上》："三十斤爲鈞，四鈞爲石。"

　　按出土實物測定，秦制 1 石約合今 30360 克，西漢合 29760 克，新莽合 28560 克，東漢合 26400 克。從簡帛文獻中的用例來看，先秦

　　① 裴錫圭《關於"卷"的新資料》，載《裴錫圭學術文化隨筆》，北京：中國青年出版社，1999 年版，頁 152。

　　② 另可參李建平《漢代"卷"之制度補正》，載《農業考古》，2010 年 1 期，頁 221—222。

簡帛文獻已見,例如:

(1)《嶽麓秦簡》103/0780:"黍粟廿三斗六升重一石。水十五斗重一石。殉(糯)米廿斗重一石。麥廿一斗二升重一石。"

(2)又,104/0981:"粺米十九重一石。稷毁(穀)十九斗四升重一石。稻粟廿七斗六升重一石。稷粟廿五斗重一石。"

(3)又,105/0886:"稻米十九斗二升重一石。"

(4)又,106/0852:"荅十九斗重一石。麻廿六斗六升重一石。叔(菽)廿斗五升重一石。"

兩漢簡帛文獻可見,例如:

(5)《居延漢簡》335.47:"定積三石三鈞十一斤。"

(6)又,14.26A:"服胡隧戍卒⋯一,今力五石廿九斤,射百八十步,辟木郭。"

(7)又,18.19:"☐☐☐☐☐茭二石三鈞十五斤,建始☐"

(8)又,285.11:"出茭三石,四月庚辰候長霸以食橐他六匹,行塞至,廩宿,匹二鈞。"

(9)《居延新簡》EPT50.162:"第四積茭四百一石廿五斤,建昭二年☐☐"

(10)《居補簡》C27:"度用銅四千八百廿三石一鈞廿三斤,已入八百六十三石三鈞十二兩,少三千九百"

"石"的另一種用法是用作計量弓弩強度(即弓弩力量)的單位量詞,當由衡制單位量詞義引申而來。傳世先秦文獻亦有此類用例,如《荀子·議兵》:"魏氏之武卒,以度取之,衣三屬之甲,操十二石之弩。"先秦簡帛文獻未見,兩漢簡帛用例甚多:

(11)《額濟納漢簡》2000ES9SF3:19:"卒周充六石具弩一,今力六石二☐"

(12)又,99ES17SH1:9A:"六石弩,五石弩,四石弩,三石弩。"

（13）《居延漢簡》36.10：“官第一六石具弩一，今力四石卌三斤，射百八十五步，完。”

（14）又，52.17，82.15：“甲渠候部：大黄力十石弩一，右淵强一分，負一算。八石具弩一，右弭生，負一算。六石具弩一，空上蜚，負一算。六石具弩一，衣不足，負一算。”

（15）又，158.15：“永光五年計餘六石弩，系弦六百八十八，完。毋出入。”

（16）《居延新簡》EPT5.17：“卒三人，六石具弩三，系承☒”

（17）又，EPT5.63A：“甲渠部六石具弩一，完。”

（18）又，EPT5.63B：“甲渠部六石具弩一，完。”

（19）《居補簡》L52：“五石具弩一。”

（20）《敦煌漢簡》688：“誅虜隧卒郭翁隨，所假留署所，三石承弩一，傷左栝，縞絶，有應縞發，各一□。”

（21）又，825：“誅虜隧：六石具駑一。槀矢五十。”

這種用法後世亦一直沿用。

2. 鈞（匀、均）

衡制單位量詞，《説文・金部》：“鈞，三十斤也。”西周中期之《非余鼎》已見：“賜金六匀（鈞）。”金文中或以“匀”爲“鈞”。傳世先秦文獻多作“鈞”，如《左傳・定公八年》：“顔高之弓六鈞。”杜預注：“三十斤爲鈞。”

先秦簡帛文獻中，用例較少。楚簡帛凡三例，均見於《包山楚簡》，字均作“匀”：

（1）129：“甘臣（固）之戠（歲），右（左）司馬适（适）㠯（以）王命，命恒思舍（舍）朵（柊）旗王之㒵（爨）一書（青）鞏之齎足金六匀（鈞）。”

（2）又，130：“是戠（歲）也，恒思少司馬屈（屈）㩪㠯（以）足金六匀（鈞）䞓（聽）命於朵（朵—柊），朵（朵—柊）㝵大夫、右（左）司馬邨(越)虜(虢)弗受。餓(盛)公鬶之戠(歲),恒思少司馬邗莠(勝)或㠯(以)足金六匀(鈞)舍(舍)桼(桼—柊),桼(桼—柊)宫大夫集易(陽)公都(蔡)逑虒受。"

按楚制 1 斤約合今之 250 克,則 1 鈞當約合今 7500 千克。

秦簡中也可見:

(3)《睡虎地秦簡·效律》6—7:"半石不正,八兩以上;鈞不正,四兩以上;斤不正,三朱(銖)以上;半斗不正,少半升以上;參不正,六分升一以上;升不正,廿分升一以上;黄金衡嬴(纍)不正,半朱(銖)以上,貲各一盾。"

(4)《里耶秦簡》8—218:"☑七鈞。鈞六十六。二石一鈞八斤四兩。車二兩。"[1]

(5)《嶽麓秦簡》158/0896:"段(煅)鐵一鈞用炭三石一鈞,斤用十三斤,兩用十三兩。"

(6)《嶽麓秦簡》80/0458:"十六兩一斤。卅斤一鈞。四鈞一石。"

雖然秦簡相對較爲少見,但由於出現在《效律》中,説明"鈞"這一衡制單位量詞在當時是普遍使用的一個計量單位,可能衹是因爲簡帛文獻性質所限而用例罕見而已。按秦制,1 鈞約合今之 7590 克。

傳世兩漢文獻中,衡制單位量詞"鈞"仍使用,《漢書·律曆志》:"三十斤爲鈞。"簡帛文獻亦很常見,例如:

(7)《張家山漢簡·二年律令》421—422:"馬牛當食縣官者,㸬以上牛日芻二鈞八斤;馬日二鈞□斤,食一石十六斤,□□禀□。⋯仆牛日芻三鈞六斤,犢半之。"

(8)又,424:"□□日□芻一鈞十六斤。"

(9)又,《算數書》47:"廿四朱(銖)一兩,三百八十四朱(銖)

---

① 原釋文作"鉤",今參照圖版,採用陳偉等《里耶秦簡牘校釋》隸定爲"鈞"。

一斤,萬一千五百廿朱(銖)一鈞,四萬六千八十朱(銖)一石。"

（10）《居延漢簡》甲附 27:"度用銅四千八百廿三石一鈞廿三斤,已入八百六十三石三鈞十二兩,少三千九百。"

（11）又,285.11:"出茭三石,四月庚辰候長霸以食橐他六匹,行塞至,廩宿,匹二鈞。"

（12）又,178.7:"三月食□萬一千九百六十八百三鈞十斤。"

（13）又,335.47:"定積三石三鈞十一斤□"

（14）《居延新簡》EPT65.382:"右鉼庭亭部茭八積,五千五百卅六石二鈞。一積,茭四百一十石。鴻嘉四年伐。"

（15）《居補簡》C27:"度用銅四千八百廿三石一鈞廿三斤,已入八百六十三石三鈞十二兩,少三千九百"

（16）《敦煌漢簡》816:"□歲一定作□萬一千六百五十束,率人茭六十三束,多三百八束。爲千六百一十七石二鈞,率人茭四石一鈞。轉□□□□三石。"

（17）又,2066:"出,茭一鈞七斤半斤,以食長羅侯墨尉史官橐他一匹。"

字或書作"均",例如:

（18）《居延新簡》EPT6.88:"其市買五均之物及鹽而無二品□"

按西漢制,1 鈞約合今 7440 克;新莽時期則約合今 7140 克;東漢至三國時期,約合今 6600 克。

3. 斤

古代重量單位,一斤爲十六兩。《漢書·律曆志上》曰:"十六兩爲斤……十六兩成斤者,四時乘四方之象也。"傳世先秦文獻亦常見,如《墨子·號令》:"傷甚者……予醫給藥,賜酒日二升,肉二斤。"

出土先秦簡帛文獻中楚簡帛未見,秦簡則多見,按秦制 1 斤約合今 253 克,如:

(1)《睡虎地秦簡·秦律十八種·金布律》91—92:"爲褐以稟衣:大褐一,用枲十八斤,直(值)六十錢;中褐一,用枲十四斤,直(值)卌六錢;小褐一,用枲十一斤,直(值)卅六錢。"

(2)又,《效律》6:"斤不正,三朱(銖)以上。"

(3)《里耶秦簡》8—218:"二石一鈞八斤四兩。"

(4)又,8—254:"當爲絲八斤十一兩八朱(銖)。"

(5)《嶽麓秦簡》29/0788:"今枲兌(稅)田十六步,大枲高五尺,五步一束,租五斤。"

(6)又,32/0841:"枲兌(稅)田十六步,大枲高五尺,三步一束,租八斤五兩八朱(銖)。"

兩漢簡帛文獻更爲常見,西漢及新莽時期1斤約爲248克,東漢至三國時期約合今220克,例如:

(7)《額濟納漢簡》2000ES14SF2:4:"第十四隧脂二斤。"

(8)《馬王堆3號墓漢簡·遣策》302:"菜(彩)金如大菽五百斤。"

(9)又,303:"土金千斤。"

(10)《張家山漢簡·二年律令》119:"贖死,金二斤八兩。贖城旦舂、鬼薪白粲,金一斤八兩。贖斬、府(腐),金一斤四兩。贖劓、黥,金一斤。贖耐,金十二兩。贖罨(遷),金八兩。"

(11)又,《算數書》79:"有米三斗〈升〉,問用脂、水各幾何,爲挈幾何? 曰:用脂六斤,水四升半升,爲挈脂十斤十二兩十九朱(銖)五分朱(銖)一。"

(12)又,《奏讞書》70:"醴陽令恢盜縣官米二百六十三石八斗……令舍人士五(伍)興、義與石賣,得金六斤三兩、錢萬五千五十。"

(13)《尹灣漢簡》M6D6反4欄:"雜繒鋸齒百五斤。"

(14)又,M6D6正6欄:"鐵甲札五十八萬七千二百九十九,革甲十四斤。"

"九十九"後蒙下省"斤","革甲"後承上省"札",實爲:鐵甲札五十八萬七千二百九十九(斤),革甲(札)十四斤。

（15）《古人堤漢簡》16 正:"肉十斤,謹奉再拜臘,趙叔離。"

（16）《居延漢簡》265.41:"漆一斤,□膠一斤,醇酒財足以消膠。"

（17）又,505.33:"官使婢棄,用布三匹,糸絮三斤十二兩。"

（18）《居延新簡》EPT44.5:"□隧,五年因署受絮八斤。"

（19）又,EPT55.38:"出書繩百斤,泉九百三十。始建國天鳳一年十一月庚□"

（20）《居補簡》158.14A:"□□當出□□□肉廿斤市巾□斤。"

（21）又,306.10:"五十一紙重五斤。"

（22）《東牌樓漢簡》112:"豬肪十斤。"

（23）《花果山漢簡》1057:"□賣酒三斤,予□也□斤八□二□"

（24）《武威醫簡》17:"豬肪三斤煎之,五沸,浚去宰(滓)。"

（25）又,91 甲—91 乙:"牛膝半斤,直(值)五十;卑□半斤,直(值)【廿】五;朱臾二升半,廿五;方(防)風半斤,百;慈石一斤半,百卅;席(蓆)魚(虫一蟲)半升,廿五;小椒一升半,五十;山朱臾二升半,直(值)五十;黃芩一斤,直(值)七十;黃連半斤,直(值)百;□□二斤,直(值)廿七。子威取。河菆半斤,直(值)七十五;續斷一斤,百。子威取。□□□取藥凡直(值)九百廿七。"

（26）《敦煌漢簡》846A:"王巨叔予子功,往至郭府田舍,錢不具,罰酒四、五斗,肉五斤。"

（27）《金關漢簡》73EJT23:294A:"肉四斤,直廿六。"

此詞較多,他如:《居補簡》265.14A、272.23、T17N8、C27;《額濟納漢簡》2000ES14SF2:5、2000ES9S:20A、2000ES7SH1:8、

2000ES7SF1:45A;《張家山漢簡》之《二年律令》97、260、282、292、293、297、418、419、421、422、424、437、438;又《算數書》47、50、51、80、81等等。到走馬樓吳簡中仍是主要衡制單位,例如:

(28)《竹簡〔壹〕》2579:"兵曹言部吏壬□□□戶品限吏民上中下品出銅斤數要簿事,嘉禾四年七月廿一日書佐吕承封。"

(29)又,3164:"言府三品調吏民出銅一萬四百斤事,七月廿七日兵曹掾番棟白。"

(30)又,4230:"出錢九千九百故船曹掾付伍佰故□□出□廿三斤,斤直三百錢。"

後世亦沿用至今。

4. 鎰(益、溢)

衡制單位量詞。一説二十兩爲鎰,《玉篇·金部》:"鎰,二十兩。"《孟子·梁惠王下》:"今有璞玉於此,雖萬鎰,必使玉人雕琢之。"趙岐注:"二十兩爲鎰。"《國語·晉語二》:"黄金四十鎰,白玉之珩六雙。"韋昭注:"二十兩爲鎰。"《吕氏春秋·異寶》:"禄萬檐,金千鎰。"高誘注:"二十兩爲一鎰。"一説二十四兩爲鎰。《集韻·質韻》:"鎰,二十四兩爲鎰。"《孟子·公孫丑下》:"於宋,餽七十鎰而受。"趙岐注:"古者以一鎰爲一金,一鎰是爲二十四兩也。"《墨子·號令》:"又賞之黄金,人二鎰。"孫詒讓《閒詁》:"鎰,二十四兩也。"《文選·枚乘〈七發〉》:"於是使射千鎰之重。"李善注引賈逵《國語》注曰:"一鎰二十四兩。"

從簡帛文獻用例來看,先秦簡帛中秦簡未見,楚簡中却很常見,且均作"益"。"益"、"鎰",古今字。《六書正譌》卷五:"益,二十四兩爲益。"例如:

(1)《信陽楚簡·遣策》29:"八益(鎰)□,益(鎰)一朱。"

(2)《包山楚簡》105:"鄝莫敯(敖)遉(步)、右(左)司馬啟(啟)、安(安)陸(陵)莫敯(敖)絲獻爲鄝貸邮(越)異之黄金七益

（益）邑（以）翟（蠶—繰）穜（種）。迄邑不賽（賽）金。”

（3）又，106：“廊陞（陵）攻尹産、少攻尹䜌（悖）爲廊陞（陵）貣邱（越）異之黄金七佥（益）邑（以）翟（蠶—繰）穜（種）。迄邑不賽（賽）金。”

（4）又，107：“亲（兼）陞（陵）攻尹惥〈惥—快〉與喬（喬）尹黄黶爲亲（兼）陞（陵）貣邱（越）異之黄金卅〓（三十）佥（益）二佥（益）邑（以）翟（蠶—繰）穜（種）。迄邑不賽（賽）金。”

（5）又，108：“株易（陽）莫蹶（敖）邱壽君與喬（喬）砮（差—佐）疢（瘥）爲株易（陽）貣邱（越）異之黄金七佥（益）邑（以）翟（蠶—繰）穜（種）。迄邑不賽（賽）金。”

（6）又，109：“荃易（陽）司馬寅、黄辛、宋瘇爲荃易（陽）貣邱（越）異之黄金七佥（益）邑（以）翟（蠶—繰）穜（種）。迄邑不賽（賽）金。”

（7）又，118：“鄴（鄴—夷）易（陽）司馬寅、競爲鄴（鄴—夷）易（陽）貾（貣）邱（越）異之金七佥（益）。鄙（鄙）連蹶（敖）競惥（快）、攻尹齡貲（賠）爲鄙（鄙）貾（貣）邱（越）異之金六佥（益）。”

此詞《包山楚簡》甚多，他如簡 110、111、112、113、114、115、116、117、119、146 等。此衡制單位量詞傳世先秦文獻未見寫作“益”者，多作“鎰”。《銀雀山漢簡》中則均作“洫”，例如：

（8）《銀雀山漢簡・孫子兵法》35—36：“勝兵如以洫（鎰）稱朱（銖），敗兵如以朱（銖）稱洫（鎰）。稱勝者戰民也，如决積水於千邪（仞）▢”

（9）又，45—46：“勝兵如以洫（鎰）稱朱（銖），敗兵如以朱（銖）稱洫（溢）。稱【勝】者戰民也，如决積【水於千】邪（仞）之壿，刑（形）也。”

今本《孫子兵法》均書作"鎰"。[①]

　　"鎰"用作衡制單位量詞雖然《包山楚簡》用例較多,但惜無其他相關進制單位等材料,《銀雀山漢簡》用例則非實際使用例,故簡帛文獻所見"鎰"之具體制度仍有待於更多新材料的發佈以考證之。

　　5. 兩[3]

衡制單位量詞。《説文・㒳部》:"㒳,二十四銖爲一兩。"其具體制度因歷代計量標準不同而有一定差異。

　　"兩"用作衡制單位量詞先秦簡帛文獻較爲多見,楚簡帛文獻多見於《包山楚簡》,字作"㝸",例如:

　　　(1)《包山楚簡》111:"正昜(陽)莫囂(敖)连(達)、正昜(陽)陶(陶)公兂、少攻尹悫(哀)爲正昜(陽)貹邔(越)異之黄金十盆(益)一盆(益)三(四)㝸(兩)㠯(以)翟(鑃—鑃)稕(種)。迖兮不賽(賽)金。"

　　　(2)又,115:"大司馬卲鄔(昜)敓(敗)晉帀(師)於鄸(鄭—襄)陸(陵)之歲(歲),顕(夏)枲之月庚午之日,命(令)尹子士、大帀(師)子繡命鑾(襄)陸(陵)公邖鼉爲鄐邝賦(貣)邔(越)異之鍒金一百(百)盆(益)二盆(益)卅(四)㝸(兩)。"

　　　(3)又,145 反:"八月戊寅,子司馬誩(屬)之。九月㲹(甲)申之日,司豊之客須幽箸言胃(謂):小人㠯(以)八月㲹(甲)戌之日舍(舍)肉鼏之豁人□□黌(踹)客之□金十㝸(兩)又一㝸(兩)。義亞爲李(李)。"

按出土實物測定,戰國楚制 1 兩約合今 15.6 克。

秦簡用例則很常見,例如:

　　　(4)《睡虎地秦簡・效律》3:"衡石不正,十六兩以上,貲官嗇夫一甲;不盈十六兩到八兩,貲一盾。"

---

①　新編諸子集成本《十一家注孫子校理》,北京:中華書局,1999 年版,頁 79。

（5）又，5—7："半石不正，八兩以上；鈞不正，四兩以上；斤不正，三朱（銖）以上；半斗不正，少半升以上；參不正，六分升一以上；升不正，廿分升以上；黄金衡羸（纍）不正，半朱（銖）以上，貲各一盾。"

（6）又，《法律答問》134："甲告乙賊傷人，問乙賊殺人，非傷殹（也），甲當購，購幾可（何）？當購二兩。"

（7）又，《秦律十八種·司空》130："一脂、功閒大車一兩（輛），用膠一兩、脂二錘。"①

（8）《龍崗秦簡》145："購金一兩，相與☒"

按出土實物測定，秦制 1 兩約合今之 15.8 克。

西漢以後，無論傳世文獻還是出土文獻中衡制單位量詞"兩"就更爲常見了。不同時期其具體制度可能略有差異，西漢 1 兩約合今之 15.5 克，新莽時期則約合 14.9 克，東漢至於三國時期則約合 13.8 克，例如：

（9）《張家山漢簡·二年律令》28："其毋傷也，下爵毆上爵，罰金四兩。毆同死〈列〉以下，罰金二兩；其有疻痏及☐，罰金四兩。"

（10）又，4—5："其失火延燔之，罰金四兩，責（債）所燔。鄉部、官嗇夫、吏主者弗得，罰金各二兩。"

（11）又，《奏讞書》174："盜一錢到廿，罰金一兩；過廿到百，罰金二兩。"

（12）《額濟納漢簡》2000ES9SF3：23A："第九隧膠二鋋，重十三兩。"

（13）《居延漢簡》505.33："官使婢棄，用布三匹，糸絮三斤十

---

① 值得注意的是，該簡中個體單位量詞"兩"（後作"輛"）與衡制量詞"兩"同形。另，整理者前一"兩"字隸定爲"輛"，誤，今據圖版改。

二兩。"

(14)《居延新簡》EPT59.342:"緒絮一斤三兩未入。"

(15)《居補簡》C27:"度用銅四千八百廿三石一鈞廿三斤,已入八百六十三石三鈞十二兩,少三千九百"

(16)《馬王堆帛書·五十二病方》408—409:"乾騷(瘙)方:以雄黃二兩,水銀兩少半,頭脂一升,冶【雄】黃,靡(磨)水銀手【□□□□□□】雄黃,孰(熟)撓之。先孰(熟)泅(洗)騷(瘙)以湯,潰其灌,撫以布,令毋(無)汁而傅之,一夜一□"

(17)又,《養生方》126:"取白苻、紅符、伏(茯)霝(苓)各二兩,桓(薑)十果(顆),桂三尺,皆各冶之,以美醯二斗和之。"

(18)《敦煌漢簡》563B:"良母脂取善者一兩。"

(19)《武威醫簡》46—47:"治伏梁裏膿在胃腸之外方:大黃、黃芩、勺藥各一兩,消石二兩,桂一尺,桑皐(蜱)肖(蛸)十四枚,䖟(蝱)虫(蟲)三枚,凡七物,皆父(吹)且(咀),漬以淳酒五升,卒(晬)時,煮之三。"

(20)《走馬樓吳簡·竹簡〔壹〕》7272:"□六副,□二斤一兩。"

作爲衡制單位量詞,"兩"一直沿用到現代漢語。

6. 銖(朱)

衡制單位量詞,爲一兩的二十四分之一。《説文·网部》:"兩,二十四銖爲一兩。"《漢書》:"高后二年,行八銖錢。"應劭曰:"本秦錢,質如周錢,文曰'半兩',重如其文,即八銖也。"如果以此推論,那麼秦時一兩爲十六銖,與漢代二十四銖爲一兩有異。

從先秦簡帛文獻看,用例較少。楚簡帛僅一見,作"朱",同"銖";按楚制 1 銖約合 0.65 克:

(1)《信陽楚簡·遣策》29:"八益(鎰)□,益(鎰)一朱(銖)。"

秦簡中字亦作"朱",秦制 1 銖約合今 0.69 克,例如:

（2）《睡虎地秦簡·效律》5—7：“半石不正，八兩以上；鈞不正，四兩以上；斤不正，三朱（銖）以上；半斗不正，少半升以上；參不正，六分升一以上；升不正，廿分升一以上；黄金衡贏（纍）不正，半朱（銖）【以】上，貲各一盾。”

（3）《里耶秦簡》8—254：“當爲絲八斤十一兩八朱（銖）。”

（4）《嶽麓秦簡》18/1835＋1744：“五爲法，如法一兩，不盈兩者，以一爲廿四，乘之，如法一朱（銖），不盈朱（銖）者，以法命分。”

（5）又，20/0890：“枲輿田五十步，大枲高八尺，六步一束，租一斤六兩五朱（銖）三分朱（銖）一。”

“銖”，傳世先秦文獻常見，如《孫子兵法·形篇》：“故勝兵者如以鎰稱銖，敗兵者如以銖稱鎰。”郭化若注：“古代二十四兩爲一‘鎰’，二十四分之一兩爲一‘銖’。”銀雀山漢墓出土《孫子兵法》之《形》篇甲、乙二種該文字均作“朱”，“朱”、“銖”當爲古今字。

兩漢簡帛文獻中亦很常見，西漢 1 銖約合 0.65 克，東漢 1 銖約合 0.57 克；“朱”、“銖”二字形均較多見，例如：

（6）《張家山漢簡·二年律令》438：“采金者租之，人日十五分銖二。”

（7）又，《算數書》28—31：“有金三朱（銖）九分朱（銖）五，今欲出其七分朱（銖）六，問餘金幾何？曰：餘金二朱（銖）六十三分朱（銖）卅（四十）四。其術曰：母相乘也爲法，子互乘母各自爲實，以出除焉，餘既餘也。以九分朱（銖）乘三朱（銖）與小五相□。今有金七分朱（銖）之三，益之幾何而爲九分【朱（銖）】七？曰：益之六十三分朱（銖）廿二。術曰：母相乘爲法，子互乘母各自爲實，以少除多，餘即益也。”

（8）又，47：“廿四朱（銖）一兩，三百八十四朱（銖）一斤，萬一千五百廿朱（銖）一鈞，四萬六千八十朱（銖）一石。”

以上《張家山漢簡》各例多作"朱",亦可作"銖"。

(9)《居延漢簡》16.11:"將軍、使者、大守議:貨錢古惡,小萃不爲用,改更舊制,設作五銖錢,欲便百姓。錢行未能。"

(10)《鳳凰山 168 號墓漢簡》衡杆:"正爲市陽戶人嬰家稱錢衡,以錢爲纍,劾曰:四朱(銖),兩端□"

(11)《敦煌漢簡》1408:"李廣利:六月盡七月奉,絮七斤八兩十八銖。八月盡九月奉,絮六斤十五兩七銖。凡十四斤八兩一銖。"

傳世兩漢文獻亦常見,此不贅述。

7. 分₃

衡制單位量詞,十二分爲一銖。《説文・禾部》"稱"條云:"其以爲重,十二粟爲一分,十二分爲一銖。"即一分,爲一兩的一百四十四分之一。簡帛文獻用例較爲罕見:

(1)《居延漢簡》29.8:"☒近倉,穀里三銖五分。五家相證任,伍中□"

"分"與"銖"配合使用,雖簡文殘缺,但用作衡制單位無疑。

8. 錘(垂)

衡制單位量詞。八銖爲一錘,即三分之一兩。《説文・金部》:"錘,八銖也。"《淮南子・説山》:"有千金之璧,而無錙錘之礠諸。"高誘注:"八銖曰錘。"秦簡可見:

(1)《睡虎地秦簡・秦律十八種・司空》130:"一脂、功閒大車一兩(輛),用膠一兩、脂二錘。攻閒其扁解,以數分膠以之。爲車不勞,稱議脂之。"

一説十二兩爲錘。《淮南子・詮言》:"雖割國之錙錘以事人。"高誘注:"六兩曰錙,倍錙曰錘。"或曰六銖爲錘。《一切經音義》卷七五引漢應劭《風俗通義》:"銖六則錘,二錘則錙。"該簡大意爲:"每加油和修繕一輛大車,用膠一兩、脂二錘。修理車輛開膠,按開膠的多少分膠使用,如果車運行不快,可酌量加油。"從簡文文意看,爲車加油脂所用之"脂"有限,"十二兩"之説與文意不合。

字或書作"垂",通"錘",例如:

(2)《嶽麓秦簡》82/0957:"資一甲直(值)錢千三百卌四,直(值)金二兩一垂,一盾直(值)金二垂。贖耐,馬甲四,錢七千六百八十。"

(3)又,83/0970:"馬甲一,金三兩一垂,直(值)錢千九百廿,金一朱(銖)直(值)錢廿四,贖死,馬甲十二,錢二萬三千卌。"

從嶽麓秦簡中的用例來看,"金一朱(銖)直(值)錢廿四",而"金三兩一垂,直(值)錢千九百廿",可以推算出"金三兩一垂"爲"八十銖",與高誘説"八銖曰錘"、《説文》"二十四銖爲一兩"正合。又按,簡82/0957"一甲直(值)錢千三百卌四,直(值)金二兩一垂"、簡83/0970"馬甲一,金三兩一垂,直(值)錢千九百廿",根據"八銖曰錘"來驗算,金一兩均爲五百七十六錢,金一錘(垂)爲一百九十二錢,金一銖(朱)爲二十四錢,可見秦簡中的一垂當爲八銖,三分之一兩。

衡制單位量詞"錘"的實用用例簡帛文獻僅見於秦簡,漢魏六朝簡均未見,高誘注《淮南子》"錙錘"一詞不同篇目採用了不同説法,由此推測可能早在東漢時期這個衡制單位早已不用,故其制度亦已不明。

第二類　面積單位量詞

簡帛文獻所見面積單位量詞有"頃"、"畝"、"町"、"畛"、"畹"、"石$_4$"、"畦"、"步$_2$"、"堵"、"版"等十個,"頃"、"畝"、"町"、"畛"、"畹"、"石$_4$"、"畦"、"步$_2$"爲土地面積單位,"堵"、"版"爲牆壁的面積單位。面積單位量詞中,僅"頃"、"畝"兩個量詞沿用下來,其餘如"畛"、"畹"、"石$_4$"、"畦"、"步$_2$"等中古以後即從實際使用中消失了。

1. 頃

土地面積單位,百畝爲頃。《玉篇·頁部》:"頃,田百畝也。"《漢書·楊惲傳》:"田彼南山,蕪穢不治,種一頃豆,落而爲萁。"顔師古注引張晏曰:"一頃百畝,以喻百官。"《青川木牘》亦云:"百畝爲頃。"先秦傳世文獻已見,如《管子·揆度》:"百乘爲耕田萬頃,爲户萬户,爲開口十萬人,爲當分者萬人,爲輕車百乘,爲馬四百匹。"

先秦簡帛文獻中,楚簡帛未見,多見於秦簡,如:

(1)《睡虎地秦簡·秦律十八種·田律》1—2:"雨爲澍,及誘(秀)粟,輒以書言澍稼、誘(秀)粟及墾田暘毋(無)稼者頃數。稼已生後而雨,亦輒言雨少多,所利頃數。早〈旱〉及暴風雨、水潦、螽蚰、群它物傷稼者,亦輒言其頃數。"

(2)又,8:"入頃芻稾,以其受田之數,無墾不墾,頃入芻三石、稾二石。"

(3)《青川木牘》:"田廣一步,袤八則爲畛,畝二畛,一百(陌)道。百畝爲頃,一千(阡)道,道廣三步。"

(4)《嶽麓秦簡》62/0947:"里田述(術)曰:里乘里,里也,因而參之,有(又)參五之,爲田三頃七十五畝。"

漢代簡帛文獻中,這個量詞的使用亦很普遍,如:

(5)《額濟納漢簡》99ES16SF2:3:"田一頃八十七畝。"

(6)《張家山漢簡·二年律令》246:"田廣一步,袤二百卌步,爲畛,畝二畛,一佰(陌)道;百畝爲頃,十頃一千(阡)道,道廣二丈。"

(7)又,310—312:"(户律:)關内侯九十五頃,大庶長九十頃,馴車庶長八十八頃,大上造八十六頃,少上造八十四頃,右更八十二頃,中更八十頃,左更七十八頃,右庶長七十六頃,左庶長七十四頃,五大夫廿五頃,公乘廿頃,公大夫九頃,官大夫七頃,大夫五頃,不更四頃,簪裊三頃,上造二頃,公士一頃半頃,公卒、士五（伍）、庶人各一頃，司寇、隱官各五十畝。"

（8）又，《算數書》187—190："里田术（術）曰：里乘里，里也，廣、從各一里，即直（置）一因而三之，有三五之，即爲田三頃卄（七十）五畝。其廣從不等者，先以里相乘，已乃因而三之，有三五之，乃成。今有廣二百卄里，從三百五十里，爲田卄八萬八千七百五十頃。直（置）提封以此爲之。一曰：里而乘里，里也，壹三而三五之，即頃畝數也。有曰：里乘里，里也，【因而三之】，以里之下即予卄五因而三之，亦其頃畝數也。曰：廣一里、從一里爲田三頃卄（七十）五畝。"

（9）《尹灣漢簡》M6D1 正："提封五十一萬二千九十二頃八十五畝二□……人如前。"

"提封"是"通共；大凡"的意思。《漢書·刑法志》："一同百里，提封萬里。"王先謙補注引王念孫曰："《廣雅》曰：'提封，都凡也。'都凡者，猶今人言大凡、諸凡……"

（10）又，M6D1 反："種宿麥十萬七千三百□十□頃，多前千九百卄頃八十二畝。"

（11）《居延漢簡》564.10："□以買棺槨、塚地，穿治喪葬，貍有餘田二頃，禾麥稼度□"

（12）《居延新簡》EPT50.33A："□□□田三頃，廬舍，直百五□長陵賣中溉田卄頃，廬舍，直四百□溉中田卅頃，廬舍，直二百萬□"

（13）《港大漢簡·河堤簡》222 正："凡堤能治者六百卄一里二百冊步，積三百一十八萬一千八百一十二步，□田一□二頃五十七每（畝），百九十二步。"

走馬樓三國吳簡亦可見：

（14）《走馬樓吳簡·竹簡〔壹〕》1458："□牒□士妻子田四頃□。"

（15）又，1671：“其三百七十二頃卅九畝九十四步。”

（16）《走馬樓吳簡·竹簡〔貳〕》5472：“其四頃九十畝旱敗，不收錢布。”

（17）又，7063：“定收一頃廿四畝一百卅步☐”

（18）又，7381：“其二頃八十七畝一十一步☐”

（19）又，7605：“租稅雜限田百廿頃卅七畝二百☐”

（20）又，7882：“廿一頃八十畝卅☐”

（21）《走馬樓吳簡·嘉禾吏民田家莂》4.262：“田卅町，凡一頃卅畝。”

（22）又，4.263：“田廿五町，凡一頃一十畝。”

（23）又，4.270：“田卅町，凡一頃八畝。”

或說十二畝半爲頃。《公羊傳·宣公十五年》“什一者，天下之中正也”漢何休注：“凡爲田，一頃十二畝半，八家而九頃，共爲一井，故曰井田。”從秦漢魏晉六朝簡帛文獻看，頃均爲百畝。

土地面積單位量詞“頃”從先秦一直沿用到今天，雖然制度或有改變，但作爲量詞仍廣泛使用。

2. 畝

土地面積單位，周代規定六尺爲一步，橫一步，直一百步爲一畝。商鞅變法，廢井田，規定五尺爲步，橫一步，直二百四十步爲一畝，但僅實行於秦國，直到漢武帝以前，兩種制度並存。王筠《説文句讀》：“畝，《司馬法》：‘六尺爲步，步百爲畝。’是古之制也。秦孝公時，開通阡陌，以五尺爲步，二百四十步爲畝。”傳世先秦文獻多見，如《孟子·梁惠王上》：“五畝之宅，樹之以桑，五十者可以衣帛矣。”

先秦簡帛文獻中楚簡帛未見，秦簡多見，如：

（1）《睡虎地秦簡·秦律十八種·倉律》38：“種：稻、麻畝用二斗大半斗，禾、麥畝一斗，黍、荅畝大半斗，叔（菽）畝半斗。”

（2）《青川木牘》：“田廣一步，袤八則爲畛，畝二畛，一百（陌）

道。百畝爲頃,一千(阡)道,道廣三步。"

(3)《嶽麓秦簡》47/0842:"田五十五畝,租四石三斗而三室共叚(假)之,一室十七畝,一室十五畝,一室廿三畝,今欲分其租。"

漢因秦制,漢武帝時統一規定二百四十步爲一畝。兩漢簡帛文獻常見,如:

(4)《額濟納漢簡》99ES16SF2:1:"關都里張齊十三畝,已交茭錢三百六十。"

(5)《張家山漢簡·二年律令》246:"田廣一步,袤二百卌步,爲畛,畝二畛,一佰(阡)道;百畝爲頃,十頃一千(阡)道,道廣二丈。"

(6)又,《算數書》185:"田一畝,方幾何步?"

(7)又,190:"廣一里、從(縱)一里爲田三頃七十五畝。"

(8)《尹灣漢簡》M6D1反:"春種樹六十五萬六千七百九十四畝,多前千九百廿頃八十二畝。"

(9)《鳳凰山10號墓漢簡》10:"户人聖,能田一人,口一人,田八畝,移越人户,貸八斗。"

(10)又,816:"户人厭冶,能田二人,口二人,田十八畝,貸一石八斗。"

(11)《居延漢簡》303.7:"右第二長官二處田六十五畝,租廿六石。"

(12)又,303.25:"右家五,田六十五畝,租大石廿一石八斗。"

(13)《居延新簡》EPT51.119:"北地泥陽長寧里任愼,二年,田一頃廿畝,租廿四石。"

(14)又,EPT53.12:"☒七,田卅一畝,口五十三百五十。"

(15)《敦煌漢簡》2016:"效穀京威里高子雅,田卅畝。入秋三☑"

(16)又，2108："入，二年，糴粟，百五十六石。□田，二頃七十畝，榜程卅一石。十月戊寅倉佐敦煌龍勒萬年里索良。"

(17)《港大漢簡·河堤簡》222正："凡堤能治者六百廿一里二百卅步，積三百一十八萬一千八百一十二步，□田一□二頃五十七每（畝），百九十二步。"

走馬樓吳簡亦很常見，如：

(18)《走馬樓吳簡·竹簡〔壹〕》1671："其四百十七畝。"

(19)又，6239："其七畝卅八步郡□☑"

(20)《走馬樓吳簡·竹簡〔貳〕》5472："其四頃九十畝旱敗。"

(21)又，7917："其七十一畝一百廿步☑"

(22)又，7918："十一畝二百卅四步。"

(23)《走馬樓吳簡·嘉禾吏民田家莂》4.262："田卅町，凡一頃卅畝。"

土地面積單位"畝"後世一直沿用，直到清代均以廣一步，長二百四十步爲畝。今1畝等於60平方丈，合6.6667公畝。

3. 町₂

土地面積單位量詞。《廣韻·迥韻》："町，田畝。"《左傳·襄公二十五年》："町原防，牧隰皋，井衍沃。"杜預注："隄防地，不得方正如井田，別爲小頃町。"孔穎達疏："原防之地，九夫爲町，三町而當一井。"

簡帛文獻中凡四例，均見於《龍崗秦簡》：

(1)126："盜田二町，當遺三程者，□□□□□□□☑"

(2)又，127："一町，當遺二程者，而□□□□□□☑"

(3)又，133："程田以爲賦，與同法。田一町，盡□盈□希☑"

(4)又，136："租不能實□，□輕重於程，町失三分，☑"

由於所見用例尚少，且簡文多有殘缺，因此整理者認爲："秦代町的面積今已不得而知。"①姑列於此,以備考查。

4. 畛

土地面積單位量詞。《説文·田部》:"畛,井田間陌也。"本義是田間的疆界。以畛爲界的一塊田也稱爲畛,成爲面積單位量詞,先秦多見,如《楚辭·大招》:"田邑千畛。"簡帛文獻僅見於銀雀山漢墓出土的《孫子兵法》:

> (1)《銀雀山漢簡·孫子兵法》155—160:"范、中行是(氏)制田,以八十步爲婉(畹),以百六十步爲畛,而伍稅之。其□田陝(狹),置士多,伍稅之,公家富。公家富,置士多,主喬(驕)臣奢,冀功數戰,故曰先【凶(亡)】。☑公家富,置士多,主喬(驕)臣奢,冀功數戰,故爲范、中行是(氏)次。韓、巍(魏)制田,以百步爲婉(畹),以二百步爲畛,而伍稅【之】。其□田陝(狹),其置士多,伍稅之,公家富。公家富,置士多,主喬(驕)臣奢,冀功數戰,故爲智是(氏)次。趙是(氏)制田,以百廿步爲婉(畹),以二百卌步爲畛,公无稅焉。公家貧,其置士少,主僉臣收,以御富民,故曰固國。晉國歸焉。"

整理者注:"古代制田本以百步爲畝,百畝之田就是一邊百步見方的一塊地。後來加大畝制,田塊地縱橫二邊,一邊百步不動,另一邊加大步數。如秦制二百四十步爲畝,百畝之田就是一邊百步,一邊二百四十步的一塊(至少在理論上如此)。簡文謂百六十步謂畛,此畛當是百畝與百畝之間的田界,與《周禮》十夫之間的畛不同,《説文》所謂'井田間陌'可能即指此(程瑤田《阡陌考》謂百畝之間者稱陌,當千畝之間者稱阡)。百六十步爲畛,一畛百畝之田當是一邊百六十步一邊

---

① "町"還可以用作個體單位量詞量土地,相當於"塊",如《走馬樓吳簡·竹簡〔壹〕》4.38:"佃畝二町,凡廿五畝。"(詳參第一章第一節"町₁"條)但《龍崗秦簡》中的這幾例,由於出現在律文中,從律文文意看土地的面積當是明確的,因此我們認爲均爲面積單位無疑。

百步的一塊,也就是每畮爲一百六十步。畹八十步,當畛之半,爲每
畮百六十步之田五十畮。《玉篇》謂秦孝公三十步爲畹,三十步當是
二百四十步的八分之一。百畮的八分之一,爲十二畮半,王逸十二畮
爲畹之說與此相合。"①

5. 畹(婉)

土地面積單位量詞。其具體制度,說法不一。一說三十畮爲畹,
《說文·田部》:"畹,田三十畮也。"桂馥義證:"《離騷》:'余既滋蘭之
九畹兮,又樹蕙之百畮。'王注:'十二畮爲畹。'《玉篇》:'秦孝公二百
三十步爲畮,三十步爲畹。'馥謂三十步即田之長也。"②《文選·左思
〈魏都賦〉》:"右則疏圃曲池,下畹高堂。"劉逵注引班固曰:"畹,三十
畮也。"一說十二畮爲畹,見桂馥義證引《楚辭·離騷》王逸注。

簡帛文獻中則僅見於《銀雀山漢簡》:

(1)《孫子兵法》155—160:"范、中行是(氏)制田,以八十步
爲婉(畹),以百六十步爲畛,而伍稅之。其□田陜(狹),置士多,
伍稅之,公家富。公家富,置士多,主喬(驕)臣奢,冀功數戰,故
曰先【亾(亡)】。☒公家富,置士多,主喬(驕)臣奢,冀功數戰,故
爲范、中行是(氏)次。韓、魏(魏)制田,以百步爲婉(畹),以二百
步爲畛,而伍稅【之】。其□田陜(狹),其置士多,伍稅之,公家
富。公家富,置士多,主喬(驕)臣奢,冀功數戰,故爲智是(氏)
次。趙是(氏)制田,以百廿步爲婉(畹),以二百卅步爲畛,公无
稅焉。公家貧,其置士少,主儉臣收,以御富民,故曰固國。晉國

---

① 銀雀山漢墓竹簡整理小組《銀雀山漢墓竹簡》,北京:文物出版社,1985 年版,
頁 31。

② 按秦制,寬一步,長二百四十步爲畮(參"畮"字條),《玉篇》云"二百三十步"不知
其所據,古文三、三(四)均爲積畫,或因此而誤。按桂馥所釋《玉篇》,意指二百四十步爲一
畮之長,而按此長度,寬三十步爲畹,即三十畮爲一畹。《漢語大詞典》卷七:"或以三十步
爲一畹。"但未言所本,可能即據《玉篇》此文。

歸焉。"

《孫子兵法》一書毫無疑問早在戰國就已經成書了。整理者注："嫚,借爲畹,古代地積單位。……本篇所説的畹相當於半畛,實爲五十畝。"①

6. 石₄

土地面積單位量詞,其制未詳。僅見於出土於長沙的《東牌樓漢簡》:

> (1)5:"母姃有田十三石,前置三歲,田税禾當爲百二下②石。……張、昔今强奪取田八石;……宗無男,有餘財,田八石種。……以上广二石種與張,下六石悉畁還建。張、昔今年所畁建田六石,當分税張、建、昔等。"

"石"方言中可以用作土地面積單位,其制度各地不一,或以十畝爲一石,或以一畝爲一石。周立波《山鄉巨變》上六:"在王家村,有兩石田,一個瓦屋,還有一座茶子山。"原注:"一石田是六畝三分。"

7. 畦

土地面積單位,通常爲五十畝。《莊子·天地》:"(子貢)見一丈人方將爲圃畦。"陸德明《釋文》:"李云:'埒中曰畦。'《説文》云:'五十畝曰畦。'"《史記·貨殖列傳》:"若千畝卮茜,千畦薑韭:此其人皆與千户侯等。"司馬貞《索隱》引劉熙曰:"今俗以二十五畝爲小畦,五十畝爲大畦。"

土地面積單位量詞"畦"先秦簡帛文獻未見,兩漢簡帛可見:

> (1)《居延漢簡》506.10A:"城官中亭治園絛。韭三畦,葵七畦,葱三畦。凡十二畦。其故多过条者。勿减。"
> (2)《金關漢簡》73EJT23:765:"園韭五畦。"

---

① 銀雀山漢墓竹簡整理小組《銀雀山漢墓竹簡》,北京:文物出版社,1985年版,頁30。

② "下"字圖版清晰,隸定無誤,但文意扞格不通,疑爲"十"之訛字。

由於簡文性質等原因，量詞"畦"簡帛文獻用例罕見，但後世却是一直沿用的。

8. 步₂

表示土地面積單位的量詞。商鞅變法規定五尺爲步，橫一步，直二百四十步爲一畝，即二百四十平方步爲一畝。也就是說，"平方步"是"畝"的下級單位，與"畝"的進位是二百四十。[①] 今從簡帛文獻可知，此制沿襲了很長時間，至少兩漢三國時期一直沿用。也就是說，古人在用"步"表長度單位的同時，也用"步"表面積單位"平方步"，亦即古人在表示面積時是不説"平方步"的，而是説"步"，其書寫形式和語音形式與長度單位量詞"步"同。面積單位量詞"步"兩漢時代用例如：

(1)《港大漢簡·河堤簡》205："莫陽鄉徹丘堤，凡八里百廿步，積七千五百六十步。衛(率)廣三步，積七千五百六十步。"

積，面積。率，即規格、標準，此處指河堤的寬度標準。第一、三個"步"是長度單位，第二、四個"步"是面積單位(以下幾例同)。古者長度一里等於三百步。簡文大意爲：莫陽鄉徹丘堤，長度共八里百廿步（300 步×8＋120 步＝2520 步），實際面積是七千五百六十平方步。按堤寬三步之標準計算，面積應是七千五百六十步（2520 步×3 步＝7560 平方步），實際與此相符。

(2)又，208："北鄉京□堤，凡卅二里六十步，積七萬九千八百步。衛(率)廣八步少半步，積八萬五百步，【畸】多，實七百步。"

畸，指河堤不規整。簡文大意爲：北鄉的河堤，總共長度是三十二里六十步（300 步×32＋60 步＝9660 步），實際面積爲七萬九千八百平

---

① 作爲面積單位的"步"，在張家山漢簡《算數書》中甚多，可詳見張顯成《張家山漢簡中的量詞》，載《漢語史研究集刊》第 10 輯，成都：巴蜀書社，2007 年版。

方步(79800 平方步),按照寬八步少半步($8\frac{1}{3}$步)的標準來計算,面

積應該是八萬五百平方步(9660 步×$8\frac{1}{3}$步＝80500 平方步),是因

爲不整齊的地方太多,實際相差七百平方步。

(3)又,211:"若鄉□堤,凡九里百五十二步,積萬八千步。
衙(率)廣六步少半步,積萬八千六十二步大半步,畸多,實六十
二步,大半步。"

此句大致意思爲:河堤長九里百五十二步(2852 步),實際面積八千

平方步。按照寬六步少半步($6\frac{1}{3}$步)的標準來計算,面積應爲一萬

八千六十二步大半平方步(2852 步×$6\frac{1}{3}$步＝18062$\frac{2}{3}$平方步),是

因爲不整齊的地方太多,實際相差六十二平方步又大半平方步(62

$\frac{2}{3}$平方步)。

(4)《張家山漢簡·算數書》43:"并租:三步一斗,麥四步一
斗,荅五步一斗,今并之租一石,問租幾何?"

簡文大意爲并租題:租種田地種禾是三平方步交租一斗,麥是四平方
步交租一斗,荅五平方步交租一斗。現設(每種作物面積相同),一共
交租一石(十斗),問(每種作物各)交租多少?

(5)又,68:"稅田廿四步,八步一斗,租三斗。今誤券三斗一
升,問幾何步一斗? 得曰:七步Ⅲ(三十)七〈一〉分步廿三而一
斗。"

簡文大意爲:要交租的田面積爲二十四平方步,八平方步交租一斗,
共應交租三斗。現在契據誤寫作共交三斗一升,問(這樣算成了)幾
平方步一斗? 答按:七又三十一分之二十三平方步一斗。

(6)又,93—95:"租禾誤券者,术(術)曰:毋升者直(置)稅田

【步】數以爲實,而以券斗爲一,以石爲十,并以爲法,如法得一步。其券有【斗】者,直(置)與田步數以爲實,而以券斗爲一,以石爲十,并以爲法,如法得一步。其券有升者,直(置)與田步數以爲實,而以券之升爲一,以斗爲十,并爲法,如【法】得一步。”

簡文大意爲:田租的契據數字(如果)寫錯了,算法如下:沒有升數(祇有石、斗的,)直接將稅田的面積(平方)步數作爲被除數,將契據上的斗數加上石數的十倍,和作爲除數,相除的商即是實際的(平方)步數。契據中有斗數的,將稅田的(平方)步數作爲被除數,將斗數加上石數的十倍,和作爲除數,相除的商即是實際(平方)步數。契據中有升數的,將稅田的(平方)步數作爲被除數,而將升數加上斗數的十倍,和作爲除數,相除的商即是(一升對應的)(平方)步數。

此量詞在《張家山漢簡》和《港大漢簡》中用例很多,他如《港大漢簡》簡 200、201、202、204、206、207、209、210、212、213、215、221、223;《張家山漢簡·算數書》簡 44、83、84、85、86、87、91、92、93、94、95、96、166、167 等。三國時期的吳簡中仍很常見,例如:

(7)《走馬樓吳簡·嘉禾吏民田家莂》5.9:“三州丘男子謝奴,佃田十三町,皆二年常限。其廿三畝百廿步旱不收布;定收十九畝一百廿步,爲米廿三斛四斗,畝收布二尺。”

(8)又,5.16:“下伍丘男子嚴追,佃田八町,凡廿一畝百卌步,皆二年常限。其十畝百六十步旱敗不收布;定收十畝二百廿步,爲米十三斛一斗,畝收布二尺。”

(9)《走馬樓吳簡·竹簡〔壹〕》7383:“☑□卅二畝廿一步。”

(10)又,7917:“其七十一畝一百廿步。☑”

(11)又,7918:“十一畝二百卅四步。”

該詞《走馬樓吳簡》甚多,他如《嘉禾吏民田家莂》簡 5.3、5.4、5.19、5.22、5.23、5.46、5.50 等等。“步”作爲土地面積單位量詞《大字典》、《大詞典》諸辭書均未收,實際上面積單位量詞“步”在傳世文獻中也有用例，衹不過用例不多，且主要見於方術文獻中罷了，例如《九章算術》中就有不少。先看《方田》中一段文字：“今有田廣十五步，從十六步，問爲田幾何？答曰：一畝。”（大意爲：現在有一塊田，廣十五步，從十六步，問面積是多少？回答説：一畝。）此題演算法其實就是廣從相乘，即 15 步 × 16 步 = 240 平方步 = 1 畝。這也正説明《九章算術》中的一畝就是二百四十平方步。以下僅舉《九章算術》中面積單位量詞“步”一例：

　　　　（12）《九章算術·乘分》：“又有田廣十八步七分步之五，從二十三步十一分步之六，問爲田幾何？答曰：一畝二百步十一分步之七。”

大意爲：又有一塊田寬十八又步七分之五步，長二十三又十一分之六步，請問面積是多少？答曰：是一畝零二百十一分之七步。此題的算法爲：$18 \frac{5}{7}$ 步 × $23 \frac{6}{11}$ 步 = $\frac{4847}{11}$ 平方步 = $440 \frac{7}{11}$ 平方步 = 240 平方步 $+ 200 \frac{7}{11}$ 平方步 = 1 畝 + $200 \frac{7}{11}$ 平方步。

　　總之，今綜合出土文獻與傳世文獻可知，面積單位量詞“步”在周秦兩漢三國時期是一個廣泛使用的量詞。[①]

　　9. 堵₂

　　墻壁的面積單位量詞。《説文·土部》：“堵，垣也。五版爲一堵。”古代用板築法築土墻，五板爲一堵，板的長度就是堵的長度，五層板的高度就是堵的高度。先秦傳世文獻常見，如《詩經·小雅·鴻雁》：“之子於垣，百堵皆作。”毛傳：“一丈爲版，五版爲堵。”鄭玄箋則云：“《春秋傳》曰：‘五版爲堵，五堵爲雉。’雉長三丈，則版六尺。”到秦時，或皆統一爲一方丈。

――――――――――

　　① 另詳參張顯成、高魏《量詞“步、石、斗、升、參”意義辨正——以出土文獻爲新材料》,《成都師範學院學報》,2014 年 7 期。

先秦簡帛文獻中,楚簡未見,秦簡中有二例,見於《睡虎地秦簡》,例如:

(1)《秦律十八種·徭律》118—119:"卒歲而或決壞,過三堵以上,縣葆者補繕之;三堵以下,及雖未盈卒歲而或盜決道出入,令苑輒自補繕之。"

整理者注:"墙面一方丈爲一堵,《家語·相魯》注:'高丈長丈曰堵。'"後世簡帛文獻未見用例。

10. 版

城墙計量單位量詞。一版長一丈,或八尺,或六尺,高二尺。《詩經·小雅·鴻雁》:"之子於垣,百堵皆作。"毛傳:"一丈爲版,五版爲堵。"鄭玄箋則云:"《春秋傳》曰:'五版爲堵,五堵爲雉。'雉長三丈,則版六尺。"《史記·趙世家》:"三國攻晉陽,歲餘,引汾水灌其城,城不浸者三版。"張守節《正義》引何休曰:"八尺曰版。"《資治通鑒·周威烈王二十三年》載此事,胡三省注:"高二尺爲一版;三版,六尺。"

簡帛文獻用例很少見:

(1)《孔家坡漢簡》207 貳—214 貳:"垣,二版,□□;三版,弗居;四版,賤人死之;六版,母死之;七版,父死之。"

孔家坡漢墓的墓葬時代爲漢景帝後元二年(公元前 142 年),日書類文獻的成書當早於此。

第三類　貨幣單位量詞

貨幣單位量詞也是一種制度單位量詞,有嚴格的規定標準和進制。由於文獻性質等方面的原因,簡帛文獻所見貨幣量詞僅僅有錢、布、金、分四個,分述如下。

1. 錢(泉)

貨幣單位量詞,指稱貨幣時是名詞,但用於數字後,表示貨幣數量時,就成了貨幣單位量詞。《正字通·金部》:"錢,冶銅爲錢,易貨也。古之爲市,所有易所無。布幣金刀龜貝之法窮,錢始行。周制以商通貨,太公望立九府圜法,錢外圓而内孔方,輕重以銖,圜者爲均通也。……漢以後大小輕重不一,各稱各殊。國家改元,必更鑄以年號爲文,輪廓如舊。"《國語·周語下》:"景王二十一年,將鑄大錢。"韋昭注:"錢者,金幣之名,所以貿易買物、通財用者也。古曰泉,後轉曰錢。"

先秦簡帛文獻中,楚簡帛未見,秦簡則很普遍:

(1)《睡虎地秦簡·法律答問》1—2:"五人盜,臧(贓)一錢以上,斬左止,有(又)黥以爲城旦;不盈五人,盜過六百六十錢,黥劓以爲城旦;不盈六百六十到二百廿錢,黥爲城旦;不盈二百廿以下到一錢,遷之。"

(2)又,25—26:"今或益〈盜〉一腎,益〈盜〉一腎臧〈贓〉不盈一錢,可(何)論? 祠固用心腎及它支(肢)物,皆各爲一具,一具之臧(贓)不盈一錢,盜之當耐。或直(值)廿錢,而被盜之,不盡一具,及盜不直(置)者,以律論。"

(3)《龍崗秦簡》40:"二百廿錢到百一十錢,耐爲隸臣妾;□□"

(4)又,41:"不盈廿二錢到一錢,貲一盾;不盈一錢□□"

此詞甚多,他如《睡虎地秦簡》:《秦律十八種·金布律》64、69、91(2)、92、94(4)、95(4);又《司空》133(2)、143、148(2)、152;又《效律》8(3)、9(4)、13(4)、14、15(3)、56(3)、57、58、59(3);又《法律答問》7、8、9(2)、10、13、14、15(2)、29、37、38、40、41、67、92、141、183、209;又《封診式》15、19、39 等等。兩漢簡帛文獻亦很常見,如:

(5)《張家山漢簡·二年律令》55—56:"盜臧(贓)直(值)過六百六十錢,黥爲城旦舂;六百六十到二百廿錢,完爲城旦舂;不盈二百廿到百一十錢,耐爲隸臣妾;不盈百一十到廿二錢,罰金四兩;不盈廿二錢到一錢,罰金一兩。"

(6)又,《算數書》34—35:"狐、貍、犬出關,租百一十一錢。犬謂貍、貍謂狐:而(爾)皮倍我,出租當倍殳(哉)。問出各幾何? 得曰:犬出十五錢七分【錢】六,貍出卅(三十)一錢【七】分【錢】五,狐出六十三錢【七】分【錢】三。"

(7)又,76:"今有鹽一石四斗五升少半升,買取錢百五十欲石衛(率)之,爲錢幾何? 曰:百三錢四百卅(三十)□分錢九十五〈二〉。"

(8)《甘谷漢簡》30 正:"□遂爵召明給事又鄉掾長萌等□令又均出廿錢及吏張□□□"

(9)《古人堤漢簡》37 正:"□□□凡千一百一十三錢□"

(10)《胥浦漢簡》1085—1086:"嫗言公文年十五去家自出爲姓,遂居外,未賞持一錢來歸。"

(11)《尹灣漢簡》M6D1 反:"一歲諸錢入二萬萬六千六百六十四萬二千五百六錢,一歲諸錢出一萬萬四千五百八十三萬四千三百九十一。"

(12)《居延漢簡》554.2,554.3:"幼兄長兄取卅錢,送□長公第。□周中卿取廿九錢,備馬□□"

(13)又,20.8:"國,安糴粟四千石,請告入縣官,貴市平賈石六錢,得利二萬四千。又使從吏高等持書請安,安聽入馬七匹,貴九□□□□□三萬三千。安又聽廣德姊夫弘請爲入馬一匹,貴千錢。"

(14)《居延新簡》EPF22.395:"白刀各一,臧千錢以上,蘭越甲渠武彊隧塞天田出。"

(15)又,EPT40.6B:"最凡吏九十七人。其十四人,已前出,用羊韋八十三件,定受奉八十三人。交錢五萬九百八錢。用絳一匹,用布十八匹。"

走馬樓吳簡亦常見,例如:

（16）《走馬樓吳簡·竹簡〔壹〕》8444："☐百卅六錢三年☐☐"

（17）又，8295："☐十二萬二千四百七十九錢☐"

（18）《走馬樓吳簡·嘉禾吏民田家莂》4.6："凡爲錢一百卅九錢。"

（19）又，4.7："凡爲錢九百六十二錢。"

（20）又，4.41："凡爲錢一千六百廿三錢。"

（21）又，4.94："凡爲錢九百卅六錢。"

"錢"作爲貨幣單位量詞後世常見，此不贅述。

或稱爲"泉"。《廣韻·仙韻》："泉，錢別名。"清徐灝《〈説文解字注〉箋》："泉，借爲貨泉之名，取其流布也。"《周禮·地官·司徒》"泉府上士四人"，鄭玄注引漢鄭司農曰："故書泉或作錢。"賈公彥疏："泉與錢，今古異名。"《漢書·食貨志下》："故貨，寶於金，利於刀，流於泉。"顏師古注引如淳曰："流行如泉也。"《管子·輕重下》："今齊西之粟釜百泉，則鏂二十也。"簡帛文獻亦可見，例如：

（22）《居延新簡》EPT50.222："☐九十二枚，枚五泉，直三百☐"

（23）《敦煌漢簡》209："郎及松子尚在，賣大驪以千泉，送乘豪長僑千泉。"

（24）又，239A："目宿大貴，束三泉，留久恐舍食盡。"

但"泉"多用作名詞，亦可以用"枚"稱量，如：

（25）《居延新簡》EPT59.163："縑素上賈一匹，直小泉七百枚。其馬牛各且倍，平及諸萬物可皆倍。"

2. 布

貨幣單位量詞。按秦制，一布當十一錢，長八尺，幅寬二尺五寸。清朱駿聲《説文通訓定聲·豫部》："古以布爲幣，後制貨泉即以名之。"《詩經·衛風·氓》："抱布貿絲。"毛傳："布，幣也。"《史記·平準

書》:"虞夏之幣……或錢,或布,或刀,或龜貝。"《漢書·食貨志下》:
"是爲布貨十品。"顏師古注:"布亦錢耳。"先秦簡帛文獻中楚簡未見,
見於睡虎地秦簡,凡三例:

    (1)《秦律十八種·金布律》67:"錢十一當一布。其出入錢
以當金、布,以律。"

    (2)又,《日書甲》114 正三:"顧門,成之,三歲中日入一布;
三歲中弗更,日出一布。"

按《金布律》的規定:"錢十一當一布。"可知秦時錢、布的具體換
算制度。對於"布"的形制,秦律也有具體規定,例如:

    (3)《睡虎地秦簡·秦律十八種·金布律》66:"布袤八尺,福
(幅)廣二尺五寸。布惡,其廣袤不如式者,不行。"

兩漢簡帛亦可見,例如:

    (4)《孔家坡漢簡·日書》291 壹:"三歲弗更,日出一布,爲闕。"

孔家坡漢簡寫成時代大約在東漢末期的桓帝至靈帝末期,但該
簡性質爲《日書》,因此不能確定當時"布"是否仍作爲貨幣使用。

以前多以爲布是古代實行實物貿易階段時的貨幣單位,但從秦
簡《金布律》看,在秦代它仍是官方規定的貨幣單位,而且和其他貨幣
"錢"有明確的換算關係,而秦代早已超越了實物貿易階段,以前的觀
點應當修正。

3. 金

貨幣單位量詞。戰國和秦代以一鎰爲一金,一金爲二十兩。
《戰國策·齊策一》:"公孫閈乃使人操十金而往卜於市。"高誘注:
"二十兩爲一金。"《史記·燕召公世家》:"子之因遺蘇代百金。"張
守節《正義》引臣瓚曰:"秦以一溢爲一金。"漢代以一斤爲一金。
《史記·平準書》:"一黃金一斤。"裴駰《集解》引臣瓚曰:"漢以一斤
爲一金。"《文選·班彪〈王命論〉》:"所願不過一金。"李善注引韋昭
曰:"一斤爲一金。"

先秦簡帛文獻未見,《銀雀山漢簡》可見:

　　(1)《銀雀山漢簡·尉繚子》464:"十萬之師出,費日千金,□□□□□【□□】故百戰百勝,不善者善"

　　(2)又,517:"故今世千金不死,百金不胥靡。"

　　(3)又,521—522:"十萬之師出,費日千金。今申成十萬之眾,封內與天□"

簡本《尉繚子》中的用例自然當取秦制。

　　(4)《鳳凰山167號墓漢簡》54:"繡橐一,盛八千金。"

　　(5)又,56:"素繡橐一,盛萬九千金。"

鳳凰山167號漢墓墓葬時代爲漢文帝至景帝時期,從文意看當取漢制。

4. 分₄

貨幣單位量詞,十分爲一錢。簡帛文獻中亦很罕見,確切無疑當用例僅《居延新簡》一例:

　　(1)《居延新簡》EPT51.214:"出錢八,就十月盡十二月,月二錢七分。"

該簡大意爲:出八錢,從十月到十二月,每月二錢七分。$8 \div 3 \approx 2.7$,由此可知"分"爲一"錢"的十分之一。

附:待考制度單位量詞

有些詞,從文意看毫無疑問當爲制度單位量詞,甚至可以確定是某一大類量詞(如度量衡量詞),但由於簡文殘缺或者字多不能辨識等原因,迄今爲止仍沒有足夠的文獻材料可以考證其具體歸屬與具體制度,下面將這些疑似制度單位量詞列出,以待進一步考證。①

---

①　當然有些詞可能衹是以前所知量詞的不同書寫形式,但因無從考證,亦列於此。

1. 分

量制單位量詞。

(1)《居延漢簡》214.4:"出錢二百廿,糴(糴)粱粟二石,石百一十。出錢二百一十,糴(糴)黍粟二石,石百五。錢百一十,糴(糴)大麥一石,石百一十。出錢百一十五,糴(糴)曲五斗,斗廿三。出錢六,買燔(礬)石十分。出錢廿五,糴(糴)豉一斗。凡出六百八十六。"

這是一份商品採購記錄文書,文書中"粱粟"、"黍粟"、"大麥"均用容量單位"石"計量;"曲"、"豉"均用容量單位"斗"計量,而"礬石"則用"分"計量。很顯然,此處的"分"是與"石"、"斗"性質相同的容量單位。

(2)《居延漢簡》308.41:"☐爲大石十石七斗五升二分。"

此枚簡前所殘的文字當是指小石的數量,漢代的石、斗、升等容量單位有"大""小"之分,1 小石(斗、升)等於 0.6 大石(斗、升)[①]。從此簡的"石""斗""升"爲容量單位可知,"分"也是容量單位,是"升"的下級單位。

(3)《居延漢簡》278.10:"☐三斗一升二分☐。"

同上理,此枚簡的"分"也是容量單位。

以上"分"是量制單位量詞無疑,但由於用例還不豐,特別是其實際容量是多少還不能定,姑列於此以待考論。

2. 檐(擔)

一説同"石",則爲量制單位量詞,簡帛文獻僅僅見於《九店楚簡》,凡十九例,如:

(1)《九店 56 號墓楚簡》1:"【雟一秭又五來,敓拂之】三檐

---

① 詳上文所述及張顯成、高魏《量詞"步、石、斗、升、參"意義辨正——以出土文獻爲新材料》,《成都師範學院學報》,2014 年 7 期。

（擔）。舊二秅，敀捫之四檐（擔）。舊二秅又五來，敀捫之五檐（擔）。舊三秅，敀捫之六檐（擔）。舊三☒"

（2）又,2:"☒秅,敀捫之八檐（擔）,舊四秅☒"

（3）又,3:"☒之十檐（擔）,舊五秅又五來,敀捫之十檐（擔）一檐（擔）。舊六秅,敀捫之十檐（擔）二檐（擔）。方一,麇五,□□☒"

（4）又,4:"☒咊□□方七,麇一,舊五秅又六來,舊四【檐（擔）,方宀一,舊十】檐（擔）又三檐（擔）三赤二筥。方大首一,舊廿檐（擔）,方☒"

（5）又,5:"☒三赤二筥,方三,大首一,舊□□檐（擔）□□☒"

（6）又,6:"☒【舊】□檐（擔）三檐（擔）三赤二筥,方☒"

（7）又,7:"☒舊四十檐（擔）六檐（擔）,粖三刟一筥☒"

一"檐"即一石。如《吕氏春秋·異寶》:"荆國之法,得五員者,爵執圭,禄萬檐。"高誘注:"萬檐,萬石也。"畢沅校:"檐與儋古通用,今作擔。"

一説同"擔"。同爲楚物的"鄂君啓節"云:"如檐徒,屯二十檐以當一車。"意思是説,擔荷的人徒,皆集二十擔以當一車。于省吾先生云:"古籍'擔荷'字本作'檐'或'儋','擔'爲後起的俗體字。"[1]則"檐"是成擔貨物的計量單位。

3. 刟（半、刟）

推測當爲楚量制單位量詞,最早見於楚邘客銅量銘文:"鑄廿金刟。"據周世榮先生所説,"刟"這種銅量爲圓筒形,象現在的量杯,容量是 2300 毫升。[2] 簡帛中見於《九店楚簡》和《新蔡楚簡》,例如:

---

① 于省吾《"鄂君啓節"考釋》,載《考古》,1963 年 8 期,頁 447。
② 周世榮《楚邘客銅量銘文試釋》,載《江漢考古》,1987 年 2 期,封三。

  (1)《九店 56 號墓楚簡》7:"舊四十檐六檐,粇三訠一筥☐"

  (2)又,8:"☐☐☐粇三訠一筥。"

  (3)《新蔡楚簡》甲三:211:"☐受二㠯又二赤又剌又杓。"

  (4)又,甲三:90:"☐八十㠯又三㠯又一剌、杓、膚首。"

傳世文獻未見。李學勤先生則將這個字釋爲"辨",讀爲"半"。[①]
黃錫全先生則釋爲"閗",但在文例中也釋義爲"半"。[②]

  董珊先生結合傳世文獻與出土文獻所見材料進行了詳細考釋,提出李學勤先生的觀點是正確的,並做了詳細而嚴密的論證。荆州黃山墓地 40 號戰國楚墓出土四件銅環權(M40:2-1、2、3、4),最大一件無銘文,重 30.8 克,合 2 兩;另外三件分別刻銘"一兩"(15.3 克)、"訠兩"(7.8 克)、"才(錙)兩"(4 克),[③]"訠兩"權重 7.8 克,恰好爲"一兩"權重量的一半,此材料可以强力支持有關"剌"、"訠"都讀爲"半"的看法。[④]

 4. 秎(秚)

  推測爲楚量制單位,爲同一字的異體,具體所量未詳。凡十例,均見於《九店楚簡》,如:

  (1)《九店 56 號墓楚簡》1:"舊二秚,敓拇之四檐。舊二秚又五來,敓拇之五檐。舊三秎,敓拇之六檐。"

  (2)又,3:"舊五秎又五來,敓拇之十檐一檐。"

傳世文獻未見。

---

  ① 李學勤《楚簡所見黃金貨幣及其計量》,載《中國錢幣論文集》第四輯,北京:中國金融出版社,2002 年版,頁 61-64。

  ② 黃錫全《試説楚國黃金貨幣稱量單位"半鎰"》,載《古文字研究》第二十二輯,北京:中華書局,2000 年版,頁 181-188。

  ③ 荆州博物館《湖北荆州黃山墓地 40 號戰國楚墓發掘簡報》,《江漢考古》,2007 年4 期。

  ④ 董珊《楚簡簿記與楚國量制研究》,載《考古學報》,2010 年 2 期。

5. 來

推測爲楚量制單位,具體所量未詳。凡五例,均見於《九店楚簡》,如:

> (1)《九店 56 號墓楚簡》1:"舊二秅又五來,敧拊之五檐。"
>
> (2)又,4:"舊五秅又六來。"

傳世文獻未見。

6. 赤

推測爲楚量制單位,具體所量未詳。見於《九店楚簡》與《新蔡楚簡》:

> (1)《九店 56 號墓楚簡》4:"舊十檐又三檐三赤二筥。"
>
> (2)又,5:"☒三赤二筥。"
>
> (3)又,6:"☒【舊】☒檐三檐三赤二筥。"
>
> (4)《新蔡楚簡》甲三:203:"☒吳殿無受一赤,又籿,又弆𦉢,又顏首;吳熹受一固、二赤,弆☒"
>
> (5)又,甲三:254:"☒三赤,又朋☒"

傳世文獻未見。自名爲"赤"的楚量或楚器没有發現。但董珊先生認爲:"新蔡簡'赤'位於'半'前,九店簡'赤'位於'參'前,'半'也位於'參'前。據上述,'赤'是與'半'、'參'相對而言的那個'一'。在楚量制中,'半'所表示的'二分之一'即'二分赤之一'。"則其容量爲4500 毫升。[①]

7. 筥

推測爲楚量制單位,具體所量未詳。見於《九店楚簡》,凡五例:

> (1)《九店 56 號墓楚簡》4:"舊十檐又三檐三赤二筥。"
>
> (2)又,5:"☒三赤二筥。"

---

① 董珊《楚簡簿記與楚國量制研究》,載《考古學報》,2010 年 2 期。

(3)又,6:“☐【萅】□檐三檐三赤二篙。”

(4)又,7:“☐萅四十檐六檐,䊓三赤一篙。”

(5)又,8:“☐□□□䊓三赤一篙。”

傳世文獻未見。

李學勤先生認爲當讀作“參”,“是三分之一”,爲量制單位。[①] 則其容量爲1500毫升。而李天虹先生則疑當爲“箩”之異體字,則其容量爲1100毫升。[②]

按,稅(秷)、來、赤、篙等楚量傳世文獻及辭書均未見,且因所量對象的簡文字義多不詳,影響了對文意的理解,衹能據簡文推測,“稅(秷)”與“來”的比率是一比十,“萅”經“敔掤”後,“稅(秷)”與“檐”、“來”與“檐”的比率分別是一比二、五比一。但是否符合簡文原意,還有待於新資料的發現來證明。

8. 固

楚度量制單位量詞,見於《新蔡楚簡》,是新蔡楚簡所見的最大的容量單位,如:

(1)甲三:90:“八十固又三固,又一肕,籿、顏首”

(2)又,甲三:203:“☐吴殹無受一赤,又籿,又弁,又顏首;吴熹受一固、二赤,弁☐”

(3)又,甲三:206:“☐三赤,三;孫達受一固,又三赤;文惷受亖(四)”

(4)又,甲三:211:“☐受二固,又二赤,又肕,又籿。”

(5)又,甲三:220:“一固,六鉒,一匀;宋良志受亖(四)固,又

① 李學勤《楚簡所見黄金貨幣及其計量》附録,載《中國錢幣論文集》(第四輯),北京:中國金融出版社,2002年版,頁61—64。

② 李天虹《戰國文字“𥦃”、“削”續議》,《出土文獻研究》第七輯,上海:上海古籍出版社,2005年版,頁35—38。

一赤。”

(6)又，甲三：224：“☐某楷冬御釮受十⿷匚古，又二赤，或受三⿷匚古，二赤☐”

(7)又，甲三：292：“衝車□、馭昊(昃)受九⿷匚古，又肕；晉☐”

(8)又，甲三：294、零：334：“目(以)琝；䩦不害，鄰回二人受二⿷匚古；攻婁連爲攻人受六⿷匚古☐”

(9)又，甲三：311：“☐受二⿷匚古；又二赤，……二赤，又弇☐”

(10)又，乙三：4：“☐一⿷匚古□□；奠(鄭)逿受二□☐”

(11)又，零：375：“☐六⿷匚古，又☐”

(12)又，零：343：“☐宋木受一⿷匚古，又☐”

《正字通·匚部》：“⿷匚古，同⿷匚夭。見古鐘鼎文。”⿷匚夭，即簠，古代食器，也用作祭器。但從《新蔡楚簡》用例看，其進制似與“鈞”、“赤”等度量衡單位有關。

宋華强先生認爲：“簡文中的‘⿷匚古’應該讀爲‘鬴’，即‘釜’字異體。”即《周禮·考工記》所謂栗氏之量。①

董珊先生認爲：“這種可能性是存在的。不過，從楚文字的用字習慣來看，‘⿷匚古’常常用爲方器名稱，這種器物的名稱，習慣上被稱爲‘簠’，據考證即相當於文獻中的‘瑚’(胡)。”“‘⿷匚古’讀爲‘瑚’的可能性也應該是存在的。若然，量制單位名‘⿷匚古’也應源於用作量器的器物名稱。”同時推論其容量爲 4 赤，即 18000 毫升。②

按董珊先生考証，戰國楚地中還有“筲”、“方”、“中參”、“雁首”、“麇”、“弇巠”等量制單位，但材料所限，學界仍多有争議，此不

① 宋華强《新蔡楚簡所記量器“鬴(釜)”小考》，《平頂山學院學報》，2006 年 4 期。
② 董珊《楚簡簿記與楚國量制研究》，載《考古學報》，2010 年 2 期。

贅述。①

9. 駟

> 《睡虎地秦簡·秦律十八種·司空》133:"居官府公食者,男
> 子參,女子駟。"

"參",專指"三分之一斗";"駟",疑讀爲"四",如是當指"四分之一
斗"。

> 又,《嶽麓秦簡》139/1826＋1842:"一人斗食,一人半食,一
> 人參食,一人駟食,一人駃食,凡五人。"

有學者將"參"、"駟"都歸入度量衡單位量詞,"參"在秦漢簡帛文
獻中都可以見到,而且使用頻率也較高,但"駟"却僅見於《睡虎地秦
簡》《嶽麓秦簡》,用例也很罕見,而且更多用作數詞,如《睡虎地秦
簡·秦律十八種·傳食律》179－180:"御史卒人使者,食粺米半斗,
醬駟(四)分升一,采(菜)羹,給之韭蔥。其有爵者,自官士大夫以上,
爵食之。使者之從者,食糲米半斗;僕,少半斗。"姑列於此,以備進一
步考察。

10. 半

> 《睡虎地秦簡·秦律十八種·倉律》55—56:"城旦之垣及它
> 事而勞與垣等者,旦半夕參;其守署及爲它事者,參食之。其病

---

① 九店簡 3:"方一麇一。"簡 4:"方七麇一。"簡 9:"方四麇一。"簡 10:"[方]五麇一。"
簡 4:"方市筥一。"簡 4:"方齌＝一。"簡 4:"方三齌＝一。"董珊先生認爲:"我們知道,古漢語
數量詞既可以做'數＋量',也可以將數詞後置做'量＋數'。而將這些結構視爲"量＋數"
結構。"九店簡第二類簿記的格式可以概括爲:'舊'前面的部分作'量＋數';'舊'後面的
數量詞作'數＋量'。這種格式提示我們,'舊'前面'量＋數'的部分很可能是計量名稱被
省略的另一種性狀的東西。其記錄格式採取'量＋數',很可能是爲了不要與前一條記錄
的末端混淆。"(《楚簡簿記與楚國量制研究》,載《考古學報》2010 年 2 期)量詞是由名詞語
法化而來的,而數詞同名詞組合時有"數＋名"和"名＋數"兩種構式,但後者本身使用頻率
就很低,"量＋數"構式無論傳世文獻還是出土文獻均很罕見,尤其是制度單位量詞,更難
以進入這一構式,而制度量詞用於這一構式而且"數＋量"構式與"量＋數"構式同現與同
一語境的,文獻未見。因此,我們認爲這些結構中的"方"、"齌"等並不一定就是量詞。

者,稱議食之,令吏主。城旦舂、舂司寇、白粲操土攻(功),參食之;不操土攻(功),以律食之。"

又,58:"免隸臣妾、隸臣妾垣及爲它事與垣等者,食男子旦半夕參,女子參。"

"參",專指"三分之一斗";"半",當專指"二分之一斗"而言。

又,《嶽麓秦簡》139/1826+1842:"一人斗食,一人半食,一人參食,一人駟食,一人駃食,凡五人。"

有學者將"半"列入量制單位量詞,但考察秦漢簡帛文獻,用例不多,而且僅限於特定語言環境中才能確切表達具體容量"二分之一斗",姑列於此,以備進一步考察。

11. 半石

《睡虎地秦簡·效律》6—7:"半石不正,八兩以上……半斗不正,少半升以上;參不正,六分升一以上;升不正,廿分升一以上;黃金衡贏(累)不正,半朱(銖)以上;貲各一盾。"

吉仕梅先生認爲:"'半石'可以用來計算容量,但在《睡簡》中未見作容器名詞使用,出土的秦代量器中也未曾見到'半石'量器。而《效律》云:'半石不正,八兩以上。'則'半石'爲衡器。不過《睡簡》中既然有'半、半斗'這樣的量詞,又有'半石'這樣的衡器名詞,估計'半石'不僅可以爲量器名詞,也可以是容量單位。"①

12. 半斗

《睡虎地秦簡·效律》6—7:"半石不正,八兩以上……半斗不正,少半升以上;參不正,六分升一以上;升不正,廿分升一以上;黃金衡贏(累)不正,半朱(銖)以上;貲各一盾。"

又如,《秦律十八種·傳食律》179—180:"御史卒人使者,食粺米半斗,醬駟(四)分升一,采(菜)羹,給之韭葱。其有爵者,自

---

① 吉仕梅《秦漢簡帛語言研究》,成都:巴蜀書社,2004年版,頁142。

官士大夫以上,爵食之。使者之從者,食糲米半斗;僕,少半斗。"

有學者將"半斗"列入量制單位量詞,但考察秦漢簡帛文獻,用例不多,而且在漢簡中似乎往往可以看做"斗"的一半,不一定就是秦律中所説的固定的度量衡制度單位,姑列於此。

13. 大半斗/少半斗

《睡虎地秦簡·秦律十八種·倉律》39:"種:稻、麻畝用二斗大半斗,禾、麥畝一斗,黍、荅畝大半斗,叔(菽)畝半斗。利田疇,其有不盡此數者,可殹(也)。其有本者,稱議種之。"

又,41-42:"【粟一】石六斗大半斗,舂之爲糲米一石;糲米一石爲鑿米九斗;九【斗】爲毀(毇)米八斗。稻禾一石。有米委賜,稟禾稼公,盡九月,其人弗取之,勿鼠(予)。"

又,43:"爲粟廿斗,舂爲米十斗;十斗粲,毀(毇)米六斗大半斗。麥十斗,爲麰三斗。叔(菽)、荅、麻十五斗爲一石。稟毀(毇)粺者,以十斗爲石。"

按簡 39 整理者注:"大半斗,三分之二斗。"

《睡虎地秦簡·秦律十八種·倉律》60:"食餇囚,日少半斗。"

又,《傳食律》180:"使者之從者,食糲米半斗;僕,少半斗。"

按簡 60 整理者注:"少半斗,三分之一斗。"

有學者將"大半斗""少半斗"歸入量制單位量詞,但似乎可以分别看做"斗"的一大半(三分之二斗)和"斗"的一小半(三分之一斗),不一定就是秦律中所説的固定的度量衡制度單位,姑列於此。

14. 駠

《嶽麓秦簡》139/1826+1842:"一人斗食,一人半食,一人參食,一人駟食,一人駠食,凡五人。"

從簡文文意來看,"駠"當指"六分之一"斗,但僅見於《嶽麓秦簡》中,其他文獻未見,姑列於此。

吴慧先生曾指出:"在研究秦量實物時,可以看到秦統一以後量器容積表示幾升或幾分之一斗之數的情況很多。如各地博物館所藏的兩詔銅橢量，容積（水）有 485、490、500 毫升的，屬四分之一斗，即二升半之量……還有容積 584 毫升的，則是三升量而稍弱，再大一些的兩詔銅橢容小米 650 毫升，屬三分之一斗量，每升容 195 毫升。半斗的容器傳世的也有幾個：如山東鄒縣出土的秦始皇詔陶量容積（小米）爲 970、1000 毫升，還有一個容 990 毫升。所有這些——斗量、半斗量、三分之一斗量、二升半量、升量，構成了一個秦量的系列。"①

整體來看，上述 9 至 14 這些度量衡單位量詞均僅見於秦地簡牘法律文獻，"駟"、"半"用例罕見，而"半石"、"半升"則僅僅見於秦律，指的是容器而未見實際使用的用例；至於"大半斗"、"小半斗"等，雖然在秦漢有固定所指之量，但我們認爲也可以理解爲數詞"大半"、"小半"與度量衡單位量詞"斗"的組合用例；姑列於此。②

15. 度

《金關漢簡》73EJT24：136A："☐至百五十四日，日在東井二度。"

按，"度"用作量詞在古代特指躔度，即日月星辰運行的度數，古人把周天分爲三百六十度，劃爲若干區域，辨別日月星辰的方位。《書·堯典》："期三百有六旬有六日，以閏月定四時成歲。"唐孔穎達疏："周天三百六十五度四分度之一，而日行一度。"又如《後漢書·顯宗孝明帝紀》："正儀度。"李賢注："度謂日月星辰之行度也。"但簡帛文獻中，用例仍然非常罕見，姑列於此，以備考察。

16. 束

《張家山漢簡·算數書》91—92："枲程十步三韋（圍）束一，

---

① 吳慧《秦漢時期度量衡的幾個問題》，載《中國史研究》，1992 年 1 期。
② 此外，秦簡中還經常出現"半升"等單位，但既未見量器之出土實物，也未見作爲量器之相關記載，因此我們認爲可能衹是"數詞＋量詞"的組合形式而已，並非專門的度量衡單位量詞。

今乾之廿八寸,問幾何步一束?(術)曰:乾自乘爲法,生自乘有(又)以生一束步數乘之爲實,實如法得十一步有(又)九十八分步(四十)七而一束。"

《嶽麓秦簡·數》19/0835:"枲【輿】田六步,大枲高六尺,七步一束,租一兩十七朱(銖)七分朱(銖)一。"

又,24/0826:"枲輿田七步半步,中枲高七尺,八步一束,租二兩十五朱(銖)。"

值得注意的是,從漢簡法律類文獻來看,由於"茭"等往往用於賦税,所以在很多情況下"束"似乎有一定的制度,則可以歸入制度量詞,一束爲三圍(徑尺爲圍)。但這種制度却往往是不嚴格的,僅僅據目前文獻材料,無法確切考證"束"在不同時代不同地域的具體制度。因此姑且列於此,以待進一步研究。此外,在部分醫學文獻中,"束"也各有一定的制度,但這種計量往往也是模糊的,難以確切考證。

第四章

簡帛動量詞研究

　　前兩章是對簡帛物量詞的研究,本章研究簡帛中的動量詞,並將簡帛量詞的總貌以表的形式呈現。

　　動量詞是表示動作行爲數量的量詞,是漢語量詞類系中的又一大類。在量詞的兩大類系中物量詞早在殷商時代就産生了,但動量詞産生較晚。這與人類思維的發展是一致的,人類對量的認識也是先有静態的直觀的物量,然後纔有動態的可變的動量。

　　關於動量詞的起源的時代,學界主要有三種觀點:

　　一是劉世儒、王力二先生等認爲起源於南北朝時代。劉世儒先生認爲:"漢語量詞的完整體系是在這一時代(筆者按:魏晉南北朝)形成的;在此之前,縱使動量詞偶已出現,但那畢竟都還是零星的、偶見的、不穩定的,還不能形成一種範疇,一種體系。"①王力先生《漢語語法史》採納了劉先生的觀點。②

　　二是漢代説。洪誠先生最早提出,並舉出"遍"、"下"、"通"三個動量詞,前二者例證均很典型,③唯"通"之例證出自《後漢書》,而該

---

　　①　劉世儒《魏晉南北朝量詞研究》,北京:中華書局,1965 年版,頁 9。

　　②　王力先生《漢語史稿》:"唐代以後,表示行爲單位的單位詞如'回''次'等,逐漸出現了。"北京:中華書局,1980 年版,頁 243。但在《漢語語法史》據劉書修正了自己的觀點,認爲:"行爲單位詞大約起源於南北朝時代,盛行在唐宋以後。"北京:商務印書館,1989 年版,頁 35。

　　③　洪誠《王力〈漢語史稿〉語法部分商榷》,載《中國語文》,1964 年 3 期,頁 182。

書寫成於南朝宋,是否確爲東漢語料尚須斟酌;潘允中先生《漢語語法史概要》中採納了這一觀點。① 唐鈺明先生認爲"真正的動量詞在兩漢還是出現了",舉出"遍"、"下"兩個,"遍"例證爲《黄帝内經·靈樞·壽夭剛柔》和《説苑》,"下"例證爲《風俗通義》和《居延漢簡》。②

三是傅銘第、楊伯峻與何樂士、劉利③等認爲動量詞在先秦時代早已萌芽,但先秦至西漢動量詞僅零星可見。從具體例證來看,傅銘第先生舉出"周"、"匝"兩個,列例句五。④ 楊伯峻、何樂士二先生又舉出秦漢時的《左傳》、《莊子》、《吕氏春秋》、《禮記》、《淮南子》、《漢書》中的動量詞各一例:⑤

(1)《左傳·桓公十二年》:"使伯嘉諜之,三巡數之。"杜預注:"巡,徧也。"

(2)《莊子·秋水》:"孔子遊於匡,衛人圍之數帀,而弦歌不惙。"

(3)《吕氏春秋·長攻篇》:"先具大金斗。代君至,酒酣,反斗而擊之,一成,腦涂地。"

(4)《禮記·昏義》:"壻受綏御輪三周。"

(5)《淮南子·人間》:"陽虎爲亂於魯,魯君令人閉城門而捕之,得者有重賞,失者有重罪,圍三匝。"

(6)《漢書·王莽傳》:"莽立載行視,親舉築三下。"

從上述用例看,"巡"、"成"顯然還帶有很强的動詞意味,較爲典型的動量詞當爲"匝"、"周"、"下"三個。

從簡帛文獻来看,先秦簡帛文獻中楚簡帛未見動量詞,秦簡中僅

---

① 潘允中《漢語語法史概要》,鄭州:中州書畫社,1982 年版,頁 120。

② 唐鈺明《古漢語動量表示法探源》,載《古漢語研究》,1990 年 1 期,頁 73。

③ 劉利《〈國語〉的稱數法》,載《徐州師範學院學報》,1993 年 4 期。

④ 傅銘第《關於動量詞"匝"和"周"》,載《中國語文》,1965 年 1 期。

⑤ 楊伯峻、何樂士《古漢語語法及其發展》,北京:語文出版社,1992 年版,頁 204—205。

有"步"、"課"兩個,但还不典型,兩漢簡帛文獻中有動量詞"通"、"發"、"伐"、"下"、"周"、"反"六個,部分用例已較典型。可見漢語動量詞早在兩漢時期已經成爲一種範疇、一種體系,而非晚至魏晉六朝。兹分爲專用動量詞和借用動量詞兩組分析如下。

第一組　借用動量詞

從簡帛文獻看,借用動量詞祇有"步"、"課"兩個,而且二者用作動量詞均僅見於秦簡,且均爲"同源動量","課"用作動量詞後世罕見,"步"則一直沿用下來。

1. 步

《説文·步部》:"步,行也。"本義是動詞,表示"行走"義,由此引申作動量詞。《周家臺秦簡》中有六例,從其在句子中的語法功能來看,應當用作動量詞無疑:

(1)《周家臺秦簡·病方及其它》326－327:"已齲方:見東陳垣,禹步三步,曰:'皐! 敢告東陳垣君子,某病齲齒,笱(苟)令某齲已,請獻驪牛子母。'"

所謂"禹步",是古代巫師作法術時的一種行步方法,得名於古代傳説中治水的夏禹。《尸子·廣澤》:"禹於是疏河決江,十年不窺其家,足無爪,脛無毛,偏枯之病,步不能過,名曰禹步。"其步法在《玉函秘典》中有載:"禹步法,閉氣先前左足,次前右足,以左足併右足,爲三步也。"下同。

(2)又,329－330:"操兩瓦,之東西垣日出所燭,先埋一瓦止(址)下,復環禹步三步,祝曰。"

(3)又,332－333:"已齲方:見車,禹步三步,曰:'輔車車輔,某病齒齲,笱(苟)能令某齲已,令若毋見風雨。'"

(4)又,338:"操杯米之池,東向,禹【步三】步,投米,祝曰。"

(5)又,342－343:"前置杯水女子前,即操杯米,禹步【三步】,祝曰。"

(6)又,376:"北向,禹步三步,曰。"

同樣在《周家臺秦簡·病方及其它》中,同樣情況下不用"步"的也很常見,例如:

(7)簡335:"病心者,禹步三,曰。"

(8)又,340:"禹步三,汲井。"

(9)又,345:"馬心:禹步三,鄉(向)馬祝曰。"

(10)又,350:"即已,禹步三,出穜(種)所,曰:'臣非異也,農夫事也。'"

"禹步三步"和"禹步三"相比,前者使用了動量詞,語義表達較未用動量詞的後者自然更爲清晰。

當然,在這一時期"步"用作動量詞的這種用例還是很罕見的,其他用例如:

(11)《嶽麓秦簡》1067:"☑□不敢獨前畏奰與偕環走十二步反,寇來追者少皆止陳(?)共(?)射(?)☑"

2. 課

僅一例,姑列於此:

(1)《睡虎地秦簡·秦律十八種·厩苑律》19:"今課縣、都官公服牛各一課。"

課,指考核。該簡大意爲:現在對各縣、各都的官有駕車用牛考核一次。"課"處在"動·名·數·動量"結構中,顯然爲動量詞。

從先秦簡帛文獻用例來看,動量詞"步"在簡文中稱量的對象均爲動詞"禹步",而"課"則同樣祇能稱量動詞"課"。由此可見,秦簡中的動量詞"步"、"課"可能是由動詞"步"、"課"借用而來的。借用動量詞中由動詞借用而來的,一般叫做"同源動量",因爲它同它所稱量的動詞是同源而異用的,這是漢語動量詞體系的一個重要的支系。值得注意的是,動量詞的這一來源方式此後並没有繼承下來,根據劉世儒先生的考察,漢語動量詞中專用的動量詞纔是動量詞這一範疇得以形成的決定性環節,而借用動量詞是在專用動量詞造句法的系統影響下纔產生的。"在南北朝動量詞可借用的範圍還相當狹窄。一般説來,它所能借用的還祇以名詞爲限。……至於動詞(如'笑一笑''看一看'之類),在南北朝它還不能借用(由動詞轉成的動量詞當然是有的,如'過''度'等,已見前,但這是專用的動量詞,與中心動詞不同形,同'臨時借用'的與中心動詞同形的動量詞性質不同,不能併爲一談)。"①即使在動量詞系統基本成熟的魏晉六朝時期,借用自動詞的同源動量也仍未出現,直到唐五代纔逐步成熟。但是,秦簡中的"步"和"課"是否可視作典型的動量詞雖然還值得懷疑,以上諸用例表示動量却是可以確定的,這也透露出了動量詞開始語法化的信息,而這一時期專用動量詞纔剛剛萌芽,劉氏關於"同源動量"產生的動因及其起源時代的論斷尚可商榷。因爲從秦簡透露的以上信息來看,"同源動量詞"的產生似乎比"專用動量詞"還要早,呈現出與拷貝型物量詞的產生早於其他物量詞這一相同的現象。

甲骨文、金文中,表示事物的名詞與借用量詞是同一個形式的情況比較常見,如:"俘人十又六人。"(合 137 反)"羌百羌。"(合 32042)"俘人萬三千八十一人,俘馬□匹,俘車三十兩,俘牛三百五十五牛,羊三十八羊。"(小盂鼎)周法高認爲:"大概覺得'名詞·數詞'的表現法還不够明晰,有時爲了句法的整齊,便在數詞後復舉前面的名詞。"②數詞後面加上一個與前面名詞相同的名詞,從而使它起到量詞的作用,這種現象可能是量詞的最早形式,我們一般稱之爲拷貝型

---

① 劉世儒《魏晉南北朝量詞研究》,北京:中華書局,1965 年版,頁 270—271。
② 周法高《中國古代語法·稱代編》,北京:中華書局,1990 年版,頁 429。

量詞。[①] 但是，在討論拷貝型量詞時，往往僅論物量詞，都没有涉及動量詞。從簡帛文獻的用例看，"同源動量"的産生可能同樣也是當時的人覺得"動·數"的稱數樣式表意不够明晰，還有些欠缺，從而産生了明確表達的需要。從"步"條下例（1）至例（6）同例（7）至例（10）的比較可以看到，動量詞的使用顯然使得語義更爲明晰了。由於拷貝型物量詞的應用，在"類推"作用下同物量詞一樣採用復舉的方式成爲了最直接、最簡單的選擇。

第二組　專用動量詞

專用動量詞"通"、"發"、"伐"、"下"、"周"、"反"六個，均見於兩漢簡帛文獻，這些動量詞的出現標誌着漢語動量詞在漢代已經不是僅僅零星可見了，而是已經發展成爲一種範疇。其中"通"、"發"、"下"、"周"等四個動量詞具有很强的生命力，漢代以後均繼續使用。

3. 通

《説文·辵部》："通，達也。"由此引申爲表示動作行爲次數的動量詞，相當於現代漢語的動量詞"遍"或"次"。劉世儒認爲："'通'作動量，大約在東漢期間就已經萌芽。"但没有找到確切例證，所舉最早例證爲曹操《船戰令》。[②] 其實，動量詞"通"早在西漢就已經萌芽，如劉向《説苑·正諫》："賓客諫之百通，則不聽也。""諫之百通"即"諫之百次"、"諫之百遍"之意。兩漢簡帛文獻更爲常見，《額濟納漢簡》凡三見：

（1）《額濟納漢簡》2000ES7SH1：4："☑界亭常月十日、廿

---

① 拷貝型量詞，又稱爲"回應（相應）量詞"（echo-classifier）、"反響量詞"、"反身量詞"等，本書以下統一稱之爲"拷貝型量詞"。

② 劉世儒《魏晉南北朝量詞研究》，北京：中華書局，1965年版，頁259。

日、晦日夜舉苣火各一通。"

界亭固定在每月的十日、二十日及月末的最後一天的晚上點燃火把一次。

（2）又，2000ES9S：14："☑☑☑☑三日復舉苣火二通。"

（3）又，2002ESCSF1：18A："下一苣火一通。八月庚戌。"

《居延新簡》也可見：

（4）《居延新簡》EPT52、608："☑苣火二通，如時付臨桐。"

（5）又，EPT53.104A："☑☑行，夜舉苣火二通。即晝見虜三四百騎以下，☑"

（6）又，EPC36："四月庚戌平旦，衆騎，亭舉地表下一苣火再通，日中復舉☑地二單表一通，通府。謂不侵候長輔等，推辟界中，具言☑"

《居延漢簡》凡十四見，例如：

（7）《居延漢簡》13.2："到北界，舉塢上旁蓬一通。夜，塢上☑"

（8）又，39.20："出塢上苣火一通，元延二年七月辛未☑"

（9）又，43.11："八月三日丁未，日餔時，表二通。"

（10）又，126.40、536.4："臨莫長留人戊申日西中時受止虜隧塢上表再通、塢上苣火三通☑"

（11）又，170.4："九月乙酉日出五分，北一表一通，又蚤食盡北連表一通，受卒同☑"

（12）又，227.63："☑上旁蓬再通，南界☑"

（13）又，332.5："樂昌隧長己，戊申日西中時受並山隧塢上表再通，夜人定時苣火三通，己酉日□☑"

（14）又，332.13："☑午日下餔時，受居延蓬一通，夜食時，塢上苣火一通，居延苣火"

（15）又，349.11："塢上旁蓬一通，同時付並山。丙辰日入時,☐"

　　(16)又,349.14:"旁蓬一通,夜食時☐"

　　(17)又,349.27:"塢上旁蓬一通。"

　　(18)又,349.29、536.3:"火一通,人定時受塢上苣火一"

　　(19)又,428.6:"二十日、晦日舉堠上一苣火一通,迺中三十
井隊☐☐"

　　(20)又,486.49:"出堠二苣火一通。"

　　黃盛璋先生認爲簡文中的"通"爲物量詞,①魏兆惠、華學誠也指
出:"居延漢簡中出現的'舉火一通','舉旁蓬一通'等中的'通'均爲
物量詞,其實就是指燃燒火把的數量,不同通數預示的敵情不同。"②
陳練軍、陳近朱認爲簡文中的"通"是動量詞,③宋芸芸贊同此説:
"'一通'即應、滅一次。"④陳夢家先生説:"同一個烽臺須同時放三
烽、三苣,則必同時具三架烽表(烽火架)。"又指出:"漢簡一苣火,二
苣火,乃指放烽多少之數,至苣火、烽火、烽表之一通、再通、三通則有
兩種可能:一或指所放指時間,一通相當於一時;二或指應滅之次數,
唐《烽式》'凡放烽告賊者三應三滅,報平安者兩應兩滅',一通似應
即滅,二通、三通乃二應滅與三應滅。"⑤

　　從古代烽燧制度來看,我們認爲陳夢家先生的分析是合乎事實
的,這裏的"通"當爲動量詞無疑。從語法角度來看也是如此,如《居
延漢簡》428.6:"二十日、晦日舉堠上一苣火一通。"該句中"舉堠上一
苣火一通"爲典型的"動詞＋名詞＋數詞＋動量詞"結構,意思是:"在
二十日、晦日這一天在堠上舉起一個苣火,應、滅一次。"

①　黃盛璋《兩漢時代的量詞》,載《中國語文》,1961 年 8 期。

②　魏兆惠、華學誠《量詞"通"的歷史發展》,載《漢語學報》,2008 年 1 期。

③　陳練軍《居延漢簡量詞研究》,重慶:西南大學文獻所碩士學位論文,2003 年;陳近
朱《〈居延新簡〉中物量詞和稱數法探析》,上海:華東師範大學碩士學位論文,2004 年。

④　宋芸芸《簡帛文獻釋讀劄記三則》,《古漢語研究》,2010 年 4 期。

⑤　陳夢家《漢簡綴述·漢代烽燧制度》,北京:中華書局,1980 年版,頁 160－169。

值得注意的是，後世很長一段時間動量詞"通"主要用來稱量"擊鼓"一類動作的次數，因此有學者認爲："'通'本爲動詞'通達'、'通括'義，由此義發展出量詞用法，因此作爲量詞，它就含有'渾指'的意味兒。……動量詞'通'，最早開始用來稱量擊鼓類動作，'擊鼓一通'，統括若干槌數。"①從簡帛文獻用例來看，顯然並非如此。

4. 發

《説文·弓部》："發，射發也。""發"本義是"發射"，後虛化爲量詞，既可以用作"物量詞"（參上文），又可以用作"動量詞"。用作動量詞可以稱量動作的次數，《左傳·哀公十六年》："必使先射，射三發，皆遠許爲。"何樂士認爲："'發'在這裏可以理解爲動詞，也可理解作量詞。'發'在《左傳》裏，除此之外都用爲動詞。這個'發'可能也是動詞，以後逐步發展成爲動量詞；也可能當時已具備有動量詞的性質。總之，可以看出，有些動量詞是由動詞發展變化而來的。"②兩漢簡帛文獻亦可見：

> （1）《張家山漢簡·二年律令》478："卜學童能風（諷）書史書三千字，誦卜書三千字，卜六發中一以上，乃得爲卜，以爲官處（?）。其能誦三萬以上者，以爲卜上計六更。缺，試脩法，以六發中三以上者補之。"

誦卜書，誦讀卜書。卜六發中一，占卜六次占中一次。六發中三，占卜六次占中三次。

> （2）又，145："一歲中盜賊發而令、丞、尉、所（?）不覺智（知）三發以上，皆爲不勝任，免之。"

不覺知三發以上，即不知曉三次以上。此句中的"發"似不太典型，還

①　金桂桃《宋元明清動量詞研究》，武漢：武漢大學出版社，2007 年版，頁 250。

②　何樂士《〈左傳〉的數量詞》，載《古漢語語法論文集》，北京：商務印書館，2000 年版，頁 343。

帶有很强的名詞意味。

  (3)《居延新簡》EPF16.47-48:"第八隊攻候鄣君,與主官譚等格射各十餘發,虜復并塞百騎,亭但馬百餘匹,囊他四五十匹,皆備賀並塞來,南燔"

"發"是用來計量"格射"次數的動量詞。又,古代亦以十二矢爲一發。《漢書·匈奴傳下》:"賜以冠帶衣裳……弓一張,矢四發。"顔師古注:"服虔曰:'發,十二矢也。'韋昭曰:'射禮三而止,每射四矢,故以十二爲一發也。'發猶今言箭一放兩放也。今則以一矢爲一放也。"但從該簡文意看,"格射各十餘發"當即"各射十餘箭",並非定數集合。

  例(1)中的動量詞"發"稱量的動詞爲"卜",已經擺脱了其源詞義"發射"的語義限制。從传世兩漢文獻看,《史記》中亦有用例,如《周本紀》:"武王又射三發,擊以劍,斬以玄鉞懸其小白之旗。"可見,兩漢時期"發"用作動量詞已經獲得了相當的發展。

  5. 伐

  表示對人進行擊殺或擊打、擊刺的次數的量詞,相當於量词"次"、"回"、"度"。伐,本謂擊,即擊殺、擊打、擊刺。《説文·人部》:"伐,擊也。"故可引申出動量詞義,表示對人進行擊殺或擊打、擊刺的次數。如:

  (1)《張家山漢簡·奏讞書》112:"(盜牛者毛曰:吾)誠獨盜牛,初得□時,史騰訊毛謂盜犯牛,騰曰:誰與盜? 毛謂獨也,騰曰非請(情),即笞毛北(背),可六伐。居八九日,謂毛:犯不亡牛,安亡牛? 毛改言請(情),曰:盜和牛,騰曰:誰與盜? 毛謂獨也,騰曰:毛不能獨盜,即磔治(笞)毛北(背)臀股,不審伐數,血下汙池〈地〉。"

犯,人名。可,副词,大約。可六伐,大約(擊打了)六回(度)。不審伐數,不清楚(擊打的)回數有多少。伐數,屬於"量詞+名詞"構詞格式，①此類構詞格式是戰國以後纔産生的，自然比量詞産生的時間晚。這是否反過來説明了簡文中的"伐"應當是量詞。

不過，簡文中的用例還不夠典型，"伐"是否還可解爲動詞義，有待作進一步研究，本書暫置之於動量詞中。

6. 下

"下"用作動量詞，多用來稱量"打擊"類動作行爲。至於其語源，劉世儒先生認爲是由方位詞"下"引申而來的；②王紹新先生則認爲是由動詞"從高處到低處"發展而來的。③ 金桂桃先生認爲："動量詞'下'最初主要是用來稱量'擊打'義類動詞，因爲這類動詞往往是自上而下進行的，所以從詞義虛化、發展的角度來看，我們認爲動量詞'下'由動詞'從高處到低處'發展而來更能讓人信服。"④從簡帛文獻用例來看，顯然後者更符合語言事實。

"下"的動量詞義，早在漢代中葉就萌芽了，如《漢書・王莽傳》："莽立載行視，親舉築三下。"又，《風俗通義・窮通篇》："汝南張妙會杜士。士家婚婦，酒後相戲，張妙縛杜士，捶二十下，又懸足指，士遂至死。"從兩漢簡帛用例看，"下"仍多計量"擊打"義動作：

(1)《居延新簡》EPF22.326："□所持鈹，即以疑所持胡桐木丈從後墨擊意項三下，以辛一旬内立死。按：疑賊殺人，甲辰病心腹□□"

(2)又，EPT52.178："根前所白候爱書，言敝後不欲言，今乃言。候擊敝數十下，多所□"

(3)《居延漢簡》123.58："敝辭曰：初欲言，候擊敝數十下，脅痛，不耐言。"

---

① 除此"伐數"外，它如：畝數，户數，石數，升數，步數，人數、歲數，等。

② 劉世儒《魏晉南北朝量詞研究》，北京：中華書局，1965 年版，頁 261。

③ 王紹新《課餘叢稿》，北京：北京語言文化大學出版社，2000 年版，頁 167。

④ 金桂桃《宋元明清動量詞研究》，武漢：武漢大學出版社，2007 年版，頁 170。

"下"作動量詞一直沿用下來,並逐漸發展出以表短時量爲主的用法,在現代漢語中非常常見。

7. 周

"周"的動量詞用法來源於"環繞"義,《小爾雅・廣言》:"周,帀(匝)也。"《左傳・成公二年》:"齊師敗績,逐之,三周華不注。"這裏的"周"仍然是動詞"環繞"的意思。動量詞"周"正是在其動詞"環繞"義基礎上發展虛化而來的,例如:

(1)《居延新簡》EPT59.137:"畫地三周,宿其中。寇☐"

這裏的"周"用作動量詞,用來計量動作"畫"發生的次數。

8. 反(返)

《説文・又部》:"反,覆也。"本義是"翻轉",引申而有"返回"、"往返"之義,後作"返"。反、返,古今字。如《國語・越語下》:"(越)遂興師伐吳,至於五湖,吳人聞之,出而挑戰,一日五反,王弗忍,欲許之。"《史記・刺客列傳》:"嚴仲子至門請,數反,然後具酒自暢聶政母前。"《列子・湯問》:"寒暑易節,始一反焉。"用作動量詞,往返一次稱爲"一反(返)",兩漢簡帛文獻亦可見,例如:

(1)《敦煌漢簡》1650:"三人負麻,人反十八束,反復卅里。人再反,六十里。"

該簡大意爲:三人背負麻,每人每次往返背負十八束,往返一次三十里。每人往返兩次,爲六十里。

(2)又,1693:"三人負廩步昌,人二反,致六橐。反復百八十里百廿步,率人行六十二里二百卌步。"

寫定於西漢中期的《九章算術》中亦有,字均作"返":

(3)《九章算術・均輸》:"今有負籠重一石一十七斤,行七十六步,五十返。今負籠重一石,行百步,問返幾何? 答曰:四十三返六十分返之二十三。"

(4)又:"今載太倉粟輸上林,五日三返。"

以上各例中的"反(返)"的動詞"往返"義仍很明確,都是走路的往返一次,更爲虛化的用法魏晉以後纔出現,如劉世儒説:"南北朝時代還没有'遭'('趟'更不用説),'遭'作量詞大約是到了唐宋時代纔開始産生的。"①"遭"、"趟"等動量詞産生後,動量詞"反(返)"便逐漸被替代了。

從動量詞的性質上看,動量詞系統可以分爲兩大類:一是專用的動量詞;二是借用的動量詞。② 一般認爲,"專用的動量詞,是動量詞這一範疇得以形成的決定性環節",而"借用的動量詞就是在專用動量詞的影響下,服從句法需要,臨時從其它詞類中調用而來的"。③簡帛文獻所見動量詞總計有"步"、"課"、"反"、"發"、"伐"、"下"、"通"、"周"八個,其中"步"、"課"爲借用的動量詞,而"反"、"發"、"伐"、"下"、"通"、"周"爲專用的動量詞。從歷時的角度來看,借用動量詞"步"、"課"均見於秦簡,産生的時代略早於專用的動量詞。因此,原來認爲借用動量詞是由於專用動量詞的廣泛使用而在類推作用下産生的觀點,或可修正。

附:待考動量詞

1. 輩

簡帛中有個"輩",很像動量詞,但因爲用例少,文意不甚明,而不

① 劉世儒《魏晉南北朝量詞研究》,北京:中華書局,1965 年版,頁 265。
② 與傳統語法不同,邵敬敏先生《動量詞的語義分析及其與動詞的選擇關係》把現代漢語中的動量詞系統切分爲四個層面:第一層面是通用量詞,包括計數量詞和計時量詞;第二層面是由同形量詞和短時量詞構成的自主量詞;第三層面指顯示跟動作有關的人體器官、工具及結果的借助量詞;個別的專用量詞被劃分爲第四層面,也叫情態量詞,其中包括持續量詞、整體量詞和空間量詞。載《中國語文》1996 年 2 期;又見《著名中年語言學家自選集·邵敬敏卷》,合肥:安徽教育出版社,2002 年版,頁 17-36。由於簡帛文獻所見動量詞多還處在萌芽階段,爲便於分析,我們在分類時仍然採用了傳統的分類方式。
③ 劉世儒《魏晉南北朝量詞研究》,北京:中華書局,1965 年版,頁 8。

能確定,現暫列之以待考。此詞見於《張家山漢簡·奏讞書》:

  (1)136—140:"刻(劾)下,與脩(攸)守媱、丞魁治,令史旽與義發新黔首往候視,反盜多,益發與戰。義死,脩(攸)有(又)益發新黔首往戲(擊),破,凡三輩,旽并主籍。其二輩戰北當捕,名籍并居地筍中,旽亡,不得,未有以別智(知)當捕者……氏曰:旽主新黔首籍,三輩戰北,皆并居中一筍中,未有以別智(知)當捕者。"

候視,同義連用,均即伺望。旽并主籍,令史旽一併主管新黔首名籍。

劉世儒《魏晉南北朝量詞研究》未論及"輩"用作動量詞。《漢語大字典·車部·輩》舊版新版均列有動量詞義,其義項⑤"量詞"下之"2"新舊版均云:"次。《史記·秦始皇本紀》:'高使人請子嬰數輩。'《齊民要術·種葵》:'一歲之中,凡得三輩。'《顏氏家訓·終制》:'吾年十九,值梁家喪亂,其間與白刃爲伍者,亦常數輩。'王利器集解:'輩,猶言人次。'"《漢語大詞典·車部·輩》義項9爲動量詞義"度;次",書證爲《史記·白起王翦列傳》:"王翦既至關,使使還請善田者五輩。"司馬貞《索隱》:"謂使者五度請也。"《新唐書·封常清傳贊》:"欲入關見天子論成敗事,使者三輩上書,皆不報,回斬於軍。"仔細揣度《大字典》和《大詞典》所引書證,發現這些文例均可兩解,既可以理解爲動量詞,也可理解爲名量詞"批",故兩辭書之説並非不刊之論。

上引簡中的"輩"也似可兩解:

一是理解爲動量詞。"發新黔首往擊,破,凡三輩"意即:徵發新黔首進行攻擊而被敵方破,共三次。"二輩戰北當捕"意即:戰敗兩次當捕受罰。"三輩戰北"意即:戰敗三次。

二是理解爲名量詞"批"。"發新黔首往擊,破,凡三輩"意即:徵發新黔首進行攻擊而被敵方破,共徵發新黔首三批。"二輩戰北當捕"意即:兩批(新黔首)戰敗,當捕受罰。"三輩戰北"意即:三批(新黔首)戰敗。

正因爲以上簡文的量詞意義暫不能確定,故姑列於此待考。

附：簡帛量詞呈現總表

　　爲了更清楚簡明地瞭解簡帛中的量詞概貌及其歷時發展，本節將本書上文所述簡帛量詞以呈現表的形式列出。分爲兩個表：

　　《簡帛物量詞呈現總表》，按上文所述順序對每一個簡帛物量詞在各簡帛時段的呈現狀況逐一列出。

　　《簡帛動量詞呈現總表》，按上文所述順序對每一個簡帛動量詞在各簡帛時段的呈現狀況逐一列出。

　　所謂呈現，是指先秦、兩漢、吳晉簡帛文獻中量詞的呈現情況。先秦、兩漢、吳晉，指的是量詞所見時代，而非載體時代。

　　該表所列僅爲簡帛文獻中的使用情況，未包括傳世文獻，尤其是由於吳晉簡量詞數量不多，如走馬樓吳簡數量雖多，但內容多重複，極爲單調，因此並不能反映整個時代量詞的全貌。

　　表中的符號表示以下意義：

　　√，表示量詞在該時代簡帛可見。

　　√？，表示由於釋讀不確或簡帛殘缺且用例罕見等原因量詞在這一時代是否已經出現還有疑問。

　　√H，表示量詞雖然見於漢簡，但寫成時代卻在先秦，如《銀雀山漢簡·孫子兵法》等。

表一：簡帛物量詞呈現總表

量詞類別		序號	詞目	先秦	兩漢	吳晉
自然單位量詞	個體單位量詞	1	枚	√？	√	√
		2	個	√H	√	
		3	乘₁	√	√	√
		4	駟₁	√H		
		5	兩₁	√	√	

量詞類別		序號	詞目	先秦	兩漢	吳晉
自然單位量詞	個體單位量詞	6	艘		√	√
		7	口	√	√	√
		8	頭		√	
		9	匹₁	√	√	
		10	騎		√	
		11	所	√	√	
		12	處		√	√
		13	區		√	
		14	町₁			√
		15	領		√	√
		16	衣		√	
		17	裁		√	
		18	要			√
		19	立			√
		20	首			√
		21	編	√H	√	
		22	篇	√H	√	
		23	章	√	√	
		24	卷		√	√
		25	牒	√	√	
		26	終	√		
		27	等	√	√	
		28	級	√	√	
		29	石₁	√	√	

量詞類別		序號	詞目	先秦	兩漢	吳晉
自然單位量詞	個體單位量詞	30	條	√？	√	
		31	格	√？		
		32	給	√		
		33	瓝	√		
		34	發		√	
		35	斷	√		
		36	節	√	√	
		37	成	√	√	
		38	辟	√		
		39	顆	√	√	
		40	丸	√	√	√
		41	梃	√	√	
		42	人	√	√	
		43	夫	√		
		44	封	√	√	
		45	通		√	
		46	合₁	√	√	
		47	張		√	√
		48	物		√	
		49	事		√	√
		50	本		√	
		51	木	√		
		52	株			√
		53	紐			√

量詞類別		序號	詞目	先秦	兩漢	吳晉
自然單位量詞	個體單位量詞	54	歲	√	√	
		55	算		√	√
		56	隻		√	
		57	件		√	
		58	種		√	√
		59	塊		√	
		60	函		√	
	集體單位量詞	1	乘₂	√	√	
		2	駟₂	√H		
		3	兩₂	√	√	√
		4	雙	√	√	
		5	偶	√	√	
		6	會	√		
		7	純		√	
		8	陽	√H		
		9	稱	√		
		10	真	√		
		11	秉	√		
		12	把	√H	√	
		13	捼	√H		
		14	束	√	√	
		15	絜		√	
		16	㯭	√H	√	
		17	具		√	

量詞類別		序號	詞目	先秦	兩漢	吳晉
自然單位量詞	集體單位量詞	18	堵₁		√	
		19	積	√	√	
		20	玷		√	
		21	齊	√H	√	
		22	分₁	√H	√	
		23	撮₁	√H	√	
		24	三指撮	√	√	
		25	三指大撮	√H		
		26	三指小撮	√H		
		27	三指撮到(至)節	√H		
		28	三指一撮	√H		
		29	三指三撮	√H		
		30	户	√	√	√
		31	家	√	√	√
		32	室	√	√	
		33	术		√	
		34	稷		√	
		35	升₁		√	
		36	緘	√H		
		37	輩		√	
借用單位量詞	竹器類	1	笥	√	√	
		2	筐	√		
		3	籃	√	√	
		4	筓	√		

量詞類別		序號	詞目	先秦	兩漢	吳晉
借用單位量詞	竹器類	5	筌	√		
		6	箕	√		
		7	筶		√	
		8	箾		√	
		9	篋	√H		
		10	簞	√H		
		11	篦		√	
		12	篋		√	
		13	籠		√	
		14	篔		√	
		15	畬	√		
	木器類	16	櫝		√	
		17	梧	√	√	
		18	椑		√	
		19	棺		√	
	陶器類	20	瓶	√		
		21	硐	√		
		22	資		√	
		23	坺		√	
		24	垎		√	
		25	甌	√H		
		26	甕	√H		
		27	罍		√	

量詞類別			序號	詞目	先秦	兩漢	吳晉
借用單位量詞	醫用類		28	刀圭		√	
			29	刀		√	
			30	匕	√	√	
			31	方寸匕		√	
	泛指類		32	器		√	
			33	盛		√	
	其他		34	鼎		√	
			35	壺	√		
			36	盂		√	
			37	囊		√	
			38	橐		√	
			39	車		√	
			40	乘₃		√	
制度量詞	度量衡單位量詞	度制單位量詞	1	分₂		√	√
			2	寸		√	√
			3	尺		√	√
			4	丈		√	√
			5	尋		√	
			6	仞	√ H		
			7	匹₂		√	√
			8	幅		√	
			9	步₁	√	√	
			10	里	√	√	√
			11	圍	√	√	

量詞類別			序號	詞目	先秦	兩漢	吳晉
制度量詞	度量衡單位量詞	量制單位量詞	1	石₂	√	√	
			2	斛		√	√
			3	斗	√	√	√
			4	參	√H	√	
			5	升	√	√	√
			6	合₂	√H	√	√
			7	龠	√		
			8	勺			√
			9	撮₂			√
			10	秉	√		
			11	桶	√		
			12	桼		√	
		衡制單位量詞	1	石₃	√		
			2	鈞	√	√	
			3	斤	√	√	
			4	鎰	√		
			5	兩₃	√	√	√
			6	銖	√	√	
			7	分₃		√	
			8	錘	√		
	面積單位量詞		1	頃	√	√	√
			2	畝	√	√	√
			3	町₂	√		
			4	畛	√H		

量詞類別		序號	詞目	先秦	兩漢	吳晉
制度量詞	面積單位量詞	5	畹	√H		
		6	石₄		√	
		7	畦		√	
		8	步₂		√	√
		9	堵₂	√		
		10	版		√	
	貨幣單位量詞	1	錢	√	√	√
		2	布	√	√?	
		3	金	√H	√	
		4	分₄		√	

表二:簡帛動量詞呈現總表

詞目	序號	先秦	兩漢	吳晉
步	1	√		
課	2	√		
通	3		√	
發	4		√	
伐	5		√	
下	6		√	
周	7		√	
反	8		√	

表三:簡帛待考量詞呈現總表

量詞類別	序號	詞目	先秦	兩漢	吳晉
自然單位量詞	1	蕄		√	
	2	部		√	
	3	就	√		
	4	友	√		
	5	和	√		
	6	桓		√	
	7	煙		√	
	8	繆		√	
	9	徦	√		
	10	璧	√		
	11	墻座	√		
	12	元	√		
	13	回	√		
	14	布	√		
	15	比		√	
	16	唐		√	
	17	支	√		
	18	紤	√		
	19	胊	√		
	20	副		√	
	21	品			√
借用單位量詞	1	蠚		√	

量詞類別	序號	詞目	先秦	兩漢	吳晉
制度單位量詞	1	分		√	
	2	檐	√		
	3	䶣	√		
	4	䄷	√		
	5	來	√		
	6	赤	√		
	7	箟	√		
	8	臿	√		
	9	駎	√		
	10	半	√		
	11	半石	√		
	12	半斗	√		
	13	大半斗/少半斗	√		
	14	駃	√		
	15	度		√	
	16	束		√	
動量詞	1	輩		√	

第五章

簡帛量詞的特徵及其歷時發展研究

以上幾章我們從微觀的角度研究了簡帛的量詞,本章則從宏觀的角度來研究簡帛量詞的特徵,研究簡帛量詞的歷時發展。

第一節　簡帛量詞的特徵

古今漢語中,量詞的主要語法功能是同數詞結合組成數量短語來修飾或限定名詞或動詞,從詞法上看,還可以採用重疊形式等方式構詞。但是,簡牘和縑帛作爲書寫載體廣泛使用的先秦兩漢吳晉時期量詞的發展仍不成熟,量詞和數量結構的使用都體現出與現代漢語不同的諸多句法層面、詞法層面的特點。以下即分別從量詞本身的語法特徵、數量結構的語法特徵兩個方面展開考察。

一　量詞的語法特徵

以下從量詞的句法功能和詞法特徵兩個方面來分析簡帛量詞的特徵。

(一)語法特徵

簡帛文獻所見量詞主要有以下幾個語法特徵。

1. 從量詞的組合能力來看

簡帛文獻量詞組合能力較強,可以同數詞、形容詞、疑問代詞等結合使用,但以同數詞結合爲主,其他組合方式用例還很罕見,且多限於量詞的某一小類。

①簡帛量詞最常見的用法是同數詞結合組成數量短語,共同修飾或限定名詞或動詞。這是歷代量詞的普遍規律,此不贅述。

②同形容詞組合,尤其是集體單位量詞和借用的物量詞,由於本身性質的原因自然可以受形容詞的修飾或限定,而虛化程度較高的個體單位量詞則一般不能同形容詞組合,現代漢語亦是如此。例如:

(1)《馬王堆帛書·五十二病方》248－249:"以煮青蒿大把二。"

(2)又,《養生方》71－73:"取車踐(前),産釜(蒸)之,大把二,氣□【□□□□□□□□□□】車戔(前)□【□□】者,以布橐若盛。爲欲用之,即食□之。"

又如,量詞"撮"可以加修飾語爲"三指撮"、"三指大撮"等;度量衡單位中的"大石"、"小石"、"大斗"、"小斗"等可能也是在"石"、"斗"等度量衡單位和形容詞"大"、"小"組合而來的,後來纔有了固定的換算規律。但總體來看,簡帛文獻中的量詞同形容詞組合與後世相比還很少見。

③量詞還可以同疑問代詞組合,主要限於度量衡單位量詞,例如:

(1)《張家山漢簡·算數書》54:"有婦三人,長者一日織五十尺,中者二日織五十尺,少者三日織五十尺。今織有攻(功)五十尺,問各受幾何尺?"

(2)又,60:"桼(漆)斗卅五錢。今有卌分斗五。問得幾何錢。曰:得四錢八分錢三。"

(3)又,68:"税田廿四步,八步一斗,租三斗。今誤券三斗一升,問幾何步一斗。"

(4)又,185:"田一畞方幾何步?曰:方十五步卅一分步十五。"

魏晉以後,量詞還可以同指示代詞結合,"'輩'、'等'、'段'(還有'曹'等),它們總愛同'指形'組合,不常同數詞結合,這也是比較特殊的現象"。① 簡帛文獻中此類用法還未見。

2. 從量詞的句法功能來看

簡帛文獻量詞在句子中,主要可以充當定語、狀語、主語、謂語等句法成分。

①作定語。這是古今漢語量詞單獨充當句子成分時最典型的用法。例如:

(1)《睡虎地秦簡・秦律十八種・厩苑律》13:"卒歲,以正月大課之,最,賜田嗇夫壺酉(酒)束脯,爲旱〈皂〉者除一更,賜牛長日三旬。"

(2)《龍崗秦簡・病方及其它》338:"操杯米之池。"

(3)《曾侯乙墓簡》130:"嶋(匹馬)素甲。"

(4)又,115:"騋(乘馬)之轡。"

《左傳・僖公三十三年》"匹馬隻輪無反者"注:"隻,踦也。"劉世儒認爲這種"隻"應該是特殊的數詞,猶云"獨"或"單",形容其少的。② 但上文幾例,如"壺酉(酒)束脯"爲律文之賞賜數量,"杯米"爲祝由方之用等,均爲量詞作定語無疑。祇是一般説來,量詞作定語多限於"稱量詞",而"陪伴詞"很少見,③簡帛文獻所見"陪伴詞"作定語的,僅"匹馬",且均作合文。

②作狀語。現代漢語中,量詞一般不能作狀語,而在簡帛文獻

---

① 劉世儒《魏晉南北朝量詞研究》,北京:中華書局,1965年版,頁10。

② 綜合考察出土與傳世先秦文獻,量詞"隻"多爲量詞"雙"之省寫形式,因此我們贊同劉世儒先生的觀點,這裏"隻"應該是特殊的數詞,猶云"獨"或"單",形容其少的。

③ "陪伴詞"就是作用祇在陪伴名物,不是核算分量的。"陪伴・稱量詞"就是既具有陪伴詞性質又具有稱量詞性質的一種量詞。"稱量詞"就是實際稱量名物的,這是實量。劉世儒《魏晉南北朝量詞研究》,北京:中華書局,1965年版,頁5—6。

中,量詞作狀語的情況還很常見,因爲上古時代的量詞還遺存有很多名詞的特徵,而名詞作狀語在上古漢語中是很普遍的。例如:

(1)《睡虎地秦簡·秦律十八種·倉律》38:"種:稻、麻畝用二斗大半斗,禾、麥畝一斗,黍、荅畝大半斗,叔(菽)畝半斗。"

(2)又,《厩苑律》14:"其以牛田,牛減絜,治(笞)主者寸十。"

(3)又,《秦律雜抄》19:"城旦爲工殿者,治(笞)人百。"

(4)《孫家寨漢簡》258:"不滿數,賜錢級千。"

量詞單獨作狀語,大多可以理解作前面隱含着表"一個"的"每"或"一",現代漢語量詞更爲虛化,則不能出現這種用法。

③作主語。量詞作主語,也是量詞發展不成熟時候的一種特殊用法,正如劉世儒所言"形式上就好像它還是名詞似的"。① 例如:

(1)《張家山漢簡·二年律令》255:"五月戶出賦十六錢,十月戶出芻一石。"

(2)《居延漢簡》73.17:"☒給假千人丞蘇奉親行塞南,馬三匹,匹二束。"

(3)又,85.26:"☒黃昏時盡乙卯日食時,匹五束。"

(4)又,311.20:"戍卒魏郡貝丘珂里楊通,賫賣八稯布八匹,匹直二百卅。"

量詞的這種用法上古較多見,如《禮記·雜記下》:"納幣一束,束五兩。"又《漢書·武帝紀》:"天下馬少,平牡馬,匹二十萬。"魏晉以後隨着量詞的進一步發展虛化就逐漸少見。

④作謂語。這種用法顯然也是量詞不够成熟階段的特殊情況,例如:

(1)《睡虎地秦簡·封診式》79:"垣北去小堂北唇丈,垣東去內五步。"

---

① 劉世儒《魏晉南北朝量詞研究》,北京:中華書局,1965年版,頁13。

(2)《馬王堆帛書·五十二病方》248:"【牝】痔之入竅中寸,狀類牛幾(蟣)三□□然。"

現代漢語中以上兩例量詞前都應加"一",構成數量結構作謂語。

(二)詞法特徵

從詞法上看,簡帛文獻中量詞重疊形態的構形法還没有出現,構詞法上複音量詞也還没有出現,值得注意主要有以下幾點。

1. 由量詞構成的複合詞的產生

一般情況,量詞同量詞和其他詞語構成新的複合詞,但產生的新詞却不再是量詞,而是名詞了。

首先,偏正式複合詞"量·名"構詞方式的產生。人們從傳世文獻研究得出的結論是"量·名"的構詞方式是秦以後纔產生的。如董玉芝先生《〈抱朴子〉複音詞構詞方式初探》所舉最早例證爲《抱朴子》中的"匹夫"、"束帛"等。① 實際上,簡帛文獻中早已有了這種構詞方式,《睡虎地秦簡》中這種構詞方式即很常見,例如:

(1)《秦律十八種·田律》1-2:"雨爲澍,及誘(秀)粟,輒以書言澍稼、誘(秀)粟及狠(墾)田暘毋(無)稼者頃數。稼已生後而雨,亦輒言雨少多,所利頃數。早〈旱〉及暴風雨、水潦、螽蚰、群它物傷稼者,亦輒言其頃數。"

此段大意爲:下了及時雨和穀物抽穗,應即書面報告受雨、抽穗頃數及已開墾而未耕種的田地的頃數。禾稼已生長後下了雨,也要報告雨量多少和受益田地的頃數。若有旱災、暴風雨、澇災、蝗蟲、其他害蟲等災害損傷了禾稼,也要報告受災頃數。

(2)又,10:"禾、芻稾徹(撤)木、薦,輒上石數縣廷。"

此句意爲:穀物、芻稾撤下木頭和草墊,應即嚮縣廷報告糧草石數。

---

① 但這裏"匹夫"的"匹"並非量詞,畢竟古今漢語中人都不能用量詞"匹"來稱量的。見董玉芝《〈抱朴子〉複音詞構詞方式初探》,載《古漢語研究》,1994 年 4 期。

　　(3)《效》165－166:"禾粟雖敗而尚可食殹(也),程之,以其中秏(耗)石數論負之。"

此句意爲:糧雖敗壞然而還可食用的,應加估量,根據所損耗的石數判令賠償。

　　(4)《效律》24:"禾粟雖敗而尚可飤(食)殹(也),程之,以其中秏(耗)石數論負之。"

　　(5)《秦律雜抄》15－16:"敢深益其勞歲數者,貲一甲,棄勞。"

歲數,即年數。此句意爲:擅自增加勞績年數的,罰一甲,並取消其勞績。

　　《嶽麓秦簡》中也有很多用例,例如:

　　(6)01/0956 正:"爲實,以所得禾斤數爲法,如法一步。"

　　(7)07/2116:"述(術)曰:以受米爲法,以一斗升數乘取程步數。"

　　(8)30/0775:"欲復之,復置一束兩數以乘兌(稅)田,而令以一爲八十一爲實。"

　　例證無需再舉,足以證明偏正式名詞"量·名"構詞方式至少在秦始皇時代就已經產生且比較成熟。兩漢簡帛文獻中就更爲常見了,例如:

　　(9)《居延新簡》EPT51.258:"積河東,畢已。各以檄言積別、束數,如律令。士吏彊尉☒"

　　(10)《張家山漢簡·算數書》48－49:"舂粟:禀粟一石舂之爲八斗八升,【舂粟一石八斗八升】,當益秏(耗)粟幾何?曰:二斗三〈五〉升十一分升八〈七〉。术(術)曰:直(置)所得米升數以爲法,有(又)值(置)一石米粟升數而以秏(耗)米升數乘之【以爲實】,如法得一升。"

該簡大意爲:取粟一石,舂後得八斗八升。現在舂粟得米一石,問損耗多少？答案：一斗三又十一分之七升。算法：用（舂一石粟所得的）米數化爲升數作爲除數，用（粟舂完後得到的）一石米升數與（舂一石粟）所耗的米升數（即一斗二升）相乘作爲被除數，所得的商數即是結果。

  （11）又，50—51："銅耗（耗）：鑄銅一石耗（耗）七斤八兩。今有銅一斤八兩八朱（銖），問耗（耗）幾何。得曰：一兩十一朱（銖）百卌四分朱（銖）九十一。术（術）曰：直一石朱（銖）數爲法，亦直（置）七斤八兩者。朱（銖）數，以一斤八兩八朱（銖）數乘之【爲實】，如法一朱（銖）。"

該簡大意爲：鑄銅一石損耗七斤八兩。現在鑄銅一斤八兩八銖，問損耗多少？答案：一兩十二又二分之一銖。算法：將一石化爲銖數作除數，用七斤八兩化爲銖數與一斤八兩八銖化爲的銖數相乘作爲被除數，所除的商即是單位爲銖的結果。

  （12）又，93—95："誤券：租禾誤券者，术（術）曰：毋升者直（置）稅田【步】數以爲實，而以券斗爲一，以石爲十，并以爲法，如法得一步。其券有【斗】者，直（置）與田步數以爲實，而以券斗爲一，以石爲十，并以爲法，如法得一步。其券有升者，直（置）與田步數以爲實，而以券之升爲一，以斗爲十，并爲法，如【法】得一步。"

該簡大意爲：田租的契據數字（如果）寫錯了，算法如下：沒有升數（祇有石、斗的），直接將稅田的步數作爲被除數，將契據上的斗數加上石數的十倍，和作爲除數，相除的商即是實際步數。契據中有斗數的，將稅田步數作爲被除數，將斗數加上石數的十倍，和作爲除數，相除的商即是實際步數。契據中有升數的，將稅田步數作爲被除數，而將升數加上斗數的十倍，和作爲除數，相除的商即是（一升對應的）步數。

  但同後世文獻相比，簡帛文獻中能夠進入偏正式名詞"量·名"

構式的名詞還很少,主要是表示數量的"數",其適用範圍的進一步擴大當是在魏晉以後。

其次,並列式複合詞"量·量"構詞方式的産生。上古漢語中量詞同量詞往往可以連用,逐漸凝固成爲雙音的複合詞。這種構詞方式先秦已經萌芽,《論語·子路》:"噫!斗筲之人,何足算也!"何注:"鄭玄曰:筲,竹器,容斗二升也。"皇疏:"筲,竹器也,容一斗二升,故云斗筲也。"劉世儒云:"皇疏是有用意的:照鄭説,'筲'是竹器,可是這並不是'量'和'名'的組合,而是'量'和'量'組合,所以纔説'容一斗二升,故云斗筲也。"①又,《史記·韓信列傳》:"一日數戰,無尺寸之功。"但在這樣的時代,這種組合是否已經完成了"詞彙化",還成問題。

簡帛文獻中的"量·量"結構亦不多見,例如:

(13)《居延漢簡》495.4A:"吏奴下薄賤,多所迫,迫近官廷不得去尺寸,閒數失往入,甚毋狀,叩頭。"

(14)《敦煌漢簡》1974:"邊塞卒戍不得去離亭尺寸,□□□☑代適,卒有不然,負罰當所□☑"

(15)《馬王堆帛書·經法》5:"天下有事,必有巧(考)驗。事如直木,多如倉粟。斗石已具,尺寸已陳,則无所逃其神。故曰:度量已具,則治而制之矣。"

(16)《張家山漢簡·算數書》189—190:"一曰:里而乘里,里也,壹三而三五之,即頃畝數也。有(又)曰:里乘里,里也,以里之下即予廿五因而三之,亦其頃畝數也。曰:廣一里、從(縱)一里爲田三頃七十五畝。"

該簡大意爲:里乘里,一平方里;乘以三,再乘以五的三次方,即得頃畝數。又:里乘里,一平方里,用平方里數乘以三;再用平方里數乘以

---

①　劉世儒《魏晉南北朝量詞研究》,北京:中華書局,1965 年版,頁 17。

二十五的三倍，二者之和即爲頃畝數。

"量·量"構詞方式在簡帛文獻中還很罕見，"尺寸"、"斗石"、"頃畝"在這個時代是否已經凝固成詞，還成問題；從能够進入這一構式的量詞來看，也還限於度量衡單位量詞；但從這些簡帛文獻的例子可以看到"量·量"的構詞方式無疑在漢代已經萌芽了，至於其發展成熟，則是魏晉時期的事情了。

2. 詞綴化構詞法的初步形成

"名·量"構成新詞，進入這一構式的量詞失去了其表量功能，成爲一個詞綴，組成的新詞自然也是名詞性的，現代漢語中非常普遍，例如"車輛"、"書本"、"人口"、"官員"、"馬匹"、"船隻"等等，這種名詞往往是無定的，一般不是單數。王力先生在《漢語史稿》中說："這種結構是相當後起的，雖然中古時期有'釵朵'、'細朵'、'梅朵'、'蓮朵'的說法……但是這些'朵'字都是名詞，不是單位詞（筆者按：即量詞）。直到宋元時代，單位詞纔用作詞尾。"①劉世儒則認爲這種構詞法在南北朝就形成了，他說："在這個時代（筆者按：魏晉南北朝）以前，這種構詞法一般說還沒有形成。偶然出現幾個零星的例子，也祇能說還是一種'萌芽'，因爲數量太少，又多有問題，還不能形成爲一種範疇。……但到了南北朝，情況就大不同。因爲這是量詞空前發展的時代，而由這種方式構成的合成詞又是如此之多，還說它仍然是'名·名'的構詞法，那顯然是說不通的。"②王力先生在《漢語語法史》中據劉氏說修正了自己的觀點："後來到了南北朝，這種雙音詞纔大量產生。"③

黃盛璋先生則舉出《淮南子·氾論》中的一例："今有重罪者出犀甲一戟，有輕罪者贖以金分，訟而不勝者，出一束箭。""'金分'據高誘

① 王力《漢語史稿》，北京：中華書局，1980 年版，頁 283。
② 劉世儒《魏晉南北朝量詞研究》，北京：中華書局，1965 年版，頁 16。
③ 王力《漢語語法史》，北京：商務印書館，1989 年版，頁 31。

注是'出金隨罪輕重有分兩'，按'金分'與'犀甲一戟'、'一束箭'同列，顯然是當作一個詞看待，金銀都是以分兩計算的，所以'金分'也就和'銀兩'一樣，這裏雖然不能肯定已經弱化成爲詞尾，但至少可看到早在漢代這種弱化過程漢初已經開始，既然魏晉六朝已經使用，其萌芽與發生應在魏晉以前。"①但分析"金分"同"犀甲一戟"、"一束箭"三者並列，而後二者均爲實指的具體數量，因此"金分"亦當爲實指，即爲"金一分"之省略，而不是一個雙音詞。"除'金分'外，黃文又舉出"車輛""人口"兩詞，漢代用例三：

　　(1)《居延漢簡》136.26："史燮賈石四百車輛折軸一。"②

　　(2)《漢書·王莽傳》："羌豪良願等種人口可萬二千人，願爲内臣。"

　　(3)《淮南子·本經》"財殫於會賦"高誘注："會計人口數，責其稅斂也。"

量詞"輛"在秦漢簡帛文獻中均書作"兩"，傳世文獻亦作"兩"，"輛"的出現是南北朝中期以後的事情了。因此劉世儒認爲這個例子"恐有問題"。《居延漢簡》(及新簡)中均書作"兩"，作"輛"僅此一例，而且這種用法也沒有繼承下來，南北朝初期乃至中期仍一致書作"兩"，因此劉世儒説："我懷疑《居簡》的這個'輛'字可能另有別解(比如説它是指車的某一部分)，未必就是'兩'的分化量詞(同《水經注》中的'輛'根本不是一回事；《水經注》中的'輛'是這個時代新造的形聲字)。"③因此該例中的"車輛"自然也並非複合詞了。

王力先生在《漢語語法史》中説："單位詞又可以轉變爲名詞的詞

①　黃盛璋《兩漢時代的量詞》，載《中國語文》，1961 年 8 期。
②　參照圖版，該文今隸定爲："☐☐☐賈不四百，車輛折軸一。"
③　劉世儒《魏晉南北朝量詞研究》，北京：中華書局，1965 年版，頁 183。

尾,使這個名詞成爲雙音詞。最早的這種雙音詞大概是'人口'。"①
"人口"一詞,傳世漢代文獻,如上《漢書》及《淮南子》高誘注已見。從
兩漢簡帛文獻來看,還有幾個"名·量"結構的雙音詞,例如:

　　(1)《居延漢簡》145.2:"告尉謂第廿三候長建國受轉穀到,
　　☐言車兩石斗數。"

　　(2)《居延新簡》EPT52.548:"倉穀車兩名籍。"

　　(3)又,EPT22.364:"所受適吏、訾家、部吏卒所輸穀車兩。"

　　(4)《居延漢簡》8.1A:"陽朔二年正月盡十二月吏病及視事
　　書卷。"

　　(5)《居延新簡》EPT22.409:"建武夅年四月以來,府往來書
　　卷。"

　　(6)《金關漢簡》73EJT23:907A:"遣就人車兩人名如牒書
　　到,出入如律令。"

"兩"、"卷"用作量詞在兩漢簡帛文獻中使用已經很普遍,因此在
這一時代以上各例中的"車兩"、"書卷"二詞爲"名·量"式雙音複合
詞是毫無疑問的。從文意及其它們所處的語法位置來看,也無疑問。
值得注意的還有《尹灣漢簡》中的兩個例子:

　　(7)牘2正:"海西吏員百七人:令一人,秩千石;丞一人,秩
　　四百石;尉二人,秩四百石。官有秩一人,鄉有秩四人,令史四
　　人,獄史三人,官嗇夫三人,鄉嗇夫十人,游徼四人。牢監一人,
　　尉史三人,官佐七人,鄉佐九人,亭長五十四人。凡百七人。"

　　(8)牘2正:"蘭陵吏員八十八人:令一人,秩千石;丞一人,
　　秩四百;尉二人,秩四百石。官有秩一人,令史六人,獄史四人,
　　官嗇夫四人,鄉嗇夫十三人,游徼四人,牢監一人。尉史四人,官
　　佐八人,鄉佐四人,亭長卅五人。凡八十八人。"

<hr>

① 王力《漢語語法史》,北京:商務印書館,1989年版,頁31。

陳魏俊、譚文旗二先生引上述二例，認爲："量詞詞尾化至少在西漢時期已經開始，不是到宋元才開始的。量詞詞尾化至少提前到西漢。"[①]但"員"用作量詞兩漢簡帛文獻仍未見，更談不上詞尾化問題，其實這裏的"員"是指官員的定額或數額，《周禮·夏官·庾人》："正校人員選。"鄭玄注："正員選者，選擇可備員者平之。"又，《史記·平原君虞卿列傳》："今少一人，願君即以遂備員而行矣。"《漢書·百官公卿表上》："吏員自佐史至丞相，十二萬二百八十五人。"可見"官員"指的是"官吏的定額"，並不是"名·量"式的複合詞。

總之，無論兩漢時代的簡帛文獻還是傳世文獻中此類複合詞用例均不多見。因此，量詞詞綴化構詞法應當萌芽於兩漢時代，到魏晉南北朝獲得了迅速發展。

二　數量結構的語法特徵

量詞一般不單獨使用，而是同數詞組成數量結構共同充當句子成分，這也是量詞的重要語法特徵之一。因此，對於漢語量詞研究來說，數量結構的語法特徵自然有必要詳細考察。數量結構同量詞雖然關係密切，但特徵和用法並不完全相同，不宜混爲一談，所以我們分別討論。

現代漢語中，數量詞有特定的重疊形式，如"一個個"、"一個一個"等，這種格式在簡帛文獻中還沒有看到，即使傳世魏晉六朝文獻中也沒有出現。因此，本書重點討論其句法特徵。

（一）數量結構的組合能力

魏晉六朝以後，數量結構的組合能力非常强，可以同指示代詞組

---

① 陳魏俊、譚文旗《尹灣漢簡所見語法現象一則——量詞詞尾化補説》，載《西南民族大學學報》，2008 年 8 期。

合,也可以同形容詞組合,還可以同表示估量的副詞組合,到了現代漢語中其組合能力進一步加强。但在量詞系統剛剛建立的上古時期,數量結構的組合能力還遠遠没有後世那麽强大。一方面,同指示代詞的組合方式簡帛文獻仍未見;另一方面,同形容詞的組合亦不多見。①

1. 數量結構同形容詞的組合

數量結構同形容詞組合時,形容詞祇能放在數詞之後、量詞之前。一般來説,由名詞借用來的借用量詞同形容詞的組合最爲多見,如"文券一大厨"(《宋書·顧覬之傳》)、"一小甌食"(《高僧傳·神異篇》)、"半小籠生魚"(《世説新語·任誕篇》)等,簡帛文獻也是如此,例如:

> (1)《武威醫簡》80乙:"(取藥)温飲一小梧(杯),日三飲。"
> (2)《馬王堆帛書·養生方》172:"非廉、方(防)葵、石韋、桔梗、茈威(葳)各一小束。"

但是由於簡帛文獻量詞多見於遣策等賬簿文獻,數量結構同形容詞的組合還很少見,如《漢書·貨殖傳》"黍千大斗",爲"數·形·量"結構,而漢簡中則作"入粟大石廿五石"(《居延新簡》EPT57.26),爲"形·量·數·量"結構。

2. 數量結構同表示估量的副詞組合

在簡帛文獻中同數量結構組合的表估量的副詞主要有"餘"和"所"兩個:

> (3)《額濟納漢簡》2000ES9SF3:4B:"(胡虜)入肩水塞,略得焦鳳牛十餘頭,羌女子一人。"
> (4)《港大簡》河堤簡225正:"三月令其室人儋(擔)萺二百

---

① 當然,這也可能與簡帛文獻中量詞多出現在"遣策"等簿籍類文獻中,受文獻性質的限制有關。

餘束廟中蓋之,毋令人見也。"

（5）《敦煌漢簡》1369："官,迺丙午,虜可二百餘騎,燔廣漢塞格,至其夜過半時,虜去□□□□□□□□"

（6）《馬王堆帛書・五十二病方》365："癃自發者,取桐本一節所,以澤（釋）泔煮☑"

表估量的"餘"同數量結構的組合,現代漢語中仍常見,而"所"則在歷史發展中逐漸消失了。

（二）數量結構的句法功能

如上文所述,量詞單獨充當句子成分限制很多,並不活躍,但一旦和數詞組成數量結構,其充當句子成分的能力就大大加強了,尤其是物量詞同數詞的結合非常活躍。以下分物量詞和動量詞兩部分分別予以論述。

1. 數詞＋物量詞

數詞同物量詞的組合無論在古代漢語還是現代漢語中都非常活躍,可以充當定語、述語、主語、賓語、同位語、補語、狀語等多種句子成分,但古今漢語中其功能還是有很多不同。

①作定語

數詞同物量詞組合充當定語修飾名詞是現代漢語數量詞的主要語法功能,但在簡帛文獻中這種用法還不常見,"數・量・名"結構雖然在戰國楚簡帛中已經出現,但直到兩漢簡帛文獻用例一直很罕見。（詳參第六章第二節"數・量・名結構"條）

②作述語、補語

在簡帛文獻中,充當述語是"數詞＋物量詞"的主要句法功能,無論先秦簡帛還是兩漢以後的簡帛文獻中用例都很多,首先看先秦簡帛文獻用例,如：

（1）《望山楚簡・遣策》13："女乘一乘。"

（2）《五里牌楚簡》15："□車一乘。"

(3)《曾侯乙墓簡》115:"路車二乘。"

(4)又,193:"陽城君之路車三乘,屯麗。"

(5)《包山楚簡》255:"肉酳一籃。"

兩漢簡帛文獻,尤其是"遣策"類文獻中尤其多見,以下僅以馬王堆1、3號漢墓出土《遣策》舉例説明之:

(6)《馬王堆1號墓漢簡·遣策》1:"牛首酵羹一鼎。"

(7)又,30:"魚肤(膚)一笥。"

(8)又,51:"牛濯(鵞)胃一器。"

(9)又,94:"爵(雀)醬一資(瓷)。"

(10)又,207:"髹(漆)畫平般(盤),俓(徑)二尺五寸,一枚。"

(11)又,218:"木髹(漆)畫大檢(匳)一合。"

(12)又,236:"疎(疏)、比(箆)一具。"

(13)又,263:"右方履二兩,䵎一兩。"

(14)又,285:"右方笥二合。"

(15)又,292:"木文犀角、象齒一笥。"

(16)《馬王堆3號墓漢簡·遣策》60:"安車一乘,駕六馬。"

(17)又,69:"胡騎二匹,匹一人。"

(18)又,73:"輻車一兩,牛車十兩。"

(19)又,253:"髹(漆)畫華圩(盂)廿枚。"

(20)又,255:"髹(漆)畫大般(盤),俓(徑)三尺一寸,一枚。"

當名詞同數量短語的組合位於謂語部分,充作謂語支配或補充説明成分的,可看作是述補形式,如:

(21)《上博簡·容成氏》51—52:"武王乃出革車五百乘,帶甲三千,以少(小)會者(諸)侯之市(師)於牧之埜(野)。"

(22)《睡虎地秦簡·秦律十八種·軍爵律》155—156:"欲

歸爵二級以免親父母爲隸臣妾者一人,及隸臣斬首爲公士,謁歸公士而免故妻隸妾一人者,許之,免以爲庶人。"

(23)又,《封診式》59:"男子西有鬈秦綦履一兩,去男子其一奇六步,一十步;以履履男子,利焉。"

(24)又,《效律》60:"誤自重殿(也),減罪一等。"

以上爲先秦簡帛文獻用例。

(25)《居延漢簡》27.24:"候史王孝,坐部卒亡未得,罰金三兩。"

(26)又,35.13:"凡入穀四石九斗二升。"

(27)《居延新簡》EPT51.85:"出茭卅束,閏月乙卯,以食送使者葉君柱馬八匹,壹宿,南。"

(28)又,EPT51.90:"受六月餘石礎二合,完。毋出入。"

(29)又,EPT51.91:"第十七部茭萬束。十所。出茭三千束,候長取,直九百,入六百。出茭二千束,候史判取,直六百,已入三百。餘見五千束,令千束爲一積。留積之,令可案行,屬直所數行視。"

(30)《敦煌漢簡》79—80:"今車師諸國空,黠虜久獲獄,三輩兵宜假敦德庫兵奴矢五萬枚、雜驅三千匹。"

(31)《張家山漢簡·二年律令》287:"賜米二石、一豚、酒一石。"

(32)《額濟納漢簡》2000ES7SF1:3:"出茭百七十束,直錢百七十。"

(33)《馬王堆 3 號墓漢簡·遣策》319:"象箄卅枚。"

(34)《馬王堆帛書·五十二病方》17:"以续𣪏(斷)根一把。"

(35)《張家山漢簡·二年律令》310—312:"(户律:)關內侯九十五頃,大庶長九十頃,駟車庶長八十八頃,大上造八十六頃,少上造八十四頃,右更八十二頃,中更八十頃,左更七十八頃,右庶長七十六頃,左庶長七十四頃,五大夫廿五頃,公乘廿頃,公大夫九頃,官大夫七頃,大夫五頃,不更四頃,簪裹三頃,上造二頃,公士一頃半頃,公卒、士五(伍)、庶人各一頃,司寇、隱官各五十畝。"

以上爲兩漢簡帛文獻用例。

數量結構作述語、補語的情況後世亦常見,直到現代漢語中在記賬時,仍將數量結構置於名詞之後,如"卡車三輛"、"白菜五棵"、"桌子一張"等。

③作主語、賓語

數量結構所稱量的名詞往往可以承前或因後省略,則數量結構就具備了名詞的特性,在句子中往往可以自由充當主語、賓語等成分。

數量結構作主語,在簡帛文獻中非常多見,例如:

(1)《居延漢簡》136.43:"居延尉丞。其一封,居延倉长。一封,王憲印。十二月丁酉,令弘發。"

(2)又,89.12:"候史靳望,正月奉帛二匹直九百,其一匹顧茭,定受一匹。"

(3)《居延新簡》EPT68.188:"頭四所,其一所,創袤三寸;三所,創袤二寸半,皆廣三分,深至骨。"

(4)《張家山漢簡·二年律令》246:"百畝爲頃,十頃一千(阡)道,道廣二丈。"

作賓語亦多見:

(5)《銀雀山漢簡·守法守令等十三篇》904:"中□之木把㪿(柝)以上,室中不盈百枚者,親死不得爲郭(槨)。"

(6)又,811-812:"恒木及樕面爲四積,小石面爲二所,毀鐵及毀金器面爲一積,皆於城下,城守之備也。"

(7)《港大漢簡·奴婢廩食粟出入簿》198:"□牝三百六十

七。徵什五匹，八分去二，匹七分。去駒二百五十二，除劣馬卅十四匹，定息二百一十五。"

現代漢語中"數·量·名"結構中的名詞同樣往往可以省略，則數量結構可以獨立充當主語、賓語。

④作狀語、同位語等

簡帛文獻中，數量結構還可以充當狀語、同位語等其他句法成分，但較述語、定語、主語、賓語等爲少見，例如：

(1)《銀雀山漢簡·守法守令等十三篇》799－800："爲爵穴葉(堞)足之下，可【以□□】客者，十步而一。爲專牖於葉(堞)之中，可以密射外者，廿步而一。"

(2)又，802："▢圍十步一人，與四尺▢"

2. 數詞＋動量詞

南北朝以後，數詞同動量詞組合的句法功能主要是充當補語、狀語，但在簡帛文獻的時代，尤其是先秦兩漢動量詞發展尚未成熟的時代，其句法功能還有很多差異。

先秦簡帛文獻中，楚簡帛中未見動量詞，僅秦簡有並不典型的兩個。秦簡中"數詞＋動量詞"結構祇能置於動詞之後，充當補語，例如：

(1)《周家臺秦簡·病方及其它》326、327："已齲方：見東陳垣，禹步三步。"

(2)《睡虎地秦簡·秦律十八種·厩苑律》19："今課縣、都官公服牛各一課。"

兩漢簡帛文獻中，動量詞獲得了進一步發展，數詞同動量詞組合的句法功能也進一步擴展，可以充當補語、謂語、定語等多種句法成分，但仍以充當補語爲最多見：

(3)《額濟納漢簡》2000ES9S：14："▢□□□三日復舉苣火二通。"

(4)《張家山漢簡·二年律令》478:"卜學童能風（諷）書史書三千字,誦卜書三千字,卜六發中一以上,乃得爲卜,以爲官処(?)。"

(5)《居延漢簡》123.58:"敝辭曰:初欲言,候擊敝數十下,脅痛,不耐言。"

(6)《居延新簡》EPT59.137:"畫地三周,宿其中。寇☒"

(7)又,EPT52.178:"根前所白候爰書,言敝後不欲言,今乃言。候擊敝數十下,多所☒"

充當謂語等的用例如:

(8)《張家山漢簡·奏讞書》112:"即答毛北（背）,可六伐。"（"六伐"爲謂語。）

總之,無論是數詞同物量詞還是動量詞的組成的數量結構,其句法功能在簡帛文獻中都獲得了長足發展,但與魏晉六朝以後漢語相比,顯然還未完全成熟。

第二節　簡帛量詞的歷時發展

"語言或多或少適應一定的文明狀態,進步就在於語言最能適應説話者的需要。"[①]戰國至秦是我國社會劇變的時期,而兩漢則維持了長期的政治穩定。語言隨着社會文明的發展而有很大變化,量詞自然也不例外。簡帛文獻寫成的時代,最早者爲戰國早期,最晚者爲吳晉時期。同寫成於商周時代的甲骨文、金文相比,簡帛文獻量詞獲得了長足的發展,但同後世,尤其是現代漢語量詞系統相比較,這一時期的量詞系統還沒有完全成熟,體現出自己的衆多特色。

---

① 房德里耶斯《語言》,北京:商務印書館,1992年版,頁393。

一　從甲骨文、金文量詞看簡帛量詞的發展

（一）甲骨文、金文量詞概述

1. 甲骨文中的量詞

殷代甲骨刻辭是現在所能知道的漢語最早的文字記録。甲骨文中的量詞還很不發達，因此王力、周秉鈞二先生都認爲僅限於度量衡單位、容量單位和集體單位，還没有天然單位量詞。[①]　郭錫良、〔法〕貝羅貝二先生也認爲量詞在漢代纔顯露出從名詞分化的端倪，魏晉以後，量詞纔完成了分化的過程，形成獨立的範疇。而這時量詞一般處於"數·量·名"結構中。[②]　但是不是一定處於"數·量·名"結構中纔算是量詞，甲骨文中的"丙"、"屯"、"朋"是否應歸於量詞範疇呢？我們認爲甲骨文中"丙"、"屯"等用作表計量的單位，應該算作量詞。這些詞在甲骨文中已經經歷了一定程度的語法化，但還没有發展成爲典型的量詞。因此，殷代量詞還處於萌芽階段。

對於甲骨文中量詞的發展狀況，陳夢家、[③]黄載君、[④]張玉金[⑤]等都進行了較爲深入詳細地考察。由於各家對量詞的界定、對文意理解等諸多方面的差異，各家的統計也不盡相同，如黄載君統計爲十個，張玉金統計爲九個，李若暉[⑥]統計爲七個，甘露[⑦]統計爲十五個。

---

① 王力《漢語語法史》，北京：中華書局，1989 年版，頁 25—26；周秉鈞《古漢語綱要》，長沙：湖南人民出版社，1981 年版，頁 351。

② 郭錫良《從單位名詞到量詞》，載《漢語史論集》，北京：商務印書館，1997 年版，頁 31—35；〔法〕貝羅貝《上古、中古漢語量詞的歷史發展》，載《語言學論叢》第二十一輯，北京：商務印書館，1998 年版，頁 99—122。

③ 陳夢家《殷墟卜辭綜述》，北京：中華書局，1988 年版，頁 94。

④ 黄載君《從甲文、金文量詞的應用，考察漢語量詞的起源與發展》，載《中國語文》，1964 年 6 期。

⑤ 張玉金《甲骨文語法學》，上海：學林出版社，2001 年版，頁 19—22。

⑥ 李若暉《殷代量詞初探》，載《古漢語研究》，2000 年 2 期。

⑦ 甘露《甲骨文數量範疇研究》，載《語言文史論集》，重慶：西南師範大學出版社，2000 年版，頁 256—258。

如果不包括時量詞,各家的統計差別並不大。甲骨文中的量詞應有十個左右。兹逐家匯列於下:

黃載君(十個):升、卤、朋、珏、豐、乂、人、丙、丶、凵。

李若暉(七個):卤、朋、玉、屯、丙、人、羌。

張玉金(九個):升、卤、朋、丙、屯、丿、骨、人、羌。

甘露(十五個):升、卤、朋、丙、人、羌;年、歲、月、旬、日、師、旅、族、成。

從歷時的角度來看,殷商時代甲骨文中的量詞主要有以下幾個特徵:[1]

第一,從其詞性來看,很多量詞詞性還不確定。殷代詞類是一種原始詞類,具有相當的不可分析性,其量詞仍搖擺於名詞、量詞之間。尤其是甲骨文中有較多的拷貝型量詞,例如:

(1)合 137 反:“俘人十又六人。”

(2)又,32042:“羌百羌。”

王力先生認爲:“‘人’是一般名詞,不是特別用來表示天然單位的。”[2]管燮初先生則認爲:“後面一個人字的詞性已介乎名詞和量詞之間。”[3]黃載君先生則認爲:“第一個人是名詞,而數詞後加‘人’就祇能屬於量詞了。”[4]我們認爲,後面的“人”表示事物的計量單位,已經具有量詞的性質。按李宇明先生的觀點,可稱之爲“拷貝型量詞”,又稱“反響型量詞”或“反身量詞”。

第二,從量詞的類別來看,度量衡單位、制度單位、集體單位較爲

---

① 我們對甲文中量詞特徵的論述,參考了李若暉《殷代量詞初探》,載《古漢語研究》,2000 年 2 期;金福芬、陳國華《漢語量詞的語法化》,載《清華大學學報》2002 年增 1 期。

② 王力《漢語史稿》,北京:中華書局,1980 年新 1 版,頁 234。

③ 管燮初《殷虛甲骨刻辭的語法研究》,北京:中國科學院出版,1953 年,頁 25。

④ 黃載君《從甲文、金文量詞的應用,考察漢語量詞的起源和發展》,載《中國語文》,1964 年 6 期。

多見,而虛化程度高的個體單位量詞很罕見。

第三,從量詞的數量來看,僅有十個左右,而且使用範圍很狹窄,僅限於極少數幾個名詞,如貨幣、玉的單位,𠚥的容量;表個體的量詞,動物僅限於人、馬,器物僅限於車等。

第四,數量結構祇能後置於名詞,甲骨文中數量結構前置的情況還沒有出現。

但是,與原來的名詞相比,甲骨文中的量詞已經開始了其語法化進程,主要表現在以下幾個方面:

第一,語義抽象化。語法化進行的方向受限制,總是由實變虛,虛的變得更虛,是"單向性(unidirectionality)"的。例如:"羌百羌"(合 32042)中後一個"羌"是回應量詞,但在語法化的過程中並没有繼承下來,而是被更爲抽象的類屬名稱"人"所替代。如"羌十人又五,王受佑"(合 26913)中的"人"已經從名詞中逐漸分化出來,充當表示"人"的量詞,它所代指的名詞有"人"與"羌"兩個。而"羌"則由於其詞義無法適應概念的抽象,退回了源詞。"羌"被"人"取代的過程反映了語法化的"擇一過程(specialization)",也就是開始有多個成分都可能經歷同一語法化過程,經篩選後多數淘汰,祇剩下一個完成了語法化。

第二,失去了句法的自由性。甲文中"回應量詞"的位置是可以預測的,它總是處在數詞之後。而且一般不能被形容詞修飾。

2. 金文中的量詞

西周金文中的量詞獲得了初步發展,管燮初先生統計,西周金文中共有量詞三十三個,大大超過了甲文中量詞的數量。黄載君統計了兩周金文中的量詞,總計有四十五個。[①] 爲便於討論,我們將兩位

----

①　以下關於金文的論述參考了管燮初《西周金文語法研究》,北京:商務印書館,1981 年版,頁 178—181;黄載君《從甲文、金文量詞的應用,考察漢語量詞的起源和發展》,載《中國語文》,1964 年 6 期。

先生的統計暫列於下：

管文：匹、品、夫、人、㲋、兩、錞、鈴、丰、白、㲉、乘、朋、束、邦、家、陣、孚、枡、卣、隦、秭、蜀、鈞、里、壵、畮、田、職、羊、牛、邑、旅。

黃文：度量衡單位量詞：里、寸、分、斗、升、秉、孚、秎、兩、朱、釿、鎰；貨幣單位量詞：鈞、孚、朋、丰、備、鬴、㲉①；容量單位量詞：卣、隦、枡；集體單位量詞：束、秭、鉡、鍺、具、乘、胯、家、品、兩；個體單位量詞：人、夫、㲋、匹、兩、乘、枚、邑、田、鈴、䢍、錞、西。

就量詞本身的使用狀況以及量詞同數詞、名詞的結合來看，金文中的量詞系統有以下幾個特徵：

第一，金文中的量詞不僅數量大大增加了，較之甲文增多三四倍，量詞的分工也更進了一步，如：甲文用"丙"表示車和馬之量，金文則車、馬之量詞各有專詞，車用"兩"，馬用"匹"，截然分工。

第二，金文中量詞的使用日趨嚴格。雖然量詞的使用還很不普遍，但是其使用頻率較甲骨文而言畢竟進了一步，例如甲文"鬯"可以不用量詞，而在金文中"鬯"如表示數量，非有量詞"卣"不可，這在"毛公鼎"、"曶壺"、"吳彝"等十數銅器銘文皆無例外，可知例漸嚴格。大致説來，凡度量衡、貨幣單位和容量單位，如需表示數量，一般都要用量詞。

第三，"量·名"結構的產生。甲骨文中量詞最初是同數詞結合置於名詞之後的，置於名詞之前則是後起的用法。量詞前置的用法西周金文中已經出現了，有以下兩種情況：

一是同數詞結合置於名詞之前，組成"數·量·名"結構。西周金文中僅有一例："百畮糧。"（賢簋）"畮"屬於度量衡單位，且有爭議。②

---

① 按，"孚"並非貨幣單位量詞，而是度量衡單位量詞。

② 嚴格來説，"百畮糧"其實並非"數·量·名"結構，"畮"作爲度量衡單位量詞，其適用對象衹能是"土地"類名詞，而不能適用於"糧"，因此"百畮糧"指的是一百畮土地出產的糧食，"百畮"和"糧"之間並沒有直接的語法關係。

　　二是量詞直接置於名詞之前,組成"量•名"結構。按管燮初先生的統計,西周金文中共有六例,大大超過了"數•量•名"結構的出現次數(一例),所以這種格式可能是數詞加量詞前置於名詞用法的開始,值得注意。①

　　第四,"拷貝型"量詞的逐漸消失。"拷貝型"量詞這一原始的量詞用法在西周金文中仍然存在,如:

　　　　(1)《兩周金文辭大系圖録考釋》19.35:"俘人萬三千八十一人,……俘牛三百五十五牛,羊廿八羊。"

　　　　(2)又,83.97:"凡用即舀田七田。"

　　　　(3)又,19.35:"【執獸】三人,獲聝四千八百□聝,俘人萬三千八十一人,俘【馬】□□匹,俘車兩,俘牛三百五十五牛,羊二八羊。"

　　拷貝型量詞在使用中顯然具有很大的局限性。一方面,一個名詞使用一種量詞,很不經濟;另一方面,大量的同形同音不僅模糊了名、量兩類詞的界綫,也不合一般的語言聽感。② 不適宜性構成了變化無所不在的動機。西周金文中,新舊兩種樣式是共存的,但拷貝型量詞已經逐漸爲真正意義上的量詞所取代,到東周的金文中,這一結構就已經很罕見了,僅有一例。③ 而例(3)既使用了拷貝型量詞,也使用了"匹"、"兩"等真正意義上的量詞。可見,西周時期是從拷貝型量詞向真正意義上量詞過渡的時期,這種轉化是一個漸進的過程,因

────────────

　　① 黄載君《從甲文、金文量詞的應用,考察漢語量詞的起源和發展》一文較早提出了這一觀點,後來李宇明《拷貝型量詞及其在漢藏語系量詞發展中的地位》一文也提出:"名•量"格式很可能是侗台語族、苗瑶語族和漢語南方方言中至今仍較廣泛使用的"量•名"形式的來源。張延俊《也論漢語"數•量•名"形式的產生》一文詳細論證了這一觀點,載《古漢語研究》,2002 年 2 期。

　　② 李宇明《拷貝型量詞及其在漢藏語系量詞發展中的地位》,載《中國語文》,2000 年 1 期。

　　③ 黄載君《從甲文、金文量詞的應用,考察漢語量詞的起源和發展》,載《中國語文》,1964 年 6 期。

此在某個時期兩種情況同時並存。

第五,數詞同名詞直接結合來表示數量仍然佔據絕對優勢,總體來看,量詞數量雖然達到了四十五個之多,但使用頻率還是非常低,數詞同名詞直接結合在兩周金文中仍然是最主要的稱數方式。

(二)簡帛文獻量詞的發展

甲骨文、金文寫成的時代主要是在商代至西周,而出土簡帛文獻則通行於戰國至吳晉時期,隨着時代的發展,與甲骨文、金文相比,簡帛文獻的量詞獲得了長足發展,主要體現在以下幾個方面。

第一,量詞系統的趨於完善。

甲骨文、金文中祇有物量詞,没有動量詞,而簡帛文獻中動量詞已經產生,共有八個,雖然語法化程度還不高,使用也還很不普遍,作爲一個範疇還遠遠不完善,但毫無疑問,量詞系統的兩大部類已經建立起來了。

第二,量詞數量的突飛猛進。

甲骨文有量詞十個左右,金文發展到四十多個,而簡帛文獻所見量詞則達到了一百九十個之多,是金文的四倍多(均不包括時量詞)。從物量詞內部來看,甲骨文、金文中自然單位量詞還較少,以度量衡單位量詞爲多,而簡帛文獻中自然單位量詞達到九十七個之多,其中語法化程度最高的個體單位量詞就有六十個。從動量詞來看,甲骨文、金文均未見,而先秦簡帛中秦簡有不典型的二個,兩漢簡帛就發展到六個。

第三,量詞使用頻率的增加並逐漸成爲一種規範。

甲骨文中量詞的使用是很罕見的,發展到金文中,雖然數量上從十個左右發展到了四十多個,但多數量詞使用頻率極低,按管燮初先生統計,西周金文共有量詞 33 個,但其中"品"、"爻"、"兩"、"鋅"、"丰"、"毅"、"邦"、"陣"、"桥"、"隥"、"蓿"、"鈞"、"里"、"嗨"、"羊"、

"牛"、"旅"十七個量詞僅僅一見,總計用例也衹有一百四十二例。①

到了簡帛文獻中就完全不同了,多數量詞一經産生就迅速應用開來。成書於戰國至秦的楚簡帛和秦簡中共有量詞八十五個,實際使用用例達到了七百一十八例,佔稱數法總數的 30.72%,其使用頻率遠遠超過了甲金文。兩漢簡帛文獻中,量詞的使用則更爲頻繁,例如僅量詞"枚"在《居延漢簡》(含新簡)中就達到了一百七十九例之多,超過了金文所有量詞的使用頻次的總和。

兩漢簡帛使用量詞的頻率很高,我們對成書時代明確的二十三種漢代簡牘文獻中的稱數樣式進行了窮盡性統計,結果如下:

附表一:

文獻名	數·名	名·數	數詞單用	數·量	名·數·量	數·量·名	量詞單用	總計
焦山漢牘					1			1
蕭家草場簡		9			25			34
未央宮漢簡	12	1		8	5			26
清水溝漢簡	2			3	5			10
高臺漢牘	1	2			10			13
古人堤漢簡	15	4		3	24			46
甘谷漢簡	4			1				5
邗江漢簡	1							1
平山漢楬					1			1
花果山漢簡	3	4	1		1			9
海州漢牘		14			11			25
胥浦漢簡	2	11	1	2	29			45

---

① 管燮初《西周金文語法研究》,北京:商務印書館,1981 年版,頁 178—181。

文獻名	數·名	名·數	數詞單用	數·量	名·數·量	數·量·名	量詞單用	總計
東牌樓漢簡	7	3	6	4	27			47
羅泊灣漢簡	11	57		1	27	1		97
大墳頭漢簡		41	1		9	2		53
孫家寨漢簡	11	1		29	13		2	56
孔家坡漢簡	107		5	30	4		2	148
鳳凰山 8 號	3	79	1		49	2		134
鳳凰山 9 號		4		1	8			13
鳳凰山 10 號	40	62	68	44	120		1	335
鳳凰山 168 號				1	7			8
鳳凰山 167 號	1	7	1	3	71	4		87
鳳凰山 169 號		8	2		10			20
總計	220	307	86	130	457	9	5	1214
分類統計	613			601				1214

從以上衆多漢代簡牘材料看，1214 例稱數結構中使用量詞的 601 例，不用的 613 例，從甲骨文、金文量詞的偶然運用到簡帛文獻中已經發展爲用與不用的平分秋色。陳近朱對《居延漢簡》中的稱數法也進行了窮盡性統計，不使用量詞的情況總計 1534 例，而使用量詞的情況則達到了 2746 例。[①]

在"遣策"類文獻中，量詞的運用更爲普遍，如《鳳凰山 167 號墓漢簡》"遣策"簡共有簡 74 枚，例如：

(1)1—74："輼一乘；驪牡馬二匹，齒六歲；御者一人；紫蓋

---

① 陳近朱《〈居延漢簡〉中物量詞和稱數法探析》，華東師範大學碩士學位論文，2004 年通過。

一；謁者二人；侍女子二人，大婢；責（側）侍女子二人，繡衣大婢；養女子二人，繡衣大婢；牛者一人，大奴一人；女子二人，持絎（梳）枇（篦），繡大婢；牛車一乘；耤（耕）大奴四人；犆（側）大婢四人；小奴一人，持□□，侍；大奴一人，持鍤；小奴二人，持釬（鉏）；大盛一合；柯（椆）二枚；醬栖卅枚；盂四枚；炙卑（椑）厬（樻）四枚；小盛二合；杝（匜）一枚；小脯檢（盒）一枚；大脯檢（盒）一枚；三斗壺二枚；尺卑（椑）厬（樻）六枚；墨栖廿枚；小杞（卮）一枚；醬杞（卮）一枚；傷（觴）栖卅枚；大枏（榼）一枚；一斗檢（盒）一枚；二斗檢（盒）一枚；緒（紵）卑（椑）厬（樻）一隻（雙）；食卑（椑）厬（樻）一隻（雙）；膾卑（椑）厬（樻）二【隻（雙）】；盆盂一枚；一石缶二枚；漿罌二枚；窀一枚；困一枚；益二枚；酒罌二枚；釜一枚；甗一枚；肉醬一器；酤酒一器；藍〈鹽〉器一；辨醬一器；赤繡橐一，盛薰；青奇（綺）橐一，盛秙〈秫〉；青奇（綺）橐一，盛芬；繡橐一，盛八千金；五穀橐一，繡；素繡橐一，盛萬九千金；繒筩，合中繒直二千萬；薄（簿）土一枚；稻秙米二石；粢秋二石；稻糯米二石；粢粺二石；稻粺米二石；扇一枚；杝箸筲一【枚】；固魚一枚；鞠（麴）笿一枚；茜（栗）笿一枚；枏（梅）笿一枚；李笿一枚；生枏（梅）笿一枚；卵笿一枚；采（菜）笿一枚；筐（藿）笿一枚。”

其中匯列物品八十一種，其中一例（即“繒筩，合中繒直二千萬”）未使用數詞及量詞，七例（加點者）採用了“名詞＋數詞”的稱數樣式，其餘七十三例均用量詞。該《遣策》書寫時代係漢文帝至景帝時期，可見量詞的使用在西漢早期就獲得了迅猛發展。張顯成考察了西漢初期的《馬王堆 3 號墓漢簡·遣策》中的量詞使用情況，茲列表於下：①

　　①　張顯成《馬王堆三號漢墓遣策中的量詞》，載《簡帛語言文字研究》第二輯，成都：巴蜀書社，2006 年版，頁 138。

附表二：

數量表示法	出現次數	出現頻率	總計數量	總計頻率
名·數	192	36.6%	204	38.9%
數·名	12	2.3%		
名·數·量	314	59.9%	320	61.1%
名·量	6	1.2%		

　　從上面的資料分析,可以看到,早在西漢初葉漢語的數量表示法已有了較大發展,使用量詞的情況達到了 61.1%,遠遠超過了不用量詞的情況(38.9%),這可能與"遣策"作爲一種特殊賬簿的性質有關,也體現出量詞的使用在漢代具體計量中已經逐漸成爲一種規範。

　　到了吳晉寫成的"遣策"類文獻中,量詞的使用就必不可少了,例如:

　　(2)《旱灘坡晉牘》248 正:"故白練尖一枚;故巾幘一枚;故練面衣一枚;故練褕一領;故枚綿四斤;故平郡清竹板一枚。(第一欄)故練兩當一領;故碧襦一領;故白練襦一領;故白練福帬一立;故練襪一量;故黃柏霸二枚;故蒲席一領。(第二欄)故白絹帕一枚;故青訾衣一枚;故青頤衣一枚;故練褌一立;故練衫一領;故練袴一立;故青絲履一量。(第三欄)故疊單衣一領;故白練衾袍一領;故黃絹審遮各一枚;故駙馬都尉青銀印一紐;故奮節將軍長史金印一紐;故黃金百斤;故白銀百斤;故筆一枚。(第四欄)故黃白絹三百匹;故繻百匹;故黃柏器一口;故駙馬都尉板一枚;故建義奮節將軍長史板一枚;故雜黃卷書二弓;故帋三百張;升平十三年七月十二日涼故駙馬都尉建義奮節將軍長史武威姬瑜隨身物疏令卅五種。(第五欄)"

　　(3)又,249 背:"故練綿袍一領;故結紫米袖一領;故碧襦一兩;故褐幘一立;故白襦衽一立;故黑袍□□百枚;故面衣一枚。

（第一欄）故門巾一枚；故銀釧二具；故練繡一枚；故絹衾一領；故
玉沫鏡斂一具；故鏡一枚；故長□一立。（第二欄）故黃羅襦兩當
一領；故褐紫英衫一領；故丹羅緷襦一領；故黃練絑二兩；故鍮錢
一枚；故練尖一枚；故銀環指鐲二枚。（第三欄）故紫績一枚；故
絹被一領；故柏器一口；故□□一枚；故銀□一枚；故□□一具。
（第四欄）故□百；故□□；故□□二枚；故□□□；故□□□□；
故□□□□。（第五欄）"

除簡 249 背五欄六個稱數結構文字漫漶不清外，其他六十三個
稱數結構均用量詞，無一例外，可見毫無疑問，吳晉以後量詞的使用
在人們的稱數中是必不可少的。

第四，量詞使用的進一步分工明確。

量詞一出現，本身就有分工，但在初期階段總是有很多兼職，隨
着量詞的逐漸豐富其兼職逐漸減少，分工日趨明晰。在甲骨文、金文
中，這種趨勢就已經體現出來了，如馬稱匹、牛稱頭，但由於量詞本身
不豐富，使用頻率又很低，量詞的分工體現還不清晰。到了戰國秦漢
簡帛中，量詞日趨豐富多彩，爲量詞的分工細化創造了條件，兹略舉
數例如下：

1. 人稱"口"，馬稱"匹"，牛稱"頭"。

（1）《睡虎地秦簡·日書乙》256："丁亡，盜女子也，室在東
方，疵在尾□□□，其食者五口，☑。"

（2）又，《秦律雜抄》27－28："課駃騠，卒歲六匹以下到一匹，
貲一盾。"

（3）《居延新簡》EPF22.4－6："即出牛一頭，黃，特，齒八歲，
平賈直六十石。與交穀十五石爲七十五石。育出牛一頭，黑，
特，齒五歲，平賈直六十石，與交穀卅石，凡爲穀百石。皆予粟
君，以當載魚就（僦）直。時粟君皆恩爲就（僦），載魚五千頭到觻
得，賈（價）直（值），牛一頭，穀廿七石，約爲粟君賣魚沽出行錢卅

萬。"

值得注意的是,簡帛文獻中稱量"魚"的專用量詞"條"或"尾"還沒有産生,而一般用"頭"或泛指量詞"枚"來稱量。

2. 車稱"乘"或"兩",船稱"艘"。

(1)《上博簡・容成氏》51—52:"武王乃出革車五百輛(乘),帶甲三千,以少(小)會者(諸)侯之市(師)於牧之埜(野)。"

(2)《睡虎地秦簡・秦律雜抄》25:"射虎車二乘爲曹。虎未越泛蘇,從之,虎環(還),貲一甲。"

(3)又,《秦律十八種・金布律》72:"十人,車牛一兩(輛),見牛者一人。"

(4)《鳳凰山 8 號墓漢簡》78:"船一樓(艘)。"

(5)《鳳凰山 168 號墓漢簡》10:"凡車二乘,馬十匹,人卅(卌)一,船一樓(艘)。"

從兩漢簡帛用例來看,"乘"、"兩"似乎也有分工,但並非十分嚴格,"乘"多量"馬車",而"兩"多量"牛車",但隨着後者逐漸替代了前者,這一分工並未發展下來。①

3. 就服飾而言,上衣稱"領",下衣稱"要"或"立",鞋襪稱"兩",成套的則稱"稱"。

(1)《居延新簡》EPT5.12:"官袍一領,甲。官裘一領,甲。☐官襲一領,甲。官綺一兩,在亭。"

(2)《信陽楚簡・遣策》2:"一兩緣繹屨;一兩絲絓屨;一兩郢緹屨;一兩誟屨;一兩緂屨。"

(3)《南昌晉簡》:"故白練長裙二要。故白練複兩當一要。故白練袂兩當一要。故白練複帬一要。故白練袂帬一要。故白練複袴一要。"

_____

① 詳參第二章相關部分的論述。

（4）《旱灘坡晉牘》正二欄："故白練福帬一立。"

（5）《包山楚簡》244："贛之衣服各三稱。"

這種分工，在兩漢魏晉六朝簡帛中未見例外。

4．粒狀或圓形物用"顆"，條形物用"梃"。

（1）《馬王堆帛書・雜療方》62："每朝啜蒜（蒜）二三果（顆）及服食之。"

（2）又，《五十二病方》17："獨□長支（枝）者二廷（梃），黄芩（芩）二梃，甘草□廷（梃）。"

第五，量詞語法化進一步發展。

漢語量詞不是一個先在的語法範疇，多數量詞是從名詞及其他詞類語法化而來，同甲骨文、金文中的量詞相比，簡帛文獻量詞範疇在語法化上也更進一步，主要體現在以下幾個方面。

1．"拷貝型"量詞的消失

"拷貝型"量詞在甲骨文、西周金文中使用較多（見上文所述），這類量詞詞性仍搖擺於名詞、量詞之間，作爲量詞並不典型，而簡帛文獻中這類量詞已經消失，這也顯示出簡帛文獻量詞的語法化程度獲得了進一步發展。

2．"數・量・名"結構的產生及發展

甲骨文、金文中的量詞同數詞組成的數量結構總是置於名詞之後做述語，在隨後的發展中"數・量・名"結構在稱數中逐漸佔據了優勢地位，尤其在現代漢語中，除記賬等特殊情況下使用外衹能用"數・量・名"的結構。數量結構置於名詞之後作述語時，同名詞的關係往往是不密切的，中間往往可以插入其他成分，量詞的實詞意味也很濃厚，而前置於名詞時其關係就密切起來，量詞的語法化也獲得了飛躍。

甲骨文、金文中，"數・量・名"結構極其罕見，按趙鵬先生統計，西周金文中"名・數・量"結構共計二百二十例，而"數・量・名"結構僅有一例，即"公命吏賄賢百畝糧"（賢簋）。① 但我們分析"百畝糧"這一例，"畝"本來是稱量土地的面積單位，所謂"百畝糧"意思是"一百畝地出産的糧食"，因此數量詞和名詞之間並没有直接的語法關係，並不能説"數·量·名"結構在此時已經萌芽。而到了先秦簡帛文獻中，典型的"數·量·名"結構開始出現，秦簡中僅有二例，而楚簡中則達到了六十二例之多。秦簡所見二例，量詞一爲描繪性量詞，一爲度量衡單位，而楚簡中的六十二例度量衡單位僅一例，容器單位七例，其餘五十四例均爲自然單位量詞。（用例詳參第五章）

3. 泛指量詞的迅速發展

在量詞系統中，借用量詞從本質上看還屬於名詞，語法化程度最低；制度單位量詞，是人爲製定的，有具體進制，其實詞意味也較濃厚；自然單位量詞在産生之初，往往也遺存有名詞的源義，隨着其適應對象的日趨廣泛，其實詞義逐漸淡化，特别是泛指量詞，其適用對象非常廣泛，甚至到了幾乎無所不能適應的程度，其語法化程度自然是最高的。

甲骨文、西周金文中都没有出現泛指量詞，從簡帛文獻看泛指量詞"枚"的廣泛應用是在漢初，例如寫成於漢文帝至景帝時期的《鳳凰山167號墓漢簡》量詞"枚"凡三十七見，其適用對象有"柯"、"醬栖"、"盂"、"炙卑匰"、"小脯檢"、"三斗壺"、"墨栖"、"小杞"、"大柙"、"一石缶"、"漿罌"、"竈"、"困"、"盎"、"酒罌"、"釜"、"甂"等；寫成於西漢文帝至武帝間的《鳳凰山8號墓漢簡》中也已經可以看到"枚"稱量有生之物"魚"的用例；兩漢魏晉時代簡帛中，量詞"枚"除了不能稱量人以外，是無所不能適應的。雖然"枚"同數詞的組合仍多置於名詞之後，但毫無疑問"枚"的實詞意味已經徹底消失，語法化爲一個典型的量

---

① 趙鵬《西周金文量詞析論》，載《北方論叢》2006年2期。

詞了。①

二 簡帛量詞系統的局限性

如上文所述，簡帛文獻中量詞獲得了迅速發展，其語法化逐漸深入，但同後世相比而言，這一時代量詞系統並未完善。由於出土簡帛文獻寫成的時代多爲戰國秦漢，吳晉簡帛量詞所見甚少，因此以下我們以魏晉南北朝量詞及現代漢語量詞爲坐標系，從量詞的兩個大類動量詞、物量詞的發展分別考察。

(一)動量詞系統

作爲量詞系統的兩大部類之一，動量詞在簡帛文獻中還不多見，與後世相比仍處於萌芽階段。

首先，從數量上看，在先秦簡帛中僅有二個，且很不典型；發展到兩漢簡帛文獻中，總計亦僅有六個。而劉世儒《魏晉南北朝量詞研究》中所列專用動量詞達到十七個之多，借用動量詞亦較爲常見。

其次，從使用頻率上看，簡帛文獻中的動量詞使用頻率均很低，多僅見於某種簡帛文獻，如動量詞"步"僅見於《周家臺秦簡》，動量詞"下"、"周"則僅見於《居延漢簡》(含新簡)等兩漢簡帛文獻。

再次，從與數量結構的語法功能來看，現代漢語中動量詞與數詞組成的數量結構的主要語法功能是作狀語和補語，而在簡帛文獻中作補語是其主要語法功能，動量結構作狀語六朝時期仍很罕見，其廣泛應用則時代更晚。

最後，從動量詞的語法化程度來看，簡帛文獻所見動量詞的語法化程度還很低。例如先秦簡帛中的兩個動量詞"步"和"課"，採用了拷貝前面動詞的形式，動詞意味還很濃；兩漢簡帛中的幾個動量詞，如"通"、"步"、"反"等，與之搭配的動詞範圍很狹窄；例如"下"在簡帛

---

① 詳參附録二《泛指性量詞"枚/個"的興替及其動因》。

文獻中用如動量詞是無可置疑的,但與之搭配的動詞衹有"擊"一個。

總之,動量詞的使用在簡帛文獻中還很罕見,數詞同動詞直接結合在簡帛文獻中仍然是主要的動量稱數方式,動量詞作爲一個範疇僅僅處在萌芽階段。

(二)物量詞系統

與甲骨文、金文相比較而言,物量詞系統在簡帛文獻中獲得了突飛猛進的發展,但同後世相比仍然未臻完善,主要體現在以下幾個方面。

第一,從物量詞的語法化來看。

如前所述,數量結構置於名詞之後作述語時,同名詞的關係往往是不密切的,中間往往可以插入其他成分,量詞的實詞意味也很濃厚,而前置於名詞時其關係就密切起來,量詞的語法化也獲得了飛躍。

"數·量·名"結構早在楚地簡帛文獻中已經産生,有幾十例之多,但秦簡却很罕見,到兩漢簡帛文獻中亦不多見。兩漢簡帛時代,在稱數時使用量詞逐漸成爲一種規範,用與不用平分秋色,而在"遣策"等簿籍類文獻材料中更是佔據了優勢地位,但使用量詞的情況以"名·數·量"結構爲主,而"數·量·名"甚爲罕見,魏晉以後"數·量·名"結構在稱數樣式中纔開始逐漸佔據優勢地位。

第二,從量詞的借用範圍來看。

借用自名詞或其他詞類的借用量詞(或稱臨時量詞)可以分爲兩種情況:

一是可容型,即以表示容器的名詞爲量詞。簡帛文獻中物量詞均借自容器,我們在借用單位量詞一節中討論了四十個量詞,均屬該類,此不贅述。

二是可附型,即以表示事物所附處所的名詞爲量詞。這類量詞在現代漢語中很常見,邵敬敏又分爲三種:一種爲液體、糊狀物、細小的塵埃體具有可能粘附其上的物體,如"一臉汗水"、"一頭灰塵"等;另一種爲生長、依附於其上的物體,例如"一頭白髮"、"一口黃牙"等;有些表示内在氣質、屬性的抽象名詞可以如此組合,如"一身晦氣"、"一臉幸福"等。[①] 這類量詞在簡帛文獻中都還未出現。

第三,從量詞的語法特徵和詞法特徵來看。

從語法特徵來看,在組合能力上,量詞還不能受指示代詞修飾,同形容詞的組合剛剛萌芽,也不多見。

從詞法來看,量詞的重疊形式還沒有出現,詞綴化構詞法剛剛萌芽,用例尚少。

三　與同時代傳世文獻相比看簡帛量詞系統的特點

簡帛文獻作爲出土文獻,對於語言研究具有傳世文獻無可比擬的優越性:一方面,出土文獻未經後人篡改,具有傳世文獻無可比擬的真實性;另一方面,傳世秦漢文獻多出於文人之手,與人們當時的口語差距較大,而簡帛文獻往往更接近當時的口語,尤其是其中有大量當時人記當時事的文獻,例如遣策、西北出土的名籍、賬簿或記録册等,而其書寫人的身份也多非文人,如西北簡的書寫者都是戍守在西北邊境的軍籍人員,因此這些簡文雖然也是書面語,但却很少經過修飾潤色,仿古成分更少,和當時的口語相差不遠。從量詞範疇的研究來看,也是如此。

(一)從數量上看,簡帛文獻所見量詞多於同時代之傳世文獻

黄盛璋先生《兩漢時代的量詞》一文,對漢代的量詞系統作了簡要描述,主要考察了漢代的自然單位量詞,對借用單位和制度單位量

[①] 邵敬敏《量詞的語義分析及其與名詞的雙嚮選擇》,載《中國語文》,1993 年 3 期;又收入《著名中年語法學家自選集・邵敬敏卷》,合肥:安徽教育出版社,2002 年版,頁 1—16。

詞未作詳細考察。① 黃氏所用材料，既有傳世文獻，亦有居延漢簡，因此我們據其例句，分爲兩類：

傳世文獻：人、口、頭、家、匹、兩、个、雙、條、張、封、篇、章₁、艘、案、片、塊、把、所、發②、間、乘、具、領、襲、物、重、區、通、樹、群、貫、皮、章₂、被、增、莖。

居延漢簡：隻、枝、口、劑、指、枚、鉼、紙、束、兩、煙、緩、系、絜、幣、比。③

黃文所列量詞總計 53 個，除去《居延漢簡》所見 16 個，黃文統計兩漢傳世文獻所見自然單位量詞爲 37 個。而我們所統計出的簡帛文獻所見自然單位量詞總計 97 個，個體單位量詞 60 個，集體單位量詞 37 個。④

（二）從使用頻率上看，簡帛文獻量詞使用頻率遠遠高於同時代傳世文獻

我們對成書於兩漢時期的《禮記》、《論衡》、《公羊傳》、《穀梁傳》、《鹽鐵論》五種文獻中的稱數結構做了調查，兹列表如下：

附表三：

文獻名	數·名	名·數	數詞單用	數·量·名	數·量	數·量·名	數·量·之·名	量詞單用	總計
論衡	120	10			17	2	8		157

---

① 黃盛璋《兩漢時代的量詞》，載《中國語文》，1961 年 8 期。

② 黃文作："發：矢四發。（《漢書·匈奴傳》）（口語中有弓彈多少發）"按，《漢書》"弓四發"服虔注："發，十二矢也。"韋昭注："射禮三而止，每射四矢，故以十二爲一發也。"這裏的"發"當是集體單位量詞，而現代漢語所說"子彈多少發"是個體單位量詞，二者不同。

③ 按，由於研究所用底本存在的問題以及未能核對圖版，黃文所引《居延漢簡》部分量詞條其實並非量詞，對於量詞的隸定也存在較多問題，詳參附錄三《〈兩漢時代的量詞〉補正》。

④ 待考量詞暫時排除不計入。

文獻名	數·名	名·數	數詞單用	數·量	名·數·量	數·量·名	數·量·之·名	量詞單用	總計
禮記	831	74	236	272	27	10		24	1474
公羊傳	73	5	13		3		4	9	107
穀梁傳	110		17	24	5			1	157
鹽鐵論	110		23	21	7	5	7	2	175
總計	1244	89	289	317	59	17	19	36	2070
分類總計	1622			448					2070
比例	78.36％			21.64％					100％

　　從上表統計數據可以看到，在五種傳世兩漢文獻中使用量詞的比例僅僅佔 21.64％，量詞的使用遠遠沒有成爲一種規範，而同時代的簡帛文獻中，量詞的用與不用已經平分秋色（詳參上文數據表）。

四　餘論

　　以上我們從三個方面對簡帛量詞的特點進行了分析，簡帛文獻量詞系統的發展還有幾個問題值得我們注意。

（一）漢晉簡帛簿籍類文獻中量詞的用與不用

　　本書第二章一開始便説過，自然單位量詞在漢語量詞系統中處於核心地位，自然單位量詞系統的形成和成熟，標誌着漢語量詞系統的真正建立和完善。因此，對於漢語量詞研究的重點應當放在自然單位量詞的研究上，探討漢語量詞系統產生、發展、成熟的歷程，探討漢語量詞系統產生的動因，最重要的就是探討自然單位量詞的發展歷程及其動因。兩漢簡帛文獻中有甚多賬簿、遣策類文獻，這些文獻稱量事物時自然單位量詞的使用頻率遠遠高於其他文獻，因此值得單獨整理分析。

兩漢簡帛此類文獻,根據量詞的用與不用,大致可以分爲三種情況:

一是全部不用量詞,僅用數詞,這類非常少見,例如:

(1)《居延漢簡》293.1—293.2:"將軍器記:大案七;小案十;圈五;大杯十一;小杯廿七;大槃十;小槃八;小尊二;大尊二;大權二;小權二;具目三;桱桯二;衣篋三。"

(2)又,220.18:"器踈:緩瓦一;于二。笥一。銚一;酒梧十;小畫梧十。卮一;瓨一;盆二。斗去盧二;三斗去盧一;小盆一。贊一;□二;蓋二。炊帚一☑;□一;□主各一。"

(3)又,10.37:"第廿五車父平陵里辛盈川。官具弩七。承弩二。有方三。槀矢三百五十。槀蔞千五十。紺胡一。由皮一。靳干十。靳幡十。弩幨九。蘭七。蘭冠七。服七。承弦十四。私劍八。"

二是全用量詞、無一例外,這種情況更爲罕見,例如:

(4)《居延漢簡》509.26:"戍卒濟陰郡定陶池上里史國:縣官帛□袍一□,,□三斤。縣官帛裘襲一領,四斤四兩。縣官帛布綺二兩一領。縣官帛布綺一兩,七斤。縣官裘一領,不閣;縣官枲履二兩。縣官絑二兩。縣官□□二兩。縣官革履二兩,不閣。"

(5)《居延新簡》EPT5.15:"☑枚,笥一合,小樽一合,小槃十三枚,小杯三枚,案三枚,☑中槃三枚,鋪比一枚。"

(6)《敦煌漢簡》1686:"戍卒河東北屬東邑里張奉上:皂布袍一領,出。白練裘襲一領,出。皂布單衣一領,出。皂布綺一兩,出。緹行,破一,出。尚韋二兩,一出,□一。狗衣絑二兩,一出。"

"緹行"後當是書寫時省略了數量詞。

至於涉及度量衡單位全用量詞的情況,則其爲多見,以下僅舉一例:

　　(7)《鳳凰山 10 號墓漢簡》6:"平里戶芻廿七石,田芻四石三斗七升,凡卅一石三斗七升,八斗爲錢,六石當槀,定廿四石六斗九升當食,田槀二石二斗四升半,芻爲槀十二石,凡十四石二斗八升半。槀上戶芻十三石,田芻一石六斗六升,凡十四石六斗六升,二斗爲錢,一石當槀,定十三石四斗六升給當□,田槀八斗三升,芻爲槀二石,凡二石八斗三升。"

該例均爲度量衡單位,這種情況全用量詞的甚爲多見。

　　三是在同一簿籍中既有用量詞的、也有不用量詞的情況,兩漢簡帛最爲常見,例如:

　　(8)《海州侍其緜墓漢牘》1044:"紅野王綺複裻褕紅丸緣一領,衣;□野王綺複衣完□緣一領,衣;□縠禪衣一領,衣;□縠複襦一領,白丸緣,衣;練禪襦一領,白丸緣,衣;白丸複絳一,衣;□綺複衣涑黄丸緣一領;白野王綺複衣一領;涑黄冰複裻褕一領。□皂丸複裻褕一領;紗縠複衣一領;練禪襦三;□衣;涑黄丸複絳一;白丸複□一;白丸吉□一;紗縠複襲一;雪丸吉衣出□絲繟上禪衣各一領;繡□袡一。繡複被一;綪綺被複一;□臺複被一;雪丸複衣練回上禪各一;枝縠□衣縷上禪各一;紗羅複衣一;複皂冰裻褕一。"

此簡共記録物品二十五種,用量詞者十一例,不用量詞者十四例。

　　(9)《鳳凰山 10 號墓漢簡》1:"竹笥二;望笥一;函一;大奴一人;大婢二人;大食卑(椑)匜(榹)一具;尺卑(椑)匜(榹)一具;會卑(椑)匜(榹)一具;食檢(盒)一具;櫝(牘)一具;小于(盂)一具。案一;布橐食一;縑橐米二;布帷一,長丈四二福(幅);瓦器凡十三物;脯二束;豚二;柯一具;赤杯三具;黑杯五;酒柙(榼)二斗一。四年後九月辛亥,平里五大夫倀(張)偃敢告地下主:偃衣器物、所以葬具器物,可令 會 以律令從事。"

此簡共記録物品二十種,用量詞和不用量詞者各十例。

　　前文所舉《鳳凰山 167 號墓漢簡》"遺策"共有簡 74 枚,共記録物品八十一種,用量詞者七十三例,不用量詞者八例。

　　這都從不同的角度反映出兩漢時期仍是漢語量詞從萌芽走嚮成熟的一個過渡時期,如例(8)之漢牘記録的均爲衣物,稱量上衣的量詞"領"早已産生,故該簡可以使用,但量詞的使用在這時並不是必須的,所以有的也不用;而稱量"被"的量詞"條"、"首"等在這時候還未産生,故稱量"被"則均不用量詞。從例(9)來看,個體單位量詞"人"早在甲骨文時代就産生了,稱量成套物品的集體單位量詞"具"一經産生就廣泛應用了,集體單位量詞"束"産生亦較早,而稱量"笥"、"函"等物品的個體單位量詞則還未産生,故稱量這些物品不用量詞;此外,"赤杯三具"用了量詞,而"黑杯五"則未用,這有兩種可能:一是書寫者認爲量詞可用可不用,故一用而一不用;二是"赤杯"爲成套物品,而"黑杯"爲單件。①

　　到吳晉簿籍類文獻中,量詞就是必不可少的了,例如:

　　　　(10)《旱灘坡晉牘》248 正:"故白練尖一枚;故巾幘一枚;故練面衣一枚;故練褕一領;故枚綿四斤;故平郡清竹板一枚。故練兩當一領;故碧襦一領;故白練襦一領;故白練福帴一立;故練襪一量;故黄柏霸二枚;故蒲席一領。故白絹帕一枚;故青啎衣一枚;故青頤衣一枚;故練褌一立;故練衫一領;故練袴一立;故青絲履一量。故疊單衣一領;故白練衾袍一領;故黄絹審遮各一枚;故駙馬都尉青銀印一紐;故奮節將軍長史金印一紐;故黄金百斤;故白銀百斤;故筆一枚。故黄白絹三百匹;故縛百匹;故黄柏器一口;故駙馬都尉板一枚;故建義奮節將長史板一枚;故雜黄卷書二弓;故帍三百張;升平十三年七月十二日涼故駙馬都

－－－－－－－－－－

　　①　當然,量詞的這種過渡狀態的使用狀況也造成了上古漢語數量表示法中表意的不確定性和模糊性。

尉建義奮節將軍長史武威姬瑜隨身物疏令卅五種。"

（11）又，249背："故練綿袍一領；故結紫米袖一領；故碧襦一兩；故褐幘一立；故白襦裎一立；故黑袍□□百枚；故面衣一枚。故門巾一枚；故銀釧二具；故練纚一枚；故絹衾一領；故玉沫鏡斂一具；故鏡一枚；故長□一立。故黃羅襦兩當一領；故褐紫英衫一領；故丹羅緷襦一領；故黃練袜二兩；故鍮錢一枚；故練尖一枚；故銀環指鐲二枚。故紫績一枚；故絹被一領；故柏器一口；故□□一枚；故銀□一枚；故□□一具。故□百；故□□；故□□二枚；故□□□；故□□□□；故□□□□。"

（12）《南昌晉牘》1021："故白練長裙二要；故白練裏衫二領；故白練複兩當一要；故白練袂兩當一要；故白練複袴一要；故白練複帠一要；故白練袂帠一要；故白練襦一領；故白練複衫一領；故白練袂衫一領；故黃麻複袍一領；故黃麻單衣一領；故白練複牟一枚；故犀導一枚。故白絹岬一枚；故白絮巾二枚；故白布袜一量；故絲履一量；故白練被一首；故白絹帳一紐；故白練手摑一雙；故玉犰二頭；故白布手巾一枚；故黃布手巾一枚；故白練覆面巾一枚；故練枕一枚；故白布複巾一枚；故嚴器一枚；故銅鏡一枚；故白練鏡衣一枚；故白絹粉囊一枚；小女傴嬷故紺襦一領；小女傴嬷故五絲同心一枚。故白布飾面巾一枚；故刷一枚；故練細櫛二枚；故絮粉芬一枚；故面脂一堀；故書箱一枚；故書硯一枚；故筆一枚；帍一百枚；故墨一丸；故刺五枚；故流衣板一枚；故棺中笙一枚；故棺材一枚。右卅七種。"

（13）《南昌吳簡·木牘》1043："故練袾一枚；故絹袾一枚；故絹袾一枚；故練袾一枚；故練袾一枚；故練複裙一枚；故絹複襟一枚；故練兩襠一枚；故練單襟一故。故絹單襟一枚；故半綸複縛一枚；故半綸複縛一枚；故練複縛一枚；故練複縛一枚；故練小縛一枚;故練複襂二枚;故練複綺一枚;故複裳二枚;故複襻一枚;故早丘單一枚;故繪丘單一枚。故絹綬六兩枚;故裨屬一枚;故早繡一枚;故絹綬縛兩枚;故帛越襺一枚;故緒布襺二枚;故麻疎單衣一枚;故麻疎襺一枚;故麻布單綺一枚;故麻布丘單一枚;故緒布丘單一枚。故緒布單綺一枚;故繪綆一枚;故練綆一枚;故青布綆囊一枚;故青緣一枚;故帛布二緅二枚;故帛布手巾三枚;故帛布□四兩;故帛纑不□一量;故絮巾二枚;故厨巾五枚。故粉囊兩枚;竟一枚;聶一枚;槳二枚;香囊一枚;繡髮囊二枚;青髮囊兩枚;故青緅頭八枚;故縛頭五枚;故帛繄□頭兩枚。指函一枚;禮二枚;大刀一枚;熏繪四束;金銀二囊;翕一枚;書刀一枚;研一枚;筆三枚。書□一枚;□□一枚;□□刷一枚;帥一枚;□具一枚;官紙百枚;漆□一枚;漆碗一枚;枕一枚;□衣一枚;□中系一枚;金叉一枚;金□子一枚;官中笙一枚;金稱三枚;絹二□一枚。大凡百一十枚,皆高榮許。"

以上各吳晉簿籍類文獻中,所有稱數結構均用量詞,無一例外,我們認爲其主要原因有三:一是隨着語言的發展,魏晉南北朝量詞系統獲得了大發展,量詞數量遠遠超過了兩漢時期;二是量詞的使用在魏晉以降成爲一種規範,是稱數時必不可少的;三是泛指量詞"枚"的發展解決了量詞使用的必不可少和量詞發展速度趕不上需要之間的矛盾。①

(二)量詞發展的地域性

簡帛文獻成書時代在戰國秦漢吳晉,尤其集中在戰國秦漢時期,兩漢時代是國家大一統的時代,而戰國時期則是各國割據的時代。出土兩漢簡帛文獻,從最爲大宗的馬王堆出土簡帛和西北簡來看,前者多爲文人文章,書面語色彩濃厚而量詞較少,後者多爲

---

① 詳參附錄二《泛指性量詞"枚、個"的興替及其動因》。

戍守西北軍籍人員的日常記録，口語色彩濃厚而量詞較多，在國家大一統的情况下它們呈現的地域色彩並不明顯。先秦簡帛，主要爲楚簡帛和秦簡，在量詞的發展上體現出了較强的地域差異。但也正如姚振武先生《上古漢語名量詞地域分佈初探》所言："一分地域，相關材料有時就顯得不足了，有的甚至衹有一兩例，所屬地域也許就不很靠得住。這就衹能有待將來隨着新材料的發現而隨時調整了。"①

　　從楚簡帛和秦簡量詞總量來看，楚簡帛所見量詞 42 個，秦簡所見量詞爲 47 個，差異不大。② 但從其内部分類來看，却還存在差異。首先，楚簡中衹有物量詞，没有動量詞，動量均用數詞和動詞結合來表示；而秦簡中動量詞已經初步萌芽，有"步"、"課"兩個。其次，楚秦簡帛文獻的度量衡系統幾乎完全不同：

楚簡帛：長度單位量詞：里

　　　　重量單位量詞：兩$_3$、鈞、鎰、銖

　　　　待考：檐、䋏、稯、來、赤、筥。

秦簡：長度單位量詞：丈、尺、寸、圍、里、步。

　　　容量單位量詞：升、斗、桶。

　　　重量單位量詞：石、鈞、斤、兩$_3$、錘、銖。

　　　面積單位量詞：頃、畝、堵、町。

　　秦簡中度量衡制度系統完備，而楚地簡帛文獻中所見較少。其原因一方面同秦簡多律文而楚簡多"遣策"類文獻有關，另一方面也體現出兩地度量衡單位的發展差異。

---

　　①　姚振武《上古漢語名量詞地域分佈初探》，載《簡帛文獻語言研究》，北京：社會科學文獻出版社，2009 年版，頁 6。

　　②　所考察楚簡爲：五里牌楚簡、仰天湖楚簡、楊家灣楚簡、信陽楚簡、望山 1 號墓楚簡、望山 2 號墓楚簡、曾侯乙墓簡、九店 56 號墓楚簡、九店 621 號墓楚簡、夕陽坡楚簡、包山楚簡、雨臺山竹律、郭店楚簡、上博簡（一至五函）；所考察秦簡爲：睡虎地秦簡、秦川秦牘、放馬灘秦簡、龍崗秦簡、周家臺秦簡、里耶秦簡。下同。

從數量表示法來看,後世常用的"數・量・名"結構在秦簡中未見,而楚簡中則有六十二例之多,兹將其稱數方式對比如下:

附表四:

	數・名	名・數	數・形	數詞單用	數・量	名・數・量	數・量・名	量詞單用	量・名	總計
楚簡（總計）	1095	67	21	3	24	192	62	0	23	1487
	1186(79.8%)				301(20.2%)					1487
秦簡（總計）	328	62	5	38	273	106	2	29	7	850
	433(50.9%)				417(49.1%)					850

從上表數據看,楚簡雖然"數・量・名"結構大量出現,但總體説來,使用量詞的情況僅僅佔稱數法總量的 20.2%,數詞和名詞或形容詞直接結合的稱數樣式牢牢佔據着絶對優勢地位。而秦簡中雖然"數・量・名"結構僅有二例,但在稱數法中使用量詞的情況居然佔據了 49.1%,和不用量詞的情況持平。可見楚簡帛和秦簡中稱數法的發展,體現出了清晰的地域特徵。[①]

---

① 當然,有部分秦簡的寫成時間晚於楚簡,即秦始皇以後的那部分秦簡,不過較少。另可參李建平《從楚秦簡帛文獻看先秦漢語數量詞發展的地域特徵》,載《廣西社會科學》,2010 年 2 期。

第六章

簡帛數詞及稱數法研究

　　古今漢語中,量詞的語法特點是一般不單獨使用,而是與數詞組合成爲數量短語,共同充當句子成分。數詞是與量詞有着密切聯繫的詞類,對二者的研究自然也是密不可分的,研究漢語量詞範疇的發展必須要同時考察漢語中的數詞範疇。然而在豐富的出土文獻材料出土並公佈以前,我們對上古漢語數詞範疇的研究也還是遠遠不够的。所以,對於數詞在簡帛文獻中的發展演變情況,需要作進一步深入研究;對於數詞、量詞及其所修飾稱量的名詞或動詞之間的組合關係,亦應作全面整理考察。

第一節　簡帛中的數詞

　　數詞是漢語基本詞彙的重要組成部分。簡帛文獻中的數詞特別豐富,主要原因在於簡帛文獻中多有遣策、賬簿等簿籍類文獻和法律條文等性質的文獻材料,此類文獻往往需要對事物的數量作出準確的記録或描述。

　　王力先生説:"漢語的數詞屬於基本詞彙之列,所以幾千年來很少變化。但是,也不能説是一成不變的。有些數詞和稱數法曾經起過變化。"①簡帛文獻豐富的戰國秦漢魏晉六朝時期，正是漢語數詞迅速發展的時期，數詞從甲骨文、金文的簡單形式逐漸變得豐富多彩起來，基數、復數、序數、倍數、分數等表達方式都獲得了新的發展，新的表達方式逐漸產生並迅速成熟起來。

簡帛文獻的時代跨先秦、兩漢、吳晉，而兩漢時代漢語的數詞系統已經基本定型下來，因此我們對簡帛數詞考察的重點放在先秦簡帛文獻上面，即漢語數詞從不盡完善到逐步成熟完善的時代。從先秦簡帛文獻看，戰國楚簡帛中最小的數詞是"一"，沒有出現分數，最大的數詞是"三萬"；而秦簡由於內容多律令，在法律條文中對數詞使用的要求顯然更高、更精確，因此秦簡的數詞系統也更爲完備，分數已經出現，最小的數字是"百分一"（《睡虎地秦簡·效律》14），最大的數字是"十三萬九千九百六十八"（《放馬灘秦簡·日書乙》183）。發展到兩漢簡帛文獻中，數詞的各種形式便都已經齊備。

一　基數

基數是指普通的整數。漢語從甲骨文時代開始就有了較爲完整的基數體系，常用數詞從"一"到"十"以及"百"、"千"、"萬"等均已齊備。值得注意的是，甲骨文中下位數和上位數之間的連接方式有兩種：

一是兩位數直接拼合，如"十一"（合 3941）、"四百五十一"（合 10344 反）、"二千六百五十"（合 7771）等；二是兩位數之間加"又"、"有"或"佳"（僅一例），如"百又九十又九"（合 10407 正）、"旬有二日"（合 14017 正）、"五百佳六"（合 93 正）。② 王力先生説："在上古漢語

---

① 王力《中國語法理論》，北京：商務印書館，1947 年版，頁 82。

② 甘露《甲骨文數量範疇研究》，載《語言文史論集》，重慶：西南師範大學出版社，2000 年版，頁 256。另，本書所引甲骨卜辭出自《甲骨文合集》者，以下僅標片號，不另加注。

裏，'十'被認爲是整數，'十'以下被認爲是零數。因此，'十'一般不能直接和零數結合，中間往往加上一個介詞。……到了《書經》裏更爲嚴格了，'十'和零數之間必須加上'有'字，全書沒有例外。……到了春秋、戰國時代，雖然也有人沿用'有'字，但是在同一部書裏，也有不依據此法則的……可見當時已不用'有'字了。"①郭錫良先生對傳世先秦文獻作了細致地考察，認爲："兩位數之間加連接成分是比較笨重而原始的方式。在甲骨文中兩種方式已經難分伯仲，處在新舊混用的過程之中。""《荀子》有整數帶零數的用例十七次，加'有'連接的僅三次；《韓非子》有用例二十六次，加'有'連接的僅七次；《吕氏春秋》有用例四十次，加'有'連接的僅三次；《戰國策》有用例三十二次，更無一例加'有'連接的。但加'有'作爲仿古的殘存形式卻一直保留到二十世紀的上半個世紀。"②劉利先生也對戰國時期的傳世文獻作過統計，結論是：《左傳》共有七處用"又(有)"，《莊子》五處，《荀子》三處，《論語》一處，《孟子》十處，《韓非子》十一處，並由此推斷在戰國時期的實際口語中，整數與零數的直接結合已處於絶對優勢。③　向熹先生也認爲："兩位數之間加一個'有'字，頗不簡便。晚周作品中這種記數方式逐漸少用，到了兩漢，就基本上不用了。"④但是，從簡帛文獻來看，僅僅通過對傳世文獻的考察來斷定連接成分在上古時代的發展歷程還是遠遠不夠的，因爲傳世上古文獻經過二千多年的流傳轉抄，往往有不同程度的失真，尤其是後世不用的連接詞，在傳抄過程中很可能被後人隨意删改掉，而不能保持其原貌。

　　簡帛文獻中整數帶零數的情況，按連接成分在上位數、下位數、

　　①　王力《漢語史稿》，北京：中華書局，1980 年新 1 版，頁 254。

　　②　郭錫良《先秦稱數法的發展》，載《漢語史論集》，北京：商務印書館，2005 年版，頁 4。

　　③　劉利《〈國語〉稱數法研究》，載《徐州師範學院學報》，1993 年 4 期。

　　④　向熹《簡明漢語史》，北京：高等教育出版社，1998 年版，頁 35。

量詞或名詞的組合中出現的語法位置可以分爲兩種樣式：

A 式："上位數（十又）＋下位數"同"名詞/量詞"直接結合

B 式:數詞＋量詞/名詞（十又）＋數詞（十量詞/名詞）

從先秦簡帛文獻看,秦簡的基數表示法與後世基本沒有什麼不同,在表示十位以上的整數時,無論在 A 式還是 B 式中下位數和上位數之間連接詞"又（有）"已經完全消失。秦簡中有整數帶零數的情況凡一百九十九例,無一例外。例如：

（1）《放馬灘秦簡・日書甲》69:"人月,廿七日旦西,吉;日中北,吉;昏東,吉;中夜南,吉。"

（2）《里耶秦簡》J1⑨4 正面:"陽陵孝里士五（伍）衷有貲錢千三百卅四,衷戍洞庭不智（知）何縣署。"

（3）又,J1⑯52:"鄢到銷百八十四里,銷到江陵二百卌里,江陵到孱陵百一十里,孱陵到索二百九十五里,索到臨沅六十里,臨沅到遷陵九百一十里,□□千四百卌里。"

（4）《睡虎地秦簡・秦律十八種・金布律》73:"十五人,車牛一兩（輛）,見牛者一人。"

（5）《龍崗秦簡》40:"二百廿錢到百一十錢,耐爲隸臣妾;□□"

以上爲 A 式用例。

（6）《睡虎地秦簡・秦律十八種・倉律》49—50:"小妾、舂作者,月禾一石二斗半斗。"

（7）《睡虎地秦簡・秦律十八種・倉律》51—52:"隸臣、城旦高不盈六尺五寸,隸妾、舂高不盈六尺二寸,皆爲小;高五尺二寸,皆作之。"

以上爲 B 式用例。

但是,比秦簡稍早或者同時代的戰國楚地簡帛文獻中基數詞在表示十位以上的整數時,下位數和上位數之間連接詞"又"却是廣泛使用的。

　　A式,戰國楚簡帛中共計二十四例,其中使用連接詞"又"的情況共計二十例,佔總數的 83%,例如:

　　　　(8)《曾侯乙墓簡》簡 140:"大凡卒(六十)又三(四)真。"

　　　　(9)《信陽楚簡‧遣策》簡 6:"鍾小大十又三、□小大十又九。"又,16:"弄脛廿又五,□脛廿【又】五。"

　　　　(10)又,26:"□與索錦之□□廿又一。"又,27:"□□□□箕卆(四十)又四,小箕十又二。"又,28:"十又二□□、小□糗卆(四十)又八。"

　　　　(11)《望山楚簡‧遣策》簡 1:"莒十又二。"

　　　　(12)又,25:"☑組之□十又八。"

　　　　(13)《郭店楚簡‧六德》45:"其□十又二。"

　　　　(14)又,《緇衣》簡 47:"二十又三。"

　　　　(15)《上博簡‧容成氏》簡 14:"十又五乘。"

　　　　(16)又,5:"十又九年、卅又七年。"

　　　　(17)又,35:"十又六年。"

　　　　(18)又,42:"卅又一卅。"

　　　　(19)又,140:"百又八十。"

　　上位數和下位數直接拼合,不用連接詞"又"的情況計四例,佔總數的 17%:

　　　　(20)《信陽楚簡‧遣策》簡 8:"廿二足棙。"

　　　　(21)《望山楚簡‧遣策》簡 1:"青帽廿二。"

　　　　(22)《包山楚簡》簡 137:"□凡二百人十一人。"

　　　　(23)《仰天湖楚簡‧遣策》簡 32:"干(一十)二箕。"

　　可見戰國楚簡帛中用 A 式表量時,使用連接成分的情況仍然佔據着絕對優勢,不用連接詞的情況似乎祇是例外,但連接詞"又"的使用並不十分嚴格,在有些簡文中,有時用"又"來連接,有時也可不用,

如《信陽楚簡·遣策》中有九例使用了連接詞,而一例不用;甚至同一支簡中,用與不用也可以並存,例如:

(24)《望山楚簡·遣策》1:"青䋺廿二,莒十又二,皆紡□"

另一方面,不用連接成分的用例中除《包山楚簡》的一例上位詞爲"十",省略了數詞"一"以外,其餘三例上位詞均爲合文。由此我們可以推測:A式中連接成分的消失可能首先開始於上位詞是合文的情況,因爲合文的使用與省略連接成分的目的同樣是爲了使行文更爲簡潔,但可惜簡文中用例尚少,尚無法作出確切結論。

B式戰國楚簡帛中共有二十九例,其中使用連接詞"又"的用例計十一例,佔總數的 37.9%,如:

(25)《曾侯乙墓簡》簡 43:"矢二秉又六。"

(26)又,120:"凡廣車十乘又二乘。"

(27)又,121:"大凡罕(四十)乘又三乘。"

(28)又,140:"☑□所造十真又五真。"

(29)又,141:"☑□所造卅鷗(匹)之甲,大凡牟(八十)馬甲又六馬之甲。"

(30)又簡 209:"☑車(?)十乘又五☑"

(31)《包山楚簡》簡 145 反:"金十兩又一兩。"

(32)《九店楚簡》簡 1:"舊二秵又五來,敂捊之五檐(擔)。"

(33)又,3:"舊五秵又五來。"

(34)又,4:"舊五秵又六來,舊四【檐(擔),方帀一,舊十】檐又三檐三赤二筥。"

不使用連接詞的情況共十八例,佔總數的 62.1%,如:

(35)《包山楚簡》簡 107:"貸郕(越)異之黃金卅益二益以翟種。"

(36)又,111:"貸郕(越)異之黃金十益一益四兩以翟種。"

（37）又 115："貸邸（越）異之彩金一百益二益四兩。"

（38）又,116："貸邸（越）異之金三益刖益。"

（39）又,117："貸邸（越）異之金卅益二益。"

（40）又,119："貸邸（越）異之金十益一益四兩。"

（41）又,137："□凡二百人十一人。"

（42）又,146："豕玫苛□利之金一益□益。"

（43）又簡 269："絑旌一百攷四十攷。"

（44）又,牘 1："絑旌百條四十攷。"

（45）《九店楚簡》簡 3："舊五秩又五來,敧拊之十檐（擔）一檐（擔）。舊六秩,敧拊之十檐（擔）二檐（擔）。"

（46）又,4："舊四【檐（擔）,方宀一,舊十】檐又三檐三赤二筥。"

（47）又,5："☑三赤二筥。"

（48）又,6："☑【舊】□檐（擔）三檐（擔）三赤二筥。"

（49）又,7："☑舊四十檐（擔）六檐（擔）,糤三刐一筥☑。"

（50）又,8："☑□□□糤三刐一筥。"

從上文的統計可見,戰國楚簡帛中使用 B 式來表示數量時候,連接詞"又"是可用可不用的,不用的用例稍多。從歷時的角度來看,戰國早期的《曾侯乙墓簡》中"又"字是普遍使用的,共六例,無一例外;而戰國中晚期的《包山楚簡》則僅 1 例使用了連接詞,其餘十例都不用,戰國晚期早段的《九店楚簡》一般也是不用的,十二例中八例不用,四例用"又",且多限於"某秩又某來"。由此可以推測,楚地使用 B 式表量時,連接詞"又"逐漸少用大概始於戰國中期,但這一過程可能耗時較久,且受地域影響。

總之,楚簡帛中的連接成分"又（有）"並沒有同傳世文獻一樣在春秋戰國之際便逐漸少用,更沒有在戰國晚期就已消失。楚地出土

簡牘的性質多有遣策、札記等當時人記當時事的文獻,與傳世的經
書、子書相比更爲口語化,顯然無法用"仿古"或者"殘存"來解釋。考
察戰國—秦時期寫成的秦簡中的情況,連接詞的使用情況却又迥然
不同。已公佈或部分公佈的秦簡中稱數時,連接詞已經不再使用,而
且無一例外。因此我們認爲先秦時期連接詞"又(有)"的發展有很强
的地域性。另一方面,從楚簡來看,整個戰國時代零數帶整數時連接
成分是可用可不用的,但以使用連接詞爲常。戰國中晚期或稍早,連
接成分逐漸少用,而這一演變可能首先發生在 B 式即"數詞+量詞/
名詞(+又)+數詞(+量詞/名詞)"、以及 A 式即"上位數(+又)+
下位數"同"名詞/量詞"直接結合而上位詞爲合文的情況下。這一發
展趨勢是由漢語發展中語言表達簡潔化的内在要求決定的:在 B 式
中,既有"量詞/名詞"又有連接成分的稱數法頗不簡便;在 A 式中,
合文與連接詞的省略同樣可以使表達更爲簡潔。我們似乎還可以作
如下推測:當時口語中是要用"又(有)"的,祇是由於受到書面語的影
響遂逐漸不用"又(有)",即後來不用"又(有)"的動因可能就在此。

　　漢簡中,連接詞"又(有)"則除特殊情況的"仿古"或"强調"外,均
已不用,例不贅舉;吳晉簡更是如此,如《走馬樓吳簡》,其中多爲黃簿
民籍以及收支錢糧賦税等的情況,由於内容的特殊性數量詞自然非
常豐富,但均無用這種古老笨重方式者,如:

　　　　(51)《走馬樓吳簡・竹簡〔壹〕》45:"▢鄉入鋘賈錢二萬五千
一百。"

　　　　(52)又,1121:"▢錢九萬一千四百五十付庫吏殷連領與前
所入合十七萬八千。"

　　　　(53)又,1144:"平出錢二百廿一萬一千六百十五錢雇元年
所調布水牛皮并▢"

　　此外,秦簡數詞的一個明顯的特點是"十一"的倍數用得比較多,
如:

(54)《龍崗秦簡》40："二百廿錢到百一十錢，耐爲隸臣妾；□□"

(55)《睡虎地秦簡·法律答問》1—2："五人盜，臧（贓）一錢以上，斬左止，有（又）黥以爲城旦；不盈五人，盜過六百六十錢，黥劓以爲城旦；不盈六百六十到二百廿錢，黥爲城旦；不盈二百廿以下到一錢，遷之。"

這主要是爲了換算方便。秦國主要的貨幣是"金"和"布"，秦律中關於貨幣的法律就稱爲"金布律"。平時通用的金屬貨幣單位則是"錢"（也指金屬貨幣），而有兩種貨幣就有個換算的問題，換算的方法在秦律中有明確規定，《睡虎地秦簡·秦律十八種·金布律》簡67："錢十一當一布。其出入錢以當金、布，以律。"因錢和布之間的換算是"十一"，所以爲了換算方便，在規定各種刑罰標準、服役人員的待遇等問題時，多使用"十一"的倍數。魏德勝則認爲："也有可能是'布'使用在先，原來的一些規定都是以'布'爲標準的，後來'錢'逐漸取代了'布'，原來用'布'時的整數在換算成'錢'時，就變成了十一的倍數了。雖是'布'作爲貨幣很快就被'錢'取代，但《金布律》作爲有關貨幣的法律的名稱却延續了很長時間，《漢書》、《晉書》中仍可見。"[1]

二　數字別體[2]

數詞在長期的發展演變中，在書寫形式上也有很多變化，如周法高先生所言："形體簡易的數字雖然便於書寫，可是却易於混淆。爲了清晰或美觀的緣故，就有筆劃較繁的數字出現。"[3]

---

[1]　魏德勝《〈睡虎地秦墓竹簡〉語法研究》，北京：首都師範大學出版社，2000年版，頁108。

[2]　無論數字的書寫形式如何，在當時的口語中讀音應當是相同的，但文字是記錄語言的，故要研究簡帛文獻數詞，勢必要研究記錄數詞的書寫形式，正因爲如此，所以下文有時將同一數詞的不同書寫形式分條介紹。

[3]　周法高《中國古代語法·稱代編》，台北：台聯國風出版社，1959年版，頁260。

1. 積畫

甲骨文中,一、二、三、亖,皆積畫爲之。後來,"亖"字多寫作四。先秦簡帛文獻中,秦簡均作"四";楚簡亦多作"四",也有作"亖"者,僅見於《曾侯乙墓簡》和《望山楚簡》,凡九例。 如:

(1)《曾侯乙墓簡》140:"大凡六十又亖(四)真。"

(2)又,212:"□亖(四)夫,□亖(四)夫。"

(3)又,5:"□亖(四)金匕。"

(4)又,6:"亖(四)皇豆。"

這一寫法當爲甲骨文、金文寫法的遺存,到戰國時期已經很少見了,即使在可以見到"亖"的《曾侯乙墓簡》和《望山楚簡》中,也多寫作"四",如:

(5)《曾侯乙墓簡》32:"四箙。"

(6)《望山楚簡·遺策》33:"四碗,又蓋。"

此外,同出於曾侯乙墓的鍾磬銘文中也均書作"四",如"十四"(C.53.下.9)。

但是,漢簡中積畫之"亖"却仍很常見,例如《居延新簡》"四"、"亖"是混雜使用的:

(7)《居延新簡》EPT2.2:"亖月十五日治罷卒簿府,亖月十五日罷。"

(8)又,EPT2.3:"亖月十五日治罷卒簿府,亖月十五日罷。"

(9)又,EPT4.4:"凡出粟黍百一十一石亖斗□升。"

(10)又,EPT8.5:"第四候史宏召詣官,八月癸亥平旦入。"

2. 合文

郭沫若先生説:"十之倍數合書,千百亦如是;雖間有一二例析書者,乃是例外,蓋古人亦不能保無筆誤也。"[①]從戰國楚簡帛中的情況

① 郭沫若《釋五十》,載《甲骨文字研究》第一卷,上海:大東書局,1931年版,頁9。

來看，也是如此。簡文中“一十”的“一”一般省略，如不省則寫作“干”，一例；“二十”多作“廿”，凡十一例；“三十”作“卅”，凡十例；[①]“四十”作“罕”，凡七例；“五十”作“丕”，一例；“六十”作“卒”，一例；“八十”作“仐”，凡三例。略舉幾例如下：

(1)《仰天湖楚簡》32：“干二箕。”

(2)《信陽楚簡・遺策》16：“弄脛廿又五，□脛廿【又】五。”

(3)《上博簡・容成氏》42：“湯王天下卅又一世而受作。”

(4)《信陽楚簡・遺策》8：“其木器，杯豆卅，杯卅。”

(5)《曾侯乙墓簡》121：“大凡罕乘又三乘。”

(6)《望山楚簡・札記》133：“☑丕□日□□祭馬□□□☑”

(7)《曾侯乙墓簡》140：“大凡卒又三真。”

(8)《曾侯乙墓簡》120：“大凡仐馬甲又六馬之甲。”

確切無疑的例外僅有三例，見於《郭店楚簡》中：

(9)《郭店楚簡・唐虞之道》25—26：“古者聖人廿而冒(曰)，卅而有家，五十而治天下，七十而致政。”

(10)又，《緇衣》47：“二十又三。”

秦簡中的“二十”、“三十”、“四十”分别用“廿”、“卅”、“卌”來表示，無一例外。廿，凡一百四例；卅，凡七十五例；卌，凡二十六例；但其他則分開書寫，例如：

(11)《放馬灘秦簡・日書甲》62：“人月，廿日旦北，吉；日中東，吉；昏南，吉；中夜西，吉。”

(12)《龍崗秦簡》40：“二百廿錢到百一十錢，耐爲隸臣妾；□☑”

(13)《放馬灘秦簡・丹記》：“卅八年八月己巳，邸丞赤敢謁

① 《上博簡・容成氏》簡39有一例作“三十”，但上下文字多不識，無法斷定是否是數詞。

御史。"

（14）《龍崗秦簡》31:"諸弌射甬道、禁苑外卅里系,去甬道、禁苑▢"

（15）又,27:"諸禁苑爲壖,去苑卌里,禁毋敢取壖中獸,取者其罪與盜禁中【同】▢"

（16）《里耶秦簡》J1⑥1 正面:"六八卅八。五八卌。"

（17）又,J1⑨10:"陽陵叔作士五(伍)勝日有貲錢千三百卌四,勝日戍洞庭郡不智(知)何縣署。"

漢簡中,合文的情況仍很常見,"廿""卅""卌"仍很常见,例如:

（18）《張家山漢簡·引書》64:"有(又)起,危坐,梟沃卌(四十),虎雇(顧)卌(四十)。"

（19）又,8:"舉胻交股,更上更下卅(三十),曰交股。"

值得注意的是,兩漢簡帛中的"七十"也可以寫作"丗",例如:

（20）《張家山漢簡·算數書》107:"稟米少半升者得粟百丗(七十)一分升之百。"

該簡意爲:稟米三分之一升可交換(加工前的)粟一百七十一分之一百升。

3. 繁寫

楚簡中,一、二、三也往往有特別的寫法。但諸多字體的用法往往看不出明顯的區別,可能衹是由於書手書寫習慣不同。"一"在郭店楚簡中可以寫作"罷",凡五例;也可以寫作"弌",凡七例。如:

（1）《郭店楚簡·五行》16:"淑人君子,其義(儀)罷(一)也。能爲罷(一),然句(後)能爲君子,慎其蜀(獨)也。"

（2）又,《窮達以時》14:"窮達以時,德行弌(一)也。"

"二"可以寫作"弍",凡二例,見於《信陽楚簡》和《郭店楚簡》,如:

（3）《信陽楚簡·文章》25:"一享迋也,弍享弘也。"

也可以作"貳"，一例，如：

　　(4)《郭店楚簡·五行》48："上帝賢女(汝)，毋貳而心。"

"三"在楚簡中的寫法有幾種，可以作"參"，凡九例，見於《郭店楚簡》，如：

　　(5)《性自命出》15："其參(三)述(術)者，道之而已。"

　　(6)《六德》45—46："參(三)者同，言行皆同。參(三)者不同，非言行也。參(三)者皆同，然句(後)是也。參(三)者，君子所生與之立，死與之敝也。"

也可以省作"厽"，凡八例，見於《包山楚簡》和《上博簡》，如：

　　(7)《上博簡·子羔》9："厽(三)王者之作乍也，皆人子也，而其父皆不足稱也與(歟)？"

　　(8)又，13："然則厽(三)者孰爲☒"

還可以作"品"(一例)或"晶"(四例)，如：

　　(9)《上博簡·緇衣》7："禹立品(三)年，百眚(姓)以仁道。"

　　(10)《曾侯乙墓簡》122："晶真吴甲。"

"三"字作"參"、作"厽"、作"品"、作"晶"，當爲一字的異體，用法上並沒有本質的區别。《集韻·平侵》："曑、參、厽，《説文》商星也，或省，古作厽。"①"厽"是古文"厽"之省，"晶"是"曑"之省。

秦簡中一、三、四還可以寫作壹、參、駟。表基數的壹，凡四例；參，二例；駟，一例。如：

　　(11)《睡虎地秦簡·秦律十八種》47："駕縣馬勞，有(又)益壺〈壹〉禾之。"

　　(12)又，《日書甲》216："不出壹歲，家必有恙。"

　　(13)又，《日書甲》187："凡丁丑不可以葬，葬必參。"

---

①　《説文·晶部·曑》下段玉裁注："或云此以篆文曑連商句絶，釋爲商星也。"故此句當作："曑，商，星也。"

(14)又,《秦律十八種》101:"食稗米半斗,醬駟(四)分升一,采(菜)羹,給之韭蔥。"

簡文中用作基數詞的"壹、參、駟",均用作實指,與其他文獻多作虛指不同。而"參"、"駟"除表基數外,還常常用來表示分數。"參","三分之一"的意思;"駟","四分之一"的意思(例見下文)。

兩漢簡帛文獻中,繁寫的"壹、參"仍在沿用,值得注意的是新莽於始建國二年,即公元 10 年之後,"七"往往作"桼",這與王莽新朝的改制有關,此不贅述,例如:[①]

(15)《居延漢簡》26.12:"第十三隧長黨召詣官,桼月癸丑蚤食入。"

(16)又,61.24:"建武桼年四月戊辰,甲渠鄣守候憲敢言之。"

(17)《敦煌漢簡》47:"中軍募擇士桼百二十人。"

三　序數

後世常用表序數的詞頭"第"在先秦簡帛文獻中仍未出現,兩漢簡帛文獻中產生後立即獲得了廣泛使用。簡帛文獻所見序數表示法有以下幾種:

1. 數詞+曰

這種序數表示法,傳世先秦文獻常見,成書於先秦的簡帛文獻中用例也較多:

(1)《上博簡·從政甲篇》5:"五德:一曰寬,二曰共(恭),三曰惠,四曰仁,五曰敬。"

(2)《睡虎地秦簡·爲吏之道》6 貳—12 貳:"吏有五善:一曰

---

① 詳參楊艷輝《新莽之前"七"與"十"字形相似探源》,載張顯成主編《簡帛語言文字研究》第三輯,成都:巴蜀書社,2008 年版,頁 389。

中(忠)信敬上,二曰精(清)廉毋謗,三曰舉事審當,四曰喜爲善行,五曰龔(恭)敬多讓。"

　　(3)《馬王堆帛書·養生方》200－204:"益産(生)者食也,損産【者色】也,是以聖人必有法厠(則):一曰麋(麚)觓(觸),二【曰】爰(援)據,三曰蟬傅,四曰蟾者(諸),五曰魚暴(喁),六曰青□。一曰云石,二曰拈弧,三曰濯昏,四【曰】伏□,五曰赤剄。【一曰】高之,二曰下之,三曰左之,四曰右之,【五曰】深之,六曰淺之,七曰兔敄(鶩)。一曰疢(吷),二曰癋(齧)。一曰【□□,二】曰震撞(動)。一曰致味,二曰致氣,【三曰勞】實,四曰侍(時)節。"

兩漢及其以後這一序數表示法一直沿用,兹不贅述。

2. 基數詞表示

直接用基數詞表示序數,無論傳世文獻還是出土文獻,均很常見,如:

　　(1)《張家山漢簡·二年律令》246:"恒以秋七月除千(阡)佰(陌)之大草。"

　　(2)又,《奏讞書》8:"六年二月中買婢媚士五(伍)點所。"

3. 大上,其即(次)

傳世文獻及簡帛文獻均多見,例如:

　　(1)《郭店楚簡·老子丙》1:"大上下智(知)又(有)之,其即(次)新(親)譽之,其既〈即(次)〉畏之,其即(次)侮之。"

　　(2)《上博簡·容成氏》50:"成德者,吾敓(説)而弋(代)之。其即(次),吾伐而弋(代)之。"

4. 上,中,下

上古文獻亦多見,例如:

　　(1)《郭店楚簡·老子乙》9:"上士昏(聞)道,堇(勤)能行於其中。中士昏(聞)道,若昏(聞)若亡。下士昏(聞)道,大笑之。"

5. 排行

所謂"排行",現在通指同輩排列的行次,如"大"、"二"、"三"等。在古代,用"伯(或"孟"、"元")、仲、叔、季"的排行。如《尚書·吕刑》:"王曰:'嗚呼! 念之哉。伯父、伯兄、仲叔、季弟、幼子、童孫,皆聽朕言,庶有格命。"簡帛文獻亦如此,如:

> (1)《包山楚簡》127:"與其季父□連嚻陽必同室。"

6. 第

序數詞"第"是由名詞"次第"語法化而來的,其語源學界無異議。潘允中先生認爲:"(詞頭"第")來源很古,如《論語》的編排'學而第一'、'爲證第二'、'八佾第三'、'里仁第四'等等。"①但王力先生指出:"先秦諸子每篇標題,往往標爲某某第一,某某第二。這恐怕是後人所加,不足爲據。""'第'字真正用作序數的詞頭,大約在晉代以後(或較早)。"②定州簡《論語》均無篇名,更無次第。向熹先生則認爲產生於漢代,例證一爲《史記》"位次第一",但王力認爲仍是名詞"次第"義,例證二爲東漢中葉的《論衡》。③

綜合傳世文獻和出土文獻用例,表序數的詞頭"第"在秦代就已經產生了。嶽麓書院藏秦簡中的"内史郡二千石官共令"簡共八枚,分別標注了干支編序,即"第甲"(0355)至"第庚"(0617),書作"𥙷",例如:④

> (1)内史郡二千石官共令。第甲。(0355)
> (2)内史郡二千石官共令。第乙。(0690)
> (3)内史郡二千石官共令。第丙。(0522)
> (4)内史郡二千石官共令。第丁。(0351)

---

① 潘允中《漢語語法史概要》,鄭州:中州書畫社,1982年版,頁110。
② 王力《漢語史稿》,北京:中華書局,1980年版,頁29。
③ 向熹《簡明漢語史》,北京:商務印書館,2010年版,頁58。
④ 陳松長《嶽麓書院所藏秦簡綜述》,載《湖南大學學報》,2009年3期。

(5)内史郡二千石官共令。第戊。(0465)

(6)内史郡二千石官共令。第己。(0316)

(7)内史郡二千石官共令。第庚。(0617)

2002 年出土於湖南里耶的《里耶秦簡》中也有類似用例：

(8)簡 8－1363："第一：人病少氣者,惡聞人聲。"

1993 年於河南省永城市芒碭山西漢早期梁國王陵永城梁孝王李后墓出土塞石近三千塊,共刻一萬餘字,或表示宫室方位,或表示施工程式等等,如："西宫東北旁第二二。/第二北。/第二北。/西宫東北旁第二一。/第一北,/第一北。/西宫東北旁第一三。"此外,成書於西漢晚期成帝時的《尹灣漢簡》中的《元延二年日記》的簡首編綸上面部分,也寫有順序編號"第一"、"第二"、"第三"、"第四"等。 總之,"第"用作序數詞,秦簡用例是目前所見之最早用例。①

在漢簡中也大量出現了把詞綴"第"放在整數詞前面來表示順序的典型用法,如：

(1)《額濟納漢簡》99ES17SH1:38："閏月己卯第十七候。"

(2)又,99ES16ST1:13："第十三隧長王良。"

《居延漢簡》中更爲常見,如：

(3)《居延漢簡》3.26："第十五隧長李嚴。"

(4)又,4.35："第廿二積荽千石,永始二年伐。"

(5)《居延新簡》EPT6.81："第十八隧長田惲,九月禄縣絮二斤十二兩☐"

(6)《居補簡》81.1："右館陶第卅車十人。"

成書於西漢晚期成帝時的《尹灣漢簡》中的《元延二年日記》的簡首編綸上面部分,甚至寫有順序編號"第一"、"第二"、"第三"、"第四"

---

① 李建平《序數詞"第"産生的時代及其語法化——兼論"第一"詞彙化的時代與動因》,載《古漢語研究》,2014 年 4 期。

等。值得注意的是,戰國早期的曾侯乙墓出土的鐘磬銘文中有二十多個序號,都是用基數詞直接表示序數的,例如"十三"(C.53.上.10首)、"十八"(C.53.上.11首)、"廿"(C.53.上.12首)等等。可見序數詞"第"的產生應當是在秦末漢初以前,戰國早期以後。

7. 時間序數

表示時間的序數方式,古今亦有較多差异,以下分紀年、紀月、紀日三類分別討論。

①紀年方式

秦簡和兩漢簡帛文獻中的紀年方式除第一年稱爲"元年"外,其餘均用序數來表示,與後代的紀年方式没有大的區別。如《睡虎地秦簡·編年記》4貳:"孝文王元年,立即死。"

楚簡的紀年方式較爲特殊,陳偉對包山楚簡中的紀年方式進行了清理,因其中大多涉及對外關係,故稱之爲"外事紀年法"。① 我們考察了《望山楚簡》、《曾侯乙墓簡》所見的紀年方式,與此正同。如:

(1)《望山楚簡·札記》1:"☐【䣜客困芻】聞王於【栽郢之歲,習】尿之月,癸亥之日,禱於☐"

(2)《曾侯乙墓簡》1正:"大莫敖㬂嗉適豧之春,八月庚申,胄趄執事人書入車。"

(3)《包山楚簡》7:"齊客陳豫賀王之歲,八月乙酉之日。"

②紀月方式

秦簡、漢簡中的紀月方式同後世幾乎完全一致,除"一月"稱爲"正月"外,其他各月均用序數詞來表示。秦以十月爲歲首,閏月置於歲末,稱爲後九月,如:

(1)《睡虎地秦簡·編年紀》3貳:"五十六年,後九月,昭死。正月,速産。"

① 陳偉《包山楚簡初探》,武漢:武漢大學出版社,1996年版,頁9。

（2）《周家臺秦簡·曆譜》60:"後九月大。"

爲避秦始皇（嬴政）諱，秦簡中的"正月"又作"端月"，如：

（3）《周家臺秦簡·秦二世元年木牘》正面壹:"端月癸卯大。"

值得注意的是，楚曆是一種後世失傳的先秦古曆，其月數稱謂，有的採用序數，有的採用特殊詞彙。按睡虎地秦簡《日書·歲》中的秦楚月名對照的文字可推斷，楚一年十二月名稱依次爲：冬夕（一月）、屈夕（二月）、援夕（三月）、刑夷（四月）、夏屎（五月）、楚紡月（六月）、七月、八月、九月、十月、爨月（十一月）、獻馬（十二月）。楚月名還有一些又名，如"刑夷"又作"刑屍"、"型凥"，但除"七月"與又名"夏夕"、"夏屎"外，其餘各月又名間均是通假關係，爲同一名稱的不同書寫形式，兹不贅述。

③紀日方式

先秦簡帛文獻中，年月固定的情況下均用干支紀日，不用數字，秦簡和楚簡帛均是如此，如：

（1）《放馬灘秦簡·丹記》:"卅八年八月己巳，邸丞赤敢謁御史。"

（2）《里耶秦簡》J1⑨1 正面:"卅三年四月辛丑朔丙午，司空騰敢言之。"

（3）《龍崗秦簡》116:"廿四年正月甲寅以來，吏行田贏律（?）詐☑"

（4）《包山楚簡》41:"八月乙未之日，龔夫人之大夫番贏受期。"

（5）《望山楚簡·札記》27:"☑【己巳】甲子之日，【内齋】。"

（6）《九店 56 號墓簡》94:"丁亥有靈。"

這種紀日方式與傳世先秦文獻是一致的，漢代始用數字紀日。最早爲《居延漢簡》用例，如：

（7）簡 560.4：“賞隧長，鱳得富□里牛慶，未得元康四年三月十四日用錢三百八十。元康四年正月己亥除，已得三月十四日奉。”

（8）又，142.29A：“正月廿一日食馬盡廿四日□二石三斗。廿三日食馬凡四斗，又四斗，又三斗。二月二日食馬一斗。二月十二日食馬二斗。”

陳槃庵先生《漢晉遺簡偶述》“紀日以數字不以干支”條引《居延漢簡》例後曰：“此種紀日法，始於何時，未可知。以現在可能見到之材料論，則未有更早於此簡者。”[1]從《居延漢簡甲乙編》看，用數字紀日的仍是少數，多數情況下仍然是用干支紀日。我們以始元年間爲例來看，僅一例用數字紀日，其他均用干支紀日：

（9）簡 19.9：“令史徐勝客，始元六年五月乙卯除，未得始元六年七月奉□□□”

（10）簡 19.50：“屬王廣始元三年六月丁丑除，未得始元六年五月□”

（11）簡 47.3：“始元三年三月丙申朔丁巳，北鄉嗇夫定世敢言之。”

（12）簡 273.14：“始元七年閏月甲辰，居延與金關爲出入六寸符券，齒百，從第一至千，□入糜小石十五石，始元三年六月甲子朔甲子，第二亭長舒受代田倉監□都、丞臨。”

以上爲干支紀日者，僅始元年間用例還有很多，此不贅列。

（13）簡 509.19：“始元三年九月四日，以從受物給長中帛若干匹，直若干，以給始元三年正月盡八月，積八月奉。”

以上爲數字紀日者，始元年間用例僅此一例。

---

① 陳槃庵《漢晉遺簡偶述》，載《中央研究院歷史語言研究所集刊》（第十六本），1947年版，頁 326。

可見《居延漢簡》時代是用數字紀日之初，而且干支、數字可以配合一起使用，例如：

(14)簡 179.10：“月廿九日庚戌，寢兵。五月大。辛亥一日。壬子二日，夏至。癸丑三日。甲寅四日，盡。乙卯五日。丙辰六日。丁巳七日。戊午八日。己未九日。庚申十日。辛酉十一日。壬戌十二日。癸亥十三日。甲子十四日。乙丑十五日。丙寅十六日。丁卯十七日。戊辰十八日。己巳十九日。庚午廿日。辛未廿一日。壬申廿二日。癸酉廿三日。甲戌廿四日。乙亥廿五日。丙子廿六日。丁丑廿七日。戊寅廿八日。己卯廿九日。庚辰卅日。”

年月不固定的情況，包括月份不固定和月份固定而年份不固定兩種。由於年份或者月份不固定，無法用干支來紀日，祇能用序數詞來表示，簡帛文獻均如此，多見於日書類文獻，如：

(15)《九店楚簡》81：“夏夕内（入）月八日。”

(16)《睡虎地秦簡·日書甲》133 正：“入正月七日，入二月四日，入三月廿一日，入四月八日，入五月十九日，入六月廿四日，入七月九日，入八月九日，入九月廿七日，入十月十日，入十一月廿日，入十二月卅日，凡此日以歸，死；行，亡。”

(17)《放馬灘秦簡·日書甲》71：“入月，廿九日旦西，吉；日中北，吉；昏東，吉；中夜南，吉。”

(18)《周家臺秦簡·日書》135 三—136 三：“入月二日、六日、八日、十二日、十四日、十八日、廿日、廿四日、廿六日、卅日小徹。”

每個月的第一天可以用“朔”來表示，最後一天則用“晦”來表示，如：

(19)《里耶秦簡》J1⑧154 正面：“卅三年二月壬寅朔【朔】日，遷陵守丞都敢言之：令曰：恒以朔日上所買徒隸數，問之毋當令者,敢言之。"

（20）《周家臺秦簡・病方及其它》320："善布清席,東首臥到晦,朔復到南臥。晦起,即以酒賁（噴）,以羽漬,稍去之,以粉傅之。"

這種紀日方式與傳世文獻也是一致的。

四　倍數

楚簡中倍數表示法比較少見,簡介如下:

1. 基數詞＋倍

用"基數詞＋倍"來表示倍數。先秦簡帛已見,兩漢以後仍沿用,如:

（1）《郭店楚簡・老子甲》1："絕智（知）棄卞（辯）,民利百倍。"

（2）《張家山漢簡・算數書》38—39："术（術）曰:直（置）一關而☐倍爲法,有直（置）米一斗而三之,有三倍之而關數焉爲實。"

2. 倍

用單個的"倍"字表示兩倍。簡帛文獻常見,如:

（1）《張家山漢簡・算數書》74："以所賣買爲法,以得錢乘一石數以爲實,其下有半者倍之。"

3. 基數詞＋之

先秦簡帛文獻已見,並一直沿用,如:

（1）《郭店楚簡・尊德義》26—27："民五之方各,十之方静,百之而句（後）服。"

（2）《張家山漢簡》39："有（又）直（置）米一斗而三之,有（又）三倍之而關數焉爲實。"

4. 基數詞表示

直接用基數詞來表示倍數。如：

（1）《張家山漢簡・算數書》77：“三鹽之數以爲法，亦三一石之升數，以錢乘之爲實。”

用“再”亦可以表示二倍。如：

（2）《張家山漢簡・算數書》99：“ 麥 少 半 升爲米九分升之二，參（三）母，再子，二之，三而一。”

五　分數表示法

戰國楚簡帛中未見分數，秦簡中的分數表示法却是豐富多采的，兩漢時代以後則得到了進一步發展，主要有以下幾種情況。

1. 數詞＋分＋數詞

這種分數表示法在秦簡中最爲常見，如：

（1）《睡虎地秦簡・秦律十八種・厩苑律》19—20：“今課縣、都官公服牛各一課，卒歲，十牛以上而三分一死；不【盈】十牛以下，及受服牛者卒歲死牛三以上，吏主者、徒食牛者及令、丞皆有罪。”

（2）又，《效律》12：“縣料而不備其現數五分一以上，直（值）其賈（價），其貲、讂如數者然。”

（3）又，14—15：“百分一以到不盈十分一，直（值）過千一百錢以到二千二百錢，讂官嗇夫。”

當“分”後的數詞是“一”時，“一”字似乎可以省略，一例：

（4）《睡虎地秦簡・秦律十八種・效》167：“度禾、芻稾而不備十分一以下，令復其故數；過十分以上，先索以稟人，而以律論其不備。”

整理者認爲：“十分，即十分之一。”《睡虎地秦簡》中僅此一例，因此也有可能是寫脱了數詞“一”，姑且録於此，以供考察。

《嶽麓秦簡・數》中也可見，例如：

(5)《嶽麓秦簡》76/0410:"☐乘三分,二參而六,六分一也；半乘半,四分一也；四分乘四分,四四十六,十六分一也。"

(6)又,77/0778:"三分乘四分,三四十二,十二分一也；三分乘三分,三三而九,九分一也；少半乘十,三有(又)少半也；五分乘六分,五六卅,卅分一也。"

2. 數詞＋分＋量詞＋數詞

這種分數表示法在秦簡亦較多見,如：

(1)《睡虎地秦簡·秦律十八種·傳食律》180:"御史卒人使者,食䄓米半斗,醬駟(四)分升一,采(菜)羹,給之韭蔥。"

(2)又,182:"上造以下到官佐、史毋(無)爵者,及卜、史、司御、寺、府,糲米一斗,有采(菜)羹,鹽廿分升二。"

(3)又,《效律》6—7:"參不正,六分升一以上。"

(4)又,7:"升不正,廿分升一以上。"

(5)《嶽麓秦簡》20/0890:"梟興田五十步,大梟高八尺,六步一束,租一斤六兩五朱(銖)三分朱(銖)一。"

(6)又,19/0835:"梟【興】田六步,大梟高六尺,七步一束,租一兩十七朱(銖)七分朱(銖)一。"

漢簡中這種形式仍大量存在,如：

(7)《張家山漢簡·二年律令》197:"錢徑十分寸八以上,雖缺鑠,文章頗可智(知),而非殊折及鉛錢也,皆爲行錢。"

(8)又,《算數書》41:"始織一寸六十二分寸卅八,次三寸六十二分寸十四,次六寸六十二分寸廿八,次尺二寸六十二分寸五十六,次一〈二〉尺五寸六十二分寸五十。"

(9)《港大漢簡》河堤簡 222 背:"實三百一十八萬一千八百七十二步。三百人分之,人得卌四每(畝)卌六步,有三百分步七十二。☐☐堤卅九里二百廿二步。"

3. 數詞＋分＋取＋數詞

這種分數表示法僅見於秦簡,且僅一例:

(1)《睡虎地秦簡·秦律十八種·金布律》77—79:"百姓叚(假)公器及有責(債)未嘗(償),其日足以收責之,而弗收責,其人死亡;及隸臣妾有亡公器、畜生者,以其日月減其衣食,毋過三分取一,其所亡衆,計之,終歲衣食不足以稍嘗(償),令居之,其弗令居之,其人【死】亡,令其官嗇夫及吏主者代嘗(償)之。"

該簡大意爲:百姓借用官府器物和負債未還,時間足夠收回,而未加收回,該人死亡,令該官府嗇夫和主管其事的官吏代爲賠償。隸臣妾有丢失官府器物或牲畜的,應從丢失之日起按月扣除隸臣妾的衣食,但不能超過衣食的三分之一,若所丢失數多,算起來隸臣妾整年衣食還不夠全部賠償,應令隸臣妾居作,如果不令居作,該人死亡,令該官府嗇夫和主管其事的官吏代爲賠償。從簡文大意可以看出,這裏的"三分取一"即今天所説的"三分之一"。

4. 數詞+分+之+數詞

這種分數表示法是現代漢語最常見的分數表示法,楚簡未見,秦簡可見,例如:

(1)《周家臺秦簡·綫圖一》:"夜三分之一,營室。"

整理者注:"'夜三分之一',即'夜少半',表示的時間是在'夜未半'之前。"又如:

(2)《嶽麓秦簡》49/0474:"凡九即十之,令廿二而成一步,步居二斗有(又)九分之四,今四步廿二分步二而成一斗。"

到漢簡中就很常見了,如:

(3)《張家山漢簡·算數書》17—20:"其一术(術)曰:以分子除母,少(小)以母除子,子母等以爲法,子母各如法而成一。不足除者可半,半母亦半子。二千一十六分之百六十二,約之百一十二分之九。"

(4)又,26:"五人分三有(又)半少半,各受卅分之廿三。"

(5)又，82："不盈，以法命分，其以挈【脂】、米、垭【脂】亦一兩，得垭【脂十】九分之五也。"

(6)又，129－130："程曰：一日伐竹六十箇，一日爲盧唐十五，一竹爲三盧唐。欲令一人自伐竹，因爲盧唐，一日爲幾何？曰：爲十三〈二〉盧唐四分之三。"

5. 半、大半/泰半、少半、參、駟、駃

簡帛文獻中還有幾個特殊的分數："半"，表示二分之一；"大半/泰半"，表示三分之二；"少半"表示三分之一，簡帛文獻中均常見，例如：

(1)《睡虎地秦簡·秦律十八種·倉律》38："種：稻、麻畝用二斗大半斗，禾、麥畝一斗，黍、荅畝大半斗，叔（菽）畝半斗。"

(2)又，49："隸臣妾其從事公，隸臣月禾二石，隸妾一石半；其不從事，勿稟。小城旦、隸臣作者，月禾一石半石；未能作者，月禾一石。"

(3)又，《傳食律》179—180："其有爵者，自官士大夫以上，爵食之。使者之從者，食糲米半斗；仆，少半斗。"

(4)《效律》5："斗不正，半升以上，貲一甲；不盈半升到少半升，貲一盾。"

(5)《張家山漢簡·算數書》8："少半乘少半，九分一也；半步乘半步，四分一也；半步乘少半步，六分一也；少半乘大半，九分二也。"

(6)《里耶秦簡》6－12："粟米五石三斗泰半。卅五年五月已☐"

(7)又，8－925＋8－2195："積卅九日，日三升泰半半升。令史氣視平☐"

(8)又，8－1550："稻三石泰半斗。"

整理者注："左側刻齒爲'三石泰半斗'。"

按,《漢語大詞典》"泰半"條:"大半;過半。《漢書·食貨志上》:'至於始皇,遂并天下,内興功作,外攘夷狄,收泰半之賦,發閭左之戍。'顔師古注:'泰半,三分取其二。'"《里耶秦簡》用例也是目前所見較早用例。

參,三分之一;駟,四分之一。例如:

(9)《睡虎地秦簡·秦律十八種·倉律》55—56:"城旦之垣及它事而勞與垣等者,旦半夕參;其守署及爲它事者,參食之。其病者,稱議食之,令吏主。城旦舂、舂司寇、白粲操土攻(功),參食之;不操土攻(功),以律食之。"

(10)《嶽麓秦簡》139/1826+1842:"一人斗食,一人半食,一人參食,一人駟食,一人駃食,凡五人。"

(11)《睡虎地秦簡·司空》133—134:"居官府公食者,男子參,女子駟(四)。"

根據秦律,秦時度量用的量具有"半石"、"半斗"、"參"(三分之一斗),如《睡虎地秦簡·效律》6—7:"半石不正,八兩以上……半斗不正,少半升以上;參不正,六分升一以上;升不正,廿分升一以上;黄金衡贏(累)不正,半朱(銖)以上;貨各一盾。"上文的後兩例中"參"也是特指"三分之一斗"。

駃　《嶽麓秦簡》139/1826+1842:"一人斗食,一人半食,一人參食,一人駟食,一人駃食,凡五人。"從簡文文意來看,"駃"當指"六分之一"斗。

六　概數表示法

簡帛文獻中的概數表示法主要有兩種:一是用"奇"、"餘"、"所"等詞放在數詞或名詞前(或後)來表示;二是用"數"、"若干"代指數字來表示。分别論述於下。

1."奇"、"餘"、"所"之屬

奇　秦簡中"奇"可以表示約數,僅一見,放在數詞之前作修飾語:

　　(1)《睡虎地秦簡·封診式》59:"男子西有鬃秦綦履一兩,去男子其一奇六步,一十步;以履履男子,利焉。"

"奇六步"意即"六步有餘"。"奇+數量"表零數,這一用法比較特殊,傳世文獻較爲罕見,典籍中所見多爲"數量+有奇",例如《漢書·食貨志》:"長二尺五寸,廣寸,首長八分有奇。"

餘　簡帛文獻中"餘"表約數最爲常見,先秦簡帛即有,但不多見,如:

　　(2)《周家臺秦簡》309:"用之,取十餘叔(菽)置鬻(粥)而飲之,已腸辟。"

　　(3)《睡虎地秦簡·封診式》92:"外大母同里丁坐有寧毒言,以卅餘歲時遷。"

用"餘"來表示零數,傳世先秦文獻已見,如《戰國策·燕二》:"昌國君樂毅爲燕昭王合五國之兵而攻齊,下七十餘城,盡郡縣之以屬燕。"又,《韓非子·外儲説左上》:"昭王讀法十餘簡而睡臥矣。"這是"數詞+餘+名詞"的。也有用"數詞+餘+量詞"的,如《戰國策·楚三》:"不避絶江河,行千餘里來,竊慕大君之義,而善君之業。"又,《趙三》:"帶甲百萬,嘗抑强齊,四十餘年而秦不能得所欲。"還有"數詞+餘"的,如《戰國策·魏四》:"魏人有唐且者,年九十餘。"文獻中常見"有餘"一詞,用同"餘",如《戰國策·韓一》:"今已令楚王奉幾瑟以車百乘居陽翟,令昭獻轉而與之處,旬有餘,彼已決。"兩漢簡帛文獻中,用例亦較多,如:

　　(4)《張家山漢簡·奏讞書》83:"居十餘日,信舍人萊告信曰:武欲言信丞相、大(太)守。"

　　(5)《額濟納漢簡》2000ES9SF3:4B:"(胡虜)入肩水塞,略得焦鳳牛十餘頭,羌女子一人,將西渡河。虜四騎止都倉西,放馬;

六十餘騎止金關西。"

"餘"表約數的詞義發展，按史存直先生説："'餘'字《説文》訓爲'饒'，《廣雅·釋詁》訓爲'盈'，意思是'多餘'、'剩餘'、'其餘'。後來和數詞相結合使用，就有了表示尚有尾數的作用。"①

所　一般用作數量結構之後，表約數。傳世兩漢文獻多見，如《史記·扁鵲倉公列傳》："今慶已死十年所。"又，《後漢書·天文中》："彗星出天船北，長二尺所。"簡帛文獻亦可見，例如：

(6)《馬王堆帛書·五十二病方》365："取桐本一節所。"

《五十二病方》的成書當不晚於秦，可見表約數的"所"在先秦已經産生了。

2. "數"、"幾何"、"若干"之屬

數　"數"同名詞或量詞連用表示約數，通常放在前面作定語，如：

(1)《周家臺秦簡·病方及其它》378："置□後數宿，□之乾。"

"數"還常常與動詞連用，表示"多次"、"經常"的意思，簡帛文獻也很常見，如：

(2)《睡虎地秦簡·效律》42："官府臧(藏)皮革，數煬風之。有蠹突者，貲官嗇夫一甲。"

(3)又，《封診式》3—5："詰之極而數訑，更言不服，其律當治(笞)諒(掠)者，乃治(笞)諒(掠)。治(笞)諒(掠)之必書曰：爰書：以某數更言，毋(無)解辭，治(笞)訊某。"

(4)《額濟納漢簡》99ES16ST1：1－8："察數去署吏卒：候長三去署，免之；候史隧長五去，免；輔廣土(士)卒數去，徙署三十井關外。"

① 史存直《漢語史綱要》第九章"數量詞的發展"，北京：中華書局，2008年版，頁250。

（5）《龍崗秦簡》39：“禁苑嗇夫、吏數循行，垣有壞決獸出，及見獸出在外，亟告縣。”

幾何　多用作疑問數詞，但也可以用來泛指數字：

（6）《睡虎地秦簡·封診式》14：“覆問毋（無）有，幾籍亡，亡及逋事各幾可（何）日。”

“幾何”泛指數字，傳世典籍中多用於否定句中，與“無（亡）”連用，如《史記·白起傳》：“今亡趙，北地入燕，東地入齊，南地入韓魏，則君之所得亡幾何人。”

若干　《助字辨略》卷五：“若干者，未定多少，且約計之也。”《經傳釋詞》卷七：“若干者，不定之詞也。”代指數字，置於名詞或量詞之前，表示不定數，如：

（7）《睡虎地秦簡·秦律十八種·效》168：“其倉禾若干石，倉嗇夫某、佐某、稟人某。”

（8）又，171—172：“某倉出禾若干石，其餘禾若干石。”

“若干”一詞最早見於戰國末年，如《墨子·天志》：“吾攻國，覆軍殺將若干人矣。”但其他傳世先秦典籍中未見。《睡虎地秦簡》中的七例，無疑是先秦文獻中用例最多的，而兩漢簡帛文獻中就很常見了，如：

（9）《張家山漢簡·算數書》164—165：“少廣：救（求）少廣之術曰：先直（置）廣，即曰：下有若干步，以一爲若干，以半爲若干，以三分爲若干，積分以盡所救（求）分同之以爲法，即耤（藉）直（置）田二百卌步亦以一爲若干，以爲積步，除積步，如法得從（縱）一步。不盈步者，以法命其分。”

七　疑問數詞

同傳世文獻一樣，簡帛文獻中可以用“幾何”、“何若”來表示對未知數的疑問，例如：

（1）《郭店楚簡·老子乙》4:"絕學亡憂,唯與可(呵),相去幾可(何)? ……美與亞(惡),相去可(何)若?"

（2）《睡虎地秦簡·法律答問》136:"夫、妻、子五人共盜,皆當刑城旦,今中〈甲〉盡捕告之,問甲當購幾可(何)? 人購二兩。"

（3）又,137:"夫、妻、子十人共盜,當刑城旦,亡,今甲捕得其八人,問甲當購幾可(何)? 當購人二兩。"

（4）又,152:"倉鼠穴幾可(何)而當論及諈?"

（5）《嶽麓秦簡》67/0884:"宇方百步,三人居之,巷廣五步,問宇廣幾可(何)?"

"幾何"在漢簡中尤其常見,《張家山漢簡》中的《算數書》中用例甚多:

（6）簡28:"出金:有金三朱(銖)九分朱(銖)五,今欲出其七分朱(銖)六,問餘金幾何。"

（7）又,36:"狐皮:狐皮卅五戈(裁)、貍皮廿五戈(裁)、犬皮十二戈(裁)偕出關,關并租廿五錢,問各出幾何。"

（8）又,38:"負米:人負米不智(知)其數以出關,關三,【三】稅之一,已出,餘米一斗。問始行齎米幾何。"

八　小結

從已公佈的簡帛文獻材料來看,成書於先秦的簡帛文獻中的數詞已經形成一個比較完備的體系,到成書於兩漢簡帛中則更加成熟完善起來,包括基數、序數、分數、倍數、約數、疑數等。

（一）基數表示法:楚簡帛中兩位數之間加連接成分的原始方式仍大量使用,而秦簡中這種笨重的原始方式已經完全消失了;積畫的"三"在楚簡中尚有遺存,秦簡未見,但兩漢簡帛中卻又較多使用;數字繁寫在楚、秦簡帛文獻中也都已經出現,兩漢簡帛亦較爲常用。

（二）序數:秦簡中表示序數的詞頭"第"已經出現,且簡文中的序數表示法豐富多彩,可以用"數詞+曰"、"大上,其即(次),其即(次)……"等多種方式來表示;漢簡中序數詞"第"就用例較多了。時間序數的紀日方式中,先秦簡帛文獻中年月固定情況下均用干支紀日,不用序數詞;漢代以後數詞紀日的方式產生以後,干支紀日仍在沿用,且一直佔據優勢地位。

(三)倍數:甲骨文、西周金文中都没有發現倍數表示法,先秦簡帛文獻中已經大量出現,可以用"數詞+倍"、"數詞+之"來表示,也可以用二數相乘來表示;兩漢簡帛中自然更爲豐富多彩了。

(四)分數:戰國楚簡帛中未見,但秦簡中的分數表示法卻很豐富。後世最常用的"數詞+分+之+數詞"的形式簡文中已經出現,還可以用"數詞+分+數詞"、"數詞+分+量詞+數詞"、"數詞+分+取+數詞"來表示,後者是傳世先秦文獻所未見的。另外,簡帛文獻中還有"半(二分之一)"、"大半(三分之二)"、"少半(三分之一)"、"參(三分之一)"、"駟(四分之一)"等幾個特殊的分數。

(五)約數:簡帛文獻約數表示法主要有兩種,一是用"奇"、"餘"、"所"等詞放在數詞或名詞的前或後來表示,二是用"數"、"幾"、"幾何"、"若干"代指數字來表示。其中,"奇+數量"表零數的用法比較特殊,傳世上古文獻未見。

(六)疑數:簡帛文獻中可以用"幾何"、"何若"來表示對未知數的疑問,這同傳世文獻中的用法是一致的。

值得注意的是,從簡帛文獻看數詞的發展體現出了很強的地域性,這主要體現在先秦簡帛文獻中。周王朝的統治類似於一種松散的聯邦,王室掌握着主流文化,各邦國受其影響,但往往限於貴族階層,在更廣大的社會領域裏,土著文化仍有其源遠流長的傳統,加之地域阻隔,其發展各有特色。楚秦簡帛文獻分別出土於地處長江中游的楚文化圈和以渭河流域的關中爲核心的秦文化圈,其語言的發展自然也存在相當的差異。從對楚秦簡帛文獻的共時考察中,我們可以清晰地看到先秦簡牘中數詞的發展有很强的地域特徵,主要體現在基數表示法中,楚簡中仍大量殘存着殷商卜辭和西周金文中的一些特點,如二位數之間多用連接詞"有(又)"、書寫形式上積畫"三"仍比較常見,而秦簡中則都已經同現在通常的用法沒有什麼不同了。另一方面,秦簡中豐富多彩的約數、分數表示法也是楚簡中所未見的。① 此外,楚、秦簡牘中的倍數表示法、表複數之辭、疑問數詞也都存在一定區別。當然,這也有可能僅僅是我們發現的材料還少,沒有看到更多當時文獻中的其他用法得出的結論而已。

第二節 簡帛中的稱數法

根據所稱量對象的性質,數量表示法可分事物數量表示法和動作數量表示法兩大類,量詞相應也有物量詞和動量詞兩大類系。

先秦簡帛文獻中,從量詞的數量和種類來看,量詞雖然已經有八十幾個之多,但典型的動量詞還沒有出現,量詞體系還不完備;從使用頻率看,除了時量詞和個體單位量詞中的極少一部分出現次數較多外,絕大多數僅偶爾幾見。量詞的運用在先秦簡牘中還不普遍,數詞在表示數量時仍起着重要作用。

兩漢簡帛文獻中,從數量上看,量詞數量大大增加了;從量詞內部類別看,動量詞產生了,量詞系統已經完備;從使用頻率看,量詞在稱數中逐漸變得必不可少起來,甚至在部分簡帛文獻(如"遣策"類文獻)中使用量詞的情況已經佔據了一定的優勢地位。

魏晉南北朝及其以後,量詞在稱數法中普遍佔據了優勢,劉世儒先生《魏晉南北朝量詞研究》一書作了深入研究;但是這一時期的簡帛

---

① 在這裏,我們是從地域上進行的比較,但由於楚簡的寫成時代往往稍早於秦簡,所以從歷時的角度來看,情況大致也是如此。

文獻大宗僅有《走馬樓吳簡》一批,吳簡數量雖多,但由於其性質多田家莂和黃簿民籍等,內容較爲單調,其中量詞除度量衡單位外所見甚少。[①] 因此,我們把研究的重點放在先秦兩漢時期的簡帛文獻上面。

根據簡帛文獻稱數法的特點,以下重點從數詞、量詞的單獨運用和相互配合的各種樣式來考察簡帛文獻中的數量表示法。量詞系統中時量詞的用法比較簡單,數詞祇能位於量詞之前,組成的“數·量”結構是自足的,[②]一般不與其他名詞配合使用,古今皆然。因此我們重點討論其他幾類量詞及其稱數樣式的發展演變,對於常見的時量詞的情況不計在內,以免影響統計數據的準確性。[③]

一　物量表示法

無論傳世文獻還是出土文獻,古今漢語中的物量表示法主要有數詞同名詞直接結合、數詞單用、量詞單用、“量·名”結構、“數·量”結構、“名·數·量”結構、“數·量·名”結構七種情況,茲分別論述如下。

(一)數詞直接與名詞或形容詞結合,不用量詞

數詞同名詞直接結合,不使用量詞,數詞可以位於名詞之前作定語,也可以位於名詞之後作述語,而同形容詞結合時,則祇能位於形容詞之前。

1. 數詞和名詞結合

數詞和名詞結合,既可以放在名詞之前,也可放在名詞之後,但一般以前者更爲常見,其選擇可能在於語用原因。

---

① 例如走馬樓出土的《嘉禾吏民田家莂》總計 2141 枚,但其中出現的自然單位量詞僅有“處”“町”兩個。

② 量詞單用,往往可以看作“數·量·名”結構中前面“數詞”爲“一”時的省略形式。

③ 此外,數詞的虛化用法不表量者,如“一”用作“統一”義等情況,我們也不統計在內。

①"數·名"結構

數詞同名詞或名詞性短語直接結合，數詞位於名詞之前作定語，表示後面事物的數量。從甲骨文、金文直至戰國秦漢簡帛文獻，在漢語量詞範疇成熟以前這一結構一直是數量表示的主要方式。先秦簡帛文獻中，這一稱數結構總計 1423 例，其中楚簡 1095 例、秦簡 328 例，①如：

(1)《信陽楚簡·遣策》2："一組帶，一革，皆又鈎。"

(2)《曾侯乙墓簡》60："一秦弓，九矢。"

(3)《上博簡·孔子詩論》6："昊天又城（成）命，二后受之，貴且顯矣。"

以上爲楚簡帛用例。

(4)《睡虎地秦簡·秦律雜抄》13—14："縣司空、司空佐史、士吏將者弗得，貲一甲；邦司空一盾。"

(5)《龍崗秦簡》152："部主者各二甲，令、丞、令史各一甲。□☑"

(6)《青川木牘》："百畝爲頃，一阡道。"

(7)《睡虎地秦簡·秦律雜抄》21—23："採山重殿，貲嗇夫一甲，佐一盾；三歲比殿，貲嗇夫二甲而法（廢）。殿而不負費，勿貲。賦歲紅（功），未取省而亡之，及弗備，貲其曹長一盾。大（太）官、右府、左府、右採鐵、左採鐵課殿，貲嗇夫一盾。"

(8)《里耶秦簡》J1⑥1 正面第 6 欄："凡千一百一十三字。"

以上爲秦簡用例。

漢代以後，"數·名"結構仍然在漢語稱數法中佔據重要地位，例如：

――――――――――

①　本書對稱數樣式的統計，均爲實際用例，而非組合例，如"數·量·名"結構的"一真楚甲"出現兩次，則徑統計爲 2 例。

（9）《馬王堆 3 號墓漢簡·遣策》62："溫（輼）車二乘，乘駕六馬。"

（10）《張家山漢簡》264："十里置一郵。"

（11）《居補簡》81.1："右館陶第卅車十人。"

（12）《額濟納漢簡》2000ES7SF2：7："居延卅井遮竟隧。"

魏晉以後用例如：

（13）《走馬樓吳簡·竹簡〔壹〕》9136："端父得年六十，盲兩目。"

（14）《走馬樓吳簡·竹簡〔貳〕》2157："一家合六人。"

此類用例甚多，茲不贅列。

②"名·數"結構

數詞在名詞或名詞性短語之後，表示前面名詞的數量。這一稱數樣式在先秦簡牘中也很常見，凡 129 例，其中楚簡 67 例、秦簡 62 例。如：

（1）《信陽楚簡·遣策》6："鐘小大十又三。"

（2）《望山楚簡·遣策》1："箮十又二。"

（3）《五里牌楚簡》7："金戈八。"

（4）《九店楚簡》5："方三，大首一。"

（5）《信陽楚簡·遣策》16："弄脛廿又五，□脛廿又五。"

（6）《睡虎地秦簡·法律答問》152："廷行事鼠穴三以上貲一盾，二以下誶。鼲穴三當一鼠穴。"

（7）《里耶秦簡》J⑧147："凡百六十九。出弩臂四輸益陽，出弩臂三輸臨沅，凡出七。今八月見（現）弩臂百六十二。"

（8）《睡虎地秦簡·秦律十八種·厩苑律》19—20："今課縣、都官公服牛各一課，卒歲，十牛以上而三分一死；不【盈】十牛以下，及受服牛者卒歲死牛三以上，吏主者、徒食牛者及令、丞皆有罪。"

值得注意的是，數詞位於名詞之後，不一定都是表示它前面名詞的數量，有時候還可以表示比例，從語意來看，也可以説後面的數詞表示的是一種分數，如：

（9）《睡虎地秦簡·日書甲》64 正貳：“十月楚冬夕，日六夕十。”

（10）又，65 正三：“三月楚紡月，日九夕七。”

所言“日六夕十”指的是白晝和黑夜的長短比例，也就是將一天分爲十六等份，白天佔十六分之六，晚上佔十六分之十。

漢簡中亦多見，略舉數例如下：

（11）《居補簡》160.21：“出錢卅買盆二。”

（12）《港大漢簡·遣策》120：“小餅三，盛著杯，沐。”

（13）《張家山漢簡·遣策》40：“研一，有子。”

（14）《馬王堆 3 號墓漢簡·遣策》198：“麦五石，布囊二。”

魏晉以後用例如：

（15）《走馬樓吳簡·竹簡〔壹〕》4195：“客謝陶□其牛，角二，具□”

（16）又，《竹簡〔貳〕》5678：“禾二年，鋘賈錢四千四百□”

（17）又，《嘉禾吏民田家莂》4.278：“其旱田畝收錢卅七。”

③“數·名”、“名·數”結構的選擇

表示數量的“數·名”和“名·數”兩種結構，從甲骨文、金文直至戰國秦漢魏晉簡帛文獻都是並行不悖的，似乎並没有什麼必然的規律可尋，甲骨文中既可以説“三牡”（合 11149）、“百犬百豕”（合 32674），也可以説“羊五十”（合 33608）、“犬二十”（合 2827 反）。但近來有學者提出，楚簡遣策中“除時代最晚，出於戰國末期的五里牌竹簡外，兩者的轉換基本以十爲界限，十以下數詞用 A 式（數·名），十以上數字用 C 式（名·數）”，“個別情況有二：一是七、八、九三數有時用 C 式,僅見四例;二是十以上整數合文有兩例用 A 式"。① 我們對楚簡帛"遣策"類文獻的考察結果也是如此,從其他性質的楚地文獻材料來看,基本也是如此。十以下的數詞用"數·名"樣式,如:

(1)《郭店楚簡·唐虞之道》8:"六帝興於古,咸由此也。"

(2)《上博簡·孔子詩論》6:"昊天有城(成)命,二后受之,貴且顯矣。"

(3)又,《性情論》8:"道四述也,唯人道爲可道也。"

但是,出現較長的名詞性短語時,即使是"十"以下的數詞,一般也祇能用"名·數"樣式,如:

(4)《郭店楚簡·五行》4:"德之行五,和胃(謂)之德,四行胃(謂)之善。"

(5)《上博簡·從政甲》10:"從正(政)所矛(務)三。"

除這種情況以外,則一般沒有例外。

十以上的數詞用"名·數"樣式(但不包括百、萬等整數,"百物"、"百事"、"萬物"等已經成爲固定結構),如:

(6)《上博簡·容成氏》27—28:"禹乃從灘(漢)以南爲名浴(谷)五百,從灘(漢)以北爲名浴(谷)五百。"

(7)又,45:"於是乎作爲金桎三千。"

(8)又,51—52:"武王乃出革車五百乘,帶甲三千,以少(小)會者(諸)侯之市(師)於牧之埜(野)。"

這類情況在楚簡帛中我們也沒有看到例外,也有可能是出土文獻尚少,我們尚未看到此類用例而已。

但從秦簡中的使用情況來看,數詞無論是否大於十,都可以放在名詞之後,如:

(9)《里耶秦簡》⑧147:"四年餘見(現)弩臂百六十九。凡百

---

① 　王貴元《戰國竹簡遣策的物量表示法與量詞》,載《古漢語研究》,2002 年 3 期。

六十九。出弩臂四輸益陽，出弩臂三輸臨沅，凡出七。今八月見
（現）弩臂百六十二。”

　　（10）《睡虎地秦簡·秦律十八種·金布律》91—92：“爲褐以
稟衣：大褐一，用枲十八斤，直（值）六十錢；中褐一，用枲十四斤，
直（值）卌六錢；小褐一，用枲十一斤，直（值）卅六錢。”

在上例的“名·數”結構中，數詞既可以大於十，也可以小於十。由於
秦簡中大於十的數字多與貨幣量詞“錢”結合或單獨使用（“錢”作爲
貨幣量詞還有很强的名詞性，與數詞組成的數量結構在語義上是自
足的，它與數詞連用時一般位於數詞之後），除此之外“數·名”、
“名·數”兩種結構都沒有看到較多的大於十的數詞的用例，所以還
有待於繼續研究。

　　綜合秦楚及漢魏六朝簡帛文獻中的兩類情況，毫無疑問“數·
名”結構是簡帛文獻中更爲常見的稱數方式，當使用“名·數”結構的
時候，往往有强調後面數詞的意味。秦簡中的用例尤爲明確，如：

　　（11）《睡虎地秦簡·秦律十八種·厩苑律》19—20：“今課
縣、都官公服牛各一課，卒歲，十牛以上而三分一死；不盈十牛以
下，及受服牛者卒歲死牛三以上，吏主者、徒食牛者及令、丞皆
有罪。”

　　（12）又，《法律答問》152：“廷行事鼠穴三以上貲一盾，二以
下讂。鼹穴三當一鼠穴。”

　　（13）又，《封診式》25：“某亭校長甲、求盜在某里曰乙、丙縛
詣男子丁，斬首一，具弩二、矢廿。”

以上三例均出自秦簡律文，其中“數·名”、“名·數”兩種結構並
行不悖，但在律文中强調的顯然是“名·數”結構中的數詞。

　　2. 數詞和形容詞結合

　　數詞和形容詞結合，表示形容詞所代表的具有這一性質的人、事
或物的數量，簡帛文獻均多見，如：

（1）《郭店楚簡・老子甲》22：“國中有四大安（焉），王居一安（焉）。”

（2）《曾侯乙墓簡》184：“牧人之兩黄。”

（3）《睡虎地秦簡・爲吏之道》6貳—12貳：“吏有五善：一曰中（忠）信敬上，二曰精（清）廉毋謗，三曰舉事審當，四曰喜爲善行，五曰龏（恭）敬多讓。”

（4）《敦煌漢簡》2393B：“□將何怨，已無能謝，兄嫂供養三親，萬幸。”

“數・形”結構中，形容詞之前還可以加入否定副詞“不”來修飾，如：

（5）《睡虎地秦簡・日書甲》11正貳：“利以兑（説）明（盟）組（詛）、百不羊（祥）。”

值得注意是，簡文中數詞和形容詞結合使用時，祇能位於形容詞之前，《左傳》等傳世文獻也是如此，兹不贅述。

（二）數詞單獨使用

數詞單獨使用來表示事物的數量，往往是在特定的語言環境中，省略了數詞所修飾限定的名詞或量詞。因此一般説來，根據語境可以補足所缺省的量詞或名詞。這種稱數方式在簡帛文獻中還是很常見的，如：

（1）《上博簡・容成氏》14：“堯於是乎爲車十又（有）五乘，以三從舜於句（畎）畝之中。”（“三”後承前省略了量詞“乘”。）

（2）《睡虎地秦簡・秦律十八種・倉律》28：“芻稾各萬石一積，咸陽二萬一積，其出入、增積及效如禾。”（“二萬”後承前省略了量詞“石”。）

（3）又，《金布律》64：“官府受錢者，千錢一畚，以丞、令印印。不盈千者，亦封印之。”（“千”後承前省略了“錢”。）

（4）又，《效律》57：“人户、馬牛一，貲一盾；自二以上，貲一甲。"（"二"後承前省略了名詞短語"人户"、"馬牛"。）

（5）又，《法律答問》14："夫盜千錢，妻所匿三百，可（何）以論妻？妻智（知）夫盜而匿之，當以三百論爲盜；不智（知），爲收。"（"三百"後承前省略了"錢"。）

（6）又，152："倉鼠幾可（何）而當論及諄？廷行事鼠穴三以上貲一盾，二以下諄。鼷穴三當一鼠穴。"（"二"後承前省略了名詞"鼠穴"。）

以上爲先秦簡帛文獻用例。

（7）《港大漢簡·河堤簡》200："南鄉南均堤，凡十八里百七十步，積五萬五千六百五十步。衡（率）廣十步，積五萬五千七百步，畸多，實五十。"（"五十"後承前省略了量詞"步"。）

（8）《敦煌漢簡》2157："丁未，騎士十人，其一人候，其一人爲養，其八人作墼。人作百五十，凡墼千二百。"（"百五十"承前省略了"墼"。）

（9）《居延新簡》EPT50.56B："☑□□不□給直千，糸直四百，凡千四百錢。"（"千"、"四百"均因後省略了貨幣單位量詞"錢"。）

以上爲兩漢簡帛文獻用例。

（三）量詞單獨使用

量詞單獨使用來表示事物的數量，大多可以理解作前面隱含着表"一個"的"每"或"一"，簡帛文獻中並不常見，如：

（1）《睡虎地秦簡·秦律雜抄》19："城旦爲工殿者，治（笞）人百。"

（2）又，34："宿者已上守除，擅下，人貲二甲。"

（3）又，《秦律十八種·倉律》38："種：稻、麻畝用二斗大半斗，禾、麥畝一斗，黍、荅畝大半斗，叔（菽）畝半斗。"

（4）又，《田律》8："入頃芻稾，以其受田之數，無墾不墾，頃入芻三石、稾二石。”

（5）又，《厩苑律》14：“其以牛田，牛減絜，治（笞）主者寸十。”

（6）又，《封診式》79：“垣北去小堂北唇丈，垣東去内五步。”

以上爲先秦簡帛文獻用例。

（7）《張家山漢簡・二年律令》255：“五月户出賦十六錢，十月户出芻一石。”

（8）又，《算數書》144：“芻童及方闕下廣丈五尺，袤三丈，上廣二丈，袤四丈，高丈五尺，積九千二百五十尺。”

（9）《居補簡》8.11：“斗六升。”

（10）《港大漢簡・河堤簡》224 正：“□□大四韋，長丈八尺，二枚。”

（11）《馬王堆帛書・五十二病方》248：“【牝】痔之入竅中寸，狀類牛幾（蟣）三□□然。”

以上爲兩漢簡帛文獻用例。

以上十一例中例（1）至例（5）及例（7）均可以理解爲量詞前省略了“每”，表示逐指；而其他五例則僅是省略了量詞前的“一”，仍是實指。

（四）“量・名”結構

這一稱數樣式似乎可以看作“數・量・名”結構中數詞是“一”時的省略形式，但這一樣式也有可能是“名・數・量”結構中數詞是“一”而省略的情況下換位而來，後來纔補足爲“數・量・名”結構。① 因此，在研究統計時我們可以把“量・名”結構單獨列爲一類。

這一稱數樣式在先秦簡牘中並不多見，凡三十例，戰國楚簡帛中有二十三例，但僅限於“乘”和“匹”，秦簡中有七例。一般用作主語或

_____

① 張延俊《也論漢語“數・量・名”形式的產生》，載《古漢語研究》，2002 年 2 期。

賓語，如：

（1）《睡虎地秦簡·秦律十八種·厩苑律》13：“卒歲，以正月大課之，最，賜田嗇夫壺酉（酒）束脯，爲皁〈皁〉者除一更，賜牛長日三旬。”

（2）《龍崗秦簡·病方及其它》338：“操杯米之池。”

（3）又，342：“前置杯水女子前，即操杯米，禹步三步，祝曰。”

（4）又，344：“即以左手撟杯水飲女子，而投杯地，杯□□”

當量詞是“乘”（集體單位量詞“四”義）或“匹”與名詞“馬”連用時，楚簡帛中往往分別寫作合文“騍”和“鴟”，如：

（5）《曾侯乙墓簡》130：“鴟（匹馬）素甲。”

（6）又，115：“騍（乘馬）之䡃。”

（7）又，122：“騍（乘馬）之彤甲。”

（8）又，124：“騍（乘馬）畫甲，黄紡之縢。”

兩漢簡帛用例亦不多見：

（9）《馬王堆帛書·五十二病方》202：“一，破卵音（杯）醯中，飲之。”

（五）“數·量”結構

這一稱數樣式在簡帛文獻中也很常見，先秦簡帛即有二百九十七例，其中楚簡帛有二十四例，秦簡有二百七十三例，兩漢以後簡帛文獻中則更爲常見。當量詞是自然單位量詞或借用量詞時，這一樣式往往可看作是在特定語言環境中與之結合的名詞的省略。如：

（1）《上博簡·孔子詩論》13：“出以百兩，不亦有□乎？”

（2）《曾侯乙墓簡》121：“大凡四十乘又三乘。”

（3）又，140：“大凡六十真又四真。”

（4）《九店楚簡》1：“舊二稑又五來，敚拂之五檐。”

（5）《睡虎地秦簡·秦律雜抄》27—28：“課馱駼，卒歲六匹以下到一匹,貲一盾。"

（6）又,《秦律十八種·倉律》26:"櫟陽二萬石一積,咸陽十萬一積,其出入禾,增積如律令。"

以上爲先秦簡帛文獻用例。

（7）《居補簡》121.14:"長七尺二寸,黑色。"

（8）《額濟納漢簡》2000ES7SF1:10:"十一月食三石三斗三升少。"

（9）《港大漢簡·河堤簡》207:"北鄉河堤,凡七十二里七十步,積廿萬七千卅步。"

（10）《馬王堆帛書·五十二病方》48-49:"三分藥,取一分置水中,撓,以浴之。"

以上爲兩漢簡帛文獻用例。

當與數詞結合的量詞是某些度量衡量詞或者貨幣單位量詞時,"數·量"結構往往是自足的,這一結構一般是名詞性的,如:

（11）《睡虎地秦簡·語書》13—14:"其畫最多者,當居曹奏令、丞、令、丞以爲不直,志千里使有籍書之,以爲惡吏。"

（12）又,《秦律十八種·金布律》91—92:"爲褐以稟衣:大褐一,用枲十八斤,直（值）六十錢;中褐一,用枲十四斤,直（值）卌六錢;小褐一,用枲十一斤,直（值）卅六錢。"

（13）又,94—95:"稟衣者,隸臣、府隸之母（無）妻者及城旦,冬人百一十錢,夏五十五錢;其小者冬七十七錢,夏卌四錢。春冬人五十五錢,夏卌四錢;其小者冬卌四錢,夏卅三錢。"

（六）"名·數·量"結構

"名·數·量"結構早在甲骨文中就已經産生,簡帛文獻中也已經比較常見,僅楚、秦簡帛文獻中就有二百九十八例之多。對於這一語序形式内部關係的確認,在學術界還頗有分歧。管燮初先生認爲:"數詞和後一類量詞連用,修飾名詞時修飾語在中心詞之後,如'貝十朋、邑十卣'。"①即承認位於中心語後的數量結構爲修飾語，二者是定中關係。廖序東先生也認爲"數量詞作定語是往往放在中心語之後的"，將這一結構看作"定中"結構；②蘇寶榮等亦取此觀點；③廖振佑先生則分別對待，對於獨立成句的處理爲數量結構作謂語，而其他則處理爲"定中"結構；④郭攀也主張分別看待，但處理方式又有不同。⑤

從管燮初先生對甲骨刻辭和西周金文修飾語的研究可以看到，"修飾語修飾中心語，位於中心語之先，沒有例外"。⑥ 結合對簡帛文獻中數量表示法的考察，我們認爲：數量修飾語也並非這一嚴密體系中的一個例外，位於中心語後的數量結構並非修飾語，其底層結構是主謂短語，但在表層形式上則需要分別對待。具體地説，獨立成句或位於主謂語部分、單獨充作主語或謂語的，應當看作主謂關係，這種情況在"遣策"類文獻中經常出現，例如：

(1)《望山楚簡·遣策》15："畋車一乘。"

(2)《五里牌楚簡》15："□車一乘。"

(3)《曾侯乙墓簡》115："路車二乘。"

(4)又，120："遊車九乘，園軒。"

(5)又，193："陽城君之路車三乘，屯麗。"

(6)《包山楚簡》255："肉酺一籃。"

以上爲先秦簡帛文獻用例。

(7)《張家山漢簡·遣策》29："便煎一，肉一笥。"

① 管燮初《殷虛甲骨刻辭的語法研究》，北京：中國科學院出版，1953 年版，頁 25。

② 廖序東《文言語法分析》，上海：上海教育出版社，1981 年版，頁 66。

③ 蘇寶榮《古漢語特殊語序與原始思維心態》，載《古漢語研究》，1990 年 3 期。

④ 廖振佑《古代漢語特殊語法》，呼和浩特：內蒙古人民出版社，1979 年版，頁 73、275。

⑤ 郭攀《古漢語"數(量)·名"形式二論》，載《古漢語研究》，2001 年 3 期。

⑥ 管燮初《西周金文語法研究》，北京：商務印書館，1981 年版，頁 91。

(8)又 34:"□囊一,書一笥。"

(9)《居補簡》65.4:"黍米一斗。"

(10)《港大漢簡・遣策》124:"檢(匳)一合,盛食。"

(11)《馬王堆 1 號墓漢簡・遣策》27—33:"牛苦羹一鼎;狗苦羹一鼎;右方苦羹二鼎。魚肤(膚)一笥;牛膹一笥;鹿膹一笥;右方肤(膚)膹四笥。"

(12)又,89—101:"牛脣(脤)、脂、虒(蹏)、濡(臑)一器;魚魷(胑)一資(瓷);肉魷(胑)一資(瓷);魚脂(鮨)一資(瓷);肉醬一資(瓷);爵(雀)醬一資(瓷);離(黐)然(觷)一資(瓷);彊皓(脂)一資(瓷);孝楊(膠餳)一資(瓷)。"

(13)《金關漢簡》73EJT23:294A:"脯一束,直十;豚一,直六十。"

以上爲兩漢簡帛文獻用例。

位於謂語部分,用作謂語的支配成分或補充説明成分,可與謂語中心詞一併視作"述賓補"形式,如:

(14)《上博簡・容成氏》50—51:"武王於是乎作爲革車千乘,帶甲萬人,戊午之日,涉於孟津。"

(15)又,51—52:"武王乃出革車五百乘,帶甲三千,以少(小)會者(諸)侯之市(師)於牧之墊(野)。"

(16)《睡虎地秦簡・秦律雜抄》17—18:"省殿,貲工師一甲,丞及曹長一盾,徒絡組廿給。省三歲比殿,貲工師二甲,丞、曹長一甲,徒絡組五十給。"

(17)又,《效律》60:"誤自重殹(也),減罪一等。"

以上爲先秦簡帛文獻用例。

(18)《張家山漢簡・二年律令》287:"賜米二石、一豚、酒一石。"

　　(19)《額濟納漢簡》2000ES7SF1∶3∶"出茭百七十束,直錢百七十。"

　　(20)《馬王堆 3 號墓漢簡・遣策》319∶"象箄卅枚。"

　　(21)《馬王堆帛書・五十二病方》17∶"以續㡭(斷)根一把。"

以上爲兩漢簡帛文獻用例。

　　值得注意的是,這一結構中名詞和數量短語之間往往還可以插入別的成分,表明數詞和量詞之間的關係更爲密切,而數量結構和名詞之間的關係還有些松散,例如∶

　　(22)《包山楚簡》244∶"贛之衣服各三稱。"

　　(23)《睡虎地秦簡・秦律十八種・傳食律》181∶"不更以下到謀人,粺米一斗,醬半升,采(菜)羹,芻稾各半石。"

　　(24)《曾侯乙墓簡》3∶"矢,箙五秉。"

大意爲∶一個箭箙裏裝有五十隻箭。

　　(25)《居延新簡》EPT57.1∶"☐期會,皆坐辦其官事不辦,論罰金各四兩,直二千五百。"

　　(26)《敦煌漢簡》1144∶"護從者,敦煌對苑里干賓,年十八。單襦、復襦,各二領。單衣、中衣,各二領。裘、裘綺韋綺、布綺,各二兩。絮巾、布巾,各三☐☐☐"

　　(七)"數・量・名"結構

　　"數・量・名"結構是現代漢語中最常見的稱數方式,自然也是最具有遠大發展前途的稱數樣式。從傳世文獻來看,王力先生認爲∶"在上古時代,單位詞是放在名詞後面的。……但同時我們也注意到,就在先秦時代,容量單位詞已經可以用於名詞前面了。到了漢代,不但度量衡單位詞可以放在名詞的前面,連天然單位詞也可以放在名詞的前面。"①郭錫良先生也認爲,在先秦典籍中"數・量・名"

―――――――

①　王力《漢語語法史》,北京∶商務印書館,1989 年版,頁 32。

這一稱數樣式祇用於容量單位。[①] 從先秦簡帛文獻來看,這一稱數樣式在秦簡中仍然很罕見,僅有二例:

  (1)《龍崗秦簡》14:"六寸符皆傳□□□□□□□□☑"

  (2)《睡虎地秦簡·秦律十八種·倉律》43:"十斗粲,穀米六斗大半斗。"

例(1)中的量詞"寸"在這裏是一個描繪性量詞,而不是稱量詞,祇是對事物進行描繪,其重點並不在計算數量;例(2)中的量詞"斗"則是度量衡單位量詞。這種用法和傳世文獻是一致的。

但在楚地簡帛文獻中,"數·量·名"這一稱數樣式却是很常見的,凡六十二例,其中度量衡單位一例:

  (3)《信陽楚簡·遣策》29:"八益□,益一朱。"

由於數量結構後面的字殘缺,語義未明,但"益"、"朱"用作量詞楚系簡帛多見,在此用作量詞是沒有疑問的。

借用的容器單位量詞七例,如:

  (4)《包山楚簡》256:"四箏飯。"

  (5)《信陽楚簡·遣策》2:"一司翶珥,一司齒珥。"

  (6)又,17:"一瓶食醬,一瓶某(梅)醬。"

自然單位量詞則更爲常見,凡五十四例,其中個體單位量詞四十四例,集體單位量詞十例。由於這一樣式在傳世文獻中比較少見,因此我們在這裏多舉幾例:

  (7)《信陽楚簡·遣策》2:"一兩緣鐸屨;一兩絲紅屨;一兩郡緹屨;一兩訒屨;一兩緅屨。"

  (8)《曾侯乙墓簡》122:"二真楚甲,素。"

  (9)又,127:"裘定馭左殿:三真楚甲。"

---

① 郭錫良《從單位名詞到量詞》,載《漢語史論集》,北京:商務印書館,1997年版,頁31—35。

（10）又，119：“旅公三乘路車。”

（11）又，131：“三鴎畫甲。”

（12）又，148：“三匹駒騮。”

（13）《包山楚簡》269：“一格車戟。”

數量詞作定語有時候需要“之”作介紹，但在這個時代它還没有成爲一種普遍的規範，僅四例，如：

（14）《郭店楚簡·老子甲篇》26—27：“九成之臺甲□□□□□□□足下。”

（15）《上博簡·容成氏》44：“是乎作爲九成之臺。”

值得注意的是，“數·量·名”結構有時候表示的並不一定是後面名詞的數量，例如當量詞是描繪性量詞（例 1）或小量詞（例 14、15）的時候，數量結構和名詞的結構仍然是很密切的。也有學者懷疑這種量詞不是量詞，劉世儒認爲：“這也是没有理由的。因爲它既前同數詞結合，又一同作了定語，在句法形態上這就顯示了它還是不折不扣的量詞，没有理由不承認它的量詞資格。”①

簡文中“數·量·名”這一稱數樣式多出現於遣策類文獻材料中，楚簡中僅有六例見於其他性質的文獻。“數·量·名”結構在遣策中往往獨立成句（名詞性非主謂句），如：

（16）《曾侯乙墓簡》72：“五秉矢。”

（17）又，116：“二乘路車。”

（18）《包山楚簡》258：“一笄鸥。”

“數·量·名”結構作主語，作爲謂語陳述的對象，簡文中最爲常見，如：

（19）《曾侯乙墓簡》124：“一真楚甲，素，紫組之縢。”

（20）《仰天湖楚簡·遣策》15：“一坎（枚）韋之趇，有二環。”

---

① 劉世儒《魏晉南北朝量詞研究》，北京：中華書局，1965 年版，頁 22—23。

"數·量·名"結構作賓語,也很常見,如:

(21)《上博簡·容成氏》44:"是乎作爲九成之臺。"

(22)《曾侯乙墓簡》63:"還馭命(令)尹之一乘型車。"

(23)又,190:"太子帯三乘路車,其一乘駟,其二乘皆麗。"
整理者注:"帯"義同賵。

還可以用作名詞性謂語,如:

(24)《曾侯乙墓簡》119:"陽城君三路車,鄅君一乘,旅公三
乘路車。"

此外,當"匹"和"馬"合文作"嗎"時,還可以處在定語的位置上,
如:

(25)《曾侯乙墓簡》141:"☒□所造卅嗎之甲。"

秦簡中較爲罕見,例如:

(26)《里耶秦簡》8-2205:"☒□約日三斗米,乙酉初作□
□"

兩漢時期,"數·量·名"的稱數方式就更常見了,但與其他稱數
方式相比,仍然沒有佔據任何優勢,例如:

(27)《馬王堆帛書·五十二病方》244:"以小角角之,如孰
(熟)二斗米頃。"

(28)又,187:"取三歲陈霾(藿)。"

(29)又,359:"取三歲織(臟)豬膏,傅之。"

(30)《敦煌漢簡》1236A:"十二月甲辰,官告千秋隧長,記
到,轉車、過車,令載十束葦,爲刻,有教。"

(31)又,1256:"步偷隧,六石具弩一,完。"

(32)《張家山漢簡·二年律令》102:"相國、御史及二千石官
所置守、叚(假)吏。"

(33)又,256:"官以二尺牒書一歲馬、牛它物用槀,餘見芻槀

數,上内史,恒會八月望。"

（34）《居補簡》177.17:"凡穀卅一石,其十九石四斗粟,十一石六斗麥。"

（35）《額濟納漢簡》2000ES7SF1:23:"第七隧六石弩系承弦八完。"

（36）《金關漢簡》73EJT21:27:"當隧燔一積薪,從北方來。"

（37）又,73EJT23:898B:"受前時十五束菱,幸用此買□"

從以上所列用例看,兩漢簡帛中所見"數・量・名"稱數樣式中的量詞還是以度量衡量詞爲主的,而量詞是自然單位量詞的情況仍然很罕見。

二　動量表示法

簡帛文獻中的動量詞共有"步""課""通""發""伐""下""周""反"八個,從數量上看已經成爲一種範疇、一個體系,但其使用頻率還很低,應用範圍也較窄。從語法功能來看,"數・動"結構大多祇能放在動詞或動賓短語後作補語,作狀語的用例很罕見。無論簡帛文獻還是傳世文獻,上古時期漢語動量一般是由數詞和動詞直接結合來表示的,數詞可以用於動詞之後作補語,也可以用於動詞之前作狀語,但以用於動詞之前爲常。下面我們分"數・動"、"動・數"、"數詞單用"、"動・（名）・數・量"、"數・量"五大類分別予以考察。

（一）"數・動"結構

數詞和動詞結合表示動作的次數,是簡帛文獻中最常見的動量表示法。先秦簡帛文獻凡三十例,楚簡十例、秦簡二十例,如:

（1）《周家臺秦簡・病方及其它》324—325:"治瘈病:以羊矢（屎）三斗,烏頭二七,牛脂大如手,而三溫煮之,洗其□,已瘈病亟甚。"

(2)又,374:"以給、顛首、沐泥歙,并,參(三)熅(溫)煮之,令。"

(3)《睡虎地秦簡·秦律十八種·倉律》47:"駕傳馬,一食禾,其顧來有(又)一食禾,皆八馬共。其數駕,毋過日一食。駕縣馬勞,有(又)益壺〈壹〉禾之。"

(4)又,《法律答問》102:"免老告人以爲不孝,謁殺,當三環之不? 不當環,亟執勿失。"

(5)又,《日書甲》37 正:"以爲嗇夫,必三徙官。"

(6)又,158 正:"丁丑入官,吉,必七徙。"

(7)又,40 背三:"鬼恒胃(謂)人:'鼠(予)我而女。'不可辭。是上神下取妻,轂(繫)以葦,則死矣。弗御,五來,女子死矣。"

(8)《馬王堆帛書·五十二病方》218:"一□【□】,再靡(磨)之。"

(9)又,185:"一,石瘕,三溫煮石韋若酒而飲之。"

(10)又,334－335:"病不【□】者一人〈入〉汤中即瘳,其甚者五、六入汤中而瘳。"

(11)又,《養生方》19－20:"各半之,善裹以葦,日一飲之。誨(每)飲,三指最(撮)入酒中,【□□□□□□□□□□□】力善行。雖旦莫(暮)飲之,可殹(也)。"

兩漢簡帛文獻這一結構仍然在稱數法中佔據絕對優勢,例如:

(12)《敦煌漢簡》2052:"煮三沸,分以三灌(罐),五飲,盡□漕孝甯方。"

(13)《武威醫簡》17－18:"治百病膏藥方:蜀椒一升,付(附)子廿果(顆),皆父(咬)【且(咀)】。豬肪三斤煎之,五沸,浚去宰(滓)。有病者取大如羊矢,溫酒飲之,日三、四。與〈其〉宰(滓)搗之,丸大如赤豆,心寒氣脅下惡,吞五丸,日三吞。"

(14)又,80乙:"半夏毋父(㕮)且(咀),泊水斗六升,炊令六沸,浚去宰(滓)。溫飲一小桮(杯),日三飲。即藥宿,當更沸之。不過三、四日逾(愈)。"

(15)又,54:"治龍骨三指撮,以鼓〈豉〉汁飲之,日再三飲,腸自爲入。大良。勿傳也。"

值得注意的是,"數·動"結構並不一定表示動量,需要根據語境具體分析。有時候是數詞所稱量的名詞或量詞省略了,單獨用數詞來作狀語,如:

(16)《睡虎地秦簡·日書甲》3正貳:"邦君得年,小夫四成。"

上例中的"四成",意思是"四年成熟"。

(二)"動·數"結構

數詞和動詞或動詞短語直接結合,位於動詞或動詞短語之後,表示動作或行爲的次數,先秦簡帛文獻凡十四例,其中楚簡未見,秦簡十四例,如:

(1)《周家臺秦簡·病方及其它》350:"即已,禹步三,出種所。"

(2)《睡虎地秦簡·法律答問》132:"隸臣妾毄(繫)城旦舂,去亡,已奔,未論而自出,當治(笞)五十,備系日。"

(3)又,163:"今士五(伍)甲不會,治(笞)五十;未卒歲而得,治(笞)當駕(加)不當?當。"

(4)又,《秦律十八種·厩苑律》14:"有(又)里課之,最者,賜田典日旬;殿,治(笞)卅。"

在動詞和數詞之間,往往還可以插入動詞的賓語,但在先秦簡帛文獻中並不多見,如:

(5)《周家臺秦簡·病方及其它》337:"即令病心者南首臥,而左足踐之二七。"

兩漢簡帛“動·數”結構更爲多見,動詞後面可以帶賓語的情況也更普遍了,如:

(6)《馬王堆帛書·五十二病方》104:“一,以月晦日之丘井有水者,以敝帚騷(掃)尤(疣)二七。”

(7)又,108:“一,以月晦日之内後,曰:‘今日晦,弱(搦)又(疣)内北。’靡(磨)又(疣)内辟(壁)二七。”

(8)又,207:“以築衝積(瘨)二七。巳(已)備,即曰:‘某起。’積(瘨)【已】。”

(9)又,《養生方》66－67:“以蓳堅稠節者爨之,令大潰(沸)一,即【□□】□去其宰(滓)。”

(10)又,《雜療方》67－68:“即不幸爲蚑虫(蟲)蛇蠭(蜂)射者,祝,郵(唾)之三,以其射者名名之。

(11)《武威醫簡》59－60:“先取雞子中黄者置梧〈梧(杯)〉中,撓之三百,取藥成(盛)以五分匕一置雞子中,復撓之二百,薄以塗其雍(癰)者。”

(12)又,19:“溓愈(愈)出箴:寒氣在胃莞(脘)腹溓【腸】□□□□留【箴】病者呼四、五十乃出箴。”

總體來看,使用“動·數”樣式來表示動量,在簡帛文獻中並不常見。

(三)數詞單獨使用

數詞單獨使用往往是省略了與之搭配的名詞或名詞性短語,但有時候也可能是省略了與之搭配的動詞或動詞性短語,但這種情況比較少見,先秦簡帛文獻中楚簡帛未見,僅在秦簡中看到二例:

(1)《睡虎地秦簡·秦律十八種·工律》100:“縣及工室聽官爲正衡石贏(纍)、斗用(桶)升,毋過歲壺〈壹〉。”(“壹”,指“正衡石贏(纍)等一次”。)

(2)《睡虎地秦簡·日書甲》31 正貳："凡丁丑不可以葬,葬必參。"("參"指"葬三次"。)

以上兩例中數詞所稱量的動作或行爲根據語境都可以補充出來。

兩漢簡帛中這一樣式就更爲常見了,例如:

(3)《居延漢簡》89.20："傷寒四物:烏喙十分,細辛六分,尤十分,桂四分。以溫湯飲一刀刲(圭),日三夜再,行解。不出汗。"

"日三夜再"的意思是説,白天飲三次,晚上飲兩次,實質是"日三飲,夜再飲"的省略説法。

(4)《武威醫簡》52－53："以方寸寸〈匕〉,酢漿飲之,日再夜一。良甚。勿傳也。"

"日再夜一"的意思是説,白天飲兩次,晚上飲一次。

(5)又,10："以方寸匕酒飲,日六、七,病立愈(愈),石即出。"

"日六七",即每日飲六七次。

從"數·動"結構與"數詞單用"的比較,我們可以更清晰地看到二者的密切關係,例如:

(6)A:《武威醫簡》36："【以】酒飲一方寸匕,日三飲,不過三飲。此藥禁。"

又,80 乙："溫飲一小栝(杯),日三飲。即藥宿,當更沸之。不過三、四日逾(愈)。"

B:《武威醫簡》13："溫酒飲一分,日三,創立不恿。"

又,81："半方寸匕一先鋪飯酒飲,日三,以愈(愈)度。"

A 組和 B 組在語義、語用各方面都没有什麽不同。

(四)"動·數·量"結構

先秦時期,動量詞僅零星可見,楚簡中没有看到,秦簡中有兩個,其性質還不確定,用例也並不多,總共祇有七例,"數·量"結構均至於動詞之後,作補語。其中"步"六例,見於《周家臺秦簡》:

(1)《病方及其它》326:"見東陳垣,禹步三步,曰。"

(2)又,329-330:"復環禹步三步。"

(3)又,332:"見車,禹步三步,曰。"

(4)又,338:"禹步三步。"

(5)又,342:"禹步【三步】,祝曰。"

(6)又,376:"北向,禹步三步,曰。"

"課"僅一例,見於《睡虎地秦簡》:

(7)《秦律十八種·厩苑律》19:"今課縣、都官公服牛各一課。"

兩漢簡帛中有動量詞七個,"動·數·量"結構自然也更爲常見,如:

(8)《額濟納漢簡》2000ES7SH1:4:"☐界亭常月十日、廿日、晦日夜舉苣火各一通。"

(9)《居延漢簡》13.2:"到北界,舉塢上旁蓬一通。夜,塢上☐"

(10)又,486.49:"出堠二苣火一通。"

(11)又,3.58:"敵辭曰:初欲言,候擊敵數十下,脅痛,不耐言。"

(12)又,22.326:"☐所持鈹,即以疑所持胡桐木丈從後墨擊意項三下,以辜一旬内立死。按:疑賊殺人,甲辰病心腹☐☐"

(13)《居延新簡》EPF16.47-48:"第八隊攻候鄣君,與主官譚等格射各十餘發,虜復并塞百騎,亭但馬百餘匹,囊他四五十匹,皆備賀并塞來,南燔"

(14)又,EPT52.178:"根前所白候爱書,言敵後不欲言,今乃言。候擊敵數十下,多所☐"

(15)又,EPT59.137:"畫地三周,宿其中。"

兩漢簡帛中,與動量詞搭配的動詞有"舉"、"出"、"擊"、"射"、

"畫"、"受"等等，與先秦簡帛文獻比較而言，動量詞的使用範圍大大拓寬了。

（五）"數・量"結構

"數・量"結構是"數・量・動"結構中動詞省略的樣式，由於簡帛文獻中動量詞還很少見，這一樣式出現自然更爲少見，例如：

（1）《張家山漢簡・二年律令》478："卜學童能風（諷）書史書三千字，誦卜書三千字，卜六發中一以上，乃得爲卜，以爲官処（?）。其能誦三萬以上者，以爲卜上計六更。缺，試脩法，以六發中三以上者補之。"（"六發"承前省略了動詞"卜"。）

（2）又，《奏讞書》112："（盗牛者毛曰：吾）誠獨盗牛，初得□時，史騰訊毛謂盗犯牛，騰曰：誰與盗？毛謂獨也，騰曰非請（情），即答毛北（背），可六伐。"〔可，副詞，大約。可六伐，大約（擊打了）六回（度）。〕

第三節　簡帛文獻稱數法的歷史發展及
"數・量・名"結構産生的時代

一　簡帛文獻稱數法的歷史發展

從公佈的簡帛文獻來看，簡帛文獻中的數量表示法豐富多彩、已經形成了相當完備的稱數體系。通過對簡帛文獻中稱數樣式窮盡性地綜合考察分析，我們可以清晰地看到簡帛文獻中稱數法的發展有以下特點：

（一）先秦時代是漢語量詞系統初步建立的時代，數詞同名詞或動詞直接結合的稱數方式佔據絕對優勢。

從先秦簡帛文獻來看，量詞的運用還很不普遍，數詞同名詞或動詞直接結合仍然在稱數法中佔據絕對優勢。

從物量表示法來看,先秦簡帛文獻中的物量詞雖然已經有七十多個,但除了極少一部分出現次數較多外,絕大多數僅偶爾幾見。即使多見的幾個量詞,也往往見於某批簡帛文獻中,其使用範圍還很狹窄。先秦簡帛文獻中表示物量的用例共 2337 例,其中數詞同名詞或形容詞直接結合的用例有 1619 例,佔總數的 69.28%,而使用量詞的情況有 718 例,僅佔總數的 30.72%。

從動量表示法來看,楚系簡帛文獻中沒有發現動量詞,秦簡中僅有兩個,而且其性質仍未確定。先秦簡牘中表示動量的用例共 53 例,數詞和動詞直接結合或數詞單用的總計 46 例,佔總數的 86.79%;使用動量詞的情況僅有 7 例,佔總數的 13.21%。值得注意的是,在數詞和動詞直接結合的時候,數詞以位於動詞之前爲常,總共 30 例,數詞位於動詞之後的情況僅 14 例。(參下表)

先秦簡帛物量表示法簡表

	數·名	名·數	數·形	數詞單用	數·量名	名·數·量	數·量·名	量詞單用	量·名	總計
楚簡	1095	67	21	3	24	192	62	0	23	1487
秦簡	328	62	5	38	273	106	2	29	7	850
總計	1423	129	26	41	297	298	64	29	30	2337
頻率	60.9%	5.5%	1.1%	1.8%	12.7%	12.8%	2.7%	1.2%	1.3%	1
總計	1619					718				2337
頻率	69.28%					30.72%				1

先秦簡帛動量表示法簡表

	數·動	動·數	數詞單用	動·數·量	總計
楚簡	10	0	0	0	10
秦簡	20	14	2	7	43
總計	30	14	2	7	53
頻率	56.60%	26.42%	3.77%	13.21%	1
總計	46			7	53
頻率	86.79%			13.21%	100%

（二）兩漢時期是漢語量詞系統初步成熟時期，用量詞的稱數結構在稱數樣式中，尤其是物量表示法迅速崛起，用與不用的情況並駕齊驅；動量詞系統產生了，在使用量詞的動量詞表示方法中，"動·數·量"結構佔絕對優勢，總體說來動量表示法中動量詞使用頻率還很低。

兩漢簡帛文獻中，量詞系統趨於完備，物量詞更加豐富多彩，動量詞也逐漸成爲一種範疇。相應地，在稱數法中使用量詞的稱數樣式也迅速崛起。

第一，從物量表示法來看，這一時期物量詞迅速發展。首先，物量詞在數量上大大增加，由先秦簡帛文獻中的八十多個迅速擴張爲一百五十個，增加了一倍。其次，在使用頻率上也大大增加了，先秦時期數詞同名詞直接結合的稱數方式佔據絕對優勢地位，而兩漢簡帛中使用量詞的稱數樣式大大增加，尤其在要求準確計量的"遣策"類文獻中，量詞的使用已經逐漸變得必不可少了，例如成書於西漢早期的馬王堆 3 號墓漢簡中即有物量詞 26 個，其中自然單位量詞 19 個，度量衡單位 7 個，出現稱數結構總計 524 例，使用量詞的"名·量"結構 6 例，佔總數的 1.2%；而"名·數·量"結構則有 314 例之多,竟然已經佔總數的 59.9%。① 可見早在西漢初年,量詞的發展已經達到了相當發達的程度,遠遠超出了我們以前的認識。陳近朱對《居延漢簡》(含新簡)中的稱數法也進行了窮盡性統計,不使用量詞的情況總計 1534 例,而使用量詞的情況則達到了 2746 例。我們對成書時代明確的 23 種漢代簡牘文獻中的物量表示法進行了全面統計,在全部 1191 例物量表示法中,使用量詞的情況 597 例,同不使用量詞的 594 例,數量相當,平分秋色,可見使用量詞在漢代已經開始成爲一種規範。②

第二,從動量表示法來看,先秦簡帛文獻中僅秦簡中有二個,且均爲重複前面的動詞,作爲動量詞還很不典型,而兩漢簡帛文獻中有動量詞六個,且大多數作爲動量詞已經較爲典型,使用頻率也遠遠超過了先秦簡帛時代。如動量詞"通"在《居延漢簡》(含新簡)中用例頗多,且《額濟納漢簡》亦有用例,同時代的傳世文獻中也有作爲動量詞的典型用法,可見"通"作爲動量詞在兩漢已經成熟。但是,總體來看這一時期動量詞的使用頻率還比較低,數詞同動詞直接結合表示動量還牢牢佔據優勢地位,動量詞的普遍使用,如劉世儒所言當是魏晉南北朝以後。

(三)稱數法發展的地域性。

通過對簡帛文獻中稱數樣式的考察,我們可以清晰地看到在先秦簡帛文獻中稱數法的發展有很强的地域特徵。通過對楚、秦兩地出土簡帛文獻中稱數樣式的共時考察,可以看到其發展不盡相同。

首先,在物量表示法中,現代漢語中最常見的"數·量·名"結構,在秦簡中這一具有遠大發展前途的結構很罕見,僅有二例,而且名詞前的"數·量"結構都是描繪性質的;楚地簡帛文獻中則已經比

---

① 具體數據參第五章附表二。

② 具體數據參第五章附表一。

較常見，凡六十二例，而且多爲個體單位量詞，大大超出了同時代傳世文獻用例，也遠遠超出了我們以前的對這一結構產生時代的認識。

其次，在動量表示法來看，秦簡中動量詞已經出現，雖然僅有不太典型的二個（步、課），用例凡七見，均爲“動・數・量”結構；但楚簡中均用數詞和動詞直接結合來表示，未見動量詞用例。

二　“數・量・名”結構產生的時代

在漢語稱數法的發展過程中，“數・量・名”結構的產生是一重要轉變，可以說是一種飛躍。如王力先生所說：“因爲當數詞和單位詞放在普通名詞後面的時候，它們之間的關係是不夠密切的（《左傳》：‘馬牛各十匹’，‘各’字可以把單位詞和名詞隔開）；後來單位詞移到了名詞前面，它和名詞的關係就密切起來，漸漸成爲一種語法範疇。”①因此對於“數・量・名”結構產生時代及其來源的研究是漢語量詞史研究中的重要課題。

從傳世文獻來看，“數・量・名”結構在先秦時代是很罕見的，因此王力先生說：“上古時代，單位詞是放在名詞後面的。先秦祇說‘馬三百匹’，不說‘三百匹馬’；祇說‘幄幕九張’，不說‘九張幄幕’。後代文言文也沿用這個詞序。但同時我們也注意到，就在先秦時代，容量單位詞已經可以用於名詞前面了。……到了漢代，不但度量衡單位詞可以放在名詞的前面，連天然單位詞也可以放在名詞前面。……南北朝以後，這種詞序變爲正常詞序。”②

從傳世文獻看，這種論述自然是毫無疑問的。但從出土文獻來看，先秦簡帛文獻中，尤其是楚地簡帛文獻中“數・量・名”結構不僅已經產生，而且用例已經比較多見。在楚簡帛中我們總共發現了六

---

① 王力《漢語史稿》，北京：中華書局，1980 年新 1 版，頁 240—241。
② 王力《漢語語法史》，北京：商務印書館，1989 年版，頁 32。

十二例，秦簡中也有二例。可見，"數·量·名"結構産生的時代當大大提前。諸多"數·量·名"結構的産生，標誌着漢語量詞範疇的逐步形成，因爲這些量詞同一般名詞的語法功能、語法作用都有了明顯的區別，量詞已經逐步從名詞中分化出來了。但是，這一結構在先秦簡帛文獻的稱數樣式中遠遠没有佔據優勢地位，而是僅僅佔物量表示法的 2.74%。而且"數·量·名"結構中的量詞多限於"乘"、"真"、"匹"、"兩"等少數幾個，其他量詞也很少用於這一結構。這都表明這一稱數樣式在先秦簡帛文獻中仍然處於萌芽階段。

到兩漢簡帛文獻中，典型的"數·量·名"結構仍很罕見，例如上文我們對二十三種兩漢簡牘文獻中數量表示法的統計，在 1191 例稱數結構中"數·量·名"僅有 5 例，僅佔總數的 0.4%。原因有兩個方面：一是兩漢簡帛文獻多簿籍類文獻，而簿籍類文獻中記錄數量時往往採用"名·數·量"結構，現代漢語仍是如此。二是這個時代量詞的發展仍未臻於成熟，在日常應用中僅限於記賬，而其他情況下使用較少。

總之，"數·量·名"結構這一具有遠大前途的稱數樣式早在戰國楚簡帛中就産生並應用了，但其發展遠遠没有量詞系統，尤其是没有物量詞的發展那麼迅速，直到兩漢仍不多見，其廣泛應用則應當是魏晉六朝以後的事情了。

第七章

簡帛量詞在構建量詞發展
史上的價值研究

　　簡帛文獻的量詞研究，從共時的角度來看，對於弄清戰國、秦漢、吳晉時期的量詞系統乃至漢語詞彙發展的整體面貌是必不可少的。此點我們在以上幾章中已有較詳細的論述。

　　簡帛文獻的量詞研究，從歷時的角度看，對於闡明漢語量詞發展演變的歷史以及漢語量詞系統從無到有的動因也是必須的。此點請參我們在《附錄一》中的論述。

　　如果從整個漢語量詞發展史的構建及漢語歷史詞彙學的角度來看，對簡帛文獻中的量詞進行全面的整理研究，也很具有研究價值。本章即着重從這一角度進行論述。

　　如前所述，簡帛中共有量詞一百九十個（不包括疑似量詞）。這一百九十個量詞，有近四成改寫了原來從傳世文獻研究中得出的結論。例如：有二十個量詞是我們原來未曾知曉的新成員（含新用法）；有十個量詞，是應當修正其傳統訓釋的；有五個量詞，以前僅僅見於辭書，而在簡帛文獻中發現了用例；有三十九個量詞，是目前所見最早用例，提前了其初始用例。以下我們以體現目前辭書編纂最高水平的《漢語大詞典》、《漢語大字典》（以下分別簡稱爲《大字典》、《大詞典》）作爲主要參照系（frame of reference），舉例説明之，也希望能爲辭書編纂提供一些新的材料。① 由於這些量詞的語源、適用範圍及其歷史發展第二、三、四章已經分類做了詳盡分析，爲了節省篇幅，以下每條僅少舉例證。

第一節　增補量詞新成員

從對簡帛文獻量詞的整理考察來看，很多量詞是以前我們在傳世文獻從未見過的，竟然不知道漢語史上有此量詞。由此可以推測，漢語史上可能還有爲數不少的量詞是過去我們未曾知曉的。我們原來對漢語量詞史上量詞的數量的認識，即對漢語史上到底有多少量詞，各歷史階段到底有些什麽量詞的認識，可能都與客觀實際不符，甚至相差得太遠。

廣義地説，量詞的新成員可以分爲兩類：一是這個詞作爲量詞以前從來未見的，如"真"、"立"等用作量詞以前文獻均未見；二是這個詞本來可以用作量詞，但祇能用作某類量詞，而現在我們發現它其實還可以用作另一類量詞，如"町"作爲面積單位先秦多見，但用作個體單位量詞卻是以前我們從來沒有見到過的。

一　真

真，表示鎧甲的個體單位量詞，相當於現代漢語中的量詞"套"，傳世文獻未見。《曾侯乙墓簡》122："大旆：二真楚甲，素，緅（紫）秡（布）之縢；冑，幃賠。一真楚甲，緅（紫）秡（布）之縢；冑，幃賠，橐賠。乘馬之彤甲，冑，彊（韅）鞶賠，屯玄組之縢。乘瞿：晶（參）真吳甲。"又，《包山楚簡》270："馭右二真象橐。"

---

① 簡帛量詞的研究，自然既可以爲豐富漢語的詞彙、增加我們對漢語量詞史的認識增添一點磚瓦，也可以爲辭書的編纂提供可以參考的資料，故我們選取這兩部大型辭書作爲參照系。

按："真"用作量詞,簡帛文獻亦僅見於《曾侯乙墓簡》和《包山楚簡》等楚地文獻,因此我們疑其使用範圍可能僅限於戰國時期的楚地。《大詞典・八部》《大字典・八部》"真"條下均無量詞義,[①]可據簡帛補。

二　立

立,用作量詞傳世文獻未見,簡帛文獻中可以用作衣物的個體單位量詞。如《旱灘坡晉牘》正面第三欄:"故練襌一立。故練袴一立。"又,背面第一欄:"故白襦衼一立。故褐幘一立。"一立,即一件。其實,量詞"立"在吐魯番出土文書中亦可見,阿斯塔那 305 號墓文書《缺名隨葬衣物疏一》:"紫碧裙一立。"又,哈拉和卓 96 號墓文書《龍興某年宋泮妻翟氏隨葬衣物疏》:"故紫襦一立。"又,哈拉和卓 91 號墓文書《北涼缺名隨葬衣物疏》:"小裈(褲)一立。"

按:劉世儒先生《魏晉南北朝量詞研究》中未提及這個量詞,《大字典・立部》《大詞典・立部》均無量詞義,可據簡帛補。

三　資

資,盛物的容器單位量詞,多見於馬王堆出土的漢代簡帛。資,本指帶釉硬陶罐,當爲現代瓷器的前身,後作"瓷"。"瓷"字的出現,以前所知最早用例是西晉初年的文獻材料。"資"的出現,對於我國陶瓷歷史的研究,具有重大意義。例如《馬王堆 1 號墓漢簡・遣策》93:"肉醬一資(瓷)。"又,107:"右方醢、醬四資(瓷)。"《馬王堆 3 號墓漢簡・遣策》125:"瓜苴(菹)一資(瓷)。"

按:"資"用作量詞傳世文獻未見用例,《大詞典・貝部》"資"條、《瓦部》"瓷"條,《大字典・貝部》"資"條、《瓦部》"瓷"條下均無量詞

義，可據簡帛補。

四　衣

衣，用作衣物的個體單位量詞，如《尹灣漢簡》M6D12 正："皂丸大綺一衣，衣。"前一個"衣"是量詞，稱量"皂丸大綺"，後一個"衣"則是動詞，"穿着"之意，是對前面陳述事物的補充説明。同簡還有："練小綺二衣。"簡文中的"衣"也應當是量詞。

按："衣"用作量詞，無論傳世文獻還是出土文獻，均不常見，雖然僅僅是曇花一現，轉瞬即逝了，但在漢語史上毫無疑問是出現過的。《大詞典‧衣部》、《大字典‧衣部》該字條下均無量詞義項，可據簡帛補。

五　陽

陽，用作表示雙數的集體單位量詞，僅見於《馬王堆帛書》，如《五十二病方》90："以堇一陽筑（築）封之，即燔鹿角，以弱（溺）飲之。"堇，即堇菜。

按："陽"用作集體單位量詞，其他文獻未見，《大詞典‧阜部》"陽"字條無此義項，當據此補；又，《大字典‧阜部》"陽"字條："⑬雙。也作'揚'。卷子本《玉篇‧阜部》：'陽，《方言》：'陽，雙也。'按：今本《方言》卷二作'陽，雙也'。""陽"用作量詞，當由"雙"義引申而來，但《大字典》等僅載字書所記，没有書證，可據簡帛補。

六　捼

捼，用作量詞指兩手相捧着的數量。此量詞諸辭書均未見載，也未見時賢論及。僅見於《馬王堆帛書‧五十二病方》，如簡266："（治肛門癢）治之：以柳蕈一捼、艾二，凡二物。"一捼，即一捧。又，殘1："治以蜀焦（椒）一委（捼）。"

按:《大詞典·手部》、《大字典·手部》該條下均無量詞義,可據簡帛補。

七　偶

偶,表示成對物品的量詞,相當於現代漢語中的量詞"對"。戰國楚簡多見,如《仰天湖楚簡》5:"虁醬一𦎟(偶)。已。"又,12:"羽醬一𦎟(偶)。已。"《五里牌楚簡》14:"也(匜)一禺(偶),又□一。"其實兩漢簡帛也可見,《武威漢簡》中《儀禮·甲本泰射禮》44:"述比三偶。偶妃於次北〈比〉西,西,北上。司射命上射,曰:'其御於子。'命下射,曰:'子與某子射。'卒,述命三偶取弓矢於次。"這裏的"偶"也亦看作量詞爲好,但其名詞性還很强,與楚簡中的用例相比還不典型。

按:《大詞典·人部》、《大字典·人部》"偶"條下均無量詞義,可據簡帛補。

八　給

給,表示紡織品的單位量詞,僅見於秦簡,如《睡虎地秦簡·秦律雜抄》17—18:"省殿,貲工師一甲,丞及曹長一盾,徒絡組廿給。省三歲比殿,貲工師二甲,丞、曹長一甲,徒絡組五十給。"絡組五十給,即五十組縧帶;給,相當於現代漢語中的量詞"根"或"條"。

按:"給"用作量詞其他出土文獻及傳世文獻均未見,可見"給"作量詞在漢語史上祇是曇花一現,《大詞典·糸部》、《大字典·糸部》"給"字條均無量詞義,可據簡帛補。

九　函

函,漢簡中可以用作"表火"、"蓬火"的單位量詞,與"通"的用法無異,因此可把"函"和"通"看作近義量詞。多見於兩漢簡帛,如《居延漢簡》212.9:"出亡人赤表火一函。"又,258.16:"蓬火四函,咩呼。"

按：由於用例不多，且傳世文獻未見，其具體語義及其演變情況仍有待於進一步研究，但用作量詞則是毫無疑問的。《大詞典·凵部》、《大字典·凵部》該條下均無量詞義，可據簡帛補。

一〇　辟

辟，表示筵席層數的單位量詞，相當於現代漢語中的量詞"重"或"層"，僅見於上博簡，如《天子建州·甲本》8—9："天子四辟【延】（筵）箮（席），邦君三辟，大夫二辟，士一辟。"該簡大意爲：天子用四重竹席，邦君（諸侯）用三重竹席，大夫用二重竹席，士用一重竹席。

按："辟"用作量詞傳世先秦文獻未見，《大詞典·辛部》、《大字典·辛部》該條均無量詞義，可據簡帛補。

一一　帣

帣，度量衡單位量詞。《説文·巾部》："帣，囊也。今鹽官三斛爲一帣。"本爲有底的囊，是一種容器，後借用爲量制單位，三斛爲一帣，如《居延漢簡》57.20："士吏尹忠，糜一帣三斗三升，自取。又二月食糜一帣三斗三升，卒陳襄取。"字或書作"卷"，如《居延漢簡》57.19："卒陳偃，粟一卷三斗三升。"

按：按《居延漢簡》（含新簡）中所記邊郡吏卒廩食制度推算，《説文》所謂"三斛"之"斛"當爲"小斛"，即"小石"，合今之 36000 毫升。《大詞典·巾部》《大字典·巾部》該條下均祇有名詞"囊"義，無量詞義項，當增補。又，二辭書均引《説文》"今鹽官三斛爲一帣"，但未説明其具體制度，可據簡帛補。

一二　秉

秉，表箭數的集體單位量詞，矢一"秉"即箭十支。僅見於《曾侯乙墓簡》中，但很常見，凡二十一例，如簡 5："用矢，箙五秉。"又，43：

"矢二秉又六。"又,46:"矢五秉。"等等。

　　按:《大詞典·禾部》、《大字典·禾部》"秉"字條下量詞義中僅有表容量單位的義項,而均無作稱量"矢"的集體單位的義項,可據簡帛補。

一三　格

　　格,表示長條型物體的個體單位量詞,見於楚簡,《包山楚簡》269:"十𦩻(格)車戟,䜌羽。"整理者注:"𦩻,讀如格。……一格車戟即一件長柄車戟,出土實物中有長柄戟。"

　　按:《説文·木部》:"格,木長貌。"由此引申虛化作表示長條型物體的個體單位量詞也是合情合理的。但這一用法在後世並没有得到繼承,秦漢魏晉六朝簡帛文獻及傳世文獻均未見用例,可見"格"用作量詞也衹是曇花一現而已。《大詞典·木部》、《大字典·木部》"格"條下的量詞義中均未提及此類用法,可據簡帛補。

一四　刀

　　刀,即刀圭,本是用以量藥的量具之名,借用作容器量詞,爲一方寸匕的十分之一。用於量散劑,多見於醫簡,如《武威醫簡》13:"曾青一分,長石二分,凡二物,皆冶,合和,温酒飲一刀,日三,創立不惡。"一刀,即一刀圭。

　　按:《大詞典·刀部》、《大字典·刀部》"刀"條僅僅有用作稱量"紙張"的集體單位量詞的用法,而無稱量藥物的借用量詞之用法,可據簡帛補。

一五　町

　　町,用作面積單位量詞是很常見的,但用作稱量土地的個體單位量詞則是以前我們從未見過的,多見於三國吳簡,如《走馬樓吳簡·

嘉禾吏民田家莂》4.38:“佃畝二町,凡廿五畝。”又,4.44:“佃畝二町,凡卅八畝。”又4.71:“佃畝三町,凡廿五畝。”

按:“町”用作個體單位量詞,從目前我們看到的材料來看僅見於吳簡,而且魏晉六朝以後似乎也沒有得到繼承,劉世儒先生《魏晉南北朝量詞研究》中也沒有提到這個量詞。《大詞典·田部》、《大字典·田部》均失收,可據簡帛補。

一六　參

參,表示容量單位的量詞,見於《馬王堆帛書》和《港大漢簡·奴婢廩食粟出入簿》。根據《奴婢廩食粟出入簿》簡文中大小石比率的關係可以算出,所謂“參”,是將大石換算成小石後的餘數單位。大致是“一參”相當於大石的二升,也就相當於小石的三升三還有餘數(三又三分之一小升,三分之一小斗,三十分之一小石),故爲方便計數,採用了這個特殊的容量單位來省略許多尾數的麻煩。再者,參有“三”義,故推測是有意選用此字來表示三分之一。例如《港大漢簡·奴婢廩食粟出入簿》151:“在禀大石五石,爲小石八石三斗一參,已,大奴一人,大婢一人,使奴一人,凡三人。”又,《馬王堆帛書·五十二病方》181:“一,以水一斗煮膠一參、米一升,孰(熟)而啜之。夕毋食。”

按:《大詞典·厶部》“參”條:“⑪古時重量單位。《禮記·檀弓上》‘請班諸兄弟之貧者’孔穎達疏:‘凡十黍爲一參,一參爲一銖,二十四銖爲一兩,故錢邊作五銖字也。’”衹有作重量單位的用法,而沒有作容量單位的用法,當補。《大字典·厶部》“參”條下則無量詞義項,可據簡帛補。

一七　駟

駟,可以用作計量“車”的個體單位量詞,相當於古代漢語中的量詞"乘"或現代漢語中的量詞"輛"。《銀雀山漢簡·孫子兵法》9 正："凡用兵之法,馳車千駟,【革車千】乘,帶甲【十萬,千】里而饋饟(糧)。"千駟,即千乘,一千輛。

按:無論傳世文獻還是出土文獻,這種用法均不常見,但是由於出土文獻的真實性,"駟"用作"車"的單位量詞在歷史上出現過確實是毫無疑問的。《大字典·馬部》、《大詞典·馬部》"駟"條均祇有計量"馬"的集體單位量詞的用法,而沒有稱量"車"的個體單位量詞的用法,可據簡帛補。

一八　來

來,度量衡單位量詞,僅見於楚簡帛,如《九店 56 號墓楚簡》1:"舊二秱又五來,敀拚之五檐。"又,4:"舊五秱又六來。"具體所量未詳,但用作度量衡單位是無可置疑的。

按:"來"用作量詞,傳世文獻未見,《大詞典·人部》、《大字典·人部》"來"條均無量詞義,可據簡帛補。

一九　赤

赤,度量衡單位量詞,僅見於楚簡帛,如《九店 56 號墓楚簡》4:"舊十檐又三檐三赤二筥。"又,《新蔡楚簡》甲三 203:"☐吳殿無受一赤,又𥝩,又𦈭𧊧,又顏首;吳熹受一后、二赤,𦈭☐"推測爲楚量制單位,具體所量未詳。

按:"赤"用作量詞,傳世文獻未見,《大詞典·赤部》、《大字典·赤部》"赤"條均無量詞義,可據簡帛補。

二〇　㪳

㪳,楚度量衡單位量詞,《新蔡楚簡》多見,如甲三 90:"八十㪳又

三臣，又一肋，籿、顔首”又，甲三 203：“☐吳殹無受一赤，又籿，又夅
☒，又顔首；吳熹受一臣、二赤，夅☐”《正字通・匚部》：“臣，同医。見
古鐘鼎文。”医，即簠，古代食器，也用作祭器。但從《新蔡楚簡》用例
看，並非容器，而是度量衡單位量詞，其進制似與“鈞”、“赤”等度量衡
單位有關。

按：“臣”用作量詞，傳世文獻未見，《大字典》“臣”條無量詞義，可
據簡帛補。

此外，“課”用作動量詞也是傳世文獻所未見的，但是作爲一個拷
貝型量詞，其名詞性還很强，並非典型量詞，故不贅述。“大石”、“小
石”、“大斛”作爲度量衡單位，《大詞典》亦未收，詳參下文。

第二節　訂補量詞釋義

有些量詞，原來的學者多有解釋，辭書編纂中亦不乏釋義。但
是，今從簡帛文獻中的材料來檢驗，從前的解釋還有很多不盡妥當之
處，或需訂正或補充。以上第二、三、四章部分詞語已有所涉及，以下
我們將這類量詞聯繫辭書釋義情況集中再作一簡要闡述。

一　大斗、小斗

一般認爲，“大斗”、“小斗”是和標準量相比較大或較小些的
“斗”，如《大詞典・斗部》“大斗”條：“②容量較大的斗。”又，“小斗”
條：“容量小於標準量的斗。”但是從《居延漢簡》、《港大漢簡》等簡帛
文獻的用例來看，簡文中“大斗”和“小斗”與傳世文獻所載是不同的。
“大斗”非傳世文獻中原來所謂的“容量大於標準量的斗”或者“三斗
为大斗”，“小斗”也非傳世文獻中原來所謂的“容量小於標準量的
斗”。關於簡文的“大斗”“小斗”的具體容量和比例關係，結合簡文

"大石""小石"一併考察,則可知:大石:小石=1:0.6,即1小石等於0.6大石。大斗:小斗=1:0.6,即一小斗等於0.6大斗。1大石:1大斗=10:1,即1大石=10大斗。1小石:1小斗=10:1,即1小石=10小斗。《居延漢簡》273.4:"餘穀小斗二斗二升。"又,《港大漢簡·奴婢廩食粟出入簿》131正:"君告根稟得家大奴一人,大婢一人,小婢一人,凡三人,用粟大石四石五斗,爲小石七石五斗,九月食。"前文所説甚詳,此不贅述。

按:《大詞典》"石"條下無"大石"、"小石"條,亦當據此補之。又,一斛爲十斗,一石亦爲十斗,兩漢時代"石"和"斛"並行不悖。同"石"一樣,"斛"亦有"大斛"、"小斛"之分,但漢簡中僅見"大斛",疑單用"斛"即指"小斛","大斛"用例如《居延漢簡》77.24:"☐爲大斛二斗六升☐"。《大詞典》無"大斛"條,可據簡帛補。

二　槑

槑,集體單位量詞,一槑即指一小捆,相當於現代漢語中的量詞"束"或"捆"。馬王堆醫書中書作"扚","槑"與"扚"均幵聲。如《五十二病方》182:"取蠡(蠃)牛二七,翟(蓲)一扚(槑),并以酒煮而飲之。"又,《養生方》85—86:"【一曰:☐☐】蛇牀㶱半參,藍(葌)本二斗半、潘石三指最(撮)一,桂尺者五廷(挺)【☐☐☐☐】☐之菩半尺者一扚(槑),以三【月】茜(糟)㶱(戴)洎,孰(熟)煮。"《説文·束部》:"槑,小束也。从束,幵聲。"

按:《大字典·干部》"槑"條:"②量詞。禾十把。《玉篇·干部》:'槑,禾十把也。'"對此,需要説明兩點:一是上引帛書量詞與"禾十把"義無涉,且所謂"禾十把"義至今未得其文獻用例。二是《大字典》引《玉篇》有誤,查《宋本玉篇》"槑"字在《束部》,而不是《干部》,原文爲:"槑,小束也。或作秆,禾十把也。"

三 猴

猴,稱量"羽矢(箭)"的單位量詞,字亦作"喉"或"矣",後作"猴"或"猴"。《大字典》"猴"、"猴"二字條下均未單列量詞之義項,但"猴"字條下列出一例量詞用法,即《九章算術·粟米》例(參下文),如作爲量詞義書證,則晚,且不明其稱量爲何。又,《大詞典·羽部》:"②量詞。用於鳥羽的計量。《九章算術·粟米》:'今有出錢六百二十,買羽二千一百猴。'李淳風注:'猴,羽本也。數羽稱其本,猶數草木稱其根株。'"

按:《張家山漢簡·算數書》57:"羽矢:羽二喉(猴)五錢,今有五十七分矣(猴)卌〈卅〉七,問得【錢】幾何?"該簡篇題明確,爲"羽矢",討論的中心自然當爲"矢",以下"羽二喉(猴)五錢"中的"羽"當爲"羽矢"之省。該簡大意爲:羽箭二支五錢,現在有羽箭五十七分之三十七支,問值多少錢? 因此,猴(猴)用作量詞,當爲量"羽矢(箭)"的單位量詞,《大字典》當補量詞用法,《大詞典》之訓釋當正。

又按:《大詞典》所引注文並非唐李淳風注,而是三國魏劉徽的注文,因李淳風注多襲用劉氏注,故其文句相同而已。

四 緎

緎,集體單位量詞,絲二十縷爲緎。《阜陽漢簡·詩經》簡 S010:"□素絲五緎。"①今本《詩經》與此相同。《大字典·糸部》:"②量詞。絲二十縷爲緎。《詩經·召南·羔羊》:'羔羊之革,素絲五緎。'"又,《大詞典·糸部》"緎"字條:"衣縫。"書證亦引《詩·召南·羔羊》。顯然,二辭書對《詩經》同一句的理解有所不同。

按:《詩經·召南·羔羊》全文爲:"羔羊之皮,素絲五紽。退食自

① "緎"字左半殘損。

公，委蛇委蛇。羔羊之革，素絲五緎。委蛇委蛇，自公退食。羔羊之
縫，素絲五總。委蛇委蛇，退食自公。"《大詞典·系部》"紽"字條："古
時計算絲縷的單位。五絲爲紽。一説，縫合羊皮爲裘。"又，"總"字
條："絲數名。古以絲八十根爲'總'。""紽"、"緎"、"總"處在同樣的語
法位置，三個詞的性質應當是相同的，但《大詞典》"緎"字條確定爲名
詞，"總"字條則確定爲量詞，"紽"字條則採取了兩者兼收，顯然三詞
條自相矛盾，均釋爲量詞爲好。

五　笥

　　笥，古時一種用竹或葦編製而成的盛物用的方形箱子，借用作容
器單位量詞。《説文·竹部》："笥，飯及衣之器也。"後世辭書多據此
訓釋，如《大字典·竹部》："①古時一種用竹、葦編製的盛衣物用的箱
子；②古代盛飯食用的竹器。"《大詞典·竹部》："盛衣物或飯食等的
方形竹器。"從傳世文獻來看，笥的用途的確衹是盛飯食或衣物的。
如《禮記·曲禮上》："凡以弓劍苞苴簞笥問人者，操以受命，如使之
容。"鄭玄注："簞笥，盛飯食者，圓曰簞，方曰笥。"但是，從簡帛文獻用
例來看，笥的用途當更爲廣泛。

　　按：笥作盛物量詞先秦簡帛已見，如《信陽楚簡·遣策》2："一司
（笥）翿珥，一司（笥）齒珥。"珥，耳飾。漢簡用例很多，其用途非常廣
泛，可盛食物，如《馬王堆3號墓漢簡·遣策》160："翟（鷩）雞一笥。"
又，162："肉鉄（胏）一笥。"《平山漢槶》1077："瓠苻一笥。"亦可盛衣
物，如《羅泊灣漢簡·從器志》1458："衣一笥。"其他如《羅泊灣漢簡·
從器志》1458："博具一笥，繒緣。攡石引索一笥，笥繒緣。中土食物
五笥。張帷一笥，鮎三錭□。越服矢一笥，繒緣。"由此可見，"笥"用
作盛物器，幾乎是無所不裝的。因此，《大字典·口部》、《大詞典·口
部》"笥"字條之訓釋均當正。

六 筬

筬，竹器，屬竹笥之一種，借用爲量詞。《大詞典》未收，《大字典·竹部》"筬"字條："同'簃'。《龍龕手鑒·竹部》：'筬'，'簃'的俗字。"沒有書證，可據此補。又，"簃"字條："竹器。《集韻·湂韻》：'簃，竹器，《禮》"食於簃"徐邈讀。'按，今《禮記·喪大記》作'食於簠者盥'，鄭玄注云：'簠或作簃。'陸德明釋文：'簃，息尹反。徐音撰。'"又，"簠"字條："古代籩一類的食器。《玉篇·竹部》：'簠，器名。'《集韻·緩韻》：'簠，簠屬，通作匭。'《禮記·明堂位》：'薦用玉豆雕簠。'鄭玄注：'簠，簠屬也，以竹爲之。'孔穎達疏：'簠，形似筥。'又《喪大記》：'食粥於盛不盥，食於簠者盥。'"又，"籩"字條："古時祭祀和宴會用以盛乾食品的竹器。《説文·竹部》：'籩，竹豆也。'段玉裁注：'豆，古食肉器也。木豆謂之梪，竹豆謂之籩。'……""筬"字條下説明爲"簃"之俗字，而"簃"字條則僅言爲"竹器"，亦作"簠"，釋義過於寬泛；"簠"字條則云："古代籩一類的食器。"而籩，古時祭祀和宴會用以盛乾食品的竹器。

按：上述《大字典》各字條，都在説明"筬"爲古時祭祀和宴會用以盛乾食品的竹器。從簡帛文獻看，並非如此，例如《包山楚簡》257－258："飤（食）室所以食筬：豕（豵）肸（脯）二筬，脩二筬，飂（蒸）豬一筬，炙（庶）豬一筬，窨（蜜）飴二筬，白飴二筬，爨（熬）鷚（鷄）一筬，炙（庶）鷚（鷄）一筬，爨（熬）魚二筬，槀（槀一栗）二筬，梟（梟）二筬，堇芷二筬，蒝二筬，菽二筬，菓二筬，薑（薑）二筬，蒝一筬，蘬秒（利）二筬，橘（橘一桃）肸（脯）一簃（筍），僻（僻）脓（脩）一簃（筍），炙（庶）鷚（鷄）一簃（筍），一簃（筍）脓（脩）。"所盛之食物，範圍非常廣泛，並非限於"乾食品"；另一方面，該簡性質爲"遣策"，記載的這些食物是墓主人的陪葬品，所以筬的使用也不限於古時祭祀和宴會。又據出土實物推測，"筬"爲一種“方形竹編容器”。

綜上所述，“筥”字條訓釋當爲：古代盛食品的方形竹編容器。

七　堵

堵，用作集體單位量詞，稱量成套懸掛的樂器，古以十六枚而在一邊謂之堵。《馬王堆 3 號墓漢簡·遣策》13：“鐘、鐅（鈸）各一楮（堵）。”整理者認爲，鐅，讀爲“鈸”。準此，則簡文意指鐘、鈸各一堵。

按：《周禮·春官·小胥》：“凡縣鐘磬，半爲堵，全爲肆。”鄭玄注：“鐘磬者，編縣之，二八十六枚而在一虡，謂之堵。鐘一堵，磬一堵，謂之肆。”後世辭書多據此訓釋，如《大詞典·土部》“堵”條：“⑦將編鐘或編磬十六枚懸於一虡之稱。”所列書證爲《周禮·春官·小胥》，《大字典·土部》也持此説。但從簡文來看，“堵”用作量詞並非僅僅稱量編鐘或編磬，至少還可以稱量成套的鈸之類。因此，辭書中的“堵”條訓釋當作：量詞，稱量成套懸掛的樂器。

八　筭

筭，本爲一種竹籠，簡帛文獻中用作盛食物的單位量詞，例如《包山楚簡》255：“飤室之飤：脩一筭，脯一筭。”又，256：“戠魚一筭。”整理者注：“筭，籫字，借作筭。……此指盛肉乾的竹器。又：“筭，對照上文可知應是籫字異體。”

按：《説文·竹部》：“筭，杯筶也。從竹，夅聲。或曰盛箸籠。”後世辭書多據此訓釋。如《大字典·竹部》：“①古代盛杯類器皿的竹籠；②筷籠。”從楚簡來看，其用途自然不限於此，還可以用來盛食物之類，該詞《大詞典》未收。按簡帛文獻用例，《大字典·竹部》此字條下當補盛飯食之用法。

九 朹

朹,本爲盛物方形器皿,圓腹、侈口、圈足,借用作量詞。《詩經·秦風·權輿》:"於我乎,每食四簋。"陸德明釋文:"内方外圓曰簋,以盛黍稷;外方内圓曰簠,用貯稻粱,皆容一斗二升。"阜陽漢簡《詩經》可見,簡 S142:"於粲灑騷,每食八朹。既有肥牡,以速者咎;寧是不來,微我有咎。"《説文·竹部》:"朹,古文簋。"按,今本《詩經·小雅·伐木》"朹"作"簋",阜陽漢簡《詩經》此例正可證明《説文》之古文。

按:《大字典·木部》"朹"字條:"同'簋'。古代祭祀時用來盛黍稷的方形器皿。《説文·竹部》:'朹,古文簋。'《春秋繁露·祭義》:'宗廟之祭,物之厚無上也。春上豆實,夏上尊實,秋上朹實,冬上敦實。'"《小雅·伐木》第二章文意並未談及祭祀,而是款待長輩時盛各種食物,因此"朹(簋)"並非如《大字典》所言限於祭祀之用,亦非限於盛黍稷之類。且書證引《春秋繁露·祭義》,晚。《大詞典·木部》亦云:"古代祭祀宴享时盛黍稷的器皿。"亦當正。

十 布

布,貨幣單位量詞。按秦制,一布當十一錢,長八尺,幅寬二尺五寸。《睡虎地秦簡·秦律十八種·金布律》67:"錢十一當一布。其出入錢以當金、布,以律。"《睡虎地秦簡·日書甲》114 正三:"顧門,成之,三歲中日入一布;三歲中弗更,日出一布。"對於"布"的性質,秦律也有具體規定,《睡虎地秦簡·秦律十八種·金布律》66:"布袤八尺,福(幅)廣二尺五寸。布惡,其廣袤不如式者,不行。"

按:以前多以爲"布"是古代實行實物貿易階段時的貨幣單位,如《大詞典·巾部》云:"②古代行實物貿易時,作爲貨幣的一種,其長寬有定制。"但從秦簡《金布律》看,在秦代它仍是官方規定的貨幣單位,而且和其他貨幣"錢"等有明確的換算關係,而秦代無疑早已超越了實物貿易階段。甚至漢代可能也還使用,如《孔家坡漢簡·日書》291壹:"三歲弗更,日出一布,爲關。"因此,以前認爲"布"作爲貨幣單位僅用於實物貿易階段的觀點應當修正。又,《大字典·巾部》:"③古代錢幣。"釋義失之過簡,且沒有説明其使用的時代,亦沒有説明其進制,當補充説明之。

第三節　補缺量詞用例

簡帛文獻中有一些量詞或這個量詞的某些義項,往往見載於古代一些字書、辭書或韻書,但却不見其實際文獻用例,甚至很早就見載於《爾雅》、《説文》、《方言》、《釋名》、《玉篇》等早期辭書,而後人在疏證它們的時候也並沒有找到其實際用例,加之古文獻經過長期輾轉傳抄,人們對這些詞的詞義是否客觀存在的問題,就不免産生疑惑,這自然也就成爲漢語歷史詞彙學研究的一個難題。

就辭書而言,如果某詞或其意義孤零零地擺在那裏而沒有書證(文獻用例),這顯然是很使人憾然的。王力先生在《理想的字典》中曾經説過:"這樣沒有例證,就不知道它們始見於何書(字典舉例,向來以始見之書爲限……),也就不知道它們是什麽時代的産品。這是極艱難的工作,但是字典如果做不到這一點,決不能達到最高的理想。""法國《新小拉魯斯字典》(Nouveau Petit Larousse)的卷頭語云:'一部沒有例子的字典,就是一具骷髏。'因爲無論怎樣好的注解,總不如舉例來得明白。""有證和具有時代性是理想字典的主要條件。"①

僅就見載於早期辭書而又未找到用例的詞語而言,未找到用例

---

① 　王力《理想的字典》,載《龍蟲並雕齋文集》,北京:中華書局,1980 年版,頁 53。

的原因大致有二:一是傳下來的文獻,尤其是上古文獻有限,而使這些詞語的用例淹没——這是文獻方面的原因。二是我們對這些文獻的全面研究還很不够,還没有抉發實際上是存在的用例,正如趙振鐸先生所説:"有些義項並不是僅有辭書用例,而是人們對資料的發掘不够。"①——這是語言研究者方面的原因。

簡帛文獻所見量詞,正有不少這類原來長期没有找到用例者,或某量詞的某項意義,或某量詞的某一書寫形式,而這正可以彌補漢語歷史詞彙學研究方面的不足。同時,也證明古代辭書所列之意義是客觀存在的,並非嚮壁虛造。②

一 筓(箈)

筓,字又作"箈",古代盛食物或杯、盤等器物的竹籠。"筓"和"箈"在漢簡中很常見,以下是用作量詞的例子:《鳳凰山 8 號墓漢簡》168:"熏篝(簀)一筓。"《鳳凰山 9 號墓漢簡》44:"魚一箈。"又,45:"雙一箈。"又,46:"笥一箈。"又,47:"卵一箈。"《張家山漢簡·遣策》21:"白魚一箈。"又,22:"蒜一箈。"又,23:"薑(薑)一箈。"

按:《説文·竹部》:"筓,栖筓也。"桂馥義證:"筓,又作箈。揚雄《方言》:'栖箈,陳、楚、宋、衛之間謂之栖箈,又謂之豆筥,自關東西謂之栖箈。'注:'盛栖器籠也。'"也稱"篝"。《急就篇》第三章"笔、篇、篋、筥、籨、筭、篝"唐顔師古注:"篝,一名筓,盛栖器也。"《大字典·竹部》"筓"字條亦引上述各字書爲例,而無實際文獻用例,《大詞典·竹部》"筓"字條"竹籠"義亦引《説文》等辭書,無書證。

---

① 趙振鐸《字典論稿·字典的舉例》,載《辭書研究》,1991 年 3 期,頁 61;亦見於《辭書學綱要》,成都:四川辭書出版社,1998 年版。
② 以前有學者對古代辭書所載的字形、字義由於在傳世文獻中得不到參證而往往懷疑爲古人嚮壁虛造,從最近大量出土並公佈的出土文獻材料來看,對這種觀點應該有新的認識。

又按:《大字典·竹部》《大詞典·竹部》"箁"字條下亦均引揚雄《方言》,無文獻用例,可據此補。

二　絜

絜,集體單位量詞,相當於現代漢語中的"束",多用來稱量"麻"等。《鳳凰山 10 號墓漢簡》122:"九月十五日付□□笥二合,合五十四,直百八,枲四絜,絜七,直廿八。凡百卅六。"又,《居延漢簡》203·4:"出枲一絜,八月二日付掾繩席。"

按:《說文·糸部》:"絜,麻一耑也。"段玉裁注:"一耑猶一束也。耑,頭也。束之必齊其首,故曰耑。"可見,"絜"的本義就是"一束麻"。《大字典·糸部》:"①一束麻。"該條下僅有《說文》所述,無文獻用例。《大詞典·糸部》與《大字典》同,均可據此補。

三　籃

籃,本爲盛物竹器,故借用作稱量所盛之物的單位量詞。楚簡多作"宀",簡文中用作食物的容器單位量詞,例如《包山楚簡》255—256:"膚肉酺一宀,菜酺一宀,魚□一宀,醓(醢)一宀。"整理者認爲:"與弇字古文形近。弇,借作籃。《說文》:籃,大篝也。"段玉裁注:"今俗謂熏籠曰烘籃是也。"

按:《大字典·竹部》《大詞典·竹部》"籃"字條下"籠"(即大篝)義書證闕如,可補。

又按:《羅泊灣漢簡·從器志》:"炭四籃。"《大字典·竹部》"提物器"義下初始例引李白詩,《大詞典·竹部》"籃子"義下初始例引白居易詩,均晚。

四　益

益,衡制單位量詞。《信陽楚簡·遣策》29:"八益(鎰)□,益(鎰)

一朱。"又,《包山楚簡》105:"鄴莫囂(敖)ᵇ(步)、右(左)司馬敓(殹)、
安(安)陸(陵)莫囂(敖)絑獻爲鄴貣邚(越)異之黄金七盆(益)已(以)
翟(冀一耀)穜(種)。迄昏不賽(賽)金。"

按:《大詞典·皿部》該詞條下無量詞義,《大字典·皿部》:"⑪量
詞。古代重量單位,二十四兩爲益。後作'鎰'、'溢'。《六書正譌》卷
五:'益,二十四兩爲益。'"無實際文獻用例,可據此補。

五　鮒

鮒,"斛"之俗字。《大字典·魚部》:"①魚名。《篇海類編·鱗介
類·魚部》:'鮒,斗魚。'②同'斛'。《龍龕手鑒·魚部》:'鮒,俗,正作
斛。'"二義項均辭書之例,無書證。

按:1951—1952 年間湖南省長沙市北郊伍家嶺 201 號漢墓出土
西漢晚期封檢九枚,其中八枚字迹模糊,其中一枚墨書"魚鮓一鮒"四
字,"鮒"即爲斛之俗字。

第四節　提前量詞初始例

王力先生曾説:"我們對於每一個語義,都應該研究它在何時産
生,何時死亡。雖然古今書籍有限,不能十分確定某一個語義必係産
生在它首次出現的書的著作時代,但至少我們可以斷定它的出世不
晚於某時期。"[1]"如果史料不是僞書的話,某義始見於某書,雖不能
説它在某書産生的時代同時産生,至少可以説距離那時代不會早很
多。"[2]這充分説明了追溯詞語或語義産生的源頭的重要性。歷史詞
彙學研究的其中一個重要内容,就是要盡可能地確定每一個詞語、詞

---

① 王力《新訓詁學》,載《龍蟲並雕齋文集》,北京:中華書局,1980 年版,頁 325。
② 王力《理想的字典》,載《龍蟲並雕齋文集》,北京:中華書局,1980 年版,頁 369。

義產生的時間。做好了新詞新義這一工作，詞彙及其意義產生發展的歷史脉絡也就大致清楚了。這是一項紛繁複雜而巨大的工程，需要衆多學者投入到這一工程中來，經過幾十乃至上百年甚至更長時間的不懈努力，纔可望基本完成。

前人及時賢都十分重視追溯詞語語義的源頭，並做了大量的工作，這項工作的成果主要體現在辭書編纂上。趙振鐸先生説："（辭書）舉例的另一作用是提示語源。某一意義什麼時候產生？某一個字什麼時候出現？對於從事研究工作的人來説有非常重要的意義。""揭示語源，難度很大。從前相當多的學者都在這方面下過不少功夫。本世紀初編纂《辭源》的時候曾經試圖解決這一問題，在引例上多從'源'上去考慮，但是限於當時的條件，所引用例不是語源的還不少。一個詞義到底什麼時候見於文獻，説起來簡單，要真正落實還很不容易。要從浩如烟海的文獻裏去找某個詞義的始見書，的確無異大海撈針。"[①]這是趙先生多年來從事辭書編纂工作的深刻體會。的確，在漢語語料庫還未完全建立起來之前，要客觀地確定具體字、詞、詞義，特別是非常用字、詞、詞義的"始見書"，是相當困難的。

近代大型辭書的書證就是以初始例，即"始見書"爲標準的，例如《康熙字典》《辭源》《漢語大字典》《漢語大詞典》等即然。如上所述，由於這是一項巨大而艱巨的工程，儘管前人及時賢編纂辭書，下了很大功夫，搜集了很多資料。但是，今從簡帛文獻中的量詞系統來看，這些辭書所列書證却不一定就是真正的"初始例"，甚至有些晚了一兩千年。也就是説，簡帛文獻中的量詞可以提前甚至大大提前辭書的"初始例"。以下我們以體現當前語文辭書編纂最新成果的《大詞典》《大字典》中的最早書證爲主要參照系（frame of reference），舉例説明之，也希望能爲辭書編纂提供一些新的材料。由於這些量

---

① 趙振鐸《辭書學綱要》，成都：四川辭書出版社，1998 年版，頁 134。

詞前文都作了詳盡分析,爲了節省篇幅,以下每條僅舉一至二條例證即止。

一　艘

艘,稱量船隻的個體單位量詞。《大詞典·舟部》:"㉒量詞。用於船隻計數。"書證爲三國魏曹丕《浮淮賦》。《大字典·舟部》:"③量詞。用於船隻。"書證爲漢王粲《從軍詩五首》之四。王粲,漢末三國人。故二辭書書證均爲漢末三國時代用例。

按:從簡帛文獻看,"艘"用作量詞早在秦簡中就已經出現了。如《里耶秦簡》6－4:"□年四月□□朔己卯,遷陵守丞敦狐告船官□:令史觸律令沅陵,其假船二樓(艘),勿留。"又,8－1510:"五石一鈞七斤,度用船六丈以上者四樓(艘)。謁令司空遣吏、船徒取。敢言之。"西漢早期簡牘也可見,如《鳳凰山168號墓漢簡》10:"凡車二[乘],馬十匹,人卌(卅)一,船一樓(艘)。"按,《字彙·木部》:"樓,同艘。"《漢書·溝洫志》:"謁者二人發河南以東漕船五百樓,徙民避水居丘陵。"顔師古注:"一船爲一艘。"《里耶秦簡》中的用例無疑是目前所見的最早用例;鳳凰山168號漢墓的墓葬時代爲西漢文帝至武帝間,竹簡成書時代與此一致,也比《大字典》《大詞典》書證早二三百年。

二　口

口,用於人或器物的個體單位量詞。《大詞典·口部》:"㉒量詞。用於人。"書證引《真誥·甄命》,作者爲南朝梁陶弘景。又:"㉖量詞。用於器物。"書證引南朝梁陶弘景《刀劍録》。《大字典·口部》:"⑭量詞。"書證爲成書於唐代的《晉書·劉曜載記》。

按:其實"口"用作量詞先秦簡帛文獻已見,如《睡虎地秦簡·日

書乙》253：“甲亡，盜在西方，一宇間之，食五口，其疵其上得
□□□□□其女若母爲巫，其門西北出，盜三人。”這是稱量人的用
例。睡虎地秦墓所出《日書》的寫定時代自然不晚於秦代，比《大詞
典》書證早七百多年，比《大字典》書證則早八百多年。

又按：《東牌樓漢簡》6：“☑□盜取恠文書，笥二枚，錢二千，大刀
一口。”這是稱量器物的用例，比《大詞典》書證早三百多年。

三　騎

騎，用作量詞既可以表示“一人一馬”，也可以單獨稱量“馬”。
《大詞典·馬部》：“⑦量詞。用於馬，相當於‘匹’。亦用於其他動
物。”書證引《水滸傳》。《大字典·馬部》：“⑤量詞。用於馬，相當於
‘匹’。”書證亦引《水滸全傳》。

按：量詞“騎”稱量“一人一馬”的用例傳世漢代文獻及漢簡均較
常見，而稱量“馬”的用例早在漢代其實也已經產生了，如《居延漢簡》
55A：“蚤食時，到第五隧北里所見馬迹入河，馬可二十餘騎。”比《大
詞典》、《大字典》書證早一千多年。

四　所

所，用作量詞既可以稱量地點、位置等，又可以稱量建築物。《大
詞典·户部》：“⑬量詞。用於地點、位置。”書證爲《史記·扁鵲倉公
列傳》。又：“⑭量詞。用於計量建築物。”書證引東漢班固《西都賦》。
《大字典·户部》：“⑮量詞。1. 用於地點、位置，相當於‘處’。”書證
引《睡虎地秦墓竹簡·治獄程式·賊死》。① 又：“2. 用於建築物。”書
證亦引東漢班固《西都賦》。

按：“所”用作稱量地點及位置的量詞，目前所見最早用例爲《睡

---

① 《大字典》所謂《治獄程式》當即《封診式》，該篇書名即書於書末一簡的背面。

虎地秦簡·封診式》,《大字典》即引此例,而《大詞典》書證則晚。用作稱量建築物的量詞漢簡已見,如《定州漢簡·六韜》0972:"□七十三所,大宮"此句唐本(敦煌唐人寫本,見国家圖書館所藏膠卷)作:"離宮七十三所,大宮百里,宮中有九市。"《六韜》舊題姜太公所撰,但無疑是後人僞托,而定縣八角廊村 40 號漢墓,即西漢中山懷王劉脩墓的墓葬時代爲公元前 55 年,可見西漢該書已經廣泛流傳,一般認爲其成書時代當爲戰國時期,則量詞"所"量"建築物"的用法當在戰國時期已經產生,遠早於《大詞典》、《大字典》書證。又,《張家山漢簡·二年律令》簡 518:"☑相國上南郡守書言,雲夢附寶園一所在胸忍界中。"《張家山漢簡》成書於西漢前期,亦早於二辭書書證。

五　裁

裁,用作衣服布匹的量詞,傳世文獻最早見於《新唐書·歸崇敬傳》。《大詞典·衣部》:"⑳量詞。用於布匹。"《大字典·衣部》:"⑩量詞。布帛的片段。"書證均爲《新唐書·歸崇敬傳》例。

按:從簡帛文獻看,量詞"裁"早在西漢初期已見。《張家山漢簡·算數書》簡 36:"狐皮卅五戋(裁)、貍皮廿五戋(裁)、犬皮十二戋(裁)偕出關,關并租廿五錢,問各出幾何?"意爲:攜帶狐皮三十五件、貍皮二十五件、狗皮十二件出關,共需付稅二十五錢,問各種皮應出多少稅?《張家山漢簡》成書於西漢前期,比《新唐書》的成書早一千多年。

六　卷

卷,用作量詞,有兩讀。

一爲居倦切,可用作書籍等物品的單位量詞。《大詞典·卩部》:"⑤用作量詞,指書籍的册,本。"書證爲巴金《春》一,過遲。《大字典·卩部》:"⑤量詞。書籍一卷軸或一册稱一卷。"書證則爲揚雄《法言·學行》。

按:"卷"用作量詞,漢簡可見,如《尹灣漢簡》M6D13 正:"記一卷。""《六甲陰陽書》一卷。""《列女傳》一卷。"該簡成書於西漢晚期成帝時,比《法言》的創作應當稍微早些。

一爲居轉切,可用作成卷事物的量詞。《大詞典·刂部》:"⑩量詞。用於成卷的物件。"書證爲《紅樓夢》第一〇五回例。《大字典·刂部》:"量詞。用於成卷兒的東西。"無書證。

按:量詞"卷"的這種用法漢代已經出現,《羅泊灣漢簡·從器志》1458:"布十七卷。"比《大詞典》書證早一千八百多年。

七　條

條,用於長條形事物的單位量詞。《大詞典·人部》:"⑯量詞。用於計量長形物。"書證爲漢班固《西都賦》。《大字典·人部》:"②又,量詞。"書證引南朝齊謝朓《詠兔絲詩》。

按:從簡帛文獻看,"條"用作量詞先秦已見,如《包山楚簡》269:"絑旌一百攸(條)四十攸(條)。"又,牘 1:"絑旌百條(條)四十攸(條)。"比《大詞典》書證早至少二百多年,比《大字典》甚至早七百多年。

八　節

節,個體單位量詞,《大詞典·竹部》:"⑥量詞。"書證爲《紅樓夢》第五二回例。《大字典·竹部》:"⑫量詞。如二節火車;上了三節課。"書證爲以下兩個:《淮南子·説林》:"見象牙乃知其大於牛,見虎尾乃知其大於狸,一節見而百節知也。"毛澤東《中國革命和中國共產黨》:"總結本章各節所述,我們可以明白,整個中國革命是包含着兩重任務的。"第一個書證的"節"實際上並不是量詞,其意義相當於"端"(方面),"一節"即"一端"(一方面),"百節"即"百端"(各方面),

故其量詞義的最早書證是今人毛澤東文。

按：從簡帛文獻看，這個量詞早在秦簡中已見，如《嶽麓秦簡》150/0851："竹【十】節，上節一斗，下節二斗，衰以幾可（何）？"又，《馬王堆帛書·養生方》114："竹緩節者一節。"馬王堆漢墓所出醫書的成書均不晚於戰國，因此遠遠早於《淮南子》，比《紅樓夢》的成書則早近兩千年。

九　顆

顆，用作量詞，多用爲小而圓的物體的單位量詞。《大詞典·頁部》："②量詞。計小而圓的物體。"書證爲唐杜甫《野人送朱櫻》詩。《大字典·頁部》："量詞。1. 用於粒狀或圓形的物體，相當於'粒'、'枚'。"書證引唐李紳《憫農》詩。

按：從簡帛劑文獻看，量詞"顆"早在漢簡中已見，字均作"果"；"果"、"顆"，古今字，如《馬王堆帛書·五十二病方》48："取靁（雷）尾〈屎（矢）〉三果（顆）。"又，《雜療方》62："每朝啜蒜（蒜）二三果（顆）及服食之。"又，《武威醫簡》57/89 甲："付（附）子卅果（顆）。"按，馬王堆漢墓下葬時間爲文帝前元十二年，即公元前 168 年，其中《五十二病方》、《雜療方》等方劑文獻的成書當均不晚於戰國，比《大詞典》、《大字典》書證早約八百多年。

又按：量詞"顆"還可以量其他形狀的物體。《大詞典·頁部》："③量詞。計塊狀物。"書證引《水滸傳》第三九回。《大字典·頁部》："用於餅狀物。相當於'塊'。"書證爲《顏氏家訓》例。《馬王堆帛書·五十二病方》249："乾薑（薑）二果（顆）。"這是量所謂餅狀或塊狀物的用例，比《大詞典》書證早一千五百多年，比《大字典》亦早七百多年。

一〇　丸

丸，稱量爲小而圓的物體的量詞。《大詞典·丶部》："⑦圓形物的量詞。"《大字典·丿部》："④量詞。用於小而圓的物體。"二辭書書證均引三國魏曹植《善哉行》。

按：從簡帛文獻看，多寫作"捖"、"完"，"捖"、"完"、"丸"三字在《廣韻》中均爲胡官切，屬匣母桓韻平聲，上古音均爲匣母、元部。《馬王堆帛書·五十二病方》2："（將丸藥）毇一捖（丸）音（杯）酒中，飲之。"又，《養生方》152—153："（冶藥）捖（丸）之，勿□手，令大如酸棗，□吞一捖（丸）。日益一捖（丸），至十日；日後日捐一捖（丸），至十日，日【□□□□□□】益損□，□之多日，令人壽不老。"簡帛方劑文獻中此類用例其多，茲不贅舉。《五十二病方》成書當不晚於戰國，比《大詞典》、《大字典》書證早四五百年。

一一　梃

梃，用作稱量竿狀物的量詞。《大詞典·木部》："④竿狀物的計量單位。"《大字典·木部》："①植物的幹。……又量詞，竿狀物的計量單位，相當於'杆'、'支'。"書證均引《魏書·李孝伯傳》例。

按：簡帛方劑中或寫作"廷"，同"梃"。《馬王堆帛書·五十二病方》17："獨□長支（枝）者二廷（梃），黃芩二梃，甘草【□】廷（梃）。"又，《養生方》85："桂尺者五廷（梃）。"比《大詞典》、《大字典》書證早七八百年。

一二　輩

輩，稱量人的個體單位量詞，相當於現代漢語中的"個"、"位"。《大詞典·車部》："⑦量詞。個。多指人。"書證引《新唐書·薛元賞傳》。《大字典·車部》："⑤量詞。3.個，位（指人）。"書證引《新唐書·崔戎傳》。

按："輩"用作稱量人的量詞漢簡已見，如《居延新簡》EPF16.44："見塞外虜十餘輩，從西方來入第十一隧天田屯。止虜四五。"比《大詞典》《大字典》書證早近一千年。

一三　封

　　封，稱量封緘物品的個體單位量詞，《大字典·寸部》："㉓量詞。用於包裹或袋子封裝的物件。"書證爲《史記·越王勾踐世家》例。《大詞典·寸部》："㉘量詞。用於封緘物。"書證爲《漢書·遊俠傳·陳遵》例。

　　按：從簡帛文獻看，"封"用作封緘物品的個體量詞最早見於秦簡，《睡虎地秦簡·封診式》48："令吏徒將傳及恒書一封詣令史。"漢初簡帛則很常見了。《睡虎地秦簡》的成書自然不晚於秦，這也是目前所見"封"作量詞的最早用例，比《大詞典》《大字典》書證均早。

一四　合₁

　　合，成對或成套物品的單位量詞。《大字典·口部》"合"字條無用作自然單位量詞的用法，《大詞典·口部》："猶副。指事物之成對或成套者。"書證引唐封演《封氏聞見記·大魚鰓》。

　　按：其實"合"用作量詞秦簡已見，如《睡虎地秦簡·封診式》19："及新錢百一十錢，容（鎔）二合。""鎔"，《漢書·食貨志》注引應劭云："作錢模也。""鎔二合"意即"錢範兩套。"而西漢初年以後，量詞"合"就很常見了，如：《鳳凰山 8 號墓漢簡》89："大盛二合。"又，90："小盛二合。"又，99："小卵檢（奩）一合。"又，100："黑中脯檢（奩）一合。"可見量詞"合"產生於先秦，發展於兩漢，絕非到唐纔出現，而秦簡所見用例比《大詞典》書證早近千年，《大字典》該字條則當補此義項。

一五　隻

　　隻，用作自然單位量詞，適用範圍較爲廣泛。《大字典·隹部》："⑤量詞。1. 用於動物（多指飛禽、走獸）。如：三隻鷄；兩隻兔子。

《世説新語·德行》'至,便問徐孺子所在,欲先看之'南朝梁劉孝標注引謝承《後漢書》:'常豫炙鷄一隻,以綿漬酒中,暴乾,以裹鷄,徑到所赴冢隧外,以水漬綿,斗米飯,白茅爲籍,以鷄置前。'2. 用於某些器物。如兩隻箱子;三隻船。《後漢書·方術傳·王喬》:'候鳧至,具羅張之,但得一隻舃焉。'……"《大詞典·佳部》:"④量詞。"釋義失之過簡,書證亦爲《後漢書·方術傳·王喬》例。

　　按:"隻"用於稱量某些器物,漢初簡帛文獻已見,如《鳳凰山169號墓漢簡》26:"木壺一隻,盛醪。"鳳凰山169號墓的墓葬時代不晚於西漢中期,比《後漢書》例早五百年左右。又,用於動物的情況漢簡亦可見,《居延新簡》EPT51.223:"出百八十,買鷄五隻。"亦遠早於《世説新語·德行》例。

一六　件

　　件,用作量詞,其適用範圍很寬。《大字典·人部》:"②量詞。"書證爲《舊唐書·刑法志》例。《大詞典·人部》:"④量詞。指事物的件數。"書證爲南朝梁僧祐《略成實論記》例。

　　按:量詞"件"漢簡已見,《居延新簡》EPT40.6A:"茭七百束,又從卒利親貸平二件。"又,EPT65.118:"羊韋五件,直六百,交錢六百。"比《大字典》書證早八九百年,比《大詞典》的書證亦早三四百年。

一七　種

　　種,用作量詞,表示"種類"。《大字典·禾部》:"⑤種類;類別。……又爲量詞。"量詞義書證爲《漢書·藝文志》例。《大詞典·禾部》:"⑤引申爲量詞。表示類別。"書證亦爲《漢書·藝文志》例。

　　按:量詞"種"漢簡已見,《張家山漢簡·二年律令》526:"律令二十□種。"這是張家山漢簡《二年律令》最末一枚簡的文字,是對《二年律令》的律和令的小結,"二十□種"蓋爲"二十八種",因該文獻共含二十七種律和一種令。該簡成書於西漢前期，自然早於《大字典》、《大詞典》書證。

一八　把

把，集體單位量詞。《大字典·手部》："⑩量詞。1. 一手所握的。如：一把米；一把來粗。"書證爲唐杜甫《玉華宮》詩。《大詞典·手部》："㉒量詞。用於一手握持的數量。"書證爲漢劉向《新序·雜事一》例。

按：量詞"把"從簡帛文獻看在先秦已見，如《馬王堆帛書·五十二病方》43："傷脛（痙）者，擇蓳（蓮）一把。"又，《養生方》71－73："取車踐（前），産委（蒸）之，大把二，氣□【□□□□□□□□□□】車戔（前）□【□□】者，以布橐若盛。爲欲用之，即食□之。"比《大詞典》書證早二百年，比《大字典》書證則早近千年。

一九　具

具，用爲成套齊備器物的量詞。《大詞典·八部》："⑳量詞。《史記·貨殖列傳》：'旃席千具。'"《大字典·八部》："⑨量詞，用於完整物件。"書證亦爲《史記·貨殖列傳》例。

按："具"用作量詞，簡帛文獻亦可見，如《馬王堆3號墓漢簡·遣策》34："角弩一具。"又，297："瓦雍（甕）、甀一具。"《史記》寫成於武帝時期，而簡帛文獻中較早的文獻如《馬王堆3號墓漢簡·遣策》，成書時代當不晚於文帝前元十二年，即公元前168年，比《大詞典》、《大字典》書證均稍早。

二〇　積

積，用作成堆物品的單位量詞。《大詞典·禾部》："⑲量詞。用於成堆之物。"書證爲《新五代史·宦者傳·張承業》。《大字典·禾部》:"⑪量詞。一堆爲一積。"書證爲《太平廣記》卷三百九十四引《録異記》中的用例。

　　按:從簡帛文獻看,秦簡已見,而且運用廣泛,如《睡虎地秦簡·秦律十八種·倉律》26:"櫟陽二萬石一積,咸陽十萬一積,其出入禾、增積如律令。"又,《守法守令等十三篇》簡811-812:"恒木及櫟面爲四積,小石面爲二所,毇鐵及毇金器面爲一積,皆於城下,城守之備也。積石及毇瓦、靈(瓴)辟(甓)、疾(蒺)莉(藜)於城下,百步而一積,城守之造也。"到兩漢簡帛,尤其是西北出土簡牘文獻中應用就很普遍了,故量詞"積"的産生絶非晚至唐宋。而秦簡用例比《大詞典》書證早一千多年;《録異記》作者爲五代蜀杜光庭,亦比秦簡晚近千年。

二一　分

　　分,集體單位量詞。《大詞典·刀部》:"⑪量詞。"書證爲《水滸傳》第五三回和《醒世恒言·兩縣令競義婚孤女》。《大字典·刀部》:"⑫量詞。今也作'份'。"書證爲《兒女英雄傳》,均太晚。

　　按:量詞"分"漢代簡帛文獻已見,《馬王堆帛書·五十二病方》48-49:"嬰兒病間(癇)方:取靁(雷)尾〈屎(矢)〉三果(顆),冶,以豬煎膏和之。小嬰兒以水【半】斗,大者以一斗,三分藥,取一分置水中,撓,以浴之。浴之道頭上始,下盡身,四支(肢)毋濡。"第一個"分"讀陰平 fēn,爲動詞;第二個讀去聲 fèn,爲量詞。"三分藥,取一分置水中"意爲:將上述已混和的藥物分成三等分,取其中一個等分置於水中。又,《養生方》90:"取茇選(蘺)一斗,二分之,以籖漬一分而暴(曝)之冬(終)日。"比《水滸傳》成書早一千五百多年,比《兒女英雄傳》早近兩千年。

二二　筩

　　筩,借用量詞,《大詞典·竹部》:"②筒状物。"書證引北齊顔之推

《顔氏家訓・書證》。《大字典・竹部》："②桶狀或筒狀器具。"書證引《洛陽伽藍記・聞義里》,均晚。

　　按:量詞"箽"漢簡已見,字多書作"莆",如《張家山漢簡・遣策》16:"鹽一莆(箽)。吴(虞)人男女七人。"又,19:"醬一莆(箽)。介(芥)一椑。"該簡成書於西漢前期,比《顔氏家訓》、《洛陽伽藍記》早六百多年。

二三　篦

　　篦,借用量詞,《大詞典・竹部》:"①捕蝦竹器。《集韻・平脂》:'篦……取鰕具。'②泛指筐簍之類。《明史・食貨志四》:'番人之市馬也,不能辨權衡,止訂篦中馬。篦大,則官虧其直;小,則商病其繁。十年,巡茶御史王汝舟酌爲中制,每千斤爲三百三十篦。'"《大字典・竹部》:"①同'笓'。捕蝦的竹器。《集韻・脂韻》:'笓,取鰕具。或作篦。'泛指筐簍之類的竹器。《集韻・齊韻》:'笓,可以約物。或作篦。'《篇海類編・花木類・竹部》:'篦,竹器。'"書證亦爲《明史・食貨志四》例。

　　按:量詞"篦",漢簡已見,如《大墳頭漢簡》1:"李一篦。"該簡成書於西漢早期,比《明史》的成書早一千七百多年。

二四　畚

　　畚,借用量詞,《大詞典・田部》:"③量詞。用於可以畚計量之物。"書證爲唐韓愈《嘲鼾睡》詩。《大詞典》該字條下無量詞義。《大字典・田部》"畚"條無量詞義,衹有名詞義:"①用草繩或竹蔑編織的盛物器具。"其例證中有一例用作量詞的,爲清魏源《書宋名臣言行録後》。

　　按:"畚"本爲盛物竹器,借用作量詞早在秦簡已見,如《睡虎地秦簡・秦律十八種・金布律》64:"官府受錢者,千錢一畚,以丞、令印印。"比韓愈詩早近千年。

二五　瓶

瓶，借用量詞。《大詞典·瓦部》："④量詞。"《大字典·瓦部》："④量詞。"書證均引唐白居易《湖上招客送酒泛舟》詩。

按：從簡帛文獻看，戰國時期這個量詞就出現了，如《信陽楚簡·遣策》17："一坘食醬，一坘某醬。"商承祚注："坘、垰，未見於字書，實即後世瓶字。《説文·缶部》：'缾，甕也。从缶，並聲。瓶，缾或从瓦。'此从土拜聲，與从缶、从瓦意同，皆爲陶質容器。"比白居易詩早一千多年。

二六　甌

甌，借用量詞，《大詞典·瓦部》："③作量詞。"書證引宋邵雍《安樂窩中吟》詩。《大字典》該字條無量詞義。

按：兩漢簡帛文獻中，量詞"甌"已可見，如《馬王堆帛書·五十二病方》18："□者二甌，即并煎【□】孰（熟）。"比邵雍詩早一千三百多年。

二七　囊

囊，借用量詞，《大詞典·口部》："用作量詞。"書證爲《隋書·禮儀志四》。《大字典》該字條下衹有名詞義，無量詞義。

按：從簡帛文獻看，"囊"借用作量詞當不晚於西漢早期，如《馬王堆1號墓漢簡·笥牌》32："白槀一囊、一笥。"《馬王堆3號墓漢簡·遣策》205："貴（蕢）十四囊。"《羅泊灣漢簡·從器志》："梍三囊；坐絪一囊；治繳具一囊；倉種及米厨物五十八囊；張帷柱及丁一囊。"比《隋書》早近八九百年。

二八　韋(圍)

圍，用作計量圓周的單位量詞，一般指兩隻胳膊合圍起來的長度，也可以指兩隻手的拇指和食指合圍的長度。《大詞典·口部》："⑯計量周長的約略單位。舊說尺寸長短不一，現多指兩手或兩臂之間合拱的長度。《墨子·備城門》：'木大二圍。'唐耿湋《入塞曲》：'將軍帶十圍，重錦製戎衣。'《儒林外史》第五五回：'手植的幾樹梧桐，長到三四十圍大。'"又，《大字典·口部》中列舉了三個例證，《莊子·人間世》："匠石之齊，至於曲轅，見櫟社樹。其大蔽數千牛，絜之百圍。"唐杜甫《古柏行》："霜皮溜雨四十圍，黛色參天二千尺。"清魏源《默觚下·治篇二》："一圍之木持千鈞之厦，五寸之鍵而制合開者，所居要也。"

按：《大詞典》書證最早爲《墨子·備城門》，但一般認爲《備城門》以下諸篇非墨子所作，當係後人所僞托；《大字典》書證最早爲《莊子·人間世》例，分析文意，這裏的"圍"當指兩隻胳膊合圍起來的長度。而量詞"圍"的另一用法，指兩隻手的拇指和食指合圍的長度，從簡帛文獻看，早在先秦也已經形成了，如《睡虎地秦簡·封診式》67："權大一圍，袤三尺，西去堪二尺，堪上可道終索。"

二九　合₂

合，度量衡單位量詞，《廣韻》古沓切，上古見母、合韻。《大詞典·口部》："量詞。一升的十分之一。《孫子算經》卷上：'十抄爲一勺，十勺爲一合，十合爲一升。'漢劉向《説苑·辨物》：'千二百黍爲一龠，十龠爲一合，十合爲一升。'"《大字典·口部》："容量單位，今市制一升的十分之一，約二十立方釐米。"書證亦爲《孫子算經》及劉向《説苑·辨物》等。

按：從簡帛文獻看，量詞"合"亦很常見，如《馬王堆帛書·五十二病方》350："冶烏豪(喙)、黎(藜)盧、蜀叔(菽)、庶、蜀椒、桂各一合，并和。"馬王堆漢墓的下葬時間爲文帝前元十二年（即公元前 168 年），則《五十二病方》的成書時代當不晚於戰國時期。因此，量詞"合"當早在戰國時期就産生了。《大字典》、《大詞典》最早均爲漢劉向《説苑・辨物》例，晚。

三〇　勺

勺，量制單位量詞，《大詞典・勺部》："②容量單位名。歷代不同。《孫子算經》卷上：'十撮爲一抄，十抄爲一勺，十勺爲一合。'李時珍《本草綱目・序例》引南朝梁陶弘景《名醫別録合藥分劑法則》：'十撮爲一勺，十勺爲一合，十合爲一升。'"《大字典・勺部》："③量詞。容量單位，十勺爲一合。今一市勺等於百分之一升。"書證引《孫子算經》及明沈榜《宛署雜記》卷七。

按：《孫子算經》作者的生平和編寫年代都不清楚，約成書於四、五世紀，而從簡帛文獻看，成書於公元三世紀初的吳簡已見，如《走馬樓吳簡・竹簡〔壹〕》2354："七斗九升九合九勺被督之軍糧都尉嘉禾元年六月十四日戊申書給鎮南將。"又，《嘉禾吏民田家莂》4.488："凡爲錢三百九十六錢，准入米三斗二升七合五勺。"故《大詞典》、《大字典》書證均晚。

三一　兩

兩，衡制單位量詞，《大詞典・一部》："⑫重量單位。古制二十四銖爲一兩，十六兩爲一斤。今市制折合國際單位制 0.05 千克，十錢一兩，十兩一斤。"書證爲《淮南子・天文》例。《大字典・一部》："⑥重量單位。古制二十四銖爲一兩，今制十錢爲一兩。"書證爲《説文》及《漢書・律曆志上》。

按：從簡帛文獻看，衡制單位量詞"兩"最早見於楚簡，如《包山楚簡》115："大司馬邵鷊（易）敗（敗）晉市（師）於郢（鄝一襄）陸（陵）之戠

(歲),顒(夏)柰之月庚午之日,命(令)尹子士、大市(師)子繡命盦(冀)陸(陵)公邡鼄爲鄗郍歟(貪)郘(越)異之鋉金一百(百)益(益)二益(益)朿(四)鬲(兩)。"秦簡亦可見,如《睡虎地秦簡·效律》5—7:"半石不正,八兩以上;鈞不正,四兩以上;斤不正,三朱(銖)以上;半斗不正,少半升以上;參不正,六分升一以上;升不正,廿分升一以上;黃金衡贏(纍)不正,半朱(銖)以上,貲各一盾。"均早於《大詞典》、《大字典》所用書證。

三二　石

石,可以用作稱量土地的面積單位。《大詞典·石部》:"㉑量詞。(今讀 dàn)。方言。計算農田畝分的單位。周立波《山鄉巨變》上六:'在王家村,有兩石田,一個瓦屋,還有一座茶子山。'原注:'一石田是六畝三分。'"《大字典·石部》:"方言。面積單位,用以計量土地。其具體數量各地不一:有以十畝爲一石的,也有以一畝爲一石的。"書證亦引周立波《山鄉巨變》。

按:"石"用作土地的面積單位不僅用於現代漢語方言,古已有之,《東牌樓漢簡》5:"母姙有田十三石,前置三歲,田稅禾當爲百二下石。……張、昔今強奪取 田 八石;……宗無男,有餘財,田八石種。……以上广二石種與張,下六石悉界還建。張、昔今年所界建田六石,當分稅張、建、昔等。"但由於用例不多,無從推算其具體制度。

三三　刀圭

刀圭,量中藥的借用量詞,《大詞典》"刀圭"條:"①中藥的量器名。晉葛洪《抱朴子·金丹》:'服之三刀圭,三屍九蟲皆即消壞,百病皆愈也。'"

按:兩漢簡帛文獻已見,如《武威醫簡》44—45:"治心腹大積上下行如虫（蟲）狀大惡方：班（斑）貓十枚，地脂〈膽〉一枚，桂一寸，凡三物，皆并冶，合和，仗（使）病者宿毋食，旦飲藥一刀圭，以肵美（滿）閉塞十日壹飲藥，如有徵，當出。"武威漢墓墓葬年代爲東漢早期，其文獻在東漢前就已成書是沒有問題的，比晉葛洪《抱朴子》的成書早二三百年。

三四　器

　　器，盛物的單位量詞。《大字典・口部》："⑪量詞。《鄐君開褒斜道摩崖刻石》：'凡用功七十六萬六千八百餘人，瓦卅六萬九千八百四器。'"《大詞典・口部》"器"字條下竟無量詞用法。

　　按：量詞"器"漢簡中非常常見，傳世文獻中魏晉南北朝亦可見，如《馬王堆1號墓漢簡・遣策》203："䠡（漆）畫盛六合、盛黄白粲、稻食、麥食各二器。"又，《馬王堆3號墓漢簡・遣策》207："牛脅炙一器。"又，《古人堤漢簡》17正面："酒一器，陳次孺謹奉再拜助陽祠。"

　　又按：《大字典》書證所引之《鄐君開褒斜道摩崖刻石》，成書於東漢明帝永和九年，用作書證，晚。又，鄐君受詔開通褒斜道於永平六年動工，九年四月竣工，乃刻石紀念。南宋紹熙末，南鄭令臨淄晏袤始訪得並釋文。但"器"字今拓本不見，故碑刻文獻中的這個用例是否真實存在還有疑問，該例能否作爲辭書書證，還有待進一步考證。《大詞典》該條無量詞義，當補。

三五　周

　　周，本爲動詞"環繞"義，虛化爲動量詞。《大詞典・口部》："⑳量詞。匝；回。康有爲《大同書》乙部第四章："宜因地繞日一周之實，名之曰周。"《大字典・口部》"周"條無量詞義，祇有動詞"環繞"義："《小爾雅・廣言》：'周，帀（匝）也。'《國語・晉語五》：'齊師大敗，逐之，三周華不注之山。'""三周華不注"之"周"亦爲動詞，《大字典》所引其他用例均未同數詞結合使用。

按：動量詞"周"兩漢簡帛文獻已見，如《居延新簡》EPT59.137："畫地三周，宿其中。寇☒"這裏的"周"用在"動·賓·數·量"的結構中，數量詞作補語，同現代漢語中的用法已經没有什麼不同了。而簡帛文獻用例比《大詞典》書證當早近兩千年。

三六　下

下，本爲方位詞，引申作表示動詞次數的動量詞，現代漢語常見。《大詞典·一部》："⑭量詞。表示動作的次數。"書證引《海内十洲記·炎州》。《大字典·一部》："㊱量詞。1.指動作的次數。"書證爲《敦煌變文集·孔子項詫相問書》。

按：《海内十洲記》舊題漢東方朔所撰，但《漢書·東方朔傳》未提及該書，一般認爲是後人僞託。其成書時代，《四庫全書總目》以爲當在六朝，也有學者認爲書中多涉及道教，可能成書於漢末。《敦煌變文集》所收諸文獻的成書則多爲唐、五代時期。而動量詞"下"在兩漢簡帛中已可見，如《居延漢簡》123.58："敞辭曰：初欲言，候擊敞數十下，脅痛，不耐言。"又，《居延新簡》EPF22.326："□所持鈹，即以疑所持胡桐木丈從後墨擊意項三下，以辜一旬内立死。按：疑賊殺人，甲辰病心腹□☒"居延簡之用例自然早於《大詞典》、《大字典》之書證。

三七　枚

枚，由"算籌"義引申爲量詞，在唐五代以前一直是最常用的泛指量詞。《大詞典·木部》："⑧量詞。（1）相當於簡、隻。《墨子·備高臨》：'用弩無數，出人六十枚。'"《大字典·木部》："⑦量詞。相當於'簡'、'支'、'件'等。《墨子·備城門》：'槍二十枚。'"

按：《墨子》一書各篇目的寫定時代仍有爭議，王力先生認爲《備城門》以下這些篇目"非墨子所作,當係後人所僞託"。① 顯然作爲初始例還有爭議。從簡帛文獻來看,楚簡用例尚有疑問,但確切的用例在秦簡中已經出現了,如《里耶秦簡》8－548:"取車衡幹大八寸、袤七尺者二枚。"這是目前所見量詞"枚"最早的確切的用例。

三八　株

株,由本義"樹樁"引申爲稱量草木的個體單位量詞,直到現代漢語中仍是高頻量詞。《大詞典・木部》:"⑦量詞。猶棵。《三國志・蜀志・諸葛亮傳》:'成都有桑八百株,薄田十五頃。'"《大字典・木部》:"④量詞。用於計算草木。"書証也是《三國志・蜀志・諸葛亮傳》。

按:簡帛文獻中最早見於吳簡,如《走馬樓吳簡・竹簡〔肆〕》4186:"☑株劉陽三百廿株吳昌八百六十七株羅三百廿株□☑"

三九　塊

塊,由本義"土塊"引申爲稱量塊狀、片狀事物的個體單位量詞,現代漢語常見。《大詞典・土部》:"⑦量詞。用於塊狀、片狀的東西。唐寒山《詩》之五八:'投之一塊骨,相與哇哰争。'"《大字典・土部》:"⑤量詞。用於塊狀或某些片狀、條狀的東西。如:兩塊香皂;一塊試驗田。"

按:簡帛文獻中"塊"用作量詞早在漢簡中已經出現了,字書作"腂",例如《金關漢簡》73EJT23:769A:"王子文治劍二百五十,脯一腂(塊),直卅□,錢六十。"又,《大字典・月部》"腂"條下没有通"塊"之用法,可據此補。

---

①　王力《漢語語法史》,北京:商務印書館,1989 年版,頁 27。

以上，我們主要從增補詞語釋義、訂補詞語訓釋、量詞用例補闕、提前始見書四個方面分別簡要論述了簡帛量詞研究對漢語詞彙史研究及對辭書編纂的價值。其實，簡帛量詞研究的價值往往體現在多個方面，也就是説在詞彙的歷史發展過程中這幾個方面往往是交叉在一起出現的，上述四節中部分詞條已經涉及，下面再舉幾例以闡明之。

一　要（腰）

個體單位量詞。用以稱量衣帶及其他繫於腰上的衣物等。簡帛文獻中字多作"要"，後作"腰"。例如《南昌晉牘》："故白練長裙二要。故白練複兩當一要。故白練袂兩當一要。故白練複幝一要。故白練袂幝一要。故白練複袴一要。"

按：這一簡帛量詞對於漢語量詞史研究的價值體現在以下三個方面：

其一，可以增補詞語義項。《大字典》、《大詞典》"要"字條下均無量詞的用法，當據此補。

其二，可以提前始見書。作爲一個量詞，《大詞典·月部》"腰"條下書證引《周書·赫連達傳》，《大字典·月部》則引《北史·柳裘傳》。《周書》成書於貞觀十年，即公元 636 年；《北史》成書於貞觀十七年，即公元 643 年；均比《南昌晉牘》的寫成時代晚近三百年。

其三，可以訂補辭書釋義。《大字典·月部》"腰"字條下云："古代用於指衣帶，相當於'條'。"其實"要"用作量詞除了稱量"衣帶"外，還可以稱量裙、褲帶等其他繫在腰上的物品。

二　紐

個體單位量詞。《大詞典·糸部》："⑦量詞。印一方爲一紐。"書證引《周書·文帝紀上》。《大字典·糸部》："③量詞。相當於'枚'、'顆'。"書證引《晉書·元帝紀》。

按：從簡帛文獻用例看，量詞"紐"除了計量"印"外，還可以計量"帳"，如《南昌晉牘》："故白絹帳一紐。"二辭書釋義當訂補。

又按：《周書》成書於貞觀十年，即公元 636 年；《晉書》成書於貞觀二十二年，即公元 648 年。"紐"用作量詞簡帛文獻用例也早於二辭書的書證，又如《旱灘坡晉牘》正四欄："故駙馬都尉青銀印一紐。故奮節將軍長史金印一紐。"

三　䈰

䈰，《大詞典》未收，《大字典·竹部》："②盛酒的竹器。《玉篇·竹部》：'䈰，竹器也。可以盛酒。'《集韻·蕩韻》：'䈰，盛酒竹器。'"

按：《大字典》該條下釋義均爲字書，無文獻用例，而漢簡可見，如《鳳凰山 8 號墓漢簡》768："甘酒一䈰。"又，766："扁醬一䈰。"可據此補。

又按：簡帛文獻中，"䈰"可以用來盛"酒"，但不限於此，如《鳳凰山 8 號墓漢簡》764："芥一䈰。"因此《大字典》該字條當訂補。

四　椑

借用量詞。《大字典·木部》："古代一種扁圓形的盛酒器。《急就篇》第十二章：'槫榼椑榹匕箸簍。'顏師古注：'椑，圓榼也。'《廣雅·釋器》：'匾榹謂之椑。'"書證爲《太平御覽》卷七百六十一引謝承《後漢書》例。《大詞典·木部》："①古代一種橢圓形的盛酒器。"書證爲清袁枚《隨園隨筆·名數字義》。

按："椑"借用量詞，兩漢簡帛文獻亦可見，如《張家山漢簡·遣策》19："介（芥）一椑。"該簡成書於西漢前期，早於東漢末謝承《後漢書》；比清袁枚《隨園隨筆·名數字義》則早一千七八百年。

又按：《張家山漢簡》例"椑"用以盛"介（芥）"，顯然《大詞典》、《大字典》認爲限於盛酒，當訂補。

五　首

首，簡帛文獻中可以用作被子的單位量詞。《南昌晉牘》第二欄：
"故白練被一首。"一首，即今之一條。"首"用作量詞，可能來源於其
"端頭"義。

按：《大詞典·首部》："⑱量詞。幅。《陳書·宣帝紀》：'陳桃根
又表上織成羅又錦被各二百首。'"簡帛文獻用例比《陳書》要早三百
多年。

又按：《大字典·首部》該字條量詞義無此類用法，可據此補。

此外，還有一些量詞，其書寫形式《大字典》、《大詞典》二辭書均
未收錄，因此它們是否與後世不同書寫形式的某一量詞爲同詞，還不
得而知，亦列於此：

一　聑

集體單位量詞，相當於現代漢語的量詞"串"。聑，可能讀爲
"卙"，義爲"集"。①《馬王堆1號墓漢簡·遣策》138："栂（梅）十聑。"
墓中出土一迏用竹籤串起來的梅子。

二　槄

字書未見。見於漢簡，僅一例，《羅泊灣漢簡·從器志》1458："繳
四槄，槄十發。"從上例文意看，"槄"當指盛繳的盒子。

三　砶（圵）

辭書均未見，古從"石"、從"土"往往可通，故疑此二字爲異體字，

---

① 此取唐蘭先生觀點，説詳唐蘭《長沙馬王堆漢軑侯妻辛追墓出土隨葬遣策考釋》，
載《文史》第十輯，北京：中華書局，1980年版，頁26。

均指陶罐，或均爲"缶"字之異體字。且二者均僅見於《包山楚簡》，255："醯一砠，□一砠，蔥菹二砠，藕菹一砠，蘦茭之菹一砠。"又："蜜某（梅）一坫。"

四　坫

本指土製容器，蓋讀爲"舍"。"舍"的本義爲"館舍"，《説文·人部》："舍，市居爲舍。"故可引申出"裝盛"義，遣策中當指陶器類土製盛物器皿，用作個體單位量詞。多見於《馬王堆3號墓漢簡·遣策》，如簡127："賴（藕）苴（菹）一坫。"又，128："元栮（梅）一坫。"

五　韥

推測爲楚量制單位，僅見於《九店56號墓楚簡》，如簡7："舊四十檐六檐，舊三韥一箈□"又，8："□□□椊三韥一箈。"傳世文獻未見。

六　稯（秹）

推測爲楚量制單位，爲同一字的異體，具體所量未詳。凡十例，均見於《九店56號墓楚簡》，如簡1："舊二秹，敔拇之四檐。舊二秹又五來，敔拇之五檐。舊三稯，敔拇之六檐。"又，3："舊五稯又五來，敔拇之十檐一檐。"傳世文獻未見。

七　箈

推測爲楚量制單位，具體所量未詳。見於《九店56號墓楚簡》，如簡4："舊十檐又三檐三赤二箈。"又，5："□三赤二箈。"傳世文獻未見。

參 考 文 獻

簡牘檢署考校注　王國維著，胡平生、馬月華校注　上海古籍出版社，2004

漢簡綴述　陳夢家　中華書局，1980

居延漢簡研究　陳直　上海古籍出版社，1986

漢簡研究　〔日〕大庭脩著，徐世虹譯　廣西師範大學出版社，2001

簡帛佚籍與學術史　李學勤　江蘇教育出版社，2001

二十世紀出土簡帛綜述　駢宇騫、段書安　文物出版社，2006

新出簡帛研究　艾蘭、邢文主編　文物出版社，2004

上博館藏戰國楚竹書研究　上海大學古代文明研究中心、清華大學思想文化研究所　上海書店，2002

馬王堆漢墓研究　湖南省博物館　湖南人民出版社，1981

二十世紀簡帛學研究　沈頌金　學苑出版社，2003

簡帛文獻學通論　張顯成　中華書局，2004

簡帛語言文字研究（第一輯）　張顯成主編　巴蜀書社，2002

簡帛語言文字研究（第二輯）　張顯成主編　巴蜀書社，2006

簡帛語言文字研究（第三輯）　張顯成主編　巴蜀書社，2008

簡帛語言文字研究（第四輯）　張顯成主編　巴蜀書社，2010

簡帛語言文字研究（第五輯）　張顯成主編　巴蜀書社，2010

簡帛研究（第一輯）　中國社科院簡帛研究中心　法律出版社，1993

簡帛研究(第二輯)　中國社科院簡帛研究中心　法律出版社,1996

簡帛研究(第三輯)　中國社科院簡帛研究中心　廣西教育出版社,
　1998

簡帛研究 2001　中國社科院簡帛研究中心　廣西師範大學出版社,
　2001

簡帛研究 2002－2003　中國社科院簡帛研究中心　廣西師範大學
　出版社,2005

簡帛研究 2004　中國社科院簡帛研究中心　廣西教育出版社,2006

簡帛研究 2005　卜憲群、楊振紅主編　廣西師範大學出版社,2008

簡帛研究 2006　卜憲群、楊振紅主編　廣西師範大學出版社,2008

簡帛研究 2007　卜憲群、楊振紅主編　廣西師範大學出版社,2010

簡帛研究 2008　卜憲群、楊振紅主編　廣西師範大學出版社,2010

簡帛研究 2009　卜憲群、楊振紅主編　廣西師範大學出版社,2011

簡帛研究 2010　卜憲群、楊振紅主編　廣西師範大學出版社,2012

簡帛研究 2011　卜憲群、楊振紅主編　廣西師範大學出版社,2013

簡帛研究 2012　卜憲群、楊振紅主編　廣西師範大學出版社,2013

簡牘研究譯叢(第一輯)　中國社科院歷史所　中國社科出版社,
　1983

簡帛研究譯叢(第一輯)　中國社科院簡帛研究中心　湖南出版社,
　1996

簡牘研究譯叢(第二輯)　中國社科院簡帛研究中心　湖南人民出版
　社,1998

簡牘學研究(第一輯)　西北大學歷史系、甘肅省文物考古研究所
　甘肅人民出版社,1997

簡牘學研究(第二輯)　西北大學歷史系、甘肅省文物考古研究所
　甘肅人民出版社,1998

簡牘學研究(第三輯)　西北大學歷史系、甘肅省文物考古研究所

甘肅人民出版社,2002

簡牘學研究(第四輯)　西北大學歷史系、甘肅省文物考古研究所
　甘肅人民出版社,2004

簡帛(第一輯)　武漢大學簡帛研究中心　上海古籍出版社,2006

簡帛(第二輯)　武漢大學簡帛研究中心　上海古籍出版社,2007

簡帛文獻語言研究　《簡帛文獻語言研究》課題組　社會科學文獻出
　版社,2009

十三經注疏(附校勘記)　阮元刻　中華書局影印本,1980

二十二子　上海古籍出版社影印本,1986

周禮正義　孫詒讓　中華書局,1987

春秋左傳注　楊伯峻　中華書局,1987

管子集校　郭沫若　科學出版社,1956

孫臏兵法校理　張震澤　中華書局,1984

《尹灣漢墓簡牘》校理　張顯成　天津古籍出版社,2011

淮南子　劉安　四部叢刊本

史記　司馬遷　中華書局標點本,1959

漢書　班固　中華書局標點本,1962

三國志　陳壽　中華書局標點本,1959

後漢書　范曄　中華書局標點本,1965

論衡　王充　四部叢刊本

說文解字　許慎　中華書局影印本,1963

說文解字注　段玉裁　上海古籍出版社影印本,1981

說文通訓定聲　朱駿聲　臨嘯閣刻本

爾雅義疏　郝懿行　郝氏家刻本

方言疏證　戴震　叢書集成初編本

方言箋疏　錢繹　上海古籍出版社影印本,1984

方言校箋　周祖謨　中華書局,1993

新方言　章太炎　浙江圖書館章氏叢書本

釋名疏證補　王先謙　上海古籍出版社影印本,1984

龍龕手鏡　行均　中華書局影印高麗本,1985

宋本玉篇　顧野王　澤存堂本

宋本廣韻　陳彭年　澤存堂本

字詁義府合按　清黃生撰,黃承吉合按　中華書局,1984

讀書雜誌　王念孫　王氏家刻本

廣雅疏證　王念孫　王氏家刻本

經義述聞　王引之　王氏家刻本

漢書藝文志注釋彙編　陳國慶　中華書局,1983

魏晉南北朝量詞研究　劉世儒　中華書局,1965

敦煌吐魯番文書之量詞研究　洪藝芳　文津出版社,2000

漢藏語系量詞研究　李錦芳主編　中央民族大學出版社,2005

漢語量範疇研究　李宇明　華中師範大學出版社,2000

中國古代語言學資料彙編　張斌等　福建人民出版社,1993

王力文集・漢語詞彙史　王力　山東教育出版社,1990

王力文集・漢語詞法史　王力　山東教育出版社,1990

朱德熙文集・語法講義　朱德熙　商務印書館,1999

朱德熙文集・古文字論文　朱德熙　商務印書館,1999

簡明漢語史　向熹　高等教育出版社,2005

中國語歷史文法　〔日〕太田辰夫著,蔣紹愚、徐昌華譯　北京大學出
　　版社,1987

漢語歷史語法要略　孫錫信　復旦大學出版社,1992

西周金文語法研究　管燮初　商務印書館,1981

殷虛甲骨刻辭的語法研究　管燮初　中國科學院,1953

漢語語法論文集　呂叔湘　商務印書館,1999

徐通鏘自選集　徐通鏘　河南教育出版社,1993

甲骨文語法學　張玉金　學林出版社,2001

辭書學綱要　趙振鐸　四川辭書出版社,1998

語文學論集　張永言　語文出版社,1992

漢藏語概論　馬學良　民族出版社,2003

藏緬語族語言詞彙　黃布凡等　中央民族學院出版社,1992

先秦漢語研究　程湘清主編　山東教育出版社,1992

兩漢漢語研究　程湘清主編　山東教育出版社,1992

隋唐五代漢語研究　程湘清主編　山東教育出版社,1992

敦煌變文字義通釋　蔣禮鴻　上海古籍出版社,1988

詩詞曲語辭匯釋　張相　中華書局,1980

詩詞曲語辭例釋　王鍈　中華書局,1985

魏晉南北朝小說詞語匯釋　江藍生　語文出版社,1988

古文字論集　裘錫圭　中華書局,1992

漢語史論集　郭錫良　商務印書館,1997

不對稱與標記論　沈家煊　江西教育出版社,1999

簡帛藥名研究　張顯成　西南師範大學出版社,1997

先秦兩漢醫學用語研究　張顯成　巴蜀書社,2000

先秦兩漢醫學用語匯釋　張顯成　巴蜀書社,2002

簡帛文獻論集　張顯成　巴蜀書社,2008

普通語言學教程(中譯本)　索緒爾　商務印書館,1985

語言論(中譯本)　布龍菲爾德　商務印書館,1985

語言論(中譯本)　薩丕爾　商務印書館,1985

語法哲學(中譯本)　葉斯柏森　語文出版社,1988

漢藏語系語言名量詞比較研究　蔣穎　民族出版社,2009

異文類語料的鑒別與應用　朱承平　岳麓書社,2005

漢語語法化的歷程——形態句法發展的動因和機制　石毓智、李訥
　北京大學出版社,2001

漢語涉數問題研究　郭攀　中華書局,2004

歷史語法學理論與漢語歷史語法　屈承熹著,朱文俊譯　北京語言
　　學院出版社,1993

Grammaticalization　Hopper & Traugott　外語教學與研究出版
　　社、劍橋大學出版社,2001

附録一

從簡帛文獻及其他民族語言看漢語量詞系統的建立及其動因

　　量範疇是世界語言一個普遍存在的語法範疇,但具有豐富的量詞却是漢語的一大特點(也是漢藏語系中諸多語言的特點①),因此漢語量詞研究對於漢語史的研究具有重要意義。漢語中的量詞並不是一個先在的語法範疇,而是經歷了一個長期而複雜的語法化(grammaticalization)過程。簡帛量詞研究屬於對漢語量詞早期狀況的研究,而研究漢語中早期量詞則必須要研究漢語量詞的起源問題,所以,本章專門研究漢語量詞系統的建立及其動因問題。

　　量詞起源的動因及其語法化現象,已有諸多學者做了很多有益的探討,黃載君認爲:"大概表度量衡、貨幣單位、容量、集體的量詞在先,一般的個體量詞較後。個體量詞的産生,可能即起於表貨幣單位。"②強調表量功能是量詞起源的根本原因。Erbaugh 則認爲漢語中同音詞的不斷增加觸發了量詞的需要,量詞通過給中心名詞分類增加其信息量,從而與其他同音詞區分開來,同時强調中心名詞,提起注意。李訥、石毓智認爲句子中心動詞及其賓語之後謂詞性成分

---

　　①　當然,漢藏語系中也有一些語言量詞很不發達。此外,朝鮮語也屬於量詞語言(Classifier language),有學者認爲它屬於阿勒泰語系,但一般認爲其系屬仍不明確。

　　②　黃載君《從甲文、金文量詞的應用,考察漢語量詞的起源與發展》,載《中國語文》,1964 年 6 期,頁 439。

的變遷是量詞語法化的動因。① 李若暉則認爲量詞的産生是語言表達中修飾與表意要求綜合作用的結果，而强調量詞的修飾作用。② 金福芬、陳國華認爲作爲個體標記是漢語量詞存在的根本原因，而分類功能則是次要原因。③

語法特點的形成與演變，受語言内部因素、外部條件各方面的影響和制約，既有語音方面的，也有語義方面的。先秦兩漢時期是漢語量詞從萌芽到初步成熟的時期，因此對這一時期量詞的研究對於我們考察漢語量詞存在的動因至關重要，正如劉世儒先生所言："祇有把量詞的各個歷史橫斷面兒都研究好了，漢語整套的系統的量詞史纔有可能建立起來，否則没有材料，遊談無根，要建立科學的漢語量詞發展史那是永遠也不會辦到的。"④然而，對先秦兩漢漢語量詞的系統研究，在簡帛文獻未問世以前一直都做得還很不夠，其中一個重要原因是可資量詞研究的材料不多，即傳世的先秦兩漢文獻中的量詞材料不多，還難以對這段時間的量詞進行深入而系統的研究。建國以來大量簡帛文獻的進一步出土問世，特別是其中的大量文書和醫書類文獻材料的出土公佈，爲我們研究先秦兩漢吳晉量詞提供了空前良好的條件。

結合傳世文獻與出土文獻材料的量詞研究，並綜合考察漢藏語系諸語言與印歐語系、阿勒泰語系等其他語系語言量詞的使用情況，我們認爲：在漢語量詞從萌芽到成熟漫長而複雜的歷史演變過程中，量詞的表量功能、分類功能、修飾功能、個體標誌功能，在不同的歷史階段、不同方面對量詞的發展成熟起到了一定的推動作用，而漢語的

---

① 李訥、石毓智《句子中心動詞及其賓語之後謂詞性成分的變遷與量詞語法化的動因》，載《語言研究》，1998 年 1 期，頁 40—54。

② 李若暉《殷代量詞初探》，載《古漢語研究》，2000 年 2 期，頁 83—84。

③ 金福芬、陳國華《漢語量詞的語法化》，載《清華大學學報》，2002 年增 1 期，頁 8—14。

④ 劉世儒《魏晉南北朝量詞研究》，北京：中華書局，1965 年版，頁 3。

雙音化趨勢則是誘發漢語量詞産生的根本動因，並在量詞逐步發展成熟的歷程中始終起着推動作用。

一　雙音化趨勢與量詞的發展

雙音化是漢語詞彙發展史的一條重要規律，正如王力先生所説，"漢語由單音詞過渡到雙音詞的發展，是漢語發展的内部規律之一。"[①] 王力先生把雙音化列爲漢語語法史的最重要的五個變化之一。[②] 石毓智則證明雙音化趨勢的意義遠遠超出了構詞法的範圍，它對促使漢語整個語法系統的改變起了關鍵作用。[③] 漢語雙音化的進程早在甲骨文時代便已萌芽，春秋戰國時代獲得了初步發展，漢代以後加快了步伐，宋代以後得到了長足的發展，到了現代漢語中則明顯地取得了絶對優勢地位，這一論斷已成爲學術界的共識。漢語雙音化的動因則還存在一些爭議，吕叔湘、王力二先生都認爲語音簡化是雙音化的根本原因，儘管有學者提出了一些質疑，但不可否認語音的簡化確實是雙音化的巨大推動力。

上古漢語是以單音節爲主的，隨着漢語雙音化的發展，雙音節音步逐漸成爲漢語的標準音步，馮勝利認爲由於標準音步具有絶對優先的實現權，因此漢語中的"標準韻律詞"衹能是兩個音節。[④] 尤其在現代漢語中，一方面雙音節詞在數量上佔據了絶對優勢，按吕叔湘先生對《普通話 3000 常用字表》的統計，雙音詞佔到了 75％以上；另一方面，雙音詞在句法上更自由，而單音詞則受到很多限制，吕叔湘先生指出現代漢語中的單音詞往往要加詞綴等成分構成雙音詞纔能

---

①　王力《漢語史稿》，北京：中華書局，1980 年版，頁 344。
②　王力《漢語語法史》，北京：中華書局，1989 年版，頁 2。
③　石毓智《漢語發展史上的雙音化趨勢和動補結構的誕生》，載《語言研究》，2002 年 1 期，頁 2。
④　馮勝利《漢語的韻律、詞法和句法》，北京：北京大學出版社，1997 年版，頁 3。

做句子成分,如單音節的姓必須要加"老"或"小"纔能充當主語,單音節國名必須加"國"纔能單獨充當句子成分,農曆紀日前十個數字必須加前綴"初"等。① 但漢語基數詞從一至十全部都是單音節的,自古至今並没有什麽改變,因此在雙音節音步逐漸佔據主導地位的同時,單音節數詞構成的"蜕化"音步並不具備優先的實現權。要順應漢語雙音化的趨勢,數詞必須和其他成分組成一個雙音節的韻律詞纔能自由使用,於是量詞應運而生。

考察漢語量詞的萌芽、初步發展、逐步成熟,直至在現代漢語中必不可少的發展進程,可以發現:量詞的發展與漢語雙音化的趨勢與發展進程有基本相同的歷史軌迹。通過考察可以發現,雙音化的趨勢構成了量詞萌生的動因,並在漫長的語言歷史演變過程中推動了量詞系統的建立和發展成熟。

(一)殷商時代漢語的雙音化和量詞的萌芽

1. 雙音詞的萌芽

殷代甲骨刻辭是目前所見最早的成系統的文字記録,雖然上古漢語中單音詞佔據了絶對優勢,但雙音詞早在卜辭中就已存在了。郭錫良先生以徐中舒主編《甲骨文字典》爲依據考察甲骨卜辭的詞彙構成,結果是:《甲骨文字典》共出字頭 2857 個,義項 3899 條,其中所舉複音結構不到一百個(筆者按:約佔總數的 2.6%),卜辭中的複音結構雖未完全收齊,但遺漏已不多。②

按照這一百個複音詞所表示的內容,大致分爲八類:神祇的名稱、宗廟和神主的名稱、宮室的名稱、方國的名稱、地名、職官名、人名、記時名稱。通過分析可以看到,這八類複音結構大多是專有名詞,而且幾乎全是偏正結構。可見,卜辭時代是雙音詞的萌芽時代。

---

① 吕叔湘《現代漢語單雙音節問題初探》,載《中國語文》,1961 年 1 期,頁 423。

② 郭錫良《先秦漢語構詞法的發展》,載《漢語史論集》,北京:商務印書館,2005 年版,頁 143—144。

2. 量詞的萌芽

與這一時期雙音化的趨勢相適應,甲骨卜辭時代量詞也已萌芽,邁出了漢語量詞發展的第一步。對於甲骨文中量詞的發展狀況,前人及時賢進行了較深入的研究,由於各家對文意理解、量詞的界定等諸方面的差異,各家的統計也不盡相同。如果不包括時量詞,各家的統計差別並不大,總計有十個左右,兹列於下:[①]

黄載君	升、卣、朋、珏、豐、义、人、丙、冫、凷
李若暉	卣、朋、玉、屯、丙、人、羌
甘　露	升、卣、朋、丙、人、羌、師、旅、族、戍
張玉金	升、卣、朋、丙、屯、丿、骨、人、羌

這一時期的量詞系統主要有兩方面的特點:一方面,從數量詞的語法功能看,數量詞修飾名詞一般位於名詞之後,如"囟六卣"(前1.18.4)。原始語言中"名·數·量"語序最先産生是可以找到理據的。從發生學來看,任何稱數方式都源於記數行爲,而在賬單或是列舉的時候,如果没有量詞則往往採用"名·數"語序形式,現代漢語仍然如此。在"數·名"結構中,數詞和名詞結合緊密,往往在句子中共同充當句子成分,而在列舉的"名·數"結構中,數詞往往單獨充當謂語或者兼語結構中的謂語成分。單音節的數詞在充當謂語時,其音節的不和諧便凸顯出來,如現代漢語在計數時可以説"三人"、"三個人",但"人三"却不合習慣,必須説"人三個",因此量詞首先出現在"名·數"結構之後構成"名·數·量"結構也是必然的。另一方面,拷貝型量詞的産生與使用。

---

3. 拷貝型量詞與量詞萌芽的動因

值得關注的是,這一時期出現了諸多"拷貝型"量詞,如"俘人十又六人"(合 137 反)、"羌百羌"(合 32042)等。但對後一個"人"、"羌"性質的認識一直存在爭議,王力先生認爲:"'人'是一般名詞,不是特別用來表示天然單位的。"①但後來之學者一般認爲它們已經具有量詞的性質了,如管燮初認爲"後面一個人字的詞性已介乎名詞和量詞之間"。② 黃載君則認爲"第一個人是名詞,而數詞後加'人'就祇能屬於量詞了"。③ 數詞後面的"人"作爲表示事物的計量單位,雖然語法化程度還很低,保留了名詞的諸多語義,但畢竟顯示了從名詞到量詞的語法化的趨勢,漢語量詞正是在這樣的語法結構中開始了語法化歷程,不考察這一階段的情況就無法探明漢語量詞起源的各種問題,因此我們採用李宇明觀點,稱之爲"拷貝型量詞"。

"拷貝型"量詞的產生,在漢語量詞發展史上具有重要地位,李宇明認爲:"從名詞到量詞,是一個語法化的過程,拷貝型量詞的出現是這一語法化過程的第一步,標誌着名量詞詞類開始建立。"按其考察,在緬語支、彝語支的一些語言和藏緬語族的一些語支未定的語言中,如獨龍語、載瓦語、阿昌語、基諾語、傈僳語、拉祜語、哈尼語、納西語、怒語等也存在這一語法現象,並提出:"這些語言……已經萌生了發展個體量詞的語言需要。爲了滿足這種語言需要,最方便的方法便是拷貝名詞而造出大量的個體量詞,從而較快地解決了個體量詞缺乏的矛盾。"④那麼,卜辭時代漢語及上述語言爲什麼萌生了發展個體量詞的需要呢? 其根本動因在於雙音化的萌芽。

① 王力《漢語史稿》,北京:中華書局,1980 年版,頁 234。
② 管燮初《殷墟甲骨刻辭的語法研究》,北京:中國科學院出版,1953 年版,頁 25。
③ 黃載君《從甲文、金文量詞的應用,考察漢語量詞的起源與發展》,載《中國語文》,1964 年 6 期,頁 433。
④ 李宇明《拷貝型量詞及其在漢藏語系量詞發展中的地位》,載《中國語文》,2000 年 1 期,頁 31。

　　首先,從漢語本身的特點來看,漢語的基數詞從一至十都是單音節的,無一例外,這與詞彙雙音化發展的趨勢是矛盾的,而不適宜性構成變化的無所不在的動機,這種不適宜的形式有必要作出調整,即對音節結構進行調劑。而改變基數詞單音節形式最簡單、最直接的方法就是重複數詞修飾的名詞,從而導致了所謂"拷貝型"量詞的産生。數詞和量詞組成的數量短語,構成了一個雙音節音步,從而適應了雙音化的趨勢,如卜辭中的"羌百羌"(合 32042)、西周金文中的"玉十玉"、"田十田"等等。

　　其次,從漢藏語系其他量詞語言來看,這些語言中量詞發展的萌芽階段也普遍出現了拷貝型量詞。從拷貝方式上來看,由於漢語語素絶大多數是單音節的,因此在拷貝的時候"N＋Num＋Cl"中的 Cl 必須採用"全拷貝"的方式,即完全重複前面的單音節語素,"Num＋Cl"組成雙音節的標準音步。按李宇明考察,在漢藏語系其他量詞較發達的語言裏面,當名詞是多音節時往往還可以採用"半拷貝"的方式,即將 N 的部分音節複製。一種方法是僅拷貝 N 的前一音節,稱爲"前半拷貝",如:

　　　　(1)哈尼語　　bu^{31}za^{31}(罐)tçhi^{31}(一)→bu^{31}(bu^{31}za^{31} 前一音節)(一個罐)

　　　　dzo^{31}la^{31}(花椒)tçhi^{31}(一)→dzo^{31}(dzo^{31}la^{31} 前一音節)(一粒花椒)

　　　　(2)納西語　　khon^{33}lo^{33}(洞)ndɯ^{33}(一)→khon^{33}(khon^{33}lo^{33} 前一音節)(一個洞)

另一種方法是拷貝 N 的後一音節,稱爲"後半拷貝";如:

　　　　(3)載瓦語　　lai^{21}ka^{55}pap^{21}(書)la^{21}(一)→pap^{21}(lai^{21}ka^{55}pap^{21} 後一個音節)(一本書)

　　　　(4)阿昌語　　a^{55}mu^{55}(事情)ta^{21}(一)→mu^{55}(a^{55}mu^{55} 後一個音節)(一件事情)

（5）基諾語　$a^{44}\,vu^{33}$（蛋）thi^{44}（一）→vu^{33}（$a^{44}\,vu^{33}$後一個音節）（一個蛋）

（6）傈僳語　$\gamma a^{44}\,fu^{33}$（雞蛋）thi^{31}（一）→fu^{33}（$\gamma a^{44}\,fu^{33}$後一個音節）（一個雞蛋）

（7）納西語　$su^{33}\,dzu^{31}$（樹）$d\eta^{33}$（一）→dzu^{31}（$su^{33}\,dzu^{31}$後一個音節）（一棵樹）

從使用頻率上來看，後半拷貝更爲常見。其他語言，如哈尼語、拉祜語等均爲如此，用例情況兹不贅舉。

漢藏語系中量詞豐富的語種，基數詞基本都是單音節的（詳述於後）。單音節的數詞和由名詞"半拷貝"而來的一個音節（而且這個音節作爲前面名詞的一部分，是不能獨立成詞使用的），組成了一個和諧的雙音節音步。因此，從上面的例證可以清晰地看到，僅僅拷貝名詞一個音節"半拷貝"的方式尤其明確地體現出量詞產生的根本動因在於詞彙雙音化發展的趨勢。

楊焕典發現，在納西語中量詞的全拷貝和半拷貝兩種方式並存（如例 2 和例 7），語義卻完全相同，因此認爲半拷貝是全拷貝的省略形式。[①] 木仕華對納西語中的拷貝型量詞進行了更深入、更詳細的考察，例如：[②]

（8）a_1：$kho^{33}\,lo^{33}$（洞）du^{33}（一）$kho^{33}\,lo^{33}$（洞）——全拷貝型

a_2：$kho^{33}\,lo^{33}$（洞）du^{33}（一）kho^{33}　　　　——半拷貝型

b_1：$du^{31}\,lu^{33}$（丸子）du^{33}（一）$du^{31}\,lu^{33}$（丸子）——全拷貝型

b_2：$du^{31}\,lu^{33}$（丸子）du^{33}（一）du^{31}　　　——半拷貝型

甚至還有全拷貝、前半拷貝、後半拷貝、省略音節拷貝均可的情

[①] 楊焕典稱全拷貝爲"全反響型"，稱半拷貝爲"半反響型"。《納西語中的數量詞》，載《民族語文》，1983 年 4 期。

[②] 木仕華《論納西語拷貝型量詞的語法化》，載《漢藏語系量詞研究》，北京：中央民族大學出版社，2005 年版，頁 141－165。

況，如：

$$(9)dv^{33}phi^{31}（翅膀）du^{33}（一）dv^{33}phi^{31}（翅膀）\qquad——全拷貝型$$

$$dv^{33}phi^{31}（翅膀）du^{33}（一）phi^{31}\qquad——後半拷貝型$$

$$dv^{33}phi^{31}（翅膀）du^{33}（一）dv^{33}\qquad——前半拷貝型$$

$$dv^{33}（翅膀）du^{33}（一）dv^{33}（翅膀）\qquad——省略拷貝型$$

　　單純詞中的一個音節，獨立出來以後本來在語言中一般不能自由獨立使用的，但是它在數詞後面却獨立充當了句子成分。在這裏，這個成分的作用祇能是爲了調劑音節，從而也使得數量的表達更爲清晰，所以拷貝其中的那個音節都不會影響語義的表達。

　　在商周漢語中，由於記錄語言符號的形意文字的特點，這一時期拷貝型量詞和它所來源的名詞的讀音我們無法確切得知，但從納西語的情況來看，拷貝成分在被拷貝到量詞的語法位置後有時候會出現變調，如：

$$(10)mba^{55}mba^{33}（花）du^{33}（一）mba^{31}（花）$$

　　這應當是因爲拷貝的名詞由於處在量詞的位置上，已經初步開始了其語法化進程，其語法功能改變了，爲了區別於原來的名詞，發生了變調，當然這也與它作爲音步的後一個節點有關。另一方面，這些詞語變調以後，則可以更獨立地泛用到與原詞毫無關係的物量稱數結構中充當專用量詞，調劑音節。

　　(二)西周時期的雙音化和量詞的初步發展

　　1. 雙音化發展概況

　　程湘清考察了基本反映西周初期語言面貌的《尚書·周書》中公認爲西周作品的《大誥》等十三篇、《詩經·周頌》、《詩經·大雅》中的雙音詞情況，其所列雙音詞五類共計一百三十二個；西周末期《詩經·小雅》中則有五十七個。①

從統計數字來看,西周時期的雙音詞明顯增多了,雙音化得到了初步發展。

2. 量詞發展概況

與雙音化的進程相適應,量詞也獲得了初步發展,按管燮初先生的統計,西周金文中共有量詞三十三個,大大超過了甲文中量詞的數量,兹列於下:②

（11）金文量詞:匹、品、夫、人、殳、兩、鎛、鈴、豐、白、鈘、乘、朋、束、邦、家、陣、乎、枡、卣、陞、秭、蒭、鈞、里、壽、晦、田、職、羊、牛、邑、旅。

從金文情況來看,西周時期量詞的發展有以下幾個特徵:

第一,拷貝型量詞仍然比較常見,如《小盂鼎》:"俘人萬三千八十一人,……俘牛三百五十五牛,羊廿八羊。"又:"獲職四千八百□職,俘人萬三千八十一人,俘【馬】□□匹,俘車兩,俘牛三百五十五牛,羊二八羊。"《舀鼎》:"凡用即舀田七田。"顯示出量詞萌芽階段的特點。

第二,量詞分工稍進一步,使用日趨嚴格。甲文用"丙"表示車和馬之量,金文則車、馬之量詞各有專詞,車用"兩",馬用"匹",截然分工;甲文"卣"可不用量詞,而在金文中"卣"如表示數量,必須要使用量詞"卣",在"毛公鼎"等十數銅器銘文中皆無例外。

第三,按趙鵬統計,西周金文中"N＋Num＋Cl"結構共計二百二十例,而"Num＋Cl＋N"結構僅有一例,即"公命吏賄賢百畮糧"（賢簋）。③但"百畮糧"中的量詞"畮"本來是稱量土地的面積單位,而不

---

① 具體數字與比例爲筆者據程文所列情況統計。程湘清《先秦雙音詞研究》,載《先秦漢語研究》,濟南:山東教育出版社,1992 年版,頁 46。

② 管燮初《殷墟甲骨刻辭的語法研究》,北京:中國科學院出版,1953 年版,頁 178－181。

③ 趙鵬《西周金文量詞析論》,載《北方論叢》,2006 年 2 期,頁 60。

（附錄一 從簡帛文獻及其他民族語言看漢語量詞系統的建立及其動因｜551）

能稱量糧食，所謂"百畝糧"意思是"一百畝地出産的糧食"，因此數量詞和名詞之間並沒有直接的語法關係，並不能説"Num＋Cl＋N"結構在此時已經萌芽。此外，數詞同名詞直接結合來表示數量仍然佔據絕對優勢。

（三）春秋戰國至秦雙音化的發展和量詞系統的初步建立

春秋戰國至秦是我國歷史上的大變革時期，大凡社會變革大，人們的思想也更活躍，春秋戰國百家爭鳴，創造了絢麗的文化。在内在和外在條件兩方面的有力推動下，語言也迅速發展。新概念迅速涌現，一詞多義、詞義引申的方法無法滿足人們迅速增長的交際需要，而複音詞以其靈活的結構、足夠的容量，適應了人們日益增長的交際需要。隨着雙音詞在漢語中地位的確立，與此相適應的是漢語的量詞系統在這一時期也初步確立起來。

1. 雙音詞地位的確立

程湘清統計，《論語》總字數 15883 個，總詞數爲 1504 詞，單音詞總計爲 1126 個，佔 74.9％；複音詞總計 378 個（其中多音詞 3 個），佔總數的 25.1％，而雙音詞佔總數的 24.93％。《孟子》總字數 35402 個，總詞數爲 2240 詞，單音詞總計爲 1589 個，佔 71％，複音詞總計 651 個（其中多音詞 8 個），佔總數的 29％，雙音詞佔總數的 28.71％。①

傳世先秦文獻經過兩千來年的流傳，往往都存在不同程度的"失真"，因此我們對銀雀山漢墓出土的《孫子兵法》、《孫臏兵法》中的詞彙情況進行了考察。這兩部兵書均成書於秦以前，並具有更強的文獻真實性。《孫子兵法》總詞數 738 個，有單音詞 565 個，複音詞 173 個，其中雙音詞 167 個，已佔總數的 22.63％；《孫臏兵法》總詞數 900 個，其中單音詞 668 個，複音詞 232 個，其中雙音詞 230 個，三音詞 2

---

① 程湘清《先秦雙音詞研究》，載《先秦漢語研究》，濟南：山東教育出版社，1992 年版，頁 110。

個,雙音詞佔總數的 25.78％。[1]

	總詞數	單音詞	複音詞	雙音詞	雙音詞比例
論語	1504	1126	378	375	24.93％
孟子	2240	1589	651	643	28.71％
孫子兵法	738	565	173	167	22.63％
孫臏兵法	900	668	232	230	25.56％

　　從以上對傳世文獻和出土文獻的綜合考察來看,春秋戰國時期漢語中雙音詞總體已經佔到了詞彙總量的 25％ 左右。由於書面語在記載時往往趨於簡潔的原則,我們推測在當時的口語中,漢語的雙音詞應當大大超過這一比例。雖然雙音詞在整個漢語詞彙中還沒有佔據絕對優勢,但是雙音詞在漢語中的地位已經穩固地確立起來。

　　2. 量詞系統的確立

　　隨着雙音詞地位的確立,量詞系統也基本確立起來,各類量詞基本完備,如《左傳》中自然單位量詞、度量衡量詞、軍隊或地方編制單位量詞、時間量詞等各類已經齊備。傳世先秦文獻中的量詞情況,參考何樂士、于冬梅、達正嶽等的考察,統計如下表:[2]

文獻	量詞總數	自然單位量詞	數量名結構
左傳	69	29	6
論語	30	13	2
孟子	41	16	10
國語	72	27	4
呂氏春秋	36	13	3[3]

---

① 張顯成、苟曉燕《銀雀山漢簡〈孫子兵法〉〈孫臏兵法〉詞彙研究》,載《簡帛語言文字研究》第一輯,成都:巴蜀書社,2002 年版,頁 65-143。

② 何樂士《〈左傳〉的數量詞》,載《古漢語語法研究論文集》,北京:商務印書館,2000年版,頁 318-351;于冬梅《〈呂氏春秋〉的量詞研究》,遼寧師範大學碩士學位論文,2006年通過;達正嶽《上古漢語量詞研究》,西北師範大學碩士學位論文,2004 年通過。

③ 于冬梅統計爲 4 個,但其中"所見八十餘君"(《呂氏春秋・孝行覽・遇合》)一例,我們認爲"餘"顯然爲助詞,而非量詞。

　　從以上統計來看,春秋戰國時期量詞的數量得到了迅速發展,尤其是漢藏語系所特有的自然單位量詞更是得到了進一步發展。

　　在漢語量詞的發展過程中,"Num＋CL＋N"結構的産生是一種很重要的轉變,可以説是一種飛躍。王力先生認爲:"因爲當數詞和單位詞放在普通名詞後面的時候,它們之間的關係是不够密切的(《左傳》:'馬牛各十匹','各'字可以把單位詞和名詞隔開);後來單位詞移到了名詞前面,它和名詞的關係就密切起來,漸漸成爲一種語法範疇。"①因此,"Num＋CL＋N"結構的出現,是漢語量詞系統發展程度的重要參數之一。因此,"Num＋CL＋N"産生於什麽時代對於漢語量詞研究具有重要意義。王力先生認爲:"在上古時代,單位詞是放在名詞後面的。……但同時我們也注意到,就在先秦時代,容量單位詞已經可以用於名詞前面了。到了漢代,不但度量衡單位詞可以放在名詞的前面,連天然單位詞也可以放在名詞的前面。"②郭錫良先生也認爲,在先秦典籍中"Num＋CL＋N"這一稱數樣式祇用於容量單位。③

　　從傳世文獻材料來看,這一時期"Num＋CL＋N"結構在《左傳》、《論語》、《孟子》、《國語》、《吕氏春秋》等五種文獻中僅有二十五個,而且基本限於度量衡單位和容器單位,自然單位量詞僅有以下五例:

　　　　(12)《左傳·襄公八年》:"君有楚命,亦不使一介行李告於寡君。"

　　　　(13)《國語·吴語》:"一介嫡女,執箕帚,以晐姓於王宫;一介嫡男,奉槃匜,以隨諸御。"

　　　　(14)《孟子·告子下》:"力不能勝一匹雛。"

---

① 王力《漢語史稿》,北京:中華書局,1980年版,頁240。
② 王力《漢語語法史》,北京:中華書局,1989年版,頁32。
③ 郭錫良《先秦漢語構詞法的發展》,載《漢語史論集》,北京:商務印書館,2005年版,頁31。

　　(15)《吕氏春秋·察今》:"嘗一臠肉,而知一鑊之味,一鼎之調。"①

　　由於出土文獻具有傳世文獻無可比擬的真實性,從出土的簡帛文獻來看這一時期"Num＋CL＋N"結構的産生以及量詞系統的確立是毫無疑問的。我們考察了目前已公佈或部分公佈的十四批戰國楚簡和六批秦簡,共有物量表示法 2337 例,量詞 85 個(秦簡 50 個,楚簡 47 個)②,使用廣泛,我們將其物量稱數樣式分列於下:③

	數·名	名·數	數·形	數詞單用	數·量	名·數·量	數·量·名	量詞單用	量·名	總計
楚簡	1095	67	21	3	24	192	62	0	23	1487
秦簡	328	62	5	38	273	106	2	29	7	850
總計	1423	129	26	41	297	298	64	29	30	2337
頻率	60.89％	5.52％	1.11％	1.75％	12.71％	12.75％	2.74％	1.24％	1.28％	1
總計	1619					718				2337
頻率	69.28％					30.72％				1

————————

①　對於以上用例中"量詞"的理解,學界還有争議,例 12、例 13 中的"介"也有學者認爲是"獨"義,是形容詞,而非量詞;例 14 中的"匹",按朱駿聲説爲誤字;例 15 中的"臠"也可以理解爲"肉"的修飾語,"臠肉"指的是切割成塊的肉。

②　楚、秦兩地簡牘中共有物量詞八十三個,其中自然單位量詞三十八個:乘₁、輛、枚、環、真、匹、夫、人、成、格、章、斷、條、等、封、給、合、級、所、口、牒、錢、布、木、歲₁、秉、兩₂、乘₂、偶、雙、會、稱、家、軍、積、束、户、三指撮;借用量詞十三個:筒、瓶、筐、籃、筭、筲、篋、碩、垃、壺、舀、匕、杯;度量衡量詞二十六個:丈、尺、寸、圍、里、步、升、斗、桶、石、鈞、斤、兩₃、錘、銖、鎰、頃、畝、堵、町、簹、韌、秅(秭)、來、赤、笛;準量詞六個:日、旬、月、年、歲₂、宿。動量詞二個:步、課。所考察楚簡爲:五里牌楚簡、仰天湖楚簡、楊家灣楚簡、信陽楚簡、望山 1 號墓楚簡、望山 2 號墓楚簡、曾侯乙墓簡、九店 56 號墓楚簡、九店 621 號墓楚簡、夕陽坡楚簡、包山楚簡、雨臺山竹律、郭店楚簡、上博簡(一至五函);所考察秦簡爲:睡虎地秦簡、秦川秦牘、放馬灘秦簡、龍崗秦簡、周家臺秦簡、里耶秦簡。

③　李建平《先秦簡牘量詞研究》,貴州大學碩士學位論文,2004 年通過;李建平《戰國楚簡中的量詞及其語法化》,載《簡帛語言文字研究》第三輯,成都:巴蜀書社,2008 年版。

從以上統計可以看到,楚秦兩地出土的簡牘文獻量詞數量總體相當,但是發展速度並不平衡。秦簡中"Num＋CL＋N"結構僅僅二例,而楚簡中則達到了六十二例之多。秦簡所見二例,量詞一爲描繪性量詞,一爲度量衡單位,而楚簡中的六十二例度量衡單位僅一例,容器單位七例,其餘五十四例均爲自然單位量詞,如:

(16)《曾侯乙墓簡》148:"三匹駒驪。"

(17)又,127:"裴定馭左殿:三真楚甲。"

(18)又,119:"旅公三乘路車。"

(19)《包山楚簡》269:"一格車戟。"

(20)《上博簡・容成氏》44:"是乎作爲九成之臺。"

(21)《仰天湖楚簡・遣策》15:"一坟韋之趄,有二環。"

(22)《信陽楚簡・遣策》2:"一兩緣釋屨;一兩絲紅屨;一兩郚緹屨;一兩詬屨;一兩緅屨。"

從簡帛文獻中的大量用例來看,量詞系統,尤其是自然單位量詞系統在這一時期已經建立起來是毫無疑問的。

(四)兩漢雙音化的發展和量詞系統的初步完善

1. 雙音化的發展

兩漢時期國家統一,社會政治文化迅速發展,反映在語言上,漢語的雙音化趨勢也加快了步伐。鑒於出土文獻的特殊語言研究價值,我們對秦漢時期的十二種簡帛文獻中的構詞法進行了窮盡性統計分析,茲將成書於兩漢時期的九種文獻中詞彙的發展情況列表於下:[①]

文獻名	總詞數	單音詞	複音詞	雙音詞	雙音詞比例
奏讞書	157	110	47	44	28%

① 張顯成等《秦漢簡帛構詞法分析十二則》,載《簡帛語言文字研究》第一輯,成都:巴蜀書社,2002年版。

文獻名	總詞數	單音詞	複音詞	雙音詞	雙音詞比例
武威醫簡	517	289	228	207	40％
神烏賦	280	172	108	107	38.2％
御史書	155	86	69	68	43.9％
胥浦遺囑	77	54	23	22	28.6％
月令	342	169	173	164	48％
王杖詔令	169	102	67	64	37.9％
責寇	201	151	50	45	22.4％
懸泉書信	109	76	33	31	28.4％
總計	2007	1209	798	752	37.5％

從上面的表格可看到,兩漢時期雙音詞在詞彙中的比例較之秦以前大大增加了,總體達到了 37.5％,有些文獻中雙音詞的總量甚至達到了 48％。尤其到了東漢,雙音詞的數量更是迅猛增長,劉志生考察了東漢碑刻文獻一百六十七篇,共約十萬字,複音詞的總數達到了 5167 個之多。[1]

由於書面語相對於口語總是趨於簡潔,因此我們認爲在當時的口語中雙音詞的數量,毫無疑問應當已經超過了單音詞的數量,在漢語詞彙中佔據了優勢地位。

2. 量詞系統的進一步發展

按黃盛璋考察,兩漢時代漢語的量詞數量大大超過了先秦時期,但所考察材料範圍有限。[2] 張顯成考察了西漢初期的《馬王堆 3 號墓漢簡・遣策》中的量詞使用情況,茲列表於下:[3]

---

① 劉志生《東漢碑刻複音詞研究》,華東師範大學博士學位論文,2005 年通過。
② 黃盛璋《兩漢時代的量詞》,載《中國語文》,1961 年 8 期。
③ 張顯成《馬王堆三號漢墓遣策中的量詞》,載《簡帛語言文字研究》第二輯,成都:巴蜀書社,2006 年版,頁 138。

數量表示法	出現次數	出現頻率	總計數量	總計頻率
名·數	192	36.6%	204	38.9%
數·名	12	2.3%		
名·數·量	314	59.9%	320	61.1%
名·量	6	1.2%		

　　從上面的資料分析，可以看到，早在西漢初年漢語的數量表示法已有了較大發展，使用量詞的情況達到了 61.1%，遠遠超過了不用量詞的情況(38.9%)，這可能與遣策作爲一種特殊賬簿的性質有關。陳近朱對《居延漢簡》中的稱數法也進行了窮盡性統計，不使用量詞的情況總計 1534 例，而使用量詞的情況則達到了 2746 例。[1]　我們對成書時代明確的二十三種漢代簡牘文獻進行了全面統計，結果如下：

文獻名	數·名	名·數	數詞單用	數·量	名·數·量	數·量·名	量詞單用	總計
焦山漢簡					1			1
蕭家草場簡		9			25			34
未央宫漢簡	12	1		8	5			26
清水溝漢簡	2			3	5			10
高臺漢牘	1	2			10			13
古人堤漢簡	15	4		3	24			46
甘谷漢簡	4			1				5
邗江漢簡	1							1
平山漢楬					1			1

---

　　[1]　陳近朱《〈居延漢簡〉中物量詞和稱數法探析》，華東師範大學碩士學位論文，2004年通過。

文獻名	數・名	名・數	數詞單用	數・量	名・數・量	數・量・名	量詞單用	總計
花果山漢簡	3	4	1		1			9
海州漢牘		14			11			25
胥浦漢簡	2	11	1	2	29			45
東牌樓漢簡	7	3	6	4	27			47
羅泊灣漢簡	11	57		1	27	1		97
大墳頭漢簡		41			9	2		53
孫家寨漢簡	11	1		29	13		2	56
孔家坡漢簡	107		5	30	4		2	148
鳳凰山 8 號	3	79	1		49	2		134
鳳凰山 9 號		4		1	8			13
鳳凰山 10 號	40	62	68	44	120		1	335
鳳凰山 168 號				1	7			8
鳳凰山 167 號	1	7	1	3	71	4		87
鳳凰山 169 號		8	2		10			20
總計	220	307	86	130	457	9	5	1214

　　從以上眾多漢代簡牘材料看,使用量詞毫無疑問在漢代已經逐漸成爲一種規範。

　　從量詞數量上看,先秦兩漢文獻中量詞數量就達到了一百九十個之多,特別是語法化程度最高的個體單位量詞也達到了六十個;動量詞系統在這一時期產生並獲得了初步發展,總計有八個,其中"步"、"通"、"發"、"下"、"周"都沿用至今,可見兩漢時期量詞系統已經初步完善起來。

　　(五)魏晉以後雙音詞優勢地位的確立和量詞系統的完善

　　1. 雙音詞逐漸佔據絕對優勢

　　魏晉六朝以後,雙音詞在漢語詞彙中逐漸佔據了優勢地位,按程湘清統計，南朝宋劉義慶《世説新語》中複音詞總數達到了 2126 個，其中三音節及多音節詞總計 213 個，雙音節詞佔複音詞總數的 90％。①

2. 魏晉以後量詞系統的完善

劉世儒對魏晉南北朝量詞進行了比較全面的研究，這一時期量詞在數量上得到了空前未有的發展，《魏晉南北朝量詞研究》一書中詳細討論的物量詞就達到了二百多個。動量詞在這一時期得到了迅猛發展，並初步成熟起來，成爲量詞系統中同物量詞並列的一個大類。此後，量詞系統也逐步達到了完善。

關鍵的是，數量詞開始轉向於以前附於中心名詞爲原則，這是南北朝時代的事。數量詞的前置，這是漢語歷史發展的必然結果，如劉世儒所言，數量詞的前置有幾個優點：A. 詞序一致了，也就是與漢語“從”前“主”後的原則一致了；B. 陪伴的形態更顯著了；C. 成分更確定了，數量詞衹能是向心於中心的定語，不可能還是其他成分了；D. 表達得更清楚了。②

李訥、石毓智對此後四部文獻中量詞的使用情況做了資料統計，我們整理如下：③

文獻名	字數	數·量·名	名·數·量	數·名	數·量
世説新語	約 6 萬	25	34	190	15
敦煌變文	約 4 萬	23	51	93	29
朱子語類	約 4 萬	141	12	58	35
老乞大	約 3 萬	209	42	4	53

---

① 程湘清《〈世説新語〉複音詞研究》，載《魏晉南北朝漢語研究》，濟南：山東教育出版社，1992 年版。

② 劉世儒《魏晉南北朝量詞研究》，北京：中華書局，1965 年版，頁 45—47。

③ 李訥、石毓智《句子中心動詞及其賓語之後謂詞性成分的變遷與量詞語法化的動因》，載《語言研究》，1998 年 1 期，頁 49。

從表格中的資料可以清晰地看到,魏晉南北朝以後,尤其是唐宋以後,"數‧量‧名"結構逐漸在漢語中佔據了絕對優勢的地位。

(六)小結

綜上所述,甲骨卜辭時代是漢語雙音化的萌芽時期,也是漢語量詞逐漸從其他詞類開始分化的時代;西周時期,隨着雙音化的發展,漢語量詞也得到了初步發展;在歷史大變革的春秋戰國時代,雙音詞得到了進一步發展,而相應的量詞系統也初步建立起來;兩漢是雙音化發展的關鍵時期,也是量詞系統真正確立的時代;魏晉南北朝以後,雙音詞確立了其詞彙中的優勢地位,量詞的使用也逐漸成爲一種規範。

雙音詞和量詞在漢語中都不是先在的,但是其發展成熟的歷程却保持了很強的一致性,這也説明二者的發展存在密不可分的關係──雙音化是量詞系統建立的動因。

二　從其他語言看雙音化與量詞存在的動因

漢語量詞範疇形成的動因在於隨着雙音化的發展,單音節的基數詞逐漸失去了獨立使用進行稱數的能力,因此語言中基數詞的音節數量和量詞的發達程度密切相關。戴慶厦先生對藏緬語諸多語言量詞與基數詞音節數量的研究爲此提供了有力證據。①

按戴慶厦先生的考察,在藏緬語系中凡是量詞語言（classifier language）,如個體量詞發達的彝語、哈尼語、阿昌語、載瓦語、普米語、羌語、道孚語、那木兹語、土家語,其基數詞基本上是單音節的或者多數是單音節的,而且其量詞也基本是單音節的,基數詞和量詞組成雙音節的標準音步使用;另一方面,個體量詞不發達的非量詞語

---

① 戴慶厦《藏緬語個體量詞研究》,載《彝緬語研究》,成都:四川民族出版社,1997 年版,頁 54—70。

言,如景頗語、珞巴語、僜語（達讓）、僜語（格曼）等,其基數詞多數是雙音節的,基數詞本身就是一個標準音步,可以獨立使用,而且雙音節數詞的清晰度也更高,這種韻律機制對個體量詞的產生具有很大的抑制作用,使得個體量詞難以大量產生和廣泛應用。少數基數詞爲雙音節而存在量詞的語言,其量詞系統一般也不發達,而且使用的量詞也往往會是雙音節的,如景頗語、珞巴語、僜語（達讓）。可見,量詞的產生與數詞的音節數量有密切的聯繫。

　　我們又對漢藏語系及其他語系的部分語言進行了考察。例如俄語的基數詞的使用比較複雜,數詞"一"有性、數、格的變化,"二"有性、格的變化,其他都有祇有格的變化。基數詞"一"至"十"在實際運用中,共有 80 個變化形式,其中單音節形式 8 個,佔 10％;多音節（含雙音節）72 個,佔 90％;與之相適應的是,俄語詞彙中的量詞很不發達。俄語數詞"一"至"十"音節統計表如下:

數詞	變化形式	單音節數	多音節數（含雙音節）
一	22		22
二	8	3	5
三	7	1	6
四	7		7
五	6	2	4
六	6	1	5
七	6	1	5
八	6		6
九	6		6
十	6		6
合計(比例)	80(100％)	8(10％)	72(90％)

　　朝鮮語中的情況比較特殊,其數詞有固有詞與漢字詞之分,"xana（一）、tul（二）、set（三）、net（四）……"等是固有詞,"il（一）、

i(二)、sam(三)、sa(四)……"等是漢字詞。通常固有量詞與固有數詞組合,漢字或借用量詞與漢字數詞組合。我們認爲,這也與朝鮮語數詞和量詞的音節結構有關。其固有量詞也是以雙音節爲主的,而借自漢語的量詞基本是單音節的,按黄玉花統計朝鮮語常用個體量詞有 ma ri(條、頭、隻、匹)、pho ki(棵)、ka rak(根、條)、o ri(根)、tʃa ru(支)、tho mak(塊)、pun(位)、tɛ(台)、khan(間)、thɯŋ(層)等;集合量詞有 ka ri(垛)、kko tʃi(串)、kku ri(團)、mu tʃi(堆)、khjər rɛ(雙)、ssaŋ(雙)、kwən(卷)、ta par(束)、mukk ɯm(捆)、tʃʃak(隻)、tʃur(排)、kkø mi(串兒)、mo tʃhum(捆)等,23 個量詞中雙音節的有 15 個,單音節的僅 8 個,而且有些單音節量詞明顯是借自漢語量詞。其固有數詞中,一、五、六、七、八、九等六個都是雙音節的,因此本身可以組成一個雙音節音步使用,而漢字數詞則均爲單音節的,則要同單音節的漢字數詞結合構成一個雙音節音步來使用。①

當然,漢藏語系其他語言中也有基數詞爲單音節而量詞却並不發達的,如藏語等語言,戴先生認爲還没有得到合理解釋的方法。考察印歐語系的英語、德語、法語,其基數詞基本上也是以單音節爲主的,但是同藏語一樣也並不屬於量詞發達的語言。我們認爲,這種情況的出現可能與該語言的音步結構有關,在藏語、英語、德語、法語等語言中雙音節音步並不是標準音步,因此也就並不具備絶對優先的實現權。那麼,這些語言中單音節的基數詞也不屬於所謂的"蛻化"音步,也就不需要發展出量詞這樣一個詞類來構成雙音節的所謂"標準"音步來使用。

三 泛指量詞的發展及量詞的發展趨勢

雙音化是誘發量詞産生的動因,同數詞共同補足爲一個雙音節

---

① 黄玉花《朝鮮語量詞》,載《漢藏語系量詞研究》,北京:中央民族大學出版社,2005年版,頁 476。

的標準音步則是漢語量詞的根本作用。但是在漢語量詞從萌芽到成熟漫長而複雜的歷時演變過程中,量詞的表量功能、分類功能、修飾功能、個體標記功能,也在不同的歷史階段、不同方面對量詞的發展成熟起到了重要的推動作用和制約作用,從而導致了現代漢語量詞的豐富多彩。

甲金文時代,雙音化開始萌芽,稱數方式也適應這種趨勢,要求同另外的音節組成雙音節音步使用,量詞便應運而生了。如前文所述,最早的量詞來源於拷貝前面的名詞,這種原始的量詞是與當時雙音化的原始狀態相適應的。而到了漢代,隨着雙音化的進展,雙音詞作爲標準音步的確立,單音節的數詞在使用中逐漸不再自由,需要同另外的音節組成標準音步纔能更自由地充當句子成分,量詞觀念基本建立起來了,數詞在稱量各種事物時都需要量詞結合使用纔更適合人們的語感,量詞逐漸變得必不可少了,但是量詞的發展仍相對滯後,這是因爲:一方面,絕大多數範疇並沒有自己的專屬量詞;另一方面,拷貝型量詞有很大的局限性。爲了解決這一矛盾,泛指量詞一經產生,便迅速獲得了廣泛的適應性。①

（一）泛指量詞"枚"的產生、發展與興替

《説文·木部》:"枚,幹也。"王力先生認爲,"枚字的本義是樹幹,引申爲單位詞,樹一棵爲一枚。……而現存的古書中,没有樹一棵爲一枚的例子。"②綜合考察出土文獻和傳世文獻,"枚"用作"樹"的量詞文獻中的確很罕見,張萬起舉《漢書》、《後漢書》中的例子,③但是東漢以後"枚"作爲一個泛用量詞使用已基本成熟,因此認爲作爲泛指量詞的"枚"來源於稱量"樹"的單位從文獻中還是得不到參證。

---

① 關於泛指量詞"枚"、"個"的產生、發展、興替和所謂"個化"的論述,詳參本書附録二《泛指性量詞"枚/個"的興替及其動因》,爲免重複本章儘量簡述。

② 王力《漢語語法史》,北京:中華書局,1989年版,頁27。

③ 張萬起《量詞"枚"的產生及其歷史演變》,載《中國語文》,1998年3期,頁210。

從"枚"用作量詞的産生時代看,先秦時期量詞"枚"非常罕見。秦地和楚地的簡帛文獻中,僅一見,作"圬":

(1)《仰天湖楚簡·遣策》15:"一圬韋之趉。"

《改併四聲篇海·土部》引《餘文》:"圬,古文枚字。"饒宗頤先生認爲:"圬通枚。……一圬殆指一枚。"①但由於後面文字無法辨識,還存在疑問。傳世先秦文獻中,則僅見於《墨子》(凡八見),但如王力先生所説:"(這些篇目)非墨子所作,當係後人所僞託。"②

傳世西漢文獻中,量詞"枚"使用頻率仍然不高,我們考察了《史記》、《春秋繁露》、《法言》、《淮南子》、《説苑》、《新書》、《新序》、《新語》、《鹽鐵論》、《韓詩外傳》十種文獻,其中量詞"枚"僅六例:

(1)《韓詩外傳》卷十:"若寡人之小國也,尚有徑寸之珠,照車前後十二乘者十枚,奈何以萬乘之國無寶乎?"③

(2)《史記·貨殖列傳》:"木器髤者千枚。"

(3)《史記·扁鵲倉公列傳》:"即飲以消石一齊,出血,血如豆比五六枚。"

(4)《史記·龜策列傳》:"神龜出於江水中,廬江郡常歲時生龜長尺二寸者二十枚輸太卜官。"

(5)《太平御覽》卷五百引《新序》:"昌邑王治側鑄冠十枚,以冠賜師友儒者。"

(6)又,卷七百十引《新序》:"昌邑王徵爲天子,到營陽,置積竹刺杖二枚。"

王力先生認爲:"在起初的時候,'枚'字似乎祇指無生之物。

---

① 饒宗頤《戰國文字箋證》,載《金匱論古綜合刊》第一期,香港:亞洲石印局,1955年版。

② 王力《漢語語法史》,北京:中華書局,1989年版,頁27。

③ 《史記》中一例引《韓詩外傳》此例者,則僅統計爲一例。

……後代一般仍指無生之物。"①但從以上四例看,兩例稱量一般事物"珠"、"木器",一例稱量的是較爲特殊的事物"血",一例稱量的則是"有生"之物"神龜"。可見"枚"在用作量詞之初,其用法已經迅速泛化,不僅可以指"無生"之物,而且可以指"有生"之物。

但在相同時代的出土兩漢簡牘文獻中,"枚"用作量詞却已經很常見。寫成於漢文帝至景帝時期的《鳳凰山 167 號墓漢簡》爲遣策,共記錄物品七十四種,其中用量詞者六十五例,而使用量詞"枚"就達三十七例,充分説明量詞"枚"常見的程度,如:

(7)18:"柯(閞)二枚。"又,19:"醬栖卅枚。"又,20:"盂四枚。"又,21:"炙卑(椑)匜(榹)四枚。"又,24:"小脯檢(盒)一枚。"又,26:"三斗壺二枚。"又,28:"墨栖廿枚。"又,29:"小杞(㠯)一枚。"又,32:"大枏(橀)一枚。"又,39:"一石缶二枚。"又,40:"漿罌二枚。"又,41:"竈一枚。"又,42:"囷一枚。"又,43:"盏二枚。"又,44:"酒罌二枚。"又,45:"釜一枚。"又,46:"甂一枚。"

寫成於西漢文帝至武帝間的《鳳凰山 8 號墓漢簡》和《鳳凰山 167 號墓漢簡》中也已經可以看到稱量有生之物的用例:

(8)《鳳凰山 8 號墓漢簡》158:"魚五枚。"

(9)《鳳凰山 167 號墓漢簡》66:"固魚一枚。"

時代稍後的《居延漢簡》(包括《新簡》)凡一百七十九例,《敦煌漢簡》十五例,而且其適用範圍非常廣泛,可以自由應用於無生、有生之物,無生之物包括各種器皿、席子、皮革、木製品、錢幣、兵器、衣物、封籤、繩索等等,有生之物既包括樹木等植物,也包括狗、雞、魚等動物,可見"枚"在用作量詞之初就迅速泛用了。因此,我們贊同劉世儒先生的觀點,"枚"由名詞"樹幹"義引申爲計數的工具,②《尚書·大禹

---

① 王力《漢語語法史》,北京:中華書局,1989 年版,頁 27。

② 劉世儒《魏晉南北朝量詞研究》,北京:中華書局,1965 年版,頁 76。

謨》:"枚卜功臣,惟吉之從。"孔穎達疏:"今人數物云一枚兩枚,則枚是籌之名也。"再由此義引申爲量詞。由於"枚"作爲算籌之用,是計數的輔助工具而不區分具體事物,所以具備了發展爲泛指量詞的語義基礎。

兩漢時期,量詞發展仍不成熟,很多事物還沒有專用量詞來表示,但隨着漢語雙音化的發展,雙音節音步逐漸在人們心目中奠定了標準音步的基礎,量詞的使用逐漸變得必不可少,這就要求有量詞來湊足音步,使音節結構更加和諧。要在量詞發展還很滯後的情況下,迅速解決這一矛盾可以有兩種方式:一是仍然採用拷貝的方式,對每一個名詞進行拷貝,但如李宇明所論拷貝型量詞有很大的局限性,一方面一個名詞使用一種量詞,很不經濟;另一方面,大量的同形同音現象不僅模糊了名、量兩類詞的界限,也不合一般的語言聽感。[1] 另一種解決的方式就是採用泛指量詞來湊足音步,而"枚"由於其特殊的語義基礎,迅速填補了這一空白,從而解決了雙音化趨勢與個體量詞缺乏的矛盾。反之,泛指量詞"枚"在雙音化日趨佔據優勢的漢代出現,也表明量詞的起源與發展和漢語的雙音化趨勢是密不可分的。

魏晉以後,量詞的使用逐漸成爲一種規範,泛指量詞"枚"在其他量詞還沒有分化成熟的漫長時期中仍佔據重要地位,如《南昌吳簡》的遣策木牘:

(10)1043 正一欄:"故練袸一枚;故絹袸一枚;故絹袸一枚;故練袸一枚;故練袸一枚;故練縐裙一枚;故絹縐褍一枚;故練兩襠一枚;故練單褍一故。"

又,正二欄:"故絹單褍一枚;故半繪縐縛一枚;故半繪縐縛一枚;故練縐縛一枚;故練縐縛一枚;故練小縛一枚;故練縐袸二

---

① 李宇明《拷貝型量詞及其在漢藏語系量詞發展中的地位》,載《中國語文》,2000 年 1 期,頁 31。

枚;故練縓綺一枚;故縓裳二枚;故縓褗一枚;故旱丘單一枚;故
繪丘單一枚。"

又,正三欄:"故絹綬六兩枚;故神屬一枚;故旱繡一枚;故絹
綬縛兩枚;故帛越褕一枚;故緒布褕二枚;故麻踈單衣一枚;故麻
踈褕一枚;故麻布單綺一枚;故麻布丘單一枚;故緒布丘單一
枚。"

又,正四欄:"故緒布單綺一枚;故繪綬一枚;故練綬一枚;故
青布綬囊一枚;故青緣一枚;故帛布二緺二枚;故帛布手巾三枚;
故帛布□四兩;故帛纚不□一量;故絮巾二枚;故厨巾五枚。"

又,正五欄:"故粉囊兩枚;竟一枚;聶一枚;樏二枚;香囊一
枚;繡發囊二枚;青發囊兩枚;故青緅頭八枚;故縛頭五枚;故帛
緊□頭兩枚。"

又,背一欄:"指函一枚;禮二枚;大刀一枚;熏繒四束;金銀
二囊;翕一枚;書刀一枚;研一枚;筆三枚。"

又,背二欄:"書□一枚;□□一枚;□□刷一枚;帥一枚;□
具一枚;官紙百枚;漆□一枚;漆碗一枚;枕一枚;□衣一枚;□中
糸一枚。"

又,背三欄:"金叉一枚;金□子一枚;官中笙一枚;金稱三
枚;絹二□一枚。大凡百一十枚皆高榮許。"

所計量的事物幾乎全部用泛指量詞"枚"來稱量,"枚"在當時的
適用之廣泛由此也可見一斑,祇是不能稱量人類而已。

(二)泛指量詞"個"的産生、發展與"個化"

對於"個化",各家定義不一,因此對待"個化"的態度也截然不
同。劉世儒等認爲"個化"是指量詞"個"最終取代其他所有量詞的趨
勢,因此予以否定;[1]周薦之則定義爲:"量詞'個'因量詞簡化的趨勢

---

① 劉世儒《魏晉南北朝量詞研究》,北京:中華書局,1965 年版,頁 2。

而產生巨大的同化能力，使許多量詞失去了固有的地位而讓位於它。……那些有着特殊的表情作用的量詞，却不宜統由‘個’替代，否則就無法表達那種特有的意味。"① 兩種觀點其實並不矛盾，衹是對"個化"採用了不同的定義而已。

"個"從一產生便逐漸泛用，使用頻率日趨增高是公認的事實。《説文·人部》："個（箇），竹枚也。"《史記·貨殖列傳》："竹竿萬個。"正義引《釋名》："竹曰個，木曰枚。"劉世儒、王力二先生都認爲其量詞義起源於量竹單位，但歷代傳世文獻中這種用例並不常見。傳世先秦文獻中，"個"用作量詞並不多見，但其語義却已泛化，不僅可以稱量"矢"（《荀子·議兵》）、"鹿皮"（《國語·齊語》）等無生之物，也可以稱量"獸"（《國語·吳語》）等有生之物。漢代以後，其適用範圍稍有擴大，但出土先秦兩漢簡帛文獻中，均未見用例，也與另一個泛指量詞"枚"在漢簡中的廣泛應用形成鮮明對比。南北朝以後，其使用頻率逐漸增多，而且尤其關鍵的是在適用範圍上連"人"也可以適用了。在現代漢語中，孫汝建對《現代漢語八百詞·名詞、量詞配合表》進行統計，其中量詞 144 個，名詞 439 個，能和"個"搭配的名詞有 159 個，佔名詞總數的 33.94％。② 朱德熙先生指出："‘個’是個體量詞裏用得最廣泛的一個，幾乎所有的個體名詞——不管有沒有專用量詞——都能論‘個’。"③

（三）小結

不論量詞起源的動因何在，量詞一旦產生，在實際使用過程中其語法功能就體現出了多向性。一般認爲，量詞的語法功能包括以下幾個方面：表量功能、分類功能、修飾功能、個體標記功能、調劑音節

---

① 周薦之《量詞問題拾零》，載《漢語學習》，1983 年 6 期。
② 孫汝建《關於量詞"個化"論的思考》，載《雲南師範大學學報》，1996 年 1 期。
③ 朱德熙《語法講義》，載《朱德熙文集》（第一卷），北京：商務印書館，1999 年版，頁 59。

功能,但其根本功能是什麼,哪一功能導致了量詞的産生並使得量詞成爲稱數時必不可少的一環,却仍没有得到解決。

度量衡單位、貨幣單位、容量單位和集體單位量詞的表量功能非常突出,也是世界語言所共有的,但在漢藏語系量詞中處於核心地位的個體單位量詞,其表量功能並不突出,尤其是泛指量詞,"一人"和"一個人"在表量功能上並没有什麽不同,而且在漢語量詞成熟之前的先秦時代並未因爲缺乏量詞而無法正常計量,因此表量功能顯然並不是量詞起源的根本原因。另一方面,有學者認爲個體量詞的出現是受到度量衡、容器等單位的類化而産生的,不可否認類化在量詞的發展中起到的推動作用,但並不能解釋爲何度量衡等單位爲世界語言所共有而祇有漢藏語系的諸多語言"類化"出了量詞範疇。

對客觀事物進行分類,將其範疇化是漢語量詞的一個重要功能,"條"稱量的事物是條狀的,"塊"多稱量塊狀物。Erbaugh 認爲量詞通過給中心名詞分類增加其信息量,從而與其他同音詞區分開來,同時强調中心名詞。但是,泛指量詞如"個"可以選擇搭配的名詞達到數百個,這些名詞之間往往也不具備什麽共同特徵而成爲一類。因此,範疇化顯然也不是量詞的根本功能,自然也非量詞起源的動因。

修飾作用也是量詞的重要功能之一,豐富多彩的量詞使漢語數量表示更加形象生動。首先,很多量詞具有描繪性或比喻性,如"一彎新月"、"一輪明月"、"一縷陽光"等結構中通過量詞的運用給人展示了一副生動形象的畫面。其次,還可以借助量詞來區分事物的外部形態,如"一杆槍"往往指長的步槍,而"一把槍"則往往指短的手槍,人們無須去描繪,祇要通過一個量詞便輕易地表達出了兩者不同的形象。但是,從産生時代看,它們的産生遠遠晚於拷貝型量詞及其他量詞;另一方面,泛指量詞並不具備修飾作用,但無論在量詞産生之初還是在量詞發達的時代都獲得了廣泛應用,這都表明修飾作用也不是量詞起源的動因。

　　李訥、石毓智認爲句子中心動詞及其賓語之後謂詞性成分的變遷是量詞語法化的動因，對漢語從"名·數·量"到"數·量·名"語序的轉換進行了解釋，對於漢語量詞語法化過程與機制的研究具有重要價值，但事實上對於"名·數·量"中量詞起源的動因並没有作出解釋。

　　個體標記是也漢語量詞存在的原因之一，如戴浩一認爲漢語中的名詞都是指物質的（stuff），語義是不可數的。要計數物質一定要把物質量化或離散成類似物體（body）的個體纔可數。① 數詞後的這個標記成分正是起到個化前一個名詞所指的作用，也就是説量詞標記表達的是數的概念，起個體標記的作用。這對泛指量詞的發展應用起到了解釋作用，但却無法解釋爲什麽漢語在没有量詞到量詞發展成熟的近兩千年的時間裏仍然可以準確稱數。

　　綜上所論，我們認爲衹有同單音節的數詞構成雙音節音步來調劑音節的功能纔是漢語及漢藏語系量詞的根本功能。在雙音詞剛剛萌芽的甲骨文時代，爲了適應這一趨勢並不具備後世量詞其他功能的拷貝型量詞率先産生；而量詞一旦産生並進入語言，它的分類、修飾等功能也迅速産生了，並表現出了旺盛的生命力；但由於漢語雙音化的進程是一個漫長的漸變的過程，與之相應的是漢語量詞的發展也是漸進的；漢代及其以後雙音化的進程加速了，而量詞産生的速度却受到各種條件的制約相對滯後，因此泛指量詞"枚"由於其特殊的語義基礎迅速填補了這一空白，與數詞構成和諧的雙音節音步對名詞有了廣泛的適應性；但是，調劑音步並非量詞的唯一功能，量詞的分類功能、修飾功能要求量詞更加豐富、細致，而泛指量詞"枚"在獲得了廣泛適應性的同時也失去了分類、修飾等功能，因此隨着稱量不

---

　　① 　戴浩一《概念結構與非自主性語法：漢語語法概念系統初探》，載《當代語言學》，2002 年 1 期，頁 4。

同事物的專用量詞的大量産生與應用，"枚"的使用也日趨衰微。

在語言系統中，表意的明晰性和趨簡性始終制約着語言各方面的發展，適度的原則要求二者達到一種平衡，但絕對的平衡却往往祇是一種理想狀態，兩個方面祇能在適度的平面上擺動。當各類專用量詞發展到一定程度，其分類、修飾等功能獲得了長足發展而表意也更加形象明晰的時候，過度繁多的量詞也將使人們在使用中背上了記憶的沉重包袱，因此趨簡性的要求必然要將這種不平衡拉回到平衡狀態，因此新的泛指量詞"個"在近代以後迅速獲得了旺盛的生命力，直到現代漢語中所謂"個化"形象的出現。

但"個"和"枚"一樣，並不會在未來的發展中完全取代其他量詞，它在泛化過程中同樣也逐漸失去了調劑音節以外的其他功能，從而導致了表意的不够明晰，打破了明晰與適度的平衡，適度的原則必然會將其拉回到相對平衡的狀態。薩丕爾早已明確認識到了這種不平衡的價值："假如有一種完全合乎語法的語言的話，它就是一部完善的表達概念的機器。不幸，也許正是大幸，沒有一種語言是這樣霸道地强求内部一致的。所有的語法都有漏洞。"[①]徐通鏘先生説："'漏洞'就是結構不平衡的表現。如果一種語言的結構没有任何'漏洞'，一切都處於完善的平衡、對稱的狀態，那麼語言的生命也就完結了。"[②]

徐通鏘先生談到語言演變的原因時説："結構的不平衡性産生變異，通過自我調整而使不平衡的結構轉化爲平衡的結構。根據這一假設，語言在經過千百萬年的發展之後，結構中的各種不平衡性應該都已通過變異轉化爲平衡的結構，爲什麼在現實的語言中還處處呈現出各種各樣的不平衡的特點呢？這是由於有一系列因素在不斷地

---

① 薩丕爾《語言論》(中譯本)，北京：商務印書館，1985年版，頁33—34。
② 徐通鏘《結構的不平衡性和語言演變的原因》，載《中國語文》，1990年1期；亦見於《徐通鏘自選集》，鄭州：河南教育出版社，1993年版，頁243。

破壞結構的平衡性，其‘罪魁禍首’往往就是語音。”①正是爲了適應語音簡化帶來的一系列問題，漢語走上了雙音化的道路，而數詞的單音節形式同雙音化趨勢的不平衡，促使漢語量詞系統的建立成爲必然。

---

① 徐通鏘《結構的不平衡性和語言演變的原因》，載《中國語文》，1990 年 1 期；亦見於《徐通鏘自選集》，鄭州：河南教育出版社，1993 年版，頁 241。

附録二

泛指性量詞"枚/個"的興替及其動因
——以出土文獻爲新材料①

量詞豐富是漢藏語系的一大特色,特别是漢語中量詞豐富,用法靈活。但量詞不是一個先在的語法範疇,而是由其他詞類語法化而來的,原詞類的語義特徵往往滯留在量詞中,影響着它同名詞、動詞之間的雙向選擇。而泛指性量詞是量詞體系中最爲特殊的一類,其原有的語義特徵幾乎消失殆盡,適用範圍極廣。縱觀漢語量詞史,真正的泛指性量詞衹有"枚/個"兩個,這是由其語義基礎所決定的。

對於量詞"個"的歷時發展,吕叔湘先生首先考察了其近代漢語的發展情況,②洪誠先生繼之考察了其語源及唐以前的發展,③王紹新先生則考察了唐代的應用。④ 對於量詞"枚",張萬起先生對其産

<hr />

① 泛指性量詞是量詞系統中語法化程度最高的一類,其發展興替是量詞史研究的重要内容之一,本文對泛指性量詞興替的研究不限於先秦兩漢,故附於此。本文原刊於《古漢語研究》(作者:李建平、張顯成)2009 年 4 期,這裏小有修改。(人大複印報刊資料《語言文字學》2010 年 5 期全文轉載)

② 吕叔湘《個字的應用範圍,附論單位詞前一字的脱落》,載《漢語語法論文集》,北京:商務印書館,1984 年版,頁145—175。

③ 洪誠《略論量詞"個"的語源及其在唐以前的發展情況》,載《洪誠文集·雜誦廬論文集》,南京:江蘇古籍出版社,2000 年版,頁139—149。

④ 王紹新《量詞"個"在唐代前後的發展》,載《語言教學與研究》,1989 年 2 期,頁98—119。

生和歷時演變作了較爲詳盡的考察。① 但正如吕叔湘先生所言：“用‘個’字稱數物件，漢末已有，它的應用範圍如何，現在已難於詳究。”②限於傳世文獻材料的研究，對於二者在各個歷史階段的發展、興替的具體情況還没有更細緻的論述，對於二者產生與興替的動因更無法作出科學的解釋。③ 而大量簡帛文獻的出土，爲進一步研究提供了寶貴的“同時資料”。我們借鑒前人及時賢研究成果，將泛指性量詞置於甲金、簡帛、吐魯番及敦煌出土文書和傳世文獻的視野下，進行了盡可能的綜合性全面考察：

1. 從泛指性量詞“枚/個”的歷時發展看，二者產生伊始就是泛指的，並不存在從專指到泛指的發展過程。

2. 量詞“枚”源於其“算籌”義，而非其本義“樹幹”。用作量詞始見於漢初，無論有生、無生之物都可稱量，使用頻率很高，故其成熟時代不是劉世儒、張萬起諸先生提出的魏晉南北朝時期，而應是漢代。“枚”在漢初迅速擴張的動因在於語言對量詞的需求與量詞發展滯後的矛盾，但它在獲得迅速發展的同時也失去了範疇化等功能，因此在唐至五代量詞系統成熟時完成其使命而基本退出舞臺。

3. “个”本是“介”的變體，產生於先秦，源於其“單獨”義，適用範圍亦很廣；“個”產生於漢代，是其後起字；“箇”源於“竹枚”義，產生不晚於漢初；魏晉時期三者合流，最後書作“個”。漢魏時期語義滯留原則決定了“個”在和“枚”的競爭中處於弱勢，唐以後隨着舊質的“枚”的緊縮，爲適應語言中對泛指量詞的需要，“個”迅速成爲唯一的泛指

---

① 張萬起《量詞“枚”的產生及其歷史演變》，載《中國語文》，1998 年 3 期，頁208—217。

② 吕叔湘《個字的應用範圍，附論單位詞前一字的脱落》，載《漢語語法論文集》，北京：商務印書館，1984 年版，頁 147。

③ 陳紱先生曾對“枚/個”的演變作了初步比較，但對吕叔湘、洪誠、王紹新、張萬起諸先生文均未參考，亦未利用出土文獻，對“枚”產生時代、語源的論斷尚可商榷，對二者興替的動因也未能作出解釋。

量詞。

　　4."枚/個"作爲泛指量詞的時代是互補的,以唐爲界。二者興替的動因在於量詞分工的發展和人們對泛指性量詞需要之間的矛盾:隨着量詞系統的發展,分工的細密,爲解決量詞短缺而興起的"枚"迅速收縮;但量詞分工的過度細密,造成了人們記憶的負擔,語言中仍然有對泛指量詞的需要,於是在詞彙更新機制的作用下,"個"迅速成長爲新的泛指量詞。作爲泛指量詞興起動因的不同決定了"個"與"枚"不同的發展趨勢,既不會像"枚"一樣日趨收縮,也不會徹底取代其他量詞。語言表達明晰性和趨簡性的矛盾決定了量詞豐富多彩與"個化"的對立統一。

一　量詞"枚"的語源與歷時發展

　　關於量詞"枚"産生的時代,孫錫信先生[①]、陳紱先生[②]、王紹新先生[③]等認爲先秦已見的觀點還可商榷。從傳世先秦文獻看,僅《墨子》有八例,但王力先生指出:"(這些篇目)非墨子所作,當係後人所偽託。"[④]李建平考察了出土先秦文獻,僅一見,書作"攸":[⑤]

　　　　(1)《仰天湖楚簡·遣策》15:"一攸韋之趩。"

饒宗頤先生認爲:"攸通枚。……一攸殆指一枚。"[⑥]但該簡文字多無

　　①　孫錫信《漢語歷史語法要略》,上海:復旦大學出版社,1992年版,頁280。
　　②　陳紱《從"枚"與"個"看漢語泛指性量詞的演變》,載《語文研究》,2002年1期,頁34。
　　③　王紹新《量詞"個"在唐代前後的發展》,載《語言教學與研究》,1989年2期,頁99。
　　④　王力《漢語語法史》,《王力文集》(第十一卷),濟南:山東教育出版社,1990年版,頁35。
　　⑤　李建平《戰國楚簡中的量詞及其語法化》,載《簡帛語言文字研究》(第三輯),成都:巴蜀書社,2008年版,第46頁。
　　⑥　饒宗頤《戰國文字箋證》,載《金匱論古綜合刊》(第一期),香港:亞洲石印局,1955年版。

法辨識,還有待進一步考證。如果量詞"枚"在先秦已產生,作爲適應能力如此強的量詞,不可能僅見於《墨子》,且又僅見於存疑的篇目中;反之,如果從漢初量詞"枚"的廣泛應用看,恰恰説明這些篇目的成書當在漢初。[①]

量詞"枚"產生於漢代是沒有疑問的,但兩漢四百多年,似嫌過於寬泛。張萬起先生據《居延漢簡》、《敦煌漢簡》中量詞的廣泛應用推斷:"漢代中期量詞'枚'用法已相當豐富,決不是處在產生的初期階段,它的產生時間當遠在漢初或更早一些。"[②]我們通過對傳世文獻和出土文獻的綜合考察,可以確定其產生的具體時代就是在西漢初年。

從傳世西漢文獻看,量詞"枚"的使用頻率仍然不高,我們考察了成書於西漢的《史記》、《春秋繁露》、《淮南子》、《説苑》、《新書》、《新序》、《鹽鐵論》、《法言》、《新語》九種文獻,其中量詞"枚"僅六例:[③]

(2)《史記·貨殖列傳》:"木器髤者千枚。"

(3)《史記·扁鵲倉公列傳》:"即飲以消石一齊,出血,血如豆比五六枚。"

(4)《史記·龜策列傳》:"神龜出於江水中,廬江郡常歲時生龜長尺二寸者二十枚輸太卜官。"

(5)《史記·田敬仲完世家》:"若寡人之小國也,尚有徑寸之珠,照車前後十二乘者十枚,奈何以萬乘之國無寶乎?"

---

① 按,新近公佈的《里耶秦簡》中的用例無疑是目前所見最早的、確定無疑的用例,例如《里耶秦簡》8-548:"取車衡軨大八寸,衺七尺者二枚。"又,8-1996:"□五尺者廿枚。"《里耶秦簡》8-134:"□尺者廿枚□"但是由於簡牘殘損,衹有1例能夠明確其稱量對象爲"車衡軨"。里耶秦簡的寫成年代爲秦始皇二十五年(公元前222年)至秦二世二年(前208年)之間。

② 張萬起《量詞"枚"的產生及其歷史演變》,載《中國語文》,1998年3期,頁210。

③ 對於量詞使用頻率的統計,《史記》、《春秋繁露》、《淮南子》、《説苑》、《新書》、《新序》、《鹽鐵論》、《論衡》、《東觀漢紀》均據劉殿爵、陳方正主編的《香港中文大學中國文化研究所先秦兩漢古籍逐字索引叢刊》。《法言》、《新語》、《漢書》據四部叢刊電子版。

(6)《太平御覽》卷五百引《新序》:"昌邑王治側鑄冠十枚,以冠賜師友儒者。"

(7)同上卷七百十引《新序》:"昌邑王征爲天子,到營陽,置積竹刺杖二枚。"

傳世東漢文獻用例仍不多見,《論衡》中僅有二例;到寫定於東漢末的《東觀漢紀》中用例方始稍多,也僅九例;此不贅列。

但是,同時代的簡帛文獻中量詞"枚"却已非常常見,寫成於文帝至景帝時期的《鳳凰山167號墓漢簡·遣策》中即有三十七例,如:

(8)18:"柯(椆)二枚。"又,19:"醬栖卅枚。"又,20:"盂四枚。"又,21:"炙卑(椑)匲(椾)四枚。"又,24:"小脯檢(盒)一枚。"又,26:"三斗壺二枚。"又,28:"墨栖廿枚。"又,29:"小杝(巵)一枚。"又,32:"大枏(楄)一枚。"又,39:"一石缶二枚。"又,40:"漿甖二枚。"又,41:"竈一枚。"又,42:"困一枚。"又,43:"盉二枚。"又,44:"酒甖二枚。"又,45:"釜一枚。"又,46:"甗一枚。"

寫成於文帝至武帝間的《鳳凰山8號墓漢簡·遣策》已出現了稱量有生之物的用例:

(9)158:"魚五枚。"

王力先生認爲:"在起初的時候,'枚'字似乎祇指無生之物。……後代一般仍指無生之物。"[1]但《史記·龜策列傳》可以稱量"龜",漢簡中可以稱量"魚",可見漢初"枚"用作量詞已較成熟,並不限於無生之物。但是,並不能由此推斷其産生時代更早,我們對秦以前的傳世和出土文獻的全面整理考察中,並未見確切用例。

"枚"作爲量詞的語源,亦聚訟紛紜。《説文·木部》:"枚,幹也。"其本義是"樹幹"。王力先生認爲:"枚字的本義是樹幹,引申爲單位

---

① 王力《漢語語法史》,《王力文集》(第十一卷),濟南:山東教育出版社,1990年版,頁35。

詞,樹一棵爲一枚。……而現存的古書中,没有樹一棵爲一枚的例
子。"①"枚"用作"樹"的量詞並非不存,祇是很罕見,張萬起先生舉出
《漢書》、《後漢書》中的四例。② 從出土文獻看,兩漢簡帛文獻亦有
三例:

> (10)《未央宫漢簡》35:"業柏樹一枚。"
> (11)《同上》50:"□□有柏樹二枚☒"
> (12)《居延漢簡》240.4:"□樹一枚。强□園少半□"

但漢初"枚"作爲泛指量詞已相當成熟,而兩漢稱量"樹"的用例
却如此罕見,故其是否源於稱量"樹"的單位從文獻用例中得不到
參證。

從漢代簡帛用例可以看到,"枚"在産生之初適用範圍就很廣泛,
既廣泛適用於無生之物,也廣泛適用於有生之物,也就是説量詞"枚"
産生伊始就是泛指的,不存在從專用到泛指的發展過程。因此我們
贊同劉世儒先生的觀點,量詞"枚"並非源於其本義"樹幹"義,而是源
自其引申義"算籌"。③《左傳·昭公十二年》"南蒯枚筮之"孔穎達
疏:"今人數物云一枚兩枚,是籌之名也。""枚"由名詞"樹幹"義引申
爲計數的工具,再由"算籌"之義引申爲量詞。由於"枚"作爲"算籌"
之用,是計數的輔助工具而不區分具體事物,所以具備了泛指量詞的
語義基礎,而這一語義基礎決定了"枚"在産生伊始就是一個泛指量
詞。

兩漢時期,量詞發展仍不成熟,很多事物還没有專用量詞來表
示,但量詞的使用却逐漸變得必不可少起來,例如成書於漢初的《馬
王堆 3 號墓漢簡》中有稱數結構 524 例,使用量詞的"名·數·量"結

---

① 王力《漢語語法史》,《王力文集》(第十一卷),濟南:山東教育出版社,1990 年版,
頁 35。

② 張萬起《量詞"枚"的産生及其歷史演變》,載《中國語文》,1998 年 3 期,頁 210。

③ 劉世儒《魏晉南北朝量詞研究》,北京:中華書局,1965 年版,頁 76。

構和"名·量"結構總計 320 例，佔總數的 61％；我們對成書時代明確的其他二十三種漢簡的稱數結構做了全面統計，其中使用量詞的 597 例，不用的 594 例，二者平分秋色。[①] 語言對量詞的需要和量詞發展的滯後之間産生了矛盾，迅速解決這一矛盾有兩種可能的方式：一是採用拷貝的方式，但如李宇明所論，拷貝型量詞有很大的局限性，一方面一個名詞使用一種量詞，很不經濟；另一方面，大量的同形同音現象不僅模糊了名、量兩類詞的界限，也不合一般的語言聽感。[②] 另一種解決的方式就是採用一個泛指量詞，而"枚"由於其特殊的語義基礎，迅速填補了這一空白，滿足了語言交際的需要。這種"填空子"的性質在漢初簡牘中體現得很明顯，如鳳凰山 8 號漢墓與 167 號漢墓墓葬時代均爲文帝至武帝之間，8 號墓《遣策》共有簡 176 枚，現代漢語中當用量詞的情況凡九十六例：其中十六例使用了傳統量詞，有"乘"（二例）、"匹"（三例）、"艘"（一例）、"合"（九例）、"枚"（一例）五個量詞，八十例不用量詞；而有趣的是，167 號墓《遣策》此類情況六十二例：十七例使用了傳統量詞"人"（十二例）、"乘"（一例）、"兩（輛）"（一例）、"匹"（一例）、"合"（二例），八例不用量詞，其他三十七例均用量詞"枚"。可見在同時代的同類文獻中，有的不用量詞，有的則可以用量詞"枚"。這一方面説明"枚"填空子的功能；另一方面説明"枚"在漢初就是適用範圍極其廣泛的泛指量詞，但還未被時人普遍接受。

時代稍後的《居延漢簡》（包括《新簡》）凡一百七十九例，《敦煌漢

---

① 二十三種漢簡爲：焦山漢牘、蕭家草場漢簡、未央宮漢簡、清水溝漢簡、高臺漢牘、古人堤漢簡、甘谷漢簡、邗江漢簡、平山漢楬、花果山漢簡、海州漢牘、胥浦漢簡、東牌樓漢簡、羅泊灣漢簡、大墳頭漢簡、上孫家寨漢簡、孔家坡漢簡、鳳凰山 8 號墓漢簡、鳳凰山 9 號墓漢簡、鳳凰山 10 號墓漢簡、鳳凰山 167 號墓漢簡、鳳凰山 168 號墓漢簡、鳳凰山 169 號墓漢簡。

② 李宇明《拷貝型量詞及其在漢藏語系量詞發展中的地位》，載《中國語文》，2000 年 1 期，頁 31。

簡》凡十五例,其適用範圍非常廣泛,可以自由應用於無生、有生之物,無生之物包括各種器皿、席子、皮革、木製品、錢幣、兵器、衣物、封簽、繩索等等,有生之物既包括樹木等植物,也包括狗、雞、魚等動物。無生之物用例傳世文獻常見,此不贅列;有生之物用例如:

　　(13)《敦煌漢簡》1168:"不移轉牛凡三百廿九枚,見二百枚不付。"

　　(14)《居延漢簡》274.26A:"出魚卅枚,直百☒"

　　(15)同上 5.12:"入狗一枚。"

　　(16)《居延新簡》EPT2;31:"☒雞一枚。"

可見,泛指量詞"枚"在漢初已廣泛應用,漢代中期臻於成熟。

　　魏晉至唐,量詞的使用逐漸成爲一種規範,我們考察了目前已公佈的八種魏晉簡牘,其中《旱灘坡晉牘》、《南昌晉簡》、《南昌吳簡》總計有稱數結構一百九十六例,均爲"名·數·量"結構,無一例外。①可見,使用量詞在魏晉時代已經成爲一種規範,如劉世儒所言:"漢語名量詞發展到這一階段,可以説基本上已經進入成熟時期了。"②但量詞產生並普及的速度顯然還不能完全滿足語言對量詞的需要,因此泛指量詞"枚"的使用頻率在魏晉達到了頂峰,如《南昌吳簡·遺策》木牘,所計量事物幾乎全部用量詞"枚"來稱量:

　　(17)正面:"故練褑一枚;故絹褑一枚;故絹褑一枚;故練褑一枚;故練褑一枚;故練縵裙一枚;故絹縵褋一枚;故練兩襠一枚;故練單褋一枚。故絹單褋一枚;故半繢縵縛一枚;故半繢縵縛一枚;故練縵縛一枚;故練縵縛一枚;故練小縛一枚;故練縵褑二枚;故練縵綺一枚;故縵裳二枚;故縵褋一枚;故旱丘單一枚;

_____

　　① 其他五種魏晉簡牘中《走馬樓吳簡》多爲黃簿民籍、錢糧收支及賦稅和田家莂;《高臺晉牘》僅一枚,文字多磨滅;《鄂城吳刺》內容爲問起居;《南昌火車站晉牘》多爲名刺;《港大晉牘》爲"松人"解除木牘;由於簡文性質的原因,自然單位量詞均罕見。

　　② 劉世儒《魏晉南北朝量詞研究》,北京:中華書局,1965 年版,頁 4。

故綵丘單一枚。故絹綏六兩枚；故神屬一枚；故早耩一枚；故絹綏縛兩枚；故帛越褌一枚；故緒布褌二枚；故麻疎單衣一枚；故麻疎褌一枚；故麻布單絝一枚；故麻布丘單一枚；故緒布丘單一枚。故緒布單絝一枚；故綵綏一枚；故練綏一枚；故青布綏囊一枚；故青緣一枚；故帛布二緟二枚；故帛布手巾三枚；故帛布□四兩；故帛繿不□一量；故絮巾二枚；故厨巾五枚。故粉囊兩枚；竟一枚；聶一枚；簨二枚；香囊一枚；繡髮囊二枚；青髮囊兩枚；故青緅頭八枚；故縛頭五枚；故帛綮□頭兩枚。"

該木牘的七十九個稱數結構中，使用量詞"枚"達到了七十五例之多，佔總數的 95％。"枚"在當時的適用之廣泛可見一斑，祇是不能稱量人類而已。但這一時期"枚"的發展是既有擴張也有縮小的，擴張指的是使用頻率的提高，而專屬量詞的大量出現則標誌着其使用範圍的縮小。

唐至五代，量詞系統進一步發展成熟，分工也更爲細密，於是泛指量詞"枚"完成了其歷史使命，應用範圍開始緊縮。泛指量詞"枚"使用範圍的演變在吐魯番和敦煌出土文書中最爲明顯，洪藝芳先生對此作了全面考察，[①]從其《名量詞與名詞對應表》可以看到，量詞"枚"在三世紀中葉到六世紀中葉具有很強的適應性，在三世紀中葉到四世紀中葉的吐魯番文書中"枚"所修飾的中心名詞有三十九個，四世紀中葉到六世紀中葉則達到了五十八個，但以六世紀中葉爲分水嶺而驟然下降，六世紀中葉至於九世紀中葉"枚"所修飾的中心名詞僅有九個，而且其中八個僅有一例，一個有二例，使用頻率也很低。其主體成書於八世紀中到十世紀的敦煌文書中使用頻率也很低，祇有七例。張萬起先生則查閱了唐代王勃、楊炯、盧照鄰等三十位詩人

---

①　洪藝芳《敦煌吐魯番文書中之量詞研究》，臺北：文津出版社，2000 年版，頁 183。

的詩集作品,僅王梵志詩中有二例。① 可見,量詞"枚"的適用範圍在進入唐代以後迅速緊縮,其原因一方面是量詞分工的細密,另一方面則是量詞"個"的擴張以及語言中詞彙的選擇機制。

宋元以後,"枚"的使用頻率一直很低。成書於南宋的《朱子語類》,口語性很强,凡二百三十餘萬字,而"枚"僅有四例,祇能用於錢、印章等圓形或小物品。張萬起先生考察了《元曲選》中的三十個劇本,凡五十餘萬字的語料,祇有四例,稱量物件爲針、鈿盒、翠珠囊、玉螳螂,均屬器物用具之類。② 可見,宋元時代"枚"的適用範圍已經同現代漢語基本一致了。

二 量詞"個"的語源與歷時發展

量詞"個"在古漢語中有"个"、"箇"、"個"三種字形,《史記·貨殖列傳》"竹竿萬个"司馬貞索隱:"箇、个,古今字。"劉世儒先生等均採納了這一觀點,把三個字看作同一個詞的不同書寫形式而未加分別,③陳綬先生亦認爲"个"是"箇"的重文,又寫作"個"。④ 洪誠先生提出它們最初並不是一個詞,其來源不同。⑤ 結合出土文獻中的情況看,洪先生的觀點是正確的。至於它們各自的通行時代,翟灝《通俗編》卷九:"'个'屬古字,經典皆用之;'箇'起六國時,'個'則用於漢末,鄭康成猶謂俗言。"吕叔湘先生云:"就近代的文獻來説,唐宋時多作'箇',元以後'個'更普遍,'个'的確已被認爲簡筆字,雖然宋元以

---

① 張萬起《量詞"枚"的産生及其歷史演變》,載《中國語文》,1998 年 3 期,頁 213。

② 張萬起《量詞"枚"的産生及其歷史演變》,載《中國語文》,1998 年 3 期,頁 213。

③ 劉世儒《魏晉南北朝量詞研究》,北京:中華書局,1965 年版,頁 82。

④ 陳綬《從"枚"與"個"看漢語泛指性量詞的演變》,載《語文研究》,2002 年 1 期,頁 35。

⑤ 洪誠《略論量詞"個"的語源及其在唐以前的發展情況》,載《洪誠文集·雜誦廬論文集》,南京:江蘇古籍出版社,2000 年版,頁 139。

來的俗文學印本裏還是常見。"①

个，不見於《説文》，徐鉉將其列爲俗書訛謬字是正確的。段玉裁據戴侗《六書故》所引唐本《説文》，將其當作"箇"的重文，王引之力辨其妄，《經義述聞・通説》："'介'字隸書作'亇'，省丨則爲'个'矣。介，音古拜反，又音古賀反，猶大之音唐佐反，奈之音奴個反，皆轉音也。後人於古拜反者則作'介'，於古賀反者則作'个'，而不知'个'即'介'字隸書之省，非兩字也。"又云："矢一枚曰一介。《大射儀》：'揳三挾一个'，鄭注曰'个猶枚也。'其爲介字無疑。《荀子・議兵篇》：'負服矢五十个'，亦介字也。"從簡帛文獻看，王引之説精確不可易。介，楚帛書作"𡗗"，馬王堆帛書《老子》甲本簡 91 作"𠆥"，武威漢簡《儀禮・有司》簡 62 作"𠆢"，《泰射》簡 60 作"𠆢"。

《廣雅・釋詁三》："介，獨也。"《集韻・黠韻》："介，特也。"《左傳・昭公二十四年》："養老疾，收介特。"孔穎達疏："介亦特之義也。介特謂單身特立無兄弟妻子者。"可見"介"字古有"單獨"之義。"介"之所以成爲量詞，就是在這種意義上發展起來的，例如：

(1)《尚書・秦誓》"如有一介臣。"(陸德明《釋文》："介，字又作个，音工佐反。")

(2)《左傳・襄公八年》："君有楚命，亦不使一介行李告於寡君。"(杜預注："一介，獨使也。")

以上各例中的"介"仍有"單獨"之義，但却處在量詞的語法位置上，"介"也正是在這一語法位置中逐步語法化爲量詞的。

在量詞和名詞的雙向選擇中，"單獨"這一語義基礎對名詞沒有太多要求，因此量詞"介(个)"一經產生就是泛指的，並沒有經過專指到泛指的過程，既可以稱量無生之物，也可以稱量有生之物，例如：

① 吕叔湘《個字的應用範圍，附論單位詞前一字的脱落》，載《漢語語法論文集》，北京：商務印書館，1984 年版，頁 145。

（3）《武威漢簡·儀禮·甲本有司》62 背："乃摭乾魚、臘柤，柤【舍】三介。"

（4）同上《甲本泰射》72："諸公卿取弓矢於次中，但決述，執弓，晉三挾一介，出。"

（5）《儀禮·檀弓下》："國君七个，遣車七乘；大夫五个，遣車五乘。"（鄭玄注："个，謂所包遣奠牲體之數也。"）

（6）《國語·齊語》"鹿皮四个。"（韋昭注："个，枚也。"）

以上爲稱量無生之物用例。

（7）《國語·吳語》："譬如群獸然，一个負矢，將百群皆奔。"

（8）《國語·吳語》："一介嫡女，執箕帚以晐姓于王宮；一介嫡男，奉槃匜以隨諸御。"（韋昭注："一介，一人。"）

（9）《戰國策·秦策五》："大王無一介之使以存之，臣恐其皆有怨心。"

以上爲稱量有生之物人及動物用例。量詞"介（个）"在先秦用例較多，而成書於兩漢魏晉的簡帛文獻未見。

箇，《説文·竹部》："竹枚也。"由此引申爲稱量"竹"的量詞，相當於"枚"，《方言》："箇，枚也。"無論傳世文獻還是出土文獻，早期用例多是稱量"竹"的，例如：

（10）《張家山漢簡·算數書》71："八寸竹一箇，爲尺五寸簡三百六十六。"

（11）同上 129："一日伐竹六十箇。"

（12）《九章算術·粟米》："今有出錢一萬三千五百，買竹二千三百五十箇。問箇幾何？ 答曰：一箇，五錢四十七分錢之三十五。"

（13）《九章算術·粟米》："今有出錢五百七十六，買竹七十八箇。欲其大小率之，問各幾何？ 答曰：其四十八箇，箇七錢。其三十箇，箇八錢。"

　　張家山漢墓墓葬時代爲西漢早期,《算數書》的成書當在戰國晚期到西漢早期之間,簡文用例是目前所見最早的,正如翟灝《通俗編》所言"箇起六國時",但兩漢簡帛僅此二例。①

　　個,《儀禮·士虞禮》"俎釋三个"鄭玄注:"个猶枚也。今俗或名枚曰個,音相近。"賈公彦疏:"經中'个',人下豎牵。俗語名'枚'曰'個'者,人傍着固。字雖不同,音聲相近,同是一個之義。"洪誠先生據此指出,鄭玄説"个"、"個"二字音"相近",而非音"相同",可見二字當時並非同音字,也並不是一個詞。②《廣韻·箇韻》:"个,明堂四面偏室曰左个也;个,偏也。"音同箇,均爲古賀切。"个"、"個"同義,而"个"、"箇"同音,故"(個)是介字從泰部音變以後形旁取介、聲旁取箇另造的異體字,繼承介字作爲計數詞"。③ 也就是説,"个(介)"的語音從先秦到漢代發生了變化,故取"介"爲形符,加上"箇"的聲符"固"新造了"個"。"個"這一字形的出現,應當是"个"、"箇"合流的産物。"個"最早見於上舉鄭玄注,簡帛文獻未見。洪誠先生據鄭注"今俗或名枚曰個"推斷當時流行於俗語,甚至認爲"是漢末社會最流行的量詞"。但大量口語性很强的兩漢簡帛文獻中竟然未見,故漢末已流行之説可能不確。

　　"个"産生於先秦,"箇"不晚於漢初,"個"的産生約在東漢。但從簡帛文獻看,兩漢簡帛中"個"未見;"箇"僅 2 例;"个"僅見於簡本《儀禮》。從傳世兩漢文獻看,成書於西漢的《史記》、《春秋繁露》、《淮南

---

　　① 《大字典》、《大詞典》"箇"下初始例均引《禮記·少儀》:"其禮,大牢則以牛左肩臂臑折九箇,少牢則以羊左肩七箇,犆豕則以豕左肩五箇。"但惠校、阮校宋本及陸德明《釋文》均作"个"。《禮記》凡 5 例,除此 3 例外,《檀弓下》2 例均作"个";武威漢簡《儀禮》亦均作"个",故可知今本《禮記》作"箇"者當爲後人妄改。

　　② 洪誠《略論量詞"個"的語源及其在唐以前的發展情况》,載《洪誠文集·雒誦廬論文集》,南京:江蘇古籍出版社,2000 年版,頁 142。

　　③ 洪誠《略論量詞"個"的語源及其在唐以前的發展情况》,載《洪誠文集·雒誦廬論文集》,南京:江蘇古籍出版社,2000 年版,頁 145。

子》、《説苑》、《新書》、《新序》、《鹽鐵論》、《法言》、《新語》九種文獻中，僅一例，書作"个"：

      （14）《史記·貨殖列傳》："竹竿萬个。"

東漢的《論衡》、《東觀漢紀》亦未見用例，可見量詞"个（個/箇）"在漢代使用頻率還很低。

魏晉以後，三個字形合流，"箇"逐漸成爲唯一的正體，"个"偶爾可見，"個"在書面語中仍罕見。劉世儒先生説："'箇'在南北朝得到發展的不僅在於它也可以量'人'，尤其重要的是它也可以前附於中心詞而陪伴它了。這是在這個時代以前所罕見的。"[①]但從出土文獻看，唐以前量詞"個"的使用頻率還是很低的：魏晉簡帛文獻均未見用例；從東晉至高昌國時期的吐魯番出土文書中僅有三例，均書作"个"。[②]

唐代是量詞"個"大發展的時期。從傳世文獻看，王紹新指出："在語義方面，它的適用範圍有重要擴展，所量物件從普通名詞發展到時空名詞，從具體名詞發展到抽象名詞，從而一躍成爲漢語中的頭號量詞。""在語法特點方面，它跳出了魏晉時代纔最後確立的'數＋量＋名'格局，不但可以稱量各種複雜的名詞性短語或其它結構，而且在它的後面還出現了動詞、動賓結構、引語以至非實體性成分，這爲現代漢語中'個'後出現形形色色更爲複雜的成分打開了通路。"[③]從出土文獻看，成書於唐代的吐魯番文書中"箇"有二十七例，"个"有十一例，"個"三例；而中唐到五代的敦煌文書中，"箇"有六十五例，"個"有一百十五例，"个"有二十六例，其使用頻率超越了所有其他量

---

    ① 劉世儒《魏晉南北朝量詞研究》，北京：中華書局，1965 年版，頁 85。

    ② 洪藝芳《敦煌吐魯番文書中之量詞研究》，臺北：文津出版社，2000 年版，頁 185。

    ③ 王紹新《量詞"個"在唐代前後的發展》，載《語言教學與研究》，1989 年 2 期，頁 114。

詞,成爲唯一的泛指量詞。①

宋元以後,"個"的使用頻率進一步增加,《朱子語類》中竟達到五千多例。到近代白話小説中,按張萬起先生對《水滸傳》量詞的統計,"個"的使用達到一千四百六十三例。② 可見作爲泛指量詞的"個"宋元以後在使用頻率上獲得了進一步的大發展,並一直延續到現代漢語之中。

三　"枚/個"興替的時代及其動因

從量詞"枚/個"的歷時發展看,二者均在先秦已經產生,而且產生之初就是泛指性的。其他詞類向量詞語法化的過程中,原來的語義特徵往往滯留在量詞中而制約着其使用與發展:"枚"源於其"算籌"義;"个"則是"介"的變體,源於其"單獨"義;二者對於其稱量對象均沒有太多要求,具備了成爲泛指量詞的語義基礎。

上文對"枚/個"的歷時發展分別進行了論述,綜合考察出土文獻與傳世文獻中"枚/個"的使用頻率,統計如下表:

文獻名	枚	個
先秦簡帛 27 種	1(?)	0
兩漢簡帛 53 種	326	16
魏晉簡 8 種	125	0
吐魯番文書(唐以前)	219	3
吐魯番文書(唐)	12	41

① 呂叔湘先生認爲:"就近代的文獻來説,唐宋時多作箇,元以後個更普通。"(《個字的應用範圍,附論單位詞前一字的脱落》,載《漢語語法論文集》頁 145,北京:商務印書館 1984 年版)從吐魯番文書來看,中唐到五代的文獻中"個"的用例達到一百十五例之多,使用頻率遠超過了"箇"(六十五例)和"个"(二十六例),可見"個"的普遍使用當在中唐到五代以後,而非晚至元代。

② 張萬起《量詞"枚"的産生及其歷史演變》,載《中國語文》,1998 年 3 期,頁 213。

文獻名	枚	個
敦煌文書(中唐一五代)	7	206
朱子語類	4	5000 多
水滸傳	3	1463

從統計表可以清晰看到量詞"枚/個"此消彼長的歷時演變,唐至五代是二者興替的分界綫。漢初語言的發展使得量詞逐漸成爲漢語稱數的需要,而量詞産生的速度遠遠不能滿足語言發展的需要,因此源於"算籌"義的泛指量詞"枚"應運而生,兩漢簡帛達到三百二十六例之多,魏晉簡及唐以前的吐魯番文書均多見。而"個"作爲量詞雖然先秦已見,而且也是泛指的,但先秦兩漢簡帛僅有十六例,唐以前的吐魯番文書亦衹有三例,洪誠先生認爲:"用例確不太多,不過要通過這些爲數不多的例證,看到能以一當百的大量的語言事實。"①但"個"在口語性很强的簡帛文獻和吐魯番文書中也很少見,洪先生説無法解釋。我們認爲,作爲泛指量詞的"个(介)"源於"單獨"義,"箇"則源於"竹枚"義,二者在向量詞語法化的過程中較之"算籌"義的"枚"原詞義更强,而對名詞的適應性就要弱些。"個"的早期用例往往有"單獨"義,而"箇"最初多用於"竹",而源於"算籌"義的"枚"則没有限制。語義滯留原則(persistence)決定了"個"在與"枚"競争中一開始就處於弱勢地位。而基於語言經濟原則,"枚"的强勢發展滿足了語言對泛指量詞的需要,那麼"個"的發展自然就没有必要了。也可以説,"枚"的强勢抑制了"個"的發展,因此雖然量詞"個"在先秦就已産生,而到量詞系統成熟期的魏晉簡牘中"枚"有一百二十五例,而"個"竟然未見。

---

① 洪誠《略論量詞"個"的語源及其在唐以前的發展情況》,載《洪誠文集·雜誦廬論文集》,南京:江蘇古籍出版社,2000 年版,頁 146。

　　隋唐以後,"枚"的使用範圍急劇收縮,而相應的"個"則迅速擴張,唐代吐魯番文書中"枚"僅十二例,而"個"則有四十一例,後者的使用頻率第一次超過了前者;到中唐至五代的敦煌文書中,"枚"僅七例,而"個"則突飛猛進達到二百六例;二者在唐代完成了興替。在這一過程中,語言經濟原則發揮了決定性作用。隋唐時代,量詞系統進一步發展:一方面,產生了更多的新興量詞;另一方面,魏晉時代新興的量詞應用逐漸廣泛。因此,量詞的分工更爲細密,泛指量詞"枚"的使用範圍迅速縮小,從傳世文獻看,三十位唐人詩集作品,祇有王梵志詩有二例,從出土文獻看,成書於唐的吐魯番文書中總計祇有十二例,敦煌文書中祇有七例。量詞分工的日趨細密使得語言表達更爲清晰、形象,但同時也造成了人們記憶的負擔,語言經濟原則要求使用比較少的、省力的或者具有較大普遍性的語言單位,於是又產生了對泛指量詞的需要。汪維輝先生據語言年代學推測:"常用詞似乎存在着一種内部更新機制,一個詞用久了以後,常常會被一個新的同義詞所取代,許多詞看來是這樣的。這也許跟語言使用者的喜新厭舊心理有關。"①於是在這一次的選擇中,在詞彙的喜新厭舊更新機制作用下,舊質的、趨於陳舊的"枚"被淘汰,而新興的"個"取得了"新歡"的位置,在語言中取得了絕對優勢,而逐漸代替了"枚"。量詞"個"在成書於唐代的吐魯番文書中有四十一例(箇二十七例,个十一例,個三例),而中唐到五代的敦煌文書中則達到了二百六例(箇六十五例,個一百十五例,个二十六例),其使用頻率超越了所有其他量詞,成爲唯一的泛指量詞。

　　馬爾丁內(A. Martinet)提出,語言運轉的基本原理是"語言經濟原則",言語活動中存在着從内部促使語言運動發展的力量,這種力

---

　　① 汪維輝《東漢—隋常用詞演變研究》,南京:南京大學出版社,2000 年版,頁 413。

量可以歸結爲人的交際和表達的需要與人在生理上（體力上）和精神上（智力上）的自然惰性之間的基本衝突。① 量詞"枚/個"興替的動因還在於人們交際、表達需要的發展和自然惰性之間的矛盾，經濟原則要求二者達到一種平衡，但絕對的平衡却往往祇是一種理想狀態，兩個方面祇能在適度的平面上擺動。語言表達的明晰性要求量詞系統分工更加細密，於是隨着量詞系統發展的成熟，"枚"作爲泛指量詞逐漸退出了歷史舞臺。而隨着量詞系統的進一步發展，當量詞的分類、修飾等功能獲得了長足發展而表意也更加形象明晰的時候，過度繁多的量詞也使人們背上了記憶的沉重包袱，因此經濟原則必然要求將這種不平衡拉回到平衡狀態，於是新的泛指量詞"個"在語言經濟機制和詞彙更新機制的作用下，在宋元以後獲得了旺盛的生命力，直到現代漢語中所謂"個化"現象的出現。

　　泛指量詞"枚"在魏晉時期幾乎可以取代其他所有量詞，那麼"個"會不會在未來的發展中完全取代其他量詞呢？我們認爲這種情況不會出現，原因在於二者廣泛適用的動因不同。"枚"在魏晉廣泛適用是由於量詞系統不成熟而起"填空子"的作用，而"個"在唐以後泛化的原因在於解決量詞繁多帶來的記憶負擔問題。"個"同"枚"一樣在廣泛適用的過程中也失去了範疇化等其他功能，從而導致了表意的不夠明晰，打破了語言表達明晰性和趨簡性之間的平衡，經濟原則必然會將其拉回到相對平衡的狀態。因此，一方面，由於表意明晰性的需要，在量詞系統完備的情況下"個"不可能徹底取代其他量詞；另一方面，爲解決量詞過於繁多的需要，"個"也不會像"枚"一樣日趨收縮，而仍將廣泛使用。語言表達明晰性與趨簡性的矛盾和語言表達的經濟原則決定了量詞豐富多彩同"個化"的對立統一。如劉世儒先生所言："從歷史上看，漢語量詞是遵循着兩條道路發展下來的：一

---

① 　馮志偉《現代語言學流派》，西安：陝西人民出版社，1999 年版，頁 156。

條是由簡到繁的路,一條是由繁到簡的路。所走的道路雖然不同,但圍繞的目的却衹有一個,那就是讓語言的結構更加精確、鮮明、完善。”①量詞“枚/個”的興替也正是在語言機制作用下,沿着由簡到繁、由繁到簡的道路發展的。

---

① 劉世儒《魏晉南北朝量詞研究》,北京:中華書局,1965 年版,頁 2。

附録三

《兩漢時代的量詞》補正^①

　　漢語物量詞萌芽於先秦，成熟於魏晉六朝，而兩漢是漢語量詞的苗長時代。黄盛璋先生《兩漢時代的量詞》（《中國語文》1961 年 8 期）是最早對兩漢量詞的斷代研究，也是目前唯一對兩漢時代量詞的概括論述。黄文貫徹"二重證據法"，綜合利用了傳世文獻和出土文獻，對漢語量詞史研究影響深遠，至今仍有其不可磨滅的學術價值。以中國知網檢索，引證該文的博碩論文和各類期刊論文總計達到一百四十篇之多。但由於各方面的原因，黄文也還存在諸多闕失，從而影響了其結論的科學性，所論量詞很多並非量詞，由此得出的漢代量詞發展的部分論斷也並不正確。由於黄文影響很廣泛，爲便於更科學、更準確地利用黄文，兹按其致誤原因補正如下，以就教於方家。

　　首先，黄文所引簡帛文獻均爲《居延漢簡》，所用底本爲勞榦先生《居延漢簡考釋·釋文之部》（商務印書館 1949 年版，以下簡稱爲"商務本"）。居延漢簡 1930 年出土後，勞榦諸先生進行了整理、考釋，至1936 年將部分考釋用曬藍紙印刷成册出版，世稱"曬藍本"，但書版毀於戰火。1941 年，居延漢簡運往美國，直到 1965 年縹運回臺灣。1943 年，勞榦先生據反體照片寫成了《居延漢簡考釋·釋文之部》，

<hr>

　　①　本文原載張顯成主編《簡帛語言文字研究》第四輯（作者：李建平），成都：巴蜀書社，2010 年版，頁 346—353。

並在四川南溪石印出版。1949 年抗戰勝利後,勞榦先生將舊版釋文根據照片重新核對、校改,並在上海出版了鉛印本,即黃文所用之底本,即"南溪石印本"。勞榦先生既未見實物,亦未見發掘報告,所以該版訛誤較多。1956 年,中國科學院考古研究所出版了《居延漢簡甲編》,釋文有了較大改進。1956-1958 年,居延漢簡的發掘報告(貝格曼原稿)公佈。1957 年,勞榦先生《居延漢簡·圖版之部》公佈了全部圖版,1960 年又根據新出簡文照片進行了修改,出版了《居延漢簡·考釋之部》,至此居延漢簡的圖版和釋文有了比較準確的版本。對當時已公佈的圖版和修正的釋文,黃文未予核檢,對於量詞的判定也因此而致誤。例如:

【黃文】支:所作筆一枝。(《居簡》,頁 393)

按,"枝(支)"當作"枚",商務本釋文形近而誤。核之圖版,書作"枚",筆劃清晰,今《居延漢簡》486.62 隸定爲"☐☐所作筆一枚,☐"爲是。"枚"在漢代作爲泛指量詞應用廣泛,《居延漢簡》(及新簡)用例達 179 處之多,可以自由應用於無生、有生之物,無生之物包括各種器皿、席子、皮革、木製品、錢幣、兵器、衣物、封簽、繩索等等;有生之物既包括樹木等植物,也包括狗、雞、魚等動物。而量詞"枝"未見於兩漢簡帛,劉世儒先生認爲當始見於魏晉六朝,[1]諸辭書如《大詞典》、《大字典》最早書證亦爲南北朝時。

【黃文】系:絳縵五百系……白縵五百系……(《居簡》,頁 314A)

按,"系"當作"术"。核之圖版,字迹漫漶,但顯然並非"系"字,今從《居延漢簡甲乙編》隸定爲"术"。"术"通"䋪",絲一百六十縷爲一术。裴錫圭認爲:"在這裏是當絲縷數量的一種單位講的。《西京雜記》卷五記鄒長倩資助勉勵公孫宏(弘)的事,鄒贈物中有'素絲一䋪',鄒與公孫宏書中有'五絲爲䌰,倍䌰爲升,倍升爲紕,倍紕爲紀,

① 劉世儒《魏晉南北朝量詞研究》,北京:中華書局,1965 年版,頁 104。

倍紀爲緵，倍緵爲襚’之語，‘术’聲與‘遂’聲古代音近相通。”①上古音“术”爲船母物部，“遂”爲邪母物部，聲近韻同，故可通。而“系”用作量詞，兩漢簡帛未見。

其次，由於對簡牘文意的理解或句讀有誤，對量詞的判定也不符合事實，例如：

【黄文】指：治馬頭涕出方：取戎鹽三指挾三□☒（《居簡》，頁 563）

按，“指”並非量詞，而是作爲固定短語“三指撮”的組成成分，表示用藥之劑量。核之於圖版，商務本釋文隸定亦有誤，“頭”當作“欬”，“挾”當作“抓”，“抓”爲“撮”之省。今《居延漢簡甲乙編》155.8隸定作“治馬欬涕出方：取戎鹽三指抓，三□☒”爲是。

“三指撮”是古代用藥的一種估量方法，表示用三個手指的前端所撮取的藥物的量，在簡帛醫學文獻中很常見，或簡稱爲“撮”，大徐本《説文·手部》：“撮，四圭也。一曰兩指撮也。”段玉裁注：“小徐本作‘二指’，‘二’疑‘三’之誤。大徐本又改爲‘兩’耳。”現從簡帛文獻來看，以“三指撮”爲核心的術語很常見，如《周家臺秦簡·病方及其它》312：“取車前草實，以三指撮，入酒若粥中，飲之，下氣。”《武威醫簡》54：“治龍骨三指撮，以鼓〈豉〉汁飲之。”《馬王堆帛書·五十二病方》24：“（各藥物）皆合撓，取三指最（撮）一，入温酒一杯中而飲之。”又，《養生方》107：“治，三指最（撮）後飯。”而“二指撮”僅 1 例，即簡150－151：“食以二指最（撮）爲後飯。”從傳世文獻來看，亦祇見有“三指撮”，如《金匱要略·風引湯》：“（上十二味）取三指撮，井花水三升，煮三沸，温服一升。”簡帛文獻中還有“三指大撮”、“三指小撮”、“三指撮至（到）節”、“三指一撮”、“三指三撮”之語，都是以“三指撮”爲核心發展而來的，均可證明“二指撮”當爲“三指撮”之誤。

---

① 裘錫圭《漢簡零拾》，載《文史》，1980 年 12 期。

【黄文】緣：堅甲一緣絶。(《居簡》,頁 382)

按,"緣"不是量詞,而是名詞,這裏指編聯鎧甲的"編繩"。從簡帛文獻看,計量鎧甲楚簡多用量詞"真",如《曾侯乙墓簡》61："二真吴甲,紫縢。"《包山楚簡》270："馭右二真象皋。"象皋,即用牛皮做的甲。秦漢簡帛則多不用量詞,如《睡虎地秦簡·秦律雜抄》21—23："采山重殿,貲嗇夫一甲,佐一盾;三歲比殿,貲嗇夫二甲而法(廢)。"《居延漢簡》14.22："革甲廿,完。"《尹灣漢簡》M6D6 正："乘與甲三百七十九。""馬甲鞻督五千三百卅。"也可以用量詞"領",但很罕見,如《居延新簡》EPT59.183："白玄甲十三領。"緣,《爾雅·釋器》："綏也。"郭璞注："即佩玉之組,所以連繫瑞玉者。"本指貫穿佩玉的帶子,後來泛指絲質帶子,古今皆無量詞義。黄文文意理解有誤,該簡當標點作："堅甲一,緣絶。"意爲:堅甲一副,編繩已斷。

【黄文】幣：……蘭　索一幣。(《居簡》,頁 358)

　　　　弩幡一幣。(《居簡》,頁 386)

按,"幣"不是量詞,而是形容詞。簡文中並非讀如字,而應通"敝","損壞"義。王引之《經義述聞·幣餘之賦》："古敝字多通作幣,《魯語》'不腆先君之幣器',即敝器也。"西北簡所見甚多,如《居延漢簡甲乙編》112.23："第五隧長趙延年:有方二,破;斧頭一,破;皆已易。蓬索一,幣;已易。""幣"同"破"處在同一語法位置,其詞性相同;又,物品"幣"或"破"者皆云"已易",顯然指破損者已更換。又如,《居延新簡》EPT53.117："弩幡廿,其十,幣。蘭冠六,完。"該簡"幣"與"完"相對而言,其"損壞"義甚明。核之圖版,黄文所引第一例,當標點作："☐☐☐☐繩五枚;蘭負索一,幣(敝)。"第二例當標點作："弩幡一,幣(敝)。"

【黄文】煙：晝舉亭上蓬一煙。(《居簡》,頁 181)

按,"煙"不是量詞,而是名詞。該例見於《居延漢簡》14.11,整枚簡釋文爲："虜守亭鄣不得燔積薪,晝舉亭上蓬一煙;夜舉離合苣火。

次亭燔積薪如品約。"陳夢家云:"一煙似是亭上煙突所放煙,以代燔薪。或當讀作'烽,一煙'乃分別烽與煙突之煙。"①我們同意陳先生的觀點,標點當作:"晝舉亭上蓬、一煙。"一方面,"煙"古今漢語均無量詞用法,更未見稱量"蓬"的例證,漢簡中稱量"蓬"的專用量詞爲"通",如《居延漢簡》13.2:"到北界,舉塢上旁蓬一通。"又 332.13:"下餔時,受居延蓬一通。"又 349.11:"塢上旁蓬一通,同時付並山。"另一方面,漢代烽隧制度用"烽"、"表"、"煙"、"積薪"和"苣火"等物配合使用來傳達敵情資訊,如《居延漢簡》16.5:"匈奴人晝入三十井候遠隧以東,舉一蓬(烽),燔一積薪,塢上煙一;夜入,燔一積薪,舉塢上一苣火,毋絕至明。"可見,"煙"爲名詞無疑。

再次,部分簡文殘缺較多或文字漫漶不清,對於處在"名‧數‧量"語法框架中量詞位置上的詞是否爲量詞,黃文未能將其置於詞彙史的視野中進行考察。例如:

【黃文】紙:□二紙,自取。(《居簡》,頁 405)

按,核之圖版,"二"字上下兩字均漫漶不清,無法辨認,故《居延漢簡甲乙編》214.93 隸定作:"□二□,自取。""紙"在古今漢語中都未見量詞用例,因此漢語史上"紙"是否可以用作量詞仍可商榷。

【黃文】餅:出錢二餅。(《居簡》,頁 349)

按,該簡爲殘片,僅存四字,且漫漶不清。今《居延漢簡甲乙編》350.55A 隸定作:"出□二餅。"由於上下簡文均殘缺,故無從句讀。兩漢簡帛均未見"餅"作量詞的用例,因此該例中的"餅"是否用作量詞仍可商榷。

對於傳世文獻中的量詞,也應當置於詞彙史的視野中予以考察,分清其古今不同的意義,例如:

【黃文】發:矢四發。(《漢書‧匈奴傳》)(口語中有弓彈多少發)

---

① 陳夢家《漢簡綴述》,北京:中華書局,1980 年版,頁 167。

　　按,《漢書》中的"發"和現代漢語口語中的"發"並不是一個詞,"矢四發"之"發"是集體量詞,而"弓彈多少發"之"發"是個體量詞。上古一發爲箭十二枚,顔師古《漢書》注:"服虔曰:'發,十二矢也。'韋昭曰:'射禮三而止,每射四矢,故以十二爲一發也。'發,猶今言箭一放兩放也。今則以一矢爲一放也。"顔注正説明古代以十二矢爲"發",後來詞義演變爲一放即一發,量詞"發"於是從集體量詞演變爲個體量詞,黃文正是混淆了"發"之古義與今義。

　　最後,由於黃文未能採用數理統計的方式對漢簡量詞進行窮盡性考察,因此得出的部分結論也不合事實。例如黃文認爲:"(漢代量詞)在先秦的基礎上,又有進一步的分工。""成對的用雙,不成對的用隻。"所舉"雙"的例證有三個,《史記·南粵王趙佗傳》:"……獻白璧一雙……生翠四十雙,孔雀二雙。"《居簡》頁362:"買箸五十雙。"頁431:"牛胗一隻,母,直六十。"

　　按,黃文認爲兩漢"隻"與"雙"有明確分工不確。我們考察了已公佈的全部先秦兩漢簡帛文獻,發現兩漢簡帛中量詞"雙"使用頻率高、範圍廣,"隻"有不少是"雙"之省,而"隻"用作量詞表不成對的確切例證卻少見。以下是"隻"用作量詞表示成對的例子:《鳳凰山167號墓漢簡》35:"緒(紵)卑(椑)匦(榅)一隻。"又,36:"食卑(椑)匦(榅)一隻。"榅,槃(盤)也。該墓中出土紵胎漆盤兩件、盛食品的漆盤兩件,可見這裏的"隻"是"雙"的省寫形式。再如《鳳凰山168號墓漢簡》21:"會(膾)卑(椑)匦(榅)一隻。"又,22:"尺卑(椑)匦(榅)五隻。"又,23:"八寸卑(椑)匦(榅)三隻。"又,24:"食大卑(椑)匦(榅)二隻。"《鳳凰山169號墓漢簡》18:"尺卑(椑)匦(榅)五隻。"又,19:"七寸卑(椑)匦(榅)五隻。"又,20:"食卑(椑)匦(榅)一隻。"

　　兩漢時代"雙"往往書作"隻",而沒有造成歧義,這也説明二者在當時並沒有明確分工。而且,黃文所引第二例"買箸五十雙"之"雙"商務本隸定有誤,核之圖版,清晰可辨作"隻"。從文意看,"隻"亦當爲“雙”之省。

　　有趣的是，兩漢簡帛中成雙成對物品用“雙”，而往往書作“隻”，不成雙不成對者則祇能用“枚”。在《敦煌懸泉漢簡》中有清晰體現，如《元康四年雞出入簿》Ⅰ0112③:129:“最凡雞卅四隻（雙）。正月盡十二月丁卯所受縣雞廿八隻（雙）一枚，正月盡十二月丁卯置自買雞十五隻（雙）一枚，直錢千二百一十五，唯廷給。”又《過長羅侯費用簿》Ⅰ0112③:68:“出雞十隻（雙）一枚。”以上“雞廿八隻（雙）一枚”、“雞十五隻（雙）一枚”、“雞十隻（雙）一枚”，意分別爲“雞二十八雙零一隻（即五十七隻）”、“雞十五雙零一隻（即三十一隻）”、“雞十雙零一隻（即二十一隻）”。以上充分説明這裏的“隻”均爲“雙”之省，單數用“枚”，不用“隻”。

　　以上對黃文的訛誤作了一些訂補，由此可見在出土文獻的語言研究中，不僅要利用前人及時賢所作釋文，還應當重視核對圖版，關注學界新成果的公佈。對於文字漫漶不清的情況，應當結合傳世文獻，將其置於漢語史的視野下進行考察。祇有真正貫徹“二重證據法”，科學的漢語史纔能真正建立起來。